Hans-Joachim Eckstein

Beziehungsgewiss

Grundlagen des Glaubens

Gesamtausgabe

Hans-Joachim Eckstein

Beziehungsgewiss

Grundlagen des Glaubens

Gesamtausgabe

SCM

Stiftung Christliche Medien

Der SCM Verlag ist ein Imprint der SCM Verlagsgruppe,
die zur Stiftung Christliche Medien gehört, einer gemeinnützigen Stiftung,
die sich für die Förderung und Verbreitung christlicher Bücher,
Zeitschriften, Filme und Musik einsetzt.

Prof. Dr. Hans-Joachim Eckstein ist Theologe, Referent und Autor,
Poet und Liedkomponist, www.ecksteinproduction.com

Der vorliegende Band ist die Gesamtausgabe der neu bearbeiteten
und stark erweiterten vier Bände der Reihe: Grundlagen des Glaubens
– Glaube als Beziehung
– Zur Wiederentdeckung der Hoffnung
– Du bist geliebter, als du ahnst
– Wie will die Bibel verstanden werden

Verlagsrecht dieser Ausgabe: SCM Verlag in der SCM Verlagsgruppe GmbH
Max-Eyth-Straße 41 · 71088 Holzgerlingen
Internet: www.scm-verlag.de · E-Mail: info@scm-verlag.de

Umschlaggestaltung: Kathrin Spiegelberg, Weil im Schönbuch
Titelbild: Image by pch.vector on Freepik
Autorenfoto: © Holger Eckstein
Satz: typoscript GmbH, Walddorfhäslach
Druck und Bindung: GGP Media GmbH, Pößneck
Gedruckt in Deutschland
ISBN 978-3-417-00066-5
Bestell-Nr. 227.000.066

INHALT

VORWORT

Wie oft suchen Interessierte nach Grundlegungen des Glaubens, bei denen sowohl ihr persönliches Bedürfnis nach wesentlichem und erfüllendem Leben als auch ihr eigenes Anliegen der Reflexion und gedanklichen Durchdringung der Glaubensüberzeugung zur Geltung kommen. Sie wünschen sich Zugänge zu biblisch-theologischen Themen, die den Brückenschlag zwischen Wissenschaft und Glauben, zwischen Theorie und Praxis, zwischen gedanklichem Tiefgang und leichter Verständlichkeit bieten. Denn sie ahnen, dass theologisches Denken und aufrichtige Selbstreflexion den Glauben fördern und das Verständnis des Evangeliums vertiefen können. Aber bei ihrer alltäglichen Belastung finden sie oft nicht die Gelegenheit, diesen Weg zu einem bewussten Glauben und zu einem glaubensorientierten Denken allein und ohne Gesprächspartner anzutreten.

So entstand im Lauf der Zeit eine ganze Sammlung von Beiträgen zu den »Grundlagen des Glaubens« – sei es zu den drei christlichen Grundsäulen Glaube, Liebe und Hoffnung, sei es zu Gott als Vater und zu Jesus Christus, zu der Bedeutung seiner Menschwerdung, seines Sterbens für uns und seiner Auferstehung, sei es zum Heiligen Geist und seinem Wirken im Leben der Gläubigen oder zum grundsätzlichen Verstehen der Bibel. Bei all diesen zentralen biblisch-theologischen Themen geht es in den verschiedensten Facetten um die gewiss und zuversichtlich machende Erfahrung des Glaubens im persönlichen Leben und in den uns tragenden Beziehungen.

In dem vorliegenden Sammelband sind die vier bisherigen Bände der »Grundlagen des Glaubens« in stark erweiterter und neu bearbeiteter Form zusammengefasst: »Glaube als Beziehung«

([3]2010), »Zur Wiederentdeckung der Hoffnung« ([2]2008), »Du bist geliebter, als du ahnst« ([2]2018), »Wie will die Bibel verstanden werden« ([2]2016).

Die vielfältigen Beiträge können in ihrem ursprünglichen Zusammenhang gelesen werden; dazu finden sich die Inhaltsverzeichnisse jeweils zu Beginn der einzelnen Bände. Um die Orientierung und das Studieren nach *thematischen* Gesichtspunkten und *inhaltlichen* Stichworten zu erleichtern, wurde am Ende des gesamten Bandes ein ausführliches »Themen- und Stichwortverzeichnis« mit Angabe der verschiedenen Fundorte im Sammelband ergänzt. So lassen sich zu Themen wie »Glaube«, »Beziehung«, »Jesus Christus«, »Auferstehung«, »Leben«, »Gemeinde« u. v. m. direkt und einander ergänzend die gesuchten Ausführungen finden.

Den Abschluss bildet ein alle Einzelbände umfassendes Verzeichnis der verwendeten und zentralen theologischen Fach- und Fremdwörter, das sich in seiner Ausführlichkeit auch ganz grundsätzlich gut zum Nachschlagen und Orientieren eignet.

Ob wir persönlich die Vertiefung des Glaubens als Vertrauen suchen oder in Verantwortung für andere in Seelsorge, Verkündigung und Lehre sprachfähiger werden wollen, das Buch möchte in vielfältiger Weise dazu beitragen, dass wir mehr und mehr »beziehungsgewiss« werden. Denn wie der Glaube und die Hoffnung in der Liebe gründen, so sind unsere Beziehungsfähigkeit, unser Selbstbewusstsein und unsere Lebenszuversicht Frucht und Folge der Gewissheit, die wir in den uns tragenden Beziehungen gewinnen. Was wir sind, das sind wir durch Beziehungen, und wer wir werden wollen, entdecken wir in persönlichen Begegnungen.

Hans-Joachim Eckstein

Hans-Joachim Eckstein

Glaube als Beziehung

Von der menschlichen Wirklichkeit Gottes

Der Glaube ist nicht
die Voraussetzung,
die wir von uns aus
erfüllen müssen,
um Gottes Wirken
zu erleben,
sondern die
Art und Weise,
in der Gott uns
seine Wirklichkeit
schon hier und jetzt
erfahren lässt.

Die Kraft des Glaubens liegt
nicht in seiner eigenen Größe,
sondern in dem Vertrauen
auf die Zuverlässigkeit und
Stärke dessen, dem er glaubt.

INHALT

WAS KOMMT NACH DEM KINDERGLAUBEN?

ZU EINER NEUEN URSPRÜNGLICHKEIT JENSEITS VON NAIVITÄT UND GLAUBENSKRISE

Was kommt nach dem Kinderglauben? Für viele mag die ernüchternde Antwort lauten: »Nichts!« Von den Umbrüchen des Erwachsenwerdens – der Loslösung von den Abhängigkeiten der Kindheit und der Entwicklung der Eigenständigkeit – sind auch das Glaubensverständnis, das Weltbild und die Gottesvorstellung betroffen. Es geht dabei um die grundsätzliche Frage: Kann auch der Glaube erwachsen werden? Gibt es eine Form des christlichen Glaubens, die sich unter den Voraussetzungen dieser neuen Lebensphase als angemessen und echt erweist? Oder ist jede Art zu glauben zwangsläufig ein unreifes Festhalten am »Kinderglauben« vergangener Zeiten? Gibt es die Möglichkeit, sich ungebrochen seines Glaubens zu freuen oder nach einer Zeit der Krise und Entfremdung eine neue, nachkritische und reife Ursprünglichkeit zu finden?

Die schwerwiegendsten Zweifel kommen häufig gerade denjenigen, die in ihrer Jugend eine religiöse Erziehung und eine Einbindung in christliche Kreise erfahren haben. Denn viele von ihnen empfinden ihre christliche Prägung keineswegs als Befähigung und Hilfe für ihr Leben, sondern eher als zusätzliche Belastung. Nachträglich mag ihnen die Zeit ihres »engagierten Christseins« eher als eine Phase der Ängste, der Zwänge und des schlechten Gewissens erscheinen.

Der Verlust einer ungebrochenen Glaubenserfahrung und der Ursprünglichkeit des Glaubens kann sich auf ganz verschiedene Weise äußern:

1. Am offensichtlichsten ist die Form des harten Abbruchs und der entschiedenen Distanzierung und Abgrenzung von der eigenen frömmigkeitsgeprägten Vergangenheit. Es will nicht gelingen, den Kinderglauben erwachsen werden zu lassen, sondern das Erwachsensein und die eigene Persönlichkeitsentfaltung werden eher in unversöhnlichem Kontrast zu der früheren Unmündigkeit und Einfalt definiert. Manche beginnen noch ihre geistliche Ausbildung unter dem Eindruck einer engagierten Jugend- und Gemeindearbeit und finden sich dann in einem beruflichen Umfeld wieder, dem sie selbst sich längst entfremdet haben. Als besonders unglücklich erscheint diese Entwicklung, wenn die Betroffenen sich dann zu erklärten und leidenschaftlichen Gegnern jeder Frömmigkeit entwickeln, die sie an ihre eigene Herkunft erinnert.

2. Der Verlust einer ursprünglichen und ganzheitlichen Glaubenserfahrung kann sich freilich auch in entgegengesetzter Weise äußern. Wenn der einst »kindliche Glaube« nicht reifend und reflektiert erwachsen werden darf, sondern ängstlich und klammernd festgehalten wird, dann ergeben sich Frömmigkeitsformen eines als »kindisch« empfundenen Glaubens. »Kindisch« deshalb, weil die Verunsicherung und die Furcht vor dem Kontrollverlust zu einem verkrampften Festhalten an einer unreflektierten und – für die Entwicklungsstufe – unangemessenen Frömmigkeit führen. Das kann im Extrem bis zu einer Spaltung der Persönlichkeit reichen, wenn jemand in seiner beruflichen Qualifikation und Verantwortung hochreflektiert, weltoffen und eigenständig denkt und handelt, im Kontext seiner Frömmigkeit aber ängstlich und verstandesfeindlich, überangepasst und unselbstständig erscheint.

3. Während diese beiden – so entgegengesetzten – Formen des Verlustes der »ersten Liebe« und der vorkritischen Ursprünglichkeit teilweise extreme und fanatische Formen annehmen können, würden sich wohl die meisten Betroffenen eher einer dritten, weniger auffälligen Gruppe zuordnen. Sie haben weder einen abrupten Abbruch oder eine einschneidende Glaubenskrise erlebt, noch haben sie sich bewusst für eine Verleugnung ihrer Wurzeln entschieden. Sie würden wohl eher von einer allmählichen Entwicklung weg von Glauben und Gemeinde und einer Entfremdung von früheren Lebensformen und Glaubensüberzeugungen sprechen. Die Vergangenheit mag durchaus – wie manche Erfahrungen der Jugend – dankbar erinnert und positiv empfunden werden, sie ist aber nicht mehr unmittelbar bestimmend. Man könnte in diesem Fall vielleicht von einem »latenten Glauben« sprechen. »Latent« deshalb, weil er ruht, ohne abgelehnt zu werden, weil er schlummert, ohne aktiv zu sein.

Wenn die Betreffenden bei ihren Kindern oder Enkelkindern an ihre eigene Vergangenheit erinnert werden, mögen sie durchaus Gebete, Kindergottesdienste oder Abendlieder als naheliegend und für diese angemessen empfinden.

Besonders eindrücklich war für mich der Bericht eines erfolgreichen Managers, der auf der Höhe seines Lebens plötzlich mit der erschreckenden Diagnose einer Krankheit konfrontiert wurde. Am Vorabend seiner Operation suchte er Halt und Orientierung und griff auf Erfahrungen der Geborgenheit und Zuversicht in seiner Vergangenheit zurück. Zu seiner eigenen Verwunderung hörte er sich mit den Worten seines einstigen Kinderglaubens beten: »Ich bin klein, mein Herz ist rein; soll niemand drin wohnen als Jesus allein!« Ein bewegendes Beispiel des latenten Glaubens eines Erwachsenen, der nie bewusst aufhörte zu glauben, aber seinen Kinderglauben auch nicht mit sich erwachsen werden ließ.

DIE VORAUSSETZUNGEN DES KINDERGLAUBENS

Was macht einen »Kinderglauben« eigentlich aus? Es ist der Glaube unter den Voraussetzungen eines Kindes. Die Ausgangssituation eines Kindes ist die des Angewiesenseins und der Schutzlosigkeit, der Ursprünglichkeit und Unmittelbarkeit des Erlebens. Nicht nur in den Monaten vor der Geburt, sondern auch in den ersten Lebensjahren ist die Ausgangssituation die der symbiotischen Einheit und Einheitlichkeit, aus der heraus sich die Persönlichkeit allmählich zur Selbstständigkeit entfalten kann. Zunächst existiert das ICH nur in der Geborgenheit und als Teil des WIR, und die lebensfördernde und bestärkende Umgebung ist Voraussetzung für den Gewinn von eigener Lebens-, Beziehungs- und Durchsetzungsfähigkeit.

Dieser natürlichen Grundvoraussetzung entspricht auf der Ebene der Wahrnehmung und der Beziehung, des Denkens und des frühen Glaubens eine vorkritische Grundhaltung. Bei Kindern und Heranwachsenden besteht das berechtigte Bedürfnis nach einheitlicher Wirklichkeitswahrnehmung, nach Einheitserfahrungen und einfachen Strategien. Zweifel auszublenden und Widersprüche wegzuerklären, einfache Lösungen zu suchen und Differenzierungen zu verweigern, sind Grundstrategien, um die Irritation durch die Kompliziertheit der Welt und der Wirklichkeit zu bannen. Da unklare Verhältnisse Angst machen und verunsichern, besteht die Sehnsucht nach klaren Unterscheidungen und eindeutigen Antworten. Komplexen Verhältnissen wird möglichst mit einlinigen Strategien begegnet. Auf die verwirrende Wirklichkeitswahrnehmung wird mit möglichst eindeutigen Wertungen, Zuordnungen und Strategien reagiert. In Anbetracht einer verwirrenden Vielfalt an Möglichkeiten wird die eigene Identität gerne durch die Identifikation mit vorbildlichen Personen gesucht. Zur Abwehr aller Zweifel und Relativierungen kann für den Glauben an die Machbarkeit des Gewollten eine große Energie und nachdrückliche Leidenschaft aufgebracht werden.

GEFÄHRDUNG UND VERLUST DES KINDERGLAUBENS

Was für die Kindheit als notwendig erscheint und für die jugendliche Entwicklung zunächst als verständlich, will bei einer gesunden und reifen Persönlichkeitsentfaltung aber weiterentwickelt und überwunden werden. So kann auch der in Kindheit und Jugend gewonnene Glaube in die Krise der Emanzipation von den Eltern, Lehrern und Autoritäten der frühen Prägung geraten. Dies gilt umso mehr, wenn die Vorstellung von Gott durch die Personen repräsentiert wurde, von denen es sich zu lösen gilt. Gott ist als Person zunächst nur in Analogie zu anderen Personen für uns vorstellbar: Er liebt »wie ein Vater«, er tröstet »wie eine Mutter«. Damit hängt aber alles daran, ob er in Entsprechung zu zugewandten und wertschätzenden »Vätern« und »Müttern« gedacht wird – oder von ablehnenden und abwertenden.

Viele würden neben der Emanzipation aus der Unmündigkeit gewiss die »Vernunft« und »Aufklärung« als Hauptursache für die Gefährdung des Glaubens nennen wollen. Widersprechen nicht die Naturwissenschaft und die Erfahrung der Geschichte dem Glauben an eine Existenz Gottes ganz grundsätzlich? Schließen sich Vernunft und Glaube nicht prinzipiell aus? Diese Einwände mögen eine naive und vorkritische Frömmigkeit treffen, nicht aber einen reflektierten und erwachsen gewordenen Glauben. Weder widerlegt eine wirklich kritische und selbstkritische Vernunft den Glauben, noch kann sie ihn von sich aus begründen oder das Geglaubte beweisen. Meiner theologisch-wissenschaftlichen wie geistlich-seelsorglichen Erfahrung nach wird die Bedeutung der »kritischen Vernunft« als Motivation der Religionskritik und als Ursache der Glaubensgefährdung überschätzt. Sie dient oft als Vorwand, aber selten als Grund.

Als viel wirksamer erweisen sich psychologische und sozialpsychologische Aspekte. Die eigene Lebens- und Beziehungserfahrung, die das Gottesbild geprägt hat, stellt einen naiven und noch undifferenzierten Glauben viel existenzieller infrage. Steht der bisherige Glaube für Einschränkung und Unmündigkeit, dann erscheint seine Überwindung für die eigene Entwicklung als unausweichlich. Ist das Gottesbild durch abwertende, überfordernde und selbstbezogene Persönlichkeiten geprägt worden, dann wird die eigene Befreiung unwillkürlich auch in der Überwindung der früheren Frömmigkeit gesucht.

Wird aber Gott in seinem Wort und in der Zuwendung und Wertschätzung anderer Menschen als liebend, lebensfördernd und ermutigend erfahren, dann gibt es keinen Grund, die eigene Selbstentfaltung ohne seine Begleitung gestalten zu wollen. Wenn schon der Kinderglauben das Vertrauen in Gottes voraussetzungslose und bedingungslose Liebe durch das Evangelium von Christus erkannt hat, dann führen die Krisen und Irritationen der eigenen Wirklichkeitserfahrung nicht etwa von Gott weg, sondern zu ihm hin. So haben es schon die Psalmisten und Hiob erfahren oder die Auferstehungszeugen Jesu nach dem Entsetzen von Karfreitag in der Begegnung mit ihrem lebendigen Herrn. Sie fanden eine neue Ursprünglichkeit und eine versöhnende Einheit in der Hinwendung zu Gott selbst und in Gestalt des vertieften Vertrauens und der Liebe zu Christus.

DAS ERWACHSENWERDEN IM GLAUBEN UND DIE GEWINNUNG EINER NEUEN URSPRÜNGLICHKEIT

Sosehr die Wiedergewinnung von Zuversicht und Hoffnung durch eine einzelne Begegnung oder wesentliche Erfahrung ausgelöst werden mag, so sehr bedeutet das Erwachsenwerden im Glauben eine Bewusstseinsentwicklung und einen dauerhaften Lernprozess. Die *neue Ursprünglichkeit* ist keine neue *Naivität* – sofern man den Begriff »naiv« abwertend im Sinne von »unbedarft«, »ahnungslos« und »einfältig« gebraucht. Und die *versöhnte Geborgenheit* ist keine Rückkehr zu den Träumen einer ungefährdeten und *vorkritischen Einfachheit.* Wir sind gerade zur Ausbildung unserer eigenen Willensstärke und bewussten Eigenständigkeit eingeladen. Für den erwachsenen Glauben sind die Vernunft und kritische Auseinandersetzung keine bedrohliche Gefahr, sondern ein Geschenk inmitten der Verwirrungen dieser Welt. Wir kommen zwar nicht durch die Vernunft zum Glauben, aber durch den Glauben zur Vernunft!

Grundlegend ist dabei die Erkenntnis, dass unsere bisherigen Gottesvorstellungen unwillkürlich mit unseren Erfahrungen und Bildern von Menschen verknüpft sind. Gott ist aber nicht identisch mit unseren Bildern und Gedanken von ihm. Wenn wir von Gott reden, sind unsere Gedanken, Gefühle und Vorstellungen eingefärbt durch unsere eigene Prägung. Dies gilt es zu durchschauen und aufzuarbeiten. Gott ist nicht »wie mein Vater«, sondern im besten Fall hat der sich an Gott als Vater orientiert. Für viele, die leidvolle oder doch einschränkende Beziehungserfahrungen machen mussten, beginnt die Befreiung mit der Erkenntnis, dass unsere Gottesbeziehung sich allein an dem Vater Jesu Christi zu orientieren hat – und an niemandem sonst. Es gilt, *Gott selbst* und *um seiner selbst willen* zu suchen und zu erkennen.

Unmündige und rückgewandte Fantasien pflegen viele auch in Hinsicht auf ihre Erwartungen an die eigene Gemeinde oder die Kirche insgesamt. Wie kommen wir eigentlich dazu, von der »*Mutter* Kirche« zu reden? Wie oft klagen erwachsene Personen über ihre Enttäuschungen in Gemeinden und mit Gemeindeleitern – wie kleine trotzige Kinder, die nicht entwöhnt werden wollen. Symbiotische Fantasien, emotionale Überforderungen und selbstbezogene Erwartungen stehen der Erfahrung von wechselseitiger Zuwendung und reifer persönlicher Begegnung gerade im Weg.

Dies bedeutet keineswegs die Preisgabe der Sehnsucht nach lebendiger Beziehung und aufwertender Wahrnehmung – im Gegenteil. Wonach wir uns aber wahrhaft sehnen, ist die bewusste Erfahrung des WIR und die eigene Fähigkeit zum DU. Jesus lädt uns als Erwachsene dazu ein, unsere eigenen *Erwartungen* – nicht die *Erfahrungen*! – zum Maßstab unseres Verhaltens anderen gegenüber zu machen (Mt 7,12). Im Glauben Erwachsene brauchen nicht passiv auf eine Gemeinschaftserfahrung zu warten, sie können von sich aus damit beginnen, sie zu verwirklichen.

Sosehr wir unseren Glauben durch Verkündigung und Zeugnis anderer Menschen gewonnen haben und sosehr wir von der Identifizierung mit Vorbildern in unserer frühen Entwicklung profitiert haben, so sehr dürfen wir nicht dauerhaft von menschlicher Begleitung abhängig bleiben. Gute Lehrer erübrigen sich selbst durch die Befähigung ihrer Schüler zur Eigenständigkeit.

Und liebende Eltern befähigen ihre Kinder, ihr Leben ohne sie eigenverantwortlich zu gestalten.

Gemeindestrukturen, bei denen nicht Christus allein Herr und Haupt ist und alle anderen gleichwertige Glieder und Geschwister, sind zu hinterfragen. Sie wirken auf reife Persönlichkeiten abstoßend. Dies ist kein Argument gegen verschiedene Begabungen, Ämter und Verantwortungen der verschiedenen Glieder am Leib Christi. Aber die unmittelbare Gottesbeziehung und die Gleichunmittelbarkeit des Zugangs zu Gott in Christus ist gerade das überraschend und befreiend Neue an der Verkündigung und dem Heilswirken Jesu Christi – in einer Welt der Hierarchien und autoritären Strukturen und Standesunterschiede.

Dieses Durchdringen des erwachsen werdenden und reifenden Glaubens betrifft dann alle Gebiete des eigenen Lebens: der Welterfahrung, der Gottes- und Glaubensvorstellung sowie der eigenen Identität. Das eigene Vorverständnis wird im Licht des Evangeliums kritisch geprüft, Zweifel und offene Fragen werden nicht länger verdrängt, sondern wie bei den Psalmisten und Hiob – ja wie bei Jesus selbst in seiner eigenen Versuchung – vor Gott offen und wahrhaftig ausgesprochen. Verbindlich sind für den reifen Glauben nicht die Meinungen anderer und die menschlichen Traditionen an sich, sondern nur das, was in Übereinstimmung mit der an Christus orientierten Wahrheit des Evangeliums steht.

Als erwachsene Töchter und Söhne Gottes zweifeln und klagen, beten und handeln wir nicht wie unreife Kinder immer nur fordernd und selbstbezogen, sondern richten uns an dem einzigartigen Sohn Gottes, unserem »großen Bruder« Christus, aus. Der hing nicht seiner geborgenen Vergangenheit nach, sondern lebte bewusst und zielstrebig in bedingungsloser und hingebungsvoller Liebe zu Gott und zu den Menschen. Er handelte weder aus Angst noch aus Eigeninteresse, sondern aus Dankbarkeit, Liebe und Einsicht.

Wenn wir in diesen Spuren – trotz enttäuschender Erfahrungen und Krisen – die Suche nach einem glaubwürdigen und lebensbejahenden Glauben neu aufnehmen, dann werden wir überrascht entdecken, dass die *Ursprünglichkeit* und *Echtheit* unseres Glaubens nicht etwa *hinter* uns, sondern noch *vor* uns liegt. Mögen wir zuletzt doch noch zu unserer »ersten Liebe« finden.

GOTT WIRD MENSCH

VOM MENSCHLICHEN GOTTESBILD ZUM CHRISTLICHEN MENSCHENBILD

Fraglos ist der christliche Glaube grundlegend und zentral mit der Person Jesus Christus verbunden. Dabei haben mit der »Lehre von Christus«, der sog. »Christologie«, in den letzten Jahrzehnten nicht nur der Kirche Fernstehende erhebliche Schwierigkeiten. Die traditionellen Bekenntnisse und biblischen Überlieferungen bereiten zunehmend auch den in der Kirche Engagierten Schwierigkeiten. Wie erklärt man einem modernen Menschen noch den Sinn des Kreuzes Jesu, der für die Seinen sein Leben gelassen hat? Wie kann man die urchristliche Freude an der leibhaftigen Auferstehung Jesu von den Toten und seiner Erscheinung vor den Jüngern heute noch teilen? Und wie soll man das Geheimnis von Weihnachten, dass Gott selbst in einem Stall zur Welt gekommen und in einem Kind Mensch geworden ist, unter unseren Voraussetzungen der Neuzeit noch nachvollziehen?

Aber nicht nur das Geheimnis der Person, des Wirkens und der Passion Jesu Christi erscheint vielen eher rätselhaft. Neben der »Christologie« bereitet ihnen an den traditionellen Überlieferungen auch die dort vorausgesetzte »Anthropologie« – das heißt die Lehre vom Menschen und das Menschenbild – ernste Probleme. Wenn der Mensch in der christlichen Tradition als »Sünder« in den Blick kommt, dessen »Dichten und Trachten von Jugend auf böse ist« (1. Mose 8,21) und der deshalb auf Vergebung und Erlösung angewiesen ist, bringt das nicht wenige von uns in Verlegenheit.

Gilt es inzwischen doch weithin zumindest als »unangemessen« und »ungeschickt«, wenn nicht sogar als pädagogisch und theologisch »schädlich« und »politisch inkorrekt«, den Menschen überhaupt auf seine *Unzulänglichkeit* und *Bedürftigkeit* anzusprechen. Haben wir nach dem vorherrschenden Menschenbild nicht vielmehr davon auszugehen, dass der Mensch an sich prinzipiell gut ist und nur durch negative soziale und politische Einflüsse und Umstände an seiner natürlichen Selbstentfaltung gehindert wird? Wie lässt sich die biblische Rede von dem Menschen als Sünder von Geburt – ja vom Anfang der Geschichte an – mit einer »gesellschaftsfähigen« Vorstellung vom grundsätzlich lebensorientierten und liebesfähigen Menschen vermitteln?

Also beides – die Lehre von *Christus* wie die darin eingeschlossene und vorausgesetzte Lehre vom *Menschen* – ist bei dem Gedanken von der »Menschwerdung Gottes« für das neuzeitliche Denken schwer nachvollziehbar geworden. Dabei könnte man von »Gott« an sich und im weiteren Sinne durchaus noch sprechen. Denn die Vorstellung von einem letzten Grund des Seins, von einem höheren Wesen, von dem Prinzip des Lebens oder dem Ideal der Liebe möchte wohl kaum jemand in seiner Weltanschauung missen.

Im Dialog mit anderen Religionen ist von »Gott« die Rede, aber auch in ganz banalen Zusammenhängen wie bei der Floskel vom »Wettergott« oder dem »Fußballgott«. Einem Trost und Geborgenheit suchenden Kind mag man noch vom »lieben Gott« erzählen und in der Stunde eigener Krankheit und Not sich auch durchaus selbst ein ungewohntes Gebet zum Himmel abringen. Im Allgemeinen aber ist unsere Rede von Gott in der Neuzeit eher unspezifisch und übertragen gemeint. Die Vorstellung von Gott als einer allmächtigen und in Raum und Zeit hinein handelnden Person, die in Jesus von Nazareth menschliche Gestalt angenommen hat, erscheint daneben eher als überholt und anstößig.

Nicht nur in Hinsicht auf unser *Gottes-* und *Weltbild*, unser Verständnis von Natur und Geschichte, hat sich seit der Aufklärung Entscheidendes geändert, sondern auch im Hinblick auf unser *Menschenbild*. Die alten Duale von Himmel und Erde, Gott und Mensch, Transzendenz und Immanenz wurden abgelöst durch ein Weltbild, das den Menschen selbst als Mittelpunkt der Welt und der Geschichte, der Vernunft und der Lebensgestaltung sieht. »Ich denke, also bin ich!«, »Ich handle, also bin ich!«, »Ich fühle, also bin ich!« sind die Bekenntnisse des neuzeitlichen Menschen, der sich selbst als unabhängiges Subjekt seines eigenen Lebens erkannt hat. Nicht einen fremden Willen oder eine vorgegebene Bestimmung hat er zu verwirklichen, sondern vielmehr sich selbst und das von ihm als zuträglich Erkannte.

BEFREIUNG VON EINEM DÜSTEREN MENSCHENBILD?

Dass die Ablösung des alten Denkens mit seiner Vor- und Überordnung Gottes über den Menschen von vielen als Befreiung empfunden worden ist, erklärt sich zum Teil aus den traditionellen theologischen Verknüpfungen und anthropologischen Implikationen, die sich oft gerade bei ausgeprägter Frömmigkeit eingeschlichen hatten. Dann wurde aus dem Gegenüber von Gott und Mensch ein Dualismus von Gut und Böse, Licht und Finsternis, Kraft und Schwachheit, Wahrheit und Lüge, der den Menschen jeweils auf sein Unvermögen, seine Vergänglichkeit und Schuld reduzierte. Eine Erziehung in diesem Geiste konnte es sich zum Ziel setzen, den Kindern den angeborenen Geist der Auflehnung auszutreiben und sie zur konsequenten Ein- und Unterordnung anzuhalten.

Wenn das »Selbst« des Menschen als das eigentliche Problem gesehen wurde, lagen in der Unterwerfung des »Ich« und in der »Selbstverleugnung« die wahren Ziele der Persönlichkeitsentwicklung. Und wenn der eigene Wille und die Selbstständigkeit als Auflehnung verstanden wurden, dann galt es als erklärtes pädagogisches Ziel, dem Kind »den Willen zu brechen« und es mit allen Mitteln – gegebenenfalls auch mit Anwendung von körperlicher Züchtigung – zum Gehorsam gegenüber einem übergeordneten Willen anzuhalten.

Angesichts einer solchen sogenannten »Schwarzen Pädagogik« musste das Weltbild der Aufklärung und das Menschenbild der Neuzeit geradezu als Erlösung aus der Sklaverei und Befreiung von der Unterdrückung erscheinen. Nicht eine fremde Macht, nicht ein Gott oder seine irdischen Stellvertreter prägten weiterhin die Geschichte und das eigene Leben, sondern der sich selbst erkennende und bestimmende Mensch. Dieser muss sich nun nicht mehr anderen Normen und Vorstellungen unterwerfen, muss nicht mehr Rücksicht nehmen auf vorgegebene Maßstäbe, sondern er kann sich selbst und seine Kriterien eigenständig schaffen und verwirklichen. An die Stelle des Schuldbewusstseins tritt der Durchsetzungswille und an die Stelle der Rücksicht auf fremde Interessen die Selbstbehauptung.

Der Mensch muss nicht länger als »böse« und »schuldig« beurteilt werden, denn er kommt – so die Gegenthese – mit guten Anlagen und unschuldig auf die Welt. Diese Fähigkeiten und Begabungen gilt es in der Pädagogik lediglich zu *entfalten* und das eigentliche »Selbst« gilt es zu *entwickeln.* Denn der Mensch wird als von seiner Anlage her gut bestimmt. Alles, was er zu seiner Entfaltung braucht, ist bereits in ihm angelegt; es darf nur nicht behindert werden. Böse und unsozial machen ihn demgegenüber eine unangemessene, an alten Normen orientierte Erziehung und abträgliche soziale und politische Verhältnisse.

An die Stelle, die in einem früheren Weltbild Gott einnahm, tritt nun der Mensch selbst, der zu erkennen meint, dass nicht etwa Gott den Menschen zu seinem Ebenbilde erschuf. Vielmehr habe er selbst – der Mensch – in seiner früheren Unreife und Ängstlichkeit die Vorstellung von Gott erschaffen.

SCHÖPFUNGSTHEOLOGIE STATT KREUZESTHEOLOGIE?

Freilich gibt es auch für eine Theologie im Geiste der Aufklärung noch Möglichkeiten, biblische Vorstellungen und traditionelle Muster für die neue Sicht vom Menschen auszuwerten und so die jüdisch-christliche Überlieferung auch für die eigene Sache noch fruchtbar zu machen. Dazu wurde *erstens* immer wieder die *Schöpfungstheologie* angeführt, da sie – im Unterschied zu einer erlösungs- und versöhnungsbetonten *Kreuzestheologie* – leichter mit dem ungebrochenen Selbstbewusstsein des modernen Menschen vermittelbar erscheint.

Nach dieser Deutung geht es freilich bei der Schöpfungserzählung nun nicht um das *Gegenüber* von Schöpfer und Geschöpf, sondern vielmehr um den Menschen als das *Ebenbild* Gottes – und das heißt dann: als sein Stellvertreter und seine Verkörperung auf Erden. In diesem Sinne versteht sich der Mensch als Herrscher oder auch Bewahrer der Schöpfung und des Lebens. In der Rede von der »Gottebenbildlichkeit« meint man die eigene Sicht vom Gutsein und dem unverbrüchlichen »göttlichen« Kern, den es nur freizulegen gilt, wiederzuerkennen.

In der Zeit der Abwesenheit Gottes – oder wie es zugespitzt auch schon formuliert wurde: »nach dem Tode Gottes« – tritt der »gottgewordene« Mensch an dessen Stelle und übernimmt die Verantwortung für sich selbst, für die Schöpfung und die Geschichte. Während die biblische Schöpfungsgeschichte in 1. Mose 1–3 gerade die Widersprüchlichkeit des Menschen veranschaulicht, der in seinem Verlangen nach Gottgleichheit und Erkenntnis von Gut und Böse sein eigenes Menschsein und sein Leben gefährdet, propagiert eine Schöpfungstheologie ohne das Gegenüber von Gott und Mensch – von Schöpfer und Geschöpf – letztlich die vertraute und verführerische Botschaft: »Ihr werdet sein wie Gott!«

Nun können wir zweifellos gar nicht genug darauf aufmerksam machen, dass wir als Menschen selbst für unser Leben und diese Welt verantwortlich sind, dass wir uns nicht mit einer übergeordneten Wirklichkeit und mit vorgegebenen Normen entschuldigen dürfen. »Hier und jetzt« sollen wir leben, unsere Möglichkeiten ergreifen und unsere Ziele verwirklichen. Jedoch lässt uns die pathetische Rede von den unbegrenzten Möglichkeiten, der optimistischen Selbsteinschätzung und der unbedingten Entscheidung auch gelegentlich ins Schlingern geraten. Dann torkeln wir zwischen illusorischen Allmachtsfantasien und unrealistischen Ohnmachtsgefühlen auf dem Boden der Wirklichkeit. Der Rausch des Machbaren hinterlässt bei uns einen schmerzhaften Kater des Versäumens, des Versagens und der verpassten Möglichkeiten. Denn wenn unsere ganze Zukunft ausschließlich in unserer Hand liegt, dann sind wir auch in Hinsicht auf unsere verfehlte Gegenwart, die wir als unerlöste Vergangenheit weitertragen, gänzlich auf uns allein gestellt.

DAS VORBILD JESU VON NAZARETH

Der *zweite* Bereich theologischer Umsetzung der neuzeitlichen Idee vom selbstständigen und selbstbestimmten »göttlichen« Menschen findet sich in der Orientierung an dem *vorbildlichen Menschen Jesus von Nazareth.* Dieser verkörpert in diesem Zusammenhang freilich nicht etwa den *menschgewordenen Gott,* sondern vielmehr den *gottgewordenen Menschen.* Jesus repräsentiert den sich gegen alle falschen Rücksichten und überholten Normen auflehnenden Menschen, der sich selbst und seine Ideale verwirklicht und durchsetzt.

In seiner unbestechlichen Rede, in seinen radikalen ethischen Forderungen und in der Konsequenz seines ethischen Handelns kann Jesus – auch ohne jeden religiösen Überbau – als Vorbild für das wahre Menschsein gelten. Ja, als der erhöhte »Christus«, dessen Botschaft und Sache auch sein eigenes Sterben am Kreuz weit überlebte, kann er geradezu zur Chiffre für das »Selbst« werden. Dann steht Christus als Symbol für das »Selbst«, das jeder in seinem eigenen Leben gegen alle Außenbestimmung, in Überwindung aller Entfremdung und trotz aller Leiderfahrung zu entfalten hat.

Freilich könnte man einräumen, dass eine Orientierung an dem *Menschen Jesus* so falsch ja nicht sein kann und wir uns für unsere heutige Gesellschaft gar nichts Besseres wünschen können, als dass sich möglichst viele Menschen die Ethik und das Verhalten Jesu zum Vorbild nehmen. Die Probleme beginnen aber auch hier wieder bei der Verkennung der eigenen Voraussetzungen und der Überschätzung der eigenen Möglichkeiten. Im jugendlichen Überschwang mögen wir noch für unser vor uns liegendes Leben an die Machbarkeit des Unmöglichen und die grundsätzliche Veränderbarkeit der Welt glauben – und wer von uns wäre nicht voller Illusionen und guter Vorsätze aus seiner Ausbildungsphase in die Praxis gegangen?

Spätestens bei der Umsetzung unserer Ideale im Alltag aber wird uns bewusst, dass wir uns nicht nur hinsichtlich unserer eigenen Kraft und Möglichkeiten, sondern zugleich auch im Hinblick auf die Gebrochenheit und Widersprüchlichkeit der Realität – und damit auch der uns anvertrauten Menschen – Illusionen gemacht haben. Sollen wir unser einheitliches, ideales Weltbild unter Verleugnung unserer eigenen Wirklichkeit dennoch festhalten und unsere Erfahrung und Selbstwahrnehmung weiterhin durch Appelle und Durchhalteparolen übertönen? Oder wird der sprichwörtliche »Praxisschock« uns so abstumpfen lassen, dass wir nicht nur unsere überzogenen Ideale, sondern auf Dauer auch unsere notwendige berufliche Perspektive und uns selbst aufgeben?

Ob wir die Verpflichtung auf das Vorbild Jesu von Nazareth eher konservativ als konsequente »Leidensnachfolge« und »Gehorsam« Christus gegenüber bestimmen oder eher liberal beziehungsweise neuhumanistisch von der Orientierung an dem wahren Menschen Jesus sprechen, in jedem Fall führen wir uns selbst und die Menschen, die uns anvertraut sind, in eine *programmatische Selbstüberforderung*. Was ist mit der Erfahrung von Versagen und Schuld, was mit der Wirklichkeit der eigenen Grenzen und der Zwiespältigkeit selbst der gut gemeinten Handlungen? Wo bleibt unser Veränderungspathos, wenn wir in unveränderten Situationen bei veränderungsmüden Menschen ausharren müssen? Wie können wir mit uns selbst und anderen umgehen, wenn die Orientierung an dem großen Vorbild eher die eigene Kleinheit und Inkonsequenz lähmend bewusst macht, als dass sie zu ethischer Größe und konsequenter Nachfolge motiviert?

DIE MENSCHLICHE WIRKLICHKEIT GOTTES

Nun liegt das Geheimnis dessen, was in den Evangelien des Neuen Testaments von Jesus von Nazareth berichtet wird, gerade nicht in der *Verklärung göttlicher Möglichkeiten eines Menschen*, sondern vielmehr in der *Verherrlichung der menschlichen Wirklichkeit Gottes*. Um es mit den Worten des bekannten Johannesprologs (Joh 1,1.14) zu sagen: »Im Anfang war das Wort, und das Wort war bei Gott, und das Wort war Gott.... Und das Wort wurde Fleisch – das heißt ein vergänglicher, sterblicher Mensch – und wohnte unter uns, und wir sahen seine Herrlichkeit, eine Herrlichkeit als des einziggeborenen Sohnes vom Vater, voller Gnade und Wahrheit.«

Es mag manche überraschen, dass angesichts der Schwächen des neuzeitlichen Menschenbildes ausgerechnet eine dogmatisch »hohe« Christologie die Lösung bringen soll. Aber in der Tat ist gerade die Christologie, die im Himmel beginnt, diejenige, die auch wirklich die Erde erreicht. Denn es ist die Botschaft von der Menschwerdung Gottes in seinem eigenen Sohn, die Menschen in der »Götterdämmerung« der eigenen Entlarvung und Ernüchterung trösten und ermutigen kann.

Aber wie wird Jesus Christus verstanden, wenn er als das einzigartige Schöpfungswort und die Selbstmitteilung Gottes, wenn er in einem einmaligen Sinn als »der Sohn Gottes« bekannt wird? Wie in allen Erzählungen, Reden und Dialogen deutlich wird, soll er als eine *Person*, nicht aber als ein *Mensch wie du und ich* erkannt werden. Er gilt vielmehr als die persönliche Gegenwart und Zuwendung *Gottes*.

Alles, was von Christus im Evangelium bekannt wird, ließe sich von keinem Menschen, sondern theologisch gesprochen nur von *Gott selbst* – philosophisch gesprochen nur von »*dem* Sein«

und »*dem* letzten Grund«, »*dem* Leben« und »*der* Liebe« selbst – aussagen. Christus ist nicht nur einer von Millionen Lebenden, sondern alles geschaffene Leben gründet in ihm und hat an seinem Leben teil, sodass er selbst als »*das* Leben« (Joh 1,3 f; 11,25 f; 14,6) verstanden wird. Er hat nicht nur erhellende Worte und ist nicht nur eine lichtreiche Persönlichkeit, sondern er ist selbst »*das* Licht«, in dem alles besteht und lebt (Joh 1,4; 8,12). Er spricht nicht nur die Wahrheit und lehrt nicht nur Verbindliches, sondern er ist selbst »*die* Wahrheit« (Joh 14,6) und damit Maßstab und Kriterium der Wirklichkeit. Er ist nicht nur ein »Seiender« unter anderen, sondern »das Sein« selbst, nicht nur ein »Liebender«, sondern die »Liebe in Person« – denn »Gott ist die Liebe!« (1. Joh 4,8.16).

Bei einer so tiefgründigen Bestimmung der Menschwerdung Gottes erscheint auch das Gegenüber von Gott und Mensch in einer völlig anderen Perspektive. Es geht bei dem Menschenbild des Evangeliums – speziell des Johannesevangeliums – nicht primär um ethisches *Versagen* und moralische *Schuld*, nicht um *Minderwertigkeit* und *Unmündigkeit*. Vielmehr wird das Angewiesensein des Menschen auf Gott als ein ganz grundsätzliches und prinzipielles verstanden.

Der Mensch ist als Geschöpf auf Gott als seinen Schöpfer angelegt – und dies ganz selbstverständlich und nicht nur aufgrund von Scheitern und aus Verlegenheit. Als Lebender bedarf er stets des Lebens und könnte ohne dies nicht einen Augenblick alleine leben. Die Seienden partizipieren am Sein, und die Liebenden verkörpern die Liebe.

So kommt das Gegenüber von Gott und Mensch gerade nicht als lebenshinderlich und abwertend in den Blick, sondern umgekehrt als *lebensfördernd* und *aufwertend*. Der Mensch ist auf Beziehung hin angelegt und kann sich als das isolierte Ich gerade nicht in angemessener Weise selbst entfalten. In der Erfahrung von Liebe wird er liebesfähig. Infolge von erlebter Zuwendung lernt er, sich selbst in ausgewogener Weise anderen zuzuwenden.

Nicht dass er schwach und angewiesen ist, erscheint nun als das Grundproblem des Menschen, sondern vielmehr, dass er mit dieser Offenheit und eigenen Begrenztheit nicht wahrhaftig umgeht. Als »Sünde« und »Verfehlung« gelten nicht vorrangig die Abweichungen vom eigenen Selbstbild und die Unzulänglichkeiten im eigenen Verhalten. Vielmehr besteht die entscheidende Zielverfehlung in der lebensabträglichen und liebeshinderernden Verschlossenheit gegenüber dem Gott, der als *das* Leben und *die* Liebe in Person verstanden wird (Joh 15,22-24; 16,9).

LIEBENSWÜRDIG ODER WÜRDIG GELIEBT?

Nun sind mit den Kategorien der »Beziehung« und der »Liebe« noch keineswegs alle Missverständnisse ausgeschlossen, die hinsichtlich der göttlichen Hinwendung zum Menschen und des menschlichen Verhältnisses zu Gott bestehen mögen. Auch »personale Beziehungen« können durchaus lebensabträglich sein, und es gibt Formen der Zuwendung, die alles andere als aufwertend und befreiend wirken.

In der Sozialpsychologie und der Pädagogik haben wir die begriffliche Unterscheidung von »konditionierter« und »nicht konditionierter Annahme« kennengelernt. Wenn Zuwendung an das Wohlverhalten und die Wohlgefälligkeit des Gegenübers gebunden ist, dann sprechen wir von »bedingter« Annahme, denn sie ist sowohl an »Vorbedingungen« geknüpft als auch als solche »vorbehaltlich«. In Wahrheit bezieht sich eine solche Zuneigung nicht auf die Person selbst, sondern auf bestimmte

Aspekte, Eigenschaften oder Qualitäten der Persönlichkeit. Die Wertschätzung gilt dann nicht dem Menschen an sich, sondern vielmehr seinen attraktiven Seiten und erwartungskonformen Verhaltensweisen.

Da eine solche Art von Anerkennung und Liebe nicht bedingungslose Zuwendung ist, sondern in Wahrheit erarbeitet und erkauft werden muss, enttäuscht sie nicht nur die »Ungeliebten«, sondern zugleich auch die vermeintlich »Geliebten«. Sie müssen nämlich »liebenswert« sein, um die Zuwendung zu erlangen, die sie eigentlich voraussetzungslos brauchen. Sie müssen sich »liebenswürdig« verhalten, um die Aufwertung zu erfahren, die sie doch unbedingt auf ihre eigene Person beziehen wollen.

Demgegenüber gewinnen wir als Menschen unsere Zuversicht, unsere Sicherheit und unser Glück aus Beziehungen, in denen wir uns bedingungslos und umfassend geliebt und anerkannt wissen. Wenn wir erleben, dass wir uns nicht erst durch unser Verhalten als »liebenswert« erweisen müssen, um Zuwendung zu empfangen, werden wir frei davon, uns nur von unseren Leistungen her zu verstehen und uns von unseren Erfolgen abhängig zu machen. Es gibt keine Voraussetzungen mehr, die wir in unserem Leben zuerst erfüllen müssen, um Anerkennung und Liebe zu gewinnen, sondern die Liebe selbst wird zur Voraussetzung und Grundlage unseres Lebens. Das »eigentliche« Lebensglück steht dann nicht länger in eine unbestimmte Zukunft hinein aus, sondern es kann hier und jetzt gewonnen und gestaltet werden. Auf diese Weise müssen wir nicht fortwährend der Anerkennung nachjagen und ständig neue Bedingungen erfüllen, von denen wir unser Glück abhängig machen. Wir müssen nicht dauernd werden und haben und tun, sondern wir können anfangen zu *sein.*

Wenn wir erleben, dass die Liebe eines anderen nicht nur unseren »liebenswerten« Seiten, sondern *uns selbst* umfassend gilt, bekommen wir den Mut, uns zunehmend auch mit unseren Schattenseiten auseinanderzusetzen und uns zu sehen, wie wir wirklich sind. Wir müssen ja nicht länger fürchten, durch unsere Wahrhaftigkeit und Offenheit die Zuneigung wieder zu verlieren. Im Gegenteil, weil *wir* geliebt werden und nicht nur die Rollen, die wir spielen, kann es die Beziehung nur vertiefen, wenn wir dem anderen und uns nicht länger etwas vormachen, sondern ehrlich werden.

So bewirkt gerade die Liebe, die uns bejaht, wie wir sind, dass wir uns verändern, und die unbedingte Annahme bringt uns dahin, dass wir ihr zunehmend auch durch unser Verhalten entsprechen wollen. Nichts ist für uns überwältigender als die Erfahrung uneingeschränkter Zuneigung. So gibt es keinen stärkeren *Imperativ* als den *Indikativ der Liebe!* Sie ist – gerade indem sie voraussetzungslos und bedingungslos gilt – für uns so *folgenreich* und *prägend* wie kein anderes Erleben.

VON DER UNBEDINGTEN ZUWENDUNG GOTTES

Wenden wir diese Differenzierung von »bedingter« und »unbedingter Annahme«, von »konditionierter« und »nicht konditionierter Zuwendung« auf die verschiedenen Vorstellungen von Glauben und auf die unterschiedlichen Ausformungen des Gottes- und des Menschenbildes an, dann mögen die Beispiele für eine *vorbehaltlich* erlebte religiöse Anerkennung und eine *konditionierende* und gesetzlich *einschränkende* Frömmigkeit empirisch durchaus überwiegen.

Wie soll ein fehlbarer Mensch sich auch gegenüber einem als vollkommen vorgestellten Gott so profilieren, dass er vor ihm als gerecht erscheint? Wie kann ein Mensch die anstrengende Rolle des Liebenswerten und Liebenswürdigen vor einem Gott durchhalten, dessen vornehme Eigenschaft es ist, selbst die Gedanken und das Herz der Menschenkinder zu durchschauen?

Nicht befreiend, sondern erdrückend wie ein übermächtiger strenger Vater wirkt dann das Gottesbild auf den, der ihm von sich aus entsprechen will. Und der Vergleich mit der Vollkommenheit und Vorbildlichkeit Jesu von Nazareth wird den, der sich aus eigener Kraft so redlich, aber aussichtslos um Nachahmung bemüht, in *Selbstbetrug* oder *Verzweiflung* treiben. Diese Art der Konditionierung hat manche Frömmigkeitsformen jahrhundertelang – und teilweise bis heute – gefesselt und gekettet.

Die grundlegende reformatorische Erkenntnis Martin Luthers von der »Rechtfertigung des Menschen durch Gott allein im Glauben, allein aus Gnade und allein in Christus« lässt sich kaum treffender als mit dieser Unterscheidung von *konditionierter* und *nicht* konditionierter Annahme entfalten. Es geht auch hier um die grundlegende Alternative: Wird der Mensch »gerechtfertigt« und anerkannt, weil er sich durch seine Gesinnung und sein Verhalten als »gerecht« – das heißt den Vorgaben und Normen entsprechend – erwiesen hat? Oder wird er durch Gottes Zuwendung und Gnade voraussetzungslos »freigesprochen« und in das »richtige« – das heißt »gerechte« – Verhältnis zu Gott versetzt? Liebt Gott den Menschen, insofern sich dieser als liebenswürdig zeigt und liebenswert verhält, oder erkennt sich – umgekehrt – der Mensch als wertvoll und würdig, weil er sich von Gott geliebt und durch seine Zuwendung wertgeschätzt weiß?

Die Botschaft von der Menschwerdung Gottes und von der Inkarnation seines Wortes wurde vom Anfang der Evangeliumsverkündigung an als unmissverständliches Zeugnis von Gottes voraussetzungsloser und unbedingter Zuwendung zur »Welt« – das heißt zu einer Gott gegenüber verschlossenen und ihm nicht zugewandten Menschheit – verstanden. Oder um es wieder mit den bekannten Worten des Johannesevangeliums zu formulieren: »Denn also hat Gott die Welt geliebt, dass er seinen einziggeborenen Sohn gab, damit alle, die an ihn glauben, nicht verloren werden, sondern das ewige Leben haben. Denn Gott hat seinen Sohn nicht in die Welt gesandt, dass er die Welt richte, sondern dass die Welt durch ihn gerettet werde« (Joh 3,16 f).

In dem Maße, wie wir andere wertschätzen, teilen wir uns ihnen mit. Wir schenken denen, die wir lieben, Zeit, Aufmerksamkeit, Zuwendung und Vertrauen. In jeder unserer Mitteilungen teilen wir uns auch ein Stück weit selbst mit. Es gilt aber als herausragendes Merkmal einer unbedingten Zuneigung und unbegrenzten Liebe, wenn wir die Bereitschaft haben, jemandem nicht nur Zeit, Geld oder Worte zu schenken, sondern uns selbst offen und ungeschützt mitzuteilen. So erkennen wir die gegenseitige Liebe an der Bereitschaft zur persönlichen Hingabe. Und wenn jemand bereit ist, für die, die er liebt, sogar sein eigenes Leben einzusetzen, sprechen wir von einer grenzenlosen und unbedingten Liebe. Oder wie es Jesus zu seinen Jüngern als seinen Freunden beim Abschied vor seiner Gefangennahme formulierte: »Niemand hat größere Liebe als die, dass er sein Leben lässt für seine Freunde« (Joh 15,13).

VON DER WÜRDE DES GELIEBTEN MENSCHEN

Worin liegt also die Bedeutung des zentralen christlichen Bekenntnisses von der Menschwerdung Gottes für das Menschenbild? Von vielen möglichen Gesichtspunkten kamen für uns vor allem zwei Aspekte in den Blick: *Erstens* wird die Erfahrung der unbedingten und voraussetzungslosen Selbstmitteilung Gottes und seiner persönlichen, verbindlichen Hingabe an die Welt als Ausdruck einer grenzenlosen Zuwendung und Wertschätzung erfahren. Die Bereitschaft zur Menschwerdung Gottes steht für die vorbehaltlose und nicht konditionierte Liebe des Schöpfers zu seinen Geschöpfen, des himmlischen Vaters zu seinen Kindern, des Christus zu seinen Freunden. Die Frage, wie sich Gott – als das Sein, das Leben und die Liebe – zu seinen Menschen in ihrem Angewiesensein und ihrer Bedürftigkeit verhält, ist nicht offen, sondern eindeutig und überwältigend zu unseren Gunsten entschieden.

Zugleich und *zweitens* ist mit der theologischen Erkenntnis, dass in Jesus von Nazareth Gott selbst in menschlicher – das heißt angewiesener und vergänglicher – Gestalt unter uns wohnte und unsere Schwachheit und Sterblichkeit mit uns teilte, eine grundlegende *Veränderung der menschlichen Situation* und des *Weltbildes* verbunden. Das Gegenüber von Gott und Mensch, Allmacht und Schwachheit, Liebe und Bedürftigkeit, Ewigkeit und Vergänglichkeit muss nicht länger verleugnet und kompensiert werden, weil die scheinbaren Gegensätze in der Selbsthingabe Gottes *versöhnt* sind. Selbstentfaltung des Menschen und Verherrlichung Gottes bilden keinen Gegensatz mehr, weil sich der Schöpfer in der Lebensentfaltung seiner Geschöpfe verherrlicht und die Geschöpfe in ihrer Offenheit und Zugewandtheit gegenüber dem Schöpfer zu sich selbst finden.

In der Christuserkenntnis kommen Gotteserkenntnis und Selbsterkenntnis des Menschen zu einer lebenseröffnenden *Vermittlung*. Gott kam zu den Menschen, damit die Menschen endlich zu Gott kommen. Christus wurde arm und verachtet, damit wir an seinem Reichtum und an seiner Herrlichkeit teilhaben können. Das Leben scheute den Tod nicht, sodass in Zukunft keiner mehr ohne Hoffnung auf sein Leben sterben muss. Das Licht scheint in der Finsternis, sodass die, die der Dunkelheit ausgeliefert waren, nunmehr inmitten ihrer Welt den Glanz und die Herrlichkeit – nicht nur eines Menschen, sondern – ihres Gottes sehen (Joh 1,1-18).

Was beide Aspekte – den der Offenbarung des Gottesbildes und den der Verwandlung des Welt- und Menschenbildes – verbindet, ist die Betonung einer ungekannten *Würde des Menschen*, die nicht erst durch die eigene Selbstentfaltung gewonnen werden muss und die auch durch die eigene Unzulänglichkeit nicht widerlegt werden kann. Indem Gott seiner Welt nicht nur Worte, sondern sein eines und entscheidendes Wort in Person mitgeteilt hat, vermittelt er ihnen eine *Wertschätzung* und *Bedeutsamkeit*, die sie zuvor nicht ahnen konnten. In dieser Gestalt uneingeschränkter Selbsthingabe Gottes findet der Mensch gerade in der Wahrnehmung *Gottes* uneingeschränkt zu sich *selbst*.

Dass die Erkenntnis dieser voraussetzungslosen Zuwendung Gottes gleichwohl *nicht folgenlos* bleiben kann, sondern ihrerseits zur *Erwiderung* der Anerkennung und zur *Weitergabe* einer solchen Wertschätzung drängt, ist gerade das Geheimnis einer nicht konditionierten Liebe. Denn während die *bedingte* Liebe den Menschen daran hindert, so zu werden, wie es von ihm erwartet wird, bewirkt die *bedingungslose* Liebe, dass der Mensch ihr so entsprechen will, wie sie es gar nicht als Bedingung verlangt hat. Die »Gnade« bewirkt bei den Beschenkten weit mehr, als das »Gesetz« überhaupt gefordert hat.

Freilich erscheint eine »Selbstentfaltung« in diesem Sinne nicht mehr als Ausdruck einer verzweifelten Suche nach Anerkennung und Selbstbehauptung. Sie äußert sich auch nicht als

Selbstüberforderung angesichts überzogener und gesetzlicher Normen, sondern als ein ganz neues und in Liebe und Einsicht gegründetes Gebot der Stunde: »Ein neues Gebot gebe ich euch, dass ihr euch untereinander liebt, wie ich euch geliebt habe, damit auch ihr einander lieb habt. Daran wird jedermann erkennen, dass ihr meine Jünger seid, wenn ihr Liebe untereinander habt« (Joh 13,34 f). – »Darin wird mein Vater verherrlicht, dass ihr viel Frucht bringt und meine Jünger werdet. Wie mich mein Vater liebt, so liebe ich euch auch. Bleibt in meiner Liebe!« (Joh 15,8 f).

GELINGENDES LEBEN

»DER MENSCH LEBT NICHT VOM BROT ALLEIN«

WOVON LEBT DER MENSCH?

»Der Mensch lebt nicht vom Brot allein, sondern von einem jeden Wort, das aus dem Mund Gottes geht« (Mt 4,4; vgl. 5. Mose 8,3).

Der Mensch lebt nicht vom Brot allein? Ein Missverständnis sei gleich zu Anfang ausgeschlossen. Es geht bei der Antwort Jesu gegenüber dem Versucher in Matthäus 4 wie bei Gottes Wort zu Israel in der Wüste in 5. Mose 8 keineswegs um eine Geringschätzung der Grundbedürfnisse des Menschen, weder um Leibverachtung noch um Verharmlosung der materiellen Not in der Welt. Im Gegenteil! Es geht in der gesamten biblischen Überlieferung gerade um die Frage, wie das Leben des Einzelnen, der Gemeinschaft und des ganzen Volkes umfassend gelingen kann.

So wichtig die Stillung der Grundbedürfnisse des einzelnen Menschen aber auch sein mag und so verständlich das Bedürfnis nach materieller Sicherung bei jedem Individuum für sich genommen ist – dem Schöpfer der Welt liegt an dem Wohl seiner *ganzen Schöpfung*. Der Gott, der Israel aus der Sklaverei erlöst hat, verheißt das gelingende Leben seines *ganzen Volkes* in dem Land der Fülle, in das er es führen will. Und Gott, der Vater Jesu Christi, beabsichtigt mit seiner Sendung des verheißenen Messias – über das *eine* Volk hinaus – die umfängliche Erlösung und heilvolle Einbeziehung *aller Völker* der Erde (Mt 28,16 ff; Mk 13,10).

GRUNDBEDÜRFNISSE

»Der Mensch lebt nicht vom Brot *allein*« – der Bedürfnisse gibt es viele, aber das Bedürfnis nach Brot und Wasser, nach Essen und Trinken, wird zu den ganz vorrangigen Grundbedürfnissen des Menschen gerechnet. Viele von uns haben einen lebensbedrohenden Hunger und Durst noch nicht persönlich am eigenen Leib erleiden müssen. Für ungezählte Menschen auf der ganzen Erde sind diese elementaren Entbehrungen hingegen auch gegenwärtig noch ganz real und lebensbedrohlich.

Aber sind uns hier und heute damit ungestillte grundlegende Bedürfnisse bereits fremd? Kennen wir in unserem Leben keinen wirklichen Mangel und keine lebensbedrohenden Gefahren mehr? Dies gilt schon deshalb nicht, weil auch wir uns in unserem Wunsch nach Sicherheit und Schutz, nach körperlicher Unversehrtheit und Gesundheit immer wieder bedroht und abhängig erleben. Vor allem aber ist mit dem Stillen dieser vordringlichen, materiellen Bedürfnisse der umfassende »Hunger und Durst« nach Leben im tieferen Sinn noch nicht gestillt. Zu einem als gelingend erfahrenen Leben gehören mehr als allein Wasser und Brot – sosehr die Stillung von Durst und Hunger in jedem Fall die notwendige Voraussetzung dazu bilden.

DAS BEDÜRFNIS NACH ZUGEHÖRIGKEIT UND BEZIEHUNG

Ein Motiv, das uns viel mehr antreibt, als wir es uns eingestehen, ist unser tiefes Begehren nach Zuwendung und Anerkennung, unser elementares Bedürfnis nach Gemeinschaft und Zugehörigkeit. Persönliche Beziehungen sind für unser Leben und unsere

Zufriedenheit grundlegend, denn wir sind für Beziehungen geboren, wie wir es schon von Geburt an in unserem Angewiesensein auf Fürsorge und Ansprache erfahren haben.

Für uns als Erwachsene lässt sich das umfassende Verlangen nach Liebe und Beziehung freilich nicht in einer einseitigen Erwartung an andere erfüllend ausleben. Es würde uns nicht dauerhaft befriedigen und bestätigen, wenn wir in unreifer Weise auf unsere Eigeninteressen fixiert blieben und den Mangel an Selbstwertgefühl durch vordergründiges Bedürfnisstillen kompensieren wollten. Wir sind nicht nur dazu bestimmt zu empfangen, sondern auch *zu geben*. Wir sind nicht dazu berufen, ständig nur zu fordern, sondern auch *selbst Verantwortung zu übernehmen* und uns unsererseits *anderen Menschen zuzuwenden*. Die beglückende Erfahrung einer *gegenseitigen* Liebe, einer *wechselseitigen* Anerkennung und Aufwertung lässt sich durch ichbezogene Formen der Selbstbestätigung und der aggressiven Selbstbehauptung keineswegs erübrigen.

Wir mögen zwar in dauernder »Stillung« unserer Grundbedürfnisse und in rücksichtsloser Durchsetzung gegen andere einen Ersatz für die Liebe suchen, wirklich befriedigen können wir unsere Sehnsucht nach gegenseitiger Zuneigung und Wertschätzung dadurch freilich nicht. Der Mensch mag versuchen, allein durch die Befriedigung seiner eigenen Bedürfnisse – »vom Brot allein« – erfüllt zu leben, die Erfüllung und das Glück, seiner Bestimmung entsprechend zu leben, würde er sich so aber selbst vorenthalten.

AUS BEZIEHUNGEN UND IN BEZIEHUNGEN LEBEN

Diese Grundbestimmung des Menschen, *aus*, *in* und *für* Beziehungen zu leben, betrifft nach dem biblischem Zeugnis auch – und vor allem – die Beziehung des Geschöpfes zu seinem

Schöpfer. Der Mensch ist als Gegenüber und »Ebenbild« Gottes geschaffen – und dies gilt unabhängig davon, ob er diese Sehnsucht und Anlage bereits wahrnimmt oder sie auf anderen Wegen auszugleichen versucht.

Während der Mensch durchaus in der Lage ist, mit manchen ungestillten Bedürfnissen erfüllt zu leben und Zeiten einschneidenden Mangels tapfer zu überstehen, erweist sich die Bestimmung zu persönlichen Beziehungen als unersetzlich. Er mag sie durch Geltungsdrang, Ehrgeiz, Perfektionismus, Zwanghaftigkeit und viele Formen eines Suchtverhaltens zu kompensieren suchen, wirklich ersetzen kann er die menschliche Bestimmung zu erfüllenden und lebensfördernden Beziehungen nicht. Denn der Mensch *hat* nicht nur Beziehungen, der Mensch *ist* wesentlich Beziehung. »Der Mensch lebt nicht vom Brot allein«, sondern von dem Zuspruch und der Zuwendung seines Gegenübers, von der Anerkennung und Wertschätzung seines Gottes, der ihn durch sein Wort in die Beziehung ruft und zur Übernahme eigener Verantwortung beruft.

ZEIT DER BEWÄHRUNG

Nun findet sich die grundlegende Einsicht unserer Themenformulierung in einem ganz konkreten textlichen und geschichtlichen Zusammenhang: in dem Bericht der Evangelien von dem Anfang des Auftretens Jesu (Mt 3,13–4,11). Überraschenderweise beginnt das öffentliche Wirken Jesu damit, dass er in die Wüste geführt und versucht wird. Gerade noch war er bei seiner Taufe von Gott selbst bestätigt und in seine Aufgabe eingeführt worden, da muss er sich dem Hunger und Durst, der Entbehrung und Bewährung, einer Zeit der Einsamkeit und des Mangels aussetzen. »Und als er 40 Tage und 40 Nächte gefastet hatte, hungerte ihn. Und der Versucher trat zu ihm und sprach: Bist du Gottes Sohn, so sprich, dass diese Steine Brot werden« (Mt 4,2 f).

Wüstenzeiten sind Zeiten der Versuchung und Prüfung, aber auch der Bewährung und der Vorbereitung – ob sie 40 Tage oder 40 Jahre dauern. Wir kennen die 100 Tage, die wir neuen Amtsträgern einräumen, um sich in der neuen Verantwortung zu orientieren. Die symbolische Zahl der Bibel ist die Zahl 40.

Vor der *Ausübung* der Macht steht die Bewährung gegenüber der *Versuchung* der Macht. Vor der Bewältigung der Not und des Bedarfs steht die eigene Wahrnehmung und authentische Erfahrung der Entbehrung und Beschränkung. Vor aller Überwindung menschlicher materieller, sozialer und politischer Probleme steht die Orientierung an dem, was grundsätzlich gilt und bleibend wahr ist. Ehe wir reden, sollten wir hören! Bevor wir andere führen und belehren, sollten wir wissen, von was und von wem wir selbst uns leiten lassen. Eines guten Lehrers bester Schüler sollte er selbst sein. Er will persönlich leben, was er andere lehrt, und nichts lehren, was nicht lebenswert und nicht zu leben ist.

WÜSTENZEITEN

Damit wir uns recht verstehen: Die richtigen Antworten liegen nicht in der Wüste *als solcher*. Hier kann man eher erkennen, wohin die falschen Antworten führen. Hier finden wir nicht Brot, sondern Steine. Wer sich gleich zu Beginn seiner Aufgaben nur noch auf den Mangel und die Entbehrung konzentriert, wird auch bald nur noch die Steine in der Wüste sehen. Die Fixierung auf die Probleme bewirkt noch keine Entwicklung der tragenden Lösungen. Denn die Negation der Negation bedeutet noch keine tragfähige Position und kann diese schon gar nicht ersetzen.

Aber die Wüstenzeit mag uns – frei von allen Möglichkeiten der Ablenkung, Kompensation und Oberflächlichkeit – an das erinnern, was wirklich trägt und nährt und hilft. Die Wüste an sich macht uns nicht weise; aber der Weise bewährt sich selbst in den Zeiten der Wüste. Not lehrt nicht zwangsläufig beten – andere lassen sich auch dazu verführen, zu zweifeln und zu hadern. Aber der Gläubige findet gerade auch bei den Durststrecken des Lebens zum Gebet.

Der Weise ist nur so weise, wie er es auch in Wüstenzeiten ist. Der Gerechte ist nur so gerecht, wie er es auch ohne öffentliche Aufmerksamkeit ist, und der Heilige nur so heilig, wie er es in der Einsamkeit lebt. Ob wir das Geheimnis des gelingenden Lebens gefunden haben, erweist sich nicht in der Oberflächlichkeit des Überflusses und im Rausch des Gelingens, sondern in den Zeiten der Anfechtung, des Loslassens und der Entbehrung. Wie stark eine Persönlichkeit ist, zeigt sich eindeutiger in den Krisen als bei den Erfolgen, äußert sich klarer in der Reaktion auf Niederlagen als bei Siegen.

SICH VON DER BEZIEHUNG HER VERSTEHEN

Von Jesus wird bezeugt, dass er allen Versuchungen eines eigenen Machtmissbrauchs, des Verrates seiner einzigartigen Beziehung zu Gott und der Vernachlässigung seiner konkreten Verantwortung widerstand. Und dies gelang ihm nicht etwa durch eigenes Argumentieren, sondern mit Bezug auf das Wort, das der himmlische Vater selbst zuspricht – »das aus dem Mund Gottes geht«.

Wenn schon Jesus als der Messias und einzigartige Sohn Gottes sich in verantwortlicher Beziehung gegenüber Gott, seinem Vater, sah, wie viel mehr *wir*, die wir weder Gott noch der Messias sind. Vor allem eigenen leitenden und regierenden Handeln steht unsere demütige Einsicht: »Wir sind nicht Gott!« Und vor allen eigenen Antwortversuchen auf die Herausforderungen und Nöte dieser Welt steht das nüchterne Bekenntnis: »Ich bin nicht der Messias!« (Joh 1,20). Wir sind berufen und beauftragt, im Sinne Gottes und in Verantwortung vor ihm nach bestem Wissen und Gewissen zu handeln. Am Ende werden wir alle vor ihm Rechenschaft darüber geben müssen, ob es uns in unserem Wirken um unseren eigenen Hunger nach Befriedigung, Bestätigung und Macht gegangen ist oder um das »Reich Gottes« – um seine Prinzipien des Respektes, der Gerechtigkeit und der Barmherzigkeit.

Wenn schon der Messias persönlich, Jesus Christus, den Versuchungen der Macht im Aufsehen auf Gott, seinen Vater, widerstand und sich auf Gottes Worte bezog, wie viel mehr mag sich diese Verantwortung vor Gott dann für uns ergeben. Nur wer in der Lage ist, von seinen eigenen Bedürfnissen abzusehen und sich auf seine Beauftragung zum Wohl für die ihm anvertrauten Menschen zu konzentrieren, ist befähigt zu leiten, zu lehren und zu regieren. Nur wer seine eigenen Grenzen kennt, kann in Verantwortung und Bevollmächtigung Grenzen überwinden. Nur wer sich selbst gegenüber einer höheren Instanz verantwortlich und rechenschaftspflichtig weiß, ist in der Lage, zum Wohle aller Verantwortung zu übernehmen.

Hüten wir uns vor Menschen, die sich selbst verherrlichen und ihren eigenen Interessen dienen. Hüten wir uns vor Menschen, die Gott versuchen, indem sie sich selbst als der Messias – das heißt als Retter und Erlöser dieser Welt – ausgeben. Sie sind verführte Verführer, die in Wahrheit nicht Steine *zu* Brot verwandeln, sondern den Bedürftigen Steine *statt* Brot verteilen (Mt 7,9). Ihre Herrschaft und Führung vergrößern die Not und verwüsten die Erde.

BROT FÜR EIN GELINGENDES LEBEN

Aus dem Fortgang des Berichtes von der Versuchung Jesu erfahren wir, auf welche Worte die zum öffentlichen Wirken, zum Leiten und Lehren Beauftragten vor allem Machtgebrauch selbst hören sollten: »Du sollst Gott, deinen Herrn, nicht versuchen!« (Mt 4,7/5. Mose 6,16) und »Du sollst anbeten Gott, deinen Herrn, und ihm allein dienen!« (Mt 4,10/5. Mose 6,13). Von Jesus, der den betrügerischen Verführungen zu vordergründiger eigener Befriedigung widerstand, berichtet das Evangelium, dass er anschließend im Aufsehen auf Gott nicht weniger als 5 000 Männer mit ihren Familien in der Einöde speiste (Mt 14,13 ff). Der in der Zeit seines eigenen Hungers unbeirrt an der ihn tragenden Beziehung und Lebensgrundlage festhielt, er wurde gebraucht, um den Hunger Tausender zu stillen.

Wer sich auf das Stillen seiner eigenen Bedürfnisse konzentriert, muss sehen, wie er satt wird. Wer sich aber in Gottes barmherzige Speisung der vielen Tausenden in Not einbeziehen lässt – und sei es mit »fünf Broten und zwei Fischen« –, wird nicht nur selbst Erfüllendes erleben, sondern am Ende mehr übrig haben, als er vor dem Austeilen in den Händen hielt – »zwölf Körbe voll« (Mt 14,17-20). Welch ein Zeichen für den Anbruch der barmherzigen und gerechten Gottesherrschaft unter den Menschen in Gestalt seines Sohnes.

Welch unbegrenzte Möglichkeiten zum Wohl der Menschen dieser Erde ergeben sich, wenn die Verantwortung vor Gott in

Demut, Treue und Ehrfurcht gelebt wird! Jesus geht diesen Weg der Beziehungsverantwortung und Lebenshingabe von der Versuchung in der Wüste bis zum Ringen in Gethsemane in der Nacht, da er von Menschen verraten wurde. Er wurde zum treuen Zeugen eines wirklich gelingenden Lebens in Verantwortung vor Gott und den Menschen – bis hin zum Kreuz und seiner ihn bestätigenden Auferweckung durch Gott.

Wenn schon das erlösende Wirken des Messias mit seiner Bewährung und Konzentration in der Wüste über vierzig Tage begann, sollten dann nicht erst recht wir, die wir nicht der Messias und Meister, sondern seine Jünger und Schüler sind, von ihm lernen wollen? Wir können erneut oder neu lernen, von allem eigenen und Vordergründigen abzusehen und uns auf das Wesentliche und Eigentliche unseres Auftrags zu besinnen. Denn »der Mensch lebt nicht vom Brot allein«! Aber wenn wir in den Bereichen, in denen wir jeweils Verantwortung tragen und Aufgaben wahrnehmen, uns auf das Wort besinnen, das uns in der Wüstenzeit aus dem Munde Gottes begegnet, dann werden *viel mehr* Menschen *viel mehr* Brot zum Essen haben – Brot für ein wirklich *gelingendes Leben.*

CHRISTUS IN UNS

ZU EINER VORAUSSETZUNGSLOSEN, ABER FOLGENREICHEN BEZIEHUNG

IN »ICH«-ZENTRIERTEN ZEITEN

Unser Thema »Christus in uns – Zu einer voraussetzungslosen, aber folgenreichen Beziehung« hat zugegebenermaßen etwas »Unzeitgemäßes«. Wir können kaum behaupten, dass es in unserer heutigen Gesellschaft noch bestimmend um Fragen des Glaubens geht, geschweige denn um eine ernsthafte Auseinandersetzung über die Person und Bedeutung Jesu Christi. Wir können wohl nicht einmal guten Gewissens sagen, dass die Frage nach Christus oder gar die reformatorische Botschaft des *solus Christus* und des *sola fide* – des »Christus allein« und des »Allein durch Glauben« – auch nur innerhalb unserer Kirchen und Gemeinden, unserer Theologischen Fakultäten oder christlichen Publikationen das alles bewegende Thema wäre.

Aber auch abgesehen von der spezifisch christlichen Fragestellung nach »Gott« und »Christus«, signalisiert neuzeitlich bereits der Begriff der »Beziehung« eher ein Problemfeld als ein Lösungspotenzial. In Zeiten, in denen die traditionellen Vorstellungen von Beziehungen mit ihren Verlässlichkeiten und Verbindlichkeiten sich weitgehend auflösen und die Interessen und Entfaltungen des Einzelnen Vorrang vor der Berücksichtigung anderer oder gar »fremder« Anliegen haben, fällt es allen gesellschaftlichen Gruppen, aber eben auch den Kirchen und Gemeinden zunehmend schwer, den Wert von sozialer Verantwortung und »Du-Orientierung« gewinnend darzustellen. Wo finden sich heute noch Bilder für eine »voraussetzungslose Zuwendung« und wo

Beispiele für im positiven Sinne »folgenreiche« – das heißt lebensfördernde und zur Liebe befähigende – Gemeinschaftsformen?

Dabei werden das »Evangelium von Christus« und die »Liebe Gottes« in unseren Kirchen und Gemeinden durchaus noch verkündigt. Vielleicht entsteht für manche sogar der Eindruck, dass in Anbetracht der neuzeitlichen Situation eher zu viel »Evangelium« und »Zuspruch« und zu wenig »Anspruch« und »Gesetz« verkündigt werden. Es gibt auch Anfragen, ob inzwischen nicht zu viel von Gottes Liebe und – im Hinblick auf die soziale und persönliche Unverbindlichkeit vieler – zu wenig von Gottes Gericht gesprochen wird. Hat die verbreitete Rede von der »Gnade« wirklich nur Dankbarkeit und Verbundenheit geweckt? Wird sie nicht häufig auch als »billige Gnade« missverstanden und missbraucht?

Da könnte es naheliegen, sich die alten Zeiten zurückzuwünschen, in denen »Pflicht« und »Verantwortung« noch positiv besetzte Begriffe waren und die Rücksicht auf die Gemeinschaft und das Allgemeinwohl noch zu den anerkannten Werten gehörte. Wie viel leichter war es damals, ehrenamtliche Mitarbeiter zu gewinnen und zu einem dauerhaften und selbstlosen Einsatz zu bewegen.

Doch vergessen wir darüber leicht, dass die Probleme des Glaubens, des Gemeinschaftssinns und des Selbstverständnisses nicht erst seit der Neuzeit und der Aufklärung bestehen. Lebensfördernde Beziehungen und zur Liebe und Freiheit befähigende Gemeinschaftsformen mussten bereits in der Reformation, ja, seit den Zeiten des Neuen Testaments immer wieder neu geklärt und vom Evangelium her entfaltet werden. Sind nicht viele neutestamentliche Briefe gerade deswegen geschrieben worden, weil auch frühchristliche Gemeinden bereits mit den Konsequenzen der »voraussetzungslosen, aber folgenreichen Beziehung« des Glaubens, mit der Konzentration auf das Kreuz und die Auferstehung Christi und folglich auch mit dem angemessenen »Selbst-Bewusstsein« grundlegende Probleme hatten?

»GLAUBE UND …?«

So schrieb Paulus an die von ihm selbst begründete Gemeinde in Galatien einen Brief, der die Frage nach den Konsequenzen des grundsätzlich bejahten Glaubens an Christus und die Folgen für das gelebte Leben der Christen verlässlich und verbindlich klären will. Es waren nämlich in der jungen kleinasiatischen Gemeinde Stimmen laut geworden, die wohl den Kreuzestod Jesu und seine heilvolle Bedeutung für die Einbeziehung der Heiden zum Volk Gottes anerkannten, aber zugleich auf dem prinzipiellen Vorrang Israels gegenüber den Völkern beharrten. Sie verstanden ihre Berufung zum Glauben an Christus durchaus auch als Gnade, betonten aber doch zugleich die bleibende Bedeutung des eigenen gelebten Lebens für die endgültige Rechtfertigung vor Gott. Sie sahen sich an das Evangelium von Christus gebunden, aber zugleich und nach wie vor auch an das »Gesetz des Mose«.

Dabei wurde nicht nur in einem rein äußerlichen Sinne um die Frage nach der Notwendigkeit der Beschneidung und der Einhaltung alttestamentlich-jüdischer Reinheits- und Speisevorschriften gerungen, sondern auf beiden Seiten in ganz grundsätzlicher und theologisch reflektierter Weise. Es ging schon damals im Streit über die »Wahrheit des Evangeliums« um die Alternative von »Christus *allein*« oder »Christus *und* Mose«, von »*allein* aus Gnade« oder »aus Gnade *und* Gesetzesobservanz«. Es ging um den Gegensatz von »*allein* durch Glauben« oder »*sowohl* durch

Glauben *als auch* durch Tun«, von *ausschließlich* aufgrund des »Evangeliums« oder aufgrund von »Evangelium *und* Gesetz«.

Der Apostel musste sich in dieser Konfrontation mit den Gegnern in Galatien also nicht etwa mit einer absoluten Bestreitung des Glaubens oder des Evangeliums auseinandersetzen, sondern mit einem »Sowohl-als-auch«. Es waren das »Christus *und*...«, das »Gnade *und*...«, das »Glaube *und*...«, die die paulinischen Gemeinden in ihrer ausschließlichen Bindung an den für sie gestorbenen und auferstandenen Sohn Gottes irritierten. Hatten sie sich über das von Paulus so entschieden vorgetragene Evangelium als die »gute Nachricht« von Christus etwa zu früh gefreut? War es vielleicht doch leichtsinnig und voreilig, sich allein auf Gottes Gnade und seine schenkende Gerechtigkeit auf der Grundlage des Glaubens zu verlassen?

Für Paulus kann nach der in Christus geschenkten Gnade Gottes nicht etwas anderes als Gnade kommen, sondern auf Dauer und ausschließlich nur *Gnade*. Nach dem Glauben weckenden Evangelium kommt für ihn keineswegs wieder das den Menschen bei seinem eigenen gelebten Leben behaftende und damit verklagende Gesetz, sondern erneut und bleibend der *Zuspruch* Gottes für den in Christus angenommenen und freigesprochenen Sünder.

Wenn die Menschen die Verkündigung von der Liebe Gottes noch nicht hinreichend verstanden haben sollten, dann verkündigt der Apostel nicht etwas anderes als Gottes Liebe, sondern diese umfassende und unbedingte Liebe noch einmal *anders*. Und wenn die voraussetzungslose Beziehung Gottes zum Menschen sich in den Gemeinden noch nicht als folgenreich erwiesen hat, dann behaftet Paulus sie nicht etwa bei dem, was sie auch unter Absehung des »Christus für uns« von sich aus sein könnten. Vielmehr erinnert er sie unentwegt und leidenschaftlich an die

Realität des »Christus in uns« und an die Wirklichkeit des »Wir mit Christus«.

In Aufnahme einer zurückliegenden, öffentlich ausgetragenen Debatte über die »Wahrheit des Evangeliums« (Gal 2,14) mit Petrus – der wie er selbst als geborener Jude Christ geworden war – vergegenwärtigt Paulus in Galater 2,15-21 seiner galatischen Gemeinde deshalb nochmals die Voraussetzungen und Grundlagen des christlichen Glaubens:

»*Wir* (das heißt Paulus, Petrus und die anderen Judenchristen) sind von Geburt Juden und nicht Sünder heidnischer Herkunft. Weil wir aber wissen, dass der Mensch nicht aufgrund von Gesetzeswerken gerechtfertigt wird, sondern ausschließlich durch den Glauben an Jesus Christus, sind *auch wir* zum Glauben an Christus Jesus gekommen, damit wir aufgrund des Glaubens an Christus gerechtfertigt werden und nicht aufgrund von Gesetzeswerken; denn aufgrund von Gesetzeswerken ›wird kein Fleisch gerechtfertigt werden‹. Wenn demnach *auch wir selbst* bei unserem Streben, in Christus gerechtfertigt zu werden, als Sünder erfunden wurden, ist dann etwa Christus ein Diener der Sünde? Ganz und gar nicht! Denn (nur) wenn ich das, was ich niedergerissen – das heißt für ungültig erklärt – habe, wieder aufbaue – das heißt für gültig halte –, erweise ich mich als Übertreter.

Denn *ich* bin durch das Gesetz dem Gesetz *gestorben*, damit ich *Gott lebe*. Ich bin *mit Christus* gekreuzigt. Also lebe nicht mehr *ich*, sondern *Christus* lebt in mir. Was ich aber nun im Fleisch – das heißt in meiner irdischen Existenz – lebe, das lebe ich im Glauben an den Sohn Gottes, der mich geliebt und sich selbst für mich [in den Tod] dahingegeben hat. *Ich* hebe die Gnade Gottes nicht auf; denn wenn die Gerechtigkeit durch das Gesetz kommt, dann ist Christus ohne Grund gestorben« (Gal 2,15-21).[1]

Warum ist Paulus die ausschließliche *Gültigkeit des Evangeliums* Gottes so wichtig, und warum ist ihm diese *Konzentration auf Jesus Christus* als den Sohn Gottes so entscheidend? Wenn der Glaube sich ganz und gar auf die Liebe des Sohnes Gottes beziehen soll – von welch einer Liebe ist dann hier die Rede? Und wie ist dieser die ganze Existenz bestimmende Glaube dann genau zu verstehen? Am Ende mögen die Antworten auf diese alten Fragen der heutigen »ich zentrierten« Zeit vielleicht viel angemessener sein, als sie es selbst ahnt!

DIE WAHRHEIT DES EVANGELIUMS: »CHRISTUS ALLEIN«

Wenn wir nach dem Inhalt des Evangeliums fragen, werden wir auf die Person Jesus Christus hingewiesen; denn das Evangelium *Gottes* (Röm 1,1 f; 15,16) ist das Evangelium von *seinem Sohn* (Röm 1,3 f.9; Gal 1,7). Es teilt uns mit, wer Christus ist und wie Gott, der Vater, an und in ihm gehandelt hat und handeln wird. Dieses Handeln Gottes ist dabei so zentral und wesentlich mit dem Kreuz und der Auferstehung verbunden, dass wir das Evangelium als Ganzes auch als »Wort vom Kreuz« bezeichnen können (1. Kor 1,17 f).

Wenn aber Jesus Christus selbst – und zwar als der für uns Gekreuzigte – der eigentliche *Inhalt* und das *Zentrum* dieser guten Nachricht Gottes ist (1. Kor 1,23; 2,2; Gal 3,1; 6,14), dann ist er auch der *Maßstab* für jedes Denken und Reden über Gott, das wirklich Gott, den Vater Jesu Christi, und nicht irgendwelche »Götter« oder Gottesbilder meint. Was immer wir auch unabhängig von Christus über Gott wissen oder von ihm ahnen mögen, letztlich verbindlich ist für uns als Christen, was sich als glaubwürdige Entfaltung dieses *einen* Wortes Gottes an uns Menschen verstehen lässt.

Paulus – wie auch die anderen neutestamentlichen Zeugen – sieht im Kreuzesgeschehen den eindeutigen Erweis einer überwältigenden Liebe Gottes zu uns Menschen: Indem Christus nicht nur unverbindlich von der Liebe sprach, sondern bereit war, unter Einsatz seines eigenen Lebens konsequent an ihr festzuhalten, hat er gezeigt, wie grenzenlos und unbedingt seine Zuwendung zu uns ist (Gal 2,20; Eph 5,2.25b; vgl. Offb 1,5b; Joh 13,1; 15,12f; 1. Joh 3,16).

Da in dieser Bereitschaft Christi, das eigene Leben für andere einzusetzen, gerade auch die Einstellung seines *Vaters* dieser Welt gegenüber deutlich wird, kann im Neuen Testament in gleicher Weise auf die Liebe Gottes, des Vaters, zurückgeschlossen werden (Röm 5,8; 8,31f; Eph 2,4ff; vgl. Joh 3,16; 1. Joh 4,9f). Der Sohn kam ja nicht ohne das Einverständnis oder gar gegen den Willen des Vaters, sondern er wurde ausdrücklich von ihm selbst beauftragt und gesandt, die Schöpfung zurückzugewinnen. Aufgrund seiner *unbedingten* – das heißt uneingeschränkten – Liebe will Gott *unbedingt* – das heißt unter allen Umständen und um jeden Preis – mit seinen Menschen zusammen sein. Spätestens seitdem Gott nach allen »Boten« sogar seinen »geliebten Sohn« – und damit das für ihn Wertvollste – gesandt hat, um uns zu erreichen, ist dies zur Gewissheit geworden (Mk 12,6; vgl. Röm 8,3.32; Gal 4,4; 1. Joh 4,9).

So spricht also gerade das Kreuz von der völligen Übereinstimmung zwischen dem Vater und dem Sohn, weil deren Einheit nirgendwo so anschaulich wird wie im Zusammenhang der Hingabe des Wertvollsten, des eigenen Lebens.

Diese umfassende Liebe Gottes ist das tragende Fundament unseres Glaubens; sie ist es, die das »Wort vom Kreuz« wirklich zum *Evangelium* – zur »erfreulichen Nachricht« und »guten Botschaft« – macht.

»DER MICH GELIEBT HAT UND SICH SELBST FÜR MICH DAHINGEGEBEN«

Es mag sich mancher fragen, ob es so wesentlich ist, dass wir Gottes Zuwendung zu uns als den eigentlichen *Grund* und die *Voraussetzung* des Kreuzes und nicht erst als die *Folge* und das *Ergebnis* der Versöhnung erkennen. Macht es denn einen so großen Unterschied, ob Gottes Liebe uns schon als »Feinden« und »Sündern« gilt (Röm 5,5-10) oder erst als seinen Freunden? Würde es nicht genügen festzuhalten, dass wir von Gott trotz unserer früheren Sünde infolge unseres Glaubens und unseres neuen Verhaltens angenommen und bejaht werden? Tatsächlich entscheidet sich aber gerade an dieser Alternative, ob wir die Nachricht von Gottes Liebe zu uns überhaupt als »Evangelium« hören.

Denn die »gute Nachricht« Gottes besteht gerade darin, dass wir von ihm voraussetzungslos geliebt und unbedingt wertgeschätzt werden. Die Menschwerdung Gottes war nicht notwendig, *damit* uns Gott endlich wieder lieben kann, sondern *weil* Gott uns Menschen von Anfang an geliebt hat und liebt. Der Sohn Gottes hatte nicht etwa seinen Vater mit uns zu versöhnen, sondern der Vater versöhnte in seinem Sohn die ihm ablehnend und feindlich gesinnte Menschheit mit sich: »Denn Gott war in Christus und versöhnte die Welt mit sich selber und rechnete ihnen ihre Sünden nicht zu und hat unter uns aufgerichtet das Wort von der Versöhnung« (2. Kor 5,19; vgl. 5,14-21; Röm 5,1-11).

Nicht *Gott* war das Problem des Menschen, das es durch das Kreuzesgeschehen zu lösen galt, sondern die unheilvolle menschliche *Trennung von Gott* als dem Leben und der Liebe in Person. Nicht *Gott* musste sich ändern, sondern *wir*, die wir uns von unserer Lebensgrundlage entfernt hatten, sind durch den Lebenseinsatz Jesu Christi verwandelt worden. Diese Trennung von Gott – dieser Verlust des »Wir« mit Gott und miteinander – ist die Wirklichkeit der Sünde, um deren Überwindung willen Christus sich selbst mit seinem ganzen Leben und bis zur letzten Konsequenz seines Sterbens aus Liebe dahingegeben hat.

Die Tiefe dieser Liebe wird gerade an ihrer Voraussetzungslosigkeit erkennbar, denn sie gilt dem Menschen selbst und an sich und unabhängig von seiner Haltung. Die Lebenshingabe Jesu Christi ist der Erweis einer unbedingten und nicht konditionierten Zuwendung, denn sie macht sich nicht von der liebenswerten Reaktion und dem liebenswürdigen Verhalten abhängig.

Gibt es etwas Überwältigenderes als eine Liebe, die uns so bedingungslos *bejaht* und uns gerade damit das *Nein* unmöglich macht? Könnte etwas für uns *folgenreicher* sein als eine Zuwendung und Anerkennung, die uns so *voraussetzungslos* gilt und uns gerade damit das Bewusstsein eines unvergleichlichen Wertes und einer unanfechtbaren Anerkennung vermittelt?

»DAS LEBE ICH IM GLAUBEN AN DEN SOHN GOTTES«

Nun stellt sich allerdings nur umso dringlicher die Frage, wie der Glaube – als die »Antwort« auf das Wort von Gottes voraussetzungsloser und unbedingter Annahme in Christus – zu verstehen ist.[2] Stellt er nicht doch eine »Bedingung« dar, die der Mensch nun seinerseits erfüllen muss, um zur Gemeinschaft mit Gott zu gelangen?

Richtig gesehen wird mit dieser Frage, dass die Gemeinschaft mit Gott und das neue Leben in Christus überall im Neuen Testament mit dem Glauben verbunden werden: Es gibt kein Christsein ohne Glauben! Zutreffend ist auch, dass es der Mensch ist, der glaubt, denn der Begriff des Glaubens wird ja nicht in Hinsicht auf Gottes Haltung uns gegenüber gebraucht. Wenn wir allerdings den Glauben als die *Voraussetzung* verstehen, die wir als Menschen nun von uns aus, selbstständig und unabhängig von Gott, erfüllen müssen, dann haben wir gerade die entscheidenden Aussagen des Evangeliums überhört.

Der Glaube ist nicht die *Voraussetzung* und *Bedingung* für die Gemeinschaft mit Gott, sondern die *Art* und *Weise*, in der Gott mit uns auf dieser Welt Gemeinschaft hat. Wir müssen nicht erst von uns aus glauben, damit Gott uns dafür das Leben gibt, sondern Gott schenkt uns beides: Glauben und Leben! Indem wir glauben, haben wir bereits das Leben! Der Glaube selbst ist schon Geschenk! Der Glaube selbst ist schon Leben mit Gott – und gerade deshalb ist er unverzichtbar!

Um es bildlich zu sagen: Gott ist uns in Christus nicht neun von zehn Schritten entgegengekommen, sodass wir nun den *einen* Schritt von uns aus und allein auf ihn zuzugehen hätten, indem wir an ihn glauben, sondern er kam uns alle zehn Schritte entgegen, damit wir jetzt jeden unserer Schritte, den wir gehen sollen, mit ihm zusammen – das heißt: »im Glauben« – gehen können.

Denn wäre es anders und gäbe es auch nur *einen* Schritt, den wir ohne Gott zu gehen hätten, dann würde das ganze Versöhnungsgeschehen in Christus an diesem unserem Beitrag scheitern. Selbst wenn wir keine »Werke« als Leistung zu erbringen hätten, sondern nur von uns aus Gott zu bejahen und ihn dankbar zu lieben hätten, würden wir gerade an dieser Forderung zerbrechen. Wie viele Menschen sind schon »am Glauben« verzweifelt, weil sie davon ausgingen, dass sie von sich aus nur den Willen aufzubringen hätten – und nicht wussten, wie sie dahin kommen, dass sie wirklich wollen. Ihnen wäre es wohl leichter gefallen, sich bei Gott durch Taten und Leistungen Verdienste zu erwerben, als ihn »nur« zu lieben.

Wir sollten uns als Glaubende davor hüten, die *Unverzichtbarkeit* des Glaubens auf eine Weise zu beschreiben, die andere nur auf die *Unerreichbarkeit* des Glaubens schließen lässt. Man kann den Vorgang des Beschenktwerdens auch so verkomplizieren, dass das Annehmen des »bedingungslosen« Geschenkes zum eigentlichen Problem wird. Dann gewinnt der Empfänger den Eindruck, als hätte er sich durch sein Verhalten die »voraussetzungslose« Zuwendung erst zu verdienen, als müsse er durch seine Haltung auf eine ganz subtile Weise die Kosten für das »kostenlose« Geschenk selbst aufbringen.

Demgegenüber wird in den Paulusbriefen durch den Verweis auf den Glauben gerade der *Geschenkcharakter* des neuen Lebens unterstrichen: »Aus Gnade seid ihr gerettet worden durch den Glauben, und das nicht aus euch: Gottes Gabe ist es« (Eph 2,8; s. 2,4-10). So gehört der Glaube ausschließlich auf die Seite der *Gnade* und nicht – wie die »Werke« – auf die Seite von *Leistung* und *Verdienst* (s. vor allem Gal 2,16; 3,1 ff; Röm 3,21 ff; 4,1 ff; 5,1 f).

Den Beginn unseres Glaubens sehen wir als Glaubende deshalb nicht darin, dass wir von uns aus Gott gesucht haben, sondern darin, dass er uns gefunden hat. Nicht, weil wir nach Gott gerufen haben, wurden wir erhört, sondern weil Gott uns berufen hat, kamen wir dazu, Christus als unseren Herrn anzurufen

(Röm 8,28-30; vgl. Eph 1,3-12; 2. Thess 2,13f; 2. Tim 1,9). Da wir aber von Gott durch andere Menschen angesprochen werden, wenn sie uns das Evangelium mitteilen (2. Kor 5,20; 1. Thess 2,13), können wir sagen, dass der Glaube uns bei der Verkündigung geschenkt wird – vorausgesetzt, es ist wirklich das Wort Gottes, also das Evangelium von Christus, das uns zugesprochen wird (Gal 3,2.5; Röm 10,17).

»CHRISTUS IN MIR«

Da Gott mit dem Kreuzesgeschehen Christi alles getan hat, um unsere Gemeinschaft mit ihm zu begründen, und da *er* es auch ist, der bei der Mitteilung des Evangeliums durch seinen Geist in uns den Glauben bewirkt, wird gelegentlich gesagt, dass wir Menschen in unserem Glauben Gott gegenüber »passiv« sind. Der Ausdruck mag als zutreffend gelten, falls wir mit dem Begriff »Passivität« vor allem den Aspekt des *Empfangens* und des *Beschenktwerdens* bezeichnet sehen. Er ist aber völlig irreführend, wenn wir dabei an ein untätiges, duldendes und teilnahmsloses Verhalten denken.

Die ersten Äußerungen unseres Glaubens sind vielmehr, dass wir uns Gott willentlich und bewusst zuwenden und ihm antworten, dass wir uns eingehend mit den Aussagen des Evangeliums befassen und unser ganzes Leben von Christus her neu begreifen. So gesehen ist der Mensch, wenn er zu glauben beginnt, nicht etwa *passiv*, sondern ausgesprochen *aktiv*, denn er wird befähigt, sein Leben zielstrebig und zuversichtlich zu gestalten. Er wird in seiner Beziehung zu Gott sogar in einer solchen Weise »lebendig«, dass das Entstehen des Glaubens geradezu als »Auferstehung von den Toten« (Röm 6,4ff; Eph 2,4ff; 5,14; vgl. Joh 5,24; 11,25f) und als »neue Schöpfung« (2. Kor 5,17; Gal 6,15) oder in anderem Zusammenhang auch als »neue Geburt« (Joh 1,12 f; 3,3 ff; Tit 3,4 ff; 1. Petr 1,3 ff23) verstanden werden kann.

Wenn Gott uns die Gemeinschaft mit sich voraussetzungslos schenkt, bedeutet dies keinesfalls, dass er uns nur als willenlose Werkzeuge gebraucht und wir wie Marionetten – passiv erduldend – von ihm bewegt werden. Er sieht uns nicht als ein »Etwas« an, sondern betrachtet uns jeweils als eine eigene und eigenständige Persönlichkeit. Er hat zu uns nicht eine »Ich-Es-Beziehung«, sondern spricht uns als persönliches Gegenüber – das heißt als »Du« – an.

So ist also bei der Bestimmung des Glaubens beides zu betonen: Einerseits gibt es keine Bedingung, die wir als menschliches »Du« von uns aus und unabhängig von Gott erfüllen müssen, um das neue Leben zu gewinnen – es ist ganz und gar *Geschenk* Gottes, *Gabe* des himmlischen »Ich« an das menschliche »Du«. Andererseits sind wir als Beschenkte nicht etwa passiv – im Sinne von »untätig« und »teilnahmslos« –, sondern werden gerade durch den Glauben *lebendig* und *aktiv*. Wir sind als Glaubende nicht »Objekt« eines unpersönlichen Wirkens Gottes, sondern werden im Gegenteil von Gott als eigenes »Subjekt« und persönliches »Du« ernst genommen.

Beide Aspekte aber lassen sich mit dem uns vertrauten Gegensatzpaar von »Ich und Du« gedanklich kaum vereinbaren. Denn bei dem Gegensatz von »Ich und Du« wird die Entfaltung des »Ich« immer als Einschränkung des »Du« verstanden, und was das eine Subjekt verursacht, kann nicht zugleich dem anderen zugeschrieben werden. So verfallen wir dann bei der Beschreibung des Glaubens leicht in den entscheidenden Fehler, einerseits von Gottes Wirken zu reden und andererseits unvermittelt von dem zu sprechen, was wir als Glaubende selbst zu tun haben.

Glaube – im Sinne des Evangeliums – ist dagegen nur als *Wir-Beziehung* zu verstehen, weil er als die *Gemeinschaft* zwischen Gott und Mensch immer zugleich das »Ich« und das »Du« zum Subjekt hat. Gerade weil Gott uns liebt, werden wir fähig, selbst zu lieben. Gerade indem Gott durch Christus in uns lebt, können wir mit ihm und für ihn leben. So stellt sich »im Wir« gar nicht mehr die Frage, was von uns selbst – nämlich unabhängig von Christus – als Beitrag zum Glauben erwartet wird, sondern es interessiert allein, was Gott in uns gestalten will und wie wir Menschen unser neues Leben durch ihn und mit ihm entfalten können.

Genau genommen lässt sich dieses Verständnis von Glauben nur in Sätzen formulieren, die neben dem Menschen zugleich – und im tieferen Sinne – *Christus selbst* zum Subjekt haben. Demgemäß beschreibt auch Paulus seine neue, durch Christus bestimmte Existenz mit den Worten: »Also lebe nicht mehr *ich*, sondern *Christus* lebt in mir. Was ich aber nun im Fleisch – das heißt in meiner irdischen Existenz – lebe, das lebe ich *im Glauben* an den Sohn Gottes, der mich geliebt und sich selbst für mich dahingegeben hat« (Gal 2,20).

»WEIL WIR ABER *WISSEN*…«

Dass der Glaube nicht nur in einer menschlichen Einstellung und Haltung Gott gegenüber besteht, sondern selbst schon das Leben des Menschen *aus Gott* und *mit Gott* darstellt, haben wir als das eigentliche und wichtigste Kennzeichen des »christlichen« – das heißt in Christus begründeten – Glaubens verstanden. Allerdings lassen sich andere Bedeutungen, die der Begriff nach dem allgemeinen Sprachgebrauch hat, bei der Beschreibung der Äußerungen und Auswirkungen des Glaubens durchaus einbeziehen.

So ist es ein wesentlicher Bestandteil unseres Glaubens, dass wir das Evangelium als das Wort von Gottes Handeln in Christus »für wahr halten«. Wir *glauben, dass* Gott den für uns gestorbenen Herrn Jesus Christus von den Toten auferweckt hat (Röm 10,9b; 1. Kor 15,3 ff). Dabei geht es freilich nicht um eine nur theoretische Erkenntnis oder ein uns nicht betreffendes Wissen über Gott, sondern vielmehr darum, dass wir »*ihm* glauben«, wenn er es uns in seinem Wort vom Kreuz mitteilt. Wir sollen »Gott glauben«, dass er in Christus die Welt – und damit auch uns – mit sich versöhnt hat und Christus »um unserer Übertretungen willen« gestorben und »um unserer Rechtfertigung willen« auferstanden ist (Röm 4,24 f; vgl. 8,10 f).

Wenn wir aber verstehen, dass es Gott beim Erweis seiner Liebe um *uns* geht, und wenn wir ihm somit »aufs Wort glauben«, dann können wir nicht anders, als im umfassenden Sinne »*an* ihn zu glauben«. Wir erkennen nicht nur, dass Christus als »Kyrios«, als »Herr«, der ganzen Welt und der Geschichte eingesetzt ist (Phil 2,9-11; vgl. Apg 2,36; Eph 1,20 ff; Kol 1,15 ff; 2,9 f), sondern wollen ihn auch persönlich als unseren Herrn anerkennen (Röm 10,9a; Phil 2,10 f; 1. Kor 12,3).

Wir wollen ihm »vertrauen« – ungeachtet allen eigenen Versagens und trotz unserer Zweifel und offenen Fragen. Ihm können wir es »zutrauen«, dass er uns aufgrund seiner Liebe bei sich hält; denn indem wir an ihn glauben, haben wir uns ihm »anvertraut«.

Während mit all diesen Wendungen die verschiedenen Teilaspekte des Glaubens zutreffend beschrieben werden können, ist *eine* geläufige Bestimmung von »Glauben« für unseren Zusammenhang völlig unzureichend. Wenn man nämlich von »glauben« spricht, um hervorzuheben, dass man etwas lediglich »annimmt«

und »vermutet«, aber keineswegs sicher *weiß*, dann handelt es sich um einen dem neutestamentlichen Verständnis gerade entgegengesetzten »Glaubensbegriff«.

Der christliche Glaube ist sich seiner Sache nämlich durchaus sicher. Was ihn vom sonstigen menschlichen Wissen unterscheidet, ist nicht etwa der Mangel an Gewissheit, sondern lediglich die Weise, in der diese Gewissheit zustande kommt. Zum Glauben an Christus kommt es nicht aufgrund von »Erfahrungen« und »Beweisen«, sondern allein dadurch, dass uns Gott durch sein Evangelium anspricht und uns seine Liebe zuspricht.

Folglich wird auch als Gegensatz zum »Glauben« nicht etwa das »Wissen«, sondern das »Schauen« genannt (2. Kor 5,7). Wir sind als Christen davon überzeugt, *dass* Gott ist und dass er *für uns* ist, aber wir können dieses Wissen nicht aus der Geschichte – unabhängig von Christus – ableiten. Aufgrund des Evangeliums vertrauen wir fest darauf, dass sich Gott mit seiner Liebe und Gerechtigkeit in dieser Welt endgültig durchsetzen wird, aber wir nennen diese Gewissheit »Hoffnung«, weil sie noch nicht »augenscheinlich« und »offensichtlich« ist (Röm 8,24 f; vgl. Joh 20,29; 1. Petr 1,8; Heb 11,1).

So sprechen wir, wenn wir als Glaubende vom »Glauben« reden, nicht etwa von dem, was wir lediglich »annehmen« oder »vermuten«, sondern von dem, was wir so sicher »wissen«, dass wir darauf unser Leben gründen (Röm 4,16 ff; vgl. Heb 11).

Wenn wir nicht länger von der Angst und Ungewissheit bestimmt sind, sondern im Geist der Liebe und Beziehung leben, und wenn wir unser neues Verhältnis zu Gott nicht als die beklemmende Abhängigkeit eines Sklaven, sondern als die Freiheit der Töchter und Söhne Gottes erfahren (Röm 8,14-17.21; Gal 4,4-7), dann hat diese Veränderung für unsere gesamte Sicht vom Leben und für unser ganzes Handeln weitreichende Folgen.

Da wir nicht nur den Beginn unseres Glaubens – und damit unserer Kindschaft – als Gottes Geschenk verstehen, sondern unser ganzes damit eröffnetes Leben, ist jedes an Zwang und Leistungsdenken orientierte Verhalten von vornherein als unangemessen abzulehnen. Wir werden ja nicht von Gott mit der Kindschaft beschenkt, damit wir uns nun unsererseits durch Taten und Leistungen Verdienste zu erwerben suchen. Das wäre noch die Haltung eines *Sklaven,* der durch sein vorbildliches Verhalten um die Gunst seines Herrn wirbt, weil er sich als »Belohnung« für seine Überleistungen die Entlassung in die Freiheit erhofft.

Als die *Kinder* Gottes sind wir dagegen durch das, was wir in Christus *sind,* schon »Freie« und »Erben« – und nicht erst aufgrund dessen, was wir tun und erreichen. Wir leben nicht nur vorbehaltlich, um erst etwas zu werden, sondern wir *leben* im umfassenden und gefüllten Sinne, weil wir in Christus schon geliebt und angenommen sind. Als Töchter und Söhne Gottes handeln wir – wann immer wir uns unserem neuen Stande gemäß verhalten – nicht »um zu ...«, sondern »weil ...«

So ist die Haltung der *Dankbarkeit* die angemessenste Grundlage für alles, was wir »für Gott« und »um seinetwillen« tun. Denn bei der aufrichtigen Dankbarkeit wollen wir durch die

Äußerung unseres Dankes unterstreichen, dass wir etwas ganz bewusst als Geschenk empfangen und als den Ausdruck einer freien und bedingungslosen Zuneigung verstanden haben. Indem wir, die Beschenkten, unsere Freude zeigen, bestätigen wir dem Geber, dass seine Absicht erreicht und sein Geschenk in jeder Hinsicht »angekommen« ist.

Daneben gibt es in unseren zwischenmenschlichen Beziehungen freilich auch Formen der »Dankbarkeit«, die für unser Verhältnis zu Gott keinesfalls als Vorbild dienen sollten. Nicht selten wird der Dank von uns nur als formale Pflicht verstanden. Oder wir bedanken uns so unverhältnismäßig und übertrieben »höflich«, dass es schon wieder mehr um unsere Selbstdarstellung als um die Bestätigung unseres Gegenübers geht.

Völlig verkannt wird die eigentliche Bedeutung des Dankes, wenn wir versuchen, durch unsere Reaktion den Vorgang des Schenkens »wiedergutzumachen«, wenn wir durch Gegenleistungen und Gegengeschenke den Preis für das »Geschenk« nachträglich selbst bezahlen wollen. Während wir bei unserem ehrlichen Dank den Geschenkcharakter der Gabe gerade anerkennen und hervorheben, ist es die Funktion des uneigentlichen und verfälschten Dankes, den Vorgang des Schenkens durch den Ausgleich abzuschwächen oder sogar aufzuheben. Diese falsche Dankbarkeit ist nicht etwa ein Ausdruck echter Liebe, sondern entspringt dem schlechten Gewissen, dem Pflichtgefühl oder dem Stolz.

In solchen Fällen können wir das Geschenk des anderen natürlich nicht mehr als angenehm und beglückend empfinden, sondern allein als Verpflichtung und Last. Die Unwahrhaftigkeit und Unklarheit in diesem Wechselspiel des vorgetäuschten Schenkens lässt uns sogar die offene Forderung nach »Leistung« und »Bezahlung« geradezu als Erleichterung empfinden.

Entsprechend kann man auch den Geschenkcharakter der Vergebung und Versöhnung missverstehen, indem man darin ein Geschenk sieht, das wir als Menschen zwar nicht bezahlen können – das aber, gerade weil wir es eigentlich »gar nicht verdient haben«, nur umso mehr »verpflichtet«. Die Erinnerung an das Kreuzesgeschehen Christi löst dann bei uns nicht etwa die Freude und Liebe der Beschenkten aus, sondern das beklemmende Gefühl des Unvermögens und das dumpfe Bewusstsein, dass wir unserer »Pflicht« bisher nicht hinreichend nachgekommen sind: »Das alles hat Christus *für uns* getan! Was tun *wir* für Christus?«

Christus ist aber nicht für uns gestorben, damit wir nun im Bewusstsein unserer Schuldigkeit für ihn – als einen Toten – leben, sondern er ist für uns gekreuzigt *und auferstanden*, damit er als der *Lebendige* durch uns und mit uns lebt und uns somit fortwährend beschenkt. So wollen und sollen wir in Dankbarkeit auch unsererseits für Christus leben und ihn lieben, aber wir haben nicht die Aufgabe, an seiner Stelle und in seiner Abwesenheit das von uns aus zu tun, was nur durch ihn selbst und zusammen mit ihm getan werden kann.

Die Kraft für die Liebe, die uns als Glaubende auszeichnen sollte, können wir nicht aus unserem Pflichtgefühl und unserem schlechten Gewissen beziehen, sondern allein aus Gottes Geist der Liebe (Röm 5,5; Gal 5,22). Auf diese Weise gründet auch die Liebe der von Gott Beschenkten wiederum im Geschenk der Liebe.

»GESETZ UND SÜNDE ABGESTORBEN?«

In Christus ist »das Alte« schon vergangen und »das Neue« wirksam angebrochen, sodass wir in ihm schon als die »neuen Kreaturen« gelten (2. Kor 5,17; Gal 6,15). Aber inwieweit trifft das auf uns zu, wenn wir in unserem Alltag immer wieder dem »alten Adam« gegenüberstehen? Infolge der in Christi Tod und Auferstehung geschehenen »Sühne« sind wir mit Gott versöhnt und damit nicht nur von der Schuld der Sünden, sondern auch von der Sünde selbst befreit. Inwiefern aber können wir von Freiheit sprechen, wenn wir als Christen dennoch sündigen und somit auf Gottes Vergeben weiter angewiesen bleiben?

Um diese Spannung zwischen unserer eigenen Erfahrung und den Zusagen des Evangeliums zu überbrücken, kann man zu Recht darauf verweisen, dass es bei unserer Versöhnung und Rechtfertigung zunächst und vor allem um die Frage geht, wie wir *vor Gott* – das heißt *coram deo* – dastehen und was wir *in seinen Augen* sind. Grundlegend für die Gewissheit unseres neuen Lebens ist, dass Gott uns in Christus »gerecht-« und »freispricht«, obwohl wir unabhängig von Christus und ohne ihn durchaus nicht als unschuldig und gerecht bezeichnet werden könnten. Somit ist also nicht entscheidend, wie *wir selbst* uns beurteilen, sondern wie *Gott* uns sieht – und er sieht uns *in Christus*, und das heißt: »als *gerecht*«.[3]

Allerdings wird diese befreiende Gewissheit völlig missverstanden, falls wir sie anführen, um die Widersprüche und Inkonsequenzen unserer christlichen Praxis zu entschuldigen und abzuschwächen. Wenn Gott uns als Ungerechte »gerecht macht«, dann heißt das nicht, dass wir nur theoretisch gerecht sind – aber praktisch und real weiterhin unbekümmert getrennt von Gott in unserer Ungerechtigkeit leben sollen. Vielmehr werden wir ja gerade dazu im Glauben »gerechtfertigt«, dass wir schon hier und jetzt in der »richtigen« Beziehung zu Gott stehen und in seiner Gerechtigkeit leben (Röm 6,12-23). Die *Grundlage* und *Voraussetzung* unseres Glaubens ist und bleibt, dass Gott »den Gottlosen rechtfertigt« (Röm 4,5; 5,6 ff); die *Folge* und das *Ergebnis* dieses unfasslichen Ereignisses aber ist, dass der Gerechtfertigte gerade deshalb nicht mehr gottlos leben muss.

Genau an diesem Punkt fällt jedoch eine wesentliche Entscheidung für unser Leben als Christen: Die Voraussetzung und die Folge, der Anfang und die Entfaltung unseres Glaubens können zwar *unterschieden* werden, sie dürfen aber keinesfalls *getrennt* betrachtet werden, weil wir sonst in eine »Heil-lose« Verwirrung geraten. Dann wird die »Rechtfertigung« allein *Gott* und seinem Handeln zugeschrieben, die »Heiligung« aber – als das Ausleben und Bewähren des Glaubens – entfällt auf *uns*. In Hinsicht auf den Beginn des Glaubens wird von Gottes gnädigem »Zuspruch« geredet, aber in Anbetracht des Alltags erscheint Gottes Wort nur noch als »Anspruch«. So folgt auf den »Indikativ« der Heilszusage unvermittelt wieder der vertraute »Imperativ« und auf das »Evangelium« – allein in umgekehrter Reihenfolge – wieder das »Gesetz«.

Dagegen spricht das Evangelium Gottes ausschließlich von dem, was für uns *von Christus her* und *in Christus* gilt. Diese Wendung »in Christus« dürfen wir dabei nicht nur formelhaft und oberflächlich als »christlich« – im weitesten Sinne – verstehen. Vielmehr wird damit prägnant angegeben, dass etwas *aufgrund der Stellvertretung Jesu Christi* und *in seiner Gemeinschaft* wahr und wirklich ist. Dass wir als Christen »neue Kreaturen« sind, ist deshalb nicht aus unserem neuen Lebensgefühl oder aus unserem neuen Verhalten zu folgern, sondern daraus, dass wir als Glaubende »in Christus« sind (2. Kor 5,17). Denn Jesus Christus ist bereits nach seinem Sterben für uns zu seinem neuen Leben auferstanden. Deshalb – und nur deshalb – können wir sagen, dass wir »im Wir« mit Christus auch selbst schon neu geschaffen beziehungsweise neu geboren sind. »Das Alte« ist nicht *an sich* und unabhängig von Christus für uns vergangen, sodass es auch in Trennung von Christus nicht mehr bedrohlich wäre. Aber in Christus ist es auch für uns wirklich und wirksam durch sein neues Leben überwunden.

Entsprechend ist auch die für viele übertrieben klingende Aussage, dass wir als Glaubende »der Sünde und dem Gesetz *abgestorben*« sind, ausschließlich von Christus her zu begründen und zu entfalten. Es ist gerade nicht davon die Rede, dass *die Sünde* »gestorben«, das heißt als Macht und Möglichkeit bereits völlig vernichtet ist. Es wird auch nicht gesagt, dass wir von uns aus mithilfe unseres Willens und unseres eigenen Kampfes der verführenden Sünde und dem verklagenden Gesetz allmählich »abzusterben« hätten. Im Gegenteil, wir sind in Christus – und allein durch ihn – der Sünde und dem uns zu Recht verklagenden Gesetz bereits auf Golgatha abgestorben. Wir sind von Sünde und Gesetz frei, weil wir aufgrund seiner stellvertretenden Sühne an *seinem* Kreuz *mit ihm* gekreuzigt worden sind (Gal 2,19 f; 6,14; Röm 6,1-14; 7,4-6; 2. Kor 5,14 f).

So ist es nicht nur unser Wunsch, sondern unsere im Kreuz begründete Überzeugung, dass uns nun keine Macht mehr von Gott trennen kann und selbst die Sünde keinen *Anspruch* mehr auf unser Leben hat, dass sie kein *Recht* hat, unser Leben länger zu bestimmen und einzuschränken. Wenn wir uns dennoch immer wieder von unserer alten Existenz her verstehen und uns aus eigener Inkonsequenz auf sie einlassen, dann ist unsere grundsätzliche, in Christus bestehende Freiheit noch keinesfalls widerlegt. Vielmehr ergibt sich daraus für uns die Notwendigkeit, nicht nur den Beginn des Glaubens, sondern auch die Entfaltung unseres neuen Lebens allein von dem her, was in Christus gilt, zu gestalten.

Was uns als Christen ausmacht, ist also bleibend nicht an unserer Erfahrung und unserem Gefühl festzumachen – sosehr wir unsere neue Existenz auch erfahren und umfassend erleben mögen –, sondern allein durch *Christus in uns* bedingt. An sich und getrennt von Christus wären wir auch nach jahrelanger Erfahrung als Christen immer noch die »Alten«. Aber durch Christus und in Verbindung mit ihm – das heißt *»im Wir« mit Christus* – sind wir bereits im ersten Augenblick unseres Glaubens neue Menschen.

Da somit nicht nur unser Gottesbewusstsein, sondern auch unser »Selbstbewusstsein« als Glaubende von unserem *Christusbewusstsein* bestimmt und getragen ist, haben wir allen Grund, nicht nur einzelne Aspekte unseres Lebens, sondern unser gesamtes Leben im umfassenden Sinne von Christus her zu verstehen.

»ALSO LEBE NICHT MEHR ICH?«

Nun mag sich aber gerade hinsichtlich unseres »Selbst-Bewusstseins« zeigen, dass unser »Christus-Bewusstsein« sich doch noch nicht als so folgenreich erweist, wie es der von Gott eröffneten voraussetzungslosen Beziehung eigentlich entspräche. Während Paulus das im Kreuz besiegelte Ende seiner alten Existenz voller Stolz und Lebensfreude bekennt, sind sich viele Gläubige heute gar nicht so sicher, ob sie sich auf das neue Leben mit aller »Selbstverleugnung« und »Selbstlosigkeit« so vorbehaltlos einlassen wollen.

Andererseits verwundert es viele, dass derselbe Paulus, der nichts ohne Christus und alles nur durch ihn sein will, zugleich voller »Selbstbewusstsein« und »Selbstvertrauen« von seinem eigenen Wirken als Apostel reden kann: »Aber durch Gottes Gnade bin ich, was ich bin. Und seine Gnade an mir ist nicht vergeblich gewesen, sondern ich habe viel mehr gearbeitet als sie alle; nicht aber ich, sondern Gottes Gnade, die mit mir ist« (1. Kor 15,10). – »Darum kann ich mich rühmen in Christus Jesus vor Gott. Denn ich werde nicht wagen, von etwas zu reden, das nicht Christus durch mich gewirkt hat, um die Heiden zum Gehorsam zu bringen durch Wort und Werk …« (Röm 15,17 f).

Bedeuten das Leben »im Wir mit Christus« und das Leben des »Christus in uns« für uns nun »Sterben« oder »Leben«? Besteht die »Heiligung« in der »Selbstaufgabe« oder vielmehr in der »Selbstfindung« des Glaubenden? Führt die konsequente Nachfolge nun zur »Selbstverleugnung« oder zur »Selbstverwirklichung«?

»Glauben bedeutet *Absterben!*« – Nein, an Christus glauben heißt, mit ihm – der für uns ein für alle Mal gestorben ist – zu *leben!* Mit seinem Kreuz und seiner Auferstehung hat uns Christus alles geschenkt, was wir für unser ewiges Leben jetzt und in Zukunft brauchen. Er hat durch seinen Tod den Tod getötet und durch sein neues Leben unser Leben neu geschaffen. Er ist an unserer Stelle und zu unseren Gunsten der Sünde gestorben, damit wir durch ihn und mit ihm frei sind von der Schuld und von der Herrschaft unseres alten Lebens.

So sollen wir gar nicht erst versuchen, auch ohne Christus von der Sünde freizukommen, sondern unsere Freiheit in Christus beanspruchen. Wir brauchen nicht selbst zu »sterben«, sondern dürfen Christus glauben, dass er uns bereits in seinen Tod miteinbezogen hat, sodass wir jetzt mit ihm leben können. »In den Tod geben« sollten wir allerdings die Vorstellungen unserer falschen Frömmigkeit – als ließe sich die Sünde von unseren eigenen verzweifelten Anstrengungen beeindrucken und als hätte der Gott des Lebens und der Liebe Gefallen am Sterben, Leiden und Zerknirschtsein seiner Kinder.

»Aber *Heiligung* bedeutet doch *Selbstaufgabe!*« – Nein, Heiligung bedeutet *Hingabe!* Heilig ist, was Gott geweiht und ihm zur

Verfügung gestellt wurde. Heiligkeit ist keine Eigenschaft, die der Mensch durch eigene Frömmigkeit erlangt, sondern sie ist eine Bestimmung – nämlich die, für Gott und mit ihm zu leben. Heilig bin ich also, wenn ich mich mit meinem ganzen Leben Gott anvertraue und ihm gegenüber vorbehaltlos offen bin. Was aber soll ich Gott schenken, wenn ich vor lauter Selbstzerstörung nicht mehr bin? Was hat Gott von mir, wenn ich mich gar nicht ihm, sondern nur der frommen Beschäftigung mit mir selbst hingebe?

»Aber es ist doch unbestreitbar so, dass Nachfolge *Selbstverleugnung* bedeutet!« – Nein, Nachfolge bedeutet zunächst und vor allem Selbst*findung!* Denn wenn ich Christus nachfolge, dann finde ich bei ihm mein wirkliches und eigentliches Leben, man könnte auch sagen: »mein wahres Selbst« – als Geschöpf und Ebenbild Gottes und als von Christus vollkommen Geliebter. »Wer aber sein Leben verliert um meinetwillen, der wird's *finden*« (Mt 16,25b). Nur insoweit ich mir selbst im Wege stehe und mich durch meine Isolation von Gott vom Leben abhalte, muss ich mich von mir distanzieren – um mein wahres Selbst bei Christus zu finden. »Verleugnen« muss ich nicht das »Ich«, das ich »im Wir« mit Christus und durch seine Liebe bin und sein will, sondern allein das, was mich von dieser Realität der Liebe und des Lebens abhalten und trennen will.

Wenn Jesus im Zusammenhang seiner eigenen Leidensankündigungen gegenüber seinen Jüngern von der Notwendigkeit spricht, auch zum Tragen des Kreuzes in der Nachfolge und im Anschluss an Jesus bereit zu sein (Mk 8,31-38; Mt 16,21-28; Lukas 9,22-27), dann hat das »Verleugnen« und »Zurückstellen« der eigenen Interessen hier nichts mit frömmigkeitsbedingter »Selbstverachtung« oder »Selbstzerstörung« zu tun, sondern ganz im Gegenteil! Oder wollen wir wirklich sagen, dass der Sohn Gottes, der im Wissen um seine einzigartige Sendung, im

Vertrauen zu seinem himmlischen Vater und aus Liebe zu den Menschen seinen Weg bis zum Kreuz gegen alle Widerstände und Anfeindungen geht, ein Beispiel für mangelnde »Selbstachtung« und »Selbstannahme«, für fehlendes »Selbstvertrauen« und »Selbstbewusstsein« sei? Wie viel Persönlichkeitsstärke und Liebesfähigkeit, wie viel Lebensvertrauen und Hoffnungsgewissheit setzt die Bereitschaft voraus, für andere aus Liebe nicht nur etwas, sondern – falls geboten – sogar sein eigenes Leben einzusetzen?

»AUCH WIR *SELBST* ...«

Wenn es in unserer christlichen Tradition so viele Ungereimtheiten und Missverständnisse hinsichtlich der eigenen »Selbst-Bestimmung« und der »Selbst-Erkenntnis« gibt, entspricht dies auch der sprachlichen Mehrdeutigkeit, die sich für uns mit dem Begriff »Selbst« verbindet.

Das Ich ist *selbstgefällig*, wenn es zum Beispiel die eigenen Vorzüge und Leistungen anderen gegenüber besonders hervorhebt. Es ist *selbstgerecht*, wenn es sich überheblich darstellt, und *selbstherrlich*, wenn es andere in seinen Entscheidungen rücksichtslos übergeht. Das Kennzeichen des »Selbst« ist dabei jeweils, dass es sich nur auf Kosten anderer und in ständiger Abgrenzung von anderen entfaltet. Denn das Gefühl des eigenen Wertes lebt hier offensichtlich von der Abwertung des Gegenübers, und für die ungehinderte Entfaltung seiner selbst nimmt das Ich die Einschränkung anderer Menschen gerne in Kauf.

Nun könnte man den Weg zur Überwindung eines *selbstsüchtigen* Verhaltens darin sehen, dass sich das Ich zurücknimmt in sich selbst. Das hieße, sich durch *Selbstverleugnung* selbst zu überwinden, um fortan *selbstlos* nur für andere einzustehen. Doch lassen sich auf diese Weise – auch wenn wir bis zu *Selbsthass* und zu *Selbstzerstörung* gehen wollten – nicht mehr als die Symptome unterbinden. Die eigentliche Krankheit aber kann allein durch »Selbst-Beschränkung« keineswegs geheilt werden.

Im Gegenteil, unser Problem besteht gar nicht darin, dass wir ein »Ich« – das heißt wir selbst, eine Persönlichkeit – sind. Schwierig wird es erst dadurch, dass wir dieses »Ich« ohne und gegen das »Du« und außerhalb des »Wir« entfalten wollen. Das Wir aber ist nicht nur der Kompromiss zwischen Ich und Du, zwischen *Selbstsucht* und *Selbstlosigkeit*, zwischen *Selbstgefälligkeit* und *Selbstverachtung*. Das Wir bewirkt vielmehr die Überwindung der falschen Alternative, und in dieser falschen Alternative besteht unsere eigentliche Krankheit.

Im echten *Wir* kommen beide Seiten, das Ich und das Du, als Persönlichkeiten ausgewogen zur Geltung – mit allen Fähigkeiten und Bereitschaften, mit allen Bedürfnissen und Interessen. »Verleugnen« müssen wir uns also nur in Hinsicht auf unseren eigenen Vorbehalt *gegen das Wir* und in Anbetracht unserer zerstörerischen Abgrenzung *gegen das Du*. Verleugnen und überwinden sollen wir nicht uns als Person, sondern das, was unserer eigenen Persönlichkeitsentfaltung und Bestimmung zur Liebe im Wege steht. So werden wir uns tatsächlich *im Wir* endlich selbst – nämlich als das, was wir nur durch die Liebe sein können – finden.

Damit ist in der Liebe und im Gleichgewicht des Wir »das Selbst« im doppelten Sinne »aufgehoben«: Als schädliche *Isolation des Ich* ist es in der Beziehung aufgehoben, weil es durch die Erfahrung des Wir überwunden und beseitigt wird. Aber als das Ich in der Bedeutung von *Persönlichkeit* ist das Selbst in dem Sinne aufgehoben, dass es im Wir getragen, geborgen und versorgt ist.

In *positiv* verstandener Weise wird »das Selbst« im Wir also erst richtig und voll entfaltet. Die Liebe eines anderen fördert bei uns *Selbstannahme* und *Selbstachtung*. Wenn wir angenommen werden, wie wir sind, können wir selbst uns nicht länger verachten. Die Erfahrung von Vertrauen und das Erleben von Zuwendung verhelfen uns zu eigenem *Selbstvertrauen* und *Selbstbewusstsein*. Wenn uns bewusst wird, dass wir für andere so wichtig und bedeutend sind, dann können wir auch unsere eigene Person nicht mehr als unfähig und wertlos ansehen.[4]

Erst auf dieser Grundlage des Wir werden uns auch der positive Sinn von *Selbstbeherrschung* und die Notwendigkeit von *Selbstüberwindung* deutlich. Bei unserem Wunsch, uns harmonisch mit dem Du zu entfalten, geraten wir bei dieser Art von *Selbstentfaltung* vielleicht mit unserer alten *Selbstsucht* in Konflikt. Kommt es durch unsere Offenheit im Wir zu einer nie gekannten, umfassenden *Selbsterfahrung*, dann werden unser *Selbstmitleid* und unsere *Selbstgerechtigkeit* sich womöglich entschieden dagegen wehren. Handeln wir in einer Situation der Not und Bedürftigkeit des anderen spontan in *Selbstlosigkeit* und *Selbstvergessenheit*, dann mag uns unser *selbstgefälliges* Ich wohl nachdrücklich empfehlen, die Liebe doch endlich *selbstzufrieden* aufzugeben.

Rein begrifflich können wir die verwirrende »Selbst«-Bestimmung mit hilfreichen Unterscheidungen und eindeutigen Zuordnungen offensichtlich klären und verständlich machen. Persönlich aber müssen wir bei aller Reife und Erfahrung damit rechnen, dass unsere *Selbstverwirklichung* im positiven Sinn im Alltag unseres Konfliktes zwischen *Selbst* und *Selbst* wohl nie ganz *selbstverständlich* wird.

Unser Thema »Christus in uns – eine voraussetzungslose, aber folgenreiche Beziehung« hat wohl in der Tat etwas Unzeitgemäßes – und doch zugleich etwas der oft beklagten gegenwärtigen Zeit zutiefst Entsprechendes. Erweist sich doch im Licht des Evangeliums auch die »Selbstliebe« als Indiz für den Mangel an erfahrener Liebe und die »Selbstsucht« als verzweifelte Form der Suche nach dem »Wir«. So ist manche Sünde in Wahrheit eine irregeleitete Sehnsucht nach Gott!

Aber auch umgekehrt erscheint aus der Perspektive der voraussetzungslosen und unbedingten Zuwendung Gottes zu uns Menschen manche religiöse Form der »Selbstbeschränkung« und »Selbstverleugnung« in Wahrheit noch gar nicht als eine Wirkung der folgenreichen Christusbeziehung, sondern als ein verzweifelter Versuch des frommen, aber doch noch alten »Ich«, durch eigene Kraft und Mittel das zu leben, was eigentlich nur Christus selbst als der Auferstandene in uns und durch uns leben will. Denn für den zur Beziehung mit dem Schöpfer geschaffenen Menschen kann es keinen angemessenen Ersatz für die Gottesgemeinschaft geben. Und für das auf das göttliche »Du« angewiesene »Ich« des Geschöpfes gibt es keine befreiendere Entdeckung als die Geborgenheit des »Wir«.

Warum sollte ein solcher Mensch das, was er einmal niedergerissen hat, wieder aufbauen und sein Leben erneut da suchen, wo er ihm so lange vergeblich nachspürte? Wie könnte einer, der die voraussetzungslose und bedingungslose Gnade des Glaubens gerade erst entdeckt hat, sich diesem Geschenk der Beziehung aus falsch verstandener »Selbstverwirklichung« – oder auch »Selbstverleugnung« – wieder verweigern wollen? Wieso sollte jemand, für den der aus Liebe gekreuzigte und auferstandene Christus zum Zentrum seines Lebens geworden ist, sich wieder auf sich selbst und seine eigenen Möglichkeiten beschränken? Müsste es ihm nicht in Anbetracht der Wahrheit des Evangeliums als völlig *unzeitgemäß* erscheinen? – Denn »ich bin mit Christus gekreuzigt. Also lebe nicht mehr *ich*, sondern *Christus* lebt in mir. Was ich aber nun im Fleisch lebe, das lebe *ich* im Glauben an den *Sohn Gottes*, der mich geliebt und sich selbst für mich dahingegeben hat« (Gal 2,19b.20).

»MEIN GOTT, MEIN GOTT, WARUM HAST DU MICH VERLASSEN?«

ZUR VERBORGENHEIT DES IN CHRISTUS OFFENBAREN GOTTES

Die Herausforderung der »Rechtfertigung Gottes« angesichts des wahrnehmbaren Übels in der Welt ergibt sich nicht nur im Rahmen der alttestamentlich-jüdischen Überlieferung oder gar ausschließlich aus der Perspektive des Unglaubens. Im Gegenteil, die sogenannte »Theodizee-Frage« erscheint aufgrund des neutestamentlichen Zeugnisses sogar nochmals verschärft und dringlicher.

Sosehr die Zeugen des Neuen Testaments sich einerseits in Kontinuität zu Gottes Reden und Handeln gegenüber Israel verstehen, sosehr sehen sie mit Christus doch eine heilsgeschichtlich und offenbarungsgeschichtlich grundlegend *neue Zeit* gekommen: In seinem Sohn hat sich Gott in letztgültiger Weise offenbart, sodass Jesu Wirken, Sterben und Auferstehen als die *Erfüllung* der vorangegangenen Verheißungen und die *Vollendung* der bisherigen Heilsgeschichte erkannt werden können.

So beginnt das öffentliche Wirken Jesu nach dem ältesten Evangelium[5] mit den programmatischen Worten Jesu: »Die Zeit ist *erfüllt*, und die Königsherrschaft Gottes *ist gekommen* – das heißt, sie *ist da*[6]. Kehrt um und glaubt an das Evangelium!« (Mk 1,15). Angesichts dieses Erfüllungsanspruchs der »guten Nachricht« von Gottes Offenbarsein und Gegenwart in Jesus Christus erscheinen die offensichtlichen Erfahrungen von Leid und Krankheit, von Not und Ungerechtigkeit, von Vergänglichkeit und Tod umso qualvoller. Im aufscheinenden Licht des Evangeliums von Gottes Zuwendung und Herrlichkeit wird die Erfahrung der »dunklen Seiten Gottes« umso schmerzlicher empfunden.

DIE VORAUSSETZUNGEN DER THEODIZEE-FRAGE

Warum leiden Hiob und die Beter der Klagepsalmen an Gottes Schweigen und scheinbarer Unwirksamkeit? Und warum stellt sich die Frage nach dem Verborgensein Gottes seit seiner Offenbarung in Christus umso dringlicher? Vergegenwärtigen wir uns zur Klärung die *grundsätzlichen Voraussetzungen*, die die alttestamentliche wie neutestamentliche Rede von Gott bestimmen und die die »Theodizee-Frage« als solche überhaupt erst unausweichlich machen.

1. Was weder für die Antike noch für die Neuzeit selbstverständlich ist, gilt durchgängig für die biblische Tradition: Gott wird als *personhaft existierend* erkannt. Nicht dass er naiv mit einer menschlichen Person verwechselt würde oder menschliche Züge auf ihn projiziert werden sollten. Im Gegenteil, sein »Personsein« wird von allem Menschlichen in ganz grundsätzlicher Weise unterschieden, und sein »Gottsein« wird dem vergänglichen und fehlbaren Menschen kritisch gegenübergestellt.

Wenn wir dennoch von einer »personhaften Existenz« Gottes sprechen, dann deshalb, weil Gott als liebend und erwählend, als sprechend und handelnd beschrieben wird. Gott entscheidet sich dazu, die Welt zu erschaffen und mit Abraham und den Vätern ein Volk zu gründen, das ihm zugehören soll. Er offenbart sich den Menschen und lässt sich von ihnen mit seinem Namen –

»Jahwe«, »Er wird (da) sein!« – anrufen (2. Mose 3,13 ff). Er eröffnet in seiner »Willensverfügung« – in seinem »Bund« – die wechselseitige persönliche Beziehung zwischen Gott und seinen Menschen: »Ihr sollt mein Volk sein, und ich will euer Gott sein!« (3. Mose 26,11 f; Hes 37,27; vgl. Offb 21,3). Wie *personhaft* die Gottesvorstellung und wie *persönlich* die Gottesbeziehung bereits in der alttestamentlichen Überlieferung bestimmt sind, zeigt sich an dem grundlegenden Bekenntnis und Gebot Israels in 5. Mose 6,4 f: »Höre, Israel, der Herr ist unser Gott, der Herr allein. Und du sollst den Herrn, deinen Gott, lieben von ganzem Herzen, von ganzer Seele und mit aller deiner Kraft« (vgl. Mk 12,28-34).

2. Mit diesem zentralen Bekenntnis kommt bereits ein zweites grundlegendes Merkmal biblischer Gottesvorstellung in den Blick: Es wird von diesem »Herrn, unserem Gott« nämlich gesagt, dass er nicht nur für sich allein existiert und auch nicht nur für einzelne Glaubende, sondern als der *eine* und *wahre* Herr der Menschen, der Welt und der Geschichte. Diese universale Macht und Bedeutung des Gottes Israels und des Vaters Jesu Christi bekennen wir traditionell mit den Worten: »Ich glaube an Gott, den Vater, den *Allmächtigen*, den Schöpfer des Himmels und der Erde.«

Gelegentlich wird der Begriff der »Allmacht Gottes« in Anführungszeichen gesetzt, weil er auch Missverständnisse hervorrufen könnte. In der Tat besagt das Bekenntnis zu Gottes Allmacht und Herrschaft nicht zwangsläufig, dass alles Geschehen in der Welt – sei es gut oder böse, lebensfördernd oder vernichtend – unmittelbar auf Gott als einzige Ursache zurückgeführt werden muss.[7] Die eigene Verantwortung der Menschen[8] und die Existenz anderer, Gott widerstrebender Mächte und Einflüsse sind mit der Anerkennung Gottes als des allmächtigen Vaters nicht ausgeschlossen.[9]

Aber es wird – gerade angesichts entgegengesetzter Erfahrungen und Anfechtungen – mit dem Bekenntnis zu Gott als Herrn hervorgehoben, dass er die Macht und den Willen hat, sich gegenüber dieser Welt und Geschichte endgültig durchzusetzen.

Ob sich die Hoffnung dieses endgültigen Eingreifens Gottes noch auf diese Welt bezieht oder auf Gottes neuen Himmel und seine neue Erde, ob die siegreiche Wende sich für den Einzelnen noch im diesseitigen Leben abzeichnet oder mit der Auferstehung zu einem neuen Leben – in jedem Fall gilt: Der Glaube an Gott als den *Allmächtigen* ist für das alttestamentliche wie für das neutestamentliche Gottesverständnis grundlegend und unaufgebbar.

3. Zu einer wirklichen Spannung kommt es angesichts der Welterfahrung und des eigenen Leidens durch die dritte Voraussetzung der biblischen Vorstellung von Gott, die in der Entfaltung der beiden ersten bereits mit angeklungen ist. Gott wird nämlich nicht nur als *personhaft existierend* und als *allmächtig* beschrieben, sondern zugleich auch als *gütig und liebend*. Er fordert nicht nur von den Menschen, dass sie sich gemeinschaftsbezogen und lebensfördernd verhalten sollen, sondern er sagt ihnen seine Gemeinschaftstreue und uneingeschränkte Liebe zu: »Nicht hat euch der Herr angenommen und euch erwählt, weil ihr größer wäret als alle Völker – denn du bist das kleinste unter allen Völkern –, sondern weil er euch *geliebt* hat …« (5. Mose 7,7 f). – »Ich habe dich von jeher *geliebt*. Darum habe ich dich zu mir gezogen aus lauter Güte« (Jer 31,3). – »Kann auch eine Frau ihres Kindleins vergessen, dass sie sich nicht *erbarme* über den Sohn ihres Leibes? Und ob sie seiner vergäße, so will ich doch deiner *nicht vergessen*« (Jes 49,15).

Diese Vorstellung von Gott als einem *liebenden* und *gütigen* Gegenüber bildet die dritte entscheidende Voraussetzung für die Klage und Anfrage in der Erfahrung der Verlassenheit und Dunkelheit. Wäre er nach dem biblischen Zeugnis wechselhaft und unbeständig, so könnte man alle Leiderfahrung seiner Ablehnung und seiner Unberechenbarkeit zuschreiben. Da er aber nach seinem Wesen liebend und gerecht sein soll, da er Licht ist und nicht Finsternis, erscheint eine von Ungerechtigkeit und Hass erfüllte Wirklichkeit als unvereinbar mit dem Glauben an die Güte und Zuverlässigkeit Gottes.

Merkmale des biblischen Bekenntnisses

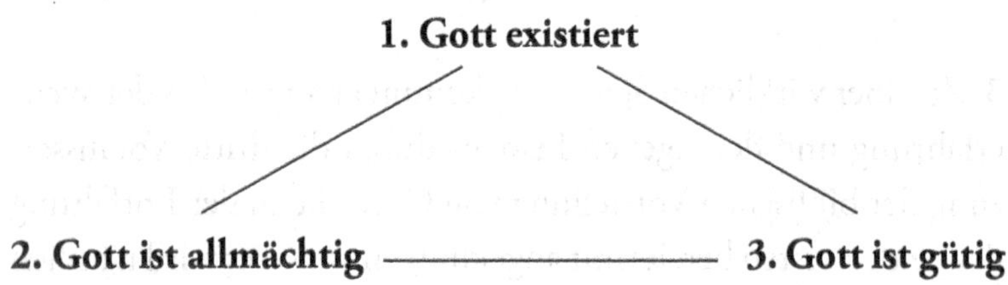

AUSWEGE AUS DER UNVEREINBARKEIT?

Diese drei Voraussetzungen des biblischen Gottesbekenntnisses – nämlich die der *Existenz*, der *Allmacht* und der *Liebe* Gottes – lassen sich mit der leidvollen Wirklichkeitserfahrung auch für Glaubende nicht einfach zur Deckung bringen! Sie stehen schon für Israel und für die frühe christliche Gemeinde in einem schmerzhaft empfundenen Widerspruch zu ihrer unmittelbaren Wahrnehmung und Alltagserfahrung. Und angesichts der langen Geschichte stellt sich das Problem für Israel wie für die Gemeinde Jesu Christi eher noch dringlicher als zu biblischen Zeiten.

Wie können wir daran festhalten, dass Gott zugleich *personhaft existiert* und *allmächtig* ist, wenn wir von seiner *Liebe* in unserer Welt und in unserem eigenen Leben so wenig sehen können? Kann ein liebender Gott, der all das Leid in der Welt zulässt, wirklich als *allmächtig* gedacht werden, oder ist er selber den lebens- und menschenfeindlichen Ereignissen gegenüber hilflos? Haben wir uns Gott angesichts all der Widersprüche in der Natur und der Geschichte vielleicht gar nicht als *liebend* vorzustellen, sondern als willkürlich und zerstörerisch? Oder sehen wir uns bei nüchterner Analyse der Weltgeschichte gar zu dem Eingeständnis gezwungen, dass wir wohl an dem Ideal und der Macht der Liebe festhalten wollen, aber Gott nicht länger als *personhaft existent* denken können? Ist Gott als liebender Vater und mächtiger Herr im Laufe der Geschichte etwa »gestorben«, ist Gott »tot«? Oder hat er in Wahrheit nie wirklich und außerhalb des Glaubens existiert?

Es ist durchaus verständlich, dass Menschen angesichts des Leides in der Welt und im eigenen Leben darum ringen, wie sie der Ausweglosigkeit dieses Widerspruchs von Gottesglauben und Welterfahrung entkommen können. Ist es vielleicht möglich, eine der drei biblischen Voraussetzungen des Glaubens an Gott preiszugeben, um wenigstens die beiden anderen Elemente des Bekenntnisses zu retten? Aber wer wollte das Bekenntnis zu Gottes *Liebe*, *Gerechtigkeit* und *Treue* opfern, um Gottes allmächtiges Wirken in der Widersprüchlichkeit von Liebe und Hass, Licht und Finsternis, Leben-Schaffen und Töten logisch denken zu können? Darf man andererseits den »Tod Gottes« proklamieren, nur um den Glauben an das *Ideal der Liebe* und der *Macht des Lebens* trotz aller widersprüchlichen Welterfahrung festhalten zu können? Scheut man sowohl vor der Preisgabe der Liebe Gottes wie vor dem beklemmenden Gedanken der Nichtexistenz Gottes zurück, dann mag der Verzicht auf das Bekenntnis zu Gottes *Allmacht* für viele noch am ehesten nachvollziehbar zu sein.

IST GOTT NICHT ALLMÄCHTIG?

Gehen die biblischen Traditionen nicht vielfach davon aus, dass der Mensch durch seine Abwendung von Gott die gute Schöpfung Gottes gefährdet hat und sein von Gott geschenktes Leben durch seine eigene Unverantwortlichkeit verwirken kann? Wissen nicht Altes und Neues Testament auch von widergöttlichen Mächten und Wesen zu berichten, die den Menschen versuchen und zu seinem eigenen Verderben von Gott, dessen Gerechtigkeit und Liebe abbringen wollen? Bis hin zum letzten Buch der Bibel wird doch von diesem apokalyptischen Kampf um die Herrschaft der Welt und den bestimmenden Einfluss auf die Menschheit berichtet, dessen unheilvolle Auswirkungen auch die an Gott Glaubenden zu erleiden haben.

Aber gerade die Offenbarung des Johannes mit ihren unverschleierten Darstellungen endzeitlicher Leiden, Kriege und Nöte widerstreitet jedem Zweifel und jeder Preisgabe des Bekenntnisses zu Gottes Allmacht. Soll denn offenbleiben, ob am Ende der Geschichte nicht doch Sünde, Tod und Teufel die Oberhand über Gottes Schöpfung behalten und über seine Gerechtigkeit und Liebe triumphieren? Im Gegenteil! Will doch die Offenbarung gerade die Leidenden und Verfolgten in ihrer Anfechtung trösten und des endgültigen – wenn auch jetzt noch nicht für alle sichtbaren – Sieges Gottes und seines Christus vergewissern.

Nicht erst in der triumphalen Darstellung des definitiven Sieges über den Tod und des Erscheinens Gottes zum Trost seiner Menschen (Offb 19–22) wird diese Gewissheit besungen und bezeugt, sondern von Anfang an und inmitten aller widersprechenden Erfahrungen: »Fürchte dich nicht! Ich bin der Erste und der Letzte und der Lebendige. Ich war tot, und siehe, ich bin lebendig von Ewigkeit zu Ewigkeit und habe die Schlüssel der Hölle und des Todes« (Offb 1,17; vgl. 1,5-8; 5,5 ff). – »Nun ist das Heil und die Kraft und das Reich unseres Gottes geworden und die Macht seines Christus ...« (Offb 12,10; vgl. 11,15; 19,6).

So will gerade die Offenbarung, die die grauenvolle Wirklichkeit einer gottfeindlichen und menschenverachtenden Herrschaft ungefiltert in den Blick nimmt, das ungeteilte Bekenntnis zu Gottes heiliger Existenz, zu seiner wahrhaftigen Gerechtigkeit und zu seiner ungebrochenen Größe und Allmacht vergegenwärtigen: »Groß und wundersam sind deine Werke, Herr, *allmächtiger Gott!* Gerecht und wahrhaftig sind deine Wege, du König der Völker. Wer sollte dich nicht fürchten, Herr, und deinen Namen preisen? Ja, alle Völker werden kommen und anbeten vor dir, denn deine gerechten Gerichte sind offenbar geworden« (Offb 15,3 f).

Sosehr die Frage nach der Möglichkeit und Wirksamkeit widergöttlicher Einflüsse und menschenverachtender Kräfte auch verunsichern mag, so wenig wäre den Leidenden ausgerechnet mit der Preisgabe der Hoffnung auf Gottes endgültigen Sieg über alle Mächte geholfen.

IST GOTTES WESEN GESPALTEN?

Angesichts der von Menschen und Natur hervorgerufenen Katastrophen des letzten Jahrhunderts haben viele traditions- und kirchenkritische Zeitgenossen eher die *Existenz* eines personhaften transzendenten Wesens in Zweifel gezogen und bis hinein in theologische und kirchliche Kreise den »Tod Gottes« proklamiert. Demgegenüber wird die Spannung zwischen Gottesglaube und Welterfahrung in konservativen Kreisen häufiger durch die Einschränkung des Bekenntnisses zu Gottes unbedingter *Liebe* aufgelöst. Die Widersprüche der Welterfahrung scheinen für manche erträglicher zu werden, wenn auch alles Leid der Welt und alle Grausamkeit der Geschichte unmittelbar auf Gottes Willen und sein eigentliches Wesen zurückgeführt werden können. Nach dieser Auffassung will Gott das Leben für die Menschen oder auch ihren Tod. Dann kann er Menschen lieben, aber andere auch hassen. Dann kann er erwählen und treu sein, aber auch verlassen und endgültig verwerfen. Dann will er einerseits, dass die Welt versöhnt und gerettet wird, und andererseits will er sie zerstören. Aber hat der Vater Jesu Christi ein doppeltes Gesicht gleich dem römischen Gott Janus? Ist Gottes Wesen gespalten?

Ganz abgesehen davon, dass das »Evangelium« von Jesus Christus sich gerade im Hinblick auf die grenzenlose Liebe Gottes als wahrhaft »erfreuliche Nachricht« erweist – wie will jemand ohne Selbstbetrug und Heuchelei ausgerechnet in der Abschwächung der Liebe Gottes zugunsten einer einfacheren Welterklärung Trost und Gewissheit finden? Wer könnte denn von sich behaupten, dass er sich aufgrund seines eigenen Lebens und Glaubens die Liebe und Erwählung Gottes von sich aus verdient hätte? Inwiefern erscheint der Schrecken der Ungerechtigkeit und des Elends denn geringer, wenn das unermessliche Leid anderer mit ihrer eigenen Schuld und Gottes Verwerfung erklärt wird? Und was ist, wenn gerade Glaubende durch Krankheit, Not und Leid betroffen sind? Soll es sich dann um willkürliche – oder gar absichtsvolle – Strafe Gottes handeln? Oder sollen die Betroffenen zu allem Leid auch noch mit ihrem Zweifel an der persönlichen Erwählung und dem eigenen Glauben alleingelassen werden?

Der ganze Trost des Evangeliums liegt darin, dass Gott sich uns nicht erst aufgrund unseres liebenswerten Verhaltens und unserer Gerechtigkeit zugewandt hat, sondern bereits, als wir unsererseits in Ablehnung und Feindschaft ihm gegenüber lebten, dass er uns also unbedingt und nicht konditioniert liebt: »Gott aber erweist seine Liebe zu uns darin, dass Christus für uns gestorben ist, als wir noch Sünder waren« (Röm 5,8; vgl. 5,6-10). Die Gewissheit, dass uns nichts von Gottes Liebe in Christus trennen kann (Röm 8,37-39), gründet also nicht in unserer eigenen Treue und Liebe, sondern in dem Zuspruch, dass Gott uns in Christus seine grenzenlose und unbedingte Liebe offenbart hat, von der er nach seiner Verheißung nicht mehr lassen will.[10]

GOTT IST LIEBE, LEBEN UND LICHT

So bleibt es nach all diesen Erwägungen dabei, dass die Spannung zwischen der leidvollen Wirklichkeitserfahrung und dem Bekenntnis zu Gottes Existenz, seiner Allmacht und Liebe keinesfalls dadurch abgeschwächt werden kann, dass eine der drei Grundlagen des biblischen Gottesglaubens abgeschwächt oder gar aufgegeben wird. Auch für den Glauben kommt es gegenwärtig noch nicht zu einer Aufhebung der Spannung zwischen der biblisch bezeugten Realität Gottes und der erfahrenen Wirklichkeit. Noch leiden auch Glaubende an dem empfundenen Widerspruch zwischen dem Offenbarsein Gottes und seiner Verborgenheit, zwischen den hellen Seiten der Selbsterschließung Gottes und den dunklen Seiten seines Entzogenseins.

Für viele Leidtragende und Trauernde macht es allerdings einen großen Unterschied, dass sie das unerklärliche Leid nicht auf Gottes Wechselhaftigkeit und Ablehnung zurückführen müssen, sondern ihn als die Liebe und das Leben in Person glauben dürfen. Seine Existenz, seine Liebe und seine Allmacht garantieren einerseits, dass er sich endgültig als der liebende Vater und zugewandte Gott offenbaren wird; und sie besagen andererseits, dass Tod, Hass und Finsternis nicht seinem Wesen und seiner Absicht zugeschrieben werden müssen. Gottes Wesen ist nicht gespalten, sodass er sowohl liebend wie lieblos zu denken wäre, sondern sein Wesen ist Liebe: »Gott ist die Liebe« (1. Joh 4,16). – »Gott ist Licht, und in ihm ist keine Finsternis« (1. Joh 1,5). – »Alle gute Gabe und alle vollkommene Gabe kommt von oben herab, von dem Vater des Lichts, bei dem keine Veränderung ist noch Wechsel des Lichts und der Finsternis« (Jak 1,17).

Für den distanzierten Beobachter mag diese »dualistische« Wirklichkeitsdeutung, die das Böse nicht auf Gott zurückführt, sondern auf andere rätselhaft erscheinende Ursachen, letztlich keinen entscheidenden Unterschied machen. Wenn Gott als existierend, allmächtig und liebend gedacht wird, bleiben die bohrenden Fragen nach seinem Schweigen und seinem Nichteingreifen jedenfalls bestehen. Und dennoch hat es gute Gründe, wenn das neutestamentliche Zeugnis die spannungsvolle Gesamtwirklichkeit und widersprüchliche Geschichte gerade nicht einfach »monistisch« – das heißt als Entfaltung eines Einheitsprinzips und eines einzigen Grundlegenden – deutet.

Gewiss, wenn Menschen leiden und sterben, hat Gott offensichtlich nicht verhindernd eingegriffen und es augenscheinlich nicht abgewendet. Allerdings entlastet es viele Betroffene, dass damit nicht gesagt werden muss und darf, dass Gott den Tod, den Verlust und das Leid seiner Menschen will. So rätselhaft dieser Trost auch für Nichtbetroffene erscheinen mag, Leidende leben davon, dass sie mit der Gefährdung ihrer eigenen Existenz und dem Verlust eines geliebten Menschen nicht auch noch das

Vertrauen auf ihren Gott, den Glauben an die Liebe und die Hoffnung auf das Leben verlieren.

ZEIT DER OFFENBARUNG

Sosehr diese Unterscheidungen zwischen »verursachen« und »zulassen«, zwischen »bewirken« und »noch nicht überwinden« gedanklich sinnvoll sind und einzelne Leidtragende auch trösten können, so sehr sagt das neutestamentliche Zeugnis über die Spannung zwischen Gottes *Offenbarsein* und seiner *Verborgenheit* noch viel Bedeutenderes und Hilfreicheres aus.[11]

Wir hatten uns bereits vergegenwärtigt, dass mit dem »Anfang des Evangeliums von Jesus Christus« (Mk 1,1) das belastende Rätsel der Sünde und des Leidens, der Ungerechtigkeit und des Todes nicht einfach vergessen wird, sondern zunächst noch schärfer hervortritt. Dies liegt zum einen an der unvergleichlichen Heils- und Erfüllungsgewissheit, in der Jesus nach dem Zeugnis des Markusevangeliums seine öffentliche Wirksamkeit beginnt: »Die Zeit – des Leidens dieser Welt und die des verheißenen göttlichen Heils – *ist erfüllt*, und die Königsherrschaft Gottes *ist gekommen* – das heißt, sie ist in meiner Person, meinem Wirken, Verkündigen und Geschick *da*. Kehrt um und glaubt an das Evangelium!« (Mk 1,15). Es liegt zum anderen an den Zeugnissen einer einzigartigen Legitimation Jesu und seiner Botschaft durch Gott selbst aus dem geöffneten Himmel: »Du bist mein geliebter Sohn, an dir habe ich Wohlgefallen!« (Mk 1,11). – »Das ist mein geliebter Sohn, den sollt ihr hören!« (Mk 9,7).[12]

Nun ist die Zeit der Verborgenheit Gottes abgelöst durch die Zeit seiner Offenbarung in Gestalt seines Sohnes. Die gottfeindlichen und menschenverachtenden Mächte werden besiegt durch den Anbruch der heilvollen Gottesherrschaft. Und der Widerspruch zwischen der geglaubten Realität des liebenden und allmächtigen Gottes und der erlittenen Wirklichkeit einer scheinbar gottverlassenen Welt ist überwunden. Der Himmel ist nicht länger verschlossen, sondern geöffnet. Denn Gottes Existenz, sein Wirken und sein Wesen erscheinen nicht länger als dunkel und verborgen, sondern als licht und offenbar.

Dementsprechend werden durch den Sohn Gottes Besessene von der Tyrannei der Dämonen befreit[13]. Gelähmte werden geheilt[14], und Aussätzige werden rein[15]. Blinde werden sehend[16], und Taubstumme können hören und sprechen[17]. Langjährig Erkrankte werden gesund und sogar Verstorbene zum Leben auferweckt[18]. Darüber hinaus weiß der Evangelist von zahlreichen Rettungswundern zu berichten, in denen der Sohn Gottes sich als Herr über die Not und den Mangel der Menschen, über das lebensbedrohliche Meer und den Sturm erweist.[19]

DIE PARADOXE HERRSCHAFT DES DIENENS

Würde man nur die erste Hälfte des Markusevangeliums vernehmen, dann müsste man fast den Eindruck gewinnen, dass der Evangelist keine Verborgenheit der Realität Gottes und keine dunklen Seiten in der Glaubenserfahrung mehr kennt. Denn die menschenfreundliche Güte Gottes offenbart sich hier durch das Wirken und Verkündigen Jesu so überwältigend und machtvoll, dass alles Leid und alle Dunkelheit vergessen scheinen. Erstaunt es da, dass auch der engste Jüngerkreis an Jesus als den verheißenen Messias Erwartungen eines triumphalen politischen beziehungsweise endzeitlichen Herrschers heranträgt (Mk 8,27-30; 10,35-45)?

Doch das wahre Geheimnis der Person und des Wirkens Jesu ist mit alledem noch keineswegs hinreichend erfasst. Im Gegenteil, das, was den Sohn Gottes ausmacht und was die Offenbarung Gottes in ihm als einzigartig qualifiziert, ist gerade nicht mit einer unreflektierten, wenn auch noch so verständlichen »Theologie der Herrlichkeit« – einer *theologia gloriae* – zu erfassen. Die zweite und entscheidende Hälfte des Evangeliums enthüllt in der nachdrücklichen Belehrung der Jünger – wie der späteren Gemeinde – durch Jesus (Mk 8,27–10,45), dass Gott einen anderen als den menschlich naheliegenden Weg zur Erhellung der Dunkelheit und zur Überwindung der Trennung und Verborgenheit gewählt hat.

Entgegen mancher traditionellen Erwartung an die machtvolle Offenbarung Gottes durch die Herrschaft des »Menschensohns« (vgl. Dan 7,13 f) zielt der Weg Jesu nicht auf die Zerschlagung und Unterwerfung derer, die Gott durch ihre Ungerechtigkeit und Untreue verraten haben, sondern auf deren *Rettung*. Und die Zugehörigkeit des Gottessohnes zu seinem himmlischen Vater zeigt sich gerade nicht darin, dass er sich als machtvoller Herrscher über das Leid und die Not der Menschen erhebt, sondern darin, dass er selbst den *Weg ins Leiden* auf sich nimmt. Seine Größe erweist sich in der Fähigkeit, sich aus Liebe zu Gott und den ihm anvertrauten Menschen selbst der Erniedrigung auszusetzen. Seine souveräne Herrschaft offenbart sich gerade in der Bereitschaft, unter Einsatz seines Lebens Gott und den Menschen zu dienen.

»Und er fing an, sie zu lehren: Der Menschensohn muss viel leiden und verworfen werden von den Ältesten und Hohenpriestern und Schriftgelehrten und getötet werden und nach drei Tagen auferstehen« (Mk 8,31). – »Ihr wisst, die als Herrscher gelten, halten ihre Völker nieder, und ihre Mächtigen tun ihnen Gewalt an. Aber so ist es unter euch nicht; sondern wer groß sein will unter euch, der soll euer Diener sein; und wer unter euch der Erste sein will, der soll aller Knecht sein. Denn auch der Menschensohn ist nicht gekommen, dass er sich *dienen lasse*, sondern dass *er diene* und *sein Leben gebe* als Lösegeld für viele« (Mk 10,42-45).

»MEIN GOTT, MEIN GOTT, WARUM HAST DU MICH VERLASSEN?«

Schon mit diesen Hinweisen auf Jesu hingebungsvollen Weg bis hin zum Einsatz seines eigenen Lebens wäre unverkennbar, dass Markus das Evangelium von Jesus Christus nicht im Sinne einer vordergründig verstandenen »Theologie der Herrlichkeit« entfalten kann und will, sondern ausdrücklich und unausweichlich als »Theologie des Kreuzes« – nicht als *theologia gloriae*, sondern als *theologia crucis*. Und schon bis hierher ist den Jüngern – und mit ihnen der späteren Gemeinde – unausweichlich vor Augen geführt worden, dass der Weg der *Nachfolge* seiner Jünger in keine andere Richtung führen kann als die, die Jesus selbst *vorangeht*: »Wer mir nachfolgen will, der verleugne sich selbst und nehme sein Kreuz auf sich und folge mir nach. Denn wer sein Leben erhalten will, der wird's verlieren; und wer sein Leben verliert um meinetwillen und um des Evangeliums willen, der wird's erhalten« (Mk 8,34 f).

Das ungeheuerliche Ausmaß dieser Entscheidung Jesu, an Gottes Liebe und der Liebe zu den Menschen festzuhalten bis zur letzten Konsequenz des eigenen Leidens, wird aber spätestens in der schonungslosen Darstellung des folgenden Verrates, der Gefangennahme und des qualvollen Sterbens am Kreuz beklemmend deutlich (Mk 14,1–15,47). Hier führt ausgerechnet das

Erfüllungsgeschehen der Gottesherrschaft in das Erleiden völliger Machtlosigkeit. Denn die Offenbarung der Herrlichkeit des Gottessohnes muss sich in der Erfahrung der Verborgenheit seines himmlischen Vaters bewähren. Wie paradox erscheint der in Finsternis verschlossene Himmel in der Todesstunde Jesu (Mk 15,33), nachdem sich doch zuvor bei seiner Taufe und Verklärung der Himmel über ihm bestätigend geöffnet hatte und ihn in seiner wahren Herrlichkeit erstrahlen ließ (Mk 1,9-11; 9,2-10).

Der Abgrund des Leidens Jesu – und damit die Höhe seines Einsatzes für die, die er grenzenlos und unbedingt liebt – kommt am erschütterndsten durch den verzweifelten Schrei des Gottessohnes nach seinem himmlischen Vater in seiner Todesstunde zum Ausdruck: »Mein Gott, mein Gott, warum hast du mich verlassen?« (Mk 15,34). Wie der an Gott verzweifelnde Beter des 22. Psalms und wie unzählige Menschen nach ihm erfährt der Sohn Gottes in seiner eigenen Todesstunde Gott, seinen Vater, als verborgen und nicht offenbar. Er erlebt ihn als ihn verlassend und nicht treu zu ihm stehend, als in Dunkelheit verhüllt und nicht in Herrlichkeit und Liebe strahlend, als nicht eingreifend und rettend, sondern schweigend.

Gewiss mag man in theologischer Korrektheit sofort ergänzen wollen, dass der Vater ihn in Wahrheit nicht verraten und im Stich gelassen hat, sondern mit ihm und an der Verzweiflung seines eigenen geliebten Sohnes gelitten hat. Und gewiss ist auch wahr, dass das Evangelium mit diesem Schrei nicht enden kann und will, sondern in dem Erweis der *Existenz*, der *Macht* und der *Liebe* des himmlischen Vaters durch die Auferweckung seines Sohnes am dritten Tage gipfelt (Mk 16,1-8; vgl. 8,31; 9,31; 10,33 f).

Doch ruft dieser Verzweiflungsschrei des sterbenden Gottessohns uns unausweichlich in Erinnerung, dass er für uns und mit uns eben die Einsamkeit und Finsternis, die wir erleiden, ertragen hat. Er hat sich als das Licht in unsere Finsternis begeben, sodass unsere Finsternis nicht mehr dieselbe bleibt. Er hat die Erfahrung der Ablehnung und Verlassenheit, der Ohnmacht und Einsamkeit als der Sohn Gottes selbst ertragen, damit wir sie fortan nie mehr in dieser Tiefe und ausweglosen Verzweiflung – nämlich ohne die Gewissheit seiner göttlichen Gegenwart – erleiden müssen.

ZUR VERBORGENHEIT DES IN CHRISTUS OFFENBAREN GOTTES

Was bedeutet diese unerwartete Entfaltung der Offenbarung der Größe und Herrlichkeit des Gottessohnes in Gestalt des stellvertretenden Leidens und der Niedrigkeit für die Frage nach dem Verborgensein Gottes in der Geschichte und im eigenen Leben der Glaubenden? Gibt sie eine rationale und den Glauben wie den Zweifel befriedigende Antwort auf die nach wie vor unausweichliche »Theodizee-Frage«? Hilft sie bei der unabwendbaren Herausforderung der »Rechtfertigung Gottes« angesichts der *Ungerechtigkeit*, der *Ohnmacht* und des *Todes* und im Hinblick auf das Bekenntnis zu Gottes *Liebe*, *Allmacht* und *Existenz*?

Die Antwort des Evangeliums besteht nicht in einer Verharmlosung oder Verleugnung des bleibenden Widerspruchs von geglaubter Realität des liebenden Gottes und erfahrener Wirklichkeit der Anfechtung und Einsamkeit. Die Nachfolge Jesu wird den Jüngern wie der späteren Gemeinde nicht als Weg der Herrlichkeit und unbeschwerten Herrschaft angekündigt, sondern als ein Weg des Leidens – trotz, ja teilweise sogar gerade wegen ihres Glaubens. Denn die Ablehnung, die Jesu entschiedener Einsatz für Gott und die ihm anvertrauten Menschen in dieser Welt provozierte, wird sich wohl überall da wiederholen, wo Menschen in seiner Nachfolge für Gottes Gerechtigkeit und Liebe eintreten.

Das, was sich durch die Offenbarung Gottes in seinem von Menschen verratenen und gekreuzigten Sohn ganz grundlegend geändert hat, ist die Gewissheit, dass er in Christus auch in unserem Leiden selbst und persönlich gegenwärtig und nicht entzogen ist, dass er treu und gerecht ist, auch wenn wir seine Liebe nicht erfahren können. Sogar in der paradoxen Situation der Anfechtung und des Zweifels gilt, was der Gebetsschrei in sich selbst bereits zum Ausdruck bringt. Der Beter mag sich wohl als verlassen erfahren und Gott als verborgen erleben, er wendet sich in seinem Hilferuf mit seiner Anrede »Mein Gott, mein Gott!« aber an ebendiesen Gott, ohne dessen Existenz und Macht und Liebe er nicht leben kann. Und mitten in seiner Klage und Anklage gegenüber dem verborgenen Gott vertraut er sich zugleich dem in seiner Offenbarung entzogenen liebenden Vater an.

Mit alledem wird deutlich, dass die »Theodizee-Frage« im Neuen Testament nicht etwa *rational* geklärt wird – sondern *personal.* Was sie ertragen lässt, sind nicht vernünftige Argumente, sondern der Blick auf den Sohn Gottes, der diesen Widerspruch des Vertrauens in Verlassenheit und des Gehaltenseins trotz der Verborgenheit Gottes vor uns und für uns gelebt hat. Weder werden die offenen Widersprüche zwischen der Erfahrung einer ungerechten Welt und dem Glauben an die Gerechtigkeit Gottes »wegerklärt«, noch wird für diese Zeit und Geschichte die Illusion eines von Anfechtung und Leiden freien Lebens ausgemalt.

THEOLOGIE DES KREUZES ALS THEOLOGIE DER HERRLICHKEIT

Ein mögliches Missverständnis dieser Entfaltung des Evangeliums als »Theologie des *Kreuzes*« sei abschließend noch angesprochen. Es handelt sich bei der Kreuzestheologie – wie wir sie im Markusevangelium oder bei Paulus entfaltet finden – nicht etwa um die Preisgabe der Hoffnung auf die Herrlichkeit. Die *theologia crucis* ist kein ausschließender Gegensatz zur *theologia gloriae*, sondern deren entschiedene und vertiefte Verwirklichung. Die Theologie des Kreuzes erweist sich als die wahre Theologie der Herrlichkeit.

Das Kreuz Jesu steht nicht für das Scheitern und den Verlust des Glaubens an Gottes Existenz, Macht und Liebe, sondern für dessen Neubegründung und Stärkung. Es sind nicht Gottes Abwesenheit und Unvermögen, die sich in der Selbsthingabe des Gottessohnes offenbaren, sondern seine überwältigende Zuwendung und Liebe. Es tritt nicht das Leiden an die Stelle der Herrlichkeit, sondern die Herrlichkeit Gottes wird mitten im Leiden wahrgenommen und das Vertrauen mitten in der Anfechtung geweckt.

So bedeutet auch die Selbstverleugnung der Jünger in der Nachfolge Jesu nicht den Verzicht auf die Teilhabe an erfüllendem Leben und überwältigender Liebe, sondern gerade deren paradoxe Verwirklichung: »… und wer sein Leben verliert um meinetwillen und um des Evangeliums willen, *der wird es erhalten*« (Mk 8,35).

Die Kreuzestheologie des Evangelisten steht und fällt mit dem endgültigen und offensichtlichen Triumph der Auferweckung Jesu durch den Vater (Mk 16,1-8; vgl. 8,31; 9,31; 10,33f).[20] Wollte man eine Kreuzestheologie unter Absehung der endgültigen Bestätigung und Verherrlichung Jesu durch seinen himmlischen Vater entfalten, dann müsste man sich die Kritik des Engels am Grab gegenüber den verzweifelten Frauen gefallen lassen: »Ihr sucht Jesus von Nazareth, den Gekreuzigten. Er ist auferstanden, *er ist nicht hier*!« (Mk 16,6).

In diesem Sinne bleibt auch die »Theodizee-Frage« sowohl *gedanklich* wie *existenziell* so lange offen, bis Gott alle Verborgenheit und Dunkelheit durch seine endgültige Offenbarung am Jüngsten Tag erhellen wird und aus der Rückschau der Verherrlichung die scheinbar Verlassenen seine nie gefährdete Liebe und Treue nachträglich erkennen können. Dann spätestens wird offensichtlich werden, dass wir es nie mit einem »dunklen Gott« zu tun hatten, sondern mit der Dunkelheit unserer Wahrnehmung von ihm, und nicht mit einem »verborgenen Gott«, sondern mit dem Verborgensein des längst schon offenbaren Gottes in unserer Anfechtung und Klage.

VON DER GEISTESGEGENWART GOTTES

»ICH GLAUBE AN DEN HEILIGEN GEIST …«

Hat jeder Christ automatisch den Heiligen Geist?[21]

Da wir es beim Heiligen Geist mit Gott selbst zu tun haben, sollten wir beim Geistempfang nicht von einem »automatischen« Vorgang sprechen. Richtig ist aber: In jedem Christen wohnt der Geist Christi, denn allein die Gegenwart des Geistes Christi in uns macht uns überhaupt zu Christen.[22] Wir können nur zum Glauben kommen und uns zu Christus bekennen, weil Gott selbst uns als seine Söhne und Töchter annimmt und uns seinen Geist schenkt. Das heißt umgekehrt: Wer immer Jesus Christus aufnehmen und auf sein Evangelium hin an ihn glauben will, der empfängt nach Gottes Verheißung dessen Geist als Unterpfand[23] und Zeugnis der endgültigen Gotteskindschaft[24].

Die Apostelgeschichte berichtet von Menschen, die schon Christen waren, den Heiligen Geist aber nicht hatten. Gibt es ein Zwei-Stufen-Christsein?

Sie denken wohl an die Getauften von Samarien in Apostelgeschichte 8. In diesem Bericht geht es um eine heilsgeschichtlich einmalige Situation, nämlich um die Ausweitung der urchristlichen Mission über den Kreis der Juden hinaus. Diese Mission erfasst nach Jerusalem und Judäa nun auch Samarien und soll schließlich nach Gottes Plan sogar die Heidenvölker erreichen.[25] An dieser heilsgeschichtlichen Schwelle wird der Empfang des Heiligen Geistes so ausdrücklich hervorgehoben wie zu Beginn bei den Aposteln selbst an Pfingsten.[26] Als »Christen« würde auch Lukas Menschen erst bezeichnen, wenn der Geist Christi sie ergriffen hat.[27] Die Gabe des Geistes ist für ihn wie für Paulus nämlich der Erweis der Erwählung, der Berufung und der Errettung durch Gott.[28] Eine Abstufung des geistlichen Lebens in Christus vertritt er keineswegs.

Dennoch: Zu neutestamentlichen Zeiten konnte man offenbar erkennen, ob jemand den Heiligen Geist hat oder nicht. Ihrer Aussage entnehme ich nun, dass jeder Christ den Heiligen Geist hat. Wie passt das zusammen?
Ob jemand gerettet ist und der Heilige Geist in ihm wohnt[29], erkennt man nach Paulus vor allem daran, dass er Gott als seinen Vater, als »Abba«, anruft,[30] dass er Jesus Christus als Herrn anerkennt[31] und an den gekreuzigten und auferstandenen Sohn Gottes glaubt und ihn liebt.[32] Denn all dies tut kein Mensch von sich aus, sondern durch Gottes Geist in ihm.[33] Genau daran sind die Töchter und Söhne Gottes auch heute noch zu erkennen!

Haben die Pfingstler recht, wenn sie zwischen Wassertaufe und Geistestaufe unterscheiden?
Im Neuen Testament werden das Zum-Glauben-Kommen, der Geistempfang und die Taufe auf Christus als ein Zusammenhang gesehen und nicht getrennt.[34] Denken Sie an die Geistausgießung auf den heidnischen Hauptmann Cornelius, der übrigens ausdrücklich erst aufgrund des Empfangs des Heiligen Geistes mit Wasser getauft wurde![35] Vielleicht geht es bei dieser Frage aber auch vielmehr um die Probleme unserer Gegenwart. In neutestamentlicher Zeit wurden Menschen getauft, wenn sie das Evangelium gehört und mit ihrem Bekenntnis zu Christus als ihrem Herrn auch glaubend angenommen hatten. Sie ließen sich »auf den Namen Jesu« taufen, weil sie sich ihm bewusst und willentlich übereignen wollten. Wie wir wissen, ist dieser wesent-

liche Aspekt für viele mit der Praxis der Kindertaufe nur schwer zu vermitteln. Aber ob wir nun für die – den Gnadencharakter betonende – Kindertaufe eintreten oder für die – das menschliche Bekenntnis betonende – »Erwachsenen-« beziehungsweise »Glaubenstaufe«, das Entscheidende und Grundlegende hat Christus bereits vor 2000 Jahren für uns getan. Es geht bei alldem nicht vorrangig um unsere Handlungen, Gefühle und Erfahrungen, sondern vielmehr um unsere Zugehörigkeit zu Gott und unsere Übereignung an Jesus Christus[36].

Oft wird ein geistlicher Neuanfang im eigenen Leben als »Geistestaufe« oder »zweite Segnung« missverstanden, obwohl doch Christus selbst durch seinen Geist schon seit Beginn des Glaubens in den Christen wohnt. Aber mehr als Christus können wir als Christen gar nicht empfangen – und mit weniger brauchen wir uns nicht zu begnügen! Sein Geist ist in unserem Leben nicht nur dann anwesend, wenn wir es gerade fühlen und erkennen.

Spürt man das selbst, wenn man den Heiligen Geist hat?
Genau diese Frage bestimmte die korinthische Gemeinde, an die Paulus schrieb, weil sie sich viel zu stark von den augenscheinlichen, unmittelbar spürbaren Auswirkungen des Geistes abhängig machte, anstatt sich an Gott selbst und seiner Einschätzung und Gewichtung der Gaben zu orientieren.[37] Beim Pulsfühlen der eigenen Geistlichkeit sollten wir vorsichtig sein, sonst sind wir auch noch in unserer Frömmigkeit nur mit uns selbst beschäftigt. Andere Menschen mögen das Wirken des Geistes Gottes durch uns spüren und erfahren, wenn wir aber auf uns selbst sehen anstatt allein auf Christus, ist das gewiss schon einmal keine Wirkung des Heiligen Geistes.

Damit will ich das verständliche Bedürfnis nach Erfahrung und Verwirklichung des Geglaubten im eigenen Leben nicht abwerten. Es geht vielmehr um die Prioritäten! Der Glaube macht Erfahrungen, aber er gründet nicht auf Erfahrungen. Er hat nicht, was er sieht, im Blick, sondern das, was er nicht sieht![38] Wir können sogar sagen, dass die Unterstützung und der Zuspruch des Geistes uns gerade für *die* Stunden nachdrücklich verheißen ist, in denen wir uns allein gelassen, unvermögend und hilflos fühlen. Der »Tröster« wird den Jüngern für die Zeit der Traurigkeit, der Anfechtung und der Angst verheißen.[39]

Wer ist überhaupt der Heilige Geist?

Wenn ich das neutestamentliche Verständnis in einem Satz formulieren sollte, dann würde ich sagen: Der Heilige Geist ist die Gestalt der persönlichen und wirksamen Gegenwart Gottes bei den Gläubigen. Durch seinen Geist wirkt der Vater persönlich den Glauben,[40] die besonderen Gaben und die Frucht des Geistes wie Liebe, Freude, Friede, Geduld, Freundlichkeit, Güte, Treue, Sanftmut und Selbstbeherrschung.[41] In seinem Geist wohnt Jesus Christus als der Sohn Gottes mitten in seiner Gemeinde und in den einzelnen Gläubigen und bezeugt ihnen ihre Zugehörigkeit zu Gott.[42] So erkennen und erfahren die Gläubigen Gott durch seine Gegenwart im Geist, obwohl sie Christus – anders als die Jünger vor Pfingsten – nicht unmittelbar sehen und »begreifen« können.

Ist der Heilige Geist eine Person?

Im Hinblick auf das neutestamentliche Zeugnis werden hier einige zögern und differenzieren wollen. Es steht aber außer Frage, dass so große Theologen wie Paulus und der Evangelist Johannes – aber auch Lukas[43] – vom Geist Gottes mit personhaften Begriffen und Merkmalen sprechen. Der Geist Gottes vertritt als »Paraklet« – das heißt als »Beistand«, »Anwalt« und »Tröster« – Christus bei den

Gläubigen.[44] Er steht ihnen bei, wenn sie um Christi willen in Not geraten und gefordert sind.[45] Die spätere dogmatische Formulierung kann sich zu Recht auf diese neutestamentlichen Grundlagen beziehen.[46] Wie sollte Gott als Person auch »unpersönlich« gegenwärtig sein? Von daher ist es richtig, mit dem dritten Glaubensartikel zu bekennen: »Ich glaube an den Heiligen Geist …«

Muslime werfen den Christen »Vielgötterei« vor, weil sie drei Götter – Vater, Sohn und Heiligen Geist – verehrten. Ist dieser Vorwurf nicht verständlich?
Verständlich schon, aber nicht zutreffend. Auch als Christen kommen wir an die Grenzen unserer Vorstellung, wenn wir die Dreieinigkeit Gottes konkret denken und erklären sollen. Das christliche Bekenntnis hält ja ausdrücklich an dem »Einssein« und der »Einzigartigkeit« Gottes fest[47] – der sich uns aber »dreifaltig« als Vater, als Sohn und als Heiliger Geist offenbart. Wir weichen häufig entweder in die Vorstellung von der *einen Person* Gottes in dreifacher Erscheinungsform aus – oder stellen uns in menschlicher Analogie tatsächlich *drei gesonderte Wesen* vor. Wir berühren hier unsere prinzipiellen Grenzen als Menschen: Das Geheimnis der Trinität ist nicht an sich ein Denkproblem, vielmehr haben wir das Grundproblem, Gott von uns aus nicht umfassend denken und erkennen zu können.[48]

Kann beziehungsweise soll man zum Heiligen Geist beten?
Die meisten Christen beten – bewusst oder unbewusst – so, wie es schon die neutestamentlichen Gläubigen taten. Die beteten zu Gott als ihrem himmlischen Vater und riefen – zur Verwunderung ihrer jüdischen Geschwister – zugleich Jesus Christus als ihren Herrn an.[49] Es ist aber auch nichts dagegen einzuwenden,

dass wir Gott in Hinsicht auf seine wirksame Gegenwart in dieser Welt – also auch als den Geist – anrufen.[50]

Es heißt: Wenn man nicht mehr beten kann, tritt der Heilige Geist beim Vater für uns ein. Wie kann ich mir das vorstellen?
Paulus meint in Römer 8,26f mit der »Schwachheit«, in der uns der Geist zu Hilfe kommt, nicht nur unsere subjektiven Verlegenheiten beim Beten, sondern unser grundsätzliches Unvermögen, Gottes Herrlichkeit und Größe auch nur zu denken, geschweige denn dem allmächtigen Gott angemessen begegnen zu können. So weiß ich nur durch Gottes Geist, was Gott entspricht. Und in meiner Schwachheit wird mir zugesprochen, dass Gottes eigener Geist für mich beim Vater eintritt und alles so vor Gott bringt, wie es richtig ist.

Wir übersehen oft, dass nach dem Evangelium die Erlösung gerade darin besteht, dass der Mensch nichts mehr ohne Christus und seinen Geist[51] – das heißt getrennt von Gott – tun muss, sondern alles mit und durch ihn erleben, gestalten und verwirklichen darf. Durch seinen Geist wohnt Christus selbst in den Gläubigen und ist so das eigentliche Subjekt und Geheimnis ihres Glaubens.[52] Wenn Gott in Person das Leben und die Liebe ist, dann gibt es doch nichts, was ich ohne ihn im Bereich des Lebens und der Liebe tun kann. Als Lebender habe ich teil am Leben, und die Liebe selbst verwirklicht sich in den Liebenden. Wie sollte es da ausgerechnet beim Gebet anders sein?

Warum ist gerade die »Sünde gegen den Heiligen Geist« die schlimmste aller Sünden?
Dies gilt sicherlich als eines der schwierigsten Probleme.[53] Im Zusammenhang der Auseinandersetzung Jesu von Matthäus 12

erschließt sich der Sinn aber durchaus: Die Gegner werfen Jesus dort in völliger Verkennung der Situation vor, dass er im Namen des Widersachers Gottes die Dämonen austreibe. Dabei ist sein vollmächtiges Lehren, sein Heilen von Sünde, Krankheit und Besessenheit in Wahrheit Ausdruck dafür, dass die Königsherrschaft Gottes bereits gegenwärtig angebrochen ist. Denn Jesus treibt, wie er sagt, die Dämonen »im Geist Gottes« aus – also in der persönlichen wirksamen Gegenwart seines Vaters (Mt 12,28). Wer Gottes eigenes Heilswirken als Augen- und Ohrenzeuge derart missdeutet, der kann kaum noch als unwissend oder ahnungslos entschuldigt werden. Oder, um es mit dem Wort Jesu aus Johannes 15 zu sagen: »Wenn ich nicht gekommen wäre und hätte es ihnen gesagt, so hätten sie keine Sünde; nun aber können sie nichts vorwenden, um ihre Sünde zu entschuldigen.«[54]

Aber warum ist diese Sünde unvergebbar, wo doch sogar schlimmste Lästerungen gegen Jesus Christus vergeben werden können?

Jesus spricht im Johannesevangelium nicht nur von der *Sünde* der Gegner, sondern von dem schon vollzogenen *Gericht*. Wer Christus als das Licht der Welt mit eigenen Augen sieht und mutwillig in der Finsternis bleibt, der hat sich nach Johannes 3 durch seine Ablehnung bereits selbst gerichtet[55]. Oder denken Sie an Paulus: Ihm wurde vergeben, was er vor der Offenbarung Gottes bei Damaskus[56] getan hatte, obwohl er Christus verfolgt und ihn verlästert hatte.[57] Es wäre ein völlig anderer Zusammenhang, hätte er dies noch angesichts der umfassenden Christusoffenbarung getan. Jedenfalls geht es bei der »Sünde gegen den Heiligen Geist« eindeutig nicht um ein innerchristliches Problem, sondern um die erschütternde Erfahrung der feindlichen Ablehnung des Sohnes Gottes durch Ungläubige.

Also kann ich nicht »aus Versehen« die Sünde gegen den Heiligen Geist begehen?

Nein, gewiss nicht! Für die Seelsorge ist ganz entscheidend, dass hier nicht von den Anfechtungen und der Unvollkommenheit niedergeschlagener Christen die Rede ist. Wen die Frage persönlich quält, ob er mit seiner geistlichen Unzulänglichkeit vielleicht gegen den Heiligen Geist gesündigt haben könnte, der hat es wohl nicht getan. Andernfalls wäre er in seiner Verstockung für solche Selbstzweifel immun.

Bekommen alle Christen dieselben Geistesgaben?

Ganz und gar nicht! Das möchte Paulus den irritierten Korinthern mit seiner Darstellung der Gemeinde als Leib Christi in 1. Korinther 12 gerade verdeutlichen: So wie ein Organismus aus vielen verschiedenen, aber aufeinander bezogenen Gliedern besteht, so hat Gott jedem Gläubigen eine eigene Gnadengabe geschenkt.[58] Entscheidend ist nicht, ob wir als Glieder am Leib Christi eine *wichtige* und *viel beachtete* Funktion haben, sondern dass wir *wesentlich* und *identisch* sind. Wir sollen uns im Sinne des Hauptes, gemäß unseren eigenen Gaben und Fähigkeiten und im Interesse des ganzen Organismus, entfalten. Wir wollen oft zu wichtig sein – und sind deshalb oft so unwesentlich!

Gibt es auch heute noch die Gabe der Zungenrede?

Zu der Gabe der »Glossolalie«, das heißt der »Zungenrede«, wie zu allen anderen Gnadengaben ist alles Entscheidende und bleibend Gültige bereits in 1. Korinther 12–14 gesagt.[59] Dabei handelt es sich um ein für andere an sich nicht verständliches Beten, Danken und Reden zu Gott[60], das nach Paulus entweder für die Gemeinde zu übersetzen ist oder als persönliche Erbauung ausschließlich in die private Anbetung gehört[61]. Es gab damals in

Korinth – wie auch heute noch – Menschen, die in Zungen redeten und dennoch nach dem Urteil des Paulus »fleischlich« waren, weil sie ihre Gabe nicht im Geist und im Sinne Christi und nicht zur Förderung und zum Aufbau der Gemeinde auslebten. Und es gibt heute – wie damals – viele »geistliche« Christen, die diese oder jene Geistesgabe nicht haben und denen dennoch nichts Entscheidendes fehlt, weil sie Christus erkannt haben und – noch viel wichtiger – von Christus erkannt und geliebt sind.[62] Das entscheidende Kriterium der Liebe hätte Paulus für das Ausleben jeglicher Gaben gar nicht eindrücklicher einschärfen können als mit der zentralen Anordnung des »Hohen Liedes der Liebe« in 1. Korinther 13.

Das Urteil des Paulus ist schon deshalb von so großer Bedeutung, weil er ganz offensichtlich in einer unvergleichlichen Weise von Gott begabt war und sehr wohl wusste, wovon er sprach. Sosehr er selbst mehr in Zungen redete als alle Korinther, so sehr wollte er »in der Gemeinde lieber fünf Worte reden mit verständlichem Sinn … als zehntausend Worte in Zungen« (1. Kor 14,18 f).

Auch heute noch geschehen ganz außerordentliche Zeichen und Wunder, von denen die Betroffenen aber in Demut schweigen, weil sie um die Gefahr des Missbrauchs wissen. Damals wie heute ist die einseitige Konzentration auf die besonders spektakulären Phänomene der Begabung jedenfalls »ungeistlich«, weil sie – im Gegensatz zum Heiligen Geist – etwas anderes als Christus allein und seine Liebe zu allen Gliedern am Leib Christi in den Mittelpunkt stellt.

Wie wäre demnach die Bedeutung des Pfingstfestes zu bestimmen?
Wenn Pfingsten uns daran erinnert, dass uns das Entscheidende – nämlich Gottes eigene Gegenwart und sein Wirken in uns –

bereits mit Christus selbst geschenkt worden ist, dann sind wir von dem Richtigen »begeistert«. Denn das Pfingstfest steht vor allem für diese Erfahrung der Gottesnähe und die Freude an der neu gewonnenen Gemeinschaft. Unübertrefflich ist diese Freude durch die Geistverheißungen Jesu in den Abschiedsreden des Johannesevangeliums beschrieben (Joh 14–16): »Ich will euch nicht als Waisen zurücklassen; ich komme zu euch… Ihr sollt mich sehen, denn ich lebe, und ihr sollt auch leben« (Joh 14,18f). – »Ihr habt nun Traurigkeit; aber ich will euch wiedersehen, und euer Herz soll sich freuen, und eure Freude soll niemand von euch nehmen« (Joh 16,22).[63]

VOM ICH ZUM WIR

PERSPEKTIVEN EINER »WACHSENDEN KIRCHE«

»Lasset uns aber wahrhaftig sein in der Liebe und wachsen in allen Stücken zu dem hin, der das Haupt ist, Christus, von dem aus der ganze Leib zusammengefügt ist und ein Glied am anderen hängt durch alle Gelenke, wodurch jedes Glied das andere unterstützt nach dem Maß seiner Kraft und macht, dass der Leib wächst und sich selbst aufbaut in der Liebe.«

Epheser 4,15.16

Angesichts unserer äußeren und inneren Entwicklungen als Landeskirchen – aber auch als Freikirchen und Gemeinschaften – erscheint das Thema »Wachsende Kirche« einerseits als *provokativ* und *befremdend*, andererseits aber zugleich als *herausfordernd* und *unumgänglich*. Wir haben als Kirchen an einer gesamtgesellschaftlichen Entwicklung teil, deren Anfänge Jahrhunderte zurückreichen und die sich in den letzten Jahrzehnten enorm beschleunigt hat.

Die geistesgeschichtlichen und kulturgeschichtlichen Veränderungen werden allgemein mit den Prozessen der *Individualisierung*, der *Säkularisierung* und der *Pluralisierung der Wertsysteme* verbunden. In der Neuzeit nimmt der sich selbst definierende Mensch zunehmend den Platz ein, der früher Gott und den von ihm abhängigen Autoritäten eingeräumt wurde. Und der Einzelne und seine eigenen Vorstellungen treten im heutigen Wertesystem immer mehr an die Stelle, die früher anerkanntermaßen Kirche und Gesellschaft, Familie und Tradition innehatten. Während freilich in den Anfängen der Aufklärung an die Stelle der Dogmatik und der Tradition die »Vernunft« treten sollte und an die Stelle der Religion die vernünftige und moralisch verantwortliche Individualität, leiden wir heute eher unter »unvernünftigen« Formen der Selbstbezogenheit und unter ethisch bedenklichen Entwicklungen der Ichzentriertheit des Einzelnen.

Stand am Anfang noch das philosophisch anspruchsvolle »Ich denke – also bin ich!«, sind an die Stelle der autonomen Vernunft längst weitaus banalere Interessen getreten. »Ich arbeite, also bin ich!«, »Ich fühle, also bin ich!« oder «Ich erlebe, also bin ich!« sind die Parolen, nach denen die Perspektive auf die eigene Wirklichkeit reduziert und auf die eigenen Belange konzentriert wird. Wenn aber die jeweilige »Selbstentfaltung« zum Mittelpunkt der Lebensinteressen wird und wenn weder Gott noch ein gemeinsames Wertesystem, weder Kirche noch Gesellschaft dem Einzelnen allgemein verbindliche Normen vermitteln können, führt dies naheliegenderweise zu einer Vielzahl von »Wahrheitsansprüchen« und zu einer weitgehenden Beliebigkeit von Lebenskonzepten.

Mögen die mit der Aufklärung in Gang gebrachten Prozesse der Individualisierung, der Säkularisierung und der Pluralisierung der Wertsysteme vielfach auch als Befreiung von unangemessener Fremdbestimmung und als Erlösung aus einer bedrückenden Unmündigkeit erlebt worden sein, so leiden wir heute als Kirche und Gesellschaft zunehmend unter den Folgen des Verlustes von Gemeinsinn, Werteorientierung und ethischer und sozialer Verbindlichkeit.

BESINNUNG AUF DEN AUSGANGSPUNKT DER ZIELE

Wenn wir bei unserer Suche nach dem Geheimnis einer »Wachsenden Kirche« zunächst nach dem *biblischen Befund* fragen, mag das vielen von uns noch vertraut und selbstverständlich sein. Es liegt aber auch vom Wesen der Kirche, von der Wirklichkeit der Geschichte und von der eigenen Lebenserfahrung her durchaus nahe. In Situationen der Krise und der Orientierungslosigkeit kann der sicherste Fortschritt darin bestehen, dass wir nicht unbedacht weiterlaufen, sondern anhalten und uns auf den Ausgangspunkt unserer Ziele besinnen. Gleich einem Wanderer im Moor, der spürt, dass der Boden unter ihm nachgibt, ziehen wir uns unwillkürlich zurück zu dem Punkt unseres Weges, an dem wir noch sicheren Boden unter den Füßen hatten, um uns neu zu orientieren. Dabei darf es nicht um ein rückgewandtes und lebensängstliches Flüchten in die Vergangenheit gehen, sondern vielmehr um eine *Wiedergewinnung der Perspektive*, die uns vormals motivieren und unsere Wirklichkeit verändern konnte.

Bei einer biblischen Rückbesinnung auf eine »Wachsende Kirche« könnte man versucht sein, von den wenigen wörtlichen Belegen des Neuen Testaments zunächst die zu bevorzugen, an denen offensichtlich von einem *quantitativen* Wachstum der frühen Kirche die Rede ist. So heißt es in der Apostelgeschichte 5,14: »Es wuchs die Zahl derer, die an den Herrn glaubten«; Apostelgeschichte 9,31: »So hatte nun die Gemeinde Frieden … und baute sich auf und lebte in der Furcht des Herrn und mehrte sich unter dem Beistand des Heiligen Geistes«; oder Apostelgeschichte 12,24: »Und das Wort Gottes wuchs und breitete sich aus« (Apg 2,47; 4,4; 11,12; 14,1).

Angesichts des hier bezeugten explosionsartigen Wachstums – der Urgemeinde in Jerusalem und der frühen missionarischen Gemeinden im Umfeld Judäas und bald schon bis hin zum Ende der Welt – wird in uns unweigerlich ein Interesse für die *Phänomene* geweckt und für die *Methoden*, mit denen eine entsprechende Entwicklung in unseren Verhältnissen anzustoßen und zu verwirklichen wäre. Was ist das Geheimnis dieser quantitativen Kirchenvermehrung? In der Tat sollten wir die »Quantität« beim Thema »Wachstum« nicht einfach abwerten und gering schätzen und so unsere eigene Verlegenheit unter der Hand zum Ideal umdeuten. Aber auch in der Apostelgeschichte geht es vor allem um die Frage nach dem *Wesen* der Kirche, das die Phänomene begründet, und nicht umgekehrt um die Fixierung auf die *Phänomene*, die das Wesen und die Verwirklichung der Realität vergessen lassen.

Andere von uns mögen beim Thema »Wachsen« vor allem an das berühmte Reich-Gottes-Gleichnis Jesu von der »selbst wachsenden Saat« in Markus 4,26-29 denken. Da aber dort davon die Rede ist, dass der Weizen »von selbst« – wörtlich sogar: »automatisch« – wächst, wirft das geheimnisvolle Gleichnis erfahrungsgemäß zunächst mehr neue Fragen auf, als es bestehende klärt. Will Jesus hier etwa mit dem Hinweis auf den Bauern, der »Samen aufs Land wirft und schläft«, zur Tatenlosigkeit unter seinen Jüngern ermutigen? Für den antiken jüdisch-christlich geprägten Hörer wird das »natürliche« Wachstum jedoch noch selbstverständlich *schöpfungstheologisch* mit Gott selbst und seinem Wirken und Bewahren verbunden. So geht es auch hier bei dem »von selbst« um das Geheimnis des dem menschlichen Vermögen entzogenen göttlichen Schöpfungswirkens. Sosehr der Bauer in das Wirken einbezogen ist, so wenig verfügt er selbst über das Geheimnis und das Bewirken des Wachsens und des Gedeihens der Frucht bis zur Ernte.

Um das berechtigte, aber doch zugleich verführerische Interesse an einem vor allem *quantitativ* verstandenen Wachstum nicht dominieren zu lassen, haben wir uns dafür entschieden, uns auf den Brief an die Epheser zu konzentrieren (Eph 2,19-

22; 4,15 f; vgl. Kol 2,19), bei dem das Wachsen der Kirche wie der einzelnen Gläubigen zunächst und vor allem *qualitativ* – im Sinne einer *Verwesentlichung* und *Reifung*, einer *Besinnung auf den Ursprung* und einer *Orientierung am Ziel* – verstanden wird.

Der *Epheserbrief* gehört bekanntermaßen zu den späteren der dreizehn neutestamentlichen Briefe unter dem Namen des Paulus. Ob man ihn noch als späten Paulusbrief versteht oder als Schreiben aus der Schule des Paulus nach dem Ableben des Apostels – wie viele der Exegeten –, wir finden hier gerade in den für unser Thema wesentlichen Aspekten eine authentische Fortentwicklung und Vertiefung der paulinischen Ausführungen zur »Lehre von Christus« (der »Christologie«), zur »Lehre vom Heil« (der »Soteriologie«) und zur »Lehre von der Kirche« (der »Ekklesiologie«) in den zentralen Briefen an die Römer, die Korinther (1./2. Kor) und die Galater.

VOM »WACHSEN« DER »KIRCHE«

Vom *Wachsen* der Kirche kann im Epheserbrief in zweifacher Hinsicht gesprochen werden: einerseits in der Vorstellung von der Gemeinde als »Leib« im Sinne des *Heranwachsens* und *Sichentwickelns* bis zur vollen Reife und Entfaltung, dem »Erwachsensein« (Eph 4,13); andererseits in der Vorstellung vom »Bau«, vom »Gebäude« im Sinne des *Aufbauens, Erbauens* des Gebäudes bis zur geplanten Vollendung und Erfüllung der Zweckbestimmung (als »Wohnung Gottes im Geist«, Eph 2,19-22). Dabei orientiert sich die Metapher des »Wachsens« jeweils sowohl an der Vorstellung eines *vorgegebenen Ziels*, einer *wesentlichen Bestimmung* als auch an dem Gedanken eines »organischen« und »konstruktiven« *Entwicklungs- und Entfaltungsprozesses*.

Neben dem neutestamentlichen »Wachsen« haben wir aber zugleich auch das Verständnis von der »Kirche« näher zu bestimmen, die wachsen soll. Das Neue Testament unterscheidet noch nicht zwischen »Kirche« und »Gemeinde«, es kennt nur einen Begriff: »Ekklesia« (griechisch). Ekklesia kann sowohl *Kirche* im übergreifenden, überregionalen Sinn bedeuten (1. Kor 6,4; 12,28; Eph 1,22; 3,10.21; 5,23-32) als auch die *Gemeinde vor Ort* (Röm 16,16; 1. Kor 1,1; 4,17; 2. Kor 1,1; Phil 4,15; 1. Thess 1,1), die sich in einem Privathaus versammeln konnte (Röm 16,5; 1. Kor 16,19; Kol 4,15; Phlm 2).

Diesen Begriff »Ekklesia«/»Gemeinde Gottes« hatten Paulus und seine Schule nicht etwa neu geprägt; er diente bereits als die stolze Selbstbezeichnung der Urkirche in Jerusalem. Theoretisch hätte sie sich auch im Anschluss an die griechische Übersetzung des Alten Testaments »Synagoge« nennen können. Aber da dies die »Versammlung« und dann auch den Versammlungsort der jüdischen Brüder und Schwestern bezeichnete, bot sich für die ersten Christen der aus der griechischen Umwelt bekannte Begriff Ekklesia – »Versammlung«, »Gemeinde« – an. (Unser deutscher Begriff »Kirche« für die Ekklesia wie für das Gebäude, in dem sich die christliche Gemeinde versammelt, leitet sich von dem griechischen Adjektiv *kyriakos* – das heißt »dem Herrn gehörig« – ab. »Kirche« bedeutet also wörtlich »die dem Herrn gehörige Gemeinde«, »das zum Herrn gehörige Haus«.)

»Versammlung *Gottes*« war für die ersten Christen ein ganz bedeutungsvoller und positiv geprägter Name, weil damit in der Zeit zwischen Altem und Neuem Testament in der apokalyptisch-endzeitlich orientierten Literatur die Hoffnung verbunden wurde, dass Gott am Ende der Geschichte seine *Auserwählten* als sein Aufgebot aus Israel und den Völkern zusammenführen wird. So steht hinter dem Substantiv *Ekklesia* im Griechischen auch ursprünglich das Verb »herausrufen«, griechisch *ekkaleo*, nämlich zur *Heeresversammlung*, zur *Vollversammlung* der Stimmberechtigten.

Diese Gemeinschaft der Zusammengerufenen darf sich als die Gefolgschaft Gottes in der letzten geschichtlichen Stunde verstehen, in der Stunde seines Kommens. Sie sollen ihm einmal entgegenziehen und ihn dann begleiten, wenn er gleich einem königlichen Herrscher in die Stadt einzieht, um seine Herrschaft der Gerechtigkeit, der Liebe und des Friedens durchzusetzen (vgl. 1. Thess 3,13; 4,15 ff). Dieses »kleine Häuflein« in Jerusalem – das die Urgemeinde anfangs darstellte – und die bis an das Ende der damaligen Welt wachsende Ekklesia Gottes wussten sich von Gott in Jesus Christus zu einem solchen Vorrecht der Gottesgemeinschaft und des Mitregierens mit Gott berufen.

Was ist nun mit der Beschreibung der Kirche Jesu Christi als »Leib« und als »Bau« zentral und vorrangig gemeint (vgl. schon 1. Kor 3,9.16; 12,12 ff; Röm 12,3 ff)? Es sind *drei Wesensmerkmale* der »Wachsenden Kirche« im Epheserbrief, die wir uns vor allem vergegenwärtigen wollen.

DIE BEDEUTUNG DER CHRISTUSBEZOGENHEIT ZUR WIEDERENTDECKUNG DES »DU«

Es ist eine Besonderheit der neutestamentlichen Briefe und speziell des Epheserbriefes, dass sie den Kirchenbegriff ganz zentral mit der Person Jesus Christus als »Herrn« verbinden – als Kyrios der Welt und der Geschichte, aber vor allem auch als Kyrios seiner Kirche und der einzelnen Gemeinden. Die Ekklesia Gottes – also die verheißene endzeitliche Heilsgemeinde und Versammlung Gottes – besteht in der Versammlung derer, die Jesus Christus als

Herrn erkennen, anerkennen und bekennen. Die Kirche *Gottes* (1. Kor 1,2; 10,32; 11,16; 15,9; 2. Kor 1,1; 1. Thess 2,14) ist die Kirche *Jesu Christi* (Röm 16,16)!

Sosehr der paulinische Kirchenbegriff durchaus trinitarisch ausgewogen entfaltet wird – im Zusammenhang der Kirche wird sowohl vom *Vater* als auch vom *Sohn* als auch vom *Heiligen Geist* gesprochen (1. Kor 12,4 ff; Eph 4,4 ff) –, so sehr fällt gerade im Epheserbrief die Hervorhebung Jesu Christi als des *Hauptes* der Kirche auf: Gott hat Christus »gesetzt zum *Haupt* der Gemeinde über alles, welche da ist sein *Leib*« (Eph 1,22 f). »Lasset uns … wachsen in allen Stücken zu dem hin, der das *Haupt* ist, *Christus*« (Eph 4,15; vgl. 5,23). Wenn man den Begriff nicht abwertend oder einseitig versteht, kann man durchaus sagen, dass der Epheserbrief ein *christozentrisches Kirchenverständnis* vertritt. Selbstverständlich geht auch er von der Gestalt der wirksamen Gegenwart Gottes im *Geist* aus (Eph 1,13; 2,18.22; 3,16; 4,3 f.30; 5,18), jedoch erkennt er offensichtlich die *Christus*bezogenheit der Kirche in der aktuellen Situation im ganz wörtlichen Sinne als »Hauptsache«. Christus ist der *Grundstein* des *Gotteshauses* (Eph 2,20 ff) und er ist das *Haupt* des *Leibes*, »von dem aus der ganze Leib zusammengefügt ist und ein Glied am anderen hängt« (Eph 4,16).

In der Krise und Anfechtung der Gemeinde, an die sich der Epheserbrief wendet, wird die angemessene Reaktion und Antwort nicht etwa in einer Zurücknahme des Christusbekenntnisses und in einer Anpassung an die vorherrschenden Meinungen gesehen, sondern gerade umgekehrt in einer *Konzentration auf das Wesentliche* und in einer *Besinnung auf die »Hauptsache«*. Während wir heute oft versucht sein mögen, in großen Irritationen und Notsituationen des Glaubens die Anstöße zu beseitigen und im Interesse einer wachsenden Kirche das Bekenntnis auf das leicht Vermittelbare zu reduzieren, antworten die neutestamentlichen Verfasser nicht mit einer dogmatischen Abflachung und Anpassung, sondern im Gegenteil mit einer wesentlichen Vertiefung und existenziellen Anwendung: Je *tiefer* die Not ist, unter der die Gemeinde leidet, desto *höher* ist die Christologie und umso ausdrücklicher wird das Christusbekenntnis entfaltet.

Dies geschieht nicht etwa aus dogmatischem Trotz oder weltfremder »Festungsmentalität« – nach dem Motto: »Wenn schon keiner mehr glaubt, wollen wir wenigstens das Bekenntnis unverständlich formulieren« –, sondern gerade in *Wahrnehmung von Wirklichkeit* und im *Ernstnehmen der beklemmenden Probleme.* Ist denn einem Trostlosen geholfen, wenn wir ihm auch noch die Hoffnung nehmen? Ist einem Verfolgten und Verlassenen damit gedient, dass wir ihm auch noch die Realität des Lebens und der Liebe kleinreden? Kennen wir nicht aus Seelsorge und Beratung die tiefe Wahrheit, dass es nicht genügt, in Empathie und Rücksicht die Klage der Klagenden zu verstärken, ihre Ausweglosigkeit zu bestätigen und in das allgemeine und unverbindliche Lamentieren über Gott und die Welt einzustimmen?

Angesichts der schwerwiegenden neuzeitlichen Herausforderungen, die uns als Kirche mit der Säkularisierung, der Individualisierung und dem vorherrschenden Pluralismus aufgegeben sind, könnten wir uns mit der Naivität und Sorglosigkeit der frühen Gemeinden zu entschuldigen suchen. Neigten wir doch schon immer dazu, die Verhältnisse der Urgemeinde zu idealisieren und ihr Leiden an der Wirklichkeit zu verharmlosen. In Wahrheit aber litten die frühen Christen in ihrer Minderheiten- und Verfolgungssituation unter Verhältnissen, von denen wir – Gott sei Dank! – heute noch Welten entfernt sind. Die äußeren Verhältnisse der Anfangszeit der Kirche und der Entstehungszeit des Neuen Testaments waren noch ungleich schwieriger als die unseren, so enttäuscht und frustriert wir persönlich heute auch sein mögen.

Die neutestamentlichen Briefe sind nicht etwa in einer heilen und romantischen Gemeindesituation entstanden, sondern sie sind im Gegenteil den tiefen Erschütterungen, Auseinandersetzungen und Leiderfahrungen der frühen Christen verpflichtet. Auch sie zweifelten schon angesichts ihrer Wirklichkeitserfahrung an der Realität der Verheißung und an dem Wahrheitsanspruch ihres Bekenntnisses. Sie drohten in kleine Gruppierungen auseinanderzubrechen und litten unter den andauernden Konfrontationen um ihres Glaubens willen (vgl. Eph 6,10 ff).

So war also schon damals das *hohe Christusbekenntnis* keineswegs allgemein anerkannt und unangefochten, aber es wurde durch Vergegenwärtigung des Evangeliums und gegenseitige Aufmunterung immer wieder hoffnungsvoll zugesprochen und erinnert. Das Bekenntnis zu der Person Jesus Christus und zu seiner zentralen Bedeutung für Kirche und Welt wollte immer wieder neu als die »Grundlage« entdeckt und als die »Hauptsache« entfaltet werden, denn es bot bei aller Verschiedenheit und in allen Trennungen die entscheidende *Orientierung* und *Zielvorgabe* für jeden Neuanfang und jedes Wachstum: »Lasset uns aber wahrhaftig sein in der Liebe und wachsen in allen Stücken zu dem hin, der das Haupt ist, Christus!« (Eph 4,15).

Nun erscheint es für alle, die an Christus glauben, vielleicht als eine Selbstverständlichkeit, dass Christus eine zentrale Rolle in der Kirche spielen soll. Ich möchte aber zur Plausibilisierung einen Schritt weitergehen und möchte auch die in den Blick nehmen, die dieses Christusbekenntnis nicht so selbstverständlich teilen. Was ist eigentlich Wesentliches ausgesagt mit dieser Zentrierung auf die Person Jesus Christus? Wir haben neuzeitlich tatsächlich das *Problem der fehlenden Mitte*, der *mangelnden Orientierung* und *diffusen Zielvorgabe*. Nun lässt sich in der Kirche heute wie damals die wesentliche Einheit kaum durch die Gleichheit der Phänomene herstellen. Und die Realität des Geglaubten lässt sich kaum allein aufgrund der vielfältigen und widersprüchlichen Erfahrungen von Wirklichkeit erweisen.

Wir können es auch noch nüchterner formulieren: Unser neuzeitliches Problem ist die *Fixierung auf die Phänomene*, die *Reduzierung auf das unmittelbar Wahrnehmbare* und das *Diktat der Wirklichkeit*. Die frühe Kirche aber hat sich bewusst als in einer Spannung lebend wahrgenommen und wusste mit existenziellen Widersprüchen umzugehen – nämlich mit dem eklatanten Widerspruch von (schon) *erfahrener Wirklichkeit* und (bisher erst) *geglaubter Realität*.

Hätte unser Leib kein inneres Programm, er könnte nicht zur vollen Reife der Frau und des Mannes heranwachsen. Würden alle Glieder unseres eigenen Leibes nur »kopflos« vor sich hin zucken, wir verfügten kaum noch über einen koordinierten und lebensfähigen Organismus. Und hätten Bauherren und Bauarbeiter keinen Plan und keine Zielvorgabe, sondern würden nur nach Lust und Laune vor sich hin bauen, käme es wohl nie zu einem geschlossenen Ganzen. Bei allem Chaos, das oft noch trotz Architekt und akribischer Baupläne auf Baustellen herrscht, möchte man sich ein solches Unterfangen schon gar nicht erst vorstellen.

Es gilt – und zwar gerade angesichts unseres neuzeitlichen Individualismus und Pluralismus –, wieder neu nach dem zu fragen, was uns in unseren Kirchen *verbindet*, was unser *gemeinsamer Zielpunkt* sein kann, auch entgegen vergangener und gegenwärtiger Wirklichkeitserfahrung. Denn ohne das *Programmatische der geglaubten Realität*, die sich nicht auf die gegenwärtige Erfahrung und die unmittelbare Wahrnehmung reduzieren lässt, kann ein

Organismus nicht koordiniert wachsen und ein Gebäude nicht stabil aufgebaut werden.

DIE WIRKLICHKEIT GEWORDENE LIEBE ALS PROGRAMM

Nun könnte man fürchten, es handle sich bei dem bisher Ausgeführten um eine rein formale Bestimmung zur Förderung der Gemeindeentwicklung. »Christus« würde dann als *formale* Mitte und Orientierung zum Zweck einer zielgerichteten Entwicklung der Kirche bestimmt. An der Realität und dem Ideal würde gegen die Resignation rein formell um der Entwicklung und Erneuerung der Kirche willen festgehalten.

Jedoch ist gerade aus dem Epheserbrief – entgegen allem Misstrauen hinsichtlich einer christozentrischen Theologie – zu entnehmen, dass Christus nicht als formale *Chiffre* für die Einheit, die Autorität oder gar die Hierarchie der Kirche missbraucht werden darf. Die Autorität und die Herrschaft Christi werden vielmehr mit der Offenbarung der *Liebe Gottes* im Christusgeschehen begründet und von ihr her entfaltet (Eph 2,4 ff; 3,19; 5,2.25). Worin zeigt sich diese – alle bisherige Erkenntnis übertreffende und erfüllende (Eph 3,19) – Liebe Gottes in Christus? Auch hier lässt der Epheserbrief an Eindeutigkeit nichts zu wünschen übrig. Die Liebe Christi hat sich durch die uneingeschränkte Lebenshingabe zugunsten der Geliebten als *unbedingt* und *grenzenlos* erwiesen (3,19; 5,2.25) und im Hinblick auf die Situation der Geliebten als *voraussetzungslos* und *bedingungslos* (2,4 ff).

Damit ist der Christusbezug der Kirche sowohl ein zutiefst *persönlicher* als auch hinsichtlich der maßgebenden Orientierung ein konkret *inhaltlich bestimmter*. In der bis zur Selbsthingabe bereiten Zuwendung Christi erweist sich, was nach dem Evangelium Gottes unter Liebe zu verstehen ist. Können menschliche Formen der Zuwendung durchaus von der Liebenswürdigkeit und dem liebenswerten Verhalten des Gegenübers abhängig sein, gilt diese Liebe dem Geliebten in seiner Vorfindlichkeit voraussetzungslos und in der Widersprüchlichkeit seiner Erscheinung bedingungslos und persönlich. Gerade auf die Entfaltungen des Epheserbriefs lässt sich die alte Formel mit Gründen beziehen: »Gott liebt uns nicht, weil wir wertvoll sind, sondern wir erkennen uns als wertvoll, weil Gott uns liebt.«

Diese konkrete und in Leben und Sterben Christi Wirklichkeit gewordene Liebe ist das Programm, nach dem Kirche als Leib Christi organisch wachsen und sich zielführend entfalten kann. Denn Liebe ist die Fähigkeit und die Kraft der Wiederentdeckung des »Du« und des »Ihr« – auch in Selbstüberwindung und Hingabe des ansonsten an sich selbst verlorenen »Ich«. Durch die Aufwertung einer unbedingten Zuwendung und durch die Bedeutsamkeit, die durch eine uneingeschränkte Zuneigung erkannt wird, werden die Einzelnen wie die Gemeinschaft in die Lage versetzt, auch ihrerseits du-orientiert und nicht nur egozentrisch, am Wohl der anderen interessiert und auf Christus und seine Ziele bezogen zu leben. Zu einer organischen Entwicklung des Leibes Christi ist die Liebe nicht nur förderlich, sondern *konstitutiv* und *unentbehrlich*: »… dass der Leib wächst und sich aufbaut *in der Liebe*.«

Dabei ist entscheidend, dass es bei diesem Liebesbegriff nicht nur um abstrakte Theorien und uneingelöste romantische Ideale geht, sondern um *gelebtes*, *lebendiges* und *zu lebendes* Leben. Die Orientierung, die die Gemeinde von Christus her empfängt, ist sein *gelebtes Leben*, nicht nur seine isolierte Verkündigung oder seine ethische Unterweisung. Die Worte des *Ideals* zielen auf *Verwirklichung* der *Realität.* Und die Einladung zur eigenen Umsetzung im Leben gründet auf der geschichtlich erfahrenen *Wirklichkeit* der Offenbarung Gottes in Christi Leben, Leiden und Auferstehen:

»Aber Gott, der reich ist an Barmherzigkeit, hat in seiner großen Liebe, mit der er uns geliebt hat, auch uns, die wir tot waren in den Sünden, mit Christus lebendig gemacht – aus Gnade seid ihr selig geworden –; und er hat uns mit auferweckt und mit eingesetzt im Himmel in Christus Jesus, damit er in den kommenden Zeiten erzeige den überschwänglichen Reichtum seiner Gnade durch seine Güte gegen uns in Christus Jesus« (Eph 2,4-7). – »So folgt nun Gottes Beispiel als die geliebten Kinder und lebt in der Liebe, wie auch Christus uns geliebt hat und hat sich selbst für uns gegeben ...« (Eph 5,1 f; vgl. 5,25).

DAS »SUBJEKT« DES AUFBAUS UND DES WACHSENS DER KIRCHE

Die Konzentration auf Christus als Grundstein und Haupt der wachsenden Kirche im Epheserbrief ist aber auch deshalb von großer Bedeutung, weil sie einem Missverständnis wehrt, dem wir in unseren Gemeinden und Kirchen in den vergangenen Jahrzehnten zunehmend erlegen sind – und dies ganz unabhängig davon, ob wir uns selbst eher als konservativ oder als liberal verstehen, ob wir uns »rechts«, »links« oder in der »Mitte« unserer Kirche verorten. Neigten wir nicht auf unsere je eigene Weise dazu, dem Wachsen und der Verwirklichung der Kirche das falsche Subjekt zuzuordnen?

Die einen sprachen davon, dass wir »das Reich Gottes« zu bauen hätten. Aber wer kann »Gottes Herrschaft« aufrichten, wenn nicht Gott selbst? Werden wir nicht vielmehr unsererseits als die »Steine« verstanden (Eph 2,19-22; 1. Petr 2,4 f), aus denen Gott seinen lebendigen Tempel aufbaut und die er in seinen göttlich konzipierten und begründeten Bau integriert? Haben wir selbst und von uns aus in eigener und letzter Verantwortung zu bauen, oder werden wir nicht vielmehr zu einer Wohnung Gottes »miterbaut« (Eph 2,22)?

Andere wiederum sprachen im Hinblick auf die Kirche als Leib Christi motivierend und aufrüttelnd davon, dass »Christus keine Hände habe außer den unseren ...« Aber so gut all diese Appelle auch gemeint sein mögen, so spiegeln sie doch oft die völlig illusorische Überschätzung menschlicher Möglichkeiten und die gnadenlose Überforderung des Einzelnen wider. Wenn es denn wirklich so wäre, dass Christus keine Lippen hätte außer unseren Lippen, keine Füße außer den unseren und keine Hände außer unseren Händen, dann hätte er freilich allen Grund, auch noch »kopflos« zu werden.

In Anbetracht der Not der Welt und angesichts des Zustands unserer Kirchen haben wir die Menschen, die uns anvertraut sind, mit unseren Predigten, Vorträgen und Vorlesungen in den Gemeinden und Kreisen, in den Akademien und Universitäten nicht selten überfordert. Wir haben es – wie es der Begriff des überfordernden Antreibens von Viehherden so anschaulich ausdrückt – hinsichtlich der Herde Gottes »übertrieben«. Doch wer übertreibt, der hat nicht mehr erreicht als der, der angemessen führt, sondern weniger; denn es bleiben Erschöpfung und Lähmung statt Wachstum, Dynamik und Fortschritt.

Nein, Subjekt des Aufbaus und des Wachsens der Kirche sowie des Erwachsenwerdens der Gläubigen sind nicht wir und brauchen wir auch – Gott sei Dank! – nicht selbst zu sein. Subjekt des Aufbaus und des Wachsens ist der *gekreuzigte und auferstandene*

Christus, der *durch* die Amtsinhaber und die Gemeindeglieder wirkt. Insofern geht es nach dem Epheserbrief auch nicht darum, dass die Glaubenden ihrerseits versuchen, Christus als einen Abwesenden aus eigener Kraft auf dieser Welt zu vertreten, sondern darum, dass sie *erkennen*, was ihnen durch Gottes Kraft in Christus bereits real und wirksam geschenkt worden ist. Sie sollen wissen, dass Christus selbst in ihnen lebt, wie auch sie bereits an Christi Auferstehungsleben gegenwärtig teilhaben. Im Epheserbrief geht es beim Gemeinde- und Glaubenswachstum nicht zuerst um *menschliche Aktivitäten*, sondern um die *Erkenntnis des Wirkens Gottes*, das sich im Leben der Glaubenden entfalten will. Vor der *menschlichen Verwirklichung* von Leben und Liebe steht das *Erkennen* der überschwänglichen *göttlichen Realität* und der *Realisierung* des Lebens und der Liebe im Christusgeschehen. Das Wachsen der Kirche und der einzelnen Gläubigen beginnt mit dem Begreifen der Vieldimensionalität – in Breite, Länge, Höhe und Tiefe – dieser bereits vorgegebenen »Grundlage« und »Hauptsache«, die sich in der Liebe entfalten.

Diese *präsentischen* Aspekte endzeitlicher Hoffnungserfüllung in Christus weiß kaum eine neutestamentliche Schrift so nachdrücklich hervorzuheben wie der Epheserbrief: »… damit ihr *erkennt*, zu welcher Hoffnung ihr von ihm berufen seid, wie reich die Herrlichkeit seines Erbes für die Heiligen ist und wie überschwänglich groß seine Kraft an uns, die wir glauben, weil die Macht seiner Stärke bei uns wirksam wurde, mit der er in Christus gewirkt hat (Eph 1,18-20)« – »… dass *Christus* durch den Glauben in euren Herzen wohne und ihr in der Liebe eingewurzelt und gegründet seid. So könnt ihr mit allen Heiligen begreifen, welches die Breite und die Länge und die Höhe und die Tiefe ist, auch die Liebe Christi erkennen, die alle Erkenntnis übertrifft, damit ihr erfüllt werdet mit der ganzen Gottesfülle. Dem aber, der überschwänglich tun kann über alles hinaus, was wir bitten oder verstehen, nach der Kraft, die in uns wirkt, dem sei Ehre in der Gemeinde und in Christus Jesus zu aller Zeit, von Ewigkeit zu Ewigkeit! Amen« (Eph 3,17-21).

DER BEZUG AUF CHRISTUS ALS KRITISCHES PRINZIP

Schließlich sei auch noch auf einen letzten, entscheidenden Aspekt der *Christusbezogenheit* des Kirchenverständnisses im Epheserbrief hingewiesen. Indem Christus selbst und er allein als *Kyrios* – als Herr der Welt und der Geschichte, als Herr der Kirche und der Gläubigen – bekannt und anerkannt wird, sind damit weder innerkirchliche Autoritäten (auch nicht die Apostel und Propheten, Eph 2,20; 4,11) noch irgendwelche »Herren der Welt« (Eph 6,10-20) der Kirche vorgesetzt oder von ihr zu fürchten, sondern sie sind alle zugleich Christus unterstellt. Bei aller Betonung wechselseitiger Abhängigkeit und gegenseitiger Verbundenheit der einzelnen Glieder am Leib Christi liegt in der grundsätzlichen Gegenüberstellung von Christus als dem *einen* Haupt und der ihm zugeordneten Vielzahl der gleichgestellten Glieder ein enormes Potenzial an Ermutigung, Befreiung und Aufwertung der Gemeindeglieder.

Das Verhältnis von Aposteln, Evangelisten, Lehrern, Propheten und Hirten untereinander und zu den anderen Gemeindegliedern muss nach dem Epheserbrief nicht gesondert geregelt werden (Eph 2,20-22; 4,11-13), solange sie alle mit ihren Gaben ausschließlich an der Förderung des Ganzen und an der organischen Ergänzung und Entwicklung des Gemeinsamen orientiert bleiben. Die Bedeutung und Hierarchie der Ämter sowie die

Strukturfragen der Kirchen- und Gemeindeleitung treten in dem Maße zurück, wie sich die Kirche auf ihr *eines* Haupt besinnt, »von dem aus der ganze Leib zusammengefügt ist und ein Glied am anderen hängt durch alle Gelenke, wodurch jedes Glied das andere unterstützt nach dem Maß seiner Kraft und macht, dass der Leib wächst und sich selbst aufbaut in der Liebe« (Eph 4,16).

DER GEMEINDEBEZUG ZUR WIEDERENTDECKUNG DES »WIR«

Damit sind wir beim Bild des *Leibes* selbst. Es ist uns so geläufig, wie sich sein wahres Geheimnis unserer Wirklichkeit wohl noch entzieht. Denn sosehr wir auch die Entwicklung zum Individualismus beklagen mögen, so sind wir doch zugleich dessen Kinder – ungeachtet wiederum der Frage, ob wir uns als konservativ, liberal oder fortschrittlich verstehen. Wir verstehen die Gemeinde als die *Summe* aller *einzelnen* Gläubigen, Engagierten, Vernünftigen, Heiligen oder wie auch immer. Als *Einzelne* kommen wir zu einem Gottesdienst zusammen und bilden dann als die *Vielzahl* der versammelten Individuen die Gottesdienstgemeinde.

Die Kirche als *Leib* und als *Bau Gottes* wird aber in den paulinischen Briefen als ein *organisches Ganzes* verstanden, das in seiner Gesamtheit weit mehr ist als nur die Summe der einzelnen Glieder. Die Realität des *»Wir«* und die Wirklichkeit des *Organismus* vermögen den alten Gegensatz von *Individualismus* und *Kollektivismus* zu überwinden. Und das an der *Ganzheit* orientierte Denken weist einen Weg jenseits der Einseitigkeiten von Egoismus und Altruismus, von rücksichtsloser Selbstbezogenheit und selbstzerstörerischer Aufopferung. Denn im »Wir« besteht nicht der sich ausschließende Gegensatz von »Ich« und »Du«. Das »Wir« lebt von der jeweiligen Entfaltung der einzelnen Subjekte, und im »Wir« kommen das »Ich« und das »Du« ausgewogen zur Geltung. Fördern sich die Glieder am Leib nicht selbstverständlich gegenseitig und kommen sich wechselseitig im Interesse des Ganzen zur Hilfe? Sorgt der Organismus nicht dafür, dass alle Glieder angemessen zu ihrem Recht kommen und bis hin zum kleinsten am Wohl des ganzen Leibes teilhaben? Ergibt sich das Wachsen des Organismus nicht selbstredend aus der Förderung der einzelnen Glieder? Besteht das Geheimnis eines gesunden Körpers nicht gerade in der leiborientierten, ausgeglichenen und ganzheitlichen Entfaltung der einzelnen Zellen, Organe, Glieder und Körperteile?

Das Geheimnis des Organismus lässt sich gerade nicht auf *ein Subjekt* reduzieren. Gewiss, suchte man nach einer Analogie sonstiger Hierarchien, würde man das »Haupt« an erste Stelle setzen, und diese hervorragende Stellung kommt am Leib Christi nach dem Epheserbrief Christus selbst und ihm allein zu. Er ist der Kyrios der Kirche und sonst niemand, nicht einmal Apostel und Propheten, wie viel weniger kirchenleitende Amtsinhaber oder theologische Lehrer. In einem organischen Ganzen werden die Abhängigkeit der Glieder von ihrem Haupt und das wechselseitige Angewiesensein innerhalb des Leibes überhaupt nicht als Problem oder Einschränkung verstanden. Der Organismus hat mehr als nur *ein* Subjekt, und kein Glied am Leibe käme auf den Gedanken, sich selbst als Mittelpunkt zu verstehen und anderen Gliedern ihre Förderung zu neiden. Von der Einbeziehung anderer Interessen lebt der Organismus und eine Ausgrenzung auch nur eines einzigen Gliedes würde der Gesamtheit des ganzen Leibes schaden.

Der Bereich, in dem wir auch alltäglich solche »Wir-Beziehungen« im Kleinen erfahren, ist die Wirklichkeit echter menschlicher Liebe. Liebende Eltern können sich über die Entwicklung und den Erfolg ihrer Kinder freuen. Echte Freunde vermögen sich gegenseitig Gutes und Gelingen neidlos zu gönnen. Für Verliebte können Glück und Freude des anderen mit der eigenen Seligkeit ununterscheidbar verschmelzen. So mögen erfahrene Paare und Familien das »Wirdenken« schon so verinnerlicht haben, dass man sie nur als »Familie Gottes« und als »Geschwister Christi« anzusprechen braucht (Röm 8,14-17; Mk 3,31-35), um ihnen das Geheimnis der Kirche Christi zu vergegenwärtigen.

DIE WIRKLICHKEIT DER LIEBE UND DIE REALITÄT DES LEIBES CHRISTI

»Lasset uns aber wahrhaftig sein *in der Liebe* und wachsen in allen Stücken zu dem hin, der das Haupt ist, Christus ..., dass der Leib wächst und sich selbst aufbaut *in der Liebe.*« Wir mögen den Begriff der Liebe stärker emotional als Zuneigung und Affekt verstehen oder eher voluntativ als willensbetonte Hinwendung und tatbereite Hilfe, in jedem Fall liegt das Geheimnis echter Liebe darin, dass sie diese beschriebene Realität des »Wir« jenseits des Interessenkonfliktes von »Ich« und »Du«, jenseits des Gegensatzes vom Einzelnen und dem Ganzen verwirklicht. Solange bei der Liebe nicht beide gewinnen, der Liebende und der Geliebte, ist sie entweder *»ich-«* oder *»dulastig«*, aber noch nicht *»wirbezogen«*. Dieses ausgeglichene wechselseitige Verhältnis der Gelenke und Glieder des Leibes soll in der in Christus offenbaren Liebe begründet und an ihr orientiert sein. Ob emotional empfunden, vernünftig bewusst gemacht oder willentlich ergriffen, es geht bei dieser Liebe um eine am »Wir« orientierte und zu konkreten Äußerungen der Hingabe bereite Lebenshaltung.

Wenn wir die Gemeinde Christi als eine einheitliche und gegliederte Ganzheit beschreiben, in der jedes Glied seinen organischen Platz hat im wechselseitigen Austausch des Gebens und Nehmens, kommen uns in Anbetracht unserer Erfahrung wohl grundsätzliche Zweifel. Sprechen wir bei alledem nicht nur von einem *Ideal*, das sich in die Wirklichkeit unseres »alltäglichen Sonntags« gar nicht vermitteln lässt? Erstaunen muss uns da, dass Paulus selbst als erster Zeuge dieses Bildes gerade diejenige Gemeinde als »einen Leib« im besagten Sinne anspricht (1. Kor 12,12 ff), bei deren momentaner Situation wohl alles andere als ein »Wirgefühl« vorherrscht. Dabei macht er sich über die Zustände in Korinth durchaus keine Illusionen – ist doch der ganze Brief durch die Probleme, Fragen und Konflikte der Gemeinde bestimmt. Vielmehr will er den Adressaten bewusst machen, was *von Christus her* in Hinsicht auf die Schwierigkeiten gilt. Wenn Paulus davon redet, dass der Leib trotz aller Verschiedenheit der einzelnen Glieder eine Einheit ist, verweist er nämlich zur Begründung nicht auf die *Erfahrung* der korinthischen Gemeinde, sondern lenkt den Blick auf die *gemeinsame Voraussetzung* ihrer Gemeinschaft: »So ist es auch mit Christus!« (1. Kor 12,12).

Weil Christus sich in seinem Tod und seiner Auferstehung mit uns allen identifiziert hat, können wir uns als an Christus Glaubende nicht länger unabhängig von ihm sehen. Da er selbst uns mit sich im Glauben zum »Wir« verbunden hat, sind wir »in ihm« zugleich auch voneinander nicht zu trennen. So ist die Einheit der Schwestern und Brüder Christi schon in Christus *vorgegeben* und nicht erst fernes Ziel all unserer Bemühung. Von Christus her gesehen ist die Einheit bereits *gültige Realität* und nicht nur ein anzustrebendes Ideal. Wir sind nicht vorrangig Gottes Kinder und erst in zweiter Linie untereinander Geschwister, sondern als

Kinder sind wir Geschwister – das eine gilt nicht weniger oder mittelbarer als das andere. Wir sind als Glieder am Leib Christi nicht nur mit dem Haupt direkt verbunden und erst indirekt mit anderen Gliedern, sondern bilden als die Gesamtheit von Haupt und Gliedern in Christus einen Organismus (Röm 12,5; 1. Kor 12,27; Eph 1,22 f; 4,3 ff.12 ff).

Entsprechend sollen wir uns als Gemeinde nicht nur so verhalten, als *wären* wir ein Organismus, sondern uns in unserem Verhalten am Wohl des Einzelnen und der Gesamtheit orientieren, weil wir durch Christus ein Leib *sind.* Nicht *wie* Geschwister sollen wir uns lieben, sondern *als* Geschwister – weil wir es nämlich für Gott wirklich sind! Wie anders sähen unsere innerkirchlichen und gemeindlichen Auseinandersetzungen aus, wenn uns stets vor Augen stünde, dass wir als solche streiten, die Gott als seine Kinder bereits zu Geschwistern gemacht hat und die sich am Jüngsten Tage versöhnt und vergebend gegenseitig begrüßen werden. Lohnen sich all die Streitigkeiten im Hinblick auf die Versöhnung, um die wir am Schluss gar nicht herumkommen? Denn wir werden dann alle überwältigt sein von der Liebe Christi, die uns doch schon heute gilt, und von der Einheit, die er bereits durch Kreuz und Auferstehung begründet und realisiert hat.

Als *Folge* soll unsere Einheit selbstverständlich auch schon gegenwärtig für uns *erfahrbar* und *anschaulich* werden. Sie wird aber gerade da erlebt, wo Glaubende sich »organisch« und »wirorientiert« verhalten, weil sie die wesentliche Verbundenheit *als gegeben voraussetzen.* Wenn wir jedoch die Erfahrung und das Empfinden unserer Zusammengehörigkeit zur Grundlage unserer Gemeinschaft machen, verwechseln wir Ursache und Wirkung.

Wenn das stimmt, kann es nicht unsere Aufgabe sein, darauf zu warten, dass wir irgendwann in irgendeiner Gemeinde das Ideal verwirklicht finden – und andere für uns erfüllen, wovon wir nur träumen. Die *Wechselseitigkeit* im Austausch – als entscheidendes Kennzeichen eines Organismus – will gemeinsam gestaltet und aktiv gelebt werden. Mit passivem Verhalten und einseitigen Erwartungen ist sie als solche unvereinbar. Indem wir das durch Christus vorgegebene und in ihm wirklich bestehende »Wir« in der Begegnung mit anderen konkret *ausleben,* werden wir es gerade dadurch auch *erleben.* So kommen wir im eigenen kreativen Gestalten zur Erfahrung der Einheit, und das Erleben von Gemeinschaft inspiriert uns zu größerer Entfaltung und zu weiterem Wachstum.

Zweifellos lassen wir uns an diesem Punkt meist zu schnell entmutigen, weil unsere Vorstellungen vom »Aufbau der Gemeinde« und vom »Wachsen der Kirche« zu festgelegt, einseitig und auch vordergründig sind. Das Ausleben der Gemeinschaft fängt schon da an, wo zwei im »Wir« mit Christus eine Einheit bilden (Mt 18,19f) – und *die* Gemeinde Christi ist nicht weniger als die weltweite Einheit aller Christen zu allen Zeiten und an allen Orten. Wenn wir nach unseren persönlichen Möglichkeiten und Fähigkeiten als einzelne Glieder am Leib Christi fragen, geht es folglich nicht allein um unsere Rolle und Aufgabe in einer bestimmten Gemeinde, sondern darüber hinaus um unser gesamtes wirorientiertes Verhalten innerhalb der Welt.

DIE WÜRDIGUNG DER EINZELNEN GEMEINDEGLIEDER ZUR WIEDERENTDECKUNG DES »ICH IM WIR«

Wir haben auf der Grundlage von Eph 4,15.16 das Geheimnis der »Wachsenden Kirche« in neutestamentlicher Zeit in zweifacher Hinsicht entfaltet: 1. unter Hinweis auf die *Christusbezo-*

genheit – Zur Wiederentdeckung des »Du« und 2. unter Hinweis auf die *Gemeindebezogenheit* und *Leibhaftigkeit* der Kirche – *Zur Wiederentdeckung des »Wir«*. Es bleibt abschließend noch auf die Bedeutung und Würdigung der *einzelnen Gemeindeglieder, Gaben und Ämter* hinzuweisen. Der viel gescholtene Individualismus der Neuzeit ist nämlich in keiner Weise so zu korrigieren, dass wir in Naivität alte Verhältnisse der Unmündigkeit und Fehlentwicklungen autoritärer Machtstrukturen sowie kollektivistischer Vereinnahmungen zurückwünschen. Welches Unheil wurde über Einzelne, Familien und ganze Völker mit Berufung auf das Ganze eines Volkes oder einer Kirche und im Namen vermeintlich von Gott legitimierter Machthaber gebracht. Wie viel Zwang und Bevormundung gibt es auch gegenwärtig gerade bei manchen erfolgreich erscheinenden Gemeinden.

Lag der Akzent bei der bisherigen Darstellung der Kirche als Bau Gottes und Leib Christi vor allem auf der *Realität des Wir* und der Bedeutung des *organischen Ganzen*, so ist abschließend das Augenmerk durchaus auch auf die Notwendigkeit der *Wiederentdeckung des »Ich im Wir«* zu legen. Haben wir den Mangel unserer Kirche an Ganzheitlichkeit und Ausgeglichenheit im »Wir« nicht jahrhundertelang einseitig zulasten der einzelnen Gläubigen, Amtsinhaber und Mitarbeiter kompensiert? Wir haben Selbstlosigkeit, Opferbereitschaft, Selbstverleugnung, Feindesliebe und Vergebungsbereitschaft eingeklagt, ohne hinreichend dafür zu sorgen, dass die Krankheit des *Egoismus* nun nicht durch einen selbstzerstörerischen *Altruismus* und dass die *Selbstverliebtheit der Welt* nicht etwa durch einen frömmigkeitsbedingten *»Selbsthass«* abgelöst werden.

Wie viele Mitarbeiterinnen und Mitarbeiter, wie viele hauptamtliche und nebenamtliche Glieder der Kirche wurden in ihrem Pflichtgefühl und ihrem Empfinden von Unentbehrlichkeit nicht geradezu verschlissen. Dass manche gegenwärtige Amtsinhaber und Gemeindeglieder im Gegenzug nur ihre eigene Schonung, ihre Selbstentfaltung und persönliche Freiheit im Kopf haben, lässt uns die Wirklichkeit des »Wir« selbstredend noch viel weniger erahnen und macht es den Überverantwortlichen in der Gemeinde ihrerseits nochmals schwerer.

Bei einem ganzheitlichen und organischen Leben im »Wir« sollen das »Ich« und das »Du«, der Einzelne und das Ganze, der Leib nach Haupt und Gliedern, in einem ausgewogenen Verhältnis zueinander stehen und sich gegenseitig zu Entfaltung und Geltung bringen, sodass in Abhängigkeit vom Haupt »ein Glied am anderen hängt durch alle Gelenke, wodurch jedes Glied das andere unterstützt *nach dem Maß seiner Kraft* und macht, dass der Leib wächst und sich selbst aufbaut in der Liebe« (Eph 4,16).

BERUFUNG STATT ÜBERFORDERUNG UND BEGABUNG STATT ÜBERLASTUNG

Das Bewusstsein, dass die individuellen Gaben und Aufgaben der einzelnen Gemeindeglieder von Christus selbst als dem Haupt der Kirche gegeben und zugeteilt werden, erleichtert die Identität und das Selbstbewusstsein der unterschiedlichen Glieder: »Einem jeden aber von uns ist die Gnade gegeben nach dem Maß der Gabe Christi … Und er hat einige als Apostel eingesetzt, einige als Propheten, einige als Evangelisten, einige als Hirten und Lehrer, damit die Heiligen zugerüstet werden zum Werk des Dienstes« (Eph 4,7.11 f).

Im Gegensatz zu unserer üblichen Orientierung an den bestehenden Nöten, Problemen und Bedürfnissen der Gemeinden gilt es, neu nach den besonderen und je eigenen Gaben und den sich daraus ergebenden Möglichkeiten der Glieder zu fragen. Während wir in der Regel angesichts einer konkreten Verlegenheit nach dem passenden Gemeindeglied suchen, das eine bestehende Lücke füllen soll, wäre im Ernstnehmen der spezifischen Berufung und Begabung durch Christus selbst viel eher nach den ganz eigenen Stärken und Fähigkeiten der einzelnen Gemeindeglieder und den sich daraus ergebenden Aufgaben und Wirkungsbereichen zu fragen. Machen wir nicht allzu oft die Not zum Ersatz für die Berufung und versuchen die Menschen – ungeachtet ihrer speziellen Gaben – für die von uns wahrgenommenen Aufgaben gefügig zu machen?

Aber auch aus der Sicht der einzelnen Glieder bedeutet das Wissen um die eigene Berufung und spezifische Begabung durch den Herrn der Kirche persönlich eine enorme Entlastung und Aufwertung. Sie ermöglicht die eigene Entfaltung als »Ich im Wir« jenseits von Selbstüberforderung und Selbstüberschätzung einerseits und befreit von Ohnmachtsgefühlen und Selbstabwertung andererseits. Die Glieder eines Leibes werden grundsätzlich nicht nach ihrer Wichtigkeit, sondern allein nach ihrer Wesentlichkeit beurteilt – danach also, ob sie ihrer besonderen Gabe und eigentlichen Aufgabe entsprechend leben. Entscheidend ist somit nicht, ob wir als Glieder am Leib Christi eine angesehene oder eine eher unscheinbare Rolle in Gemeinde und Gesellschaft spielen, sondern vielmehr, dass wir zufrieden, erfüllt und konsequent das sind, was wir sein können, wollen und sollen – nämlich wir selbst.

Als Glieder eines Organismus brauchen wir uns auch weder durch die Qualitäten anderer dauernd verunsichern zu lassen noch uns ständig durch die Abwertung anderer selbst aufzuwerten. Im »Wir« haben wir es auch nicht nötig, uns durch aufzehrenden Aktivismus unentbehrlich zu machen, um in unseren

Augen und vor anderen als wertvoll zu erscheinen. Denn innerhalb eines Ganzen stellen ja die Grenzen eines Teiles zugleich die Ergänzungsmöglichkeiten durch andere Teile dar, und die vermeintlichen Verlegenheiten eines angewiesenen Organs sind zugleich die Gelegenheiten zur Erfahrung des organischen und wechselseitigen Austauschs.

DER VOLLZUG DER GEMEINSCHAFT ALS DAS STÄRKSTE ARGUMENT FÜR SIE

Überblicken wir abschließend das Bild von der »Wachsenden Kirche«, wie es der Epheserbrief entgegen allen Anfechtungen der Wirklichkeit und angesichts der im Glauben erschlossenen Realität zeichnet, dann erweist sich uns das Thema als im besten Sinne *provokativ*, weil herausfordernd, aufweckend und anregend. »Wachsende Kirche« – im qualitativen wie im quantitativen Sinne – vollzog sich in neutestamentlicher Zeit offensichtlich durch das authentische Leben der Kirche selbst, die durch ihre organische Entfaltung und durch die an Liebe und Wahrheit orientierte Verwirklichung ihres Glaubens nach innen und nach außen einladend, aber auch herausfordernd wirkte.

Dabei ist die Eröffnung der Aufforderung und Einladung von Epheser 4,15 – nicht nur aus sprachlichen, sondern vor allem aus theologischen Gründen – in doppelter Weise zu übersetzen: »Lasset uns aber *wahrhaftig sein in der Liebe!*«, und: »Lasset uns *in Liebe die Wahrheit bezeugen!*« Ein Gegensatz von *Diakonie* und *Verkündigung* wäre den frühen Christen fremd, weil sie beides als unmittelbare Verwirklichungsformen dieses konstruktiven Lebens in Liebe und Wahrheit verstanden. Sosehr es damals Mission in rein heidnischen Kontexten und unter nicht an Christus glaubenden Juden in Synagogengottesdiensten gegeben hat, waren das einladende Feiern der christlichen Gottesdienste und das konsequent an der Liebe orientierte Zusammenleben selbst die Elemente, die neben der Verkündigung des Evangeliums im Gottesdienst Menschen ansprachen und zum Glauben einluden. Der Vollzug der Gemeinschaft war das stärkste Argument für sie. Die organische und vielseitige Entfaltung der Kirche nach Leib und Gliedern ließ sie quantitativ wie qualitativ wachsen.

MIT WERTEN FÜHREN – ERFOLGREICH LEITEN – VON EINEM REALISTISCHEN IDEAL

Verstehen wir die Gemeinde Jesu Christi als einen Leib, dann ergibt sich daraus die Gleichwertigkeit der einzelnen Glieder und die Gleichunmittelbarkeit ihrer jeweiligen Beziehung zu dem einen Haupt, dem Herrn selbst. Wird Christus als der einzig wahre und bleibende Hohepriester erkannt, der uns den Zugang zu seinem himmlischen Vater eröffnet hat (Heb 2,17; 4,14 f; 5,1 ff; 7,1–10,18), dann gilt für die an ihn Glaubenden das »allgemeine Priestertum« (1. Petr 2,9; Offb 1,5 f) und die Gleichberechtigung aller Gläubigen in ihrer Gottesbeziehung. Es bedarf keiner kultischen oder fürsprechenden menschlichen Vermittlung mehr, um vor Gott zu treten und ihm zu dienen.

Davon zu unterscheiden ist die Feststellung, dass es in der Gemeinde sehr wohl verschiedene Gaben und Aufgaben, Berufungen und Verantwortungen gibt. Die *Gleichwertigkeit* aller Gläubigen bedeutet nicht die *Beliebigkeit* aller Aufgaben und Ämter. Aber gerade wenn es sich um Leitungsaufgaben handelt, stellt sich umso drängender die Frage nach den Maßstäben geistlicher Führung und der Orientierung christlicher Leitungsverantwortung.

Vor seiner Passion spricht Jesus selbst offen über die Prinzipien seines Führens und die Werte seines Leitens. Er sei »nicht gekommen, sich dienen zu lassen, sondern um zu dienen« und sein Leben zugunsten vieler Menschen einzusetzen (Mk 10,45).

Kann man von einem, dessen Weg am Kreuz endete, erfolgreiches Leiten lernen? – Nun, über den wirklichen Erfolg entscheiden nicht Widerstand und Krise, sondern die *Richtigkeit* des

Weges, die *Ausdauer* derer, die vorangehen, und das *endgültige Ergebnis*. Bei Jesus war die Passion der Weg, den er vollendete – aber keineswegs das Ende.

Ist eine Orientierung an Jesus Christus nicht viel zu idealistisch und weltfremd? – Im Gegenteil, sie bewährt sich als das *realistische Ideal*. Realistisch deshalb, weil diese so wenig ideale Welt nicht anders zu gewinnen ist. Die an Jesus orientierte Führung ist auf geheimnisvolle Weise langfristig erfolgreicher.

Was zeichnet einen christlichen Führungsstil aus? Das auffälligste Merkmal mag sein, dass das geläufige hierarchische Denken offensichtlich auf den Kopf gestellt wird, wie Jesus in äußerstem Kontrast formuliert: »Die als Herrscher gelten, halten ihre Völker nieder, und ihre Mächtigen tun ihnen Gewalt an. Aber so ist es unter euch nicht; sondern wer groß sein will unter euch, der soll euer Diener sein; und wer unter euch der Erste sein will, sei der Sklave aller« (Mk 10,42-44).

Ein solcher dienender Führungsstil ist nicht selbstherrlich und selbstbezogen, sondern durch drei *Relativierungen* – das heißt »*Verhältnisbestimmungen*« – geprägt:

Erstens geschieht Führung hier im *Bewusstsein eigener Verantwortung* und *Verantwortlichkeit* gegenüber einem Höheren und Größeren – und damit gegenüber verbindlichen Werten. Aller Selbstherrlichkeit und Rücksichtslosigkeit wird schon im Ansatz gewehrt, wenn Verantwortungsträger sich ihrerseits an klaren Normen orientieren und selbst rechenschaftspflichtig sind. Christliche Führung weiß sich Gott gegenüber verantwortlich und auf eigene Begleitung und Befähigung angewiesen. Vision, Mission und Autorisierung empfängt christliche Führung *in Verantwortung vor Gott*.

Zweitens weiß sich christliche Führung dazu verpflichtet, die anvertrauten Menschen nicht zum eigenen Vorteil zu missbrauchen, auszubeuten und gefügig zu machen. Sie erkennt, dass ihre Autorität ihr *zu Vorteil, Entfaltung und Wohl der anvertrauten Menschen* gegeben worden ist. Die Führungskräfte sind für die Menschen da und nicht die Menschen für die Führungskräfte. Wenn schon Jesus Christus als der Herr der Welt nicht kam, um sich dienen zu lassen, sondern um zu dienen, wie viel mehr gilt das für die, die ihm nachfolgen und in seinem Dienst stehen.

Drittens hat ein »dienender Führungsstil« nicht die Eigeninteressen, sondern die *vorgegebene Aufgabe* und das *aufgetragene Ziel* als Maßgabe – die *Mission* und die *Vision.* Glaubwürdigkeit und Autorität ergeben sich aus der Transparenz und Konsequenz der persönlichen Orientierung an den uneigennützigen gemeinsamen Zielen. Es geht um den verantwortlichen Einsatz der eigenen Autorisierung und Fähigkeit zur Förderung von Gott, Menschen und Auftrag – nicht um Selbstdarstellung, Selbstbestätigung und Selbstbehauptung.

Da dies alles leicht gesagt ist, aber nur schwer und selten durchgehalten wird, gilt es, diesen selbstbescheidenden Grundsatz konsequent selbstkritisch anzuwenden und selbstbewusst immer wieder zu vergegenwärtigen. Werteorientiert führen heißt, sich bewusst und konsequent an der dreifachen Verantwortung *vor Gott*, *für* die *Menschen* und *bezüglich des Auftrags* zu orientieren.

Vom Ergebnis und Ende her gesehen, erfährt ein »dienender Führungsstil« dann freilich viel mehr Bedeutsamkeit, Sinnhaftigkeit und Lebensentfaltung als jede Form des selbstbezogenen, autoritären und rücksichtslosen Führungsstils. All die, die in dieser Welt einst »als Herrscher« andere Menschen unterdrückten, sind längst entmachtet und gestorben. Jesus hingegen, der den Menschen in Zuwendung, Wertschätzung und Hingabe diente, wurde wohl von diesen gekreuzigt – am Ende aber erwies er sich in seiner Auferstehung und Bedeutung als der wahre Herr, dem auf seine Weise alle dienen sollen.

In Jesus Christus haben Führungskräfte ihren Meister gefunden. Wer lernt, dem richtigen auf die angemessene Weise nachzufolgen, der lernt auch richtig zu leiten.

GEMEINSCHAFT ALS FEST

GOTTESDIENST IM NEUEN TESTAMENT[64]

Zentrum des christlichen Gemeindelebens ist seit jeher der im Namen Gottes, des Vaters, des Sohnes und des Heiligen Geistes, gemeinsam gefeierte Gottesdienst. Aber was sind eigentlich die Wurzeln unserer heutigen Gottesdiensttraditionen? Und was haben wir uns unter einem »Gottesdienst« in neutestamentlicher Zeit vorzustellen?

Nachdem Paulus der römischen Gemeinde das Evangelium von dem in Jesus Christus offenbarten Heil Gottes eingehend entfaltet hat (Röm 1–11), ermuntert und bittet er sie zu Beginn seiner ethischen Weisungen dringend, sich Gott leibhaftig als »lebendiges, heiliges, Gott wohlgefälliges Opfer darzubringen«. Dies bezeichnet er als den »vernünftigen« – das heißt »geistigen« und »wahren« – Gottesdienst der an Christus Gläubigen (Röm 12,1). Dementsprechend kann er auch seinen eigenen hingebungsvollen apostolischen Dienst mit Begriffen bezeichnen, den die griechische Übersetzung des Alten Testaments, die Septuaginta (LXX), für den kultischen priesterlichen Dienst verwendet (Röm 1,9; 15,16; vgl. Phil 2,17).

Indem der Apostel die traditionellen Begriffe für Gottesdienst und Gottesverehrung (*leiturgía* beziehungsweise *latreía*) auf die in Gedanken, Worten und Taten gelebte Hingabe an Gott und seinen Willen bezieht[65], will er das alttestamentliche liturgische Bekenntnis zu dem *einen* Gott und das Liebesgebot – das täglich bekannte »Höre Israel«/Sch^{e}ma Jisrael, 5. Mose 6,4 ff – nicht etwa auflösen, sondern zur Erfüllung bringen. Es geht ihm bei seiner Übertragung des priesterlichen Dienens im Jerusalemer Tempel auf das ganzheitliche Leben der Gläubigen nicht um eine *Entweihung* und Profanierung *des Heiligen*, sondern um eine *Heiligung des Alltags.*

Paulus bestreitet nicht etwa den Ernst der Sünde und die Notwendigkeit von Sühne und Versöhnung, sondern erkennt und verkündet die »ein für alle Mal« (Röm 6,10; vgl. Heb 9,26-28; 10,10) und universal vollzogene Sühnung und Versöhnung der Welt durch Gott selbst. Dieser hat seine Gerechtigkeit nämlich darin offenbart, dass er nun seinen Sohn, Jesus Christus, in dessen Lebenshingabe (das heißt »in seinem Blut«) und Auferstehung als »Sühneort« und »Gnadenthron« hingestellt hat, um seine Feinde zu versöhnen und sie im Glauben zu rechtfertigen und zu heiligen (Röm 3,24-26; 5,8-10; vgl. 2. Kor 5,17-21). Fortan sind Gottesbegegnung, Gottesrede, Vergebung und Heiligung (2. Mose 25,22; 3. Mose 16,2) endgültig und verbindlich von dem in seinem Wort und Geist gegenwärtigen Gekreuzigten und Auferstandenen zu erwarten.

DAS ZUSAMMENKOMMEN IN DER GEMEINDE

Fragen wir nach den Gottesdienst*feiern* zur Zeit der Entstehung des Neuen Testaments, also in der Zeit bis 100 nach Christus, so findet sich – unabhängig von den oben bezeichneten Begriffen und ohne einen spezifischen und fest geprägten Fachbegriff – eine Fülle von Hinweisen. Dies gilt sowohl für die Briefliteratur (speziell 1. Kor 8–14) als auch für die Darstellung der frühen Gemeinden in der Apostelgeschichte des Lukas sowie – oft in indirekter Form – für die den christlichen Gemeinden und ihrer Praxis gewidmeten Evangelien.

Um auf das Wort des Herrn zu hören und um zu beten, »versammelt« sich die Gemeinde (Apg 4,31; 13,44; 14,27; 20,7 f)

»im Namen des Herrn Jesus« (1. Kor 5,4). Sie pflegt in der Gemeinde und als Gemeinde »zusammenzukommen«, um das »Mahl des Herrn« zu feiern (1. Kor 11,17 f.20.33 f) und um je nach Begabung durch den Geist »Psalmen«, »Lehre«, »Offenbarung«, »Zungenrede« und »Deutung« (1. Kor 14,23.26) sowie »Gebete« und »prophetische Rede« (1. Kor 11,4 f) beizutragen. Dabei sind nach Paulus die (1) Glauben *gründende* Verkündigung der *Apostel*, die (2) konkret *anwendende* beziehungsweise *ermahnende* Predigt der *Propheten* und die (3) *lehrhafte* Unterrichtung durch die *Lehrer* an erster Stelle zu nennen (1. Kor 12,28). Als »Teil für das Ganze« – *pars pro toto* – können für die Feier des Herrenmahls auch die einzelnen Elemente des »Brotbrechens« (Apg 2,42.46; 20,7.11; vgl. 1. Kor 10,16b) oder des »Segnens des Kelches« (1. Kor 10,16a) genannt werden.

DIE CHRISTLICHEN GOTTESDIENSTE UND DER SYNAGOGENGOTTESDIENST

Alle Apostel einschließlich Paulus und Barnabas sowie fast alle Verfasser der neutestamentlichen Schriften[66] waren – wie Jesus selbst – als geborene Juden in der alttestamentlich-jüdischen Tradition sowie Gottesdienst- und Kultpraxis aufgewachsen. So kann es nicht verwundern, dass die Struktur und die Elemente der frühen christlichen Gottesdienste entscheidend durch die Form der *jüdischen Synagogengottesdienste* geprägt sind. Ob es um die Tradition der Lesung und Auslegung der Schrift geht oder um die aktive Teilnahme der Mitglieder an der Gottesdienstgestaltung, ob um das Bekenntnis zu dem einen Gott oder um das gemeinsame Beten, ob um das gottesdienstliche Singen oder das Rezitieren von Psalmen – der frühchristliche Gottesdienst kann sich in Grundstruktur und Formen, in Traditionen und liturgischen Elementen weitgehend an dem Synagogengottesdienst orientieren. Dies gilt sowohl für die aramäisch sprechende Urgemeinde wie für die griechisch sprechenden und auch für Heidenchristen offenen Diasporagemeinden.

Dass der Tempel in Jerusalem mit seinem Opferkult nicht in gleich unmittelbarer Weise den frühchristlichen Gottesdienst bestimmte, ist nicht nur seiner Zerstörung 70 n. Chr. zuzuschreiben. Weit vorher schon setzte sich bei den an Christus Glaubenden die Erkenntnis durch, dass der Opferkult wie der von Händen gebaute Tempel selbst ihre Erfüllung, Transformation und Ablösung durch die universale und endgültige versöhnende und sühnende Wirkung des Christusgeschehens in Kreuz und Auferstehung erfahren haben (vgl. Mk 11,15-19 par.; 14,58 par.; Apg 6,13 f; 7,48 ff; Röm 3,24-26; Heb 2,5-18; 5,1-10; 7,1–10,18).

Wie der Synagogengottesdienst nicht an ein bestimmtes heiliges Gebäude gebunden ist, sondern durch die »Versammlung« – das heißt die »Synagoge« – der Mitglieder des Gottesvolkes zu Lesung, Bekenntnis und Gebet begründet wird, so wird der christliche Gottesdienst als »Versammlung« – das heißt »Ekklesia« – schon der kleinsten Schar der an Christus Gläubigen in seinem Namen abgehalten (vgl. Mt 18,20). Weder hier noch dort ist der Gottesdienst von priesterlicher Vermittlung oder kultischem Ritual mit Opferdarbringung abhängig, sondern von der Gemeindeversammlung derer, die auf die Schrift und ihre Auslegung hören, die gemeinsam bekennen, beten und singen.

Ausdrücklich halten die Evangelien fest, dass Jesus »nach seiner Gewohnheit« (Lk 4,16) mit seinen Jüngern am Sabbat in die Synagogen ging und von seinem Recht des Verlesens und der anschließenden Auslegung der Schrift Gebrauch machte. So wird es von Lukas eindrücklich im Zusammenhang der »Antrittspredigt« Jesu in Nazareth entfaltet (Lk 4,16 ff; vgl. 4,15.31; 6,6; 13,10). Von Paulus berichtet Lukas, dass er als geborener Jude seine Erstkontakte und seine Wirksamkeit bei seinen Missionsreisen jeweils im Umfeld von Synagogen aufnahm, was der jüdischen Diasporasituation durchaus entsprach (Apg 9,20; 13,14 ff; 14,1; 17,1 ff.17; 18,4 ff.26; 19,8; vgl. 16,13).

BEZEUGT DURCH DAS GESETZ UND DIE PROPHETEN

Der neutestamentliche Befund zu der Praxis der Schriftlesung in den Synagogen ist tatsächlich schon historisch gesehen äußerst beachtenswert: So finden wir bereits für das 1. Jh. n. Chr. Zeugnisse für die regelmäßige Toralesung im Synagogengottesdienst – so z. B. Apostelgeschichte 15,21: »Denn Mose hat von alten Zeiten her in allen Städten solche, die ihn predigen, und wird alle Sabbattage in den Synagogen gelesen« (vgl. schon Nehemia 8,1-12 mit der Toraverlesung durch Esra). Wie wir wissen, geschah dies in fortlaufender Lesung, in *lectio continua*, in 3 ½-jährigem (Palästina) beziehungsweise einjährigem Zyklus (Babylonien; mit einer Einteilung der Tora in 54 Verlesungsabschnitte, das heißt Paraschen).

Zugleich finden sich aber auch bereits für die neutestamentliche Zeit Belege für die synagogale Lesung der *Propheten* (Haftara; einschließlich der »vorderen Propheten«), so z. B. Lukas 4,17: »Da wurde ihm das Buch des Propheten Jesaja gereicht. Und als er das Buch auftat, fand er die Stelle, wo geschrieben steht …« (Jes 61,1 f). Die Prophetenlesung erfolgte nicht in fortlaufender

Lesung und noch nicht in fester Zuordnung (erst um 300 n. Chr.), wie auch die Auswahl von Jesaja 61,1 f durch Jesus selbst nach Lukas 4,17 bestätigt. Ein eindrücklicher Beleg für die doppelte Lesung ist auch in Apostelgeschichte 13,15 zu erkennen: »Nach der Lesung des Gesetzes und der Propheten aber schickten die Vorsteher der Synagoge zu ihnen und ließen ihnen sagen: Ihr Brüder, wenn ihr ein Wort der Ermahnung (das heißt eine Predigt) an das Volk habt, so redet!«

Die selbstverständliche Verlesung der – Synagoge und christlicher Gemeinde gemeinsamen – »Heiligen Schrift« im frühchristlichen Gottesdienst spiegelt sich nicht nur in der ausdrücklichen Aufforderung zur Schriftverlesung in 1. Timotheus 4,13 (2. Tim 3,15 f) wider, sondern auch in den im Neuen Testament überlieferten Streitgesprächen, Predigten und Briefen. Sie setzen großenteils auch in gemischten oder überwiegend heidenchristlichen Gemeinden eine detaillierte und fundierte Kenntnis der Schrift voraus. Man denke nur an den Römer- und den Galaterbrief oder an den als »Wort der Ermahnung« – das heißt als »Predigt« – gekennzeichneten Hebräerbrief (Heb 13,22). Denn das Evangelium Gottes von Jesus Christus gilt als in Gesetz und Propheten bereits bezeugt (Röm 1,2; 3,21.31), sogar zuvor schon »als Evangelium verkündigt« (Gal 3,8). Die »Heilige Schrift« der ersten Christen war unser Altes Testament, da »die Schrift« des Neuen Testaments – zeitlich beginnend mit den Paulusbriefen ab 50 n. Chr. – erst noch entstehen sollte.

Nach Lukas hat kein Geringerer als der Auferstandene selbst die Praxis der *christusbezogenen* Schriftauslegung am allerersten »Tag des Herrn« inmitten seiner Jünger begründet: »Und er fing an bei *Mose* und allen *Propheten* und legte ihnen aus, was in der ganzen Schrift von ihm gesagt war« (Lk 24,27). »Es muss alles erfüllt werden, was von mir geschrieben steht im *Gesetz des Mose*, in den *Propheten* und in den *Psalmen.* Da öffnete er ihnen das Verständnis, sodass sie die Schrift verstanden« (Lk 24,44).

AM TAG DES HERRN

Von den missionierenden Judenchristen wird überliefert, dass sie wie Jesus selbst die Synagogengottesdienste am *Sabbat* zum Zeugnis von dem Angebrochensein der Königsherrschaft Gottes und von dem Gekommensein des Christus nutzten. Ihre eigenen Gottesdienste feierte die christliche Gemeinde seit den erkennbaren Anfängen an dem Wochentag, an dem ihr Herr nach dem einhelligen Zeugnis aller neutestamentlichen Quellen vom Tode auferstanden ist – »am ersten Tag der Woche« (Apg 20,7; 1. Kor 16,2), das heißt am *Sonntag.* Denn hinsichtlich des *Wochentags* bezeugen alle Evangelien einheitlich, dass die Kreuzigung Jesu an einem Freitag – »Rüsttag« (Mk 15,42) – stattgefunden hat. Nach Einhaltung der Sabbatruhe erfolgte die Entdeckung des leeren Grabes durch die Frauen sowie die Erstererscheinung des Auferstandenen am darauffolgenden Sonntag, jüdisch dem »ersten Tag der Woche« (Mk 16,1,2; Joh 20,1). So galt der Tag der *Auferstehung* als der »Tag des *Herrn*« (Offb 1,10; vgl. Didache 14,1 überschwänglich: »am *Herren*tag des *Herrn*«).

Als Tageszeit kam für die gesamte Gemeinde – bei Berücksichtigung der beruflichen und familiären Verpflichtungen – am ehesten der Abend infrage (Apg 20,7), was auch der Verbindung mit dem gemeinsamen Mahl entsprach (1. Kor 11,21 f). Zusätzlich gab es wohl weitere Zusammentreffen zum Gebet (Apg 2,46 f), zum Schriftstudium (Apg 17,11) und zu Verkündigung und Unterweisung unter der Woche – nach Lukas sogar täglich (Apg 19,9).

DIE DEN NAMEN DES HERRN JESUS ANRUFEN

Fragt man nach dem grundlegenden Unterschied zwischen Synagogen- und christlichem Gemeindegottesdienst, so ist dieser nicht primär in Formen und verwendeten Traditionen zu suchen, sondern vor allem in der – für das *jüdische* Bekenntnis kaum nachvollziehbaren – Hochschätzung Jesu Christi als des Herrn der Kirche. Während in der Synagoge mit dem dreigliedrigen Bekenntnis des »Höre Israel« – *Sch*^{e}*ma Jisrael* – aus 5. Mose 6,4-9; 11,13-21 und 4. Mose 15,37-41 Jahwe allein als »unser Gott« und »einziger Herr« anerkannt wird, kann die christliche Gemeinde dieses selbe Bekenntnis mit Paulus »binitarisch« – also auf Vater und Sohn hin – entfalten und in Christus den »*einen* Kyrios«/»Herrn« erkennen, durch den Gott die Welt erschaffen und die ihn Anrufenden erlöst und neu geschaffen hat (1. Kor 8,6).[67] Traditionell wird der *eine* und *einzige* Gott, der Vater, als *Ursprung* von allem und *Ziel* der ihn Anerkennenden bekannt: »So haben wir doch nur einen Gott, den Vater, von dem alle Dinge sind und wir zu ihm.« Jüdisch gesehen völlig ungewöhnlich wird dieses Bekenntnis zu dem *einen* »Gott aller Götter und Herrn über alle Herren« (5. Mose 10,17) aber dann hinsichtlich des *Wirkens* Gottes zugleich *christologisch* auf die Schöpfungsmittlerschaft und Erlösungsmittlerschaft Jesu Christi hin gedeutet. Durch den »*einen* Herrn, Jesus Christus« ist nach der festen Überzeugung der Bekennenden alles geschaffen worden, und durch ihn sind sie selbst geworden – »freigekauft« (1. Kor 6,20), von Sünden »abgewaschen«, »geheiligt« und »gerechtfertigt« (1. Kor 6,11).

Beeindruckend sind die Eindeutigkeit und Kühnheit, in denen bereits die erste Generation der christlichen – das heißt judenchristlichen – Gemeinde das biblische Bekenntnis zur Einzigkeit und Einheit Gottes mit ihrer analogielosen Christuserkenntnis zu verbinden vermochte. Der auferstandene Christus wird in den Gottesdiensten der frühen Gemeinden als Kyrios, als »Herr«, bekannt (»Herr ist Jesus Christus«, 1. Kor 12,3; Röm 10,9 f; Phil 2,9-11) und in Anrufung und Gebet verehrt (1. Kor 1,2; 16,22; 2. Kor 12,8). 2. Korinther 12,8 spricht Paulus von der Anrufung des »Herrn« im Gebet und dessen Antwort – mit Bezug auf *Christus* (V. 9.10). Von »unserem Herrn Jesus« erwartet er wie von »Gott, unserem Vater« die Erhörung seiner Gebete (1. Thess 3,10 f). Die »berufenen Heiligen« der Gemeinde Gottes können an jedem Ort gerade daran erkannt werden, dass sie »den Namen unseres Herrn Jesus anrufen« (1. Kor 1,2; vgl. Apg 9,14.21; 22,16).

Ihm gilt auch der von der aramäisch sprechenden Urgemeinde übernommene Gebetsruf »Maranatha«, »Unser Herr, komm!« (1. Kor 16,22).[68] Mit hebr. *ādōn*/aram. *marē* /griech. *kýrios*[69] haben offensichtlich bereits die aramäisch sprechenden wie die griechisch sprechenden Judenchristen der ersten Generation den von Gott auferweckten Gekreuzigten[70] mit dem Titel benannt, der in den christlichen Handschriften des griechischen Alten Testaments – der Septuaginta (LXX) – und in den neutestamentlichen Schriften in Umschreibung des Gottesnamens Jahwe für Gott, den Vater, gebraucht wurde.

Die endzeitliche Huldigung der Erlösten gegenüber dem »Herrn«/»Kyrios«, dem »sich alle Knie beugen« und den »alle Zungen bekennen sollen«, bezieht sich nach Jesaja 45,23 f ausdrücklich auf Jahwe selbst. Nach dem Philipperhymnus gilt sie »zur Ehre Gottes, des Vaters« ausdrücklich demjenigen, dem Gott den Kyrios-Namen als »Namen über alle Namen« gegeben hat – dem erhöhten Jesus Christus (Phil 2,10 f). Nach Joel 3,5 soll derjenige am »Tag des Herrn« errettet werden, der den

Namen Jahwes/des Kyrios anrufen wird. Dieses rettende Anrufen des »Herrn« konkretisiert sich nach Römer 10,8-17 darin, dass jemand mit seinem Munde bekennt: »Herr ist Jesus«, und in seinem Herzen glaubt, dass Gott ihn von den Toten auferweckt hat. So wird der bekennende Ausruf »Herr ist Jesus« mit der im Prophetenzitat angesprochenen Anrufung Gottes identifiziert, und die Gottesbezeichnung »Herr aller« erscheint in eindeutig christologischem Zusammenhang (Röm 10,12).

WENN DU MIT DEINEM MUNDE BEKENNST ...

Fragen wir nach den im christlichen Gottesdienst gesprochenen Bekenntnisformeln, Bekenntnissen und Akklamationen sowie nach »Psalmen, Hymnen und Oden«, zu denen Kolosser 3,16; Epheser 5,19[71] ausdrücklich auffordern, ist der neutestamentliche Befund durchaus reich. Neben dem bezeichneten Grundbekenntnis »Herr ist Jesus Christus«[72] und dem von der Urgemeinde übernommenen Gebetsruf »Maranatha«, »Unser Herr, komm!« (1. Kor 16,22)[73], lassen sich an Einleitung, Begrifflichkeit oder paralleler Struktur schon für die Frühzeit eine Fülle von ein- bis viergliedrigen Traditionen, Formeln und Bekenntnissen erkennen. So finden sich geprägte Sterbe- und Hingabeformeln (z. B. Röm 5,8; 2. Kor 5,14 f; Gal 1,4; 2,20; 1. Thess 5,10) sowie das Heil betreffende, das heißt soteriologische Formeln (z. B. Röm 3,25 f; Gal 1,4) und Missionsformeln (z. B. 1. Thess 1,9 f).

Dementsprechend gibt es auch zahlreiche *christo*zentrische – also auf Christus bezogene – *Auferstehungs*aussagen[74] (»Christus ist [von den Toten] auferstanden«) und *theo*zentrische – also auf Gott, den Vater, bezogene – *Auferweckungs*aussagen[75] (»Gott hat Jesus von den Toten auferweckt«). Als *zwei*gliedrige Formeln können sie von Jesu *Sterben* und von seiner *Auferweckung* beziehungsweise *Auferstehung* sprechen – wie z. B. Römer 4,25: »... der dahingegeben wurde um unserer Übertretungen willen und auferweckt wurde um unserer Rechtfertigung willen.« Als zwei- und mehrgliedrige Formeln können sie aber auch Jesu *Auferstehung* und sein *Erscheinen* vor den Zeugen bekennen – wie der alte Osterjubelruf Lukas 24,34: »Der Herr ist wirklich auferstanden und Simon erschienen!«[76]

Unübertroffen ist das vorpaulinische *vier*gliedrige Bekenntnis von 1. Korinther 15,3-5, in dem Jesu Sterben »für unsere Sünden« und sein Begrabenwerden, seine Auferstehung am dritten Tage und sein Erscheinen vor den Zeugen als der Schrift entsprechend und verbindlich überliefert bezeugt wird. Die prägnanteste Zusammenfassung des für die christliche Identität konstitutiven Glaubens und Bekennens mag man in der Verbindung von Glaubens- und Auferweckungsformel in Römer 10,9 finden: »Wenn du mit deinem Munde *bekennst, dass* Jesus der Herr ist, und in deinem Herzen *glaubst, dass* ihn Gott von den Toten auferweckt hat, so wirst du gerettet.«

Bereits in der ersten Hälfte des ersten Jahrhunderts sind auch Christusbekenntnisse wie die Gottessohnformel in Römer 1,3f oder der große Philipperhymnus in Philipper 2,6-11 zu verorten. Daneben lassen sich Texte wie Johannes 1,1-18; Kolosser 1,15-20; 1. Timotheus 3,16; 1. Petrus 2,21-24 oder Hebräer 1,3f als weitere, hochreflektierte und kunstvoll ausgeführte *Christushymnen* bestimmen. Gerade diese im Gottesdienst verwendeten Bekenntnisse und Hymnen bilden frühe Zeugnisse für eine *hohe Christologie*, die von der Präexistenz und Sendung, der Schöpfungsmittlerschaft und exklusiven Erlösungsmittlerschaft Jesu Christi als des einzigartigen Sohnes Gottes zu zeugen weiß.[77]

Aber auch die Spuren frühchristlicher *Gebete* und *Psalmen* finden sich einerseits in den auf den himmlischen Gottesdienst bezogenen Abschnitten der Offenbarung des Johannes (4,8.11; 5,9; 14,3) oder in den liturgisch wirkungsvoll gewordenen Hymnen der lukanischen Vorgeschichte – »Magnificat«[78] (Lk 1,46-55), »Benedictus«[79] (1,68-79) und »Nunc dimittis«[80] (2,29-32). Hier lässt sich bestens nachvollziehen, wie unmittelbar die christlichen Gebete und Gesänge an Stil, Motivik und Sprache der alttestamentlichen Psalmen und Hymnen anknüpfen konnten.

Hinsichtlich des gottesdienstlichen Betens mögen wir unmittelbar an das auf Jesus selbst zurückgeführte »Vaterunser« (Mt 6,9-13; Lk 11,2-4) und die unter Berufung auf Jesus von ihm übernommene Gottesanrede mit »Abba, lieber Vater!« (Mk 14,36; Gal 4,6; Röm 8,15) denken. Darüber hinaus wäre vor allem auf die ausführlichen Briefeingänge zu verweisen. Hier finden sich Bezugnahmen auf Lob-, Dank- und Fürbittgebete in ausgeführten Briefeinleitungen, das heißt »Proömien« (z. B. Röm 1,8-12; Phil 1,3-11; Eph 1,15-23), und Segenssprüchen, das heißt »Eulogien« (2. Kor 1,3-7; Eph 1,3-14; 1. Petr 1,3-9). Diese veranschaulichen die Anknüpfung an die alttestamentlich-jüdische Gebets-, Lobpreis- und Segenssprache wieder besonders eindrücklich. Auch die christliche Gemeinde ist so nachdrücklich zu »Bitten, Gebeten, Fürbitten und Danksagungen« in ihren Gottesdiensten aufgerufen (1. Tim 2,1)[81].

Im Hinblick auf die im Gottesdienst entfaltete *Verkündigung* des Evangeliums kommen die neutestamentlichen Briefe in doppelter Perspektive in den Blick. Einerseits ist davon auszugehen, dass zahlreiche Briefe – wie der Hebräerbrief und der Jakobusbrief, der Epheser-, der 1. Petrus- und der 1. Johannes-Brief – Elemente gottesdienstlicher Verkündigung, Ermahnung und Lehre als geprägte Elemente aufgenommen und somit *verschriftlicht* haben. Auch die Predigten und Reden der Apostelgeschichte[82] oder die dialogisch-argumentative Entfaltung samt Schriftbeweisen in den Paulusbriefen – speziell den Briefen an die Römer und die Galater – lassen auf Inhalte, Argumente und Stil der frühchristlichen Predigten zurückschließen.

Zudem ist auch davon auszugehen, dass neutestamentliche Briefe – zumal die des Paulus – den abwesenden Apostel in seiner Verkündigung und Lehre im Gottesdienst der von ihn gegründeten Gemeinden vertreten sollten (1. Kor 5,4; 2. Kor 7,8; Gal 4,20) und deshalb in der gottesdienstlichen Versammlung der Gemeinde verlesen wurden. So beschwört Paulus die Gemeinde der Thessalonicher in 1. Thessalonicher 5,27 ausdrücklich, den vorliegenden Brief »vor allen Brüdern«, das heißt vor der ganzen Gemeinde, verlesen zu lassen.[83] Dieser Erwartung entspricht es auch, wenn Paulus z. B. in 1. Korinther 16 nach Schlussermahnung und Grüßen und vor dem abschließenden Segenswunsch Elemente aufführt, die wir mit der Liturgie des frühchristlichen Gottesdienstes verbinden – z. B. die Aufforderung zum »heiligen Kuss« (1. Kor 16,20)[84] und den urgemeindlichen Ruf um das Kommen des Herrn der Gemeinde, »Maranatha« (1. Kor 16,22b). Aber auch der ansonsten vielleicht unvermittelt wirkende Ausschluss der Ungläubigen in der geprägten »Fluchformel« von 1. Korinther 16,22a erklärt sich am leichtesten durch das in der Gottesdienstfeier sich anschließende »Mahl des Herrn«, das nur denen zugänglich sein soll, die den Herrn Jesus Christus »lieb haben« (vgl. Eph 6,24).

MIT EINEM WORT DES HERRN

Aus der späteren Tradition – bis hin zu den gegenwärtigen Gottesdienst- und Perikopenordnungen – mag man neben der Schriftlesung aus den Briefen der Apostel, das heißt der *Epistel*lesung, unwillkürlich auch die perikopenweise oder zusammenhängende Verlesung der *Evangelien* für die frühchristlichen Gottesdienste voraussetzen wollen. Dazu muss man sich allerdings zunächst die chronologischen Verhältnisse des Entstehens und der »Kanonisierung« der vier Evangelienbücher bewusst machen. Bis Mitte der Sechzigerjahre des 1. Jahrhunderts wurden »Worte des Herrn« wohl vor allem mündlich tradiert und als höchstverbindlich angeführt.[85] Es gab aber wohl vor dem »Evangelium nach Markus« noch keine schriftliche Gesamtdarstellung, sondern eher thematisch geordnete Herrenworte-, Gleichnis- und Zeichensammlungen sowie Erzählzyklen und dann zusammenhängende Passionserzählungen, die das in den bezeichneten Traditionsformeln Bekannte in Gestalt der Erzählung vermittelten.

Noch in der ersten Hälfte des 2. Jh. n. Chr. werden nicht die Evangelien als Bücher an sich, sondern die in ihnen überlieferten »Herrenworte« als verbindlich zitiert. So wird schon bei Paulus neben den als Überlieferung[86] gekennzeichneten Einsetzungsworten zum Herrenmahl 1. Korinther 11,23-25 verschiedentlich auf ein Wort des irdischen beziehungsweise auch des auferstandenen Herrn hingewiesen oder in Weisungen auf eine Jesustradition angespielt: 1. Thessalonicher 4,15 (»mit einem Wort des Herrn«); 1. Korinther 7,10 (Mk 10,11 f par.); 1. Korinther 9,14 (»Der Herr hat geboten«, vgl. Lk 10,7). Bei 2. Korinther 12,9 handelt es sich eindeutig um ein Wort des auferstandenen Herrn an Paulus, nachdem dieser ihn im Gebet angerufen hatte (»und er hat zu mir gesagt«).

Am Anfang stand die mündliche Überlieferung in kleinen sprachlichen Einheiten, die in der Verkündigung wohl als Predigtbeispiele (»Paradigmen«) und Aussprüche mit erzählendem Rahmen (»Apophthegmata«) sowie als ethische Weisungen gedient haben mögen. Und die ersten Überlieferungsträger waren nicht die schriftlichen Evangelien oder ihre Verfasser, sondern die »anfänglichen Augenzeugen« des irdischen und auferstandenen Jesus, die als solche »Diener des Wortes« gewesen sind (Lk 1,2). Was sie bezeugten und verkündigten, war das *eine* Evangelium von dem Anbruch der Königsherrschaft Gottes und der Übernahme der heilvollen endzeitlichen Herrschaft durch den gekreuzigten und auferstandenen Herrn. Dieses Evangelium Gottes war ihnen durch die Erscheinungen des Auferstandenen selbst in dessen Tischgemeinschaft, Belehrung und Beauftragung erschlossen worden – gleichsam als Grundlage aller folgenden Gottesdienste am Tag des Herrn.

So hatte schon Paulus zuvor das *eine* Evangelium als die vorgegebene Botschaft von Gottes heilvoller Selbsterschließung in Christus verstanden. Dieses ihm offenbarte Evangelium hatte er wie alle Apostel in seiner Verkündigung auf der Basis von Schrift und christlichem Bekenntnis zu entfalten – sei es in Mission oder Gemeindegottesdienst (Röm 1,1.9.16; 15,16.19; Gal 1,6-12). Den paulinischen Gemeinden war das »Evangelium« zunächst also vor allem in Gestalt der Verlesung der Briefe des Apostels, das heißt der »Epistellesung«, zugänglich.

Dementsprechend gehen auch die frühen Evangelienüberschriften im Anschluss an Markus 1,1 von dem vorgegebenen *einen* Evangelium von *Jesus Christus* aus, dessen »Anfang« und »Beginn« in den vier Berichten der Evangelisten dann schriftlich bezeugt und entfaltet worden ist. Über den alten Handschriften steht: »Das Evangelium *nach* Markus, *nach* Matthäus« usw. – und nicht etwa: »Das Evangelium *des* Markus, *des* Matthäus« usw. Mit »Evangelium« wird somit in neutestamentlicher Zeit der *Inhalt* – noch nicht die *Gattung* oder das *Einzelexemplar* des Buches – bezeichnet. Es ist das Evangelium *Gottes*, das Evangelium, das *von Gott ausgeht* (subjektiver Genitiv; Mk 1,14), das Jesus Christus nicht nur zum Bringer und Verkündiger (1,14 f), sondern zum zentralen *Inhalt* hat (objektiver Genitiv; Mk 1,1).

ZUSAMMENKOMMEN, UM DAS MAHL DES HERRN ZU FEIERN

Seit den Anfängen in Jerusalem gehört es zu den Charakteristika des christlichen Gottesdienstes, dass neben Verkündigung und Lehre, neben Gebet und Gotteslob vor allem die Gemeinschaft/*Koinonia* beim »Brotbrechen« (Apg 2,42.46; 20,7.11; vgl. 1. Kor 10,16) gefeiert wird. Dies geschah auch nach Lukas vor allem am Sonntag: »Am ersten Tag der Woche aber, als wir versammelt waren, das Brot zu brechen, predigte ihnen Paulus« (Apg 20,7). Nach Apostelgeschichte 2,46 könnte Lukas sogar an einen noch häufigeren Vollzug der Mahlgemeinschaft gedacht haben: »Und sie waren täglich einmütig beieinander im Tempel und brachen das Brot hier und dort in den Häusern ...« Apostelgeschichte 20,7-12 spiegelt wohl auch die plausible Abfolge von »Verkündigungsteil« und »Mahlfeier« wider.[87]

In neutestamentlicher Zeit wurde das »Herrenmahl« noch als einheitliches Sättigungsmahl gefeiert, das im Gedenken an die letzte Mahlzeit Jesu mit seinen Jüngern vor seiner Kreuzigung (1. Kor 11,23f) mit dem »Brotbrechen« eröffnet wurde: »Der Herr Jesus, in der Nacht, da er dahingegeben wurde, nahm er das Brot, dankte und brach's und sprach: Das ist mein Leib, der für euch gegeben wird; das tut zu meinem Gedenken.« In gleicher Weise nahm Jesus bei diesem letzten Mahl den »Segensbecher« (1. Kor 10,16) ausdrücklich »*nach* dem Mahl« mit dem Tischdankgebet auf und sprach: »Dieser Kelch ist der neue Bund in meinem Blut; das tut, sooft ihr daraus trinkt, zu meinem Gedenken« (1. Kor 11,25).

Damit gab es also noch keine Trennung in *Sättigungsmahl* und *Herrenmahl*, in *Agape-Mahl* und *Eucharistie*, sondern der eucharistische Brotritus, das »Brotbrechen«, und der eucharistische Kelchritus, der »Segenskelch«, umschlossen das Gemeinschaftsmahl mit dem Gekreuzigten und Auferstandenen, der damit als Gastgeber – Gemeinschaft gewährend und das Heil vergegenwärtigend – bei seiner Gemeinde war.

Das Problem der unangemessenen Feier des Herrenmahls in der korinthischen Gemeinde (1. Kor 11,17-34) bestand also nicht darin, dass die Wohlhabenderen schon mit einem Sättigungsmahl begonnen hätten, bevor die Bedürftigeren überhaupt zum eucharistischen Mahl hinzustoßen konnten. Gegen eine vorgezogene Stillung des Hungers zu Hause hätte Paulus gar nichts einzuwenden gehabt (1. Kor 11,22.34). Vielmehr haben die Vermögenden ihr eigenes Mahl während der mit der eucharistischen Brothandlung bereits eröffneten Feier des Herrenmahls zu sich genommen und die anderen hungern und dürsten lassen: »Denn jeder nimmt beim Essen *sein eigenes* Mahl zu sich[88], und der eine ist hungrig, der andere ist betrunken« (1. Kor 11,21). Dieses die Gemeinde Gottes verachtende und die Schwächeren beschämende Verhalten während der eucharistischen Mahlgemeinschaft musste als völlig unwürdig und verurteilenswert erscheinen (11,22.27 ff).

MAHLGEMEINSCHAFT ALS TEILHABE AN CHRISTUS

Um das Geheimnis des Herrenmahls zu verstehen, haben sich die frühen Christen nicht auf die Fragen der »Substanz« oder der »Materie« von Brot und Wein konzentriert, sondern auf die Realität der Teilhabe gewährenden Gemeinschaft/»Koinonía« mit dem beim Mahl präsenten Herrn, der sich leibhaftig für die Seinen dahingegeben (»mein Leib für euch«, 1. Kor 11,24) und sie in der Hingabe seines Lebens (»in meinem Blut«, 1. Kor 11,25) versöhnt und erlöst hat. Dass die Teilnahme am Mahl selbst unter die Herrschaft und den Einflussbereich des Tischherrn stellt, vergegenwärtigt Paulus den Korinthern in seiner Ablehnung jeder alternativen kultischen Teilnahme am Götzendienst: »Der Kelch des Segens, den wir segnen, ist er nicht Gemeinschaft mit dem Blute Christi? Das Brot, das wir brechen, ist es nicht Gemeinschaft mit dem Leibe Christi?« (1. Kor 10,16.17). Mit seiner Teilnahme am Tisch des gegenwärtigen Herrn befindet sich der Gläubige in dessen Herrschafts- und Heilsbereich und hat an ihm und seinem Leben teil: »Ihr könnt nicht zugleich den Kelch des Herrn trinken und den Kelch der Dämonen; ihr könnt nicht zugleich am Tisch des Herrn teilhaben und am Tisch der Dämonen« (1. Kor 11,21).

SOLCHES TUT ZU MEINEM GEDENKEN!

In der ältesten schriftlich bezeugten Form der Einsetzungsworte – der ausdrücklich als *vor*paulinisch gekennzeichneten Überlieferung von 1. Korinther 11,23-25 – findet sich bei beiden Gabeworten der Auftrag des Herrn: »Dies tut zu meinem Gedenken!« (11,24.25). Das vergegenwärtigende Gedenken der hingebungsvollen Liebe Gottes (Röm 5,8; 8,31 f; vgl. Eph 2,4 ff) und der liebevollen Hingabe des Sohnes Gottes für die Seinen (Gal 2,20; vgl. Eph 5,2.25b) bezieht sich von Einleitung und Gabeworten her vor allem auf das Versöhnungsgeschehen in Passion, Kreuzigung und Auferstehung Jesu. So kann Paulus 1. Korinther 11,26 auch erklärend ergänzen: »Denn sooft ihr von diesem Brot esst und aus dem Kelch trinkt, verkündigt ihr den Tod des Herrn, bis er kommt.«

Damit erübrigen sich die Diskussionen um eine einseitige traditionsgeschichtliche beziehungsweise überlieferungsgeschichtliche Zuordnung des »Herrenmahls«. Fraglos setzen alle vier neutestamentlichen Überlieferungen voraus, dass Jesus diese Gabeworte bei seiner letzten Mahlfeier mit den Jüngern in der Nacht vor seiner Kreuzigung sprach. Fraglos auch handelte es sich nach den Synoptikern bei dieser Feier um das letzte *Passahmahl*, das der irdische Jesus mit seinen Jüngern gehalten hat (Mk 14,12-26 par.; vgl. Lk 22,15). Dabei *inspiriert* für die Evangelien wie für Paulus die Passahtradition die christliche Deutung des Kreuzesgeschehens, aber sie *begrenzt* sie nicht. Vielmehr erhellt und vereindeutigt die Erfüllung des in der Schrift verheißenen »Neuen Bundes« in Christus den tiefen Sinn der alttestamentlichen Heils- und Rettungserfahrungen. Dass das Johannesevangelium – darüber hinausgehend und wie schon Paulus (1. Kor 5,7) – Jesus selbst als das Passahlamm beschreibt, widerlegt diese Verbindung von

Lebenshingabe Jesu und Passahfest nicht, sondern vertieft sie noch (Joh 1,29.36; 18,28; 19,14.33-36).

Niemand hat im Neuen Testament eindrücklicher als Lukas vor Augen gestellt, dass ebendieses letzte Mahl Jesu vor seiner Kreuzigung zugleich auch in einer Linie zu sehen ist mit den vielfältigen vorangegangenen Mahlfeiern Jesu mit seinen Jüngern. Sie durften als Gewährung der endzeitlichen Gottesgemeinschaft und als Vorwegnahme des verheißenen endzeitlichen Gottesmahls verstanden werden (Lk 5,27-32 par. Mk 2,13-17); 7,34; 15,1 f; 19,1-10)[89].

Diese endzeitlich gültige Mahlgemeinschaft hat nach Lukas auch der Auferstandene nach seinem Leiden seinen Jüngern neu gewährt und ihnen damit das Geheimnis seiner Person und seines Weges beim »Brotbrechen« erschlossen (Lk 24,13-35; Apg 10,41; vgl. 1,3 f: »beim gemeinsamen Mahl«). Ob nun in den lukanischen Gemeinden oder in denen des Paulus – das Mahl des Herrn wird im Gedenken an Wirken, Leiden und Auferstehen des Herrn gefeiert und in der freudigen Erwartung der endgültigen und uneingeschränkten himmlischen Gemeinschaft mit ihm, wenn er kommt (1. Kor 11,26; Lk 22,16; Apg 1,11). Die das Herrenmahl feiernde Gemeinde lebt also in einer erfüllten *Gegenwart*, die sowohl an den Heilsereignissen der *Vergangenheit* partizipiert – das heißt teilhat – als auch die schon eröffnete Vollendung in der *Zukunft* antizipiert – das heißt vorwegnimmt. Auf diese Weise erfüllt sie den Auftrag des »*Gedenkens*« ihres Herrn, »bis er kommt« (1. Kor 11,24-26).[90]

GOTTESDIENSTGEMEINDE, GEMEINDEN, KIRCHE[91]

Wenden wir uns abschließend der Gottesdienstgemeinde selbst zu. Das Neue Testament unterscheidet noch nicht zwischen »Kirche« und »Gemeinde«, es kennt nur *einen* Begriff: *Ekklesía*. Ekklesia kann sowohl *Kirche* im übergreifenden, überregionalen Sinn[92] bedeuten als auch die *Gemeinde vor Ort*[93], die sich – aufgeteilt in verschiedene Teilgemeinden – zu den Gottesdiensten als *Hausgemeinden* in Privathäusern[94] versammeln kann. Schon bei Paulus wird die Ekklesia bereits in ihrer vielfältigen Gestalt (1) als die *gesamte Kirche Jesu Christi*, (2) als die zusammengefassten Kirchen/Gemeinden einer *Provinz* oder *Landschaft*, (3) als die sich aus allen Christen zusammensetzende Kirche/Gemeinde eines *Ortes* und (4) als die sich in einem Privathaus zum Gottesdienst versammelnde kleinste Gestalt der Ekklesia in Form einer *Hausgemeinde* bezeichnet. Die *eine* Kirche Jesu Christi besteht grundsätzlich in der *Vielfalt* der sich in seinem Namen zum Gottesdienst versammelnden Gemeinden. Schon die kleinste Hausgemeinde ist Kirche Jesu Christi – und *die* Kirche Jesu Christi im umfassenden Sinne ist nicht weniger als die weltweite Einheit aller Berufenen und Heiligen, die den Namen des Herrn Jesus Christus anrufen an jedem Ort. Weder wird die *eine* Kirche Jesu Christi erst und ausschließlich durch die *Vielzahl* der *Einzelgemeinden* begründet und konstituiert, noch ist die kleinste Zelle einer Hausgemeinde unter anderen im Verbund der Ortsgemeinde eine mindere oder untergeordnete Gestalt von Kirche, sondern Ekklesia Christi im Vollsinn des Wortes.

Für unsere Themenstellung mag es schon verfremdend – oder auch erhellend – erscheinen, dass sich die frühe Kirche von

Anfang an wohl grundsätzlich vor Ort aus verschiedenen »Hausgemeinden« in Privathäusern (Röm 16,5; 1. Kor 16,19; Kol 4,15; Phlm 2) oder in angemieteten Wohnungen, Räumen oder Häusern zusammensetzte.[95] *Hauskirchen* – als gesonderte sakrale Räume innerhalb von Privathäusern – oder spezielle *Kirchengebäude* als Versammlungsort einer gesamten Ortskirche sind der neutestamentlichen und frühkirchlichen Zeit der beiden ersten Jahrhunderte noch unbekannt. So zählen wir allein für die Kirche in Rom gemäß der ausführlichen und namentlichen Grußliste in Römer 16 wohl mehr als *sieben Einzelgemeinden*, die als »Geliebte Gottes« und »berufene Heilige« gemeinsam als *Orts*gemeinde angesprochen werden (Röm 16,5.10.11.14.15).

Nach Matthäus 18,20 ist die Verheißung Jesu Christi an seine Jünger, dass nicht nur die *Gesamt*kirche oder die *Provinz*kirche oder die Kirche eines gesamten *Ortes* sich der Gegenwart ihres auferstandenen Herrn in ihrer Mitte gewiss sein darf, sondern schon die kleinste gottesdienstliche Versammlung von »zwei oder drei« Gläubigen, die um Christi willen zusammenkommen. Damit wird vorausgesetzt, dass der als Immanuel – »Gott mit uns« – Verheißene (Mt 1,23) und der als Weltenherrscher eingesetzte Auferstandene (Mt 28,18-20) schon die kleinste denkbare gottesdienstliche Versammlung in seinem Namen als seine Gemeinde/*Ekklesia* bestimmt (vgl. Mt 16,18; 18,17). Schon und gerade ihr gilt der ermutigende Zuspruch des in ihr gegenwärtigen Christus: »Da bin ich mitten unter ihnen.«

Denn die Gegenwart Gottes macht die Gemeinschaft zum Fest und die Christusbegegnung das Leben der Glaubenden zum Gottesdienst. Gemeinde sind die ersten Christen in Beziehung, und was sie sein werden, erkennen sie in den lebenseröffnenden persönlichen Begegnungen.

ANMERKUNGEN

1 »Christus in uns« – S. zu Auslegung und Übersetzung von Gal 2,16-21 und Röm 6,1-11 im Einzelnen H.-J. Eckstein, Christus in uns. Von der Freiheit der Kinder Gottes. Eine Auslegung des Galaterbriefs, 2. Aufl., Göttingen 2022, 50-69; H.-J. Eckstein, Verheißung und Gesetz. Eine exegetische Untersuchung zu Gal 2,15–4,7, WUNT 86, Tübingen 1996, 3-81; H.-J. Eckstein, Auferstehung und gegenwärtiges Leben nach Röm 6,1-11, in: ders., Der aus Glauben Gerechte wird leben. Beiträge zur Theologie des Neuen Testaments, BVB 5, 2. Aufl., Münster u. a. 2007, 36-54.

2 S. H.-J. Eckstein, Das Wesen des christlichen Glaubens, in: ders., Der aus Glauben Gerechte wird leben, 3-18.

3 Zur Entfaltung der Rechtfertigung durch Glauben bei Paulus s. H.-J. Eckstein, Christus in uns. Eine Auslegung des Galaterbriefs, 69 ff.

4 Zur Entfaltung von »Selbstannahme« und »Selbstvertrauen« im Glauben s. H-J. Eckstein, Du liebst mich – also bin ich. Gedanken, Gebete, Meditationen, 17. Aufl., Holzgerlingen 2014; H.-J. Eckstein, Du bist ein Wunsch, den Gott sich selbst erfüllt hat, 5. Aufl., Holzgerlingen 2017.

5 »Mein Gott, mein Gott, warum hast du mich verlassen?« – Dem Markusevangelium ist auch die Formulierung unseres Themas entlehnt: Mk 15,34 (Ps 22,2).

6 Mk 1,15 spricht nicht nur von dem nahen *Bevorstehen* der Gottesherrschaft, sondern bereits von seinem *Dasein*, seinem gegenwärtigen Angebrochensein in der Person und dem Wirken Jesu, wie die spätere Formulierung Mt 12,28 (par. Lk 11,20) eindeutig festhält: »Wenn ich aber durch den Geist Gottes die bösen Geister austreibe, so ist ja die Königsherrschaft Gottes zu euch gekommen« (vgl. Mk 3,27).

7 Das Bekenntnis zur »Allmacht Gottes« setzt also nicht zwangsläufig den sogenannten »Monismus« voraus, also die »Einheitslehre«, die die Gesamtwirklichkeit auf *ein* Grundlegendes, eine *einzige* Wirkursache, zurückführt.

8 Sowohl im Alten wie im Neuen Testament wird die lebensabträgliche und beziehungsgefährdende Wirklichkeit, werden Sterben und Hass im Zusammenhang der menschlichen Verfehlung und Auflehnung ge-

genüber Gott als Schöpfer gesehen (vgl. 1. Mose 1–3; Röm 1,18–3,20; 5,12-21; 7,7-25). Darin kommt einerseits die Überzeugung zum Ausdruck, dass Gott als Schöpfer Tod, Hass und Leiden seiner Geschöpfe nicht will und die den Menschen bestimmende Sünde nicht zum *Wesen* seiner Schöpfung gehört (»Und Gott sah an alles, was er gemacht hatte, und siehe, es war sehr gut«, 1. Mose 1,31); andererseits verdeutlicht das Aufkommen der Sünde schon bei Adam und Eva, dass die Sünde die Existenz der Menschen von Anfang an, das heißt seit Gedenken, bestimmt. Die Frage nach dem »Woher« der Sünde wird mit dem Hinweis auf die Auflehnung der Menschen gegenüber Gott als ihrem Ursprung beantwortet: Die Sünde als Tat und als Macht kommt vom Sündigen! Der Mensch stirbt in Konsequenz seiner eigenen Sünde, nicht infolge der Schöpfungsabsicht Gottes (1. Mose 2,16f; Röm 5,12; 6,23). Die in unserem Zusammenhang drängende Frage nach dem Woher der *Möglichkeit* der Sünde und des Sündigens in Gottes guter Schöpfung bleibt aber jeweils offen.

9 So findet sich in der biblischen Tradition verbreitet die Überzeugung, dass die *vorfindliche Welt* und ihre *Geschichte* aus zwei unvereinbaren, widerstreitenden Kräften beziehungsweise Prinzipien zu erklären ist: Licht/Finsternis, Liebe/Hass, Leben/Tod – und damit *Gott* und sein *Widersacher* (der Satan, der Teufel, der Böse, der Verkläger, der Fürst dieser Welt) beziehungsweise die Macht der *Sünde* und des *Todes*. Im Unterschied zum »Monismus« spricht man dann in Hinsicht auf diese dualen Gegensätze von »Dualismus«. Entscheidend ist auch hier wieder, dass die Frage des Woher des Bösen und des Ursprungs des Widersachers in den biblischen Texten selbst – im Gegensatz zu späteren Spekulationen – seltsam offenbleibt. Die Sünde kommt in ihrer Bedrohung für den Menschen und in dessen Erlösung von ihr in den Blick. Dualistische Spekulationen über eine *vorgeschichtliche* Zeit sind den biblischen Texten fremd.

10 S. zum Ganzen H.-J. Eckstein, Zeit der ersten Liebe. Zu einer neuen Ursprünglichkeit nach Kinderglauben und Glaubenskrise, Holzgerlingen 2020, 16-58; H.-J. Eckstein, Das Wesen des christlichen Glaubens, in: ders., Der aus Glauben Gerechte wird leben, 3-18.

11 Entscheidend bleibt in jedem Fall, dass solche *relativierenden* – das heißt das Leid ins Verhältnis zum Ganzen setzenden – Argumente von

den Betroffenen nur selbst als hilfreich angenommen werden können und nicht lieblos von Nichtbetroffenen als Rationalisierungen des Unerklärlichen verwendet werden sollten. Das Gleiche mag auch für die Relativierung der gegenwärtigen Leiden angesichts der zukünftigen Erlösung und Herrlichkeit gelten, die der verfolgte Apostel angesichts seiner eigenen Leiden glaubhaft weitergeben kann: 2. Kor 4,17 f; Röm 5,3 ff.

12 S. zum Ganzen H.-J. Eckstein, Glaube und Sehen. Mk 10,46-52 als Schlüsseltext des Markusevangeliums, in: ders., Der aus Glauben Gerechte wird leben, 81-100.

13 Heilungen von Besessenheit: Mk 1,23-28.32-34.39; 3,11 f; 5,1-20; 7,24-30; 9,14-29; vgl. Mk 3,23-27.

14 S. Mk 2,1-12; 3,1-6.

15 S. Mk 1,40-45.

16 S. Mk 8,22-26; 10,46-52.

17 S. Mk 7,31-37 mit der an Gottes »gute Schöpfung« (1. Mose 1,31) und an die Heilsverheißungen bei Jesaja (Jes 35,5.6) erinnernden Reaktion der überwältigten Zeugen des Wirkens Jesu: »Er hat alles wohl gemacht; die Tauben macht er hörend und Sprachlose redend« (Mk 7,37).

18 S. Mk 5,21-43. Vgl. neben den einzelnen Heilungserzählungen auch die programmatischen Sammelberichte: Mk 1,32-34; 3,7-12; 6,53-56.

19 S. Mk 4,35-41; 6,32-44.45-52; 8,1-9.

20 So wurde auch das »Wort vom *Kreuz*« (1. Kor 1,18–2,5) dem Apostel durch die Erscheinung des *Auferstandenen* vor Damaskus erschlossen (1. Kor 9,1; 15,8; 2. Kor 4,6; Gal 1,1.11 f.15 f). Unter Absehung des Glaubens an die Auferstehung Jesu wäre nach Paulus auch das Geheimnis des Kreuzes und damit der Sinn und Inhalt des Glaubens an den Gekreuzigten preisgegeben (1. Kor 15,14.17).

21 Um Anmerkungen ergänzte Fassung eines Interviews zu dem Thema: »Was ist eigentlich der Heilige Geist?«, in: IDEA Spektrum 22/2004, 14-16.

22 »Von der Geistesgegenwart Gottes« – Röm 8,9.14.

23 Röm 8,23; 2. Kor 1,21 f; 5,5; Eph 1,13 f.

24 Röm 8,15 f; Gal 4,6 f.

25 Apg 1,8; vgl. 3,25 f; 13,46-48 (Jes 49,6); 22,17-21; 28,23-28.

26 Apg 2,1-13; 8,14-17; 10,44-48; 11,15-18. – Der Bericht von den Täuferjüngern in Ephesus Apg 19,1-7 gibt insofern keine Rätsel auf, als die hier erwähnten »Jünger« zuvor lediglich mit der Bußtaufe Johannes des Täufers getauft waren (Lk 3,16; Apg 1,5) und noch gar nicht wussten, dass der Heilige Geist bereits gekommen war und sie an Jesus glauben sollten. Sie empfingen den Geist unter Handauflegung bei ihrer Taufe auf den Namen Jesu (Apg 19,4-6).

27 Der Begriff »Christen« findet sich im Neuen Testament tatsächlich erstmals bei Lukas als Bezeichnung für die Jünger in Antiochien (Apg 11,26; vgl. 26,28; 1. Petr 4,16).

28 Apg 10,44-48; 11,14-17.

29 Röm 8,9.11; 1. Kor 3,16; 6,19.

30 Röm 8,15 f; Gal 4,6 f; vgl. Mk 14,36.

31 Röm 10,9; 1. Kor 12,3; vgl. Phil 2,11.

32 Röm 4,24 f; 10,9; 1. Kor 15,3 ff; vgl. Röm 8,28; 1. Kor 2,9; 8,3.

33 1. Kor 12,3; vgl. 1. Kor 2,4 f.10-16; 1. Joh 4,2.

34 Mt 28,18-20; Mk 16,16; Apg 2,38; Gal 3,26 f; Kol 2,12 f; Tit 3,4 f; vgl. Apg 8,36-38; 10,44-48; 16,14 f.30-34.

35 Apg 10,28-48; 11,15-18.

36 Röm 6,11; 7,4; 14,7-9; 2. Kor 5,15; Gal 2,19 f Der Gedanke der Übereignung und neuen Zugehörigkeit kommt schon in der Wendung zum Ausdruck: »taufen auf jemandes Namen« (Mt 28,19; Apg 8,16; 19,5; 1. Kor 1,13.15) beziehungsweise »taufen auf jemanden« (Röm 6,3; Gal 3,27 [»getauft sein auf Christus« bedeutet »Christus gehören«, Gal 3,29]).

37 1. Kor 12,1-31; vgl. Röm 12,3-8.

38 Röm 4,18-21; 8,24; 2. Kor 5,7; Heb 11,1.27.

39 Joh 14,15-26; 15,26; 16,7-15.20-22.

40 1. Kor 2,4-16; vgl. 1. Thess 2,13; Kol 2,12.

41 Gal 5,22 f; vgl. Röm 5,5; 7,6; 8,2.4; 14,17.

42 Röm 8,15 f.

43 S. die auf den Heiligen Geist bezogenen personhaften Wendungen in Lk 12,12 (»Er lehrt«); Apg 5,32 (»Er ist Zeuge«); 8,29 (»Er spricht«; vgl. 10,19; 13,2); 13,4 (»Er sendet aus«); 15,28 (»Er beschließt«); 16,7 (»Der Geist Jesu lässt etwas nicht zu«); 20,28 (»Er setzt ein«).

44 Joh 14,15-26; 15,26; 16,7-15.

45 Mt 10,19 f; Lk 12,11 f; Joh 15,26 f; 16,7 ff.

46 Zur gemeinsamen Nennung von Vater, Sohn und Heiligem Geist im Neuen Testament s. die triadischen Formulierungen Mt 28,19 (»trinitarische Formel«); Röm 8,9-11.15 f; 1. Kor 12,4-6; 2. Kor 13,13; Eph 4,4-6; vgl. Mt 3,16f par.; Lk 4,18 f.21; Joh 14,16-18.23 ; 20,21 f; Apg 1,4.8; Röm 1,4; 14,17 f; 15,16.30; 1. Kor 12,4-6; 2. Kor 1,21 f; Gal 4,6; Tit 3,4-6; 1. Petr 1,2; Heb 9,14; Jud 20 f.

47 Mk 12,29 (5. Mose 6,4); Röm 3,30; 1. Kor 8,4.6; 12,6; Eph 4,6; 1. Tim 2,5.

48 Gottes Wesen und Weisheit können gemäß 1. Kor 1,18–2,16 ganz grundsätzlich nur durch Gottes eigenen Geist erschlossen und erkannt werden (vgl. Röm 11,33-36 als Epistel zum Dreieinigkeitsfest am Sonntag Trinitatis).

49 1. Kor 1,2; vgl. Apg 7,58 f; 9,14.21; Röm 10,12 f; 2. Kor 12,8 f.

50 Die Taufe »auf den Namen des Heiligen Geistes« gemäß Mt 28,19 setzt wohl auch die Anrufung des Geistes – entsprechend der des Vaters und des Sohnes – voraus. So bekennt die Kirche mit dem Nizänischen Glaubensbekenntnis: »Wir glauben an den heiligen Geist, der Herr ist und lebendig macht, der aus dem Vater und dem Sohn hervorgeht, der mit dem Vater und dem Sohn angebetet und verherrlicht wird« (EG 687).

51 Der Heilige Geist ist der Geist Christi, des Herrn, des Sohnes Gottes: Röm 8,9 f; 2. Kor 3,17; Gal 4,6. Nach Joh 14,18-23; 16,22 f kommt Jesus selbst in Gestalt des Parakleten, des »Trösters«, zu seinen Jüngern, um in ihnen bleibend zu wohnen und durch sie fruchtbringend zu wirken, vgl. Joh 7,38 f; 15,4 f.8.

52 Röm 8,10; 15,17 f; 1. Kor 3,16; 15,10; Gal 2,20; 4,19; Eph 3,17; Kol 1,27.

53 Mt 12,22-32; Mk 3,28-30; Lk 12,10.

54 Joh 15,22; entsprechend Joh 9,39.41 (vgl. 1,10 f; 8,34.43; 10,26; 12,37-40).

55 Joh 3,17-19; vgl. Joh 5,22.27; 5,45-47; 8,15 f; 9,39; 12,47 f.

56 Zu Bekehrung und Berufung des Paulus s. Gal 1,1.11 f.15 f; vgl. Röm 1,1.5; 1. Kor 9,1; 15,8-10; 2. Kor 4,6; 5,18-20; Phil 3,8; nach Lukas: Apg 9,1-19; 22,2-21; 26,4-20.

57 1. Kor 15,9; Gal 1,13.23; Phil 3,5 f; vgl. Apg 7,57 f; 8,1.3; 9,1 f.21; 22,4 f.19 f; 26,10 f.

58 1. Kor 12,1-31; vgl. Röm 12,3-8.

59 Zum »Reden in Sprachen« als begeistertes Lobpreisen und prophetisches Verkündigen s. auch Apg 2,4.11; 4,31; 6,10; 10,45 f; 19,6.

60 1. Kor 14,2.14.16 f.

61 1. Kor 14,2.4.9.13 f.17.26-28.

62 1. Kor 8,1-3; 13,12; Gal 4,9.

63 Neutestamentliche Bezüge der Ausführungen zum Heiligen Geist: Mt 10,19 f; 12,28.31 f; Joh 14,15-26; 15,26; 16,7-15.20-22; Apg 1,8; 2,1-13; 8,14-17; 10,44-48; 11,15 f; Röm 5,5; 8,9-16.23-27; 10,9 f; 1. Kor 2,4.10-16; 3,16; 6,19; 12,1–14,40; 2. Kor 1,21 f; 5,5; Gal 4,6 f; 5,16-25; Eph 1,13 f; 1. Joh 2,20.27; 4,2.

64 »Gemeinschaft als Fest« – Zu weiteren Belegen und Literaturangaben s. H.-J. Eckstein, Gottesdienst im Neuen Testament, in: Hans-Joachim Eckstein/Ulrich Heckel/Birgit Weyel (Hg.), Kompendium Gottesdienst, Tübingen 2011, 22-41.

65 Vgl. auch Jak 1,26 f Wenn im Zusammenhang des Gottesdienstes einmal von »Opfer« die Rede ist, dann bezieht es sich in Aufnahme von Ps 50,23 auf das »Lobopfer« derer, die Gott bekennen (Heb 13,15).

66 Traditionell wird bei Lukas im Hinblick auf seine hellenistische Bildung eine heidenchristliche Herkunft erwogen, was aber keineswegs gesichert ist.

67 S. zum Folgenden H.-J. Eckstein, So haben wir doch nur einen Herrn. Die Anfänge trinitarischer Rede von Gott im Neuen Testament, in: ders., Kyrios Jesus. Perspektiven einer christologischen Theologie, 3. Aufl., Neukirchen-Vluyn 2022, 2-22.

68 Der Ruf »Maranatha« ist mit Rücksicht auf Offb 22,20 (»Amen, ja komm, Herr Jesus«) wohl im Sinne von aram. *marăn(a') ʾætā'* als Bitte: »Unser Herr, komm!«, zu deuten. Vgl. Hans Peter Rüger, Art. Aramäisch II, TRE 3 (1978), 602-610, hier 607.

69 Zur Bezeichnung Jesu Christi als »(der) Herr«/Kyrios s. z. B. 1. Kor 4,5; 7,10.12; 9,14; 16,7; 2. Kor 10,8; 13,10; Phil 4,5; 1. Thess 3,12; 4,16.

70 Zum Kyrios-Titel in den formelhaften Auferweckungsaussagen, die zum ältesten Bestand des neutestamentlichen Auferstehungszeugnisses gehören, s. Röm 4,24; 10,9b; 1. Kor 6,14 und 2. Kor 4,14; vgl.

Heb 13,20, als Auf*erstehungs*formel Lk 24,34: »Der Herr ist wirklich auferstanden und dem Simon erschienen.« S. zum Ganzen: H.-J. Eckstein, Die Wirklichkeit der Auferstehung Jesu. Lk 24,34 als Beispiel früher formelhafter Zeugnisse, in: ders., Der aus Glauben Gerechte wird leben, 152-176 und 232-235, hier: 160-163.

71 Vgl. 1. Kor 14,26; Jak 5,13.

72 »Herr ist Jesus Christus«: 1. Kor 12,3; Röm 10,9f; Phil 2,9-11.

73 »Amen, ja komm, Herr Jesus!«: Offb 22,20.

74 *Auferstehungs*aussagen: Röm 4,25; 6,4.9f; 7,4; 8,34; 14,9.

75 *Auferweckungs*aussagen: Röm 10,9; 1. Kor 6,14; 15,15; 2. Kor 4,14; Gal 1,1.

76 S. im Einzelnen H.-J. Eckstein, Wirklichkeit der Auferstehung Jesu, 232-235.

77 S. zur Präexistenz Jesu Christi im Neuen Testament: <u>Joh 1,1-3°</u>; 8,58*; 16,28*; 17,5°.24°; <u>1. Kor 8,6°</u>; 2 Kor 8,9*; Phil 2,6f*; <u>Kol 1,15-17°</u>; Eph 1,3-14°; <u>Heb 1,2f</u>; Offb 3,14° (° = *vor Schöpfung*; * = *vor Inkarnation* [wohl auch: Röm 8,3; Gal 4,4; 1. Kor 10,3f]; Unterstreichung = Schöpfungsmittlerschaft). – S. zur alttestamentlichen Traditionsgeschichte: Spr 8,22-31; Sir 24,3-10; Weisheit 7,22-30 (vgl. 1. Mose 1,3; Ps 33,6.9; 104,24; Spr 3,19f). Zum Begriff Weisheit vgl. Mt 11,19 par.; Lk 11,31 par.; Lk 11,49 neben Mt 23,34ff; 1. Kor 1,24-30).

78 *Magnificat* – (lat.) »Es erhebt meine Seele den Herrn«, Lobpreis der Maria nach Lk 1,46-55; benannt nach seinem Anfangswort. Im Stunden- beziehungsweise Tagzeitengebet wird es in der Vesper (18:00 Uhr) gesungen (vgl. als die beiden anderen Lobgesänge/*Cantica* in Lk 1–2: *Benedictus* und *Nunc dimittis*).

79 *Benedictus* – (lat.) »Gelobet sei der Herr«, Lobgesang des Zacharias nach Lk 1,68-79; benannt nach seinem Anfangswort. Im Stunden- beziehungsweise Tagzeitengebet wird es in der Mette, frühmorgens, gesungen (vgl. als die beiden anderen Lobgesänge/*Cantica* in Lk 1–2: *Magnificat* und *Nunc dimittis*).

80 *Nunc dimittis* – (lat.) »Nun lässt du, Herr, deinen Diener im Frieden fahren«; Lobgesang des Simeon nach Lk 2,29-32; benannt nach seinem Anfangswort. Im Stunden- beziehungsweise Tagzeitengebet wird es in der Komplet, im Nachtgebet, gesungen (vgl. die beiden anderen Lobgesänge/*Cantica* des Lukasevangeliums *Magnificat* und *Benedictus*).

81 Vgl. zum Gebet Apg 2,42; Röm 12,12; Phil 4,6; 1. Thess 5,17; 1. Tim 2,1.

82 S. als Missionsreden an Juden: Apg 2,14; 3,12-26; 4,8-12; 5,30-32; 10,34-43; 13,16-41; als Missionsreden an Heiden: 14,15-17; 17,22-31 (vgl. 1. Thess 1,9 f; Heb 6,1 f).

83 Vgl. zum Verlesen und zum Austausch der Briefe mit anderen Gemeinden Kol 4,16.

84 Vgl. zum »heiligen Kuss« Röm 16,16; 2. Kor 13,12; 1. Thess 5,26.

85 S. auch die Aufnahmen von Jesustraditionen in Röm 12,14 (Mt 5,44; Lk 6,28); Röm 12,17.19 (Mt 5,39; Lk 6,29 f); Röm 13,8-10; Gal 5,14 (Mk 12,31; Mt 22,39 f).

86 1. Kor 11,23 findet sich die ausführliche Überlieferungsformel: »Denn ich habe vom Herrn *empfangen*, was ich euch dann *überliefert* habe, dass …«; vgl. zur Überlieferung eines Bekenntnisses 1. Kor 15,3.

87 Wie wir sahen, lässt sich die Häufung liturgischer Elemente in 1. Kor 16,20-24; 2. Kor 13,12 f und Offb 22,17-20 als Indizien für eine Überleitung zur Mahlfeier verstehen. Während Paulus im Anrufungs- und Verkündigungsteil des Gottesdienstes mit der Anwesenheit von »Unkundigen oder Ungläubigen« rechnet (1. Kor 14,23-25), werden diese mit der Formel von 1. Kor 16,22 offensichtlich von der weiteren Teilnahme ausgeschlossen.

88 Das in 1. Kor 11,21 verwendete griechische Verb *prolambánein* ist also mit »*ein*nehmen«, »*zu sich* nehmen«, nicht mit »*vorweg*nehmen« zu übersetzen.

89 Vgl. Lk 13,28-30; 14,15-24; 22,29 f; 24,29-35.

90 Im Unterschied zum Herrenmahl lassen sich die im Neuen Testament vorausgesetzten Taufen nicht so klar dem regelmäßigen sonntäglichen Gottesdienst zuordnen (s. zur Taufe: Mt 28,16-20; Mk 16,16; Apg 1,5 [vgl. Lk 24,47]; 2,38; 8,12.36.38; 9,18; 10,44 ff; Röm 6,1-11; 1. Kor 1,13 ff; 10,2; 12,13; Gal 3,27-29; Eph 4,5; 5,26; Kol 2,12; Tit 3,5; 1. Petr 3,18-22).

91 Zum Verständnis der Gemeinde und Kirche im Neuen Testament: H.-J. Eckstein, Ein Herr, ein Leib – doch viele Kirchen? Einheit und Vielfalt der Kirche aus neutestamentlicher Sicht, in: ders., Kyrios Jesus. Perspektiven einer christologischen Theologie, 3. Aufl., Neukirchen-Vluyn 2022, 103-118.

[92] S. zu *Kirche* im *überregionalen* Sinne: 1. Kor 6,4; 12,28; Eph 1,22; 3,10.21; 5,23-32; Kol 1,18.24; vgl. Mt 16,18.

[93] S. zu *Gemeinde vor Ort*: Röm 16,16; 1. Kor 1,2; 4,17; 2. Kor 1,1; Phil 4,15; 1Thess 1,1.

[94] S. zu *Hausgemeinden* in Privathäusern: Röm 16,5; 1. Kor 16,19; Kol 4,15; Phlm 2.

[95] Vgl. Apg 2,46; 5,42; 12,12 und Apg 19,9 den Lehrsaal eines Rhetors Tyrannos.

Hans-Joachim Eckstein

Zur Wiederentdeckung der Hoffnung

Eine Hoffnung, die unsere
erfahrbare Gegenwart nicht
tief greifend verändert,
ist noch nicht wirklich
aus der Zukunft
bei uns angekommen.
Denn da, wo
Hoffnung einkehrt,
verwandelt sie
die Gegenwart.

Begründete Hoffnung macht
weder diesseitsflüchtig
noch todessüchtig,
sondern lebenstüchtig.

INHALT

DIE HOFFNUNG LEBT ZUERST
GESPRÄCH MIT DEM AUTOR

Wann waren Sie das letzte Mal so richtig besorgt und worum drehte sich Ihre Sorge?[1]
Ernsthaft besorgt war und bin ich hinsichtlich der aktuellen weltpolitischen und damit verbunden wirtschaftlichen Krise, deren Folgen uns gesellschaftlich enorm herausfordern werden. Wir waren in unseren Ländern jahrzehntelang privilegiert, denn Epidemien, Kriege, Umweltkatastrophen und wirtschaftliche Not gab es global ja immer. Aber nun sind wir von den schon »apokalyptischen« Ereignissen als Gesellschaft aus der Sorglosigkeit aufgeschreckt und unserer Illusionen beraubt.

Was meinen Sie mit apokalyptisch? Inwiefern sind aktuelle Krisen anders als vorhergehende?
»Apokalyptisch« sind die drohenden Gefahren sowohl, weil sie Unheil und Not bringen, als auch, weil sie wie die Folgen der Klimaerwärmung oder Pandemien die ganze Welt in ihrer Existenz bedrohen. Verändert hat sich in den vergangenen Jahren vor allem unsere eigene Wahrnehmung. Wir wähnten uns als westeuropäische Gesellschaften zu lange in Sicherheit und glaubten aus Zweckoptimismus an die Machbarkeit und den steten technischen, wirtschaftlichen und kulturellen Fortschritt.

Wie können wir mit solchen apokalyptischen Ereignissen als Gesellschaft umgehen?
Damit formulieren Sie die entscheidende Herausforderung für alle, die Verantwortung tragen in Politik und Wirtschaft, Wissenschaft und Gesellschaft. Was unseren Gesprächsrahmen angeht,

will ich mit zwei Aspekten beginnen. Erstens sollten wir *wahrhaftig* werden und uns selbstkritisch der Wirklichkeit stellen. Es gibt keinen kürzeren und besseren Weg zu einem gelingenden Leben als die Wahrheit. Eine Lebenslüge – so bequem sie auch erscheinen mag – ist in jedem Fall ein Umweg. Wir haben auf Neben- und Umwegen viel zu viel Zeit verschwendet – als Einzelne und als Gesellschaft.

Und der zweite Aspekt?
Er betrifft uns als *Gemeinschaft*. In Zeiten des Überflusses und der Sorglosigkeit mögen wir uns als Einzelwesen zurechtfinden und unseren Individualismus pflegen. In Krisenzeiten aber erweist sich, dass wir als Menschen in Wahrheit und grundsätzlich *Beziehungswesen* sind. Wir sind nicht »an sich« und haben dann auch noch Beziehungen, sondern was wir sind, das sind wir in Beziehungen. Dieser Aspekt ist vielen von uns im Zusammenhang der Corona-Maßnahmen schmerzhaft bewusst geworden. Die Besinnung auf den Wert der Gemeinschaft und Zuwendung – im *Angewiesensein* wie in der *Übernahme von Verantwortung* für andere – ist vor allem in Krisenerfahrung und Hoffnungslosigkeit wesentlich.

Mir kommt es oft so vor, als ob gerade in Krisenzeiten die Gemeinschaft leidet. Debatten werden beispielsweise nicht nur in den sozialen Medien mit Aggressivität und Verletzlichkeit geführt. Da scheint es eher zur Spaltung als zur Gemeinschaft zu kommen.
Wir verhalten uns als Menschen oft inkonsequent, wenn wir das Gegenteil von dem tun, was uns guttäte. Es gibt aber eine nachvollziehbare Erklärung für diese Aggressivität und Verletzlichkeit. Unsere *Befähigung zu Beziehung* und *Gemeinschaft* erwächst aus unserer eigenen *Beziehungsgewissheit*, und unsere Beziehungs-

gewissheit gründet in unserer selbst erfahrenen *Beziehungswirklichkeit.* Nur Liebe und Wertschätzung können uns glaubhaft vermitteln, dass wir einzigartig und bedeutsam sind. Nichts ist für unser Leben so *folgenreich* wie die Erfahrung einer *voraussetzungslosen* Liebe. Erleben wir selbst diese Annahme, dann können wir unser Gegenüber und uns selbst erkennen. Aber wie schwer ist es, andere anzuerkennen, wenn wir selbst nicht erkannt worden sind. Wer nicht vertrauen kann, der kann auch nicht hoffen. Und wer nicht hoffen kann, der kann auch nicht lieben.

Was kann Hoffnung machen in solchen Zeiten?
Nun, ein wohlmeinendes, aber naives »Alles wird gut!« und »Wir schaffen das!« bewirkt bei von Sorgen und Leid Betroffenen offensichtlich keine Zuversicht. Es weckt eher Verzweiflung, Angst und Wut. Deshalb sind die Aspekte der *Wahrhaftigkeit* und der *persönlichen Wahrnehmung* und *Wertschätzung* für eine Wiedergewinnung von Zuversicht und Lebensmut so grundlegend. Darin liegt auch der eigentliche Sinn eines biblischen Buches, dem wir die Bezeichnung »apokalyptisch« verdanken: der »Apokalypse« – d. h. »Offenbarung« – des Johannes. Hier werden Menschen vorsorglich auf kommende Notlagen vorbereitet, nicht um ihnen Angst zu machen, sondern damit sie ihre Orientierung und Zuversicht nicht verlieren, wenn sie persönlich betroffen sind. So wie verantwortliche Eltern ihre Kinder auf bevorstehende Schwierigkeiten vorbereiten, damit sie ihre Vertrauensbasis nicht verlieren.

Aber gibt es nicht auch äußere Perspektiven, die Hoffnung machen?
Das hoffe ich sehr! Wir tun alles menschlich Mögliche, um Kriege, Krankheiten, Katastrophen und Unrecht zu überwinden. Und es ermutigt uns, wenn wir Fortschritte, unerwartete Wendungen

oder gar Lösungen erkennen können – das sprichwörtliche »Licht am Ende des Tunnels«. Nur sollten wir uns nicht durch Illusionen über die eigenen Möglichkeiten motivieren wollen, weil das unweigerlich in noch größere Verzweiflung führt.

Sie haben schon mehrmals deutlich zwischen Hoffnung und Illusionen unterschieden …

Ja, Illusionen können kein Ersatz für begründete Hoffnung sein, weil sie auf einer Selbst- und Wirklichkeitstäuschung basieren. Eine Täuschung führt aber zwangsläufig zur *Ent*-Täuschung und Demotivation. Insofern sind Illusionen nicht die Vorstufe, sondern das Gegenteil von Hoffnung. Eine realistische Hoffnung aber ist selbst schon eine Wirklichkeit, indem sie zugleich *relativiert* wie *motiviert*. Sie lässt Unabwendbares leichter ertragen und Notwendiges und Zielführendes konsequenter und zuversichtlicher erledigen. Insofern ist echte Hoffnung nicht ein Vertrösten auf ein Jenseits oder Morgen, sondern bewirkt bereits ein vitales Getrostsein im Hier und Heute. Das Erstaunlichste an der Hoffnung auf das Kommende ist, dass sie unser Dasein bereits *gegenwärtig* verändert. Sie ist eine bewegende Erfahrung, bei der ausnahmsweise die Wirkung der Ursache zuvorkommt! Man sagt, dass »die Hoffnung zuletzt stirbt«. Das trifft wohl für die Illusion zu! Aber von der Hoffnung gilt, dass sie »als Erste lebt«. Eine Hoffnung, die unsere erfahrbare Wirklichkeit nicht tief greifend verändert, ist noch nicht wirklich aus der Zukunft bei uns angekommen.

Was gibt es denn konkret, was Hoffnung macht? Was ist die Wahrheit? Hoffen auf Fortschritt? Akzeptieren, dass wir uns einschränken müssen, und Hoffnung, dass auch ein einfacheres Leben lebenswert ist? Eben weil wir Gemeinschafts- oder Beziehungsmenschen sind?

Beginnen wir bei der Einschränkung! Diesbezügliche politische Appelle verhallen deshalb so wirkungslos, weil wir als Menschen auf jede Form der Lebensminderung und Entfaltungsgefährdung mit Angst und Sorge reagieren. Wir motivieren uns durch die Hoffnung – oder auch die Illusion – auf eine Lebenssteigerung und einen Erfüllungsgewinn. Loszulassen, bevor wir ergreifen, und zu hoffen, bevor wir sehen, schaffen wir nur, wenn wir vertrauen können. Um Neues zu ergreifen, lassen wir im Vertrauen los, nicht um zu verlieren. Insofern setzt die gesellschaftlich notwendige Anpassung beziehungsfähige und vertrauensvolle Menschen voraus.

Sollten wir uns dann durch die Hoffnung auf den Fortschritt motivieren?

Dies alleine kann keinesfalls tragen, weil ein unbegrenztes Wachstum weder gesellschaftlich noch ökologisch möglich oder verantwortbar wäre. Individuell gesehen ist die Wahrheit, dass wir begrenzt und sterblich sind – obwohl wir unser Leben oft so planen und gestalten, als ginge es endlos weiter. Insofern sind unsere Heiterkeit und Zuversicht manchmal gar nicht Ausdruck unserer Beziehungs- und Vertrauensstärke, sondern unserer Verzweiflung. Dass der blinde Fortschrittsglauben auch wirtschaftlich, gesellschaftspolitisch und ökologisch schädlich wirken kann, ist uns in den letzten Jahrzehnten zumindest theoretisch allen bewusst geworden.

Das hört sich für mich nach größeren Veränderungen an. Das Vertrauen auf – oder die Illusion von – Fortschritt und Wachstum ist doch elementar für unsere kapitalistische Gesellschaft – und beziehungsfähiger werden Menschen auch nicht einfach so.

Allerdings! Die Herausforderungen ergeben sich auf allen Ebenen – den persönlichen, gesellschaftlichen und politischen! Mein

Anliegen ist, dass wir uns nicht in wirkungslosen Appellen und politischen Floskeln verlieren, sondern die tragenden Voraussetzungen schaffen und fördern, die diese Veränderungsprozesse unter Mitwirkung möglichst vieler Überzeugter ermöglichen.

Persönlich beginnt es damit, dass wir unsere eigenen Illusionen und Kompensationen der wahren Bedürfnisse durchschauen lernen und uns neu auf das für uns Wesentliche und bleibend Wertvolle besinnen – als Einzelne wie in den uns tragenden Gemeinschaften. Dies ist ein Bewusstseins- und Entwicklungsprozess. Ein wesentliches Leben will gelernt und eingeübt werden.

Ja, Menschen werden »nicht einfach so« beziehungsfähiger! Das fordert vorrangig den *Bildungsbereich*, in dem ich selbst wirke. In der Bildung sollte es nicht nur um ein Wissen oder Objekt, um eine Kunst oder Fähigkeit gehen, sondern vor allem um Personen. Menschen bei der Entdeckung und Entfaltung ihrer eigenen Identität, Lebenskompetenz und Beziehungsfähigkeit persönlich zu begleiten sollte das zentrale Anliegen von Bildung sein. Bilden heißt vor allem *Vertrauen bilden*.

Das klingt jetzt alles sehr positiv. Bedarf es nicht auch der staatlichen Regelungen, rechtlichen Maßnahmen und regulierenden Eingriffe, um die Entwicklungen zum Guten umzukehren?

Dem stimme ich nachdrücklich zu! Ich mache mir bezüglich der gesellschaftlichen Veränderungsbereitschaft keine Illusionen! Wir können als Staat und Weltgemeinschaft nicht darauf warten, bis auch der letzte Mensch sich eines Besseren besinnt. Allerdings können wir durch Verbote, Einschränkungen und rechtliche Sanktionen das Übel nur begrenzen und nicht das Positive schon hervorbringen. Wenn es um Herz und Gesinnung des Menschen geht, ergibt die Negation der Negation noch nicht die Position. Eine hoffnungsvolle Perspektive und Entwicklung zum Guten werden wir nur in fördernden – und dann auch fordernden – Beziehungsgemeinschaften entfalten können.

Darf ich Sie fragen, worin Ihre persönliche offensichtliche Hoffnung begründet ist?
Sowohl meine eigene Zuversicht wie auch der nüchterne Blick auf unser menschliches Verhalten wären mir wohl nicht möglich, wenn ich nur aus mir selbst und meinen eigenen Möglichkeiten leben müsste. Es ist die Dimension des Glaubens an die Existenz einer Ewigkeit und eines himmlischen Gegenübers über diese Diesseits- und Welterfahrung hinaus. Die Fähigkeit zu Glaube, Liebe und Hoffnung gründet in der Gewissheit, dass nicht alles vergänglich und vergeblich ist, sondern seinen Sinn durch eine grundlegende und bleibende Beziehung gewinnt.

Dabei erlebe ich den christlichen Glauben deshalb als so ermutigend und lebenseröffnend, weil er nicht nur von einer abstrakten Wahrheit oder Ethik ausgeht, sondern Gott als ein persönliches und zugewandtes Gegenüber erkennt. In dieser Vertrauensbeziehung gewinnt der Mensch eine Lebensperspektive auch in Krisen und Verlusten und über sein eigenes Sterben hinaus. Wie gesagt: Was uns loslassen lässt, bevor wir ergreifen, und hoffen lässt, bevor wir sehen, sind Glaube und Vertrauen. Und die persönlich wie gesellschaftlich gerade so dringend benötigte Beziehungs*fähigkeit* beruht auf einer in tragenden Beziehungen gewonnenen Beziehungs*gewissheit*.

»IHR WERDET DEN HIMMEL OFFEN SEHEN«

ZUR WIEDERENTDECKUNG DER HOFFNUNG

»Ihr werdet den Himmel offen sehen« ist eine Formulierung, die dem Johannesevangelium entliehen ist. Es spricht an verschiedenen Stellen von einem Zuversicht und Hoffnung stiftenden Sehen:

»Und das Wort wurde Fleisch und wohnte unter uns, und *wir sahen seine Herrlichkeit*« (Joh 1,14).

»Ihr werdet *den Himmel offen sehen* und die Engel Gottes hinauf- und herabsteigen über dem Menschensohn« (Joh 1,51).

»Noch eine kurze Zeit, dann wird die Welt mich nicht mehr sehen. *Ihr aber werdet mich sehen*, denn ich lebe, und ihr werdet auch leben« (Joh 14,19).

»Und auch ihr habt nun Traurigkeit, aber *ich will euch wiedersehen.* Dann wird sich euer Herz freuen, und eure Freude wird euch niemand nehmen« (Joh 16,22).

Die Hoffnung gehört zu den Wesensmerkmalen christlicher Existenz. »Glaube, Liebe und Hoffnung«[2] bilden die Trias – die »Dreiheit« – unserer Existenz als Christen. Freilich müssen wir sagen, dass die Hoffnung in den letzten Jahrzehnten von uns weitgehend vernachlässigt oder doch verkannt wurde. Dies mag vorrangig am »Zeitgeist der Moderne« liegen. Der »aufgeklärte Mensch« versteht sich von sich selbst her und bestimmt sich im Horizont des von ihm selbst Machbaren. Ich will als denkendes, wollendes und handelndes »Ich« Mittelpunkt der Welt und der Geschichte sein. Damit ist meine Zeit die entscheidende Zeit, und meine Gegenwart wird als der Höhepunkt der Geschichte verstanden. Ich definiere meine Identität grundsätzlich von *meinen* Möglichkeiten und meiner *eigenen* Wirklichkeit her: »Ich denke, also bin ich!« – »Ich handle, also bin ich!« – »Ich arbeite, ich fühle, ich will, also bin ich!« Der Mensch konstituiert sich selbst und möchte nicht von Instanzen, Traditionen und Realitäten außerhalb seiner selbst abhängig sein![3]

Als junger Mensch, der sein ganzes Leben noch vor sich hat und noch voller Illusionen über das Realisierbare ist, mag ich mein Leben in der Tat als »hoffnungsvoll« betrachten. Mein noch nicht gelebtes Leben liegt vor mir wie ein unbegrenzter Schatz an Möglichkeiten, die es nur zu ergreifen und zu verwirklichen gilt. Solange die Zukunft offen ist, sind auch die Hoffnungen und Träume meiner Gegenwart noch nicht von der Vergangenheit widerlegt.

Wenn ich aber an der Wirklichkeit der Welt zu leiden beginne und hinsichtlich meiner eigenen Möglichkeiten zunehmend enttäuscht werde, beginnt ein Prozess der Ernüchterung. Wenn ich gar an meine grundsätzlichen Grenzen stoße und mich mit Versagen, Verlust und Vergänglichkeit auseinandersetzen muss, dann wird mir meine Existenz – und damit auch die Welt und die Geschichte insgesamt! – immer »hoffnungsloser« erscheinen.

Nun könnte man meinen, dass den engagierten Christen diese fundamentale Krise der Ernüchterung eigentlich erspart bleiben müsste, da sie sich doch von Gott und nicht nur von sich selbst her verstehen und da sie ihre Wirklichkeit im Glauben bewusst nicht auf die eigenen Möglichkeiten beschränken wollen. Bekennen und verkündigen sie doch *Gottes* Handeln in der Geschichte und in der noch ausstehenden Zukunft, und glauben sie doch an die Verwirklichung der göttlichen Verheißungen in *Jesus Christus*. Sein Kommen in die Welt, sein Kreuz und seine Auferstehung zum ewigen Leben bilden für sie die zentralen Heilsereignisse.

Und in seinem noch ausstehenden Erscheinen erkennt der Glaube die Vollendung der Geschichte und der Schöpfung durch Gott selbst. All diese Bezugspunkte reduzieren die Realität des Menschen gerade nicht auf seine eigene Wirklichkeit und subjektive Erfahrung. Sie begrenzen den Horizont menschlicher Orientierung gerade nicht auf das handelnde menschliche Subjekt und seine eigenen Möglichkeiten.

Das Bild, das die Gläubigen in den verschiedenen Kirchen und Gemeinschaften, in den unterschiedlichsten Prägungen und konfessionellen Akzentuierungen abgeben, deutet allerdings auf das Gegenteil hin. Längst hat der übersteigerte Individualismus mit seiner hoffnungslosen Selbstüberschätzung und seiner desillusionierenden Selbstüberforderung auch den christlichen Glauben überfremdet – und dies gilt unabhängig davon, ob sich die Glaubenden eher am rechten oder am linken Rand der Kirche sehen, ob sie sich als konservativ oder progressiv oder liberal verstehen. Die einen sagen, dass es an uns sei, das Reich Gottes zu bauen und die Kirche zu retten; die anderen sprechen davon, dass Christus keine Hände habe außer den unseren …

So motivierend und aufrüttelnd diese Appelle auch gemeint sein mögen, so sehr spiegeln sie doch in beiden Varianten die völlig illusorische Überschätzung menschlicher Möglichkeiten und die gnadenlose Überforderung des Einzelnen wider. Wenn es denn wirklich so wäre, dass Christus keine Lippen hätte außer unseren Lippen, keine Füße außer den unseren und keine Hände außer unseren Händen, dann hätte er freilich allen Grund, auch noch »kopflos« zu werden.

Dieser Verengung des christlichen Bekenntnisses auf die Aspekte des nur *menschlichen* Denkens, Wollens und Tuns entspricht die Verlegenheit, die sich beim Sprechen der Schlusssätze des zweiten und dritten Artikels des Glaubensbekenntnisses für viele Glaubende einstellt: »... er [Jesus Christus] sitzt zur Rechten Gottes, des allmächtigen Vaters; von dort wird er kommen, zu richten die Lebenden und die Toten.« – »Ich glaube an den Heiligen Geist, die ... Auferstehung von den Toten und das ewige Leben.«

Die christliche Hoffnung ist in vielfacher und mehrdeutiger Hinsicht zur »Eschatologie« – zur »Lehre von den *letzten* Dingen« – geworden. Sie spricht von dem, was wir »hintanstellen«, was uns in unserem gelebten Leben nur noch sehr mittelbar oder sogar »zuletzt« bestimmt. Sie handelt von zukünftigen Dingen, die mit unserer Gegenwart so wenig vermittelt erscheinen, dass sie uns eher als längst vergangene Hoffnung und überholte Tradition anmutet.

HOFFNUNG ODER PESSIMISMUS?

Jetzt mögen die »Konservativen« unter uns sich von solcher kritischen Einschätzung zunächst nicht berührt fühlen. Gehören sie doch zu denen, die das Apostolische Glaubensbekenntnis noch nach all seinen Aussagen von Herzen und aus Überzeugung mitsprechen wollen. Wird nicht gerade in konservativen Kreisen die Rede von der Wiederkunft Christi, vom endgültigen Gericht und dem ewigen Leben hochgehalten? Und dennoch stellt sich gerade auch in diesem Zusammenhang die Frage, ob wir wirklich noch von der *Hoffnung* der ersten Christen bestimmt sind oder ob unsere *Vorfreude* auf Gottes Kommen und seine neue Welt nicht vielmehr in die düstere Sicht dieser Weltzeit abgerutscht ist.

Wurde aus inspirierender Hoffnung nicht längst lähmende *Zukunftsangst* und aus einer in Gottes Zusage gegründeten

Zuversicht eine auf die Missstände dieser Welt fixierte *Verbitterung*? Bestimmt uns wirklich noch eine an Christus als dem Herrn der Welt ausgerichtete *Eschatologie* oder nicht eher eine auf den »Fürsten dieser Welt« und seine Wirkungen fokussierte *Apokalyptik*?

Wir preisen weniger die Möglichkeiten Gottes, als dass wir die Zustände der Welt beklagen. Wir rühmen uns weniger des »Schon-jetzt« der Gegenwart und Zukunft Christi, als dass wir das »Noch-nicht« unserer Erlösung und Erfahrung bejammern. Anders als den Seher der Offenbarung (Offb 19,6 f) bestimmt uns kaum noch die motivierende Vorfreude auf die »Hochzeit« des Christus mit »seiner Braut« – das heißt seiner Gemeinde – als vielmehr der lähmende Pessimismus einer verloren scheinenden und verkümmernden Kirche.

Psychologen und Seelsorger sprechen bei typischen unguten Handlungs- und Gesprächsabläufen, die aus einer ständig gleichen Abfolge verdeckter Transaktionen bestehen, gerne von »Psychospielen«. Wie ein Theaterstück immer wieder nach der gleichen Vorlage – dem gleichen »Drehbuch« – gespielt wird und ein Gesellschaftsspiel regelmäßig nach denselben Regeln abläuft, so verfallen wir in unserem Verhalten und in unseren Gesprächen – ohne es uns einzugestehen – immer wieder in unglückliche Kommunikationsabläufe, die uns als einzigen »Nutzeffekt« ungute Gefühle und die vertraute Erfahrung der Abwertung, Minderwertigkeit und Missachtung bieten können.

Eines dieser seltsamen Verhaltensmuster, mit denen wir zugleich unserer eigentlichen Verantwortung entfliehen wie auch Aufmerksamkeit und – negative! – »Bestätigung« gewinnen, wird von Psychologen nach dem typischen Satz benannt: »Ist es nicht schrecklich?« Ich muss gestehen, dass ich bei der ersten Lektüre über die »Spiele der Erwachsenen«[4] an dieser Stelle laut loslachen musste, weil mir unzählige Gesprächsgänge mit anderen Theologinnen und Theologen, mit treuen Gemeindegliedern und ernsthaften Mitarbeitern in Kirchen, Gemeinden und Gemeinschaften einfielen. Egal, wo unsere Unterhaltungen beginnen, und unabhängig davon, welche Themen angesprochen werden – es ist nur eine Frage der Zeit, bis im Hinblick auf die Kirche und die Gemeinde und auf das Weltgeschehen und auf die Welt überhaupt und insgesamt wieder einer der entscheidenden Sätze fällt: »Es ist alles ganz schlimm!« – »Ist es nicht schrecklich?« – »Es ist einfach furchtbar!« Vor einiger Zeit lernte ich als Schlusssatz eines Gespräches mit einem ernsten Christenmenschen eine mir neue Variante kennen, mit der sogar noch der absehbare Pessimismus unverhofft gesteigert werden kann: »Es ist ja alles noch viel schlimmer, als ich dachte!« – Das will bei einem überzeugten Pessimisten etwas heißen!

Dabei hätten wir eine *lebendige Hoffnung* gerade in dieser Zeit und in unserer Situation so nötig – nicht nur um der Zukunft willen, sondern gerade für unsere *Gegenwart*. Es ist nicht nur nach der christlichen Lehre und Theorie korrekt, auch die Eschatologie in den Glauben einzubeziehen. Als Menschen können wir praktisch ohne die Perspektive der Hoffnung gar nicht erfüllt, konstruktiv und zuversichtlich leben. So lässt sich die Notwendigkeit der Hoffnungsperspektive nicht nur theologisch gut begründen, sondern auch nach psychologischen und pädagogischen Gesichtspunkten nachvollziehen.

Ohne Hoffnung hat der Mensch keine Kraft für das Notwendige und keine Perspektive für das unmittelbar Bevorstehende. Ohne Zuversicht und freudige Erwartung werden wir in letzter Konsequenz verängstigt und schwermütig, einsam und krank. Wir verlieren uns an Vorläufiges und lassen uns von Unwesentlichem bestimmen.

Im Gegensatz zu manchem Vorurteil macht eine echte und lebendige Hoffnung nämlich weder diesseitsflüchtig noch todessüchtig, sondern gerade lebenstüchtig! *Hoffnungsvoll leben* heißt, sich lieber von der Freude überraschen und vom Gelingen widerlegen zu lassen, als vom Missgeschick bestätigt zu werden; … die Schlechtigkeit der Welt nicht täglich neu entdecken und beklagen zu müssen, sondern sie als Tatsache vorauszusetzen, um ihr das Bestmögliche entgegenzusetzen; … eigene Enttäuschungen ehrlich einzugestehen, ohne ihnen zu unterstehen. *Hoffnungsvoll leben* heißt, aus schlechten Erfahrungen zu lernen, ohne sich von ihrer besserwisserischen Art bevormunden zu lassen; … das Leben nicht als das schlimmste Problem, sondern als Teil der besten Lösung erleben zu können.

DIE HOFFNUNG DER ERSTEN CHRISTEN

Wie verhielt es sich denn, soweit wir es den neutestamentlichen Schriften entnehmen können, bei den ersten Christen, bei denen der Dreiklang von Glaube, Liebe und Hoffnung programmatisch verkündet wurde? Es ist keine Frage, dass der christliche Glaube von seinem Ursprung her sehr stark von der Hoffnung, der Erwartung von Zukünftigem und der Zuversicht für die Gegenwart bestimmt ist. Wir bezeichnen das Christentum von seinen Anfängen her geradezu als eine *Hoffnungsreligion*. Die ersten Christen waren bestimmt von der Erwartung, dass ihr gekreuzigter und auferstandener Herr noch einmal erscheinen werde, um seine begonnene Herrschaft des Friedens und der Gottesgemeinschaft für alle sichtbar durchzusetzen und im Namen seines Vaters in vollkommener Liebe und Gerechtigkeit zu regieren.

Sie vertrauten darauf, dass Gott auch die bereits verstorbenen Gläubigen nicht preisgeben, sondern sie aus den Gräbern heraus in sein ewiges Leben hinein auferwecken werde. Und sie lebten auf diesen Punkt hin und waren von dieser Perspektive auch in ihrem alltäglichen Leben inspiriert.

Wenn im Gottesdienst der Urgemeinde der Ruf »Maranatha« – »Unser Herr, komm!« – erscholl, dann wurde allen wieder neu bewusst, worauf sie zulebten und woher sie ihre Kraft und ihren Mut bezogen: die Ankunft ihres auferstandenen Herrn, der sie so geliebt hatte, dass er sogar bis in seinen Tod hinein an ihnen festhielt und sich für sie hingab. Sie freuten sich auf die Erlösung von all dem, was ihre gegenwärtige Gottesgemeinschaft noch einschränkte und anfocht: Schwachheit und Vergänglichkeit, Krankheit und Tod, Verfolgung und Sünde. Und sie erwarteten dieses ewige Leben vor Gott als Gemeinschaft mit all denen, die Jesus Christus wie sie selbst liebten und sich auf ihn freuten.

Was die ersten Christen als Zeugen des Evangeliums offensichtlich auszeichnete, war ihre *Parrhesie* – ihre *Zuversicht* und *Freimütigkeit*, ihre *Unerschrockenheit* und *Offenheit*, ihre *Freudigkeit* und ihr *Zutrauen* (Apg 4,13.29; 2. Kor 3,12; Eph 3,12; 6,19; Heb 4,16; 10,19). Das griechische Wort »Parrhesie« – »Freimut« – trifft es deshalb so gut, weil es die existenzbestimmende Wirkung einer lebendigen Hoffnung in den Blick bringt – im Verhältnis zu anderen Menschen wie im Verhältnis zu Gott: »Weil wir nun solche Hoffnung haben, sind wir voll großer Zuversicht/Parrhesie« (2. Kor 3,12). Hoffnung lässt unerschrocken und mutig sein – gegen alle mögliche Angst und Bedrängnis. Sie macht offen und freimütig – trotz aller eigenen Grenzen und Unzulänglichkeiten. Hoffnung schenkt Zuversicht und Freudigkeit – selbst angesichts von Anfechtung und Gefahr.

Freilich mag man bei so vielen positiven Aussagen über die Hoffnung und ihre lebensprägende Wirkung sogleich einwenden, dass die ersten Christen auch in einer unmittelbaren *Naherwartung* lebten, die wir nach 2000 Jahren Kirchengeschichte nicht in gleicher Weise nachvollziehen können. Schließlich setzte auch Paulus in seinen frühen Briefen noch voraus, dass er selbst wohl zu denjenigen gehören würde, die die Erscheinung des wiederkommenden Christus noch zu Lebzeiten – das heißt in ihrer leiblichen, irdischen Existenz und ohne zu sterben – erleben werden (1. Thess 4,17; 1. Kor 15,51).

Aber gerade am Apostel lässt sich verdeutlichen, dass lebendige Hoffnung und Leben in Vorfreude nicht unbedingt von der unmittelbaren und ungehinderten Nähe der Erfüllung abhängig sind. Als Paulus während der Gefangenschaft in Ephesus das erste Mal am Leben verzagte und es für beschlossen hielt, dass er als Zeuge des Evangeliums sterben müsse (2. Kor 1,8 ff), verlor er durch diese Krise nicht etwa seine Hoffnung, sondern rechnete fortan damit, dass er die Vollendung der Christusgemeinschaft persönlich wohl eher durch sein Sterben erreichen würde: »Denn Christus ist mein Leben, und Sterben ist mein Gewinn … Ich habe Lust, aus der Welt zu scheiden und bei Christus zu sein, was auch viel besser wäre« (Phil 1,21.23).

Seine Hoffnung war also nicht von der *zeitlichen* Nähe und der *unmittelbaren* Verwirklichung des Erhofften abhängig, sondern durch die Beziehung zum Erwarteten bestimmt. Jesus Christus war für ihn Inhalt und Grundlage seines Lebens – deshalb lebte er der Begegnung mit ihm entgegen. In keinem seiner Briefe hat Paulus so eindringlich von der Freude geschrieben wie ausgerechnet im Philipperbrief, den er doch mitten in Gefangenschaft und Ungewissheit über den Ausgang seines Prozesses verfasste:

»Freut euch im Herrn allezeit! Noch einmal will ich es sagen: Freut euch! … Der Herr ist nahe!« (Phil 4,4 f).

Aber ist uns dieser Zusammenhang nicht auch im ganz alltäglichen Leben geläufig? Ob wir uns auf die Begegnung mit einer Person freuen oder nicht, hängt doch jeweils mehr von der Beziehung ab, die wir zu ihr haben, als von der Nähe des Termins. Kündigt sich jemand zum Besuch an, für den wir nicht so große Zuneigung empfinden – oder gegen den wir sogar Abgrenzungsgefühle hegen –, dann mag der Termin seiner Ankunft so nahe kommen wie nur möglich, es will sich bei uns keine rechte Vorfreude einstellen, obwohl wir doch in »Naherwartung« leben! Wenn wir aber den Besuch einer Person erwarten, die wir von Herzen gernhaben, dann können wir uns riesig darauf freuen, auch wenn der Termin noch eine ganze Weile aussteht. Der freudige Termin kann uns für eine lange Strecke des Alltags Motivation und Perspektive geben, denn wenn uns etwas alles bedeutet, beglückt uns nicht erst die *Erfüllung* des Erwarteten, sondern bereits die *Vorfreude*.

Wenn es aber so ist, dass die Hoffnung viel mehr vom Inhalt des Erhofften und von der Einstellung zum Erwarteten abhängt als vom Zeitpunkt der Erfüllung, wenn also nicht die *zeitliche*, sondern die *persönliche* Nähe für die Vorfreude bestimmend ist, dann drängt sich uns unausweichlich die Frage auf, ob wir noch dieselbe Einstellung zu Christus haben wie die ersten Christen. Waren sie doch bereit, für diese Hoffnung sogar die Gefährdung ihres leiblichen Wohls in Kauf zu nehmen. Erwarten wir noch *denselben* – nämlich Christus –, und erwarten wir ihn noch *als* denselben, den die ersten Christen vom Himmel her herbeisehnten – oder dem sie jenseits ihres Sterbens als ihrem Herrn begegnen wollten?

ENTHUSIASTISCH UND WELTVERGESSEN?

Wir mögen nun einwenden, dass die frühen Christen uns mit ihrer Begeisterung bei allem doch etwas naiv erscheinen. Würden wir eine ähnlich lebende Gruppierung in unserer heutigen kirchlichen Landschaft nicht mit den Etiketten »enthusiastisch« und »schwärmerisch« versehen? Verkündigt doch das Johannesevangelium, wie wir zu Beginn gelesen haben: Als Glaubende können wir *Jesus sehen*! Uns wird von Gott *der Himmel geöffnet*. Die Jünger Jesu können Gottes Engel über ihm hinauf- und herabsteigen *sehen*. Sie können von sich sagen: »Wir *sahen* seine Herrlichkeit!« – Zeugt das nicht alles von einer anderen Welt und Wirklichkeit, als wir sie erleben? Lebten die frühen Christen nicht doch – tatsächlich oder auch nur nach ihrer eigenen Einschätzung – in einer »heilen Welt«, die die unsere durchaus nicht ist und sein kann? – Weit gefehlt!

Nicht zufällig haben wir als Einleitung gerade Worte aus dem Johannesevangelium gewählt. Denn bei kaum einer anderen neutestamentlichen Schrift liegen die realen historischen Verhältnisse der angesprochenen Gemeinde und unser heutiges Bild von ihrer Situation so weit auseinander wie gerade beim vierten Evangelium. Manchmal könnte einem sogar der Verdacht kommen, dass wir unsere Vorstellung von den frühen Gemeinden – wohl unbewusst – gerade deshalb *idealisieren*, damit wir das in ihr liegende Kritikpotenzial in Hinsicht auf unsere eigenen Verhältnisse leichter *relativieren* können. Nach dem Motto: Damals war eben alles noch ganz anders! Das kann man nicht so einfach mit der heutigen Situation vergleichen! Ob wir nun die frühen Christen mit ihrer Hoffnung zu *idealisieren* versuchen oder sie als weltfremde Randgruppe *bagatellisieren* wollen, wir verfehlen in jedem Fall die wirklichen Verhältnisse der ersten Gemeinden und zugleich die enormen Impulse, die wir auch heute noch aus dem Zeugnis der Evangelisten und Apostel gewinnen können.

Die Gemeinde, die das Johannesevangelium im Blick hat, ist in Wahrheit alles andere als enthusiastisch und weltvergessen. Im Gegenteil leidet sie gerade an dem trostlosen Ausgeliefertsein an die Welt, sie verzagt an dem Ausbleiben der überschwänglichen Verheißungen. Statt Bestätigung und Triumph erfährt sie Abwertung und Verfolgung. Statt einer baldigen Wiederkehr ihres Herrn erlebt sie Hass und Feindschaft ihrer Umwelt. Während sie sich auf eine kurze Zeit und kleine Weile – nur »ein bisschen«, »ein Kleines« (*mikron*, Joh 16,16-19) – des Abwartens eingestellt hatte, leidet sie nun an einer endlos erscheinenden Phase der Anfechtung, des Verlassenseins und der Unsicherheit.

Mit Bedacht überliefert der Evangelist seiner Gemeinde gerade diejenigen Worte und Reden Jesu in aller Ausführlichkeit über fünf Kapitel (Joh 13–17), die mit der Abschiedssituation Jesu von seinen Jüngern unmittelbar vor seiner Kreuzigung verbunden werden. In der Situation der offensichtlich – oder doch nur scheinbar? – verlassenen Jünger erkennt sich die Gemeinde wieder. In dem Trost des scheidenden Jesus fühlt sie sich verstanden und angesprochen: »In der Welt habt ihr Angst, das heißt Bedrückung und Bedrängnis, Betrübnis und Einengung…« (Joh 16,33). – »Ihr werdet weinen und klagen, aber die Welt wird sich freuen; ihr werdet traurig sein…« (Joh 16,20). – »Und auch ihr habt nun Traurigkeit…« (Joh 16,22).

Wenn der Evangelist davon berichtet, dass in Anbetracht des hohen und exklusiven Anspruchs Jesu in seiner Rede vom »Brot des Lebens« die meisten seiner Jünger sich von ihm abwandten und ihn verließen (Joh 6,60ff), dann erkannte die wegen ihres Christusbekenntnisses angefeindete johanneische Gemeinde ihre eigene Versuchung wieder. Wie einst die Zwölf musste sie die direkte Frage ihres Herrn erschrecken und zutiefst aufrütteln: »Wollt *ihr* etwa auch weggehen?« (Joh 6,67). Würden auch *sie* in ihrer Anfechtung und Irritation zu der Antwort des Petrus finden: »Herr, wohin sollen wir gehen? Du hast Worte des ewigen Lebens …« (Joh 6,69)?

Das Geheimnis der vom Evangelium bezeugten Hoffnung besteht darin, dass sie die Wirklichkeit der Welt nicht leugnet und ausschließt. Sie bestreitet die Anfechtung und Enttäuschung nicht, sondern spricht ihren Trost mitten hinein in die Traurigkeit und Schwachheit.

Hier und jetzt wird den von Sterben und Tod Bedrohten zugleich das ewige und erfüllende Leben zugesprochen. Da, wo sie an Dunkelheit, Drangsal und Angst leiden, wird ihnen zugesagt, dass sie das Licht sehen sollen und an Christi Auferstehungsleben und Sieg teilhaben werden: »Das habe ich mit euch geredet, damit ihr in mir Frieden habt. In der Welt habt ihr Angst; aber seid getrost, ich habe die Welt überwunden« (Joh 16,33). Und unter der Zusage des Evangeliums öffnet sich den Hörern der verhangene Himmel, und die unter der Abwesenheit ihres Herrn leiden, können ihn durch sein Wort und seinen Zuspruch als unter ihnen gegenwärtig und lebendig erkennen.

Haben sie eben noch darunter gelitten, dass die erhoffte Zeit der Erfüllung und der unmittelbaren Erfahrung sich so lange zu verzögern scheint, so können sie nun in Christus ihr Leben und ihre Auferstehung in Person sehen (Joh 5,24; 11,25). In ihm und in seiner Gemeinschaft haben sie schon hier und jetzt das erfüllende und hoffnungsvolle Leben. Durch ihn und in seiner Anwesenheit relativiert sich sogar die Bedrohung durch Vergänglichkeit, Einsamkeit und Sterben. Spricht er ihnen doch schon gegenwärtig zu: »Ich bin die Auferstehung und das Leben. Wer an mich glaubt, der wird leben, auch wenn er stirbt; und wer da lebt und glaubt an mich, der wird nimmermehr sterben!« (Joh 11,25).

Wer das wie Lazarus und seine Schwestern selbst erfährt, dem wird auch deutlich, dass selbst die Traurigkeit und lange Wartezeit zu einem – im Verhältnis dazu – »Kleinen«, »Geringfügigen« (*mikron*) werden. Denn auf eine Weise hat sich die Verheißung der Wiederkehr Christi »über ein Kleines« längst erfüllt (Joh 16,16-33): Sie können ihren Herrn nämlich inmitten dieser Wirklichkeit als real erkennen und trotz aller Verborgenheit und Anfechtung bereits als den Gegenwärtigen »sehen«. Und »sehen« bedeutet: wirklich wahrnehmen und lebensbestimmend erfahren, nicht nur vage ahnen oder theoretisch denken. Die Stunde der Hoffnung und des Heils, der Gottesbegegnung und des ewigen Lebens, sie wird nicht erst kommen, sie ist in Christus bereits gegenwärtig (»Es kommt die Stunde und ist *schon jetzt*«, Joh 4,23; 5,25).

ZWEI WESENSMERKMALE DER HOFFNUNG

Mit dieser Skizze der biblischen Hoffnung am Beispiel des Johannesevangeliums kommen zwei Wesensmerkmale der christlichen Hoffnung anschaulich in den Blick: 1. die Unterscheidung der Hoffnung von dem, was wir *Illusion* nennen; und 2. das Verhältnis der biblischen Hoffnung zur *Erfahrung*.

Wenn wir unter unseren menschlichen Voraussetzungen von »Hoffnung« reden, dann ist die Grenze zur Illusion nicht immer deutlich zu erkennen. Wenn junge Menschen auf ihr zukünftiges Leben schauen und sich all ihre Möglichkeiten ausmalen, wenn sie von ihrem zukünftigen Erfolg und ihrem kommenden Glück träumen, dann spielen dabei auch viele Illusionen mit.

Alles scheint noch möglich. Grenzen, Unwahrscheinlichkeiten und Schwierigkeiten werden nur unwillig berücksichtigt. Es ist ein Privileg der Jugend, den Himmel offen zu sehen. Was wird bei Abschlussfeiern von Schule und Ausbildung nicht alles wortreich als realisierbare Zukunft und als erreichbares Ziel ausgemalt! Zwei, drei Jahrgangstreffen später sieht dann alles schon eine Nummer kleiner aus.

Ob durch Missgeschick oder durch mangelnde Entschiedenheit, ob durch Krankheit oder durch menschliche Enttäuschung, ob durch gewachsene geistige Wahrhaftigkeit oder durch leidvoll gewonnene Lebensweisheit: Wir erkennen hinsichtlich unserer Träume vom unbegrenzten Glück und Erfolg, dass nicht alles, was rein theoretisch möglich wäre, in unserem Leben praktisch auch wirklich wird. Und vielleicht hat diese Illusion vom grenzenlosen Glück und der ungehinderten Zukunft auch ihr bestimmtes Recht: Wer würde den langen Weg durch Kindheit, Schule, Ausbildung und Beruf denn antreten wollen, wenn er gleich zu Beginn schon allen Ärger seines Lebens ahnen könnte? Würden wir uns dann nicht alle schon bei der Geburt »quer legen« und den Mut verlieren?

Das Geheimnis der christlichen Hoffnung freilich darf mit diesem natürlichen menschlichen Wunschdenken nicht verwechselt werden, sonst schwindet mit den jugendlichen Träumen und Illusionen zugleich auch die Zuversicht des Glaubens. Die Illusion ist nämlich nicht eine Vorstufe der Hoffnung, sondern ihr *Gegenteil*. Denn die Illusion führt keineswegs zur *Hoffnung*, sondern zur *Ent-Täuschung*, weil sie auf einer *Täuschung* basiert. Sie verzeichnet die Wirklichkeit, indem sie sie nur einseitig wahrnimmt und eingesteht. Die durch das Evangelium geweckte *Hoffnung* hingegen nimmt die erfahrene Wirklichkeit und die Zustände der Welt gerade ernst; sie setzt die Wahrnehmung auch des Leides und des Misslingens, des Verlustes und der Vergänglichkeit sogar voraus.

Sie spricht von dem, was angesichts der Hoffnungslosigkeit von Gott her für den Menschen gilt. Sie sagt zu, was der Mensch aus seinen eigenen Möglichkeiten heraus auf keine Weise verwirklichen könnte. Freilich gilt es einzugestehen, dass sich die christliche Hoffnung erst vom Ende ihrer eschatologischen Erfüllung her *eindeutig* und *unzweifelhaft* als begründet und realistisch bewiesen haben wird. Gäbe es keine endgültige Erfüllung der göttlichen Verheißungen, dann ließe sich die Unterscheidung zwischen der biblischen *Hoffnung* und den natürlichen menschlichen *Wunschträumen* und unrealistischen *Illusionen* nicht in dieser Eindeutigkeit durchführen.

Damit kommen wir auch schon zum zweiten Punkt unserer Bestimmung: das Verhältnis der biblischen Hoffnung zur *Erfahrung*. Die menschliche Fähigkeit zu hoffen ist stark von der bisherigen Erfahrung abhängig. Wer in seinem bisherigen Leben viel Zuwendung, Bestätigung und Erfolg erfahren durfte, dem fällt es ungleich leichter, zu hoffen und zuversichtlich in die Zukunft zu sehen. Ungleich schwieriger wird es für denjenigen, der bisher überwiegend Leid, Abwertung und Misserfolg erleben musste. Unsere Haltung gegenüber der *Zukunft* ist geprägt durch unsere Erfahrung der *Vergangenheit*. So sind wir in unserer Gegenwart naheliegenderweise so zuversichtlich, wie unsere Vergangenheit Zukunft ermöglichte.

Nun läge die Versuchung nahe, die christliche Hoffnung mit der positiven Erfahrung des Glaubens und der veränderten Wirklichkeit des christlichen Lebens begründen zu wollen. Aber was wäre dann mit den Aposteln und Propheten, die gerade aufgrund ihres Glaubens Widerspruch und Verfolgung erfahren haben – und nicht Bestätigung und menschlichen Erfolg? Was wäre mit all den Frauen und Männern der Bibel, die an Gott festhielten, obwohl sie ihn weder greifen noch sehen konnten, die sich gerade in Angst, Krankheit und Leid an den Gott ihrer Erlösung klammerten, den sie in ihrer Anfechtung weder fühlen noch erfahren konnten?

Nein, die biblische Hoffnung gründet sich nicht auf die subjektive Erfahrung des Menschen, sondern auf Gottes Verheißung – oft gegen alle eigene Erfahrung! Die Zuversicht des Glaubens erklärt sich nicht aus der Geborgenheit und Schönheit der Vergangenheit, sondern aus Gottes Zuspruch und Zuwendung – oft auch angesichts einer unerlösten und verzweifelten Vergangenheit.

Gewiss hat Gott in der Geschichte schon gehandelt, aber dieses Handeln ist für den Angefochtenen nur im *Wort* verfügbar und im *Zuspruch* des Evangeliums unmittelbar greifbar. Selbstverständlich soll der Glaube auch Erfahrungen im Hier und Jetzt machen, aber er gründet nicht auf seine eigene Erfahrung, sondern auf die Geschichte Jesu Christi. Folglich macht der Glaube nicht nur Erfahrungen, er ist selbst die entscheidende Erfahrung, dass wir Gottes Zusage an uns und seine Zuwendung zu uns durch Christus glauben können.

Gemäß seiner Zusage will Gott seine Realität bereits in unserer Gegenwart erweisen. Aber Hoffnung bedeutet, auch gegen alle Gefühle, Wahrscheinlichkeiten und Erfahrungen der Vergangenheit an Gottes Zukunft mit uns festhalten zu können und die Gegenwart auch wider allen Augenschein in Zuversicht vor Gott zu gestalten. Der hoffende Glaube hat nicht, was er sieht, im Blick, sondern das, was er noch nicht sieht!

So wird von Mose gesagt: »Er hielt sich an den, den er nicht sah, als sähe er ihn« (Heb 11,27). Und die Vorbildlichkeit des Glaubens Abrahams besteht nicht in seinem eigenen Vermögen und Erfahren, sondern allein in seinem Vertrauen auf Gottes Fähigkeit und Zusage: »Er hat geglaubt auf Hoffnung, wo nichts zu hoffen war«, wörtlich: »Er hat geglaubt *auf* Hoffnung *wider* (alle) Hoffnung« (Röm 4,18). »Denn er zweifelte nicht an der Verheißung Gottes durch Unglauben, sondern wurde stark im Glauben und verherrlichte Gott und wusste aufs Allergewisseste: was Gott verheißt, das kann er auch tun« (Röm 4,20 f).

Sosehr also die Hoffnung wesentlich zum christlichen Glauben gehört, so sehr spielt die lebendige Hoffnung im Zeugnis der Apostel und Evangelisten doch offensichtlich eine ungleich entscheidendere Rolle als in unserem Leben. Wenn es aber zutrifft, dass Hoffnung und Zuversicht für unser menschliches Leben unabdingbar sind, stellt sich uns unweigerlich erneut die Frage: *Warum hoffen wir dann nicht?* Warum sind wir trotz unseres Glaubens pessimistisch statt zuversichtlich, enttäuscht statt wahrhaftig, ängstlich statt mutig und verbittert statt versöhnt? Warum konzentrieren wir uns ständig auf die Unannehmlichkeiten der Welt, anstatt uns von der Liebe, dem Frieden und der Gerechtigkeit des Himmels faszinieren und inspirieren zu lassen? Liegt es vielleicht auch daran, dass wir es bisher nicht gelernt haben, den Himmel und die endgültige Vollendung der Verheißung Gottes überhaupt zu denken und als wirklich vorzustellen?

DAS UNVORSTELLBARE VOR AUGEN

Wir gehen davon aus: Es wird im Himmel einmal *unvorstellbar schön* sein! Das Einzige, was daran nicht so schön sein mag, ist, dass man sich den Himmel deshalb nur so schwer vorstellen kann. Wie sollen wir uns auf etwas freuen, was unsere Vorstellungskraft übersteigt? Und womit sollen wir etwas Unvergleichliches vergleichen? Die zutreffendste Beschreibung des Himmels, den wir in unserem Glauben an Christus erwarten, ist ohne Zweifel, dass wir dann in uneingeschränkter und unangefochtener Gottesgemeinschaft leben werden. Wir werden allezeit mit unserem Herrn, Jesus Christus, zusammen sein (1. Thess 4,17; Phil 1,23), mit ihm leben (1. Thess 5,10) und bei ihm wohnen (2. Kor 5,8); wir werden ihn endlich von Angesicht zu Angesicht sehen und ihn so erkennen, wie wir von ihm schon jetzt erkannt sind (1. Kor 13,12). Dann gilt, um es mit den Worten der Offenbarung zu sagen: »Siehe da, die Hütte Gottes bei den Menschen! Und er wird bei ihnen wohnen, und sie werden sein Volk sein, und er selbst, Gott mit ihnen, wird ihr Gott sein« (Offb 21,3).

Wenn wir herzliche Zuwendung und tiefe persönliche Zuneigung in unserem eigenen Leben schon erfahren haben, dann wird uns die Verheißung der ungestörten Gottesbeziehung schon Grund genug zur Vorfreude sein. Und falls wir Zeiten, vielleicht nur Augenblicke, des Einklangs und des gegenseitigen Einvernehmens in einer Gemeinschaft selbst erleben konnten, dann beginnen wir zu ahnen, welches Glück uns beim Zusammensein mit Gott und seinen Menschen erwartet.

Aber was ist, wenn wir diese Vorahnung von vollkommener Liebe nicht durch eigenes Erleben vermittelt bekommen oder wenn wir in Enttäuschung durch Menschen und Erfahrung von Leid an die Möglichkeit von voraussetzungsloser Zuneigung und bedingungsloser Zuwendung gar nicht mehr glauben können? Entschwindet uns dann nicht die Hoffnung auf Gottes Erlösung und Vollendung unseres Lebens ausgerechnet in dem Moment, in dem wir sie am nötigsten brauchten?

Es mag erstaunen, mit welch einfühlsamen Bildern und anschaulichen Beschreibungen die Offenbarung gerade die tröstet, die in der Erfahrung von Unrecht, Abwertung und Leiden die Hoffnung auf Gottes ganz andere Welt zu verlieren drohen. Wo die Anknüpfung an positive und lebensfördernde Erlebnisse schwierig wird, spricht der Trost die Punkte an, die den Verzagenden verzweifeln lassen: all den Schmerz, die Angst und den Verlust. Gottes neue Welt kommt für die Weinenden so in den Blick, dass sie als die Zeit beschrieben wird, in der es all dies Leidvolle nicht mehr geben wird. Für die, denen die Vorstellung von *Positivem* in ihrer jetzigen Situation überhaupt unmöglich erscheint, wird durch die Verheißung des Beendens und Aufhebens all des *Negativen* der Horizont der Hoffnung neu eröffnet: »Und er wird alle Tränen abwischen von ihren Augen, und der Tod wird nicht mehr sein, und kein Leid noch Geschrei noch Schmerz wird mehr sein; denn das Erste ist vergangen. Und der auf dem Thron saß, sprach: ›Siehe, ich mache alles neu!‹« (Offb 21,4 f).

Während hier auf dem »Wege der Verneinung des Negativen« (*via negationis*) das scheinbar Unvorstellbare vor Augen gestellt wird, gibt es in derselben Beschreibung zugleich auch die entgegengesetzte Sichtweise auf die bisher noch nicht gekannte und ganz neue himmlische Stadt. Die herrlich schöne Wohnung Gottes bei den Menschen wird in Aufnahme und Überbietung dessen beschrieben, was wir in dieser Welt als wertvoll und begehrenswert schätzen mögen – also auf dem »Weg der Erhöhung und Steigerung« des uns Bekannten (*via eminentiae*). Dabei schreckt die Darstellung auch nicht vor der Anknüpfung an materielle Träume und Werte zurück, wenn sie das himmlische Jerusalem als Stadt aus reinem Gold beschreibt, mit Mauern aus Edelsteinen und mit zwölf Stadttoren, die jeweils aus einer einzigen Perle bestehen (Offb 21,9–22,5). Wie über die Maßen groß und überwältigend muss der Ort sein, der alles das, was uns in dieser Welt als kostbar gilt, in solcher Weise überbietet?

Gewiss ist Gott bei seiner neuen Welt auf Raum und Zeit und auf die Schätze dieser Welt nicht angewiesen, und sicherlich wird jeder von uns andere irdische und menschliche Werte für sein Leben am meisten begehren – ob materiell oder ideell, ob persönlich oder gemeinschaftsbezogen. Jedoch lernen wir auf diese liebevolle und anschauliche Art der Darstellung, *den Himmel zu denken* und *das Unbegreifliche zu begreifen*. Sei es nun auf die Weise der »Verneinung des Negativen« (*via negationis*) oder auf dem Weg der »Überbietung des Positiven« (*via eminentiae*), sei es aus der Situation der Verzweiflung oder im Erleben des Glücks – wir beginnen jeweils zu ahnen, wie unvergleichlich wertvoll und wie unvorstellbar herrlich und strahlend dieses Leben mit Gott sein wird.

WAS KOMMT NACH DEM STERBEN?

Aber auch wenn wir die »unvorstellbare« Schönheit der himmlischen Gemeinschaft mit Gott zu ahnen beginnen, mögen wir hinsichtlich unserer eigenen Zukunft dennoch weiterhin durch Ungewissheit und Angst beunruhigt sein. Ein bestimmendes Moment des Vorbehalts ist bei sehr vielen Christen ihre *Furcht vor dem Tod* und ihre Unsicherheit darüber, was sie nach dem Sterben erwartet. Selbst wenn sie an eine Auferstehung der Toten am »Jüngsten Tag« – dem Tag des Erscheinens Christi – durchaus glauben wollen, ist ihnen unklar, wie sie sich den Zustand zwischen ihrem Sterben und jenem fernen Tag der Auferstehung vorstellen sollen. Schließlich sind seit dem Ableben der ersten christlichen Zeugen bis zu unseren Tagen bereits 2000 Jahre verstrichen. Sind die in Christus Entschlafenen in einem »Schattenreich« des Halbbewussten, sind sie gar in einem Bereich der

Läuterung ihrer unvollkommenen irdischen Existenz, den der Volksglaube oft »Fegefeuer« nennt, oder sind sie den »Schlafenden« gleich in einem unbewussten, aber geborgenen »Zwischenzustand«, der ihnen die Zeit nicht so lange erscheinen lässt?

In der Tat erinnere ich mich daran, dass ich persönlich als kleiner Junge einmal im Jahr freiwillig und gerne früh zu Bett gegangen bin – nämlich am Vorabend meines Geburtstags. Denn ich hatte beobachtet, dass der Geburtstag für meine eigene Wahrnehmung in dem Augenblick beginnen würde, in dem ich abends einschlafe. Das Nächste, was dem Einschlafen – unter der Voraussetzung eines kindlichen Tiefschlafs – folgt, ist der Augenblick des Erwachens. So mag man auch in der Vorstellung des »Schlafens« bis zum Tag der Auferstehung eine beruhigende Hilfskonstruktion sehen. Freilich muss man dazusagen, dass die neutestamentliche Hoffnung damit durchaus unterbestimmt bleibt.

Erinnern wir uns an die bereits zitierten Aussagen des Paulus in Philipper 1,21 ff, dass Christus sein Leben und deshalb Sterben sein Gewinn sei. Denken wir an die Zusage des Johannesevangeliums, dass die an Christus Glaubenden bereits gegenwärtig vom Tode zum ewigen Leben gelangt sind (Joh 5,24 ff); sie sollen den Tod ganz gewiss in Ewigkeit nicht sehen (8,51). In der Christusgemeinschaft sollen die Glaubenden bleibend leben, selbst wenn sie sterben (Joh 11,25 f). Jeweils wird hier vorausgesetzt, dass die von Christus – als dem bereits Auferstandenen – eröffnete Gemeinschaft selbst durch das Sterben keinesfalls zerstört, unterbrochen oder auch nur eingeschränkt werden könnte. Die Gewissheit des Apostels und des Evangelisten könnte nicht eindeutiger formuliert sein: Diejenigen, die in Christus ihr Leben gefunden haben, mögen wohl noch *sterben*, sie werden aber *nicht tot sein!*

Die Angst vor dem *Sterben* – vor dem Leid, der Krankheit und der Ungewissheit des Sterbevorgangs – ist gewiss berechtigt und völlig verständlich. Wenn uns als Christen aber die Angst vor dem *Tode* bestimmt – vor dem also, was dem Sterben folgt –, dann haben wir einen entscheidenden Aspekt der christlichen Hoffnung noch nicht wahrgenommen.

Wie sollte der für uns Gestorbene und Auferstandene, den wir in unserem irdischen Leben als unseren Herrn erkannt und anerkannt haben, seinen Anspruch auf uns im Augenblick unseres Sterbens aufgeben? Wie könnte die Herrschaft Jesu Christi, der in Kreuz und Auferstehung sogar den Tod bezwungen hat, im Augenblick unseres persönlichen Ablebens an ihr Ende kommen? Es gilt vielmehr, dass wir Christus als unserem Herrn, dem wir uns anvertraut haben, für immer und ewig zugehören. Oder um es wieder mit den Worten des Paulus zu formulieren: »Keiner von uns lebt sich selber, und keiner stirbt sich selber. Leben wir, so leben wir dem Herrn; sterben wir, so sterben wir dem Herrn. Darum: wir leben oder sterben, so sind wir des Herrn. Denn dazu ist Christus gestorben und wieder lebendig geworden, dass er über Tote und Lebende Herr sei« (Röm 14,7-9).

Nun mag es wundern, dass die Verfasser der neutestamentlichen Schriften es offensichtlich nirgends als notwendig empfanden, den sogenannten »Zwischenzustand« zwischen dem persönlichen Ableben der Einzelnen und dem Tag der allgemeinen leiblichen Auferstehung bei der Erscheinung Christi näher zu beschreiben. Wieso haben sie das Problem des Zeitabstands zwischen der Christusgemeinschaft jenseits des Sterbens und der endgültigen Gottesgemeinschaft jenseits des Jüngsten Gerichtes anscheinend nicht einmal empfunden?

Die naturwissenschaftlich Interessierten unter uns könnten uns neuzeitlichen Christen sicherlich erklären, dass es sich bei der

Frage der »Zwischenzeit« lediglich um ein menschliches Scheinproblem handelt. Ohne Materie und jenseits von Zeit und Raum laufen Uhr und Kalender ja gar nicht in unserem irdischen Zeitmaß weiter. Das, was wir unter Zeit verstehen, ist ja an die Materie gebunden, die uns nach dem Sterben nicht mehr bestimmt.

Wir könnten uns auch theologisch vergegenwärtigen, dass die Ewigkeit Gottes ja nicht nur der »zeitliche« Bereich vor und nach der Schöpfung und der menschlichen Geschichte ist, sondern dass Gottes Ewigkeit gegenüber jedem Punkt unserer Geschichte und Zeit gleich unmittelbar und gleich nah ist. Er ist als der ewige und allmächtige Gott nicht der Zeit unterworfen, sondern zugleich der *eine* Herr, »der da *ist* und der da *war* und der da *kommt*« (Offb 1,8b). »Ich bin das A und das O, der Anfang und das Ende« (1,8a). In seiner Ewigkeit ist Gott von Abraham nicht weiter entfernt gewesen als von den neutestamentlichen Christen – oder von uns heute.

Im Augenblick unseres Sterbens treten wir in die Ewigkeit Gottes ein, und mit dem Ableben unserer irdischen Existenz endet auch unsere Zugehörigkeit zu Zeit und Raum. Was bleibt und trägt, ist unsere uneingeschränkte Zugehörigkeit zu dem Herrn Jesus Christus, der für uns bereits auferstanden ist und ewig lebt. In seiner Gemeinschaft haben wir schon als auf Erden Lebende im Glauben Anteil an seinem ewigen Leben gewonnen.

Die Zuversicht der ersten Christen aber war auf diese wissenschaftlichen Gedanken zur Relativität und Gebundenheit der Zeit noch gar nicht angewiesen. Dabei hätten sie von ihrem alttestamentlich-jüdischen Erbe her durchaus Vorstellungen noch vertiefen können, nach denen die verstorbenen Christen zunächst im »Paradies« (2. Kor 12,4; Lk 23,43; Offb 2,7) der zukünftigen Welt gelassen harren dürfen. Bei einer geläufigen Unterscheidung von sieben Himmeln konnten sie die verstorbenen Gerechten auch im »dritten Himmel« (2. Kor 12,2) denken oder in »Abrahams Schoß« (Lk 16,22) – das heißt in der Tischgemeinschaft mit den Vätern der Verheißung Gottes an sein Volk (Mt 8,11). Mit all diesen Beschreibungen wird die Unterscheidung zwischen der Glückseligkeit der verstorbenen Gläubigen einerseits und der endgültigen universalen Gottesgemeinschaft und der Erscheinung Christi vor der ganzen Welt und Geschichte andererseits durchaus gewahrt.

Für Paulus und Johannes war es aber augenscheinlich völlig ausreichend festzuhalten, dass wir im Augenblick unseres Sterbens – wie schon zuvor im Leben – untrennbar mit unserem Herrn verbunden bleiben, von dessen Liebe uns niemand und nichts trennen kann, nicht einmal der Tod (Röm 8,28-39). Und was kann für die, denen Christus ihr Leben bedeutet und die sich nach ihm mehr als nach allem anderen sehnen, erstrebenswerter sein, als mit ihm in ungehinderter Gemeinschaft zusammenzuleben – ob zunächst im »Paradies« und »dritten« Himmel oder wie jedenfalls später im »siebten« und allerhöchsten Himmel, ist dann ganz offensichtlich nur von untergeordneter Bedeutung. Denen, die Christus über alles lieben, kann das ungehinderte Zusammensein mit ihm kaum als ein Provisorium erscheinen. Es war die Konzentration auf Jesus Christus und die uneingeschränkte Gemeinschaft mit ihm, die für die ersten Christen die menschlichen Denkprobleme bei dem Verhältnis von Zeit und Ewigkeit vorwegnehmend überwanden.

DIE ANGST VOR DEM LOSLASSEN

Aber bleibt nicht auch nach Beseitigung aller Missverständnisse und bei Klärung aller offenen theologischen Fragen ein letzter, nicht wegzuerklärender Vorbehalt? Bleibt nicht eine Scheu und Furcht vor dem, was nach dem Sterben kommt? Das mag wohl so sein und wird damit zusammenhängen, dass wir als erwachsene und lebenserfahrene Menschen immer Angst vor dem haben, was sich unserer Kontrolle entzieht und was uns ein völliges Loslassen und Vertrauen abverlangt.

Ich erinnere mich an die Einladung zum Abendessen bei einer Familie, das mit der üblichen Wohnungsführung begann und auf Drängen der Kinder zunächst einmal ins Kinderzimmer führte. Während wir Erwachsenen uns anerkennend und bewundernd den Spielsachen und Zeichnungen der kleinen Tochter zuwandten, kletterte der dreijährige Sohn ganz stolz auf die oberste Etage des Stockbetts. Als von ganz oben laut der Ruf »Papi!« erschallte, drehte sich der Vater blitzschnell um – und hatte allen Grund dazu. Sein kleiner Sohn hatte seine Augen geschlossen, die Arme ausgebreitet und sich fallen lassen. Er hat im kindlichen Vertrauen losgelassen und nur nach seinem Vater gerufen – in dem Wissen, dass er ihn halten würde! Ich war tief bewegt und entlarvt!

Wir nennen Gott unseren Vater und dürfen ihn – wie Jesus selbst – vertrauensvoll und persönlich »Abba« rufen (Röm 8,15; Gal 4,6; vgl. Mk 14,36), was nach unserer heutigen Sprachgewohnheit nicht nur »lieber Vater«, sondern eher »Papa«, »Papi«, »Vati« bedeutet. Wir haben das Evangelium von Jesus Christus, der nicht nur von der voraussetzungslosen und grenzenlosen Liebe seines Vaters zu uns Menschen sprach, sondern sie auch bis zur Preisgabe seines Lebens lebte und uns zu seinen Geschwistern machte. Wir haben die Zusage des Vaters und des Sohnes, dass sie uns in der Stunde der Wahrheit freisprechen und aus Gnade annehmen und für uns einstehen werden, sodass wir ihnen wahrhaft aufs Wort glauben dürfen. Doch können wir diesem Gott auch so tief vertrauen, dass wir es wagen, angesichts der letzten Dimensionen unseres Lebens die Augen zu schließen, die Arme angstfrei auszubreiten und uns mit unserem ganzen Leben in seine Arme fallen zu lassen?

Bei alledem geht es gewiss nicht nur um die »letzten Dinge« oder um ein wirklichkeitsvergessenes Vertrösten auf ein Jenseits. Wie wir sahen, hat die Hoffnung in Gestalt des Vertrauens, der Zuversicht und Vorfreude zunächst einmal unmittelbar mit unserer Gegenwart zu tun und mit dem vor uns liegenden irdischen Leben. Denn wer im Hinblick auf die letzten, kritischsten und persönlichsten Bereiche seines Lebens loslassen und vertrauen kann, dem fällt es ungleich leichter, auch im Vorläufigen und Momentanen offen und zugewandt zu leben. So bewirkt eine lebendige und vertrauensvolle Hoffnung hinsichtlich der Gegenwart beides, sie *motiviert* und sie *relativiert* in einem. Sie befähigt zu dem, was gegenwärtig notwendig ist, und sie lässt das, was unabwendbar erscheint, leichter ertragen.

Die Hoffnung lebt selbst in einer hoffnungslos erscheinenden Situation bereits in Vorfreude und Zuversicht aus einer zukünftigen positiven Realität, die der Wahrnehmung des Pessimismus noch völlig verborgen ist. Denn eine lebendige Vorfreude ist die Fähigkeit, die angenehmen Folgen der Erfüllung schon real zu erleben, bevor die Voraussetzungen des Glücks sich überhaupt verwirklicht haben. Vorfreude und Zuversicht sind eine bewegende Erfahrung, bei der die Wirkung der Ursache zuvorkommt! Wer in seiner Gegenwart diese Zukunftsperspektive neu entdeckt, die das Evangelium von Jesus Christus eröffnet hat, der wird auch im Hinblick auf den Auferstandenen bereits den Himmel offen sehen und dementsprechend leben.

WER IST EIGENTLICH GOTT?

AUF DER SUCHE NACH DER WAHRHEIT

Auf die grundlegenden Fragen unseres Lebens lassen wir uns selten in ausgeglichenen Phasen ein, sondern ausgerechnet dann, wenn wir durch innere oder äußere Erschütterung ohnehin verunsichert sind. Wir denken über die Fundamente unseres Wertesystems weniger beim ruhigen Aufbau unserer Lebensordnung nach als vielmehr beim Schwanken ihrer Wände. So beschäftigt uns auch die Frage nach Gott gerade in Krisen, und wir kümmern uns um die Grundlagen unseres Glaubens oft erst dann, wenn wir sie gegen eigene Zweifel und äußere Angriffe verteidigen müssen.

Dass ein Gott existiert – irgendwie und irgendwo – und dass wir als Geschöpfe auf ihn als Schöpfer bezogen sind – in ethischer Verantwortung oder in persönlicher Beziehung –, das setzen wir als Glaubende mehr oder weniger voraus. Dass verschiedene Religionen sich auf den »einen Gott« beziehen – den gleichen oder einen je verschiedenen? – und dass sie, nicht anders als wir selbst, damit einen Wahrheitsanspruch verbinden, das lassen wir in ungestörten Zeiten vielleicht einmal so stehen. Wenn wir aber durch einen persönlichen Schicksalsschlag oder durch eine äußere Krise aus unserer Selbstverständlichkeit aufgerüttelt werden, dann können wir die grundsätzliche Klärung unserer Erkenntnisse und Vorstellungen von Gott nicht einfach weiter aufschieben. Wenn wir wanken, wollen wir wissen, woran wir uns halten können; und wenn wir angegriffen werden, schauen wir nach dem aus, was uns Schutz und Verlässlichkeit bietet.

DER GOTT DER VÄTER UND DER VATER JESU CHRISTI

Dieses Verhalten ist freilich nicht erst Ausdruck eines neuzeitlichen Denkens oder einer abendländischen Krise des Glaubens, sondern dem Menschen wohl von jeher eigen. Weder in Israel noch zur Zeit der ersten Christen waren die Erkenntnis und Erfahrung Gottes je etwas so Selbstverständliches, dass sie keiner Klärung bedurft hätten. Die Verkündigung der Propheten und Apostel hat sich schon von Anfang an mit Missverständnis und Unentschiedenheit auseinandersetzen müssen und sich gerade in dieser Auseinandersetzung profiliert. Das ausdrückliche Bekenntnis zu dem *einen* und *einzigen* Gott – dem *einen* Schöpfer, dem Gott *Israels*, dem *Vater Jesu Christi* – belegt zugleich die vielfältigen Zweifel und Anfechtungen, auf die es antwortet. Das Bekenntnis zu dem *wahren* Gott bedeutet somit schon immer eine Vergewisserung gegenüber anderen Möglichkeiten, sich Gott vorzustellen und die Wirklichkeit zu deuten.

Für die ersten Christen war diese Aufgabe allerdings besonders schwierig. Hatten sie sich doch nicht nur mit dem breiten Angebot an »heidnischen« Religionen und Kulten auseinanderzusetzen, sondern zugleich mit den entscheidenden religiösen Wurzeln ihres eigenen Glaubens. Gemeinsam mit Israel glaubten sie an den Gott, der die Väter berufen und Israel erwählt hat, an den Gott, der sich durch die Worte der Propheten seinem Volk vielfach offenbart hat. Sie erkannten in ihm wie Israel den Schöpfer der Welt. Und auch sie erwarteten von seiner zukünftigen Erscheinung den endgültigen Erweis seiner Gerechtigkeit und Treue.

Anders aber als Israel lebten sie von der Erkenntnis, dass Gott sein Wirken zugunsten der Menschen mit dem Leben und

Geschick Jesu Christi verbunden hat. Sie bekannten sein Kreuz und seine Auferstehung als Zielpunkt und Erfüllung der Verheißungen Gottes, und sie anerkannten Christus als den Herrn der Geschichte und damit auch ihres eigenen Lebens. Auf diese Weise aber waren sie sowohl mit Israel zutiefst verbunden als auch von ihm auf schmerzliche Weise getrennt! Dies gilt umso mehr, als fast alle Apostel und Verfasser der Schriften des Neuen Testaments selbst geborene Juden waren, die in Christus als dem Sohn Gottes die Erfüllung der Verheißungen an Israel sahen und in Gesetz und Propheten ihre eigene »heilige Schrift«.

HATTE GOTT SICH VERÄNDERT?

Mit dieser Spannung ergaben sich für die frühen Christen enorme gedankliche wie persönliche Herausforderungen. Hatte Gott sich verändert, sodass er in Christus anders als in »Gesetz und Propheten« sprach und handelte? Hatte er Israel mit der Berufung der Gemeinde Jesu Christi nun etwa verworfen? Oder hielt Gott trotz der überwiegenden Ablehnung des Gekreuzigten durch Israel an seinem Volk fest? Gab es fortan etwa zwei getrennte Wege zur endgültigen Gottesgemeinschaft? Inwieweit sollten sie sich nach wie vor an den durch Mose übermittelten Geboten orientieren? Und inwieweit hatten sich Gottes Weisungen durch das Kommen seines Sohnes und im Hinblick auf die Einbeziehung der Völker in Gottes Erwählung erübrigt?

Hinzu kamen noch all die Anfragen und Zweifel, die sich durch die eigene Lebenserfahrung für die unscheinbare, verfolgte und gering geschätzte Gemeinde des Herrn der Welt ergeben mussten. Warum ließen die Erscheinung des wiederkommenden Herrn und die endgültige Erlösung durch Gott so lange auf sich warten? Und warum mussten Christen trotz ihres Glaubens leiden und sterben, ja teilweise sogar gerade *wegen* ihres Glaubens an Christus? Man kann die Herausforderungen und Schwierigkeiten, die sich für die Christen des ersten Jahrhunderts ergaben, kaum überbewerten. Und man kann die Entschiedenheit und Eindeutigkeit, die sich – bei aller Differenziertheit – in den Zentralaussagen des neutestamentlichen Zeugnisses finden, gar nicht hoch genug wertschätzen.

CHRISTUS ALS KRITERIUM DER REDE VON GOTT

Das auffälligste Merkmal jeder neutestamentlichen Rede von Gott ist das konsequente Bezogensein auf das Bekenntnis zu Jesus Christus. Wie viele Herren und Mächte zwischen Himmel und Erde auch existieren mögen, von wem auch immer bekannt werden mag, dass er göttlichen Geist und ewiges Leben zu geben vermag, Christen erkennen nur *einen* Gott, den *Vater Jesu Christi*, als letzte Autorität und verbindlichen Maßstab für ihr Leben an – und keinen anderen (1. Kor 8,6)!

Falls das Evangelium dem zu widersprechen scheint, was Israel als das Reden Gottes durch Mose und die Propheten erkannt hat, dann gilt als verbindliches Kriterium, was von Jesus Christus her zu sagen ist. Denn sosehr Gott schon zuvor zu Israel und durch Israel zur Welt gesprochen hat, *endgültig* und *letztverbindlich* hat er sich selbst in dem Kommen und Leben, in dem Leiden und Auferstehen seines Sohnes Jesus Christus offenbart (Heb 1,1 ff). Wer sich an ihn hält, hat es mit Gott selbst zu tun; und wer sich um seinetwillen von seinen früheren Gottesbildern, Wertvorstellungen und Lebenszielen abwendet, findet bei ihm das wahre Leben.

Beachtenswert ist dabei nicht etwa nur die konsequente gedankliche Durchführung dieses Bekenntnisses zu Christus als dem Maßstab für jede Rede von Gott. Beeindruckender noch ist die Bereitschaft, sie gegenüber allen Leiderfahrungen und Anfechtungen, in der innergemeindlichen und äußeren Auseinandersetzung persönlich und existenzbestimmend durchzuhalten. Denn schon die ersten Christen erfahren ihre Wirklichkeit ja nicht ausschließlich als Heil, sodass sie gar nicht anders können, als an den Gott der Liebe und des Lebens zu glauben. Dass Gott existiert und ihnen in Liebe zugewandt ist, können sie in Eindeutigkeit nur aus dem Evangelium von Jesus Christus ableiten – häufig gerade gegen alle Anfechtung in der eigenen Situation. Sie halten sich an den Vater Jesu Christi – nicht selten gegen alle anderen Bilder von Gott und gegen ihre unmittelbare Erfahrung der Wirklichkeit. Sie wollen Gott nicht anders denken als *von Christus her!* Sie kennen keinen Gott außer *in Christus!*

Beeindruckend ist auch, dass sie mit ihrem Bekenntnis zu Christus eine Fülle von offenen Fragen auszuhalten bereit sind. Denn wie sich Gottes Reden zu Israel und sein Reden im Evangelium von Jesus Christus zueinander verhalten, ist doch in vielen Einzelfragen und manches Mal sogar zwischen Aposteln durchaus umstritten (Gal 2; Apg 11 und 15). Und dennoch ist die eine Mitte, an die sie sich in allem Ringen immer wieder neu erinnern, die Person des für sie Gekreuzigten und Auferstandenen. An ihm und seinem Reden wollen sie sich orientieren; und seiner Wahrheit wollen sie sich aussetzen.

Vorbildlich ist an dieser Christuszentriertheit gerade, dass sich ihr auch Apostel und Gemeinde unterstellen. Es gibt kein Amt, keine Lehre und keine Person, die sich nicht immer wieder neu an dieser Wahrheit des Evangeliums von Jesus Christus messen lassen müsste. Die Kirche besitzt nicht die Wahrheit – im besten Falle beherrscht die Wahrheit die Kirche! Nicht die Kirche steht als Erlösergestalt Israel oder der Welt gegenüber, sondern Jesus Christus allein und in Person wird im Gegenüber zur gesamten Schöpfung – und deshalb auch zur Kirche – als *der eine* Weg zu Gott und damit als *die* Wahrheit und *das* Leben bekannt (Joh 14,6; Apg 4,12).

Diese konsequente Orientierung an Christus ermöglicht den ersten Christen zugleich eine Offenheit in der Auseinandersetzung mit anderen weltanschaulichen und ethischen Überlieferungen. Wie sehr sie sich im Dialog befinden und selbst aus den Gesprächen mit anderen Traditionen profitieren, lässt sich im religionsgeschichtlichen Vergleich eindrücklich nachvollziehen. Das, was mit dem Evangelium im Einklang steht und der Intention des in Christus erwiesenen Gotteswillen entspricht, kann aufgenommen und gefördert werden. Das aber, was der in Christus erwiesenen Liebe Gottes zu seiner Welt widerspricht und seinem Willen zu Gerechtigkeit und Leben zuwiderläuft, kann nur abgewiesen werden – selbst wenn es religiös und kulturell vertraut erscheint!

Sowenig der Gott eines fremden Kultes mit dem Vater Jesu Christi identifiziert werden kann, so sehr kann der »Altar des unbekannten Gottes« doch zum Anlass eines Dialogs mit Andersglaubenden werden (Apg 16,22 ff). Sosehr die Ablehnung des Christusbekenntnisses durch Israel für die christliche Gemeinde eine besonders schmerzhafte Enttäuschung bedeutet, so wenig kommt auch nur ein Verfasser der neutestamentlichen Schriften auf den Gedanken, es könne sich bei dem Vater Jesu Christi etwa nicht um den biblischen Schöpfer und Gott der Väter Israels handeln. Gerade Paulus – der erklärte Apostel der Heidenvölker – weiß seiner Gemeinde mit Gewissheit mitzuteilen, dass Gott am Ende auf geheimnisvolle Weise in derselben Treue und Gnade, von der die Kirche lebt, auch Israel an der durch seinen Sohn begründeten Auferstehung teilhaben lassen wird (Röm 11,11.15.25 ff).

Bei alledem wird freilich zugleich deutlich, dass die Verfasser der neutestamentlichen Schriften so von Jesus Christus reden, wie man es in Hinsicht auf einen Menschen wohl kaum nachvollziehen kann. Eine solche Bedeutung und Verbindlichkeit wird man keinem Lehrer, Propheten, Apostel oder Religionsstifter zubilligen wollen. Und in der Tat ist die Bedeutung Jesu Christi auch – und gerade – für Israel und seine Traditionen nur schwer verständlich. Das, was Judenchristen von ihrem Christus mithilfe alttestamentlicher Traditionen aussagen und bekennen, übersteigt zugleich alle jüdischen Erwartungen an einen königlichen Messias oder Propheten. Wenn sie von Jesus Christus als dem Sohn Gottes sprechen, meinen sie ungleich mehr, als es Israel in Hinblick auf erwählte Menschen tun würde.

In der Tat steht und fällt diese ganze auf Christus bezogene Rede von Gott mit der Voraussetzung, dass in Jesus von Nazareth nicht nur ein Mensch gekommen ist – wie manche andere besonders prägende Persönlichkeiten der Geschichte –, sondern auf eine geheimnisvolle und vielleicht auch rätselhafte Weise Gott selbst sich gezeigt und offenbart hat. Denn alles an *einer* Person zu orientieren und von ihr abhängig zu machen ist ausschließlich dann gedanklich – und existenziell! – nachvollziehbar, wenn es sich dabei um das Leben und die Wahrheit selbst handelt – und damit um Gott, wie er eigentlich ist! Oder um es mit den Worten des 1. Johannesbriefs zusammenzufassen (5,20): »Wir wissen aber, dass der Sohn Gottes gekommen ist und uns Einsicht gegeben hat, damit wir den Wahrhaftigen erkennen. Und wir sind in dem Wahrhaftigen, in seinem Sohn Jesus Christus. Dieser ist der wahrhaftige Gott und das ewige Leben.«

DAS EVANGELIUM – EINE KRAFT GOTTES

GLAUBENSLEBEN IM LICHT VON RÖMER 1,16.17

Die Frage, was Glauben und Leben im Licht des Evangeliums heute bedeuten, interessiert uns persönlich oder auch von Berufs wegen ganz unmittelbar. Ob im innergemeindlichen oder im interkonfessionellen Dialog, wir ringen immer noch – oder glücklicherweise: wieder – um das richtige Verständnis des Evangeliums von Jesus Christus als einer Kraft Gottes.

Wie ist die reformatorische Erkenntnis der Rechtfertigung vor Gott »allein aus Gnade« – *sola gratia* – genau zu entfalten? Was bedeutet die »evangelische« Einsicht, dass das Leben aus Gott »allein im Glauben« – *sola fide* – empfangen wird? Und nicht zuletzt, sondern vor allem: Wie ist darüber hinaus das *solus Christus* – das Bekenntnis zu »Christus allein« – in unserer Verkündigung und Lehre angemessen zur Geltung zu bringen, ohne es in den anderen Bestimmungen einfach aufgehen zu lassen?

So aktuell die angesprochenen Fragen von vielen auch empfunden werden mögen, so steil und theoretisch mag einigen dann doch die Formulierung des Gesamtthemas vorkommen: »Das Evangelium – eine Kraft Gottes!« Steht dieser mutige Titel nicht in auffallendem Widerspruch zu der Wirkungslosigkeit und Ohnmacht, die unser eigenes Reden in Lehre und Verkündigung oft zu haben scheint? Soll hier trotzig und gegen alle eigene Erfahrung an einem unrealistischen Ideal festgehalten werden?

Nicht wenige werden sich an eine »Hermeneutik des Wortes« erinnert fühlen, in der zumindest noch dem *Wort* und dem »*Wortgeschehen*« eine besondere Wirklichkeit und quasi »göttliche« Wirksamkeit zugeschrieben werden können. Allerdings verbindet sich eine solche Hervorhebung des Wortgeschehens gelegentlich auch mit einer Unschärfe des Gottesbegriffs und des Offenbarungsverständnisses, die der neuzeitlichen theologischen Reflexion oft Probleme bereiten.

Aber auch ganz unabhängig von einer bestimmten theologischen Debatte ergibt sich hinsichtlich einer solchen Hochschätzung des Evangeliums als der Kraft Gottes die Frage nach dem Wirkzusammenhang. Handelt es sich dabei um ein quasi »magisches« Wortverständnis? Woher eignet dem Evangelium als dem Wort Gottes die Kraft? Worin besteht diese, und was und wie wirkt sie?

Manche werden zudem gegen den theologischen Kontext des Themas und der Ausgangsstelle Römer 1,16f Vorbehalte empfinden – nämlich die paulinische Darstellung des Heils- und Glaubensverständnisses in Gestalt der »Rechtfertigungslehre«. Ist die Beschreibung des Christusgeschehens als eines göttlichen Rechtfertigungshandelns am Menschen heute noch verständlich und vermittelbar? Liegt das Unzeitgemäße nicht bereits in den negativen Vorstellungen, die die Rede von der Rechtfertigung des Sünders bei vielen auslöst? Als schwierig erscheint auch der Einstieg in die Darstellung des Glaubens mithilfe von »moralischen« Begriffen wie »gut und böse«, »gerecht und sündig«, »unschuldig und schuldig«.

Zudem ist die Entfaltung der Heilsaussagen mit juristischen Begriffen und forensischen Vorstellungen für viele eher irritierend. Wer denkt schon gerne an eine Gerichtsverhandlung mit Anklage, Verteidigung, Zeugenaussagen, Plädoyers und dem abschließenden Urteil – von einer möglichen Strafe bei Verurteilung ganz zu schweigen?

Darüber hinaus gilt es inzwischen weithin zumindest als »unangemessen« und »ungeschickt«, wenn nicht sogar als pädagogisch und theologisch »schädlich« und »politisch inkorrekt«, den Menschen überhaupt auf seine *Unzulänglichkeit* und *Bedürftigkeit* anzusprechen. Haben wir nach dem vorherrschenden Menschenbild nicht vielmehr davon auszugehen, dass der Mensch an sich prinzipiell gut ist und nur durch negative soziale und politische Einflüsse und Umstände an seiner natürlichen Selbstentfaltung gehindert wird? Wie lässt sich die paulinische Rede von dem Menschen als Sünder von Geburt, ja vom Anfang der Geschichte an (Röm 3,9.20.23; 5,12 ff) mit einer »gesellschaftsfähigen« Vorstellung vom grundsätzlich lebensorientierten und liebesfähigen Menschen vermitteln?

Aber auch für diejenigen unter uns, die von solchen fundamentalen Anfragen an das neutestamentliche Verständnis des Christusgeschehens und des Menschenbildes weniger bestimmt sind, werfen die programmatischen Formulierungen des Apostels in seinem theologisch grundlegendsten Schreiben, dem Römerbrief, hinreichend Fragen auf: Wie ist das Glaubensleben so zu bestimmen, dass es sich wirklich und erkennbar im Zeichen des Evangeliums entfaltet? Dabei sind alle Aussagen jeweils an den herkömmlichen Begriffspaaren »Evangelium und Gesetz«, »Rechtfertigung und Heiligung«, »Indikativ und Imperativ« beziehungsweise »Zuspruch und Anspruch« zu prüfen und zu bewähren.

DIE GUTE NACHRICHT VON GOTTES GERECHTIGKEIT

Die vorliegende Einführung in das Thema »Das Evangelium – eine Kraft Gottes. Glaubensleben im Licht von Römer 1,16 f« versteht sich als neutestamentlich-exegetische Grundlegung, mit der viele der angesprochenen Problemfelder und Fragen bereits berührt werden. – Doch vergegenwärtigen wir uns zunächst den Wortlaut des angesprochenen Textes: »Ich schäme mich des Evangeliums nicht; denn es ist eine Kraft Gottes zum Heil für jeden Glaubenden – den Juden zunächst und auch den Griechen. Denn die Gerechtigkeit Gottes wird in ihm offenbart – aus Glauben zum Glauben [das heißt ausschließlich im Glauben]; wie geschrieben steht: ›Der aus Glauben Gerechte wird leben‹« (Röm 1,16f).

Mit diesen Worten formuliert Paulus das Briefthema seines ausführlichsten Schreibens, das er an die ihm persönlich noch unbekannte Gemeinde in Rom verfasst. Nachdem der Apostel seinen Auftrag, das Evangelium für die Völker zu verbreiten, im Osten des Römischen Reiches grundsätzlich erfüllt hat (Röm 15,19.23), strebt er nun im Westen bis an »das Ende der Erde«, was aus der Perspektive eines an Jerusalem orientierten Israeliten am anderen Ende der mediterranen Welt Spanien bedeutet (Röm 15,24.28).

Da Paulus die römischen Christen für die geistliche und personelle Unterstützung dieses Missionsvorhabens gewinnen will (15,24.28), stellt er sich ihnen mit seiner Verkündigung des Evangeliums zunächst vor. Muss er doch damit rechnen, dass auch die Gemeinden Roms bereits von den Auseinandersetzungen des Heidenapostels mit den sich streng an die Tora haltenden Judenchristen und ihrer Forderung nach Beschneidung der Heidenchristen gehört haben (Gal 2,1-21; 5,2.12; 6,12f). So entfaltet Paulus in dem großen Hauptteil des Römerbriefes über 15 Kapitel (1,16–15,13) das ihm vor Damaskus erschlossene und aufgetragene Evangelium von Jesus Christus – jeweils im Hinblick auf die in der aktuellen Debatte umstrittenen theologischen Fragen.

Die persönlich formulierte Einleitung: »Ich schäme mich des Evangeliums nicht«, ist nicht etwa als »Understatement« des Apostels zu deuten, sondern im Sinne einer gesteigerten Aussage: »Ich bekenne das Evangelium ganz freimütig und gern.« (Rhetorisch gesehen handelt es sich also um eine Steigerung durch die Verneinung des Gegenteils, eine sogenannte »Litotes«.) Wie viel Ernst in dieser unerschrockenen Bereitschaft liegt, wird erst vom Briefabschluss Römer 15,25.30 f her deutlich: Paulus befindet sich beim Verfassen des Römerbriefes (ca. 56 n. Chr.) unmittelbar vor seiner letzten Jerusalemreise, bei der er infolge seines konsequenten Bekenntnisses nun endgültig verleumdet und gefangen genommen werden sollte. Er selbst hat seine freimütige Evangeliumsverkündigung wohl wenige Jahre später in Rom mit seinem Martyrium besiegeln müssen (ca. 64 n. Chr.).

Dieses offene Bekennen des Evangeliums ist für Paulus gleich zweifach begründet: Zunächst ist es bekennenswert, da es sich dabei nicht nur um das Wort des Paulus oder der Jerusalemer Apostel handelt, sondern um Gottes eigenes Wort. Wie bereits im Briefeingang Römer 1,1 betont, ist es das »Evangelium *Gottes*« (*Genitivus subiectivus*; vgl. Röm 15,16), das Gott selbst seinen Aposteln bei der Offenbarung seines auferstandenen Sohnes erschlossen hat (Gal 1,11 f.15 f; 1. Kor 15,5-10). Die Verkündigung der Apostel – das sogenannte Kerygma – hat dieses von Gott vorgegebene Evangelium als Grundlage und Kriterium (Röm 10,16 f; Gal 1,6-12), was im Fall einer Auseinandersetzung um die »Wahrheit des Evangeliums« zwischen Aposteln von entscheidender Bedeutung ist – wie zum Beispiel beim Konflikt zwischen Paulus, Petrus und den Jakobusleuten in Antiochien, Gal 2,11-21.

Neben dem göttlichen *Ursprung* des Wortes motiviert den Apostel auch der *Inhalt* des Evangeliums zu seinem freudigen

Bekenntnis, denn es enthält im Wortsinn eine »erfreuliche Botschaft« und »gute Nachricht« für die Menschen, denen es verkündet wird. Fragen wir nach dem konkreten Inhalt des Evangeliums, dann werden wir zunächst und vor allem auf die Person Jesus Christus hingewiesen, denn das Evangelium *Gottes* ist das Evangelium von seinem *Sohn* (Röm 1,3 f.9; 15,19). Es teilt uns mit, wer Christus ist und wie Gott, der Vater, an und in ihm zugunsten der Menschen gehandelt hat und handeln wird. Die reformatorische Betonung des *solus Christus* – des »Christus allein« – gründet in diesem christozentrischen Verständnis des Evangeliums. Dieses Handeln Gottes ist dabei so zentral und wesentlich mit dem Kreuz und der Auferstehung verbunden, dass Paulus das Evangelium als Ganzes auch als das »Wort vom Kreuz« (1. Kor 1,17 f) bezeichnen kann. Und es ist so zentral mit der Frieden stiftenden Versöhnung der Welt mit Gott befasst, dass er es ebenso als das »Wort von der Versöhnung« charakterisiert (2. Kor 5,19).

In unserem Zusammenhang, Römer 1,16 f, wird das Evangelium von Paulus in fünffacher Hinsicht als »bekenntniswürdig« charakterisiert: Es ist 1. eine *Kraft* – 2. von *Gott* – 3. zum *Heil* – 4. für *jeden* – 5. im *Glauben* (1,16b). Dabei wird die in der Auseinandersetzung mit den judaistischen Gegnern besonders brisante Betonung des »für *jeden*« durch die folgende Ergänzung: »den *Juden* zuerst und *auch den Griechen*« (1,16c), nochmals hervorgehoben.

Neben diesem *universalen* Aspekt geht es Paulus in seinem prägnanten Briefthema offensichtlich vor allem um die exklusive Bedeutung des *Glaubens* – zusammengefasst in der Wendung »für *jeden Glaubenden*«, 1,16b. Dies zeigt sich an der doppelten Aufnahme des Glaubensmotivs im anschließenden Satz: Die

Offenbarung geschieht »*aus* Glauben *zum* Glauben« – das heißt »ausschließlich, von Anfang bis Ende im Glauben« (1,17a) –, und die Schrift (Hab 2,4) spricht ausschließlich dem »aus *Glauben* Gerechten« das Leben zu (1,17b).

Nun mag uns heute – mehr noch als die fünffache Qualifikation des Evangeliums – überraschen, dass Paulus als weitere Begründung für das freudige Bekenntnis der guten Botschaft Gottes und als inhaltliche Zusammenfassung derselben angibt: »Denn die *Gerechtigkeit Gottes* wird in ihm [dem Evangelium] offenbart.« – Inwiefern kann man beim Wort Gottes von einer »erfreulichen Nachricht« reden, wenn darin Gottes *Gerechtigkeit* offenbart wird? Und was hat die Gerechtigkeit mit der Bestimmung des Evangeliums als »Kraft Gottes zum Heil für jeden Glaubenden« zu tun? Wenn doch, wie Paulus im Anschluss (Röm 1,18–3,20) selbst nochmals vergegenwärtigt, Gott ein gerechter Richter ist und jeder Mensch einmal auf der Grundlage seines gelebten Lebens von Gott ohne Ansehen der Person beurteilt werden wird (2,6 ff), inwieweit handelt es sich dann bei Gottes Wort um eine entlastende und erleichternde Botschaft?

Erwarten wir nicht von einem gerechten Richter, dass er seine Gerechtigkeit in einem unbestechlichen, analytischen Urteil erweist? Sollte er nicht nach dem lateinischen Rechtsgrundsatz *suum cuique* – »Jedem das Seine« – einem jeden zuteilen, was er verdient: dem zu Unrecht Verklagten den Freispruch und dem Schuldigen die verdiente Verurteilung; dem Unschuldigen die Wiedergutmachung und dem Ungerechten seine Strafe? Muss die Ankündigung einer solchen »verteilenden« Gerechtigkeit (*iustitia distributiva*) des allwissenden himmlischen Herrn nicht eher Angst und Sorge verbreiten als Hoffnung? Wer will sich denn anmaßen, nach Gottes Maßstäben und ihm gegenüber stets vollkommen und gerecht gelebt zu haben?

In der Tat lässt sich mit unserem Vorverständnis von »Gerechtigkeit« das Evangelium als ein erfreuliches und kraftvolles Wort Gottes zum Heil für jeden Glaubenden kaum begreifen. Paulus schließt sich in seiner Bestimmung von der »Gerechtigkeit Gottes« jedoch vielmehr an das alttestamentlich-jüdische Verständnis von Gerechtigkeit an[5]:

(1) Nach alttestamentlichem Verständnis ist die »Gerechtigkeit« (hebr. *ṣedākā*) viel weniger als in unserem Denken an einer abstrakten Norm, an einem »Gesetz«, orientiert, sondern an den *Beziehungen* – zunächst zu Gott, dann zum Nächsten und zum eigenen Volk. Der Mensch ist nicht *an sich* gerecht und auch nicht primär gegenüber dem *Gesetz vom Sinai* – das zweifellos die Grundlage des jüdischen Glaubens und Lebens bildet –, sondern im Hinblick auf eine konkrete, gelebte *Beziehung*. Die Aussage: »Ich bin gerecht!«, müsste nach alttestamentlichem Verständnis sofort präzisiert werden durch die Frage: »Wem gegenüber?« Denn die Gerechtigkeit wird hier als *Relations-*, das heißt *Beziehungsbegriff* verstanden: »Gerechtigkeit« (*ṣedākā*) ist in alttestamentlich-jüdischer Tradition das *der Beziehung entsprechende*, das *gemeinschaftsbezogene* Verhalten. Als »gerecht« gilt dementsprechend ein Tun, wenn es »gemeinschaftstreu«, »loyal« und »heilvoll« ist.

(2) Dieses besondere Verständnis von »Gerechtigkeit« als einem Relationsbegriff entspricht nun einer vertieften *anthropologischen* Gesamtsicht: Der von Gott geschaffene und von ihm in die Gemeinschaft gestellte Mensch existiert nicht an sich und unabhängig von anderen, sondern er lebt in konkreten Beziehungen, im Angesprochensein und Sprechen, im Mitteilungsgeschehen zwischen Gott und seinem Volk. Was unserer indivi-

dualistischen Tradition durchaus fremd erscheinen mag, ist für die biblischen Traditionen konstitutiv – das heißt wesentlich und grundlegend –: Der Mensch ist für das »Wir« geschaffen, für die lebensfördernde und heilvolle Gemeinschaft. Haben die einzelnen Mitglieder eine solche zuträgliche Beziehung, dann herrscht im gefüllten Sinn »Frieden« – »Schalom«. Denn wenn der Mensch *ist*, dann ist er *in Beziehung*. Mit dem Verlust seiner lebensstiftenden und -tragenden Beziehungen ist sein Leben selbst gefährdet. Der Beziehungslose würde seine Lebensgrundlage verlieren, der von Gott und Menschen Verlassene sähe sich von der Todessphäre bedroht. Auf diesem Hintergrund gewinnt die Bestimmung der Gerechtigkeit als *ein der Beziehung entsprechendes Verhalten* einen ganz gefüllten Sinn: »Gerechtigkeit« (*ṣedākā*) ist nachdrücklich als *personaler* Relationsbegriff zu verstehen.

(3) Nun versteht es sich fast von selbst, dass die inhaltliche Konkretion einer solchen Gerechtigkeit von dem *jeweiligen Verhältnis* abhängig ist. Die Beziehung zu Gott ist eine andere als die zu Menschen, die Relation zum Nächsten ist nicht die gleiche wie die zum Feind. Was als gerechtes Verhalten gegenüber einem Fremden im Land gelten mag, zum Beispiel die Duldung und die Gewährung des Gastrechtes, wäre als Verhalten gegenüber der Ehefrau und den Kindern oder auch gegenüber den eigenen Eltern unzureichend. Die *Beziehung* gibt die Kriterien für die Bestimmung des gerechten Verhaltens vor.

In Hinsicht auf die Gottesbeziehung sind die Vorgaben in der breiten alttestamentlichen Tradition im entscheidenden Punkt überraschend einheitlich und weitgehend. Ob wir an die drei ersten der Zehn Gebote denken (2. Mose 20,1 ff; 5. Mose 5,6 ff) oder an das bis in die Gegenwart hinein von Juden gebetete »Höre Israel, der Herr ist unser Gott, der Herr allein« *(Schᵉma Jisrael)* samt dem nachfolgenden Gebot der Liebe zu Gott (5. Mose 6,4 f), die hier beschriebene Relation ist nicht nur eine von vielen personalen Beziehungen, sie zeichnet sich vielmehr durch ihre *Ganzheitlichkeit* und *Ausschließlichkeit* aus. Die Beziehung zu Gott ist Israel von Gott selbst als eine *ganzheitlich*-personale eröffnet. Oder um es mit den Worten der »Zugehörigkeitsformel« zu sagen, Gott spricht zu Israel: »Ich will unter euch wandeln und will *euer Gott* sein, und ihr sollt *mein Volk* sein« (3. Mose 26,12; vgl. Hes 37,27; Offb 21,3).

(4) Wenn aber die Beziehung zu Gott in solch radikaler und umfassender Weise als »Liebe von ganzem Herzen, von ganzer Seele und mit aller Kraft« (5. Mose 6,5) beschrieben wird und wenn die Loyalität und Treue zu Gott in der Ausschließlichkeit des ersten Gebotes bestimmt wird – »Ich bin der Herr, dein Gott, du sollst keine anderen Götter neben mir haben!« (2. Mose 20,2 f) –, dann erscheint auch das Verständnis der Ungerechtigkeit, der Verfehlung und Sünde in einem neuen Licht. »Ungerechtigkeit« ist dann nicht nur ein konkretes unmoralisches Verhalten, sondern im Kern eine *Verletzung der persönlichen Beziehung*. Und als Sünde erscheint nicht vorrangig eine bestimmte Gebotsübertretung, sondern vielmehr die *Abwendung von der Gemeinschaft*.

Das eigentliche Vergehen liegt in der *Verfehlung der Bestimmung zur Gemeinschaft*, und die Sünde ist ihrem Wesen nach *Trennung von Gott*. Alles, was von Gott trennt, ist Sünde, denn es gefährdet die Gottesbeziehung und damit das Leben. Alles, was der Beziehung zu Gott, zum Nächsten und mir selbst schadet, wird eben deswegen in Geboten und Weisungen als Verfehlung bestimmt. Auf diesem Hintergrund wird deutlich erkennbar, dass es bei dem biblischen Verständnis von Gerechtigkeit keineswegs um einen primär *moralischen* oder einen ausschließlich *forensisch-juristischen* Begriff geht, sondern hinsichtlich der Gottesbeziehung um einen spezifisch *»theologisch«* gefüllten: Als Gerechtigkeit gilt das der *ganzheitlich-personalen Beziehung* entsprechende Verhalten – von Gott aus gegenüber den Menschen und vonseiten der Menschen gegenüber Gott. Das konkrete Reden und Tun wird als Ausdruck dieser Beziehung gewertet; es kann weder an die Stelle der Beziehung treten, noch könnte das moralische Verhalten seinerseits die Beziehung konstituieren, das heißt begründen oder wiederherstellen.

RECHTFERTIGUNG ALS BEGNADIGUNG

Auf dem Hintergrund dieser alttestamentlich-jüdischen Tradition erscheint die Frage nach dem Evangeliumsverständnis des Apostels im Römerbrief umso spannender: Wie ist die Offenbarung der Gerechtigkeit Gottes bei Paulus als »gute Botschaft« gedacht? – Bevor der Heidenapostel in Römer 3,21 mit der positiven Entfaltung seiner Grundthese von 1,16 f beginnt, spricht er zunächst über die *Notwendigkeit* der Offenbarung der Gerechtigkeit Gottes (1,18–3,20). Im Hinblick auf die ganzheitlich-personale Beziehung, die dem Menschen von Gott zugedacht ist, und in Anbetracht des gefüllten Verständnisses von Gerechtigkeit könnte kein Mensch – ob Jude oder Heide – aufgrund seines Verhaltens vor Gottes Angesicht als gerecht erwiesen werden.

Der Ausgang eines *analytischen* Urteils durch Gott am Tag des Gerichts ist nicht offen, sondern bereits entschieden: »Denn wir haben zuvor Anklage erhoben, dass alle, Juden wie Griechen, unter der Sünde sind« (3,9). »… damit jeder Mund gestopft werde und die ganze Welt vor Gott schuldig sei« (3,19). »Denn alle haben sie gesündigt und entbehren der Herrlichkeit Gottes« (3,23). Wie ernst Paulus dieses radikale Ergebnis meint – das er bereits in der Heiligen Schrift bezeugt sieht (3,9-20) –, wird daran deutlich, dass er in seinem Schriftbeweis in Römer 4 sogar Abraham und David in die Reihe der Gottlosen und auf Vergebung angewiesenen Sünder gestellt sieht, die infolge ihres gelebten Lebens keinesfalls vor Gott bestehen könnten.

Rechtfertigung im Sinne des endgültigen und verbindlichen Freispruchs zum Leben durch Gott kann es unter dieser Voraussetzung nicht aufgrund eines *analytischen* richterlichen Urteils geben, sondern ausschließlich als *Begnadigung* der als schuldig Erwiesenen und zu Recht Verurteilten. So wie ein Schuldiger und rechtskräftig Verurteilter hinsichtlich seines gelebten Lebens auch von einem König oder Präsidenten nicht anders beurteilt werden, wohl aber durch sie *begnadigt* werden kann, so wird den an Christus Glaubenden im Evangelium die Begnadigung zugesagt. »Sie sind *geschenkweise* gerechtfertigt worden, das heißt, sie haben *umsonst* den rettenden Freispruch empfangen, durch seine *Gnade* kraft der Erlösung, die in Christus Jesus [geschehen] ist« (3,24).

Gott als Richter rechtfertigt die als schuldig Erwiesenen, indem er sie im Evangelium begnadigt und sie geschenkweise freispricht, ihnen wirksam zusagt: »Du bist frei!« Dieser Freispruch aber basiert eindeutig auf einem *synthetischen* Urteil Gottes: Die Rechtfertigung bewirkt selbst, was sie zuspricht. Sie setzt die Gerechtigkeit und Freiheit des Menschen nicht voraus, sondern schafft sie erst durch das vollmächtige Wort. »Ich begnadige dich! Du bist frei!« ist eine *performative* – die Handlung selbst vollziehende – Aussage. Die Freiheit des Verurteilten wird durch den, der die Autorität hat, Schuldige zu begnadigen, nicht *festgestellt*, sondern *hergestellt*. Die Kraft des Evangeliums und die Gewissheit der Rechtfertigung liegen damit freilich allein in der Autorität dessen begründet, der sie zuspricht, verantwortet und verwirklichen kann.

DAS GESCHENK DER GERECHTIGKEIT GOTTES

Was ist dann aber präzise unter der »Gerechtigkeit Gottes«[6] zu verstehen, die Paulus in Römer 1,16f als den zentralen Inhalt des von ihm bezeugten Evangeliums von Jesus Christus angibt? Ist dabei (1) an die Gerechtigkeit gedacht, die Gott *selbst* als *Eigenschaft* hat (*Genitivus subiectivus,* Genitiv des logischen Subjekts), oder ist (2) die Gerechtigkeit gemeint, die Gott *wirkt* und *schafft* (*Genitivus auctoris,* Gen. des Urhebers), oder wird (3) mit Gerechtigkeit Gottes die Gerechtigkeit beschrieben, die der Mensch *vor* Gott, *im Angesicht* Gottes, erweisen muss, um vor ihm im Gericht zu bestehen – gemäß der aus der Lutherbibel vertrauten Übersetzung: »die Gerechtigkeit, die *vor Gott gilt*« (*Genitivus obiectivus,* Gen. des logischen Objekts)? – Um eine lange und komplizierte theologische Diskussion kurz zu machen: Gemäß dem Verständnis des Paulus bringen alle drei Aspekte Entscheidendes in den Blick:

(1) *Gott* selbst hat sich – im Unterschied zu Israel und der Welt – in Christus als seinen Menschen gegenüber treu und zuverlässig, und das heißt »gerecht« erwiesen. Er hat sogar an seiner Erwählung und Berufung festgehalten, als die Israeliten sich – wie die Völker – nicht der von Gott eröffneten Beziehung entsprechend verhielten, sondern Gott gegenüber untreu und illoyal waren, als sie nicht »sein Volk« sein wollten und er nicht mehr als »ihr Gott« anerkannt wurde. Insofern ist es angemessen, davon zu sprechen,

dass »Gerechtigkeit Gottes« (*Genitivus subiectivus*) *seine Eigenschaft* und *sein Verhalten* bezeichnet: Die Erlösung in Christus geschah »zum Erweis *seiner* Gerechtigkeit in der jetzigen Zeit, dass *er selbst gerecht ist* …« (Röm 3,26).

(2) Wenn der Erweis der Gerechtigkeit Gottes darin besteht, dass er Schuldige begnadigt und Verurteilte freispricht (»Gott ist es, der gerecht macht und freispricht«, 8,33) und dass er sogar den erwiesenermaßen Gottlosen gerecht spricht (»[Abraham] glaubte an den, der den *Gottlosen* gerecht macht«, 4,5), dann ist die Rede von der Gerechtigkeit Gottes als derjenigen, die er dem Menschen *schafft* und *für ihn* und *an seiner Stelle* bewirkt (*Gen. auctoris*), nicht nur zutreffend, sondern der eigentlich überraschende und zentrale Aspekt des Evangeliums. Gott ist für seinen Teil gemeinschaftstreu und gerecht, und er macht zudem – und gerade als solcher – den gerecht, der sich seinerseits illoyal und ungerecht verhalten hat. Er erweist seine Gerechtigkeit also darin, »dass er selbst gerecht *ist* und den an Jesus Glaubenden *gerecht macht*« (3,26).

(3) Schließlich ist auch der Gedanke der Gerechtigkeit, die *vor* Gott im Endgericht gilt und *ihm gegenüber* bestehen kann – also der »Gerechtigkeit Gottes« im Sinne eines *objektiven* Genitivs – durchaus für die paulinische Darstellung der Rechtfertigung zutreffend. Allerdings ist nachdrücklich festzuhalten, dass hier nicht an die *menschliche* Gerechtigkeit – ob als Jude, als Heide oder auch als Christ (!) – gedacht ist. Was vor Gott Gültigkeit hat und in seinem gerechten Gericht bestehen kann, ist die dem Menschen in Christus von Gott *geschenkte* Gerechtigkeit (*iustitia Dei passiva*), die »Gerechtigkeit durch den Glauben an Christus, die Gerechtigkeit aus Gott auf der Grundlage des

Glaubens« (Phil 3,9)! Sie kommt dem Menschen in dem Sinne als eine »*fremde* Gerechtigkeit« – *iustitia aliena* – zugute, dass ihm die Gerechtigkeit *Christi* »zugerechnet« wird (*iustitia imputativa*).

Auch die Gerechtigkeit der an Christus gläubig Gewordenen besteht prinzipiell darin, dass Christus für sie von Gott »zur Gerechtigkeit gemacht worden ist« (1. Kor 1,30). Er, der von keiner Sünde wusste, wurde für uns und zu unseren Gunsten »zur Sünde«, damit wir durch ihn »zur Gerechtigkeit Gottes würden« – das heißt zu Menschen, die in ihrem ganzen Sein durch Gottes Gerechtigkeit gekennzeichnet sind (2. Kor 5,21).

Die Zuversicht der an Christus Gläubigen basiert also nicht etwa auf der Hoffnung, dass ihr eigenes Leben seit der Taufe beziehungsweise seit ihrem Gläubigwerden im Endgericht nach den Maßstäben der umfassenden Liebe und der uneingeschränkten Beziehungstreue bestehen könnte. Sie setzen nicht etwa in Selbstüberschätzung auf das Bestehen im Gericht aufgrund des eigenen Verhaltens – gemäß einem analytischen Urteil des verdienten Freispruchs.

Vielmehr beruht die freudige Zuversicht allein auf der im Evangelium zugesprochenen Gewissheit, dass Gott, der Vater, uns aufgrund seiner erwiesenen Liebe und grenzenlosen Treue – trotz aller berechtigten und unberechtigten Anklagen gegen uns! – endgültig begnadigen und freisprechen will (Röm 8,31-33). Sie basiert auf der Zusage, dass Christus, der für uns Gestorbene und Auferstandene, der nun zur Rechten seines Vaters ist, trotz aller Verurteilungen hinsichtlich unseres gelebten Lebens für uns eintritt und Fürsprache für uns einlegt (8,34)! Vater und Sohn, Richter und Fürsprecher, kommen in ihrem Urteil und Plädoyer überein. Bei gleichzeitiger Begnadigung durch den Vater und zusätzlicher Fürsprache durch den Sohn kann man im Sinne von

Römer 8 davon sprechen, dass bei der Rechtfertigung in Christus *Gott sich selbst zuvorkommt!*

Nur unter dieser Voraussetzung wird verständlich, dass der Apostel von der endzeitlichen Rechtfertigung als einem *gegenwärtigen* Geschehen sprechen kann: »Nun wir denn *gerechtfertigt worden sind* durch den Glauben, *haben* wir Frieden mit Gott durch unseren Herrn Jesus Christus« (5,1). Stünde nach Paulus das endgültige Urteil Gottes über die Glaubenden noch aus, dann wären die *präsentischen* Aussagen über die bereits erfolgte Rechtfertigung und den Heilsempfang nicht zu erklären. Und wäre von der Bewährung und dem eigenen Verhalten der Gläubigen noch abhängig, ob sie im Endgericht freigesprochen oder endgültig verurteilt werden, dann wären auch die überwältigenden Zeugnisse der *Heilsgewissheit*[7] nicht nachvollziehbar. Nicht die eigene Gerechtigkeit der Gläubigen macht gewiss, dass fortan keine Macht und keine Größe mehr die Gerechtfertigten von Gott trennen können, sondern ausschließlich die im Evangelium erklärte Liebe und Treue Gottes[8] – das heißt: die »Gerechtigkeit *Gottes*«.

Selbstverständlich darf die Rechtfertigung des Gottlosen nach Paulus nicht als Rechtfertigung der *Gottlosigkeit* missverstanden werden, und ohne Zweifel sind die aus Gnaden Gerechtfertigten zum Leben in der Gerechtigkeit befähigt und berufen. Dennoch versteht der Apostel das *Gerechtsprechen Gottes* keineswegs im Sinne der gegen die Reformatoren vertretenen *iustificatio effectiva,* der sogenannten »wirksamen Gerechtmachung«, die den Ungerechten zum faktisch ganz gerecht Lebenden machen soll, sodass dieser im Endgericht dann infolge seiner eigenen Werke als Gerechter anerkannt werden wird. Nicht erst für M. Luther, sondern vor allem für Paulus selbst ist und bleibt es die Gerechtigkeit *Christi*, auf die sich die Hoffnung der Christen allein gründet.[9]

Zusammenfassend lässt sich also zum Verständnis der »Gerechtigkeit Gottes« nach Paulus festhalten, dass die Gerechtigkeit sowohl als Gottes *Eigenschaft* im Blick ist wie auch als Gottes *Heilshandeln*, sowohl als Gottes rettende *Heilsmacht* als auch als Gottes *Heilsgabe* an den Menschen. Sie wird als geprägte Wendung bei Paulus gerade *nicht* für das gerechte Richten und Verurteilen gemäß der *iustitia distributiva* verwandt, sondern speziell für die »*Heil bringende*« – das heißt freisprechende und begnadigende – Gerechtigkeit, die *iustitia Dei salutifera*. Wenn Paulus von dem Vollzug der Rechtfertigung und Gerechtmachung durch Gott spricht, meint er durchgängig die »Rechtfertigung des Gottlosen um Christi willen allein aus Gnade durch den Glauben« – also die *iustificatio impii propter Christum sola gratia per fidem* (Röm 3,24.26.28; 4,5; 5,1.9).

DIE KRAFT DES EVANGELIUMS

Kehren wir nun in unserem letzten Hauptteil zu der Formulierung der Grundthese des Römerbriefes (1,16f) zurück, so werden die Charakterisierung des Gotteswortes als »guter Botschaft« und die fünffache Qualifikation des Evangeliums als »Kraft – Gottes – zum Heil – für jeden – Glaubenden« auf dem Hintergrund unserer Erkenntnisse zur »Gerechtigkeit Gottes« unmittelbar verständlich und nachvollziehbar:

(1) Die *Kraft* des Evangeliums (vgl. 1. Kor 1,18.24) gründet in der Autorität dessen, der darin spricht und der es offenbart hat. Sie bezieht sich zudem auf den Inhalt der »erfreulichen Nachricht«: Sie bezeugt die *Heilsmacht* und *Heilssphäre* der Gerechtigkeit Gottes, die den Sünder zu erlösen und den Gottlosen zu

einem Gerechten zu machen vermag (1. Kor 2,4 f; 1. Thess 2,13). Dabei ist das Evangelium nicht lediglich als theoretische Mitteilung über Geschehenes, sondern als wirksamer Zuspruch und als wirkmächtiger Freispruch zu verstehen. So wie die erste Schöpfung durch Gottes Wort und sein »Es werde …!« geschaffen wurde (1. Mose 1,3 ff; Ps 33,6.9), so hat Gott auch durch sein Evangelium in den Herzen der Gläubigen Licht werden lassen, dass sie Gott im Angesicht Christi erkennen können (2. Kor 4,6). Das Evangelium bewirkt bei seiner Verkündigung die Rettung im Glauben, von der es Kunde gibt (Röm 10,17; Gal 3,2.5).

(2) Diese im Evangelium wirkende Kraft – griechisch: *dynamis* – hat ihren Ursprung und ihre bleibende Stärke allein *in Gott* (2. Kor 4,7; 12,9; 13,4; Phil 4,13). Die Gerechtigkeit, von der das Evangelium spricht, ist ausschließlich *Gottes* Gerechtigkeit, die am Menschen wirksam ist und ihm zukommt, die aber keineswegs vom Menschen selbst hervorgebracht oder auch nur ohne Gott erhalten werden könnte. Das Evangelium spricht seinen Hörern Gottes Kraft und Wirken zu, es fordert nicht vom Menschen, dass er in seinem Reden und Tun nunmehr selbstständig und unabhängig von Christus »göttliche« Kraft hervorzubringen oder aufzuweisen hätte. Vielmehr wirkt die Heilsmacht der Gerechtigkeit Gottes gleich einem *Kraftfeld*, das den, der sich in ihrem Wirkungsbereich befindet, mit seiner Energie beeinflusst und bewegt.

(3) Nicht weniger entscheidend ist auch die dritte Bestimmung: Die Gerechtigkeit Gottes als Inhalt des Evangeliums wirkt ausschließlich *zum Heil* des Menschen – das heißt zu seiner Rettung, seiner Heilung und Bewahrung im Heil. Paulus kann selbstverständlich auch von Gottes *Richten* und *Verurteilen* sprechen, dann

gebraucht er aber – wie im unmittelbaren Anschluss an unsere Stelle in Römer 1,18 – den Begriff »*Zorn* Gottes«[10], mit dem er speziell Gottes Endgericht über alle menschliche Gottlosigkeit und Ungerechtigkeit bezeichnet. »Gottes *Gerechtigkeit*« aber – in dieser geprägten Formulierung – erweist sich ausschließlich *zum Heil!*

Der sinngleiche Gebrauch von Gerechtigkeit und Heil geht ebenfalls auf spezifische alttestamentliche Traditionen zurück, die wir in Jesaja 40 ff (Jes 46,12 f; 51,5a.8; 56,1; 59,17; 61,10 f; 62,1 f) und vereinzelt in den Psalmen (71,15 f; 98,2 f) greifen können. Dort wird dem als schuldig und straffällig erwiesenen Volk von Gott verheißen: »Höret mir zu, die ihr verlorenen Herzens seid, die ihr ferne seid von der Gerechtigkeit! Ich habe nahe gebracht meine *Gerechtigkeit*, und mein *Heil* säumt nicht« (Jes 46,12 f LXX). Oder: »Schnell naht meine *Gerechtigkeit*, und mein *Heil* wird hervortreten wie das Licht; und auf meinen Arm werden die Heiden hoffen ...« (Jes 51,5 LXX). Diese angekündigte Offenbarung der Gerechtigkeit Gottes als rechtfertigendes und rettendes Heil erkennt Paulus in der Sendung Christi und der Gabe des Evangeliums nunmehr als verwirklicht, und er sieht sich selbst als einen der Freudenboten, die nach Jesaja 52,7 gesandt sind, Frieden zu verkündigen, Gutes zu predigen, Heil zu verkündigen und den Antritt der Königsherrschaft des Herrn, das heißt Jesu Christi, des Gottessohnes, zu bekennen (Röm 10,9-16; 15,20 f)[11].

(4) Die nächste Bestimmung: »für *jeden*«, die durch die Ergänzung »den Juden zunächst *und auch den Griechen*« ausdrücklich präzisiert wird, mag uns als überwiegend »heidenchristlich« – das heißt »nicht judenchristlich« – geprägte Kirche inzwischen als selbstverständlich erscheinen.[12] Dabei übersehen wir aber die

grundsätzliche Bedeutung, die die universale Ausweitung des Evangeliums hat. Es wendet sich weder ausschließlich an eine bestimmte Volksgruppe noch an einzelne Stände und Gruppen noch auch ausschließlich an ein Geschlecht, sondern an *alle* Menschen – ohne Ansehen der Person. Dementsprechend gilt auch für die durch Christus Berufenen uneingeschränkt: »Es gibt nicht Juden noch Griechen, es gibt nicht Sklaven noch Freien, es gibt nicht Mann noch Frau. Ihr alle nämlich seid *einer* – ihr bildet alle eine Einheit – in Christus« (Gal 3,28).

Diese universale »Entschränkung« der Evangeliumsverkündigung war nicht nur für die damalige zeitgeschichtliche Auseinandersetzung – hinsichtlich der Aufnahme von Heiden in die von Judenchristen geprägte frühe Kirche – von größter Bedeutung. Sie repräsentiert und besiegelt die völlige *Voraussetzungslosigkeit* der Verkündigung des in Christus erschlossenen Heils. Es gibt keine *Vorbedingung*, die der Hörer des Evangeliums von sich aus zu erfüllen hätte, und es gibt keinerlei *Voraussetzung*, die er selbst mitbringen müsste, um die Heilszusage auf sich beziehen zu dürfen. Denn die Voraussetzungen und Vorbedingungen der Rechtfertigung vor Gott und der versöhnten Gemeinschaft mit ihm hat Gott jetzt seinerseits zugunsten seiner Menschen in der Sendung seines Sohnes erfüllt und verwirklicht: »Sie sind umsonst – das heißt geschenkweise – gerechtfertigt worden durch seine Gnade kraft der Erlösung, die in Christus Jesus [geschehen] ist« (Röm 3,24).

Im Evangelium wendet sich Gott den Menschen *bedingungslos* zu und nimmt sie – wie das Kreuzesgeschehen zeigt – *unbedingt* an. Denn in der Lebenshingabe Jesu für die Seinen ist nach Paulus der überwältigendste Ausdruck der vorbehaltlosen Liebe Gottes zu sehen: Christus gab sein Leben für uns hin, als wir noch Unvermögende, Gottlose, Feinde Gottes und Sünder waren

(Röm 5,6-8).[13] Die im Evangelium verkündigte Zuwendung Gottes macht sich nicht von menschlichen Werten, Voraussetzungen und Leistungen abhängig, sondern sie gilt dem Menschen als das, was er ist. Sie hat nicht nur seine Qualitäten, sondern ihn selbst im Blick. Gottes in Christus offenbarte Liebe kommt dem Menschen nicht zu, weil er sich als liebenswert und einmalig erweisen kann, sondern der Mensch erkennt seinen wahren Wert und seine unverwechselbare Bedeutsamkeit daran, dass er von Gott geliebt wird (Röm 5,8; 8,31 f; Gal 2,20; vgl. Eph 2,4 ff; 5,2.25b).

(5) Wenn auch Gottes Zuwendung zur Welt zweifellos voraussetzungslos ist und seine Liebe sich in Christus als vorbehaltlos erwiesen hat, so möchten manche einwenden, dass sie trotzdem nicht ganz *bedingungslos* sei. Bei aller Voraussetzungslosigkeit der Liebe und Berufung gibt es doch scheinbar eine Bedingung, an die die Rechtfertigung aus Gnaden geknüpft wird – nämlich den *Glauben*. Das Evangelium ist »Gottes Kraft zum Heil für jeden *Glaubenden*« – beziehungsweise, wie auch übersetzt wird, »für jeden, *der glaubt*«. Ist der Glaube nun die *eine* Bedingung, die der Mensch von sich aus und allein erfüllen muss, um das Geschenk der Begnadigung zu erhalten? Ist er der *eine* Schritt, den der Mensch ohne Gottes Hilfe auf Gott zugehen muss, nachdem ihm Gott in Christus 99 von 100 oder – reden wir groß von der Gnade – 999 von 1 000 Schritten entgegengekommen ist?

Diese gedanklichen – wichtiger aber noch: seelsorgerlich bedeutsamen – Schwierigkeiten können nur aufkommen, wenn man den Glauben als eine menschliche Möglichkeit und Leistung missversteht. Richtig gesehen wird bei der Betonung der *Notwendigkeit* des eigenen Glaubens, dass die Gemeinschaft mit Gott und das neue Leben in Christus im Neuen Testament durchgängig mit dem Glauben verbunden werden: Es gibt danach keine christliche Identität ohne Glauben! Zutreffend ist auch, dass es der *Mensch* ist, der glaubt, denn der »*Glaubens*begriff« wird als solcher in unserer Sprache ja nicht in Hinsicht auf Gottes Haltung der Welt gegenüber gebraucht. Hingegen ist es unzutreffend, dass der »Glaube« bei Paulus als *menschliche* Möglichkeit oder als *vom Menschen selbst* zu erbringender Beitrag dargestellt wird. Wenn nämlich die von Gott geforderte und erfüllte Gerechtigkeit die ganzheitlich-personale Beziehung bedeutet und wenn die eigentliche, grundlegende Sünde die *Trennung* und *Unabhängigkeit* von Gott ist, wie sollte dann der Glaube vom Menschen selbst und ohne Gott zu leben und hervorzubringen sein? Wäre dann der erste Schritt des Glaubens nicht schon wieder ein Schritt in der Unabhängigkeit und also letztlich erneut in Ungerechtigkeit?

Ob es heißt, dass der rettende Freispruch »auf der Grundlage des Glaubens«[14] empfangen wird, oder ob betont wird, dass das Heil »vermittels des Glaubens«, »durch den Glauben«[15], erlangt wird – in jedem Fall versteht Paulus den Glauben nicht als *Voraussetzung* und *Vorbedingung*, die der Mensch von sich aus zu erfüllen hätte, um anschließend dafür das Heil zu erlangen. Vielmehr beschreibt er den Glauben als die *Art und Weise*, in der Gott dem Menschen schon gegenwärtig Anteil an seiner Gerechtigkeit gibt.

Der Mensch muss nicht zuerst glauben, damit Gott ihm infolgedessen das Leben schenkt, sondern indem der Mensch glaubt, hat er bereits das Leben. Der *Glaube selbst* ist schon Geschenk[16], denn er ist die gegenwärtige Gestalt der *Gottesbeziehung*. Der Glaube ist nach Paulus nicht die *conditio* (Bedingung), sondern der *modus* (die Art und Weise) des Heilsempfangs. Die Gerechtigkeit wird dem Menschen nicht »*wegen* seines Glaubens« (*propter fidem*), sondern »*durch* den Glauben«, »*in Gestalt* des Glaubens« (*per fidem*) zugeeignet. Nur unter diesen Voraussetzungen wird verständlich, warum das Evangelium selbst als die wirkmächtige Kraft Gottes zu verstehen ist (Röm 1,16; 1. Kor 1,18.24). Deshalb wird auch das Zustandekommen des Glaubens auf das Wirksamwerden des Geistes und der Kraft Gottes zurückgeführt (1. Kor 2,4 f; 1. Thess 2,13).

Wenn der Glaube aber die gegenwärtige Gestalt der von Gott geschenkten Beziehung und Gemeinschaft mit ihm selbst ist, dann bedeutet er mehr als nur ein »Für-wahr-Halten« und als »Anerkennung« beziehungsweise »Gehorsam«. Ja, er ist noch mehr als menschliches »Vertrauen« und »Sichanvertrauen«. In alldem *äußert* sich der Glaube, er geht aber nicht in diesen Ausdrucksformen auf.

In der Tat soll der Mensch selbst – nicht nur *einen*, sondern: *unzählige* – Schritte im Glauben machen, aber er braucht keinen einzigen Schritt *ohne* Christus zu gehen, schon gar nicht den ins Endgericht! Die auf der Basis des Glaubens gelebte Gottesbeziehung ist – wie jede Erfahrung echter Liebe – ausgesprochen *folgenreich*, sie bleibt aber durch ihren Geschenkcharakter für immer *voraussetzungslos* und *bedingungslos*. Am Evangelium orientiertes Denken, Leben und Verhalten verstehen sich selbst als Folgerung, Ausdruck und Wirkung der Gemeinschaft mit Gott, sie dürfen aber niemals zur nachträglichen Bedingung für die Beziehung umgedeutet werden: »Denn die Gerechtigkeit *Gottes* wird in ihm [dem Evangelium] offenbart – *aus Glauben zum Glauben* [das heißt ausschließlich im Glauben]; wie geschrieben steht: ›Der *aus Glauben Gerechte* wird leben.‹«

WIE NEU IST DER NEUE MENSCH?
RÖMER 7 UND DAS SCHEITERN AM GUTEN

»Denn ich weiß, dass in mir, das heißt in meinem Fleisch, nichts Gutes wohnt. Wollen habe ich wohl, aber das Gute vollbringen kann ich nicht. Denn das Gute, das ich will, das tue ich nicht; sondern das Böse, das ich nicht will, das tue ich. Wenn ich aber tue, was ich nicht will, vollbringe nicht mehr ich es, sondern die Sünde, die in mir wohnt.«

Römer 7,18-20

Fast will es so erscheinen, als wären die Ausführungen zur Situation des noch nicht durch den Geist Gottes befreiten Menschen in Römer 7,7-25 ein Rückfall hinter alles bisher schon positiv Erreichte. Rühmte sich der Apostel nicht schon im Briefthema Römer 1,16f des Evangeliums von Gottes Gerechtigkeit als Kraft von Gott für jeden im Glauben? Hatte der durch Christus selbst bekehrte einstige Christenverfolger doch in Römer 3,21–4,25 schon entfaltet, dass jeder im Glauben an Jesus Christus geschenkweise Vergebung seiner Sünden erhalten kann und von Gott aus Gnade trotz seiner Schuld gerecht und freigesprochen – das heißt begnadigt – wird. Hat der Apostel nicht bereits in Römer 5,1–8,39 das neue Leben der durch Christi Kreuz und Auferstehung Versöhnten entfaltet? Sie leben schon hier und jetzt trotz aller äußeren Schwierigkeiten im Frieden mit Gott, in der Gewissheit seiner unbedingten Liebe und in der Zuversicht ihrer endgültige Erlösung von allen Leiden (5,1-11; 8,18-39).

Inmitten dieser schon hymnisch klingenden Beschreibung kommt Paulus nun noch einmal auf die Situation des von Gott getrennten Menschen zurück – als wollte er den Kontrast von Einst und Jetzt, von Herkunft und Zukunft, von Ichverlorenheit und Beziehungsreichtum noch stärker herausstellen. Bereits in Römer 1,18–3,20 beschreibt er das Problem menschlicher Sünde und Schuld als ein universales, das alle Menschen betrifft. Für sein jüdisches Umfeld ist dieser Gedanke in Hinsicht auf die »Heiden« wohl vertraut, weshalb Paulus in 1,18-32 mit einer verbreiteten Anklage gegenüber den sprichwörtlich »Gottlosen« und »Ungerechten« beginnt. Überraschend wirkt dann freilich – wie für Paulus selbst bei seiner Christusbegegnung –, dass auch geborene Juden wie die Heiden auf Gottes Begnadigung und Vergebung durch das Christusgeschehen angewiesen sein sollen (3,9.20.23f).

Dabei ließ Paulus schon zu Beginn keinen Zweifel daran, dass das Problem der Sünde keineswegs *primär moralisch* zu begreifen oder zu begründen ist. Grundlegend ist für ihn vielmehr die Bestimmung des Menschen als Geschöpf Gottes, das im Blick auf seinen Schöpfer dankbar, anerkennend und wertschätzend leben soll (1,19-23). Die Verfehlung dieser Bestimmung zur Gemeinschaft und die Abwendung des Menschen von Gott als seinem eigenen Ursprung versteht Paulus als die eigentliche »Sünde«, die sich dann in vielfältigen »Sünden« und »Verfehlungen« auch moralisch äußert (1,24-32). Bei dieser Konzentration auf den *personalen* Aspekt und die Dimension der *Beziehung* zielt die Bestimmung der Sünde nicht nur auf menschliches Verhalten und Versagen, sondern auf das menschliche Verhältnis oder Nichtverhältnis zu Gott als dem Ursprung allen Lebens.

Zu dem Aspekt der Sünde als *Schuld* kommt in Römer 5,12-21 die Konsequenz der Sünde als *Schaden* in den Blick (5,12). Da Gott als Schöpfer alles Lebenden der Ursprung allen Lebens ist, beraubt der Mensch sich durch die Loslösung von Gott – in letzter Konsequenz – auch seines eigenen Lebens. Das gilt zunächst in dem Sinne, dass jedes menschliche Leben seit Adam mit dem

Sterben endet, aber auch so, dass der Mensch aufgrund seiner Sünde schon im Leben »tot« ist – nämlich in seiner Beziehung zu Gott. In diesem Zustand der Entfremdung von seinem wirklichen Leben würde er von sich aus bis zu seinem endgültigen Tod verharren. Der Ernst der Sünde als Trennung vom Leben kommt hier aus der Perspektive ihrer Überwindung in den Blick und die Herrschaft des Todes durch Adam aus der überwältigenden Herrschaft der Gnade und des Lebens durch Christus (5,15-19).

Auch in Römer 7,7-13 geht es um die grundlegende Abwendung des von Gott geschaffenen Menschen von seinem Schöpfer, die folgenreiche Übertretung des dem Menschen doch zum Leben gegebenen guten Gebotes und die fatale Konsequenz der Entfremdung von Gott als dem Leben. Im Zweifel und Begehren entgegen der guten Weisung Gottes hat der Mensch als von seiner eigenen Sünde Betrogener in Wahrheit nicht die Unsterblichkeit, sondern den Verlust seines ihm ursprünglich zugedachten Lebens bewirkt. »Denn die Sünde nahm das Gebot zum Anlass und betrog mich und tötete mich durch das Gebot« (7,11).

Nun fesselt gerade der dritte Abschnitt zum Thema der Sünde in Römer 7 durch seinen persönlichen Stil und die anschauliche Darstellung in besonderer Weise. Von wem spricht Paulus hier in Römer 7,14-25? Wer ist das Subjekt dieser Äußerungen des Scheiterns? Wer ist das »Ich«, das sich hier als »elender Mensch« und »unter die Sünde verkauft« erfährt? Ist es der *Apostel selbst* oder gebraucht er das »Ich« rhetorisch im Blick auf den Menschen *im Allgemeinen*? Redet er von dem unerlösten *Sünder* vor seiner Rechtfertigung und Erlösung im Glauben, oder meint er gerade den sich ernsthaft um das Gute und den Willen Gottes bemühenden *Gläubigen*? Um eine lange Debatte so knapp wie entschieden zusammenzufassen: Von den vorangehenden (6,1ff; 7,1 ff) wie den folgenden Ausführungen (8,1 ff) her ist eindeutig, dass Paulus nochmals von dem durch *Adam* – nicht durch Christus – bestimmten Menschen redet. Er spricht – im Blick auf sich wie alle Gläubigen – von der Situation des Menschen *ohne Christus*, wie sie sich aus der Perspektive des Evangeliums und des Glaubens an Christus rückblickend ergibt.

Wie sehr die Sünde als Abwendung des Geschöpfes von seinem Schöpfer nicht nur *Schuld* und *Schaden* zur Folge hat, sondern selbst zum bestimmenden *Schicksal* werden kann, wird ausgerechnet in der Begegnung mit dem Guten und in der Auseinandersetzung mit dem von Gott zum Leben gegebenen Gebot schmerzhaft deutlich. Beschreiben doch sowohl das Adam und Eva gegebene Gebot im Paradies wie das durch Mose dem Volk Israel gegebene Gesetz das lebensfördernde und beziehungsstärkende Verhalten klar. Sie warnen unmissverständlich vor den Gefahren des Aufbegehrens gegen Gottes »heilige, gerechte und gute« Weisung (1. Mose 2,17; 2. Mose 20,1-17). Aber aus unerfindlichen Gründen und ohne die Verantwortung dafür dem Gebot und der Wahrheit zuschieben zu können, lässt sich der Mensch im Wissen um das Gute vom Bösen verführen und sucht in der Trennung von Gott, was er als Geschöpf nur in der Beziehung zu seinem Schöpfer gewinnen könnte. Ohne sich auf Unkenntnis des Guten und ahnungslose Unschuld berufen zu können, lässt er sich *wissentlich betrügen* (Röm 7,11; 1. Mose 3,13). Gerade in der Begegnung mit dem Guten und angesichts der offenbaren Wahrheit erscheint das verhängnisvolle Paradox der Sünde des Menschen als *Schuld* und *Schaden*, die ihm selbst zugleich zum unausweichlichen *Schicksal* werden.

In spiralförmigen Argumentationsgängen dringt das klagende »Ich« von Römer 7,14-25 immer tiefer in das Rätsel seiner erlösungsbedürftigen Situation ein. Nicht also der Wahrheit und dem Guten, nicht Gottes gutem Gebot zum Leben kann der von der

Sünde Betrogene die Schuld an seinem Scheitern zuweisen. Er ist es selbst, der sich nicht von Gottes Willen leiten ließ, sondern von seinen selbstbezogenen und beziehungsvergessenen Interessen – von seinem »Fleisch«.

Wenn aber das Geschöpf zum eigenen Schaden gegen die gute Weisung seines Schöpfers handelt und selbst dann scheitert, wenn es das Gute kennt und verwirklichen will, dann wird daran offenbar, dass es in Wahrheit weder selbstbestimmt noch frei handelt. Es findet sich in seinem Widerspruch zwischen Bestimmung und Einsicht einerseits und Tun des Bösen und Scheitern am Guten andererseits als in sich selbst versklavt und an die Macht der eigenen Sünde »verkauft«. Wie es sprichwörtlich von einem Sklaven heißt, kann das »Ich« nicht tun, was es will, sondern muss tun, was es nicht will (Röm 7,19; Gal 5,17). Der Mensch, der sich der Beziehung zu Gott entzog, findet sich nicht etwa in Freiheit und Selbstbestimmung, sondern in Unmündigkeit und Fremdbestimmung wieder. Indem er gegen seine Bestimmung und Überzeugung handeln muss, erfährt er sich als von der Sünde, die in ihm wohnt, beherrscht.

Die Stimme seines eigenen Aufbegehrens und Widerspruchs gegenüber der guten Weisung Gottes erkennt das »Ich« als eine bestimmende Weisung, als ein »anderes Gesetz« (7,21.23), das es »gefangen nimmt« und das dem als gut Erkannten »widerstreitet«. Dieses »andere Gesetz« – als bestimmende Weisung/Maßstab/Prinzip – bestimmt Paulus von 1. Mose 3,6 und 2. Mose 20,17 her als »sündige Leidenschaften« (7,5), als »Begierde« (Röm 7,8) und als das menschliche Prinzip des »Fleisches« (Röm 7,25; 8,1-13). Wie einst Adam und Eva der Weisung der Schlange folgten (1. Mose 3,1-5; Röm 7,8.11), muss das »Ich« diesem »Gesetz der Sünde und des Todes« (7,23; 8,2) zum eigenen Verheeren gehorsam sein. Die Situation des Sünders könnte nicht verzweifelter sein: 1. sündigt er *faktisch* (7,5.14f), 2. wird er *von der Sünde bewohnt*, die in ihm handelt (7,17.20), und 3. muss er dem Diktat der Sünde selbst im Wissen um Gottes Willen und trotz seiner Bestimmung zum Guten *mit gesetzmäßiger Zwangsläufigkeit* folgen (7,21-23). In dieser selbst verschuldeten, aber ausweglosen Situation des fremdbestimmten und verlorenen »Ich« bleibt nur der verzweifelte Schrei: »Ich elender Mensch! Wer wird mich erlösen von diesem Leib des Todes?« (7,24).

»Dank sei Gott durch Jesus Christus, unsern Herrn!« – »So gibt es nun keine Verdammnis für die, die in Christus Jesus sind« (7,25; 8,1). Der überraschende Wechsel von äußerster Verzweiflung zu überschwänglichem Dank kann nur den verwundern, der über die erschütternde Klage in Römer 7,14-25 vergessen hat, dass Paulus hier noch einmal von dem Menschen unter Absehung von Gottes Erlösung in Christus gesprochen hat, wie er sich »in Christus« und in der Rückschau des Glaubens erst umfassend wahrnimmt.

Zuvor (7,4-6) wie im Folgenden (8,1 ff) lässt Paulus keinen Zweifel daran, dass durch das Christusgeschehen und mit Glaube und Taufe auf den Namen Christi auch für das klagende »Ich« sich ein Herrschaftswechsel vollzogen und ein neues Leben begonnen hat. In der neuen Zugehörigkeit zu Christus als dem von den Toten Auferstandenen dürfen auch die an ihn Glaubenden sich in einem neuen Leben befreit entfalten (6,4.8.11.13; 7,4.6; 8,2). Sie sind mit Christus, dem sie nun gehören, gekreuzigt und dem Anspruch der Sünde gestorben; und sie haben in der Gemeinschaft mit dem Auferstandenen, der nun ihr Herr ist, bereits teil an seinem neuen Leben.

Von der Dominanz der lebenszerstörenden Trennung von Gott *erlöst* sind sie also nicht an und für sich, sondern allein »in Christus« – das heißt aufgrund seiner Stellvertretung und in Gemeinschaft mit ihm. *Frei* und *lebendig* ist der Glaubende nicht als autonomes Selbst, als unabhängiges »Ich«, sondern weil und insofern der auferstandene Christus durch seinen lebendig machenden Geist »in ihm lebt« (Röm 8,2.9-11). Das *Neue* an der neuen Kreatur ist nicht der Mensch *an sich*, sondern *Jesus Christus* als der bereits Auferstandene, der durch seinen Geist in den Gläubigen lebt. Die Verheißung und Zusage: »So ist er eine neue Kreatur!«, gilt und verwirklicht sich im Beziehungs- und Herrschaftsbereich des auferstandenen Herrn: »Ist jemand in Christus …« (2. Kor 5,17).

Diese neue Wirklichkeit der *Beziehung* und der *Gemeinschaft* des Schöpfers mit seinen Geschöpfen wird aber gerade nicht als *Einschränkung* und *Grenze* der Freiheit erfahren, sondern vielmehr als ihr *Entfaltungsbereich* – nicht als *Gegensatz* zur Freiheit, sondern als Grundlage ihrer *Verwirklichung*. Denn die Freiheit *von* der Isolation und Sünde besteht nach Paulus nicht *an sich*, sondern in der Freiheit *für* Gott. »Freiheit *von*« verwirklicht sich als »Freiheit *für*«. Und die Erlösung wird nicht nur durch ihr »Wovon«, sondern mehr noch durch ihr »Wozu« qualifiziert. So findet das verzweifelte »Ich« von Römer 7 im »Du« zu sich selbst und in der lebensfördernden Gemeinschaft des »Wir« zu seiner Bestimmung. Es muss nicht länger in Unabhängigkeit von Gott suchen, was es nur bei Gott finden kann, und in der Verbindung zur Sünde finden, was es gar nicht gesucht hat. Dieses erlöste »Ich« kann seine eigene Freiheit nach allen Irrungen der Isolation und Verführungen des Aufbegehrens gerade im »Wir« der wechselseitigen Wahrnehmung und Wertschätzung dankbar entfalten (7,25; 8,1 ff).

Abschließend fragen wir uns, worin wohl die seltsame Faszination dieses rätselhaften Textes liegt. Ist sein Geheimnis vielleicht, dass er uns auch heute noch den Spiegel vorhält und uns mit seinem unausweichlich direkten »Ich« das eigene »Ich« zu verorten zwingt? Wir mögen uns darin umso dankbarer als den »elenden Menschen« wiedererkennen, der wir in Abwendung von unserem Schöpfer waren und wären, aber – Gott sei Dank – in Christus nicht mehr sind (7,24 f; 8,1 f).

Wir mögen auch als Christuszugehörige – in vom Apostel gar nicht intendierter Aktualität – unsere gegenwärtige Zerrissenheit und Widersprüchlichkeit erschreckend zutreffend beschrieben sehen. Dann sähen wir im Spiegel einen – eigentlich und rechtskräftig – erlösten »Sklaven« (Röm 6,1-23; Gal 3,13; 4,4 f), der sich aber von seinem *alten* Herrn aus Gewohnheit und lähmender Bindung immer noch tyrannisieren lässt. Denn nach Sein, Gesinnung und Verhalten könnte er sich schon längst in einem neuen Leben der wertschätzenden Beziehung und befreienden Gemeinschaft mit Christus entfalten (7,4-6; 8,1-16).

Vielleicht offenbart die ergreifende Vergegenwärtigung der Geschichte Adams uns – jenseits von Dankbarkeit und Verzweiflung – noch etwas ganz anderes. Wie betrügerisch verführend ist auch für uns die Perspektive, ausgerechnet Gottes gute Gebote zum Anlass zu nehmen, ohne unser schöpferisches »Du« und als vermeintlich selbstbestimmtes »Ich« zu werden, was wir allein im »Wir« mit ihm und der Gemeinschaft anderer befreit und dankbar bleiben können? Dieses heilsame Erschrecken wäre dann bei allem »Scheitern am Guten« noch das »Gute am Scheitern«.

DIE WIRKLICHKEIT DER AUFERSTEHUNG JESU

VON EINER UNGLAUBLICHEN REALITÄT

Nach der Darstellung des Lukasevangeliums werden die nach Jerusalem zurückkehrenden Emmausjünger von den versammelten übrigen Jüngern mit der Botschaft empfangen: »Der Herr ist wahrhaftig auferstanden und Simon erschienen!« In diesem alten Osterjubelruf, dessen Formulierung Lukas aus der Tradition übernommen hat, kommt zum Ausdruck, was nach dem übereinstimmenden Zeugnis der Evangelien und der anderen Schriften des Neuen Testaments Grundlage und Voraussetzung des christlichen Glaubens ist: 1. Jesus Christus der Gekreuzigte ist nicht bei den Toten geblieben, sondern er ist auferstanden! 2. Als der Auferstandene ist er seinen Jüngern – hier namentlich Simon – erschienen und hat ihren Unglauben und ihre Zweifel überwunden. Er selbst als der Auferstandene hat ihnen bei seinem Erscheinen die Augen geöffnet, sodass sie ihn erkannten und infolge dieser Erkenntnis sowohl seinen Kreuzestod als auch seine frühere Verkündigung in einem völlig neuen Licht sehen konnten[17].

VON ANFANG AN UMSTRITTEN

Das Bekenntnis zur Auferstehung Jesu ist *historisch* so umstritten, wie es *theologisch* bedeutsam ist. Dass Gott den gekreuzigten und gestorbenen Jesus am dritten Tag auferweckt hat, ist nach aller menschlichen Erfahrung eine »unglaubliche« Aussage. »Unglaublich« ist sie deshalb, weil sie als ganz »unerhört« und völlig »unwahrscheinlich« erscheint. Es widerspricht ja allem, was man je gehört und erfahren hat, dass jemand, der gestorben und bereits begraben ist, aus seinem Grab heraus in ein *neues* Leben aufersteht – also nicht etwa nur als ein Scheintoter wieder aufsteht oder auch, wie von Lazarus (Joh 11) oder der Tochter des Jairus (Mk 5) berichtet, in seinen alten Leib und sein irdisches Leben zurück auferweckt wird. Denn dies ist ja *nicht* das neutestamentliche Zeugnis, dass Jesus lediglich wiederbelebt wurde und in seine alte Leiblichkeit zurückkehrte. Umso »unglaublicher« ist die Aussage, dass Gott den gekreuzigten und begrabenen Jesus am dritten Tag in ein neues Leben auferweckt haben soll. Dafür gibt es in der bisherigen Geschichte der Menschheit weder beweiskräftige Analogien noch plausible innerweltliche Erklärungen.

»Unglaublich« ist die im Neuen Testament bezeugte Auferstehung des Gekreuzigten aber auch in einer ganz anderen Hinsicht – nämlich insofern, als sie für die Geschichte der Menschheit und das Verständnis von Gott »sehr bedeutsame«, »sehr große« Folgen hat. Wenn es stimmen sollte, dass der gekreuzigte und gestorbene Jesus von Gott auferweckt worden ist, dann erscheint sein Kreuz nicht länger als die Widerlegung seines gesamten Lebenswerkes, dann stellt sein schmachvolles Sterben in der Tat nicht die Falsifikation seines viele provozierenden Autoritätsanspruchs dar.

Vielmehr erweisen sich das Leben, das Wirken und die Verkündigung Jesu im Licht seiner Auferweckung durch den himmlischen Vater als triumphal bestätigt. Das, was Jesus während seines irdischen Wirkens seinen Jüngern als zukünftig verkündigt hat, ist mit seiner eigenen Auferstehung und in ihm, dem Auferstandenen, bereits real in Erscheinung getreten: die Verwirklichung der verheißenen endzeitlichen Gottesgemeinschaft und die uneingeschränkte Teilhabe an der Königsherrschaft Gottes.

Dass auch den ersten Jüngern die Auferstehung Jesu als »unerhört« und »unwahrscheinlich« erschien, bringt Lukas auf die eindrückliche Formel: »Da sie aber noch nicht glauben konnten vor lauter Freude und sich wunderten …« (Lk 24,41). Als sie den Auferstandenen sahen, konnten sie es nicht glauben, weil sie sich »unglaublich freuten« – gewiss die sympathischste Form des Auferstehungszweifels! Die Auferstehungsbotschaft setzt den menschlichen Zweifel voraus: »Das ist zu schön, um wahr zu sein!« Und sie hält an ihrem unerhörten Zeugnis umso nachdrücklicher fest: »Dies ist zu wahr, um nicht als schön – das heißt überwältigend und befreiend – erkannt zu werden!«

Die Frage, ob die Überlieferung von der Auferstehung Jesu glaubwürdig und glaubhaft ist, stellt sich also nicht erst für den sogenannten »modernen«, »aufgeklärten«, »kritisch denkenden« Menschen, sondern – wie es alle Evangelien widerspiegeln – bereits für die Zeitgenossen Jesu unter Einschluss seiner engsten Umgebung. Die stereotype Kontrastierung von wundergläubigem, naivem antikem Denken und aufgeklärtem, kritischem neuzeitlichem Bewusstsein erweist sich auch in diesem Zusammenhang als viel zu vordergründig – und darin allemal als zu »unkritisch«.

Nach der Darstellung des Lukas (Lk 24,11) reagieren die Jünger Jesu auf die Nachricht der Frauen, die vom leeren Grab zurückkommen, mit äußerster Skepsis: »Und es erschienen ihnen diese Worte wie leeres Gerede, Geschwätz.« Selbst bei der Erscheinung des Auferstandenen vor den versammelten Jüngern sollen diese nach Lukas zunächst mit »Angst und Schrecken« reagiert haben und keineswegs von der »leibhaftigen« Auferstehung ihres Herrn ausgegangen sein (Lk 24,37). Auch nach Matthäus zweifeln einige der Jünger, vor denen der Auferstandene auf dem Berg in Galiläa erscheint, selbst dann noch, als sie ihn bereits sehen, sodass erst das Wort des Auferstandenen ihren Unglauben überwindet (Mt 28,16). In personalisierender Zuspitzung berichtet schließlich auch das Johannesevangelium vom – sprichwörtlich gewordenen – »Unglauben« des Thomas, der die Botschaft von der Auferstehung Jesu nicht akzeptieren will, ohne den Herrn selbst gesehen und ihn berührt zu haben (Joh 20,25).

Sosehr das Phänomen des Zweifels und des Unglaubens gegenüber der Auferstehungsbotschaft von Anfang an thematisiert werden musste, so sehr stellt sich die Frage nach der Wahrheit und Wirklichkeit der Osterbotschaft doch seit dem Umbruch der Aufklärung und seit der weitgehenden Säkularisierung unserer Gesellschaften in einer noch radikaleren und umfassenderen Weise. Wo die Rede von der Existenz Gottes infrage steht und als theistisches Relikt verdächtig ist, wird das neutestamentliche Zeugnis von der Auferstehung Jesu sicherlich nicht als plausibler erscheinen. Welchen Sinn macht es, an dem Bekenntnis von der leibhaftigen Auferweckung Jesu festzuhalten, wenn man zuvor bereits den Glauben an die personale Existenz Gottes aufgegeben hat? Will man – zugespitzt formuliert – im Ernst sagen: »Gott ist tot – aber er hat Jesus auferweckt«?

Da diese grundlegende Kritik der Neuzeit längst auch die Diskussion in der Theologischen Wissenschaft und in den Kirchen bestimmt, sehen sich die Gemeinden immer wieder in Wellen mit provozierenden Thesen zur Auferstehung Jesu konfrontiert. Als herausfordernd und anstößig wird dabei vor allem empfunden, dass die Infragestellung der vertrauten kirchlichen Überzeugung nicht etwa von »Außenstehenden«, sondern ausgerechnet von Vertretern Theologischer Fakultäten betrieben wird.[18] So löste in den 40er-Jahren des letzten Jahrhunderts das Entmythologisierungsprogramm Rudolf Bultmanns[19] große Auseinandersetzungen aus und in den 60er-Jahren das Auferstehungsbuch von Willi

Marxsen[20]. In den 90er-Jahren wurde die Auferstehungsdebatte vor allem durch die Veröffentlichungen von Gerd Lüdemann – speziell sein einschlägiges Buch: »Die Auferstehung Jesu. Historie, Erfahrungen, Theologie«[21] – neu angestoßen. Dabei waren sicherlich weniger die historisch-kritischen Thesen Lüdemanns an sich ausschlaggebend als vielmehr die sehr direkte und bewusst unverblümte Art der Darstellung – z. B. der Rede vom »vollen Grab« und der »Verwesung« des Leichnams Jesu.

HISTORISCH ODER GESCHICHTLICH WAHR?

So stellt sich – wenn schon in neutestamentlicher Zeit, wie viel mehr in der heutigen Diskussion – die drängende Frage: Was meint in dem alten Osterbekenntnis »Der Herr ist *wahrhaftig* auferstanden!« dieses verstärkende Adverb »wahrhaftig«, »wirklich«, mit dem offenbar die Zuverlässigkeit der Aussage und die Gewissheit der Zeugen unterstrichen werden sollen? Die Schwierigkeiten in der Diskussion um die Auferstehung beginnen – wie es meistens der Fall ist – bereits bei der Verwendung der Begriffe. Was heißt hier »wirklich auferstanden«?

Wir kennen alle – ob in der aktiven Rolle oder in der Rolle des »Leidenden« – die klassische Frage eines Kirchengemeinderats an die neuen Vikare oder Pfarramtsbewerber: »Glauben Sie, dass Jesus auferstanden ist?« Da ahnen die Vikarinnen und Vikare, nachdem sie sich über zehn Semester lang in Differenzierungen und Problematisierungen eingeübt haben, dass hier jetzt eine klare und entschiedene Antwort und kein Ausweichen erwartet wird. Und die Aufgabe wird dadurch nicht erleichtert, dass der Fragende während der Schrecksekunde der Betroffenen noch zu präzisieren sucht: »Ist die Auferstehung Jesu historisch?«

Was meinen wir, wenn wir im Zusammenhang mit der Auferstehung Jesu von »historisch« reden? Möglicherweise wollen wir mit dem Begriff »historisch« kennzeichnen, dass ein Geschehen wirklich, das heißt zu einem bestimmten Zeitpunkt der Geschichte und an einem konkreten Ort – also in diesem Fall um das Jahr 30 n. Chr. bei Jerusalem – stattgefunden hat. In diesem Sinne verstehen offensichtlich Lukas und die anderen neutestamentlichen Zeugen ihre Auferstehungsbotschaft als »historisch« zutreffend.

Mit dem Zusatz »historisch« kann aber auch verbunden werden – und dies ist in der wissenschaftlichen Diskussion des letzten Jahrhunderts vorherrschend geworden –, dass ein Ereignis nach den Maßstäben der klassischen »Historischen Kritik« als »wahr« beziehungsweise als »historisch wahrscheinlich« und »plausibel« erwiesen werden kann. Und dies ist keineswegs dasselbe! Ob die Auferstehung Jesu sich *wirklich* ereignet hat oder ob die Auferstehung Jesu als ein mithilfe der »Historischen Kritik« *verifizierbares* beziehungsweise *plausibilisierbares* Geschehen erfassbar ist, macht nur dann keinen Unterschied, wenn man das Wirklichkeitsverständnis im Sinne einer *positivistischen* Weltsicht von vornherein einschränkt. Wenn grundsätzlich nur das als »wahr« und »historisch« anerkannt werden soll, was sich in Entsprechung und in Beziehung zu anderen historischen Ereignissen und Erfahrungen »wahrscheinlich machen« lässt, dann in der Tat lässt sich das Zeugnis von der leibhaftigen Auferstehung Jesu »historisch« nicht fassen. Dann würde grundsätzlich nur das als historisch wahr anerkannt, was gegenüber den Prinzipien der grundsätzlichen Kritik, der Analogie und der Kausalität beziehungsweise der Korrelation bestehen kann.

Die Auferstehungsbotschaft der ersten Zeugen will aber weder Selbstverständliches übermitteln noch allgemein Einsichtiges und dem Menschen beliebig Verfügbares wiederholen. Die Erkenntnis der Auferstehung Jesu wird im Neuen Testament vielmehr durchgängig mit der Widerfahrnis göttlicher Offenbarung und dem Hinweis auf die Erscheinungen des Auferstandenen begründet[22].

So kann man die Auferstehung Jesu sehr wohl für *historisch* – das heißt wirklich und leibhaftig geschehen – ansehen, ohne sie damit für *historisch beweisbar* zu halten. Wenn aber unter dem Gegenteil von »historisch« einerseits »*un*historisch« verstanden werden kann und andererseits »historisch *nicht verifizierbar*«, dann lässt sich die Frage nach der »Historizität« der Auferstehung Jesu nicht mit einem einfachen »Ja« oder »Nein« beantworten.

Um die Ausweglosigkeit einer Untersuchung des »Unvergleichlichen« mit den Mitteln einer nach Entsprechungen und Ableitungen urteilenden »Historischen Kritik« zu umgehen und um die Mehrdeutigkeit des Begriffs »historisch« zu vermeiden, hat sich weithin in der Auferstehungsdebatte eine Unterscheidung der Begriffe »historisch« und »geschichtlich« durchgesetzt. Rein sprachlich gesehen haben beide Begriffe natürlich die gleiche Grundbedeutung (Denotation), sie haben aber im Lauf der Zeit verschiedene Nebenbedeutungen (Konnotationen) gewonnen.

So kann davon gesprochen werden, dass die Auferstehung Jesu zwar nicht als *historisches*, wohl aber als *geschichtliches* Ereignis zu begreifen sei. Doch wird auch diese Aussage wieder ganz verschieden verstanden. »Nicht historisch, wohl aber *geschichtlich* ...« kann im oben ausgeführten Sinne meinen, dass sich das Geschehen der Auferstehung Jesu zwar dem Zugriff der »Historischen Kritik« entzieht, gleichwohl aber als ein wirkliches Ereignis um das Jahr 30 n. Chr. bei Jerusalem verstanden wird.

»Geschichtlich« kann aber in Abgrenzung zu »historisch« auch die Bedeutung annehmen, dass das Auferstehungsgeschehen nicht im Sinne des neutestamentlichen Zeugnisses als historisch wahr und wirklich verstanden werden soll, sondern lediglich als »wirklich« im Sinne seiner *geschichtlichen Wirksamkeit*, das heißt seiner *Wirkungsgeschichte*. Insofern die Kunde vom leeren Grab und von den Erscheinungen des Auferstandenen bei den ersten Christen den Glauben an die Auferstehung Jesu und damit die Hoffnung auf das neue Leben geweckt und begründet hat, ist die Auferstehungsbotschaft ja offensichtlich geschichtlich wirksam geworden. In Hinsicht auf dieses neue Verständnis des Wirkens und Sterbens Jesu und im Hinblick auf das neue Selbstverständnis der ersten Zeuginnen und Zeugen Jesu kann man von einer *geschichtlichen* Wahrheit und Wirklichkeit ausgehen, selbst wenn man das neutestamentliche Zeugnis von der leibhaftigen Auferstehung Jesu aus dem Grab heraus für *unhistorisch* hält.

So würden auch R. Bultmann und W. Marxsen nicht bestreiten, dass Jesus der Gekreuzigte und Begrabene »geschichtlich« auferstanden ist – aber eben nur in der Gestalt, dass er im Auferstehungszeugnis und im Glauben der Christen lebt, dass er »ins Kerygma« und »in den Glauben« der Seinen auferstanden ist. Und dieses Auferstehungszeugnis und der neue Glaube der ersten Jüngerinnen und Jünger lassen sich dann in der Tat auch nach den Prinzipien der traditionellen Historischen Kritik als historische Phänomene begreifen.

Dass in den Auferstehungsdebatten außerhalb der Theologischen Fakultäten der Streit um das »leere« – oder bei G. Lüdemann ausdrücklich um das »volle«[23] – Grab eine solch entscheidende Rolle spielt, mag unter anderem daran liegen, dass viele Gemeindeglieder bei all diesen verwirrenden Begriffsunterscheidungen sehr wohl wahrnehmen: Nach der Darstellung und dem Verständnis des neutestamentlichen Zeugnisses lassen sich die *Wirklichkeit* und die *Bedeutsamkeit* der Auferstehung Jesu, lassen sich eine *historische* und eine *geschichtliche* Wahrheit des Auferstehungsbekenntnisses nicht gegeneinander ausspielen. Sosehr die Osterbotschaft auf den Glauben an den Auferstandenen abzielt, so wenig ist die Wirklichkeit der Auferstehung auf den Glauben beschränkt. Die Osterzeugen glaubten an die Auferstehung, weil Jesus auferstanden war und ihnen erschienen ist, und nicht umgekehrt! Für die Auferstehungszeugen selbst war ihr gekreuzigter, gestorbener und begrabener Herr nicht nur insoweit auferstanden, als sie selbst daran glaubten. Sie verstanden die Wirklichkeit der Auferstehung Jesu Christi als Voraussetzung und Grundlage ihrer Hoffnung und nicht nur als Ergebnis und Folge ihres eigenen Glaubens.

ANBRUCH DER NEUEN SCHÖPFUNG

Nun kann man sich allerdings fragen, ob mit der Konzentration auf die »historische Frage« das Wesentliche der neutestamentlichen Auferstehungsbotschaft überhaupt in den Blick kommt. Denn einerseits gehen die ersten Zeugen keineswegs davon aus, dass sich die Auferstehung Jesu durch vermeintliche Faktenbeweise oder durch Argumente menschlicher Vernunft leichter glauben oder »begreifen« lässt; und andererseits beschreiben sie das Ereignis der Auferweckung durch Gott überhaupt nicht als ein der alten Welt und der bisherigen menschlichen Geschichte zuzuordnendes Faktum, das aus der Analogie zu anderen historischen Phänomenen hinreichend erklärt werden könnte.

Das Auferstehungsgeschehen wird vielmehr als die Eröffnung der neuen Schöpfung und als der Anfang der kommenden Geschichte Gottes mit seinen Menschen verstanden. Wenn wir diese Perspektive traditionellerweise »endzeitlich« oder »eschatologisch« nennen, können wir dabei das Entscheidende noch übersehen. Die Auferstehung Jesu gehört nämlich nicht zum *Abschluss* der alten Weltzeit und zum *Ende* der bisherigen menschlichen Geschichte – dies kommt im Zusammenhang des Kreuzesgeschehens zur Sprache! Sie bedeutet vielmehr selbst schon den *Anbruch* der neuen Geschichte und die *Eröffnung* des künftigen, ewigen Lebens vor und mit Gott.

Damit wird die Auferweckung Jesu durch seinen Vater auch nicht nur als »Vorwegnahme« und »Antizipation« der *allgemeinen* Auferstehung am Ende der Tage als des eigentlichen »endzeitlichen« Ereignisses verstanden. Die gegenwärtige Teilhabe der Gläubigen an der neuen Lebenswirklichkeit Christi und die Hoffnung auf die kommende leibhaftige Auferstehung aller Gläubigen ergeben sich als *Konsequenz* und *Entfaltung* des einen alles entscheidenden Christusgeschehens. In Christus – das heißt durch die Stellvertretung und in der Gemeinschaft des für sie Gekreuzigten und Auferstandenen – haben die Christen schon gegenwärtig teil an der neuen Schöpfung (2. Kor 5,17).

Als »historisches« beziehungsweise »geschichtliches« Ereignis will das Auferstehungsgeschehen also nur insofern verstanden werden, als es aus der kommenden Welt in diese gegenwärtige Welt hineinragt und somit den Anbruch der neuen Schöpfung Gottes und den Beginn der kommenden Geschichte Gottes mit seinen Menschen darstellt. Die Auferstehung Jesu wird allerdings nach den neutestamentlichen Zeugnissen nicht als eine Wirklichkeit verstanden, die sich mit den Mitteln, Erfahrungen und Verhältnissen der bisherigen menschlichen Geschichte bereits hinreichend erfassen und beschreiben ließe.

Diese *Nahtstelle* zwischen alter und neuer Welt, zwischen bisheriger und neuer Schöpfung und zwischen menschlicher Geschichte und göttlicher Offenbarung wird in den Evangelien durch die Tradition von der Auffindung des *leeren Grabes* am Ostermorgen bezeichnet. Den verzweifelten Frauen wird unter Hinweis auf das leere Grab eröffnet, dass sie Jesus den Gekreuzigten hier vergebens suchen, da er auferstanden ist (Mk 16,1ff par.). Als von den Toten Auferstandener ist Jesus weder in dem Grab geblieben, in das sie ihn gelegt hatten, noch auch in seine alte Leiblichkeit zurückgekehrt, sodass die Frauen ihn noch in der Umgebung Jerusalems – das heißt in Zeit, Raum und Materie – finden könnten.

Das leere Grab verdeutlicht, dass die neue Schöpfung Gottes sehr wohl die bisherige Schöpfung aufnimmt und das Sterbliche verwandelt; sie wirkt in Zeit, Raum und Geschichte hinein. Zugleich aber steht das leere Grab auch dafür, dass die Auferstehungswirklichkeit dem nach geschichtlichen Entsprechungen und Erklärungen Urteilenden entzogen bleibt, weil sie nicht Bestandteil und Möglichkeit der bisherigen menschlichen Geschichte ist. Sie ist ein eschatologisches Ereignis. Weiter als zu dem »historischen Rand« des Geheimnisses der Auferstehung können wir in Anbetracht des leeren Grabes mit Mitteln historischer Forschung nicht kommen – aber so weit immerhin!

DIE ÄLTESTEN QUELLEN

Wenden wir uns den Quellen für das Zeugnis von der Auferstehung Jesu zu, dann machen wir eine doppelte Beobachtung: Zunächst fällt auf, dass es innerhalb des Neuen Testaments kein Verfasser unternimmt, das Auferstehungsereignis an sich beschreiben zu wollen – es wird die *Tatsache* der Auferstehung Jesu betont, und es werden die Ereignisse am *leeren Grab* und die verschiedenen *Erscheinungen des Auferstandenen* vor den Frauen und vor den Aposteln dargestellt, nicht aber die von keinem menschlichen Auge wahrgenommene Auferweckung Jesu selbst.

Zugleich aber ist zu beachten, dass wir hinsichtlich der Vielfalt und des Alters des Auferstehungszeugnisses über eine für antike Verhältnisse außerordentlich günstige Quellenlage verfügen. Dabei sind uns nicht nur die breit ausgeführten Berichte in den vier Evangelien und der Apostelgeschichte erhalten, die mit dem Markusevangelium als dem ältesten Evangelium in die 60er-Jahre des 1. Jahrhunderts n. Chr. zurückreichen, sondern darüber hinaus in der Briefliteratur auch eine Fülle von formelhaften Wendungen, in denen die Auferstehung Jesu und seine Selbstbezeugung vor den Aposteln bekenntnishaft festgehalten werden. Eine dieser alten Formeln haben wir zu Beginn aus Lukas 24,34 zitiert: »Der Herr ist wahrhaftig auferstanden und dem Simon erschienen!«

Für die wissenschaftliche Untersuchung sind vor allem die einschlägigen Belege aus den unangefochten echten Paulusbriefen von besonderem Interesse. Denn erstens haben wir es bei Paulus historisch unbestritten mit einem neutestamentlichen Verfasser zu tun, der für sich selbst beansprucht, den Auferstandenen persönlich gesehen zu haben und durch ihn selbst zum Apostel berufen worden zu sein. Seine Briefe sind authentische literarische Quellen eines der »Augenzeugen« des Auferstandenen (1. Kor 9,1; 15,8; Gal 1,11 f. 15 f; Phil 3,8). Dies hat umso mehr Gewicht, als bei allen anderen Aposteln zugeschriebenen Schriften des Neuen Testaments die Echtheit der traditionellen Verfasserangabe in der wissenschaftlichen Diskussion umstritten ist. Dies gilt sowohl für die Matthäus und Johannes zugeordneten Evangelien wie auch für die Jakobus, Petrus und Johannes zugeschriebenen Briefe.

Zweitens kommen wir durch das anerkannt hohe Alter der Paulusbriefe mit den Bezeugungen chronologisch noch wesentlich näher an die Ereignisse in den 30er-Jahren heran. So kann Paulus in dem um 50 n. Chr. verfassten ersten Brief an die Thessalonicher auf eine der Gemeinde offensichtlich vertraute Missionsformel Bezug nehmen, in der Christus als der »Sohn Gottes« bekannt wird, »den er [Gott] auferweckt hat von den Toten« (1. Thess 1,9 f).

Von großer Bedeutung ist auch die von Paulus ausdrücklich als traditionelle Überlieferung gekennzeichnete viergliedrige Formel in 1. Korinther 15,3-8, in der bekannt wird, »dass Christus gestorben ist für unsere Sünden nach der Schrift und dass er begraben worden ist und dass er auferstanden ist am dritten Tage nach der Schrift und dass er erschienen ist dem Kephas, dann den Zwölfen; danach ist er mehr als fünfhundert Brüdern auf einmal erschienen ...« Paulus ergänzt zur Betonung der Verlässlichkeit und der Nachprüfbarkeit: »Die meisten von ihnen leben jetzt noch, einige aber sind entschlafen«, und schließt vor dem ausdrücklichen Hinweis auf die ihm widerfahrene Erscheinung die traditionelle Liste der Zeugen mit der Wendung ab: »Danach ist er dem Jakobus erschienen, dann allen Aposteln.« Ob man diese Formel mit vielen Exegeten auf eine alte Jerusalemer Tradition in ursprünglich aramäischer Sprachgestalt zurückführt oder sie in ihrer vorliegenden Fassung in der frühen Gemeinde in Antiochien verorten will, so bietet sie in jedem Fall einen kunstvollen Beleg für die frühe und ausgesprochen breite Bezeugung der Wirklichkeit der Auferstehungserscheinungen und der Gewissheit des Auferstehungsereignisses.

Gleichwohl ist der *älteste Kern* der Auferstehungsüberlieferung in den – vor allem von Paulus, dann aber auch in späteren Briefen und der Apostelgeschichte aufgenommenen – *kurzen, eingliedrigen* formelhaften Wendungen zu erkennen, die wir – je nach grammatischem Subjekt des Satzes – in »*Auferweckungs*formeln«

und »*Auferstehungs*formeln« unterteilen[24]. Die *Auferweckungs*formeln enthalten die Grundaussage: »*Gott* hat Jesus von den Toten auferweckt« (zum Beispiel Röm 10,9; 1. Kor 6,14; 1. Kor 15,15; vgl. Röm 4,24; 1. Thess 1,10), während die *Auferstehungs*aussagen bekennen: »*Christus* ist von den Toten auferstanden« (zum Beispiel Röm 4,25; 6,4.9; 7,4; 1. Kor 15,4).

Mit den beiden unterschiedlichen Reihen geprägter Wendungen wird das *eine* Geschehen der Auferweckung Jesu Christi durch Gott, den Vater, aus verschiedener Perspektive in den Blick genommen. Bei der *Auferweckungs*formel wird vor allem eine Aussage über *Gott* gemacht: »Gott ist der, der Christus auferweckt hat«, während die *Auferstehungs*formel als *Christus*bekenntnis zu begreifen ist: »Christus ist der, der wahrhaftig auferstanden ist und lebt!«

Die *Auferweckungs*aussage antwortet auf die Fragen: »Wer und wie ist Gott? Wie ist sein Verhältnis zu Jesus, dem Gekreuzigten, zu verstehen? Und wie verhält er sich zu seiner Schöpfung?« Demgegenüber antwortet die *Auferstehungs*aussage auf die Fragen: »Wer ist Jesus Christus, und wie ist Jesus Christus? Wie ist sein Verhältnis zu Gott, dem Vater, zu bestimmen, und wie und in welcher Vollmacht verhält er sich gegenüber der Welt?«

Dabei versteht es sich für die ersten Christen in ihrem alttestamentlich-jüdisch geprägten Glauben[25] von selbst, dass die beiden Aussageweisen des einen Geschehens wohl einen Wechsel des Blickwinkels, nicht aber einen Unterschied im Verständnis des Auferweckungsgeschehens an sich bedeuten. Allein Gott, der Schöpfer und Vater Jesu Christi, hat von sich aus die Macht, »die Toten lebendig zu machen und das Nicht-Seiende ins Sein zu rufen« (Röm 4,17).

Beide Aussagereihen können wohl gemeinsam als die älteste *literarisch* greifbare Stufe der Osterbotschaft gelten, auf die die zwei- und mehrgliedrigen Formeln bis hin zu dem zitierten viergliedrigen Bekenntnis in 1. Korinther 15,3 ff dann aufbauen. So werden die Auferstehungsaussagen einerseits mit dem Hinweis auf das vorangegangene *Sterben Jesu* verbunden (zum Beispiel Röm 4,25: »... welcher dahingegeben wurde um unserer Übertretungen willen und auferstanden ist um unserer Rechtfertigung willen«[26]), andererseits wie in unserem Eröffnungszitat Lukas 24,34 mit dem Hinweis auf die *Erscheinung* des Auferstandenen (vgl. 1. Kor 15,5 ff). Da die formelhaften Wendungen somit das »Urgestein« des Auferstehungsbekenntnisses bilden, sind sie als Glaubenszeugnisse der beiden ersten Jahrzehnte zusammen mit den Briefen des um das Jahr 32 n. Chr. berufenen Apostels Paulus (Gal 1,15 f.18; 2,1) für die neutestamentliche Theologie von ganz elementarer Bedeutung.

Was ihr Gewicht für die Klärung der historischen Frage der Auferstehungsereignisse angeht, bleibt es freilich bei den zu Beginn skizzierten Differenzierungen hinsichtlich der »historischen« und der »geschichtlichen« Wahrheit. Für den, der die leibhaftige Auferweckung des Gekreuzigten in ein neues Leben nach seinem Wirklichkeits- und Wissenschaftsverständnis »historisch« prinzipiell ausschließt, können eine frühe Datierung der Zeugnisse oder die Aufzählung der zahlreichen Zeugen – neben dem Zwölferkreis der Herrenbruder Jakobus, Paulus, der gesamte Kreis der Apostel, ja fünfhundert Zeugen auf einmal (1. Kor 15,3-8) – sicherlich keine grundsätzlich andere »Beweislage« schaffen.

Bei Bestreiten der Möglichkeit eines eschatologischen Wirkens und Eingreifens des Gottes, den Jesus als seinen Vater angerufen hat – bei Bestreiten dieser Offenbarungswirklichkeit ließe sich das Phänomen des Osterglaubens sicherlich eher mit dem Umschlag der großen Trauer und Verzweiflung in den Mut der Verzweiflung im Kreis der ersten Jünger erklären. Denn für die suggestive Kraft einzelner prägender Persönlichkeiten – wie

Petrus und Paulus es ja unbestritten gewesen sind – und für die Begeisterungsfähigkeit auch großer Menschenmassen lassen sich historisch selbstverständlich mehr Parallelen benennen als für die Auferweckung eines bereits begrabenen Gekreuzigten in eine neue Auferstehungswirklichkeit.

Andererseits wird über die grundsätzliche Problematik eines »historischen Beweises« für die Auferstehung Jesu zu schnell vergessen, dass die ersten Zeugen nicht nur von einer rein symbolischen Bedeutsamkeit und einer lediglich übertragen gemeinten Wahrheit der Auferstehung sprachen, sondern von einem konkreten, leibhaftigen Geschehen an dem infolge seiner Kreuzigung verstorbenen Jesus von Nazareth. Jesus, der Christus, war für sie nicht nur eine *Chiffre* für Hoffnung und Zuversicht, sondern eine *Person*, der sie als Jünger von Galiläa her nachgefolgt sind und die nicht im Tod geblieben, sondern auferstanden und ihnen persönlich erschienen ist. Diese Auferstehung des Gekreuzigten geschah an einem konkreten geografischen Ort – nämlich Jerusalem –, und sie ereignete sich zu einem bestimmten, noch keine Generation zurückliegenden historischen Zeitpunkt – nämlich um das Jahr 30 n. Chr. Für die Gemeinden zur Zeit des paulinischen Wirkens (ca. 32-64 n. Chr.) waren die Rückfrage bei den noch lebenden Jüngern Jesu und die Vergewisserung bei denen, die sich wie Paulus selbst auf eine Erscheinung des Auferstandenen beriefen, ohne große Schwierigkeiten möglich.

DIE ÜBERLIEFERUNG VOM LEEREN GRAB

Neben den Auferweckungs- beziehungsweise Auferstehungsformeln und dem literarischen Zeugnis des Paulus findet sich im Neuen Testament als dritter Überlieferungskomplex die breite

Tradition der Auffindung des leeren Grabes am Ostermorgen. Dass das älteste literarische Zeugnis – nämlich das Markusevangelium (16,1-8) – »erst« aus den 60er-Jahren datiert, spricht selbstverständlich nicht gegen ein möglicherweise sehr hohes Alter der zuvor mündlich – vielleicht auch schon in einer vormarkinischen Passionsgeschichte schriftlich – tradierten Überlieferung vom leeren Grab. Dieser Grundsatz gilt ja generell für das gesamte in den synoptischen Evangelien – aber auch weithin im Johannesevangelium – überlieferte Traditionsgut, das jeweils genau auf mögliche redaktionelle und traditionelle Schichten hin zu befragen ist. Eine Fülle von Indizien sprechen für die – in jeder Hinsicht – historische Wahrscheinlichkeit der Nachricht, dass Jesus am Freitagabend von einem Joseph von Arimathia in einem Felsengrab beerdigt wurde und dass das Grab Jesu dann am folgenden Sonntag von Maria von Magdala in Begleitung anderer Frauen bei einem Grabbesuch geöffnet und leer vorgefunden wurde[27].

Ob man den frühen gegnerischen Vorwurf des Grabraubes durch die Jünger bedenkt (Mt 27,62–28,15) oder die Möglichkeit der Nachprüfbarkeit durch Öffnung des Grabes Jesu in Jerusalem, ob man den für die Antike ungewöhnlichen Sachverhalt berücksichtigt, dass ausgerechnet Frauen als Zeuginnen benannt werden, oder die Variationsbreite und Vielstimmigkeit der Grabesüberlieferung (vgl. Mt 28,1-8; Lk 24,1-12 und Joh 20,1-18), es überwiegen meines Erachtens die Argumente *für* die Historizität des leeren Grabes – und zwar nach den Plausibilitäten historisch-kritischer Forschung und ganz unabhängig von der Frage der Auferstehung Jesu.

Zudem ist nach der Logik historischer Überlieferung der Vorrang der Frauen – nämlich der Maria von Magdala und einzelner anderer Nachfolgerinnen Jesu, deren Namen in der Überlieferung variieren – jedenfalls festzuhalten[28]. Denn ein Zurücktreten der durch Frauen bestimmten Traditionen zugunsten der mit tragenden Autoritäten der Urgemeinde verbundenen Überlieferungen (wie auch in 1. Kor 15,5 ff) erscheint historisch plausibler als der umgekehrte Fall. Der bei Lukas (24,12) und Johannes überlieferte Grabgang des Simon Petrus (Joh 20,1-10 zusammen mit dem »Lieblingsjünger«) wird interessanterweise auch in den Quellen dem Gang der Frauen zum leeren Grab jeweils nachgeordnet.

Freilich gilt auch hier wieder: Mit der Anerkennung eines hohen Alters und dem Zugeständnis einer guten Bezeugung der Überlieferung vom leeren Grab ist für den historischen Streit um die Auferstehung Jesu selbst an sich noch nichts gewonnen. Selbstverständlich wird für denjenigen, der das Wunder des eschatologischen Eingreifens Gottes in Zeit und Geschichte, der die schöpferische Verwandlung des irdischen Leibes in einen neuen, himmlischen Leib ausschließen will, einer der anderen historischen Erklärungsversuche für das leere Grab plausibler erscheinen. So könnte der Leichnam Jesu – entsprechend dem schon von Matthäus aufgenommenen frühen gegnerischen Vorwurf – in der Tat auch wieder aus dem Grab herausgenommen worden sein. Dass das Grab Jesu jedoch verwechselt worden sein sollte oder die Gegner Jesu seinen Leichnam selbst entfernt haben könnten, erscheint hingegen kaum logisch.

Vor allem aber gilt es festzuhalten, dass nach der einheitlichen Darstellung aller Evangelien weder der Zwölferkreis noch auch die Frauen um Maria von Magdala in Anbetracht des leeren Grabes bereits zum Glauben an die Auferstehung gefunden haben. Sosehr die Darstellung der Engelbotschaft am Grab bei den Evangelien in Wortlaut und Details auch variieren mag, so halten doch alle Berichte daran fest, dass es nicht die eigene logische Einsicht und Erinnerung der menschlichen Zeugen, sondern die aus der himmlischen Sphäre übermittelte Erkenntnis war, die das Rätsel des leeren Grabes mit dem Geheimnis der Auferstehung beantwortete: »Erschreckt nicht! Ihr sucht Jesus, den Nazarener, den Gekreuzigten. Er ist auferstanden, er ist nicht hier. Seht da die Stelle, wo sie ihn hingelegt hatten« (Mk 16,6).

Dies ist auch gegenüber dem – für den Historiker zunächst durchaus bestechenden – Rekonstruktionsversuch Hans v. Campenhausens einzuwenden, der zur Erklärung des Osterglaubens genau bei dem leeren Grab Jesu ansetzt[29], das Petrus – der den Glauben durchgängig bewahrt haben soll – dann von sich aus als Erster im Sinne eines Unterpfands der Auferstehungshoffnung gedeutet habe.[30] Die weiteren Folgerungen der Engelbotschaft hätten sich daraus von selbst ergeben: »Wo sollte Jesus jetzt noch zu finden sein? … Er musste in die Heimat gezogen sein, nach Galiläa, wo er gewirkt hatte.«[31] Als faszinierend mag an diesem Versuch des Kirchenhistorikers Hans v. Campenhausen erscheinen, dass die wissenschaftliche Erklärung für das Entstehen des Auferstehungsbekenntnisses mit dem auskommt, was wir in der Tat als historisch-kritisch leicht nachvollziehbar erkannt haben: die Auffindung des leeren Grabes durch die Frauen. Weder muss eine legendarisch anmutende Verkündigung durch Engel postuliert werden noch auch eine Erscheinung des Auferstandenen in Jerusalem. Der Auferstehungsglaube basiert vielmehr auf logischen Erwägungen, und die Rückkehr nach Galiläa verdankt sich der Hoffnung des Petrus, hier Jesus anzutreffen.

Der entscheidende Nachteil dieses Erklärungsversuches ist allerdings, dass er die gesamte Evangelientradition als historische Quellen gegen sich hat und sich damit als rein spekulativ erweist. Weder hat Petrus nach Darstellung der Evangelien bei Gefangennahme, Kreuzigung und Tod Jesu Glauben und Treue bewahrt, noch wird in irgendeiner neutestamentlichen Quelle davon gesprochen, dass gerade er unabhängig von Engelbotschaft oder Christuserscheinung von sich aus das leere Grab mit der Auferstehungsgewissheit erklärt habe. Vielmehr soll er angesichts des leeren Grabes zunächst in ungläubiger Verwunderung über das Geschehen nach Hause gegangen sein (Lk 24,12; Joh 20,6-10).[32] Zudem legt es sich für ein jüdisch-christliches Auferstehungsverständnis keineswegs nahe, einen in die himmlische Sphäre Auferweckten an irgendeinem irdischen Ort zu suchen – sei es nun in Jerusalem oder in Galiläa (Mk 16,6 par. Lk 24,5 f). Vielmehr muss er – der wie alle anderen Jünger von Furcht und Entsetzen bestimmt war – allererst durch den Auferstandenen bei dessen Erscheinung in seinem Zweifel überwunden werden.

Ob durch *Angelophanie* – also Engelerscheinung – oder durch *Christophanie* – also die Erscheinung des auferstandenen Christus selbst –, in jedem Fall ist es nach den neutestamentlichen Schriften nicht nur das Ereignis der Auferstehung an sich, das von Gott gewirkt worden ist, sondern auch die Erkenntnis des Evangeliums von Jesus Christus und die Gewinnung des Glaubens an den Gott, der Jesus von den Toten auferweckt hat. Die Quellen zwingen uns auch in diesem Fall auf den historisch steileren und menschlich unbequemeren, aber theologisch höheren Weg.

DIE ERSCHEINUNGEN DES AUFERSTANDENEN

Sowohl bei den traditionellen Auferstehungsformeln Lukas 24,34; 1. Korinther 15,3ff wie auch im Zusammenhang der Ausführungen des Paulus über seine Berufung und sein Apostelamt wurden wir bereits auf die für Glauben und Verkündigung der ersten Christen grundlegende Bedeutung der Erscheinungen des Auferstandenen aufmerksam: »Er ist auferstanden ... und er ist erschienen!« Überblicken wir die breite Überlieferung von Erscheinungsberichten im Neuen Testament, dann ergibt sich eine fast verwirrende Vielfalt. Als Empfänger von Christuserscheinungen in der ersten Zeit nach der Auferstehung werden im Einzelnen genannt: die Frauen auf dem Rückweg vom Grab (Mt 28,9 f) beziehungsweise Maria von Magdala am Grab (Joh 20,14 ff); Simon Petrus gesondert (Lk 24,34; 1. Kor 15,5); die Emmaus-Jünger (Lk 24,13-35); die versammelten Jünger Jesu (in allen Osterberichten); nach 1. Korinther 15,5 ff zusätzlich: »fünfhundert Brüder auf einmal«; dann der Herrenbruder Jakobus, alle Apostel und – nach seinem Verständnis – *abschließend* der Pharisäer und spätere Heidenapostel Paulus.

Geografisch konzentrieren sich die Erscheinungen einerseits auf *Jerusalem* (so grundsätzlich bei Lukas, aber auch in Johannes 20 und Matthäus 28,9 f) und andererseits auf *Galiläa* (so grundsätzlich Markus, aber auch Matthäus 28,7.16 ff). Allein die Erscheinung vor Paulus wird dann mit *Damaskus* verbunden (Apg 9,22.26 und Gal 1,15-17). Berücksichtigt man die generelle Hochschätzung Jerusalems durch Lukas[33], dann ergibt sich aus den Quellen als wahrscheinlichste ursprüngliche Verbindung: die Erscheinung vor den *Frauen* mit *Jerusalem* und die Erscheinung vor den »*Zwölfen*« – das heißt vor »den elf Jüngern Jesu und denen, die bei ihnen waren« – mit *Galiläa*. Freilich ergibt sich nicht nur durch die Komposition der Evangelisten, sondern vor allem auch durch die aufgelistete Vielzahl der Adressaten der Eindruck, dass von einer Mehrzahl von Erscheinungen auszugehen ist, die sehr wohl auch von alters her sowohl mit Galiläa wie mit Jerusalem verbunden sein könnten.

Wo wird die Erscheinung des auferstandenen Jesus vor seinem Bruder Jakobus vorgestellt und wo die vor »allen Aposteln«? Welches Ereignis ist mit der Erscheinung vor den »Fünfhundert« angesprochen? Gibt es hier einen Zusammenhang zu der Pfingstdarstellung nach Lukas in Apostelgeschichte 2? Hinsichtlich der historischen Rekonstruktion bleiben im Einzelnen viele Fragen offen; und man gewinnt den Eindruck, dass die Evangelisten – speziell Matthäus, Lukas und Johannes – die Vielfalt der überkommenen Überlieferungen weniger als Verlegenheit empfinden, sondern vielmehr als die Gelegenheit, die ihnen wichtig gewordenen Aspekte der Erscheinungen des Auferstandenen und des Evangeliums vom erhöhten Christus ausführlich zu entfalten. Einige dieser Aspekte der Erscheinungsberichte in den Evangelien seien abschließend – nach drei Motivbereichen sortiert – in aller Kürze skizziert.

DAS ERKENNEN DES AUFERSTANDENEN

1. Das grundlegende Motiv der Erscheinungen ist nach allen Evangelisten, die von Begegnungen des Auferstandenen mit seinen Jünger berichten – also Matthäus, Lukas und Johannes –, die *Identifikation*. Die Frauen und Männer, denen er erscheint, sollen ihn als den Auferstandenen erkennen. Sie sollen erkennen, dass er, Jesus von Nazareth, der Gekreuzigte, nicht im Tod geblieben ist, sondern lebt. Und umgekehrt gilt: Er, der ihnen in seiner hoheitlichen Vollmacht und Auferstehungswirklichkeit erscheint, ist kein anderer als der Herr, dem sie von Galiläa an nachgefolgt sind und der unter ihnen gewirkt und gelehrt hat – »Seht meine Hände und meine Füße, dass *ich* es *selbst* bin!«

(Lk 24,39). So erkennen die Frauen den Auferstandenen nach Matthäus 28,9 f (a) unmittelbar auf seinen Gruß hin und fallen anbetend vor ihm nieder.

In der Regel kommt das Unglaubliche und Unerhörte der Auferstehung Jesu zusätzlich darin zum Ausdruck, dass Jesus sogar bei seinem Erscheinen noch (b) das Nichtverstehen, den Zweifel und den Unglauben aufseiten seiner Nachfolgerinnen und Nachfolger überwinden muss. Denn zur Auferstehungserkenntnis bedarf es nicht nur der »objektiven« Erscheinung, sondern zudem auch noch des »subjektiven« Öffnens der Augen durch den Auferstandenen: Am eindrücklichsten kommt dies in den sogenannten »Wiedererkennungserzählungen« bei Lukas und Johannes zur Geltung: Von einer solchen »Rekognition« des zunächst Unerkannten handelt die Erzählung von den beiden Jüngern, die – ohne es zu erkennen – von Jesus auf dem Weg nach Emmaus und in ihr Quartier begleitet werden (Lk 24,13 ff). Erst als er wie zuvor »das Brot nimmt, dankt, es bricht und ihnen gibt«, werden ihre Augen geöffnet, sodass sie ihn erkennen (Lk 24,30 f; vgl. 22,19). Dementsprechend sieht auch Maria von Magdala nach Johannes 20,11-18 Jesus am Grab neben sich stehen, ohne ihn in ihrer Verzweiflung zu identifizieren; sie hält ihn für den Gärtner. Erst als der Auferstandene sie mit ihrem Namen anspricht, erkennt sie ihn endlich als ihren Herrn wieder. In diesem Zusammenhang ist schließlich auch die Erscheinung am See Tiberias nach Johannes 21,1 ff zu verstehen, bei der Jesus unerkannt am Ufer steht und mit seinen Jüngern spricht, aber erst nach dem erfolgreichen Fischzug von seinen Jüngern – namentlich dem »Lieblingsjünger« – erkannt wird.

Dieses Moment der *Erscheinung zur Identifikation* wirkt dort noch gesteigert, wo es sich bei der Selbstvorstellung des Auferstandenen (c) gewissermaßen um einen *Identitätsbeweis* handelt.

Während die Überwindung des Unglaubens und Zweifels sich in Matthäus 28,16 ff durch die Worte und den Auftrag des Erhöhten vollzieht, werden die Jünger nach Lukas 24,36-43 von Jesus ausdrücklich aufgefordert, seine Hände und Füße zu betrachten und ihn als den leibhaftig Auferstandenen im Wortsinne zu »begreifen«. Wenn Lukas zudem zu berichten weiß, dass Jesus sich von seinen Jüngern ein Stück gebratenen Fisch reichen lässt, um ihn vor ihren Augen zu verspeisen (Lk 24,41-43), ist das nicht etwa Ausdruck einer materialistischen Missdeutung der Auferstehungswirklichkeit – als ob der Auferstandene in seine alte Leiblichkeit zurück auferweckt worden wäre oder an Raum und Zeit gebunden und wie die Sterblichen auf Essen und Trinken angewiesen bliebe. Vielmehr will Lukas als Heidenchrist seinen hellenistischen Lesern damit verdeutlichen, dass es sich bei den Auferstehungserscheinungen nicht etwa nur um Geisterscheinungen eines Verstorbenen handelt: »Sie erschraken aber und fürchteten sich und meinten, einen *Geist* zu sehen« (Lk 24,37). Die Betonung des leeren Grabes und der »Leibhaftigkeit« des Auferstandenen soll dem für seine Umwelt naheliegenden Missverständnis wehren, der Leib Jesu wäre im Grab und damit im Tode geblieben, während nur sein Geist oder seine Seele zu Gott aufgefahren wäre.

Dass Jesus sich seinen Jüngern als wirklich und leibhaftig auferstanden gezeigt hat und dass gleichwohl der Auferstehungsglaube nicht von »handgreiflichen« Beweisen und vordergründigem »Sehen« abhängig gemacht werden kann, wird in ganz differenzierter Weise in der johanneischen Darstellung in Johannes 20,19-29 entfaltet. Als Thomas – der sprichwörtliche Repräsentant des Jüngerzweifels – die Osterbotschaft: »Wir haben den Herrn gesehen!«, nicht annehmen will, widerfährt auch ihm noch einmal eine sinnfällige Erscheinung. Sein hohes Christusbekenntnis gegenüber dem sichtbaren Auferstandenen – »Mein Herr und mein

Gott!« – wird von diesem aber dann mit der Seligpreisung derer beantwortet, »die *nicht* sehen und doch glauben« (Joh 20,28f). Denn fortan sollen Auferstehungsglaube und ewiges Leben durch das menschliche Bezeugen des Evangeliums von der Auferstehung des Herrn, Jesus Christus, vermittelt werden (20,31).

2. Während es bei all diesen Motiven jeweils um die Erschließung der *Realität der Auferstehung* geht und um das Erkennen Jesu *als des Auferstandenen*, findet sich in den gleichen Zusammenhängen auch das Moment der Erschließung der *Kausalität*, das heißt die Belehrung über die tieferen Zusammenhänge und Hintergründe von Kreuz und Auferstehung *durch den Auferstandenen.* Dass das Evangelium von Jesus Christus nicht nur auf der Erinnerung an Verkündigung und Wirken des irdischen Jesus basiert, sondern vom Auferstandenen selbst den Aposteln erschlossen worden ist, bringt keiner der Evangelisten so nachdrücklich ins Bewusstsein wie Lukas. Ob im Gespräch mit den Emmaus-Jüngern (Lk 24,25-27), ob bei der Erscheinung vor den versammelten Jüngern (Lk 24,44-47) oder während der vierzig Tage, in denen Jesus sich nach Apostelgeschichte 1,3ff seinen Jüngern als lebendig erweist und ihnen wiederholt erscheint – unermüdlich weist Lukas darauf hin, dass die Jünger sowohl die *Schrift* wie auch das Geheimnis der *Königsherrschaft Gottes*, sowohl das Rätsel des *Leidens Jesu* wie auch die Bedeutung seiner *Auferweckung durch Gott* allererst durch die Lehre und Auslegung des Auferstandenen in ihrer Mitte erkennen können: »Brannte nicht unser Herz in uns, als er auf dem Wege mit uns redete und uns die Schrift aufschloss?« (Lk 24,32).

3. Das Motiv der Belehrung und Überzeugung durch den Auferstandenen ist selbstverständlich auch bei der Erscheinung des

Erhöhten auf dem Berg in Galiläa nach Matthäus 28,16 ff aufzuweisen; jedoch steht der als »Missionsbefehl« bekannte Abschluss des Matthäusevangeliums vor allem im Zeichen der *Beauftragung* durch den Auferstandenen. Neben der Erschließung (1) der *Realität*, das heißt der Wirklichkeit der Auferstehung, und (2) der *Kausalität*, das heißt des Bedeutungszusammenhangs von Kreuz und Auferstehung, geht es hier schließlich um die Eröffnung (3) der *Finalität*, das heißt der Konsequenz und Perspektive der Erscheinung. Es lässt sich bei den Evangelienberichten wie auch bei der Darstellung der Christusoffenbarung durch Paulus durchgängig zeigen, dass die Erfahrung der Auferstehungserscheinung zugleich als Erfahrung der *Berufung* und *Beauftragung* wahrgenommen wird (Mt 28,10; Lk 24,47 ff; Joh 20,17.21 ff; 21,15 ff; vgl. Gal 1,11 f.15 f). Das *Er*kennen des erhöhten Herrn bewirkt zugleich das *An*erkennen und *Be*kennen seiner Herrschaft; und die Begegnung mit dem Auferstandenen drängt darauf, mitgeteilt zu werden. Auf diese Weise führt die Erkenntnis der Wirklichkeit der Auferstehung Jesu Christi – sie komme durch eigenes Sehen oder durch die Worte der Augenzeugen zustande – zugleich zum wirklichen Leben durch und für den Auferstandenen: »… gehe aber zu meinen Brüdern und sage ihnen: ›Ich gehe hinauf zu meinem Vater und zu eurem Vater, zu meinem Gott und zu eurem Gott.‹ Maria von Magdala geht und verkündigt den Jüngern: ›Ich habe den Herrn gesehen!‹, und dies habe er zu ihr gesagt« (Joh 20,17 f).

WIE LEIBLICH IST DIE AUFERSTEHUNG?

INTERVIEW MIT PAULUS[34]

Seit Ihren Schreiben an die Korinther sind nunmehr fast zweitausend Jahre vergangen, und es fällt vielen von uns heute sehr schwer, gerade Ihre engagierte Argumentation zur »Auferstehung von den Toten« (1. Kor 15) nachzuvollziehen.

Das wundert mich freilich nicht, da es zur Zeit der Abfassung meiner Briefe an die junge korinthische Gemeinde dort nicht anders war. Sosehr mir selbst als pharisäisch geprägtem Juden die Hoffnung auf die Auferstehung der Toten grundsätzlich auch schon vor meiner Berufung bei Damaskus vertraut war, so wenig entsprach sie doch dem hellenistischen Geist einer griechischen Stadt wie Korinth oder Athen. Ja, selbst meine sadduzäisch orientierten jüdischen Brüder teilten die Auferstehungshoffnung noch nicht, weil sie sie nicht schon in der »Tora« [den fünf Büchern Mose, *Hg.*], sondern erst bei den Propheten und den Schriften ausdrücklich belegt fanden.[35]

Um den Anstoß dieser – dann wohl schon immer – umstrittenen Hoffnung auf eine »leibliche Auferstehung« zu umgehen, reden wir heute gerne davon, dass die Verstorbenen in dem »Gedächtnis Gottes« und in seinen Gedanken weiterleben und insofern nicht ganz tot sind.

Damit beschreiben Sie gewiss die entscheidende *Voraussetzung*, aber noch nicht die *Wirklichkeit* der Auferstehung! Würde Gott der »Entschlafenen« *nicht* gedenken, dann blieben sie gewiss für immer tot! Wenn er sich aber als der Schöpfer des Lebens seiner verstorbenen Geschöpfe »erinnert«, wenn er in seiner Liebe »an sie denkt«, dann erschafft er sie auch neu und erweckt sie zum ewigen Leben. Denn er will, dass sie für immer vor ihm und mit ihm erfüllt leben können.

Ließe sich diese Form des Weiterlebens dann vielleicht auch mit einem unvergänglichen Bestandteil des Menschen – zum Beispiel seiner »unsterblichen Seele« – oder mit einem »göttlichen Funken« im Menschen erklären? Dann kehrte der göttliche Funken beim Ableben in das große göttliche Feuer, das ewige Licht, zurück, oder das »Weiterleben« wäre als Fortbestehen des Geistes, der Energie oder auch der Materie zu denken.

Gibt es solche Vorstellungen etwa heute immer noch? Damit wurde und wird dem Menschen einerseits zu viel zugeschrieben und andererseits viel zu wenig zugesagt. Nein, wenn wir als Geschöpfe in der Geschichte Adams sterben, dann sind wir – was unsere eigenen Voraussetzungen anbelangt – ganz und gar gestorben und tot. Ich kenne keine unvergänglichen, göttlichen Anteile im natürlichen Menschen! Das Geheimnis der Auferstehung gründet allein in Gottes Treue und in seiner Zusage, dass er seine Menschen der Vergänglichkeit und dem Vergessen nicht endgültig preisgeben will. Das »Göttliche« und die »Unvergänglichkeit« sind also nicht in uns selbst begründet, sondern ausschließlich in Gott. Nicht wir sind von uns aus unsterblich, sondern Gott – und er allein – ist von sich aus ewig.

Und warum sollen das Fortleben in Gottes Gedanken oder das Fortbestehen von Energie oder Geist »viel zu wenig« aussagen?

Weil es unaufgebbar um eine »leibliche« – das heißt persönliche, umfassende und wirkliche – Auferstehung geht. So wie Christus nicht bei den Toten blieb, sondern von Gott, seinem Vater, in ein neues, unvergängliches und herrliches Leben auferweckt wurde, so sollen auch die, die an Christus glauben, mit ihm zusammen ewig vor Gott leben. Auch zwischen Menschen macht es doch einen wesentlichen Unterschied, ob die Beziehung nur noch *in der Erinnerung* besteht oder *in der lebendigen Gegenwart* erfahren wird!

Es fällt uns aber schwer zu glauben, dass »Fleisch und Blut« über das Sterben hinaus Bestand haben können. Wie sollen wir uns denn eine Auferstehung der längst verwesten Körper vorstellen?
Jetzt argumentieren Sie aber schon wie meine Skeptiker in Korinth! Weder bei mir noch bei irgendeinem anderen Apostel war doch je davon die Rede, dass der Mensch in seine *alte, natürliche* Existenz zurückkehren soll oder dass das »alte Fleisch« – mit all seiner Vergänglichkeit, seiner Unzulänglichkeit und seinem Leiden – wiederhergestellt wird. Es geht uns um die Auferstehung und Verwandlung *aus* dem alten Leib, nicht *in* den alten Leib! Die erste Schöpfung und damit unser erster Leib sind und bleiben als solche vergänglich! Bei der Auferstehung von den Toten handelt es sich vielmehr um Gottes *Neu*schöpfung, die er in der Auferweckung seines Sohnes bereits verwirklicht hat. Allerdings schafft Gott nicht *völlig andere* Geschöpfe – was ja theoretisch auch denkbar gewesen wäre –, sondern seine sterblichen, doch von ihm geliebten Geschöpfe als solche völlig *neu* und *anders*.

Aber warum reden Sie dann von einer »leiblichen« Auferstehung? Wäre ihr Anliegen nicht doch viel treffender und unmissverständlicher mit dem Gedanken der Fortexistenz des »Geistes« oder der »Seele« erfasst?
Nun, ich spreche ja in der Tat vom »geistlichen« Leib – im Unterschied zum natürlichen. Aber ich bezeichne hier mit »geistlich«/»pneumatisch« nicht einen unsterblichen Bestandteil im

Menschen, sondern die Herkunft *aus* und die Wirkung *durch* Gottes Geist. Der unvergängliche, himmlische Leib verdankt sich ganz dem Geist und der Kraft Gottes. Er ist nicht mehr wie der erste, der irdische Leib durch die Vergänglichkeit und Schwachheit bestimmt, sondern durch die Herrlichkeit und das himmlische Leben des auferstandenen Christus.

Für uns als Judenchristen, die mit der Schrift groß geworden sind, ist »Leiblichkeit« an sich nichts Negatives oder Minderwertiges. Wir wissen, dass wir als Menschen nicht nur äußerlich einen Leib *haben*, sondern grundsätzlich Leib, das heißt »leibhaftig« *sind* – oder gar nicht sind! Den »Leib«-Gedanken und das ganzheitliche Verständnis vom Menschen kann und will ich keineswegs aufgeben, weil sonst ein ganz entscheidender Aspekt des Evangeliums aus dem Blick gerät.

Es geht uns doch bei der Beschreibung des ewigen Lebens und des Glaubens nicht nur um die menschliche Sehnsucht, in irgendeiner Weise unsterblich zu sein! Im Mittelpunkt unserer Hoffnung stehen vielmehr die bleibende Zugehörigkeit zu Gott und die ewige und persönliche Gemeinschaft mit unserem Herrn, Jesus Christus. Nur wenn wir »leibhaftig« leben, können wir Gott lieben und erkennen, ihn persönlich sehen und verehren. Nur so können wir im umfassenden Sinne mit ihm Gemeinschaft haben und vor ihm im Kreis all derer, die ihn lieben, glücklich leben.

Wenn Christus uns bei unserem Namen ruft und wir den einzigartigen Namen Jesu Christi anrufen, dann wissen wir, dass Gott *uns selbst* meint – und nicht nur *etwas* an uns! Mit Christus macht uns Gott, der Vater, in der Auferstehung *ganz neu* – aber er macht eben *uns* ganz neu. So wie er in der Auferweckung Jesu Christi ja keine *andere* Person schuf, sondern den für uns Gekreuzigten und Begrabenen *persönlich* von den Toten in seine Gemeinschaft und Gegenwart gerufen hat!

ANMERKUNGEN

1 Die Fragen im Interview formulierte Redakteur Matthias Dittmann, Ansbach.

2 »Glaube, Hoffnung, Liebe« 1. Kor 13,13; »Glaube, Liebe, Hoffnung 1. Thess 1,3; 5,8.

3 »Ihr werdet den Himmel offen sehen« – s. H.-J. Eckstein, Du liebst mich – also bin ich. Gedanken, Gebete, Meditationen, 17. Aufl., Holzgerlingen 2014, 9 ff.

4 E. Berne, Spiele der Erwachsenen. Psychologie der menschlichen Beziehungen, Reinbek 2002 (1967).

5 »Das Evangelium – eine Kraft Gottes« – s. mit weiteren wissenschaftlichen Literaturangaben H.-J. Eckstein, Gott ist es, der rechtfertigt. Rechtfertigungslehre als Zentrum paulinischer Theologie?, Kyrios Jesus, 3. Aufl., Neukirchen-Vluyn 2022, 75-86; H.-J. Eckstein, Christus in euch. Von der Freiheit der Kinder Gottes. Eine Auslegung des Galaterbriefs, 2. Aufl., Göttingen 2022, 69-100.

6 S. Röm 1,17; 3,5.21 f.25 f; 10,3; 2. Kor 5,21.

7 S. Röm 8,38 f; 11,29; 14,4; 1. Kor 1,8 f; 10,13; Phil 1,6; 1. Thess 5,24.

8 S. Röm 5,5-8; 8,35-39.

9 S. wissenschaftlich H.-J. Iwand, Rechtfertigungslehre und Christusglaube. Eine Untersuchung zur Systematik der Rechtfertigungslehre Luthers in ihren Anfängen, TB 14, 3. Aufl., München 1966; O. Weber, Grundlagen der Dogmatik, Bd. II, 2. Aufl., Berlin 1969, 292 ff.

10 Vgl. Röm 2,5.8; 3,5; 4,15; 5,9; 12,19; 1. Thess 1,10; 2,16; 5,9; s. zum Ganzen H.-J. Eckstein, »Denn Gottes Zorn wird vom Himmel her offenbar werden«. Exegetische Erwägungen zu Röm 1,18, in: ders., Der aus Glauben Gerechte wird leben, 2. Aufl., Münster 2007, 19-35.

11 Wobei Paulus in der griechischen Übersetzung (der sogenannten Septuaginta [LXX]) von Jes 52,7 auch die für ihn zentrale Wendung der »Evangeliumsverkündigung«, der Ansage der guten Botschaft, das heißt des endzeitlichen Heils, vorfindet (vgl. auch Jes 40,9; 60,6; 61,1; Nah 1,15 [2,1]).

12 In unserer heutigen Situation wäre – mit Bezug auf Röm 11,11-16 – eher wieder an das »den Juden zuerst« zu erinnern, das Paulus nicht

nur rhetorisch, sondern durchaus heilsgeschichtlich gefüllt versteht (Röm 1,17; 3,1 f; 9,4 f). Wie der Apostel in Röm 9–11 ausführlich entfalten wird, hat er im Hinblick auf das jetzt noch nicht an Christus glaubende Israel die begründete Hoffnung, dass »ganz Israel« einmal – in Analogie zu ihm selbst vor Damaskus (11,1 f) – *durch Christus*, den Retter, unmittelbar bei dessen Erscheinung von seinen Sünden erlöst werden wird (Röm 11,25 ff). Das bedeutet, dass sich die »Gerechtigkeit Gottes« an Israel in besonderer Weise als bleibende Treue und heilvolle Zuwendung erweisen wird: »Denn Gottes Gaben und Berufung können ihn nicht gereuen« (11,29).

13 Um es mit der Begrifflichkeit der Sozialpsychologie zu sagen, spricht das Evangelium von einer »nicht konditionierten Annahme« und einer »unbedingten«, das heißt »an keine Bedingungen geknüpften Zuwendung«, die für ein gelingendes und ausgeglichenes Leben als Erfahrung grundlegend sind – so selten sie auch in zwischenmenschlichen Beziehungen wirklich erlebt werden. S. zum Ganzen H.-J. Eckstein, Zeit der ersten Liebe. Zu einer neuen Ursprünglichkeit nach Kinderglauben und Glaubenskrise, Holzgerlingen 2020, 17 ff.

14 Röm 1,17; 3,26.30; 5,1; 9,30; 10,6; Gal 2,16c; 3,8.11.(22.)24; 5,5.

15 Röm 3,22.30; Gal 2,16a; Phil 3,9.

16 S. Röm 3,24; Phil 1,29; vgl. Eph 2,8.

17 »Die Wirklichkeit der Auferstehung Jesu« – s. wissenschaftlich im Einzelnen H.-J. Eckstein, Die Wirklichkeit der Auferstehung Jesu. Lk 24,34 als Beispiel formelhafter Zeugnisse, in: H.-J. Eckstein, Der aus Glauben Gerechte wird leben, 152-176; 232-238.

18 Zur älteren wissenschaftlichen Diskussion s. P. Hoffmann (Hg.), Zur neutestamentlichen Überlieferung von der Auferstehung Jesu, WdF 522, Darmstadt 1988 (s. Literaturverzeichnis 453 ff); B. Klappert, (Hg.), Diskussion um Kreuz und Auferstehung, 5. Aufl., Wuppertal 1981. Zur neueren Diskussion: P. Hoffmann, Art. Auferstehung I/3, II/1, TRE 4, 450-467; 478-513, Berlin 1979 (s. Literaturverzeichnis 509 ff); H.-J. Eckstein/M. Welker (Hg.), Wie wirklich ist die Auferstehung? Biblische Zeugnisse und heutiges Erkennen, 5. Aufl., Neukirchen 2019.

19 R. Bultmann, Die Auferstehungsgeschichten und der christliche Glaube, ThLZ (1940), 242-246 (= P. Hoffmann [Hg.], Zur neutestament-

lichen Überlieferung [s. Anm. 23], 118-125); ders., Neues Testament und Mythologie. Das Problem der Entmythologisierung der neutestamentlichen Verkündigung, in: H.W. Bartsch (Hg.), Kerygma und Mythos, Hamburg 1948, 15-48; ders., Zum Problem der Entmythologisierung, Kerygma und Mythos, Hamburg 1963, 19-27 (= GuV IV, Tübingen 1965, 128-137).

20 W. Marxsen, Die Auferstehung Jesu als historisches und als theologisches Problem, in: F. Viering (Hg.), Die Bedeutung der Auferstehungsbotschaft für den Glauben an Jesus Christus, 6. Aufl., Gütersloh 1968 (1966), 9-39; ders., Die Auferstehung Jesu von Nazareth, Gütersloh 1968.

21 G. Lüdemann, Die Auferstehung Jesu. Historie, Erfahrungen, Theologie, Neuausg., Stuttgart 1994 (= Göttingen 1994). Zur kritischen Auseinandersetzung s. L. Oberlinner (Hg.), Auferstehung Jesu – Auferstehung der Christen. Deutungen des Osterglaubens, QD 105, Freiburg 1986 (Beiträge von J. Broer, P. Fiedler, H. Golliger u.a.); G. Lüdemann/R. Wischnath, Streit um die Auferstehung. Der Disput in Fürstenwalde. Eine Dokumentation, Berlin 1998.

22 S. neben den Auferstehungsberichten der Evangelien 1. Kor 15,3-8; Gal 1,11f.15f; vgl. 1. Kor 1,18–2,16.

23 G. Lüdemann, Zwischen Karfreitag und Ostern, in: L. Oberlinner (Hg.), Auferstehung Jesu, 23ff; ders., Streit um die Auferstehung, 9ff.46ff.

24 S. H.-J. Eckstein, Die Wirklichkeit der Auferstehung Jesu, in: ders., Der aus Glauben Gerechte wird leben, 156ff.232ff.

25 Als alttestamentliche Verheißungen einer von Gott gewirkten Auferstehung zum Leben wurden – mit unterschiedlicher Eindeutigkeit – erkannt: 1. Sam 2,6; Hiob 19,26f; Jes 25,8; 26,19; Hes 37,1-14; Dan 12,2.13; Hos 6,2; 13,14; vgl. Hebr 11,19; im Sinne einer »Entrückung« der Lebenden hin zu Gott 1. Mose 5,24; 2. Kön 2,11; Ps 49,16; 73,24; vgl. Hebr 11,5; zur Argumentation mit Sadduzäern, die die Hoffnung der Auferstehung der Toten nicht teilten, s. Mk 12,18-27 par.; Apg 23,6ff.

26 Vgl. Röm 6,10; 8,34; 14,9; 2. Kor 5,15; 13,4.

27 Vgl. die übersichtliche Zusammenstellung der Argumente pro und contra bei G. Theißen/A. Merz, Der historische Jesus. Ein Lehrbuch, 4. Aufl., Göttingen 2011, 435-439.

28 Vgl. P. Benoit, Maria Magdalena und die Jünger am Grabe nach Joh 20,1-18, in: P. Hoffmann (Hg.), Zur neutestamentlichen Überlieferung von der Auferstehung Jesu, 360-377; M. Hengel, Maria Magdalena u. die Frauen als Zeugen, in: FS O. Michel, Leiden/Köln 1963, 243-256.

29 H. v. Campenhausen, Der Ablauf der Osterereignisse und das leere Grab, SHAW.PH, 4. Aufl., Heidelberg 1977 (1952); s. 50: »Der entscheidende Anstoß, der alles ins Rollen brachte, war die Entdeckung des leeren Grabs.« S. zum Ganzen J. Adam, Das leere Grab als Unterpfand der Auferstehung Jesu Christi, in; H.-J. Eckstein/M. Welker, Die Wirklichkeit der Auferstehung, 5. Aufl., Göttingen 2019, 59-75.

30 A. a. O., 47 ff.51 f.

31 A. a. O., 49.

32 Eine Ausnahme bildet in der Evangelienüberlieferung allein der mit Petrus um den Primat der Zeugenschaft wetteifernde »geliebte Jünger« in Joh 20,3-10, von dem in 20,8 – und zwar *im Unterschied* zu Simon Petrus – bezeugt wird, dass er bereits angesichts des *leeren Grabes* »sah und glaubte«. Seine vorbildhafte Funktion und herausgehobene Stellung im vierten Evangelium kontrastieren das historische Verhalten des Zwölferkreises eher, als dass es die typische Reaktion der übrigen Jünger repräsentiert. Letzteres – nämlich die Funktion der Repräsentation – würde in Hinsicht auf den Auferstehungszweifel der übrigen Jünger und im Vergleich zur synoptischen Vorlage vielmehr für den zweifelnden Thomas in Joh 20,24-29 gelten (vgl. Mt 28,17; Lk 24,11.37.41).

33 Vgl. Lk 1,8 ff; 2,22 ff.41 ff; 24,47.52; Apg 1,4.8.12 u. ö.

34 Die Idee zu einem fiktiven Interview mit dem Apostel Paulus kam dem Verfasser, als er selbst als Neutestamentler um Interviews zu diesem zentralen paulinischen Thema gebeten wurde und den Wunsch empfand, diese Fragen Paulus selbst stellen zu können. Freilich hat der Apostel in seinen Briefen so vielfältig und ausführlich zu dem Thema der Auferstehung Jesu und der Gläubigen geschrieben, dass man seine Antworten seinem eigenen Zeugnis entnehmen kann, ohne viel spekulieren zu müssen.

[35] »Wie leiblich ist die Auferstehung?« – Als alttestamentliche Verheißungen einer von Gott gewirkten Auferstehung zum Leben wurden – mit unterschiedlicher Eindeutigkeit – erkannt: 1. Sam 2,6; Hiob 19,26f; Jes 25,8; 26,19; Hes 37,1-14; Dan 12,2.13; Hos 6,2; 13,14; vgl. Hebr 11,19; im Sinne einer »Entrückung« der Lebenden hin zu Gott 1. Mose 5,24; 2. Kön 2,11; Ps 49,16; 73,24; vgl. Hebr 11,5; zur Argumentation mit Sadduzäern s. Mk 12,18-27 par.; Apg 23,6ff; zum Zusammenhang zwischen der Auferstehung Jesu Christi und der Auferstehung der an ihn Glaubenden s. Röm 8,11; 14,9; 1. Kor 6,14; 15,12ff; 2. Kor 4,14; 1. Thess 4,14.

Hans-Joachim Eckstein

Du bist geliebter, als du ahnst

Zur Beziehungsgewissheit

Grundlagen des Glaubens 3

GELIEBT UND ERKANNT

Wir haben erkannt und geglaubt
die Liebe, die Gott zu uns hat.
Gott ist die Liebe;
und wer in der Liebe bleibt,
der bleibt in Gott und Gott in ihm.
1. Johannes 4,16

Wenn jemand Gott liebt,
der ist von ihm erkannt.
1. Korinther 8,3

Nachdem ihr aber Gott erkannt habt,
ja vielmehr von Gott erkannt seid …
Galater 4,9

Das ist das ewige Leben,
dass sie dich,
den allein wahren Gott,
und den du gesandt hast,
Jesus Christus, erkennen.
Johannes 17,3

BEZIEHUNGS-GEWISSHEIT

Nur die Liebe kann uns
glaubhaft vermitteln,
dass wir einzigartig
und bedeutsam sind.

Kennen wir diese Liebe,
dann können wir unser
Gegenüber und uns
selbst erkennen.

Aber wie schwer ist es,
andere anzuerkennen,
wenn wir selbst nicht
erkannt worden sind.

INHALT

VORWORT

Ob wir selbst uns und unser Leben als bedeutsam und wertvoll empfinden, hängt weniger von unserem Reichtum, gesellschaftlichen Status oder Schätzwert ab als von der Wertschätzung, die wir persönlich durch andere erfahren. Wenn die Beziehungen, die unser Leben begründen, stärken und erfüllen, für uns wirklich und erfahrbar werden, dann entwickelt sich in uns zunehmend die Fähigkeit, unser eigenes Leben in der Realität der Liebe zu erkennen und zu entfalten. Denn unsere vertrauensvolle Lebensperspektive und unsere zuversichtliche Lebensgestaltung sind vor allem die Früchte unseres eigenen Erlebens von Zuwendung und Wertschätzung. So erwächst unsere *Befähigung* zu persönlichen Beziehungen aus unserer eigenen Beziehungs*gewissheit*, und unsere Beziehungsgewissheit gründet in unserer selbst erfahrenen Beziehungs*wirklichkeit*.

Die Einführungen in die »Grundlagen des Glaubens« wenden sich sowohl an diejenigen, die sich aus einer interessierten Distanz mit den Wurzeln des Christentums beschäftigen wollen, als auch an die, die das Fundament ihres eigenen Glaubens und persönlichen Erlebens gedanklich noch klarer zu entdecken suchen. Ob es um die Grundbestimmung und Erfahrbarkeit des Glaubens geht oder um das zentrale Gottesverständnis, ob es sich um das »Begreifen« der Bedeutung Jesu Christi handelt oder um das Erfassen dessen, was Liebe überhaupt ist und sein kann – jeweils kommt der Glaube als zum Leben befähigende und ermutigende Beziehung in den Blick.

Die Tragfähigkeit und Gewissheit einer Beziehung bewährt sich vor allem dann, wenn Vertrauen, Liebe und Hoffnung in der Krise und in der Angst des Verlustes auf die Probe gestellt werden. Was bedeutet die Glaubensgewissheit, dass Christus und die Beziehung zu ihm mein Lebensinhalt ist, für die Grenzsituation des Sterbens und für die Perspektive eines Lebens danach?

Bei dem biblischen Glaubensverständnis handelt es sich um ein durchaus realistisches Ideal, und die gewonnene Beziehungsgewissheit führt als solche auch zur Wahrnehmung und Anerkennung anderer, wie die beiden Beiträge zu Gerechtigkeit und Toleranz entfalten. Wie dieses wechselseitige Dienen in der Liebe sich vorbildlich und konkret bei den ersten Christen gestaltete, klären abschließend die Ausführungen zu den Gaben, Aufgaben und Ämtern in neutestamentlicher Zeit.

Wer weitere Grundlegungen des Glaubens und elementare Zugänge zu zentralen theologischen Fragen sucht, der wird in »Zur Wiederentdeckung der Hoffnung«, in »Glaube als Beziehung« und in »Wie will die Bibel verstanden werden?« fündig werden. Wer sich anschauliche und persönliche Texte zu einem von Hoffnung und Liebe bestimmten Glauben wünscht, der wird zum Beispiel in »Du bist ein Wunsch, den Gott sich selbst erfüllt hat« oder in »Ich schenke deiner Hoffnung Flügel« eine sinnvolle Ergänzung sehen. Sie alle – die sachlich-theologischen wie die lyrisch-meditativen Bücher – laden auf ihre je eigene Weise zur Entdeckung eines lebensbejahenden und beziehungsgewissen Glaubens ein.

Hans-Joachim Eckstein

GLAUBE UND ERFAHRUNG

VON DER REALITÄT DES GEGLAUBTEN

Mehr denn je wird heute von Glaubenden die Frage nach der Erfahrung des Glaubens gestellt. Einerseits liegt dies gewiss daran, dass wir in einer Zeit leben, die auf das eigene Erleben und die persönliche Glückserfahrung konzentriert ist, andererseits gewiss auch daran, dass wir als Kinder der Neuzeit allem gegenüber kritisch sind, was wir nicht selbst vernünftig erklären oder unmittelbar wahrnehmen und empfinden können. Gegenüber Traditionen sind wir zunächst einmal misstrauisch; und das, was Institutionen vertreten, genießt an sich noch keinen Vertrauensvorschuss. Dass unsere Vorfahren etwas geglaubt haben, macht es für viele noch nicht an sich glaubwürdiger; und dass etwas in unserer Kirche seit Jahrhunderten verkündigt und bekannt wird, berührt und verpflichtet selbst die nicht unbedingt, die sich einer Gemeinde zugehörig fühlen.

Freilich muss man zugleich auch einräumen, dass das Verständnis des »Glaubens« in Theologie und Kirche manchmal sehr wirklichkeitsfern und lebensarm entfaltet worden ist. Als kritischer Beobachter könnte man den Eindruck gewinnen, dass der Glaube für viele Christen nur von unwesentlicher Bedeutung sein kann, da er ihr Leben kaum sichtlich beeinflusst. Zudem verwundern viele die Versuche in Lehre und Verkündigung, die Verlegenheit unseres Alltags auch noch zu verklären und dem Glauben seinen Realitätsbezug und seine Erfahrbarkeit wortgewaltig abzusprechen. Aber mit einem Generalverdacht gegenüber allem »Religiösen« und »Emotionalen« oder mit einem rein formalen Wort- und Predigt-Verständnis werden wir wohl weder der Realität des Geglaubten noch den Menschen gerecht, die wir doch gewinnen wollen.

Da kann es nicht wundern, dass vor allem junge Gläubige immer wieder neu nach Wegen der Erfahrbarkeit des Glaubens suchen. Sie wollen sich nicht einfach mit den Inkonsequenzen anderer und mit den Widersprüchen ihrer eigenen Lebenserfahrung abfinden. Sie wollen nicht nur theoretisch und rein verkopft, sondern ganzheitlich glauben. Ihnen genügen konventionelle Gottesdienstformen nicht mehr, wenn sie dabei das Gemeinschaftsmoment, die emotionale Wärme und das zeitgemäße Erleben und Gestalten vermissen. Bei der Verkündigung fehlt es ihnen oft an der gedanklichen Durchdringung und der soliden theologischen Grundlage, die das im Glauben Erfahrene auch für die Zeiten der Zweifel und Krisen bewahren können. Wollen sie doch als Gemeinde für die Bezeugung ihres Glaubens nach außen wie nach innen sprachfähig werden.

Wie gehören also Glaube und Erfahrung zusammen? Glauben wir, weil wir erfahren, oder erfahren wir, weil wir glauben? Trägt der Glaube die Erfahrung oder die Erfahrung den Glauben? Worin gründet die Gewissheit des Glaubens? Und wie äußert sie sich im eigenen Leben? Gibt es eine Form des Glaubens, bei der die unglücklichen Gegensätze unserer Frömmigkeitserfahrungen überwunden werden können und Kopf, Bauch und Herz zugleich angesprochen sind? Und vor allem – was meinen wir als Christen denn genau, wenn wir vom *Glauben* reden?

BESINNUNG AUF DEN AUSGANGSPUNKT DER ZIELE

Es mag als naheliegend, für viele vielleicht als selbstverständlich erscheinen, dass wir unser Thema »Glaube und Erfahrung« im Gespräch mit den neutestamentlichen Schriften – und hier speziell mit Paulus als einem der bedeutendsten Theologen unter den neutestamentlichen Verfassern – entfalten wollen. Lässt uns nicht schon die Rede vom »Urchristentum« und der »Urgemeinde« an das *Ideal* und *Vorbild* unserer christlichen Tradition denken?

In Situationen der Krise und der Orientierungslosigkeit kann der sicherste Fortschritt für uns als Individuen wie als Gemeinschaften in der Tat darin bestehen, dass wir nicht unbedacht weiterlaufen, sondern anhalten und uns auf den Ausgangspunkt unserer Ziele besinnen. Gleich einem Wanderer im Moor, der spürt, dass der Boden unter ihm nachgibt, ziehen wir uns unwillkürlich zurück zu dem Punkt unseres Weges, an dem wir noch sicheren Boden unter den Füßen hatten, um uns neu zu orientieren. Dabei darf es nicht um ein zurückgewandtes und lebensängstliches Flüchten in die Vergangenheit gehen, sondern vielmehr um eine *Wiedergewinnung der Perspektive*, die uns vormals motivieren und unsere Wirklichkeit verändern konnte.

Die Rückbesinnung auf die Wurzeln unseres Glaubens führt ohnehin nicht zu einem verklärten Bild der ersten Christen und Gemeinden, bei denen alles noch dem Ideal entsprach und in Ordnung war. Vielmehr wird sich sehr schnell zeigen, dass es gerade der Umgang der ersten Christen mit den außergewöhnlichen *Herausforderungen* und *Schwierigkeiten* ist, der uns bei der eigenen Bewältigung unserer Aufgaben noch heute Orientierung und Motivation sein kann.

DIE ZENTRALE BEDEUTUNG DES GLAUBENS

In der Tat bilden das Substantiv »Glaube« und das Verb »glauben« nicht erst neuzeitlich, sondern von Anfang an einen – wenn nicht *den* – Zentralbegriff zur Beschreibung des rechten Gottesverhältnisses und zur Bezeichnung des Wesentlichen der christlichen Religion überhaupt. Dies zeigt sich schon rein formal an der Häufigkeit der Verwendung des Glaubensbegriffs im Neuen Testament: »Glaube« und »glauben« sind je 243-mal belegt,[1] und nur in den beiden kürzesten neutestamentlichen Schriften, dem 2. und 3. Johannesbrief, findet sich der Begriff nicht. Allein in den Paulusbriefen kommt der Glaubensbegriff insgesamt 196-mal vor.[2]

Entscheidender als die reinen Zahlen ist freilich die programmatische und umfassende Weise der Verwendung des Glaubensbegriffs in den frühchristlichen Schriften. So kann Paulus in Galater 3,23.25 vom »Gekommensein des *Glaubens*« reden, um das mit Christus gekommene Heil und Leben insgesamt zu umschreiben; und in Römer 12,6 nennt er als verbindlichen Maßstab für jede Predigt der christlichen Propheten »die Übereinstimmung mit dem *Glauben*«. Die ersten Christen bezeichneten sich schlicht als »die Glaubenden«[3]; und wollten sie das Christwerden, den Übertritt zur christlichen Religion und den Eintritt in die christliche Gemeinschaft, treffend benennen, sprachen sie vom »Zum-Glauben-Kommen«[4]. Doch was verstanden die ersten Christen genau unter »Glaube«? Was sind Bedeutung und Wesensmerkmal dieses Zentralbegriffs der christlichen – allemal der reformatorischen – Kirche bis heute?

GLAUBEN HEISST »FÜR-WAHR-HALTEN«

Bis in die Gegenwart hinein verbreitet ist *erstens* die Wendung »glauben, *dass* …« in der Bedeutung »für wahr halten«. Hier ist der Glaube also konkret auf einen *Glaubensinhalt* bezogen: Er bezeichnet etwas, *was* geglaubt wird. Die Geretteten »glauben, dass Jesus gestorben und auferstanden ist« (1. Thess 4,14), »glauben, dass Gott Jesus von den Toten auferweckt hat« (Röm 10,9). In diesem Sinne lässt sich der *Inhalt* des Glaubens auch von Beginn an in Bekenntnissen formulieren – wie wir in unseren Gottesdiensten bis heute das Apostolische Glaubensbekenntnis gemeinsam bekennen. So wurde den Korinthern nach 1. Korinther 15 in der Verkündigung bezeugt und so haben sie geglaubt (V. 11), »dass Christus gestorben ist für unsere Sünden nach der Schrift und dass er begraben worden ist, und dass er auferstanden ist am dritten Tage nach der Schrift und dass er erschienen ist Kephas, dann den Zwölfen« (1. Kor 15,3-5).

Umgangssprachlich wird der Begriff »glauben« heute oft verwendet, um hervorzuheben, dass sich etwas nur »annehmen« und »vermuten«, aber eben gerade nicht mit Gewissheit sagen lässt – wie in der Redewendung: »Glauben heißt nicht wissen.« Im Neuen Testament hingegen wird eine Erkenntnis nicht etwa deshalb als Glaubensaussage bezeichnet, weil ihr Wahrheitsgehalt dem Bekenner ungewiss oder zweifelhaft wäre. Der Glaubende darf und soll sich seiner Überzeugung durchaus gewiss sein. Was seine Glaubenserkenntnis vom sonstigen menschlichen Wissen unterscheidet, ist nicht etwa ein Mangel an *Gewissheit*, sondern lediglich die *Weise*, in der diese Gewissheit zustande kommt.

Zum Glauben an Gottes Existenz, an seine Zuwendung und sein Handeln kommt es nicht aufgrund von »Beweisen« und »eigenen Erfahrungen«, sondern vielmehr dadurch, dass der Mensch von Gott angesprochen und das Evangelium von Christus ihm zugesprochen wird. Der Glaubende wird von der Wahrheit des Evangeliums überzeugt, ohne dass er selbst Zeuge der beschriebenen Ereignisse gewesen ist. Er kann sich darauf einlassen und verlassen, ohne dass er sie wie andere Tatsachen seines Lebens persönlich nachprüfen und belegen könnte. So versteht auch Paulus als Gegensatz zum »Glauben« nicht etwa das »*Wissen*«, denn der Glaube ist von Wissen, Erkenntnis und Gewissheit erfüllt – er würde in diesem Sinne wohl eher formulieren: »Glauben heißt wissen!« Für ihn besteht der Gegensatz zum gegenwärtigen Glauben der Christen vielmehr im zukünftigen »Schauen« – in der »Anschaulichkeit«, »dem Sichtbaren« der für uns noch zukünftigen himmlischen Welt. »Denn wir wandeln im Glauben und nicht im Schauen, im Sichtbaren« (2. Kor 5,7). Damit bedeutet Glauben, sich an das zu halten, was man nicht sieht, als würde man es sehen.

Die Glaubenden sind also durchaus davon überzeugt, *dass* Gott ist und dass er *für sie* ist; aber sie können dieses Wissen nicht eindeutig aus der Geschichte und Erfahrung – unabhängig und außerhalb von Christus – ableiten. Sie können ihre Glaubensüberzeugung anderen gegenüber wohl bezeugen und vernünftig erklären, aber eben nicht »beweisen«. Ihr Glaube gründet in Gottes Selbstvorstellung und Reden in Jesus Christus – in der Verkündigung und dem Wirken Jesu Christi sowie in dessen Lebenshingabe und Auferstehung zu unseren Gunsten. Ohne diese Offenbarung in Christus blieben ihre Erkenntnis von Gott und ihre Erfahrung mit der Welt und mit dem eigenen Glauben mehrdeutig und widersprüchlich – und damit gerade nicht vertrauenerweckend und glaubengründend.

Aufgrund der Zusage des Evangeliums vertrauen sie allerdings fest darauf, dass sich Gott dieser widersprüchlichen Welt gegenüber bereits behauptet hat und sich endgültig in Liebe und Gerechtigkeit durchsetzen wird. Sie nennen diese Gewissheit aber noch »Hoffnung«, weil sie eben noch nicht für jeden »augenscheinlich« und »offensichtlich« ist. – »Denn zu solcher *Hoffnung* sind wir gerettet; die Hoffnung aber, die man sieht [das heißt, die man schon erfüllt sieht], ist nicht Hoffnung; denn wie kann man auf das hoffen, was man sieht? Wenn wir aber auf das hoffen, was wir nicht sehen, so warten wir darauf in Geduld« (Röm 8,24 f).

Der christliche Glaube schließt somit durchaus »Wissen« und »Erkenntnis«, »Für-wahr-Halten« und »Bekenntnis« ein. Jedoch wird diese »Überzeugung« nicht durch einen »historischen Beweis« herbeigeführt. Schon gar nicht wird er als losgelöster »Faktenglauben« dem Menschen selbst vorweg abgefordert – im Sinne von: »Das musst du eben glauben!« Wenn man es mit neuzeitlicher Begrifflichkeit ausdrücken will, lässt es sich so auf den Punkt bringen: Die Offenbarung Gottes in Jesus Christus ist für die ersten Christen sehr wohl »historisch« – das heißt in Zeit und Raum hinein *geschehen* –, aber eben nicht »historisch *verifizierbar*« – das heißt, mit wissenschaftlichen Mitteln auch außerhalb des Glaubens *nachzuweisen*. Und die Glaubensüberzeugung gilt sehr wohl als »objektiv begründet« und nicht nur als »subjektiv vermutet«, aber sie lässt sich gegenüber dem Unglauben zur jetzigen Zeit eben noch nicht »objektiv« und unwidersprechlich *beweisen*.

GLAUBENSLEBEN UND GLAUBENSGEHORSAM

Nun wird sowohl in den alttestamentlich-jüdischen wie in den neutestamentlichen Traditionen durchgängig vorausgesetzt, dass das, was der Glaube »erkennt« und »für wahr hält«, zugleich das Leben der Glaubenden bestimmen und prägen soll. Der Glaube bleibt nicht rein theoretisch und unverbindlich, sondern hat Konsequenzen für die eigene Existenz und das persönliche Denken und Handeln. Dies kann als das *zweite* grundsätzliche Merkmal des biblischen Glaubensverständnisses angesehen werden. Diejenigen, die in ihrem Herzen glauben, dass Gott Jesus von den Toten auferweckt hat, die *er*kennen, *an*erkennen und *be*kennen diesen zugleich als den von Gott eingesetzten »Herrn« – den Kyrios der Welt und ihres eigenen Lebens. So beschreibt es Paulus in Römer 10,9 als die Grundlage des Glaubenslebens: »Denn wenn du mit deinem Munde *bekennst* Jesus, dass er der Herr sei, und *glaubst* in deinem Herzen, dass ihn Gott von den Toten auferweckt hat, so wirst du gerettet.«

Die Verkündigung des Evangeliums zielt also auf *Glaube* und *Zustimmung* im *Gehorsam* – oder um es mit Römer 1,5 zu formulieren: Sie zielt auf den »Gehorsam des Glaubens«. Dies ist nun nicht so gedacht, dass der »Gehorsam« als ein *Weiteres* und etwas *Anderes* zum Glauben erst hinzutreten müsste. Sondern der Glaube stellt selbst den zustimmenden Gehorsam dar, der Gehorsam besteht im Erkennen, Anerkennen und Bekennen des Glaubens. Wenn die »Heiden« das von Paulus verkündete Evangelium von Jesus Christus »hören« und Gott »aufs Wort glauben«, dann kommt es damit zu dem »Gehorsam des Glaubens«, um dessentwillen sich der Apostel nach Römer 1,5 und 16,26 von Gott gesandt weiß. Und kommt es umgekehrt trotz der Verkündigung nicht zum Glauben, dann ist dieses »Nicht-Hören« und »Nicht-hören-Wollen« in umfassender Bedeutung »Ungehorsam« (Röm 11,30-32)[5].

Somit gründet der »*Gehor*sam des Glaubens« in dem »Zu-*Gehör*-Bringen des Glaubens«. Der Gehorsam, der im zustimmenden Glauben besteht, gründet in der Verkündigung des Evangeliums, die den Glauben weckt.[6] Der *Gehorsam* verdankt sich dem *Hören*! So folgert es Paulus selbst einprägsam in Römer 10,17: »So kommt der Glaube aus der Verkündigung, die Verkündigung aber durch das Wort Christi [das heißt das Evangelium].«

GLAUBE ALS VERTRAUEN UND SICHANVERTRAUEN

Sosehr die beiden bisherigen Bestimmungen des Glaubens als »Für-wahr-Halten« und als »Anerkennen« bzw. »Gehorsam« für das biblische Verständnis insgesamt zutreffend und wichtig sind, so wenig können sie doch schon als *hinreichend* gelten. Es ist nämlich als ganz wesentlich festzuhalten, dass der Glaube sich nicht nur auf eine Idee, eine Mitteilung oder einen Sachverhalt bezieht, sondern zunächst und vor allem auf eine *Person*!

Rein sprachlich spiegelt sich das darin wider, dass nicht nur die Wendungen »glauben, *dass*«[7] und »*etwas* glauben«[8] gebraucht werden, sondern vor allem »*jemandem* glauben«[9] und »*an jemanden* glauben«[10]. Es geht beim Glauben also nicht nur um Überzeugungen und *Tatsachen*, sondern vor allem und zuerst um *Personen*. Indem das Moment des »Vertrauens«, des »Sichanvertrauens« und des »Sichverlassens« auf ein Gegenüber in den Vordergrund tritt, erweist sich das Wort »Glaube« als ein *Beziehungsbegriff* – ein Begriff also, der nicht nur die Überzeugung eines Einzelnen für sich, sondern das *Verhältnis* einer Person zu einer anderen beschreibt. So wie der Begriff der »Liebe« eine *personale Beziehung* voraussetzt, so wird hier mit »Glaube« nicht nur die individuelle Haltung, Überzeugung und Zustimmung bezeichnet, sondern das »Sichverhalten« und »Sich-bestimmen-Lassen« hinsichtlich eines *persönlichen Gegenübers*[11].

Wer dem Vater Jesu Christi seine Zusage und Verheißung glaubt und ihn beim Wort nimmt, der »vertraut« auf ihn und seine Treue. Wer an den Gott glaubt, »der die Gottlosen gerecht macht« – das heißt begnadigt und freispricht (Röm 4,5) –, der hat sich selbst, so wie er ist, diesem Gott vorbehaltlos »anvertraut«. Wer an Jesus Christus als den für ihn gestorbenen und auferstandenen

Herrn glaubt und sich fortan im Leben und Sterben von ihm her versteht und auf ihn bezogen leben will, der *verlässt sich* – in des Wortes doppelter Bedeutung – mit seiner ganzen Existenz auf ihn.

Die Beispielhaftigkeit des Glaubens Abrahams kann Paulus in Römer 4 gerade darin sehen, dass er Gott dessen Verheißung glaubte »auf Hoffnung, da nichts zu hoffen war« – wörtlich übersetzt: »*auf* Hoffnung *wider* alle Hoffnung« (Röm 4,18). »Denn er zweifelte nicht an der Verheißung Gottes durch Unglauben, sondern wurde stark im Glauben und gab Gott die Ehre und wusste aufs Allergewisseste: Was Gott verheißt, das kann er auch tun« (Röm 4,20 f).

Von hier aus wird deutlich, dass die zunächst skizzierten Aspekte des Glaubens erst von dieser Perspektive des persönlichen »Vertrauens« und »Zutrauens« her ihre wesentlichen Umrisse und ihre Eindeutigkeit gewinnen. Nur wenn der Glaube als vertrauender und sich anvertrauender Glaube – also als positive personale Beziehung – erfasst wird, erscheinen die Gesichtspunkte der Glaubens*erkenntnis* und des Glaubens*wissens*, des *Anerkennens* und der *Zustimmung* im rechten Licht. Denn sowohl ein Verständnis von »Glauben« allein als »Für-wahr-Halten« als auch die Betonung des »Glaubensgehorsams« und des »Auslebens« von Glaubensüberzeugungen könnten für sich genommen – wie wir aus der Frömmigkeitsgeschichte wissen – einerseits zu ganz unverbindlichen, andererseits zu ganz zwanghaften und lebensfeindlichen Formen von Religiosität führen.

GESCHENKWEISE – IM GLAUBEN

Selbst die Betonung dieses *personalen* und *persönlichen* Gesichtspunktes des Glaubens bewahrt allerdings noch nicht vor allen

Missverständnissen. Wir sprechen in der Verkündigung und Seelsorge gerne davon, dass das Vertrauen zu Gott unsere »Antwort« auf Gottes »Wort« sei, dass wir nur den Willen aufzubringen und uns zu entscheiden hätten, ja, dass unser Glaube an Gott der *eine* Schritt sei, den wir nach Gottes vielen Schritten des Entgegenkommens nun unsererseits zu tun hätten. Wenn wir so sprechen, dann erfahren manche diese Form des Wechsels von den »Werken des Gesetzes« hin zu der Forderung nach »dankbarer Liebe« nicht etwa als Erleichterung, sondern als eine lediglich indirektere Form der religiösen Überforderung. Gesetzesforderungen kann man studieren und zu »guten Werken« kann man sich überwinden, aber wie bringt man sich selbst dazu, das Unglaubliche zu glauben und aus Notwendigkeit freiwillig zu lieben?

Stellt der Glaube dabei nicht doch eine neue, wenn auch feinsinnigere Form der »Leistungsforderung« und der »Vorbedingung« dar, die der Mensch nun seinerseits anstelle der »Gesetzeswerke« zu erfüllen hat? Richtig gesehen wird bei der Betonung der *Notwendigkeit* des Glaubens sicherlich, dass die Gemeinschaft mit Gott und das neue Leben in Christus im Neuen Testament durchgängig mit dem Glauben verbunden werden: Es gibt danach keine christliche Identität ohne Glauben!

Zutreffend ist auch, dass es der *Mensch* ist, der glaubt, denn der »Glaubensbegriff« wird als solcher in unserer Sprache nicht in Hinsicht auf Gottes Haltung der Welt gegenüber gebraucht. Gottes Haltung wird vielmehr mit Begriffen wie »Liebe«, »Erbarmen«, »Gerechtigkeit« und »Treue« umschrieben.[12] Hingegen ist es unzutreffend, dass der »Glaube« bei Paulus als menschliche Möglichkeit oder als vom Menschen selbst zu erbringender eigenständiger Beitrag dargestellt wird. Ob es heißt, dass der rettende Freispruch »auf der Grundlage des Glaubens«[13] empfangen wird, oder ob betont wird, dass das Heil »vermittels des Glaubens«,

»durch den Glauben«[14], erlangt wird – in jedem Fall versteht Paulus den Glauben nicht als *Voraussetzung* und *Vorbedingung*, die der Mensch *von sich aus* zu erfüllen hätte, um anschließend dafür das Heil zu erlangen. Vielmehr beschreibt er den Glauben als die *Art und Weise*, in der Gott dem Menschen schon gegenwärtig Anteil an seiner Gerechtigkeit gibt.

Der Mensch muss nicht zuerst glauben, damit Gott ihm infolgedessen das Leben schenkt, sondern indem der Mensch glaubt, hat er bereits das Leben. Der *Glaube selbst* ist schon Geschenk,[15] denn er ist die *gegenwärtige Gestalt der Gottesbeziehung*. Der Glaube ist gerade nicht die vom Menschen zu erfüllende Vorbedingung und Kondition, sondern die Gestalt der gegenwärtigen Heilserfahrung. Die Gerechtigkeit wird dem Menschen nicht »*wegen* seines Glaubens«, sondern »*durch* den Glauben«, »*in Gestalt* des Glaubens« zugesprochen.[16]

Unter diesen Voraussetzungen wird es auch nachvollziehbar, dass der Apostel in der Auseinandersetzung mit der Position seiner judenchristlichen Gegner die Rechtfertigung im Glauben konsequent der *göttlichen Gnade* zuordnet[17] und sie dem menschlichen »Verdienst« und »Anspruch« (Röm 4,4) oder dem menschlichen »Rühmen« (Röm 3,27)[18] entgegensetzt. Er stellt sogar die durch Gottes Liebe im Glauben geschenkte Begnadigung dem faktisch gelebten Leben der Menschen überhaupt und grundsätzlich gegenüber![19] – »Denn es gibt keinen Unterschied: Alle haben sie gesündigt und entbehren der Herrlichkeit Gottes. Sie werden aber *geschenkweise* in seiner *Gnade* gerechtfertigt durch die Erlösung in Christus Jesus« (Röm 3,23 f). Nur unter diesen Voraussetzungen wird verständlich, warum das Evangelium selbst schon als wirkmächtige Kraft Gottes erfahren wird[20] und weshalb schon das Zustandekommen des Glaubens auf das Wirken des *Geistes* und der Kraft *Gottes* zurückgeführt wird[21].

Nur wenn der Glaube tatsächlich als Geschenk Gottes erkannt wird, gibt es auch Grund zu echter Zuversicht. Nur wenn das menschliche Vertrauen zu Gott als durch sein Wort erweckt und hervorgerufen verstanden wird,[22] ist es auch möglich, feste Gewissheit im Glauben zu gewinnen. Der Glaube darf sich der Liebe und Zuwendung Gottes gewiss sein,[23] denn er darf Gott »aufs Wort glauben«. Der Unterschied zwischen einer berechtigten und für den Glauben unentbehrlichen »Heils*gewissheit*« und einer oft kritisierten unangemessenen »Heils*sicherheit*« liegt nach der paulinischen Darstellung der Rechtfertigung aus Gnaden nicht im *Grad* des Wissens und der *Stärke* der Überzeugung, sondern allein in deren *Begründung* und *Voraussetzung*.

Insofern die Gewissheit nicht im eigenen »Ergreifen«, sondern im »Ergriffensein« und »Gehaltenwerden« gründet (Phil 3,12)[24], nicht im »Erkennen«, sondern im »Erkannt-Sein«[25], ist der Unterschied zwischen einer berechtigten »*Gewissheit*« und einer unberechtigten »*Sicherheit*« klar zu bestimmen: Es geht um den Gegensatz von in Gottes Zuspruch begründeter »*Christus*gewissheit« und in Überheblichkeit gründender »*Selbst*sicherheit«. Der Gläubige selbst kann seine *eigene* Treue nicht für alle Zeiten garantieren, er hat aber die Verheißung, dass *Gott* ihm – und sich selbst – in Christus immer treu bleiben wird. – »Denn ich bin *gewiss*, dass weder Tod noch Leben, weder Engel noch Mächte noch Gewalten, weder Gegenwärtiges noch Zukünftiges, weder Hohes noch Tiefes noch eine andere Kreatur uns scheiden kann von der *Liebe Gottes*, die *in Christus Jesus* ist, unserm Herrn« (Röm 8,38 f).[26]

Einer solchen Betonung der Liebe und Gnade Gottes bei Paulus – oder auch später bei den Reformatoren – wird häufig entgegengehalten: »Der Mensch hat aber doch den *einen* Schritt des Glaubens selbst zu gehen!« Die Antwort lautet: Er soll nicht nur *einen*, sondern sogar unzählige Schritte im Glauben gehen! Entscheidend ist aber, dass er keinen einzigen Schritt seines Lebens fortan *allein* und *ohne Gott* zu gehen braucht. Wir sollen wohl selbst Schritte des Glaubens machen, aber nicht isoliert und alleingelassen. Denn wäre es anders und der Mensch hätte den ersten – oder wenn man will: den letzten – Schritt des Glaubens von sich aus und allein zu machen, dann würde das neue Leben mit genau dem Problem erneut beginnen, von dem es den Menschen erlösen soll: der Unabhängigkeit von Gott.

Wir sollten uns in Verkündigung und Lehre davor hüten, die *Unverzichtbarkeit* des Glaubens auf eine Weise zu beschreiben, die andere nur auf die *Unerreichbarkeit* des Glaubens schließen lässt. Man kann den Vorgang des »Beschenktwerdens« auch so verkomplizieren, dass das Annehmen des »bedingungslosen« Geschenkes für den Empfänger zum eigentlichen Problem wird. Dann gewinnt der Beschenkte den Eindruck, als hätte er sich durch sein Verhalten die »voraussetzungslose« Zuwendung erst zu verdienen, als müsse er durch seine Haltung auf eine ganz hintersinnige Weise die Kosten für das »kostenlose« Geschenk selbst aufbringen.

»Ist damit aber der Mensch nicht zu völliger *Passivität* verurteilt?«, wird oft eingewandt. – Von »Passivität« im Glauben kann man wohl sprechen, wenn man den Aspekt des *Empfangens* und des *Beschenktwerdens* durch Gott betonen will. Der Glaubende weiß, dass er sein ganzes Leben der voraussetzungslosen

Liebe Gottes verdankt, und lässt sich das Beschenktwerden durch Christus gefallen. Der Begriff der »Passivität« ist aber dann irreführend, wenn man damit den Gedanken an ein untätiges, duldendes und teilnahmsloses Verhalten verbindet. Der von Gottes Geist bewegte Mensch (Röm 8,14) wird im Gegensatz dazu gerade als zielstrebig, willensstark, belastbar, liebesfähig und lebensorientiert beschrieben[27] – und in diesem Sinne dann wohl als ausgesprochen »aktiv«.

»Wie kann man denn dann den Glauben noch als freie Entscheidung verstehen, wenn der Mensch dazu von Gott überwunden werden muss?« – Der »freie Wille« des Menschen wird bei Paulus nicht als *Vorbedingung*, sondern – wenn man es überhaupt so nennen will – als *Folge* der Erlösung dargestellt. Im Unterschied zu mancher individualistischen Sicht des Menschen weiß die neutestamentliche »Lehre vom Menschen« um das Eingebunden- und Bestimmtsein des Menschen durch die ihn prägenden Einflüsse. Dass Paulus die »Freiheit« des Menschen nicht als *Voraussetzung* zum Glauben denkt, sondern vielmehr als dessen *Konsequenz*, macht er durch die Rede vom »Versklavtsein« und »Gefangensein« des Menschen unter der Herrschaft der lebensabträglichen Sünde anschaulich.[28] Die Befreiung in Christus wird dementsprechend als Auslösung aus der Sklaverei und als Adoption zur Gotteskindschaft beschrieben.[29] In Hinsicht auf die Töchter und Söhne Gottes spricht Paulus dann in der Tat von einer herrlichen Freiheit der Kinder Gottes (Röm 8,21) – nämlich der Freiheit innerhalb der erlösten und lebensfördernden Beziehung.

DIE UNVERGLEICHLICHKEIT DES GLAUBENS UND DIE GRENZE ALLER BILDER

»Wen soll man sich bei einem so konsequent durchgeführten Verständnis von Gottes Liebe und Gnade denn dann als *Subjekt* des Glaubens denken?« – In der Tat stoßen wir an diesem Punkt an die Grenze einer durch menschliche Analogien und Bilder bestimmten Argumentation. Durch den Vergleich mit einer Eltern-Kind-Beziehung[30] oder mit einer partnerschaftlichen Liebe[31] lassen sich die Momente einer *positiven personalen Beziehung* und einer *bedingungslosen* und *umfassenden Zuwendung* eindrücklich veranschaulichen. Die Grenze dieser bildhaften Rede liegt freilich darin, dass keines der angeführten menschlichen Beispiele wirklich die *Ganzheitlichkeit* und *Umfänglichkeit* der Gottesbeziehung illustrieren kann.

Denn Kinder sollen erwachsen werden, Schüler von ihren Lehrern unabhängig; und selbst – bzw. gerade – in einer partnerschaftlichen Liebe besteht das Ideal keineswegs in der Abhängigkeit und dem bleibenden Angewiesensein des einen Partners auf den andern. Insofern kann es hilfreich sein, Gott nicht nur in Analogien zu menschlichen Autoritäten wie Eltern und Lehrern zu denken, sondern sich darauf zu besinnen, dass er nach der biblischen Tradition als »Schöpfer« und »Bewahrer der Welt« zugleich in grundsätzlicher Unterschiedenheit von seinen »Geschöpfen« gedacht wird.

Gott wird nicht nur als *ein* »Lebender« unter anderen beschrieben, sondern als der *Ursprung* des Lebens und als *das Leben selbst*; er wird nicht nur als *ein* Liebender unter anderen erkannt, sondern als *die Liebe in Person.* Gott selbst ist *die* Liebe und *das* Leben.[32] Ein Geschöpf kann durch die Zuordnung zu seinem Schöpfer nur gewinnen; und ein Lebender kann sich nichts mehr wünschen, als dass das Leben sich in ihm uneingeschränkt und dauerhaft entfaltet. Wer wäre zu stolz, sich von der Liebe überwältigen zu lassen, oder fühlte sich bevormundet, nur weil er auf das Leben bleibend angewiesen ist?

Im Kontext einer solchen – alle menschlichen Bilder überschreitenden – Rede von der Ganzheitlichkeit und Unbedingtheit der Gottesbeziehung lässt sich gedanklich nachvollziehen, warum Paulus davon sprechen kann, dass nicht er selbst Subjekt seines Glaubens ist, sondern letztlich der für ihn gestorbene und auferstandene Sohn Gottes und dass er gerade die Zuordnung zu dem ihn liebenden Christus als das Wesen seines christlichen Glaubens versteht. Wer nämlich an Christus glaubt, der »verlässt sich« mit seiner ganzen Existenz auf ihn.

»Denn ich bin durch das Gesetz dem Gesetz gestorben, damit ich Gott lebe: Ich bin mit Christus gekreuzigt. Also lebe nicht mehr *ich*, sondern *Christus lebt in mir*. Was aber nun mein Leben in der irdischen Existenz anbelangt, so lebe ich *im Glauben* an den Sohn Gottes, der mich geliebt und sich selbst für mich dahingegeben hat« (Gal 2,19-21).

GLAUBE UND ERFAHRUNG

Wenden wir diese Entfaltung des Glaubens nach Paulus – als einem leidenschaftlichen Zeugen des Glaubens – nun auf unsere Ausgangsfragen an, so kommen wir zu ganz grundlegenden – vielleicht auch überraschenden – Ergebnissen: Der Glaube macht Erfahrungen, aber er gründet nicht allein auf Erfahrungen. Der Glaube bezieht auch unsere Gefühlswelt mit ein, aber er basiert nicht auf Gefühlen. Unser Glaube will gelebt werden, aber er lebt nicht nur vom Erleben – er hat nicht, was er sieht, im Blick!

Grundlage unseres Glaubens ist der Zuspruch Gottes. Verlassen können wir uns ausschließlich auf sein Wort – dass er unbedingt zu uns steht und dass er das vollenden wird, was er in uns begonnen hat. So gilt es, an Gottes Zusage festzuhalten, auch da, wo sie gegen alle Erfahrung steht, und sich an seine Verheißung zu klammern, auch wenn unsere Gefühle das Gegenteil behaupten. Es ist unsere Unerfahrenheit, die uns dazu verleitet, die eigene Erfahrung überzubewerten. Ein erfahrener Glaube weiß, dass er sich von Erfahrungen nicht abhängig machen darf.[33]

Noch grundlegender kann man sogar sagen: Der Glaube macht nicht nur Erfahrungen, der Glaube selbst *ist* schon eine Erfahrung. Denn der Glaube ist nicht die *Voraussetzung*, die wir von uns aus erfüllen müssen, um Gottes Wirken zu erleben, sondern die *Art und Weise*, in der Gott uns gegenwärtig seine Wirklichkeit erfahren lässt. So müssen wir nicht erst glauben, damit Gott an uns wirken kann, sondern wir können deshalb glauben, weil Gott bereits an uns wirkt. Glauben können wir von uns aus nicht herstellen, sondern er wird in uns geschaffen. Vertrauen können wir selbst nicht abrufen, aber es wird in uns erweckt, gebildet und hervorgerufen – von dem, der selbst vertrauenswürdig ist. Was immer wir dann in unserem Glauben auch sonst noch erleben mögen, die grundlegende Glaubens*erfahrung* ist und bleibt die Erfahrung des *Glaubens*.

Damit aber überwindet ein so am Evangelium Jesu Christi orientierter Glaube endlich die falsche Alternative und die vermeintlichen Gegensätze von »Handeln« und »Erfahren«, von »Aktiv« und »Passiv«, in der christlichen Existenz: Der Glaube ist *aktiv* – denn er befähigt den Menschen, sein Leben zielstrebig und zuversichtlich zu gestalten. Der Glaube ist *nicht* aktiv – falls man bei dem Wort Aktivität an Aktionismus, Leistungsdruck und Selbstrechtfertigung denkt. Der Glaube ist *passiv*, das heißt empfangend – insofern der Glaubende weiß, dass er sein ganzes Leben der voraussetzungslosen und bedingungslosen Liebe Gottes verdankt, und sich das Beschenktwerden durch Christus als den Herrn des Lebens in dankbarer Liebe gefallen lässt. Der Glaube ist *nicht* passiv, das heißt unwirksam und initiativlos, da er die Toten lebendig werden lässt, die Traurigen getrost, die Verzagten zuversichtlich und die Kraftlosen tatkräftig.

WACHSEN IM GLAUBEN?

Welche Konsequenzen hat ein solches Glaubensverständnis für unseren Wunsch, mehr Glaubenserfahrungen zu machen und in unserem eigenen Glauben zu wachsen? Wir erwarten von unserem Glauben, dass er wächst und uns endlich groß und stark werden lässt. Dabei liegt die Stärke des Glaubens gerade darin, dass er uns zunehmend mit unserer eigenen Schwachheit versöhnt und uns die Kraft unseres Gottes und die Größe seiner Liebe überwältigend vor Augen stellt. Das Geheimnis des Glaubens äußert sich nicht im grenzenlosen eigenen Erfolg, sondern in der Art und Weise, wie wir mit unseren Grenzen und Misserfolgen zu leben lernen.

Der Glaube aber, den Gott schenkt, macht gerade frei von der Konzentration auf die eigenen Möglichkeiten und Grenzen. Er lässt die Glaubenden von sich selbst weg- und auf Gott hinschauen. Denn es ist nicht der Mensch, der aus der Kraft seines eigenen Glaubens an Gott festhält, sondern es ist Gott, der durch seine eigene Kraft den Menschen beim Glauben hält.

Wozu brauchen wir überhaupt einen großen Glauben? Haben wir denn einen so kleinen Gott? Je zuverlässiger die Person ist, der wir vertrauen wollen, desto weniger Glauben müssen wir aufbringen – und umgekehrt. Um dem Gott zu vertrauen, den uns Jesus als seinen treuen und liebevollen Vater offenbart, bedarf es nur eines Glaubens so klein wie das winzige Senfkorn![34] So überwinden wir unseren Kleinglauben gegenüber Gott nicht etwa durch die Vermehrung *unseres Glaubens,* sondern durch die Zunahme unserer Erkenntnis *seiner Vertrauenswürdigkeit* und *Treue.*

Um es auf den Punkt zu bringen: Wir brauchen keinen großen Glauben, sondern den Glauben an die Größe Gottes. Deshalb kann es nicht vorrangig darum gehen, dass unser Glaube wächst und stärker wird, sondern nur darum, dass wir zunehmend die Stärke unseres Gottes erkennen – und gerade darin liegt die Kraft des Glaubens.

GLAUBE UND ANFECHTUNG – DER TROST DER GETRÖSTETEN

Was bei einem erfahrungsbetonten Glaubensverständnis oft übersehen wird, ist die Tatsache, dass der Glaube nach dem neutestamentlichen Verständnis in diesem Leben immer wieder dem Zweifel und der Anfechtung ausgesetzt sein wird. Dies gilt nicht für die Realität des Geglaubten selbst, wohl aber für uns als Glaubende, solange wir noch in dieser Wirklichkeit – also im Glauben und nicht im Schauen, im Sichtbaren – leben. Umso wichtiger ist es zu erkennen, dass wir von der Realität des Geglaubten leben – nämlich von Gott und seiner in Christus erwiesenen Liebe – und nicht von der Intensität unserer Erfahrungen und Gefühle. Die Realität unseres *Glaubens* ist nicht auf unser Bewusstsein beschränkt, sondern unser Glaubensbewusstsein gründet und steht in der Realität des *Geglaubten.* Unsere Beziehung zu Gott ist nicht nur so wirklich, wie es uns ständig bewusst ist, sondern uns wird nach und nach immer mehr bewusst, wie wirklich Gottes Beziehung zu uns ist – ob wir es gerade fühlen und erfahren oder nicht.

Zudem übersehen wir bei unserem Wunsch nach einem von Schwachheiten und Anfechtungen freien Leben oft, dass wir im Laufe unseres bisherigen Glaubenslebens durchaus nicht nur durch unsere positiven und bestätigenden Erfahrungen gewachsen sind, sondern oft gerade durch die Zeiten, in denen wir nicht fühlten, was wir glaubten, und noch nicht erfahren konnten, wonach wir uns sehnten. Der erfahrene Glaube lernt die Anfechtung des Glaubens nicht nur als eine Form der Abwesenheit von Glaubenserfahrung zu begreifen, sondern durchaus selbst schon als eine Gestalt gegenwärtiger Glaubenserfahrung.

Schwerwiegende Entscheidungen fallen nämlich selten in leichten Zeiten, und tief gehende Veränderungen entstehen nicht durch oberflächliche Erfahrungen. Bedeutende Entwicklungen werden kaum durch unbedeutende Begegnungen angeregt, und persönliche Hilfe erfahren wir so gut wie nie in unpersönlichen Beziehungen. Verständnis für die Schwachheit anderer erwächst nicht aus der eigenen Stärke, und wie man andere Menschen tröstet, wissen wir erst, wenn wir nicht nur getrost, sondern auch selbst getröstet sind. Warum also sehnen wir uns ausschließlich nach einem leichten und unbeschwerten Leben, wenn das, was uns so wertvoll macht, in einem verletzlichen und tiefgründigen, in einem lebendig gelebten Leben liegt?

Damit sind wir abschließend an dem Punkt, an dem sich die Frage nach dem Verhältnis von Glaube und Erfahrung noch einmal in eine ganz neue Richtung wendet. Für den an Gottes Liebe und Christi Zuwendung und Lebenshingabe orientierten Glauben geht es immer weniger um die Frage der eigenen Erfahrung als vielmehr um die, wie dieser Glaube für andere erfahrbar werden kann. Neben den berechtigten Wunsch nach eigener Anerkennung und Entwicklung tritt zunehmend das Anliegen, andere an der Realität des Glaubens und vor allem des Geglaubten teilhaben zu lassen. Ein starker Glaube zeigt sich dann nicht am kraftvollen und selbstbewussten Auftreten, sondern in der Fähigkeit, sich Schwachen zuzuwenden, ohne sie zu erniedrigen, auf Fragende einzugehen, ohne sie zu belehren, Zweifelnde zu begleiten, ohne ihnen die eigenen Lösungen aufzuzwingen, Hilflosen so zu helfen, dass sie nicht noch hilfloser werden, Unsichere zu ermutigen, ohne ihnen ihre eigene Verantwortung abzunehmen. Kurzum, die Stärke des Glaubens erweist sich in der Fähigkeit, mit der Schwachheit anderer verantwortlich und liebevoll umzugehen.

Wir werden selbst getröstet, damit wir andere trösten können; und unsere eingestandene Schwachheit ist nicht nur ein Mangel, sondern zugleich die Voraussetzung, andere zu stärken.[35] Vielleicht ist die Fähigkeit, sich selbst anderen und ihren Bedürfnissen zuzuwenden und auch sie »mit den Augen Gottes« zu sehen, überhaupt eine der schönsten Glaubenserfahrungen, die wir schon hier und jetzt machen können.

GOTT ALS VATER

DAS ZENTRALE CHRISTLICHE GOTTESVERSTÄNDNIS?[36]

Unter den zahlreichen neutestamentlichen Texten, in denen von Gott als »Vater« die Rede ist, kommt Epheser 3,14-19 zweifellos eine herausragende Rolle zu: »Deshalb beuge ich meine Knie *vor dem Vater, der der rechte Vater ist* über alles, was da Kinder heißt im Himmel und auf Erden, dass er euch Kraft gebe nach dem Reichtum seiner Herrlichkeit, stark zu werden durch seinen Geist an dem inwendigen Menschen, dass Christus durch den Glauben in euren Herzen wohne und ihr in der Liebe eingewurzelt und gegründet seid. So könnt ihr mit allen Heiligen begreifen, welches die Breite und die Länge und die Höhe und die Tiefe ist, auch die Liebe Christi erkennen, die alle Erkenntnis übertrifft, damit ihr erfüllt werdet mit der ganzen Gottesfülle.«

DAS VATERBILD ALS PROBLEM

Gott wird als *Vater* verstanden – hier sogar: als der »rechte Vater«, das heißt als der Vater, von dem her alle Vaterschaft benannt wird und in dem alle Vaterschaft ihren Maßstab hat. Unter den verschiedenen Gottesbezeichnungen gehört die Anrede Gottes mit »Vater« und das Verständnis Gottes als Vater zu den Vorstellungen, die in den letzten Jahrzehnten im weiteren Umfeld der Kirche und der Gemeinden besonderen Anstoß erregt haben. Im Kontext der feministischen Theologie versuchten viele diese »Engführung« aufzusprengen, und so mögen wir schon Gottesdienste erlebt haben, bei denen Gott bewusst nicht mehr als »Vater«, sondern stattdessen bzw. zusätzlich ausdrücklich als »Mutter« – als Mutter der Natur, der Erde, des Lebens oder allen Seins – angesprochen wurde. Dies kann gelegentlich dann sogar das »Vaterunser« oder geprägte Segenswünsche mit der dreifaltigen Erwähnung von Vater, Sohn und Heiligem Geist einschließen.

Ganz gewiss trifft es zu, dass die biblische Rede von Gott als Vater in eine Gesellschaft hinein erging, die selbst patriarchalisch organisiert war und lebte. Sowohl das Volk Israel wie auch die Umwelt der Urgemeinde und des Neuen Testaments waren durch das Patriarchat – die »Vater-Herrschaft« – bestimmt; sie hatten also eine Gesellschaftsordnung, in der der Mann die oberste Entscheidungs- und Verfügungsgewalt über alle Familienmitglieder und in den gesellschaftlich bestimmenden Strukturen hatte.

Noch entscheidender für die Problematisierung der Bezeichnung Gottes als »Vater« mögen die Gründe sein, die wir eher dem psychologisch-seelsorgerlichen als dem historischen Bereich zuordnen. In der Seelsorge sind wir immer wieder mit Menschen im Gespräch, für die die Anrede Gottes mit »Vater« traumatische Erinnerungen wecken kann, weil sie in ihrer eigenen leiblichen Vaterbeziehung oder in der Begegnung mit väterlichen Persönlichkeiten ihrer Kindheit Schreckliches erlebt haben. Das Vater-Bild weckt dann nicht Gedanken an Verlässlichkeit und Treue, Zuneigung und Wärme, sondern eher Angst und Beklemmung, Misstrauen und Selbstzweifel. Eine Frau, die als Mädchen von ihrem Vater oder einer anderen männlichen Autoritätsperson schweres Unrecht erlebt hat, mag sehr wohl eine traumatische Blockade empfinden, sich Gott im positiven Sinne als Vater vorzustellen. Und wer als Junge seinen leiblichen Vater vor allem abwertend, ungerecht und gewaltsam erlebt hat, wird sich lange schwertun, Gott vertrauensvoll als Vater anzusprechen.

Nun sind gewiss weder die gesellschaftlichen Kontexte, in die hinein das Evangelium historisch gesprochen worden ist, noch die eigene biografische Situation, die durch erfahrenes Leid bestimmt sein kann, für sich genommen schon lebensfördernd und von bleibender Gültigkeit. Sie können sich vielmehr auch als lebensabträglich und somit erlösungs- und veränderungsbedürftig erweisen. Dies gilt selbstverständlich auch für das Patriarchat und die Rolle oder das Bild des menschlichen Vaters.

Allerdings wäre es zu kurz gegriffen, wenn wir aufgrund gesellschaftlicher Fehlentwicklungen oder persönlicher Leiderfahrungen bestimmte Lebensbereiche einfach tabuisieren und den Vaterbegriff, das Vaterbild und all das, wofür Vaterschaft im besten Sinne stehen kann, nur pauschal verurteilen und ausblenden wollten. Gewiss wird man persönlich Betroffenen die lebensfördernden und beziehungsstärkenden Aspekte der Gottesvorstellung des Evangeliums zunächst mit anderen Beispielen, Bildern und Umschreibungen nahebringen wollen als ausgerechnet mit einer negativ besetzten Vaterbezeichnung. Auf Dauer aber und für die Sprache der Gemeinde und der Gläubigen insgesamt kann die Lösung – wie in fast allen Lebensbereichen – kaum in der radikalen Verdrängung und Tabuisierung des als bedrohlich Erlebten liegen. Einerseits gewinnt das angstvoll Abgewehrte nur noch an Bedrohung, wenn es im Dunkeln gehalten wird, und andererseits geht mit der Ausblendung eines ganzen Lebensbereiches zugleich all das verloren, was an Hilfreichem und Lebensförderndem in ihm liegen könnte. Grauenvolle Vaterbilder werden nicht durch Verdrängung entmachtet, sondern durch die erlösende Erfahrung von verlässlicher, aufwertender und fürsorglicher Zuwendung.

DIE GRENZE ALLER GOTTESBILDER

Vor allem neuen Entdecken von Vaterschaft und Vaterbildern ist aber auf ein generelles Problem jeder Rede von Gott einzugehen. Nicht erst aufgrund moderner Kritik und Aufklärung, sondern infolge des biblischen Zeugnisses seit den alttestamentlichen Propheten ist nachdrücklich festzuhalten, dass zwischen den eigenen Vorstellungen von Gott und Gott selbst prinzipiell zu unterscheiden ist. Zwischen den Bildern und Begriffen, die wir als Menschen mit Gott verbinden, und der Person des ewigen und transzendenten Gottes besteht eine grundlegende Verschiedenheit.

Wir können als Menschen eine personale Beziehung gewiss gar nicht anders als in Analogie zu anderen menschlichen personalen Beziehungen denken; dabei dürfen wir aber niemals Gottes grundsätzliches Anderssein vergessen. Sosehr wir Gottes Liebe nicht rein abstrakt aussagen können, sondern auf Analogien und Vergleiche aus der zwischenmenschlichen Erfahrung angewiesen sind, so sehr gilt: Gott ist nicht Mensch; und als Menschen können wir Gott von uns aus nie umfänglich verstehen und angemessen zum Ausdruck bringen. Unsere *Gottesbilder* und *Gottesbegriffe* sind grundsätzlich zu unterscheiden von *Gott selbst.* Gott steht über allen unseren Vorstellungen von ihm und geht niemals in ihnen auf.

Damit sind wir bei aller Seelsorge und Verkündigung, in allem theologischen Denken und persönlichen Glauben vor eine enorme Aufgabe gestellt: Wie sollen wir das Unbeschreibliche beschreiben und das Unbegreifliche auf den Begriff bringen? Wie können wir das Unsichtbare vor Augen stellen, und womit sollen wir das Unvergleichliche vergleichen? Angesichts dieser Herausforderung müssen wir sicherlich eingestehen, dass wir oft viel zu naiv und vielleicht auch viel zu profan von Gott geredet haben. Haben wir nicht häufig in unserem Denken und Reden den grundsätzlichen Unterschied zwischen unserer Vorstellung von Gott und Gott selbst vernachlässigt und unsere eigenen Gottesbilder mit Gott identifiziert? Meinten wir nicht gelegentlich, Gott bereits genau zu kennen und über ihn »im Bilde« zu sein? Es ist bekanntlich schon für unsere zwischenmenschlichen Beziehungen verhängnisvoll, wenn wir meinen, unsere Gegenüber genau zu kennen und sie auf unser Bild und unsere Vorstellung von ihnen festlegen zu können. Hier aber reden wir nicht nur von dem Geheimnis einer menschlichen Person, sondern von dem Geheimnis der Person des ewigen Gottes, der als Schöpfer und Erlöser von allen Geschöpfen ganz grundsätzlich zu unterscheiden ist. So erweist es sich als notwendig, dass wir unsere eigene Gottesvorstellung immer wieder aufs Neue prüfen und korrigieren lassen, dass wir nach Gott selbst jenseits unserer Bilder und Vorstellungen fragen.

Gerade bei unserem Bekenntnis zu »Gott als Vater« ergibt sich diese Herausforderung also sowohl aus *grundsätzlichen* wie auch aus konkret *inhaltlichen* Gründen. Denn sogar unsere sogenannten »christlichen« Anschauungen über Gott sind häufig viel stärker durch negative menschliche Erfahrungen und Traditionen bestimmt als durch Christus selbst. Weil wir zutiefst geprägt sind durch die Beziehungen und Begegnungen unserer Kindheit, trägt auch unser Bild von Gott als Vater allzu leicht die Züge unserer menschlichen Väter. Falls uns durch deren Zuwendung vor allem Geborgenheit, Zuversicht und Selbstwertgefühl vermittelt worden sind, kann uns das Erleben dieser menschlichen Zuneigung durchaus dazu verhelfen, dass wir die zentralen Inhalte des Glaubens besser verstehen und leichter nachvollziehen können. Unsere konkrete Erfahrung menschlicher Liebe, die zwar unvollkommen, aber »sichtbar« ist, wird dabei zum Bild und Gleichnis für die Liebe Gottes, die zwar »unsichtbar«, aber vollkommen ist.

Wenn wir hingegen unsere Väter vorrangig als bedrohend, einschränkend und ablehnend erlebt haben, wird die unwillkürliche und unbewusste Verknüpfung unserer Vorstellungen und Empfindungen verheerende Folgen haben. Idealerweise können wir unsere menschlichen Beziehungen vom Glauben her neu gestalten und negative Erfahrungen mit menschlichen Autoritäten im Bewusstsein der Zuwendung Gottes allmählich bewältigen. Wenn wir aber bei leidvollen Erfahrungen nicht zwischen dem Vater Jesu Christi und den menschlichen Vätern klar zu unterscheiden lernen, werden wir aufgrund unserer Prägung alle Aussagen über Gott unserem eigenen Gottesbild entsprechend umdeuten und verdrehen.

Dann aber führt für uns kein Weg daran vorbei, uns ganz bewusst mit den verinnerlichten Botschaften und Forderungen unserer Väter auseinanderzusetzen, damit wir uns wirklich von Gott selbst und nicht von irgendwelchen menschlichen Gottesbildern bestimmen lassen. Dann gilt es, alle Stimmen und Gedanken, die »wie Eltern« zu uns sprechen, kritisch zu hinterfragen, bis wir den Geist des Vaters Jesu Christi unterscheiden lernen von dem Geist ganz anderer Väter. Selbst wenn wir mithilfe der guten Nachricht Christi wirklich auf *Gottes* Reden hören wollen, erhebt sich noch die Frage, ob wir nicht etwas anderes verstehen, als er sagt. Für viele von uns ist dementsprechend das »kindliche«, vorbehaltlose Vertrauen zu Gott durchaus nicht Kennzeichen des »jungen« Glaubens, sondern vielmehr Ergebnis eines langen Entwicklungsprozesses und Ausdruck der Reife.

DER »RICHTIGE« VATER

Wir haben unsere Betrachtungen mit Epheser 3,14 ff eröffnet, weil hier das kritische Potenzial unserer Rede von Gott als Vater in dem positiven Bekenntnis zu ihm als dem »rechten Vater« – das heißt zu dem Vater, von dem her alle Vaterschaft benannt wird und in dem alle Vaterschaft ihren Maßstab hat – aufleuchtet. Wenn es stimmt, dass nur *einer* im umfassenden und letztgültigen Sinne die Bezeichnung »Vater« verdient, nämlich der Vater Jesu Christi und Schöpfer von allem, was im Himmel und auf der Erde ist, dann sollten wir unsere Denkrichtung bei der Rede von der »Vaterschaft« eigentlich umkehren. Gott ist nicht so wie ein menschlicher Vater, sondern menschliche Väter müssen sich in ihrer Vaterschaft an der Barmherzigkeit und Treue, an der Geduld und Hilfsbereitschaft ihres himmlischen Vaters messen lassen. Oder um es mit den Worten Jesu zu sagen: »Seid barmherzig, wie auch euer Vater barmherzig ist« (Lk 6,36). – »Darum sollt ihr vollkommen sein, wie euer Vater im Himmel vollkommen ist« (Mt 5,48).

Gott ist somit – nicht nur bei negativen eigenen Kindheitserfahrungen, sondern ganz grundsätzlich – keinesfalls als Verlängerung und Überhöhung menschlicher Vaterschaft zu denken, zu fühlen und zu beschreiben, sondern immer zugleich in klarer Abgrenzung und deutlicher Unterscheidung. Gott ist nicht der »Übervater«, der alle menschliche Vaterschaft rechtfertigt, stützt und bestätigt, sondern er ist gerade darin der eine und einzige himmlische Vater, dass er selbst Maßstab und Wegweisung, aber auch Kriterium und Richter eines jeden »väterlichen« Verhaltens unter den Menschen ist.

Jesus geht in Matthäus 23,8.9 hinsichtlich der übertragenen Ehrenanrede von menschlichen Autoritäten sogar so weit, dass er die »Vateranrede« überhaupt nur für seinen himmlischen Vater gelten lässt, von dem er alle anderen als Geschwister auf gleicher Ebene grundsätzlich unterscheidet: »Aber ihr sollt euch nicht Rabbi nennen lassen; denn *einer* ist euer Meister; ihr aber seid alle Brüder. Und ihr sollt niemanden unter euch Vater nennen auf Erden; denn *einer* ist euer Vater, der im Himmel ist.« Es kann keine Frage sein, dass dieses kritische Potenzial gerade für diejenigen, die von »Vätern« in ihrem Leben viel Enttäuschung und Leid erfahren mussten, die also ein gebrochenes Vaterbild haben, von ganz enormer Bedeutung sein kann. Gott ist nicht wie mein Vater, sondern er ist grundsätzlich und wesentlich anders! Notwendig ist die Erkenntnis des Andersseins Gottes freilich auch für diejenigen, die sich bisher ganz ungebrochen in ihrem Gottesbild an Menschen orientierten, statt Menschen von Gott her zu schätzen, aber zugleich relativ und vorläufig sein zu lassen.

DIE BIBLISCHE REDE VON GOTT ALS VATER

Wenn wir mit der biblischen Tradition in einer personalen Weise von Gott als »Vater« reden, dann mag es uns fast als selbstverständlich erscheinen, was es in der Umwelt des Alten und Neuen Testaments aber in dieser Form gar nicht ist. In den Religionen des Alten Orients und der griechisch-römischen Antike wird von der Vaterschaft Gottes eher in einem mythischen Sinne gesprochen, um eine naturhaft-physische Abstammung aller Menschen von Gott bzw. den Göttern zu bezeichnen. Durch die »Urzeugung« aus Gott sind die Menschen ihm verwandte Kinder. Philosophisch gesprochen haben alle »Seienden« an Gott als »Sein« teil. So kann die Vateridee – kosmologisch entfaltet – die Beziehung des »Allvaters« zum gesamten Kosmos darstellen, der von ihm durchdrungen ist.

Im Alten und Neuen Testament freilich wird von der Vaterschaft Gottes nicht in kosmologischen oder naturhaft-physischen Zusammenhängen gesprochen, und von einer göttlichen Natur der Menschen ist im Gegenüber von Schöpfer und Geschöpf keineswegs die Rede. Auch wird mit den Begriffen des Vaterseins Gottes und des Kindseins von Menschen gerade nicht das Allgemeingültige, Universale und Selbstverständliche bezeichnet, sondern das Geheimnis der göttlichen Erwählung und Berufung von irdischen, vergänglichen Menschen durch den ewigen Gott. Es geht bei der »Vaterschaft« Gottes nicht um die Kennzeichnung der natürlichen menschlichen Herkunft, sondern um die Hervorhebung der erlösenden göttlichen Zuwendung und Annahme. Denken wir nur an den unvergleichlichen Zuspruch Gottes gegenüber dem Davididen am Tag seiner Inthronisation zum König über Israel in Psalm 2,7: »Du bist mein Sohn, heute habe ich dich gezeugt.« Gott, der Schöpfer, erwählt und beruft Menschen, die von ihm als Geschöpfe *wesentlich unterschieden* sind, und eröffnet durch sein Wort zu ihnen eine *personale Beziehung*, die mit der persönlichen und familiären Beziehung eines Vaters zu seinen Kindern verglichen werden kann.

GOTT ALS VATER IM ALTEN TESTAMENT

Angesichts der herausragenden Bedeutung der *personalen Beziehung* für die biblische Tradition mag es zunächst verwundern, dass von den ca. 1 180 Belegen für das Wort »Vater« im Alten Testament nur 13 im spezifisch religiösen Sinne zu verstehen sind.[37] Hinzu kommen noch einzelne Vergleiche mit dem irdischen Vater – wie in Psalm 103,13 und Sprüche 3,12 – und Belege für die »Sohnschaft« Israels wie Hosea 11,1 ff; 5. Mose 1,31; 8,5.

In dem vorsichtigen Gebrauch der Gottesbezeichnung »Vater« kommt in alttestamentlicher und frühjüdischer Zeit durchaus eine respektvolle und ehrfürchtige Zurückhaltung zum Ausdruck, die um das Ungewöhnliche und Außerordentliche einer solch persönlichen und vertrauten Anrede Gottes weiß. Zudem wird die Bezeichnung auch nicht auf den einzelnen Gläubigen bezogen, sondern kollektiv auf das erwählte Volk insgesamt bzw. individuell nur auf den von Gott erwählten und gesalbten König. Untersucht man aber die wenigen Belege für den eindeutig religiösen Gebrauch, dann beeindrucken die Aussagekraft und Eindeutigkeit der Beschreibung Gottes als Vater.

Uns allen vertraut ist die Aussage in dem »Hohen Lied der Barmherzigkeit Gottes«, Psalm 103,13f: »Wie sich ein Vater über Kinder erbarmt, so erbarmt sich der Herr über die, die ihn fürchten. Denn er weiß, was für ein Gebilde wir sind, er gedenkt daran, dass wir Staub sind.« Im Wissen um das Angewiesensein der Menschen handelt Gott an ihnen mit väterlicher Nachsicht und verzeiht ihnen: »Denn so hoch der Himmel über der Erde ist, lässt er seine Gnade walten über denen, die ihn fürchten. So fern der Morgen ist vom Abend, lässt er unsre Übertretungen von uns sein« (Ps 103,11 f). Gott verhält sich seinem Volk gegenüber wie ein Vater; doch worin bestehen seine väterlichen Eigenschaften und Verhaltensweisen? Was macht das Vatersein Gottes aus? Gott wird im 103. Psalm als derjenige gelobt und besungen, »der dir alle deine Sünde vergibt und heilet alle deine Gebrechen, der dein Leben vom Verderben erlöst, der dich krönet mit Gnade und Barmherzigkeit« (V. 3 f).

Sosehr es bei diesem Vergleich selbstverständlich um ein Beispiel aus einer patriarchalen Gesellschaft geht und sosehr Gott in der gesamten biblischen Tradition selbstredend als die dem Menschen prinzipiell überlegene Autorität – nämlich als Schöpfer und Herr der ganzen Welt – bekannt wird, so ist hier doch jeweils die Frage interessant, warum er gerade mit einem »Vater« und eben nicht mit einem »König« oder einem anderen menschlichen »Herrn« oder »Gebieter« verglichen wird. Im Gegensatz zu mancher menschlichen Erfahrung und Enttäuschung steht die »Vaterschaft« hier für Gottes *Barmherzigkeit*, für seine *voraussetzungslose und bedingungslose Zuwendung*, die das Versagen und Angewiesensein, die Unzulänglichkeit und Hilfsbedürftigkeit seiner Kinder liebevoll im Blick hat und in seine Planungen einbezieht. So wie ein kleines Kind seinen liebenden Vater mit seiner Schwachheit wohl kaum enttäuschen kann, weil seine Voraussetzungen und Grenzen diesem stets bewusst sind, so können auch Gottes Kinder ihren himmlischen Vater mit ihren Sünden nicht überraschen oder »ent-täuschen«, weil dieser sie kennt und in seiner Barmherzigkeit umfassend trägt und bewahrt. Nicht Strenge, Leistungsforderung oder an Bedingungen geknüpfte Anerkennung finden sich in der Geborgenheit dieses Psalms, sondern eine für unser eigenes Vaterbild vielleicht überraschende Zärtlichkeit, Fürsorge und Wärme.

In Jeremia 3,19.22 spricht Gott zu seinem erwählten und aus Ägypten befreiten Volk Israel durch den Mund des Propheten: »Und ich dachte: Wie will ich dich halten, als wärst du mein Sohn, und dir das liebe Land geben, den allerschönsten Besitz unter den Völkern! Und ich dachte, du würdest mich dann ›Lieber Vater‹ nennen und nicht von mir weichen … Kehrt zurück, ihr abtrünnigen Kinder, so will ich euch heilen von eurem Ungehorsam. Siehe, wir kommen zu dir; denn du bist der Herr, unser Gott.« Was war der Zweck und was das Anliegen Gottes, als er Israel erwählte? Wir würden vermutlich antworten, dass er sich ein Volk erwählte, um unter ihnen und über sie als König zu regieren, oder dass er ein Volk segnete, um durch dieses Volk die anderen Völker zu erreichen und zu segnen. Hier aber wird als tiefster Wunsch und wahre Absicht Gottes bei seiner Erlösung und Begleitung Israels in der Wüste bis hin zum Einzug in das verheißene Land herausgestellt, dass Gott von seinen Kindern zärtlich und vertrauensvoll als »Lieber Vater!«, »Mein Vater!« angerufen werden wollte. Zu dem Gott, der sich wie ein liebender Vater nach der Zuneigung seiner Kinder sehnt, soll sich Israel wieder in Treue hinwenden, um sich helfen zu lassen. Gottes eigentliche Absicht ist die Wiederherstellung einer wechselseitigen vertrauensvollen Beziehung auf der Basis unbedingter Liebe. Diese persönliche und vertrauensvolle direkte Anrede Gottes mit »Lieber Vater!«, »Mein Vater!« in Jeremia 3,4.19 bildet innerhalb der alttestamentlichen Überlieferung einen Höhepunkt und lässt erstmalig den später in den christlichen Gemeinden verbreiteten, noch intimeren Gebetsruf »Abba, lieber Vater!« vorahnen (Röm 8,15; Gal 4,6; vgl. Mt 6,9 ff; Lk 11,1 ff), zu dem Jesus selbst sie angeleitet und ermächtigt hat (Mk 14,36).

Bei den Worten von Jeremia 3,19 ff werden wir zugleich an die bewegende Gottesrede in Hosea 11,1 ff erinnert: »Als Israel jung war, hatte ich ihn lieb und rief ihn, meinen Sohn, aus Ägypten; aber wenn man sie jetzt ruft, so wenden sie sich davon und opfern den Baalen und räuchern den Bildern. Ich lehrte Ephraim gehen und nahm ihn auf meine Arme; aber sie merkten's nicht, wie ich ihnen half« (Hos 11,1-3). Und trotz aller fehlenden Bereitschaft zur Umkehr hält Gott dennoch in »brennender Barmherzigkeit« an Israel fest: »Wie kann ich dich preisgeben, Ephraim, und dich ausliefern, Israel? ... Mein Herz ist andern Sinnes, alle meine Barmherzigkeit ist entbrannt« (Hos 11,8). Was wird auch hier wieder durch das Verhältnis von Vater und Sohn zum Ausdruck gebracht? Es sind Gottes unbedingte Liebe und zärtliche Hilfsbereitschaft, aufgrund deren er Israel einst erwählte und errettete, wie ein Vater seinem Sohn in fürsorglicher Begleitung das Laufen beibringt und ihn in Gefahrensituationen auf den Armen trägt. In seiner Zuneigung nahm Gott sie auf und trug sie den langen Weg der Wanderung schützend auf seinem Arm (vgl. 5. Mose 1,31; Jes 63,9). Und es ist Gottes väterliche grenzenlose Treue zu seinem verirrten und uneinsichtigen Kind, aus der heraus das Herz über allen verständlichen Zorn siegt: »Mein Herz ist andern Sinnes, alle meine Barmherzigkeit ist entbrannt.«

Das Bild eines tröstenden, verständnisvollen und hilfsbereiten Vaters, dem angesichts des Elends seines Kindes fast das Herz bricht, leuchtet auch an Stellen wie Jeremia 31,9.20 auf: »Sie werden weinend kommen, aber ich will sie trösten und leiten. Ich will sie zu Wasserbächen führen auf ebenem Wege, dass sie nicht zu Fall kommen; denn ich bin Israels Vater, und Ephraim ist mein erstgeborener Sohn … Ist nicht Ephraim mein teurer Sohn und mein liebes Kind? Denn sooft ich ihm auch drohe, muss ich doch seiner gedenken; darum bricht mir mein Herz, dass ich mich seiner erbarmen muss, spricht der Herr.« Und in Jesaja 63,16 schließlich wird der Gott, der das Gottesvolk einst »erlöste, weil er sie liebte und Erbarmen mit ihnen hatte« (Jes 63,9), unter Berufung auf seine »große, herzliche Barmherzigkeit« um seine erneute Zuwendung gebeten: »Bist *du* doch unser Vater; denn Abraham weiß von uns nichts, und Israel kennt uns nicht. Du, Herr, bist unser Vater; ›Unser Erlöser‹, das ist von alters her dein Name.«

WIE EINEN SEINE MUTTER TRÖSTET

Schon im Alten Testament wird bei dem Vergleich der Zuwendung Gottes zu Israel mit der Zuneigung eines Vaters zu seinen

Kindern auf Eigenschaften abgehoben, die nach unserer neuzeitlichen Tradition beim Vaterbild nicht unbedingt bestimmend sind: nicht emotionale Distanz, sondern liebevolle Zuneigung, nicht fordernde und an Bedingungen geknüpfte Zuwendung, sondern unbedingte Barmherzigkeit und zärtliche Hilfsbereitschaft, nicht strafende Härte gegenüber dem Irrenden, sondern Vergebungsbereitschaft und tröstende Annahme. Damit werden wir unweigerlich an die anfängliche Erkenntnis erinnert, dass nach dem biblischen Zeugnis nicht Gott wie unsere irdischen Väter ist, sondern wir als menschliche Väter bei Gott lernen sollen, was es heißt, Vater zu sein. Er ist der eine »rechte Vater«, von dem her alle Vaterschaft benannt wird und in dem alle Vaterschaft ihren Maßstab hat (Eph 3,14).

Noch stärker wird unser traditionelles Vaterbild freilich aufgebrochen, wenn Gott in der anschaulichen Sprache der Propheten und Psalmisten ausdrücklich Eigenschaften zugeschrieben werden, die nach herkömmlichen Vorstellungen als typisch »weiblich« gelten: So findet der Beter in seinem Vertrauen zu Gott Geborgenheit, Befriedigung und Sicherheit – wie ein gestilltes Kind bei seiner Mutter (Ps 131,2). Zur Beteuerung der Treue Gottes wird auf die unbedingte Liebe einer Mutter zu ihrem eigenen Kind verwiesen, das sie unter keinen Umständen im Stich lassen würde – noch weniger will Gott sein eigenes Volk vergessen (Jes 49,15). Vielmehr wird er sich ihnen liebevoll zuwenden und sie trösten, wie eine Mutter ihr kleines Kind tröstet (Jes 66,13). Dementsprechend werden Glück und Geborgenheit der uneingeschränkten Gemeinschaft Gottes mit den Menschen durch die Verheißung beschrieben, dass Gott alle Tränen von ihren Augen abwischen wird – dann, wenn er durch sein endgültiges Eingreifen alles Leiden, alle Schmerzen, alles Weinen, ja selbst den Tod aufheben wird.[38]

Zwar wird Gott in der biblischen Überlieferung keineswegs als »Mutter« angesprochen, jedoch gilt es desto nachdrücklicher festzuhalten, dass Gott keineswegs im menschlichen und traditionellen Sinne als »männlich« verstanden wird – weil er eben kein Mensch, sondern Gott ist und schon von den Engeln im Himmel bezeugt wird, dass sie nicht der menschlichen Polarität von männlich und weiblich unterliegen (Mk 12,25).

WIE SICH EIN BRÄUTIGAM ÜBER SEINE BRAUT FREUT

In nochmals ganz anderer Weise wird ein menschlich eng geführtes Gottesbild dort aufgebrochen, wo die Propheten und Apostel in ihrer kühnen Verkündigung das Verhältnis Gottes zu seinem Volk und das Verhältnis Christi zu seiner Gemeinde im Sinnbild der erotischen Liebe und der Hochzeitsfeier vor Augen stellen.[39] So verheißt Gott schon durch Hosea seinem Volk, dass er sich mit ihnen »verloben will« und sie ihn »Mein Mann« (Hos 2,18) nennen sollen: »Ich will mich mit dir verloben für alle Ewigkeit, ich will mich mit dir verloben in Gerechtigkeit und Recht, in Gnade und Barmherzigkeit. Ja, in Treue will ich mich mit dir verloben, und du wirst den Herrn erkennen« (Hos 2,21 f).

In der erschütternden bildhaften Darstellung der Geschichte Jerusalems in Hesekiel 16 blickt Gott zunächst auf seine liebevolle Erwählung und Annahme des nach der Geburt ausgesetzten, unversorgten und nackten Säuglings zurück, dem er verbindlich zusprach: »Du sollst leben!« Gegenüber der in Schönheit Herangewachsenen verhält sich Gott nach Hesekiel dann wie ein werbender Mann: »Da breitete ich meinen Mantel über dich und bedeckte deine Blöße. Und ich schwor dir's und schloss mit dir einen Bund, spricht Gott der Herr, dass du solltest mein sein« (Hes 16,8).

Die eindrücklichste und ausführlichste Darstellung des Vergleichs Gottes mit einem Bräutigam findet sich wohl in Jesaja 62,4f, wenn Gott durch den Propheten seiner Stadt Jerusalem jenseits ihrer selbst verschuldeten Leiderfahrung zusagt: »Man soll dich nicht mehr nennen ›Verlassene‹ und dein Land nicht mehr ›Einsame‹, sondern du sollst heißen ›Meine Lust‹ und dein Land ›Liebes Weib‹; denn der Herr hat Lust an dir, und dein Land hat einen lieben Mann. Denn wie ein junger Mann eine Jungfrau freit, so wird dich dein Erbauer freien, und wie sich ein Bräutigam freut über die Braut, so wird sich dein Gott über dich freuen.« Dies sind unübertroffene Beschreibungen der leidenschaftlichen Zuneigung und verbindlichen Zuwendung Gottes zu seinem Volk. An sie können die Beschreibung der kommenden Heilszeit als Hochzeitsfest und die Bezeichnungen Christi als Bräutigam und der Gemeinde als Braut im neutestamentlichen Zeugnis unmittelbar anschließen.[40]

DIE GEFAHREN DER »MENSCHLICHEN« REDE VON GOTT

Durch diese positiven Bilder und Vergleiche aus der menschlichen Wirklichkeit wird unseren einseitigen und verengten Anschauungen von Gott, wie sie sich durch negative menschliche Erfahrungen ergeben können, eindeutig und eindringlich entgegengewirkt. Allerdings müssen wir uns auch hierbei noch einer grundsätzlichen Grenze der bildhaften Rede von Gottes »väterlicher« bzw. »mütterlicher« Zuwendung zu uns bewusst werden.

Bei jeder positiven menschlichen Eltern-Kind-Beziehung ist es das erklärte Ziel der Erziehung, das Kind zu einer Selbstständigkeit anzuleiten, in der es von den Eltern unabhängig wird. Töchter und Söhne sollen bei ihrem Entwicklungsprozess so gefördert werden, dass sie auf die Hilfe der Eltern schließlich nicht mehr angewiesen sind. Der Vorsprung an Erfahrung und Reife soll so weit verringert werden, dass die Kinder selbst als »Erwachsene« eigenverantwortlich leben können.

Nun fällt es Eltern nicht selten schwer, ihre Kinder in die Unabhängigkeit zu entlassen und sie als selbstständige Persönlichkeiten anzuerkennen. Anstatt eine neue, partnerschaftliche Beziehung zu ihnen anzustreben, versuchen sie in ihren erwachsenen Töchtern und Söhnen immer noch die unmündigen Kinder zu sehen. Sie beziehen ihre Bestätigung aus ihrer vermeintlichen Unentbehrlichkeit für andere und verstehen sich von der Schwachheit der anderen her. Selbst bei dem Bild der erotischen Liebe und der Ehe ist die Gefahr des Missverständnisses noch nicht an sich ausgeschlossen, da auch in partnerschaftlichen Beziehungen gelegentlich die Symbiose der wechselseitig Abhängigen anstatt der ausgeglichenen Gemeinschaft der Eigenständigen gesucht und gelebt wird.

Wenn wir uns an diesem Punkt nicht des entscheidenden Unterschieds zwischen der Beziehung zu Gott und zu unseren Eltern oder anderen Bezugspersonen bewusst sind, hat es schlimme Konsequenzen für unser Gottesbild und für unsere Selbsteinschätzung. Während wir uns nämlich in menschlichen Beziehungen abgrenzen müssen, um unsere Selbstständigkeit und Reife zu gewinnen, gründen unsere Selbstentfaltung und Freiheit im Glauben gerade darin, dass wir unser ganzes Leben uneingeschränkt von Gott her verstehen und gestalten.

Wie wir vom Leben selbst nie unabhängig werden, solange wir leben, so bleiben wir als Menschen auch stets angewiesen auf

Gott – und zwar nicht infolge einer Fehlentwicklung, sondern grundsätzlich, weil er als Schöpfer Ursprung allen Lebens und Quelle aller wahren Liebe ist. Deshalb ist es durchaus als positiv und folgerichtig anzusehen, wenn wir Gott gegenüber eine immer vorbehaltlosere und offenere Haltung gewinnen, ihn – als das Leben und die Liebe – immer mehr beanspruchen, das heißt ihm immer »kindlicher« vertrauen.

In Hinsicht auf dieses bleibende und prinzipielle Gefälle zwischen Gott als Vater und uns als seinen Kindern sind wir also an die Grenze aller menschlichen Vergleiche gestoßen. Denn Gottes Größe ist nicht in unserem Kleinsein begründet, und seine Stärke ergibt sich nicht erst durch unser Angewiesensein auf ihn. Gott lebt nicht von unserer Schwachheit – aber er ist bereit, *mit* ihr zu leben.

GOTT ALS DER VATER JESU CHRISTI

Doch kommen wir auf den biblischen Befund zurück. Während sich in der alttestamentlichen Überlieferung die Bezeichnung Gottes mit »Vater« also eher selten – wenn auch in gewichtigen Zusammenhängen – findet,[41] ändert sich dies im Neuen Testament ganz deutlich. Bei 414 Belegen insgesamt ist die Bezeichnung »Vater« 245-mal konkret auf Gott und also nicht auf einen menschlichen Vater bezogen, das heißt in weit über der Hälfte der Fälle. Und wenn wir uns bewusst machen, dass allein das Johannesevangelium 100-mal von Gott als »Vater« spricht, dann ahnen wir, dass für den Evangelisten Johannes wie für den Verfasser der Johannesbriefe die Bezeichnung »Vater« geradezu zum Synonym für Gott und zur Gottesbezeichnung schlechthin wird. »Der Vater« ist gleichbedeutend mit dem »Vater Jesu Christi«. Wie ist es dazu gekommen?

Die theologisch gewichtigste und zugleich historisch gesehen plausibelste Erklärung für die ungewöhnliche Steigerung der Anrede und Bezeichnung Gottes mit Vater ist in der Tatsache zu sehen, dass Jesus selbst während seines irdischen Wirkens seinen himmlischen Vater mit »Abba« – »lieber Vater«, »mein Vater« – im Gebet anrief und gegenüber seinen Jüngern von Gott als Vater sprach.[42] Die beeindruckendste Spur haben wir dafür sicherlich in Markus 14,36 zu sehen, weil der Evangelist hier beim Gebet Jesu in Gethsemane selbst für seine heidenchristlichen Leser, für die er ansonsten in Griechisch schrieb, die ursprüngliche aramäische Anredeform »Abba!« noch mitüberliefert. Abgesehen von dem Kreuzesruf Markus 15,34 par., in dem der Gekreuzigte mit den Worten des 22. Psalms betet, hat Jesus seinen himmlischen Vater wohl durchgängig mit »Vater« angesprochen und überwiegend von ihm persönlich als Vater gesprochen, was der griechische Text der Evangelien und dementsprechend die deutsche Übersetzung variierend mit »Vater«, »der Vater« oder »mein Vater« überliefern.[43]

Nicht nur die Aramäisch sprechende Urgemeinde, sondern offensichtlich die gesamte – auch heidenchristliche – frühe Kirche hat diese Gottesanrede von ihrem Herrn und auf seine Weisung hin übernommen, was wir sehr schön an den beiden anderen »Abba«-Belegen im Neuen Testament erkennen können. Sowohl in Galater 4,6 als auch in Römer 8,15 setzt Paulus nämlich in seinen Schreiben an überwiegend heidenchristliche Gemeinden voraus, dass sie Gott mit der geprägten zweisprachigen Wendung »Abba, lieber Vater!« anrufen.

Indem sie als Christinnen und Christen Gott so ansprechen, wie es nur Jesus Christus in seiner einmaligen Beziehung zum Vater von sich aus tun konnte (Mk 14,36), handeln sie nicht allein in seinem *Sinne* – denn er hat seine Jünger gelehrt, Gott mit »unser Vater« anzurufen (Lk 11,1 ff; Mt 6,9 ff) –, sondern zugleich »in seinem *Geist*« (Röm 8,15; Gal 4,6). Die Kindschaft der an Jesus Christus Glaubenden ist nämlich darin begründet, dass er selbst als der Sohn Gottes durch seinen Geist in ihnen wohnt und sie gerade dadurch ebenfalls zu Töchtern und Söhnen Gottes macht. So wird für sie wie für uns heute noch die persönliche Anrede Gottes mit Abba zum Zeichen dieser Gegenwart des Geistes seines Sohnes – und dessen Gegenwart in den Gläubigen zur Bestätigung und Garantie dafür, dass sie bleibend Gottes Kinder sind (vgl. Röm 8; 2. Kor 1,22; 5,5).

Grundlage für dieses einmalige Gottesverhältnis, das sich in der zärtlichen vertrauensvollen Gebetsanrede »Abba, lieber Vater!« ausdrückt, ist nach dem Neuen Testament nun keineswegs ein gesteigertes Selbst- und Gottesbewusstsein eines gewöhnlichen Menschen Jesus von Nazareth, das sich seine Nachfolger zu eigen machen. Als Ausgangspunkt gilt vielmehr die einmalige Gottesbeziehung, die Jesus Christus von Anfang an und nicht erst durch die Auferweckung von den Toten gehabt hat. Gerade die Schriften, die die enge Beziehung zwischen Gott als Vater und Jesus Christus als Sohn besonders hervorheben, bezeugen zugleich in eindeutiger Klarheit, dass sie von der einzigartigen Gottessohnschaft Jesu seit Beginn seines Wirkens, ja seit seiner Geburt, ja sogar seit Grundlegung der Welt in der Präexistenz des Sohnes beim Vater ausgehen.[44]

Nur wenn Christus als dieser *eine* und *einzigartige* »Sohn Gottes« verstanden wird und wenn er in Einheit mit seinem himmlischen Vater gesehen wird, ist es nachvollziehbar, dass von *seiner* Zuwendung und Lebenshingabe für die Seinen auf die Einstellung *Gottes, seines Vaters*, dieser Welt gegenüber geschlossen werden kann: »Darin ist erschienen die Liebe Gottes unter uns, dass Gott seinen eingeborenen Sohn gesandt hat in die

Welt, damit wir durch ihn leben sollen. Darin besteht die Liebe: nicht, dass wir Gott geliebt haben, sondern dass er uns geliebt hat und gesandt seinen Sohn zur Versöhnung für unsre Sünden« (1. Joh 4,9 f; vgl. Joh 3,16). – »Gott aber erweist seine Liebe zu uns darin, dass Christus für uns gestorben ist, als wir noch Sünder waren … Wenn wir mit Gott versöhnt worden sind durch den Tod seines Sohnes, als wir noch Feinde waren, um wie viel mehr werden wir gerettet werden durch sein Leben, nachdem wir nun versöhnt sind« (Röm 5,8.10)[45].

GOTT ALS LIEBENDER VATER

Nun reicht es nicht, anhand des Neuen Testamentes aufzuzeigen, dass das Evangelium von Jesus Christus als Wort von Gottes umfassender Liebe und väterlicher Zuwendung verstanden und entfaltet worden ist. Wir wollen vielmehr weiterfragen, welche Konsequenzen sich daraus für unser Verständnis von Gott ergeben. Denn häufig stehen ja gerade diese – durchaus vertrauten – biblischen Aussagen in Spannung zu unseren herkömmlichen Vorstellungen und inneren Bildern von Gott als Vater. Bestand nicht zwischen Gott und uns vor dem Sterben Christi der Zustand beidseitiger Feindschaft? Und galt uns nicht anstatt der Liebe Gottes vorher nur sein Zorn? Musste nicht Christus zunächst den Vater mit uns versöhnen, sodass die Zuwendung Gottes zu uns lediglich als das Ergebnis der Vermittlung Christi zu verstehen ist?

Betrachten wir zur Klärung dieser Widersprüche exemplarisch die beiden Stellen, an denen Paulus vom Versöhnungsgeschehen in Christus spricht, dann muss uns wundern, wie weit sich gängige Interpretationen von den Aussagen der Texte selbst entfernen können (Röm 5,1-11; 2. Kor 5,14-21). Zunächst fällt auf, dass die im Kreuz vollzogene Versöhnung gar nicht *Gott* als dem *zu Versöhnenden* gilt, sondern *uns*. Christus musste nicht Gott, den Vater, mit uns versöhnen, sowenig der Vater selbst durch Christus *sich* mit uns versöhnen musste. Vielmehr war Gott, der Vater, selbst in Christus und versöhnte die Welt von sich aus mit sich in Christus (2. Kor 5,18-20). Wenn aber die Versöhnung von Gott selbst ausgeht, kann von Feindschaft nur in Hinsicht auf unsere einseitige Ablehnung und Auflehnung Gott gegenüber gesprochen werden.

Die Einstellung des himmlischen Vaters zu uns erweist sich hingegen darin, dass Christus für uns sein Leben gelassen hat – für uns als die Schuldigen, die zum Frieden »Unfähigen« und gegen Gott »feindlich« Gesinnten (Röm 5,6-10). Wenn der Vater Jesu Christi selbst seine Feinde noch so grenzenlos liebt, dass er von sich aus alle Grenzen überwindet und unternimmt, was eigentlich den Schuldigen zukäme, dann ist seine Zuwendung nicht erst die *Folge* und das *Ergebnis*, sondern der eigentliche *Grund* und die *Voraussetzung* der Versöhnung. Denn nicht sich selbst musste Gott ändern, sondern *uns*; nicht *seine* Abneigung galt es zu überwinden, sondern *unsere* Feindschaft und *unsere* Trennung von ihm als dem Leben und der Liebe.

Von hier aus fällt auch Licht auf den – für uns heute leider recht missverständlichen – Begriff des »Zornes« Gottes. Unter Gottes Zorn haben wir seine entschiedene Ablehnung der Sünde zu verstehen; er hat auch da, wo er als »leidenschaftlich« beschrieben wird, mit menschlicher Wut und unbeherrschten Zornausbrüchen menschlicher Vaterfiguren nichts gemeinsam. Gerade weil Gott den *Sünder* liebt, wendet er sich konsequent gegen die *Sünde,* die den Menschen von Gott trennt und damit Leben und Liebe zerstört. Gerade weil Gott als Schöpfer seine Schöpfung nicht aufgegeben hat, kann er unsere Lieblosigkeit und Ungerechtigkeit, unsere Gleichgültigkeit und Ichbezogenheit nicht einfach übergehen.

Die Lösung des grundlegenden Problems des Menschen kann also nicht darin bestehen, dass Gott sein »Nein zur Sünde« aufgibt, denn dann hätte er damit auch den Sünder aufgegeben. Gott konnte sich nicht mit der *Sünde* versöhnen, aber er hat den *Sünder* mit sich versöhnt. So bedeutet Gottes Versöhnung in Christus, dass Gott in seinem »Ja zum Sünder« ihn frei gemacht hat von der Isolation und Feindschaft, um deretwillen Gottes »Nein« erging.[46]

BEGREIFEN UND ERKENNEN

Kommen wir zum Abschluss auf unsere Einführung zurück; dort lasen wir aus Epheser 3,14 f die Worte: »Deshalb beuge ich meine Knie vor dem Vater, der *der rechte Vater* ist über alles, was da Kinder heißt im Himmel und auf Erden – vor dem Vater, von dem her alle Vaterschaft benannt wird und in dem alle Vaterschaft ihren Maßstab hat …« Es mag sein, dass die Rede von Gott als Vater für viele von uns bisher selbstverständlich gewesen ist, dennoch dürfen wir uns vom Evangelium und den Propheten her immer wieder verfremden und neu überraschen lassen. Es gibt nämlich auch eine zu große Selbstverständlichkeit und Voreiligkeit, die das Geheimnis Gottes verschüttet.

Es kann auch sein, dass die Rede von Gott als Vater für andere unter uns bisher eher besorgniserregend und bedrückend gewirkt hat, weil wir uns weniger vom Vater Jesu Christi als von allgemeinen Gottesbildern und religiösen Vorstellungen haben prägen lassen. Dann gilt es ganz gewiss, das Evangelium gegen alle anderen Botschaften in uns neu zu hören und unser ganzes inneres religiöses Empfinden und Denken durch den in uns wohnenden Christus neu begründen zu lassen.

Es wird für manche von uns auch so sein, dass sie Gott bisher als Vater gar nicht denken konnten, ohne durch die negativen eigenen biografischen Erfahrungen abgelenkt und blockiert zu werden. Dann sind wir dazu eingeladen, uns mit unseren menschlichen Vaterbildern kritisch auseinanderzusetzen und in Gott als Vater den ganz anderen, den »rechten Vater« in seiner alle Vorstellungskraft übersteigenden Liebe immer besser erkennen zu lernen.

In jedem Fall – und darin sind wir dann bei all unserer Verschiedenheit wieder zutiefst verbunden – liegt der Weg zu dem zentralen christlichen Gottesverständnis von »Gott als Vater« in der Verwirklichung dessen, was der Apostel bereits als den Inhalt seines Gebetes für die Gemeinde in Ephesus formuliert hat: »... dass er euch Kraft gebe nach dem Reichtum seiner Herrlichkeit, stark zu werden durch seinen Geist an dem inwendigen Menschen, dass Christus durch den Glauben in euren Herzen wohne und ihr in der Liebe eingewurzelt und gegründet seid. So könnt ihr mit allen Heiligen begreifen, welches die Breite und die Länge und die Höhe und die Tiefe ist, auch die Liebe Christi erkennen, die doch alle Erkenntnis übertrifft, damit ihr erfüllt werdet mit der ganzen Gottesfülle« (Eph 3,16-19).

»MEIN HERR UND MEIN GOTT!«

WIE EIN ZWEIFLER DEN AUFERSTANDENEN »BEGREIFT«

Als Kinder der Neuzeit tun wir uns schwer, dem traditionellen Zeugnis von der Auferstehung Jesu Glauben zu schenken; und es fällt uns als aufgeklärten Menschen nicht leicht, die Osterfreude und Begeisterung der ersten Christen über den ihnen erschienenen Herrn zu teilen. Denn das Bekenntnis zur Auferstehung des gekreuzigten Jesus ist historisch so umstritten, wie es theologisch bedeutsam ist. Dass Gott den gekreuzigten und gestorbenen Jesus am dritten Tag auferweckt hat, ist nach aller menschlichen Erfahrung gewiss eine »unglaubliche« Aussage.[47]

»UNGLAUBLICH!«

»Unglaublich« ist diese Aussage deshalb, weil sie als ganz »unerhört« und völlig »unwahrscheinlich« erscheint. Es widerspricht ja allem, was man je gehört und erfahren hat, dass jemand, der gestorben und bereits begraben ist, aus seinem Grab heraus in ein gänzlich *neues* Leben aufersteht. Dafür gibt es in der bisherigen Geschichte der Menschheit weder beweiskräftige Analogien noch plausible innerweltliche Erklärungen.

»Unglaublich« ist die im Neuen Testament bezeugte Auferstehung des Gekreuzigten freilich auch in einer ganz anderen Hinsicht – nämlich insofern, als sie für die Geschichte der Menschheit und das Verständnis von Gott »sehr bedeutsame«, »sehr große« Folgen hat. Wenn die Osterbotschaft stimmen sollte, dann erscheint das Kreuz Jesu nicht länger als die Widerlegung seines gesamten Lebenswerkes, dann steht sein schmachvolles Sterben nicht mehr im Widerspruch zu seinem viele provozierenden Autoritätsanspruch. Vielmehr erweisen sich das Leben, das Wirken und die Verkündigung Jesu im Licht seiner Auferweckung durch den himmlischen Vater als überwältigend bestätigt. Das, was Jesus während seines irdischen Wirkens seinen Jüngern als zukünftig verkündigt hat, ist mit seiner eigenen Auferstehung und in ihm nun bereits real erfüllt: die Verwirklichung der zugesagten Gottesgemeinschaft und die befreiende Teilnahme am ewigen Leben.

Nun mag es viele überraschen, dass unsere neuzeitlichen Zweifel an diesen »unglaublichen« – das heißt »unerhörten« wie »bedeutsamen« – Konsequenzen des Ostergeschehens so modern und fortschrittlich nicht sind. Alle vier Evangelien wissen zu berichten, dass selbst die engsten Vertrauten Jesu nach dem Kreuzesgeschehen verzweifelt waren. Auch sie wollten den ersten Zeuginnen der Osterbotschaft keinen Glauben schenken. Erst als der Auferstandene sich selbst »sehen« und »begreifen« ließ (Lk 24,36 ff; Joh 20,19 ff), *begriffen* die Jünger seine wirkliche Bedeutung und erkannten den Sinn seines Weges – bis hin zum Kreuzesgeschehen. Aus der Wirklichkeit der Auferstehung Jesu konnten sie auf die Realität seines einzigartigen Verhältnisses zu Gott und seiner einmaligen Zugehörigkeit zu seinem himmlischen Vater rückschließen.

Fragt man nach dem *Erkenntnisgrund* des Bekenntnisses zu Jesus Christus als dem einzigartigen – das heißt einziggeborenen – »Sohn Gottes«, so kann man die Erscheinungen des Auferstandenen in der Tat als die Geburtsstunde der umfassenden Christuserkenntnis angeben. Erst als der Auferstandene dem – sprichwörtlich – zweifelnden Thomas persönlich begegnet, kann dieser ihn als seinen »Herrn und Gott« *er*kennen, *an*erkennen und *be*kennen (Joh 20,24-29). Erst als der Auferstandene persönlich den Emmausjüngern die Notwendigkeit seines Weges entfaltet und mit ihnen Tischgemeinschaft hat, kommt es zur umfassenden Christuserkenntnis (Lk 24,13-35).

VON OSTERN AUS GESEHEN

In der Rückschau und aus der Perspektive der Auferstehungserkenntnis erahnen die Jünger, wer dieser Jesus – den sie so lange begleitet haben – in Wahrheit schon zuvor gewesen ist. Gewiss hat Gott seinem Sohn seine eigene Herrschaft mit der Auferstehung in besonderer Weise anvertraut und ihm den »Namen über alle Namen« verliehen – den Titel *Kyrios*/»Herr« –, vor dem sich alle Knie beugen sollen (Phil 2,9-11)[48]. Jedoch wird Jesus nach neutestamentlichem Verständnis nicht etwa erst durch seine Auferweckung als ein zuvor normaler Mensch von Gott gleichsam »vergöttlicht« oder zum Sohn Gottes »adoptiert«. Es ist gerade das zentrale Anliegen der Evangelien, zu zeigen, dass Gott Jesus Christus offensichtlich bereits in dessen irdischem Wirken seit der *Taufe* (Mk 1,9-11)[49] als seinen eigenen Sohn erwiesen hat. Die Vorgeschichten der Evangelien bezeugen, dass dies genau genommen bereits von dessen *Geburt* an gilt (Mt 1,18-25; Lk 1,32 f.35), ja letztlich schon bei der *Schöpfung der Welt* durch das »Wort« Gottes, das dann in Jesus Christus Mensch geworden ist (Joh 1,1-18).[50]

Wollen wir den *Beginn* der Gottessohnschaft und der Vollmacht, Würde und Herrschaft Jesu benennen, so sollten wir gemäß dem Osterzeugnis der ersten Christen genau unterscheiden. Fragen wir nach dem *Erkenntnisgrund* für die Menschen – nach der *ratio cognoscendi* –, so antworten die neutestamentlichen

Zeugen einmütig: Seit seiner *Auferstehung* wird Jesus im umfassenden Sinne als »Sohn Gottes«, als »Christus« und »Kyrios« – das heißt als Herr der Welt und der Geschichte – erkannt und bekannt.[51] Fragen wir aber nach dem *Seinsgrund* dieser Erkenntnis – also nach der *ratio essendi* –, so ist das einmütige Zeugnis aller Evangelien, dass Gott sich schon lange vor Kreuz und Auferstehung zu Jesus von Nazareth als seinem Sohn bekannt und durch ihn gewirkt hat. Die Frage nach dem *Erkenntnisgrund* des Gottseins Jesu geht also von Ostern aus *zurück*, die Frage nach dem *Seinsgrund* führt von den Anfängen her auf Ostern *hin*. So sind die Entwicklung und Entfaltung des *Erkenntnis*grundes und die des *Seins*grundes gegenläufig.

So fehlt es im Neuen Testament auch nicht an ausdrücklichen Zeugnissen dafür, dass Jesus Christus schon als Sohn bei seinem himmlischen Vater war und mit ihm in seiner Herrlichkeit Gemeinschaft hatte, lange bevor er überhaupt als Mensch existierte.[52] Er wurde also nicht etwa als Mensch *Gott*, sondern vielmehr als Gott *Mensch!*[53] Es heißt: »Das Wort wurde Fleisch« (Joh 1,14) – und nicht: »Das Fleisch wurde Gott.«

Als der *mensch*gewordene Sohn Gottes wird er von seinem Vater nach seinem hingebungsvollen Leben und Sterben *auferweckt;* und als ebendieser von seinem Vater *Auferweckte* wird er von den Menschen als der »einziggeborene« – das heißt in seinem Sein und Wesen einzigartige – *Sohn Gottes* erkannt. So beginnt das Johannesevangelium mit dem großen Christushymnus: »Im Anfang war das Wort; und das Wort war *bei Gott*; und *Gott* war das Wort …« (Joh 1,1 f; vgl. 1,14). Und so mündet es nach Menschwerdung, Wirken und Erhöhung Jesu in das Osterbekenntnis des vom auferstandenen Christus überwältigten Zeugen ein: »Mein *Herr* und mein *Gott!*« (Joh 20,28).

AM ANFANG WAR… DIE HOHE CHRISTOLOGIE

Fraglos wird diese »hohe Christologie« – das heißt diese hochreflektierte und in der himmlischen Existenz bei Gott ansetzende »Lehre von Christus« – unübertroffen und vor allem im Johannesevangelium entfaltet. So fehlt es nicht an Einwänden, es handle sich hier um eine erst spät einsetzende dogmatische Entwicklung gegen Ende des 1. Jahrhunderts n. Chr., da das Johannesevangelium in der Regel als das vierte und zuletzt entstandene Evangelium verstanden wird. Das frühe Christentum habe Jesus – so die kritische Vermutung – noch keineswegs als Sohn Gottes und göttlichen Kyrios, sondern als »Lehrer« oder »Propheten« oder menschlichen »Messias« angesehen. Nicht selten wird diese Entwicklung noch mit dem Übergang des Evangeliums von der *juden*christlichen, aramäisch sprechenden Urgemeinde zu den von hellenistischer Kultur und Religion geprägten *heiden*christlichen Gemeinden[54] verknüpft.

Damit wird aber völlig verkannt, dass sich die historisch ältesten literarischen Zeugnisse für eine sogenannte »hohe Christologie« nicht etwa am Ende, sondern zu *Beginn* der Entstehung der neutestamentlichen Schriften finden – und zwar in den Briefen eines *pharisäisch* geprägten *Juden*christen.[55] Bereits in 1. Korinther 8,6 erinnert Paulus seine um 50 n. Chr. gegründete korinthische Gemeinde in Abgrenzung zu den »sogenannten Göttern« (8,5) an das Bekenntnis zur *Einheit* und *Einzigkeit* Gottes – und zwar im Anschluss an das alttestamentlich-jüdische Grundbekenntnis, das »Höre Israel!« – *Schᵉma Jisrael* – aus 5. Mose 6,4: »Höre Israel, der Herr, unser Gott, ist *ein* Herr!« Ohne es näher erklären zu müssen, kann Paulus dieses Juden und Christen gemeinsame Bekenntnis zu dem »*einen* Gott und Herrn« bereits »binitarisch« – das heißt »zwei-faltig« und »zwei-einig« – auf den *einen* Gott, den *Vater*, und den *einen* Herrn, *Jesus Christus,* beziehen. Traditionell wird der *eine* und *einzige* Gott, der Vater, als *Ursprung* und als *Ziel* von allem bekannt: »ein Gott, der Vater, *von* dem alles ist und wir *zu* ihm«. Jüdisch gesehen völlig unerwartet wird dieses Bekenntnis zu dem *einen* »Gott aller Götter und Herrn über alle Herren« (5. Mose 10,17) aber dann hinsichtlich des *Wirkens* Gottes zugleich auf die Schöpfungsmittlerschaft und Erlösungsmittlerschaft *Jesu Christi* hin entfaltet: durch den »*einen* Herrn« – den Kyrios Jesus Christus – ist alles geschaffen, und durch ihn sind auch die Christen gerechtfertigt und neu erschaffen worden.[56]

Erkennt man in 1. Korinther 8,6 – wie in anderen christologischen Formeln und Christusliedern[57] – bereits geprägte Formulierungen und Bekenntnisse, die die Gemeinden schon bei ihrer Gründung kennenlernten, dann reichen die literarisch greifbaren Anfänge der »hohen Christologie« im Neuen Testament zumindest in die Vierzigerjahre des 1. Jahrhunderts zurück. Bedenkt man, dass zwischen der Kreuzigung Jesu um das Jahr 30 n. Chr. und dem ersten Aufenthalt des Paulus in Korinth um 50 n. Chr. gerade einmal 20 Jahre vergangen sind, muss die Geschwindigkeit der theologischen Entfaltung des Evangeliums als geradezu atemberaubend erscheinen. Es ist beeindruckend, mit welcher Kreativität und Dynamik sich die im Christusgeschehen erschlossene »Weisheit Gottes« in Aufnahme und Abwandlung von Traditionen zu Wort meldete. Sie wusste dabei zugleich dem *jüdischen* Vorwurf der »Anstößigkeit« wie dem *hellenistischen* Vorwurf der »Torheit« zu begegnen (1. Kor 1,18–2,16).

DIE ANSTÖSSIGKEIT DES CHRISTUSBEKENNTNISSES

Worin bestand die *Anstößigkeit* des christlichen Bekennens und Betens für die nicht an Christus glaubenden *Juden* von Jerusalem und Judäa bis hin zur jüdischen Diaspora? Wenn das Grundbekenntnis zu dem einen und einzigen Gott zugleich auf Jesus Christus als den Sohn Gottes bezogen wird (5. Mose 6,4f), sprengt dies das bisherige jüdische Verständnis von der Einzigkeit und Einzigartigkeit Gottes. Wenn von Christus bezeugt wird, dass er an der Schöpfung und Erlösung Gottes beteiligt war, dann wird von ihm gesagt und bekannt, was nach alttestamentlich-jüdischem Verständnis von *keinem Menschen* gesagt werden dürfte.

Der Kyrios-Titel, den Jesus Christus bei seiner Erhöhung in der Auferstehung von Gott übertragen bekommt (Phil 2,9ff), ist für jüdisches wie christliches Verständnis »der Name über alle Namen« – das heißt der Name *Gottes* selbst. In ihm, dem erhöhten Christus, sollen sich nach Gottes Willen alle Knie beugen und alle Zungen bekennen: »Kyrios Jesus« – »Herr ist Jesus!« Denn so wie in 1. Korinther 8,6; 12,3 oder Philipper 2,9ff der Titel Kyrios/»Herr« verwendet wird, ist er zuvor von griechisch sprechenden Juden als Umschreibung des Gottesnamens – Jahwe – gebraucht worden.

In diesem gefüllten Sinne wird der auferstandene Christus in den frühen Gemeinden also als Kyrios, als »Herr«, bekannt (1. Kor 12,3; Röm 10,9f; Phil 2,9-11) und in Bekenntnis, Anbetung und Gebet wie Gott der Vater angerufen (1. Kor 1,2; 16,22; 2. Kor 12,8).[58] Die »berufenen Heiligen« der Gemeinde Gottes können an jedem Ort gerade dadurch identifiziert werden, dass sie »den Namen unseres Herrn Jesus anrufen« (1. Kor 1,2; vgl. Apg 9,14.21; 22,16). Ihm gilt der von der *aramäisch* sprechenden

Urgemeinde übernommene Gebetsruf »Maranatha«, »Unser Herr, komm!« (1. Kor 16,22; vgl. Offb 22,20). Damit haben also offensichtlich bereits die *aramäisch* sprechenden wie die griechisch sprechenden *Juden*christen der ersten Generation – und nicht erst hellenistische *Heiden*christen – den von Gott auferweckten Gekreuzigten mit dem Titel benannt, der in den biblischen Handschriften zur Bezeichnung von Jahwe selbst verwendet wurde: Kyrios/»Herr«.

Dass sich in 1. Korinther 2,8 die jüdische Gottesbezeichnung »Herr der Herrlichkeit« wirklich auf »Jesus Christus, den Gekreuzigten« bezieht, belegt der Zusammenhang eindeutig: In Verkennung der Weisheit Gottes haben die Herrscher dieser Welt den »Herrn der Herrlichkeit« *gekreuzigt!*[59] Die endzeitliche und endgültige Anbetung gegenüber dem Kyrios bezieht sich nach Jesaja 45,23-25 ausdrücklich auf Jahwe selbst, während sie nach dem Philipperhymnus zur Ehre Gottes, des Vaters, demjenigen gilt, dem Gott den Kyrios-Namen gegeben hat: dem erhöhten Jesus Christus (Phil 2,10 f). Nach Joel 3,5 soll derjenige am »Tag des Herrn« errettet werden, der den Namen Jahwes, des Kyrios, anrufen wird. Dieses rettende Anrufen des »Herrn« geschieht nach Römer 10,8-17 dadurch, dass jemand mit seinem Munde bekennt: »Kyrios Jesus«/»Herr ist Jesus!«, und in seinem Herzen glaubt, dass Gott ihn von den Toten auferweckt hat.

GOTTES MENSCHLICHE REPRÄSENTANTEN – GOTTES WORT UND WEISHEIT

Wenn wir danach fragen, wie Paulus selbst und andere Judenchristen unter der Voraussetzung ihres Bekenntnisses zur Einzigkeit und Einheit Gottes solche hohen Bekenntnisse über Christus nachvollziehen und begrifflich entfalten konnten, werden wir mit einer isolierten Untersuchung einzelner »messianischer« Titel oder einer einseitigen Ableitung aus dem Alten Testament oder der Umwelt kaum weiterkommen. Zweifellos lassen sich auf der Grundlage der *menschlichen* Repräsentanten Gottes gegenüber Israel bestimmte Aspekte der Person, des Wirkens und des Geschickes Jesu verdeutlichen. Denken wir nur an die Mose-Tradition, die davidische Gottessohnschaft, die Messias-Verheißungen, die Gottesknecht-Tradition oder an die Menschensohnerwartung. Aber in keiner dieser Überlieferungen finden wir eine der Christologie entsprechende *persönliche Präexistenz*, eine *Schöpfungsmittlerschaft*, das *vorzeitliche Wohnen bei Gott* und die *Sendung auf die Erde* ausgesagt.

All diese Aspekte kennt die alttestamentlich-jüdische Tradition zwar, aber nicht im Zusammenhang einer *menschlichen Person*, sondern wenn sie von Gottes eigenem »Wort« – dem *Logos* – und von seiner »Weisheit« – der *Sophia* – spricht. Begriffe wie »das Wort«, »das Licht«, »einziggeboren«, »Ebenbild«, »Erstgeborener«, »Abglanz« beschreiben in den Weisheitsschriften des Alten Testaments[60] Gottes eigene Weisheit, die schon vor der Erschaffung der Welt bei ihm gewohnt hat und durch die Gott alles geschaffen hat.[61]

So war Gottes Weisheit bereits bei der Erschaffung der Welt bei Gott (Spr 8,27.30), denn »Gott hat in Weisheit die Erde gegründet« (Spr 3,19) und alles in Weisheit geschaffen (Ps 104,24). Sie wurde bei ihm auf dem Schoß gehalten (Spr 8,30; vgl. Joh 1,18), sie gilt sogar als Beisitzerin, Mitthronende auf dem Thron Gottes (Weisheit 9,4). Die Weisheit »wohnte« bei Gott in der Höhe (Sir 24,4), bis er sie auf der Erde in Israel einwohnen und Eigentum/Erbbesitz nehmen ließ (Sir 24,8; vgl. Joh 1,10 f.14). Von der Weisheit Gottes kann gesagt werden, dass sie »einziggeboren«/»einzigartig« ist (Weisheit 7,22; vgl. Joh 1,14.18), »Hauch der Kraft

Gottes« (Weisheit 7,25), »reiner Ausfluss/Ausströmung der Herrlichkeit des Allbeherrschers« (Weisheit 7,25), »Abglanz des ewigen Lichts und makelloser Spiegel des Wirkens Gottes und Ebenbild seiner Güte« (Weisheit 7,26; vgl. 2. Kor 4,4.6). Sie ist herrlicher als die Sonne und verdient den Vorzug vor dem Licht (Weisheit 7,29; Joh 1,4 ff; 8,12): »Denn auf dieses folgt die Nacht, über die Weisheit aber trägt das Böse nicht den Sieg davon« (Weisheit 7,30; vgl. Joh 1,5).

Doch stellt sich hier nun umgekehrt die grundlegende Frage: Wird die Weisheit Gottes im alttestamentlich-jüdischen Zusammenhang in der Weise als eigenständige »Person« erkannt, wie es vom menschgewordenen Logos, Jesus von Nazareth, vom Sohn Gottes im Gegenüber zu seinem Vater, vorausgesetzt wird? Aus jüdischer Sicht und in Respekt vor dem zitierten Grundbekenntnis zur Einzigartigkeit und Einheit Gottes in 5. Mose 6,4 f lautet die Antwort wohl eindeutig: »Nein!«

UND DAS WORT WURDE FLEISCH

Ob es um Gottes »Wort« oder Gottes »Weisheit« geht, ob es um Gottes »Namen« oder sein »Angesicht«, ob es um seine »Herrlichkeit« oder sein »Gesetz« – das heißt seine »Tora« – geht: Bei aller Hochschätzung und trotz aller übertragenen Redeweise wird der jüdische Respekt vor dem »Eins-Sein« Gottes – unter Absehung der und ohne die Christuserkenntnis! – nicht von einer zweiten »Person« in Gott sprechen, nicht von einem zweiten personalen Wesen, das an Gottes eigenem Wesen und Wirken unmittelbar teilhätte.

Die Verehrung und Anrufung Jesu Christi mit den Worten: »Mein Herr und mein Gott!«, ergibt sich nicht allein aus dem

Studium der Schrift Alten Testaments, sondern aus der Begegnung mit dem *Auferstandenen*, dem Kyrios und Sohn Gottes, der den an ihn Glaubenden selbst die Schrift auslegt und erhellt (vgl. Lk 24,25 ff.32.44 ff). Denn dass Gott seinen »einziggeborenen«, himmlischen Sohn als Menschen auf die Erde sendet, um durch sein Wirken, Leiden und Auferstehen die Welt zu erlösen (Joh 3,16; 1. Joh 4,9)[62], dass Gottes eigenes »Wort« sterblicher Mensch – »Fleisch«! – wird (Joh 1,14; 1. Joh 4,2), ist in dieser umfassenden Perspektive weder allein von der Weisheits-Tradition noch isoliert von einzelnen Verheißungen zum »Propheten«, zum »Gottesknecht«, zum »Davidssohn«, zum »Messias« oder auch zum »Menschensohn« abzuleiten. Erst die *Zusammenschau* der Aussagen über die zu Gott als Schöpfer gehörende *Weisheit Gottes* einerseits und über die zur Schöpfung gehörenden *menschlichen Repräsentanten* Gottes andererseits lässt das Geheimnis der in Jesus Christus erschienenen Weisheit Gottes für die frühen Christen begrifflich erfassen und beschreiben.

Wer Jesus Christus ist und in welchem Verhältnis er zu dem einen und einzigen Gott steht, beantwortet sich für die neutestamentlichen Verfasser also ganz offensichtlich nicht durch die Reduktion der Erkenntnis auf das in einzelnen »messianischen Texten« von »Mose und den Propheten« Gesagte. Vielmehr gewinnt die Einzelaussage erst von der Christuserkenntnis und der Belehrung durch den Auferstandenen selbst her ihre letzte Tiefe und »Eindeutigkeit«. Oder um es mit dem – an die Decke vor dem Angesicht des Mose (2. Mose 34,33-35) anknüpfenden – Bild des Paulus in 2. Korinther 3,12 ff zu sagen: Nicht das Lesen des Alten Testaments nimmt für sich genommen schon die christologische Decke von den Augen, sodass das Ärgernis der im Gekreuzigten offenbarten Weisheit Gottes aufgehoben wäre und das bisher Ungesehene sichtbar würde. Vielmehr wird die Decke des Nichterkennens beim Lesen der Schrift durch die *Christuserkenntnis* von den Augen genommen – »denn sie wird in Christus abgetan« (2. Kor 3,14). Er spiegelt nämlich als das Ebenbild und die Weisheit Gottes dessen Herrlichkeit unverhüllt wider und erleuchtet so zur Erkenntnis Gottes (2. Kor 4,4.6).

DIE ERHELLENDE CHRISTUSERKENNTNIS

Nun ergibt sich aber die dringliche Frage, warum es den frühen Christen bereits in den ersten zwei Jahrzehnten nach dem Ostergeschehen so wichtig war, in Jesus von Nazareth nicht nur einen Lehrer oder Propheten oder auch einen messianischen König zu erkennen, sondern den menschgewordenen und zur Rechten Gottes erhöhten Sohn Gottes und Kyrios. Warum bekannten, verehrten und besangen sie nicht nur Gott, den Vater, als ihren Schöpfer und Herrn der Welt und Geschichte, sondern mit ihm zugleich dessen Sohn, Jesus Christus? Warum tauften sie – als Zeichen der Anerkennung und Übereignung – »auf Christus« (Röm 6,3; Gal 3,27), das heißt »auf den Namen Jesu Christi« (Apg 2,38; 8,16; 10,48; 19,5)? Warum beteten sie zu ihrem Herrn Jesus Christus oder brachten ihre Anliegen im Namen Jesu vor ihren himmlischen Vater?

Sie hatten als ehemalige Zweifler und Nichtglaubende seit jenen ersten Erscheinungen des Auferstandenen an Ostern »begriffen«, dass ihnen in Jesus nicht nur »ein Mensch wie du und ich« erschienen ist, sondern *Gott selbst*! Oder um es mit Paulus – dem wohl letzten[63] unmittelbaren »Osterzeugen« – auszudrücken: »Denn Gott, der sprach: Licht soll aus der Finsternis hervorleuchten, der hat einen hellen Schein in unsre Herzen gegeben, dass durch uns entstünde die Erleuchtung zur Erkenntnis der Herrlichkeit *Gottes* in dem Angesicht *Jesu Christi*« (2. Kor 4,6).

Ob Gott ist und ob er mächtig ist, wie er der Schöpfung und den Menschen gegenüber eingestellt ist und was er in Zeit und Ewigkeit mit ihnen vorhat und von ihnen erwartet, dies alles ergab sich für die ersten Christen – wie für uns heute – noch nicht aus einem abstrakten Gottesbegriff oder einer allgemeinen Religiosität. Denn es gab – nicht anders als heute – unzählige Gottesbilder und die verschiedensten religiösen Vorstellungen und Kulte. Im Namen eines »Gottes« konnten Kriege geführt und Völker unterworfen werden; im Namen »Gottes« konnten eigene Ansprüche gegen Fremde durchgesetzt und Fremdstämmige sowie Andersdenkende ausgegrenzt werden. Weder die *Natur* noch die *Geschichte* noch auch die *eigene Erfahrung* konnte den verfolgten und oft leidenden Christen die Gewissheit und die Zuversicht vermitteln, die allein im Angesicht Jesu Christi eindeutig zu erkennen waren.

WENN GOTT FÜR UNS IST

Dass Gott wirklich existiert und dass er »für uns« ist, dass er sich dieser Welt zugewandt hat und sie bis zur Selbsthingabe bedingungslos liebt, das alles ergab sich nicht aus einem allgemeinen Gottesglauben, sondern aus dem Zeugnis des Lebens, Lehrens und Leidens Jesu Christi, der Gott als seinen Vater anrief (Mk 14,36). Gerade in dem zunächst rätselhaften Kreuzesgeschehen erkannten die ersten Christen von Ostern her den eindeutigen Erweis einer überwältigenden Liebe Gottes zu seinen Menschen: Indem Christus nicht nur unverbindlich von der Liebe sprach, sondern bereit war, unter Einsatz seines eigenen Lebens konsequent an ihr festzuhalten, hat er gezeigt, wie grenzenlos und unbedingt seine Zuwendung zu ihnen ist.[64]

Da in dieser Bereitschaft Christi, das eigene Leben für andere einzusetzen, gerade auch die Einstellung seines *Vaters* dieser Welt gegenüber greifbar wird, konnte in gleicher Weise auf die Liebe Gottes, des Vaters, rückgeschlossen werden.[65] Der Sohn kam ja nicht ohne das Einverständnis oder gar gegen den Willen seines Vaters, sondern er wurde ausdrücklich von ihm selbst beauftragt und gesandt, die Schöpfung zurückzugewinnen. Aufgrund seiner *unbedingten* – das heißt uneingeschränkten – Liebe wollte Gott *unbedingt* – das heißt unter allen Umständen und um jeden Preis – mit seinen Menschen zusammen sein. Spätestens seitdem Gott nach allen »Boten« sogar seinen »geliebten Sohn« und damit das für ihn Wertvollste gesandt hat, um uns zu erreichen (Mk 1,11; 9,7; vgl. Heb 1,1 ff), ist dies zur Gewissheit geworden. Diese umfassende Liebe Gottes ist das tragende Fundament des frühchristlichen Glaubens; sie ist es, die das »Wort vom Kreuz« wirklich zum Evangelium – zur »guten Nachricht« – macht.

Das ist der Grund, warum die ersten Christen keinen anderen Gott mehr denken und glauben wollten als den Vater Jesu Christi; und das ist die Erklärung, warum sie sich im Leben und Sterben dem für sie gestorbenen und auferstandenen Sohn Gottes, Jesus Christus, anvertrauen wollten und von ihm und seinem Wesen überwältigt waren. Wer von Ostern her das Kreuzesgeschehen versteht und von der Selbsthingabe Gottes am Kreuz her die Wirklichkeit und Bedeutung der Auferweckung Jesu »begreift«, der wird – mag er zuvor auch noch so sehr gezweifelt haben – wie der »ungläubige Thomas« in der Begegnung mit dem Auferstandenen bekennend anerkennen: »Mein Herr und mein Gott!« Denn es ist gerade die *hohe Christologie*, die den Menschen in seiner *Niedrigkeit* erreicht, und es ist die *Konzentration* auf den *menschgewordenen Gottessohn*, Jesus Christus, die uns die Existenz und das Wesen Gottes, seines himmlischen Vaters, erschließt und erhellt.

GELIEBT, ERKANNT UND ANERKANNT

ZUM WESEN DER LIEBE[66]

Neben dem Glauben und der Hoffnung gilt die *Liebe* als das entscheidende Wesensmerkmal der christlichen Existenz. Dabei wird sowohl an die grundlegende Liebe Gottes zum Menschen gedacht als auch an die Liebe des Menschen zu Gott, an die zwischenmenschliche Liebe innerhalb der erotischen Beziehung, der Familie, des Freundeskreises und der Gemeinde sowie in der Verkündigung Jesu an die Liebe auch gegenüber dem Feind. Dementsprechend breit ist das Bedeutungsfeld der Liebe in den biblischen Texten: Es geht von leidenschaftlicher erotischer Liebe (Hohes Lied) über familiäre und freundschaftliche Zuneigung, Wertschätzung und Treue bis hin zu Anteilnahme und Erbarmen gegenüber Bedürftigen sowie vergebungsbereiter Zuwendung gegenüber feindlich Gesinnten wie in der Bergpredigt (Mt 5,38-48; vgl. Lk 6,27-35[67]).

In den biblischen Texten des griechischen Alten und Neuen Testaments findet sich eine auffällige Konzentration auf einen von mehreren sprachlich möglichen Begriffen für »Liebe« und »lieben«: *agạpē* (im Folgenden: *Agape)* und *agapạō*.[68] Ob die Bevorzugung des Begriffes *Agape* zur Bezeichnung der Liebe darauf zurückgeht, dass er im Griechischen inhaltlich noch weniger festgelegt war als andere, oder ob er wegen seines Gleichklangs zum hebräischen Begriff für Liebe (*'ah^abā*) gewählt wurde: In jedem Fall bildet sich in den biblischen Schriften im Vergleich zu der griechisch-hellenistischen Umwelt ein ganz eigenes Verständnis von Liebe heraus. Bei dem Versuch, den Liebesbegriff in diesem Umfeld näher zu bestimmen, hat man den biblisch bevorzugten Ausdruck *Agape*[69] häufig mit den anderen griechischen Begriffen *Eros (ęrōs)* und *Philia* (*philịa*) kontrastiert.

Allerdings bildet der Begriff *Philia* als Bezeichnung für die Liebe im Sinne von »Zuneigung«, »Wohlwollen« und »Freundschaft« nicht wirklich einen Gegensatz zu *Agape,* weshalb er im Neuen Testament auch verschiedentlich im Wechsel und ohne eindeutige Abgrenzung von der *Agape* sowohl für die göttliche[70] als auch für die menschliche Liebe verwendet werden kann.[71] Mag in der griechischen Umwelt die *Philia* auch stärker emotional, affektiv gefärbt sein als die *Agape*, so kehrt sich dieses Sprachgefühl in den biblischen Schriften eher um; die *Agape* wird nicht etwa als emotionsloser, sondern eher als inniger und herzlicher empfunden.

Deutlicher ist der Gegensatz beim griechischen Begriff Eros, der im Neuen Testament gar nicht verwendet wird. Er bezeichnet einerseits die »leidenschaftliche«, speziell die »sinnliche Liebe«, das »Verlangen«, die »Begierde«; andererseits kennzeichnet er im Anschluss an die platonische Philosophie als »himmlischer Eros« die Aufgabe des Menschen, die Seele in die himmlische, übersinnliche Welt durch Befreiung von den Fesseln der Sinnlichkeit hinaufzuheben. In dieser Linie konnte Eros als eine Tendenz des Niederen zum Höheren, des Unvollkommenen zum Vollkommenen und des Ungeformten zum Geformten bestimmt werden. Demgegenüber wäre die Agape dann als Gegenbewegung zu verstehen, in der sich – wie in der Menschwerdung Gottes und dem Herabkommen des Sohnes Gottes auf die Welt – das Höhere dem Niederen zuneigt und das Edle sich zum Unedlen herabneigt.

Gewiss wird in dem Kommen, Wirken und Leiden Jesu Christi vor allem bei Paulus und Johannes die entscheidende Offenbarung der Liebe Gottes zu den Menschen[72] und der hingebungsvollen Liebe Jesu Christi zu den Seinen[73] gesehen. Jedoch sollte sowohl in Beziehung auf Gottes Liebe als auch im Hinblick auf die »Nächstenliebe« (3. Mose 19,18) das Moment des Herablassens und der Rangordnung im christlichen Liebesbegriff gerade nicht als grundlegend verstanden werden. Von Agape ist schließlich auch hinsichtlich der Liebe des Sohnes Gottes zu seinem himmlischen Vater und umgekehrt die Rede.[74] Auch die geschwisterliche Liebe innerhalb der Gemeinde lebt gerade nicht von der Überordnung der Liebenden und der Erniedrigung derer, die Liebe und Barmherzigkeit empfangen. Ganz zu schweigen davon, dass das höchste und erste Gebot nach dem einheitlichen Zeugnis des Alten und Neuen Testaments gerade darin besteht, Gott selbst – gerade in diesem Sinne – von ganzem Herzen zu lieben (Mk 12,28-30; 5. Mose 6,5).

Weiter führt bei der Gegenüberstellung der Liebe als Eros oder Agape dann schon die Charakterisierung, dass die von Gott ausgehende Agape nicht durch die Beschaffenheit und den Wert des zu liebenden Menschen motiviert ist, sondern in der Zuneigung und Zuwendung des liebenden Gottes selbst gründet. Nicht weil der Mensch sich als liebenswert erweist, erfährt er Gottes Anerkennung und Wertschätzung, sondern weil Gott den Menschen liebt, erkennt dieser seinen wahren Wert. Demgegenüber lässt sich der Eros als eine verlangende Liebe und Sehnsucht des Menschen verstehen, die vom Wert des Gegenübers bestimmt ist. Die Liebe im Sinne des Eros ist also durch die Attraktivität des Geliebten motiviert und von seiner Liebenswürdigkeit abhängig. Die Agape hat ihren Grund in sich selbst und schenkt dem Gegenüber Anerkennung und Wertschätzung; der Eros hingegen ist von der Begründung und Motivation seiner Zuneigung durch die Anziehungskraft des Gegenübers abhängig. Die Agape erweist sich als duorientiert, weil sich das liebende Ich dem anderen um seiner selbst willen zuwendet; dagegen erweist sich der Eros als ichorientiert, weil er sich – auch im Fall der Begeisterung – für den anderen um seiner anziehenden Eigenschaften willen interessiert.

Freilich muss man sich auch hier vor einer zu schematischen Anwendung vorsehen, da sie auch Missverständnisse hervorrufen kann. So darf ein solch kritisch gekennzeichneter Eros-Begriff keinesfalls mit der biblischen Wertung »erotischer Liebe« als eines leidenschaftlichen Liebesverhältnisses zwischen Mann und Frau in eins gesetzt werden. Ob im Schöpfungsbericht (1. Mose 2,18-25) oder im Hohen Lied der Liebe, ob in der Abwehr falscher Askese und Leibverachtung (1. Tim 4,1-5) oder in der Anleitung zu gegenseitiger Rücksichtnahme und Wertschätzung in der Ehe (Eph 5,21-33) – die biblischen Texte zeugen keineswegs von einer Geringschätzung der »erotischen Liebe« und der Leiblichkeit, im Gegenteil! Es geht ihnen vielmehr um die Durchdringung und Prägung aller menschlichen Beziehungen durch die Agape, die von Gott selbst geschenkt und in der gelebten Hingabe Jesu Christi eröffnet worden ist (Eph 5,25).

Zudem ist bei der Kontrastierung von Agape und Eros auch das Missverständnis auszuschließen, dass der Mensch, den die göttliche und infolge dann auch die zwischenmenschliche Agape liebt, an sich wertlos und unattraktiv wäre und seinen Wert erst durch das Geschenk der Liebe erhielte. Der Geliebte wird sich vielmehr durch das Geschenk der Zuwendung und Wertschätzung seines Gegenübers bewusst, dass er bedeutsam und wertvoll ist; denn die Liebe gilt ihm selbst als Person und nicht nur seinen liebenswürdigen Seiten und herausragenden Eigenschaften und Leistungen. Sowenig die Agape sich von den Stärken und der Anziehungskraft des Geliebten abhängig macht, so wenig reduziert sie das Gegenüber auf seine Schwachheit und sein Angewiesensein. Dass Gott die Menschen sogar als Sünder und

Feinde uneingeschränkt liebt und sie in Jesus Christus in seine Gottesgemeinschaft geschenkweise aufnimmt, erweist seine Liebe als voraussetzungslos und bedingungslos (Röm 5,5-11). Eine Reduktion des Menschen auf seine Schwächen und Grenzen wird damit aber gerade nicht vorausgesetzt oder beabsichtigt. Es geht der Agape vielmehr um die Überwindung dieser Beschränkung und um die Erlösung von den lebensabträglichen und beziehungshemmenden Seiten der menschlichen Isolation.

Hilfreicher und eindeutiger noch als die philosophie- und theologiegeschichtlich eingeführte Gegenüberstellung von Eros und Agape mag deshalb für viele heute die in der Sozialpsychologie und Pädagogik verwendete Differenzierung von »konditionierter« und »nicht konditionierter Annahme«, von »bedingter« und »nicht bedingter Zuwendung« sein, bei der die herkömmliche Unterscheidung von Eros und Agape in spezifischer Weise aufgenommen wird.[75]

Wenn Zuwendung an das Wohlverhalten und die Wohlgefälligkeit des Gegenübers gebunden ist, dann sprechen wir von bedingter Annahme, denn sie ist sowohl an »Vorbedingungen« geknüpft als auch als solche »vorbehaltlich«. In Wahrheit bezieht sich eine solche Zuneigung nicht auf die Person selbst, sondern auf bestimmte Aspekte, Eigenschaften oder Qualitäten der Persönlichkeit. Die Wertschätzung gilt dann nicht dem Menschen an sich, sondern vielmehr seinen attraktiven Seiten und erwartungskonformen Verhaltensweisen. Da eine solche Art von Anerkennung und Zuneigung in Wahrheit erarbeitet und erkauft werden muss, enttäuscht sie nicht nur die »Ungeliebten«, sondern zugleich auch die vermeintlich »Geliebten«. Denn sie müssen sich als »liebenswert« erweisen, um die Zuwendung zu erlangen und zu erhalten, die ihnen eigentlich voraussetzungslos gelten sollte. Sie müssen sich »liebenswürdig« verhalten, um die Aufwertung zu erfahren, die sie doch unbedingt auf ihre eigene Person beziehen wollen.

Demgegenüber gewinnen Menschen Zuversicht, Sicherheit und Glück aus Beziehungen, in denen sie sich bedingungslos und umfassend geliebt, erkannt und anerkannt wissen. Wenn sie erleben, dass sie sich nicht erst durch ihr Verhalten als »liebenswert« erweisen müssen, um Zuwendung zu empfangen, werden sie frei davon, sich nur von ihren Leistungen her zu verstehen und sich von ihren Erfolgen abhängig zu machen. Es gibt dann keine Voraussetzungen mehr, die sie in ihrem Leben zuerst erfüllen müssen, um Anerkennung und Liebe zu gewinnen, sondern die Liebe selbst wird zur Voraussetzung und Grundlage ihres Lebens.

Das »eigentliche« Lebensglück steht dann nicht länger in eine unbestimmte Zukunft hinein aus, sondern es kann hier und jetzt gewonnen und gestaltet werden. Auf diese Weise müssen sie nicht fortwährend der Anerkennung nachjagen und ständig neue Bedingungen erfüllen, von denen sie ihr Glück abhängig machen, sondern sie können bereits gegenwärtig anfangen zu sein. Die Erfahrung einer *nicht* konditionierten Liebe befreit von der Not eines ständig konditionierten Lebens. Denn nur die Liebe kann den Menschen als Individuen eindeutig und glaubhaft vermitteln, dass sie einzigartig und bedeutsam sind.

Wenn Menschen persönlich erleben, dass die Liebe eines anderen nicht nur ihren »liebenswerten« Seiten, sondern *ihnen selbst* umfassend gilt, bekommen sie den Mut, sich zunehmend auch mit ihren Schattenseiten und Ängsten auseinanderzusetzen und sich so zu sehen, wie sie wirklich sind. Sie müssen nicht länger fürchten, durch ihre Wahrhaftigkeit und Offenheit die Zuneigung wieder zu verlieren. Im Gegenteil, weil *sie* geliebt werden und nicht nur die Rollen, die sie spielen, kann es die Beziehung nur vertiefen, wenn sie dem anderen und sich selbst nicht länger etwas vormachen, sondern ehrlich werden. Folglich bewirkt gerade die Liebe, die den anderen bejaht, wie er ist, dass er sich verändert; und die unbedingte Annahme bringt ihn dahin, dass er der Liebe zunehmend auch durch sein eigenes Verhalten entsprechen kann. So ist nichts überwältigender als die Erfahrung uneingeschränkter Liebe, also der *Agape*. Sie ist – gerade indem sie voraussetzungslos und bedingungslos gilt – so folgenreich und prägend wie kein anderes Erleben.

Ob in der geschenkweisen Rechtfertigung des Gottlosen aufgrund des Glaubens bei Paulus (Röm 3,21–4,25) oder in der unbedingten und lebensverändernden Zuwendung Jesu zu den Sündern nach Lukas (Lk 5,27 ff; 7,36 ff; 15,1 ff; 19,1 ff), Inhalt des Evangeliums ist jeweils die Zusage, dass Gott in dem Leben, Sterben und Auferstehen Jesu Christi seine voraussetzungslose und bedingungslose Liebe erwiesen hat. Diese kann für die Glaubenden bleibende Grundlage und prägende Orientierung ihres gesamten Lebens und all ihrer personalen Beziehungen (Joh 13,34; 15,9-14; Röm 8,28-39) bis hin zu den »Feinden« werden (Lk 6,27-42).

So beschreibt es in unüberbietbar eindrücklicher Weise das »Hohelied der christlichen Liebe« in 1. Korinther 13,4-8.13: »Die Liebe ist langmütig und freundlich, die Liebe eifert nicht, die Liebe treibt nicht Mutwillen, sie bläht sich nicht auf, sie verhält sich nicht ungehörig, sie sucht nicht das Ihre, sie lässt sich nicht erbittern, sie rechnet das Böse nicht zu, sie freut sich nicht über die Ungerechtigkeit, sie freut sich aber an der Wahrheit; sie erträgt alles, sie glaubt alles, sie hofft alles, sie duldet alles. Die Liebe hört niemals auf… Nun aber bleiben Glaube, Hoffnung, Liebe, diese drei; aber die Liebe ist die größte unter ihnen.«

»GERECHTIGKEIT ERHÖHT EIN VOLK«

VON DEM REALISTISCHEN IDEAL DER BEZIEHUNG

»Gerechtigkeit erhöht ein Volk.« Mit diesem Zitat aus der Bibel – nämlich aus Sprüche 14,34 – geben wir bereits in der Überschrift drei Hinweise: Es soll in unserer Abhandlung erstens zentral um den Begriff und das Verständnis der »*Gerechtigkeit*« gehen. Diese Gerechtigkeit soll zweitens hinsichtlich ihrer sozialen und politischen, also ihrer die *Gemeinschaft* und das »*Volk*« betreffenden Dimensionen bedacht werden. Drittens soll die Untersuchung in Orientierung an den Grundlagen und Quellen des christlichen Erbes – also an den Schriften des Alten und Neuen Testaments – durchgeführt werden. Dies alles unternehmen wir in der Erwartung, von den entscheidenden Quellen unserer christlichen Kultur auch für unser heutiges politisches Entscheiden und Handeln neue Impulse, Denkanstöße und Orientierungen zu gewinnen.

VORVERSTÄNDNISSE DES GERECHTIGKEITSBEGRIFFS

Zweifellos ist der Begriff der »Gerechtigkeit« in unserer theologischen und kirchlichen Tradition durchaus vertraut. Fraglich ist aber, ob er neuzeitlich auch noch als zentral und positiv wahrgenommen wird. Für manche ist der seit der Reformation im Zentrum stehende Begriff der Gerechtigkeit sehr stark individualistisch gefasst. Hatte man sich mit der Frage: »Wie bekomme ich einen gnädigen Gott?«, nicht zu sehr mit seinem eigenen

Heil beschäftigt? Und war mit der Sorge: »Wie werde ich gerecht vor Gott?«, nicht zu sehr die eigene Frömmigkeit und Person im Blick? Aber auch umgangssprachlich und außerhalb einer religiösen Prägung kann die Rede von der Gerechtigkeit individualistisch geprägt sein und dann den Beigeschmack der Selbstgerechtigkeit gewinnen. »Ich bin mir keiner Schuld bewusst; ich habe eine reine Weste« sind dann Äußerungen eines Menschen, der sich selbst für gerecht hält. Eigene Gerechtigkeit oder Selbstgerechtigkeit wären freilich, wie wir sehen werden, im biblischen Kontext eine widersprüchliche Begriffskombination, weil die biblische Gerechtigkeit gerade nicht selbstbezogen sein kann.

Aber auch dann, wenn wir den sozialen und politischen Gehalt des Gerechtigkeitsbegriffes grundsätzlich voraussetzen, mag er in unserer heutigen gesellschaftlichen Situation immer noch einen schalen Beigeschmack haben. Sosehr wir es in manchen Frömmigkeitstraditionen mit dem Problem des *Individualismus* zu tun haben mögen, so sehr kann die Gerechtigkeitsdebatte im politischen Kontext die Züge des *Kollektivismus* annehmen. Der Ruf nach Verallgemeinerung des Gültigen und nach Vereinheitlichung der Verhältnisse – ungeachtet der jeweiligen Bedürfnisse, Fähigkeiten und Voraussetzungen – lässt die Gerechtigkeitsforderung dann gelegentlich in den Verdacht einer ideologischen Gleichmacherei auf Kosten der Individuen und ihrer freiheitlichen Selbstbestimmung geraten. Während das Ideal der Chancengleichheit für alle Menschen und der sozial gerechten Anteilgabe an den Lebensgütern christlich wie humanistisch leicht nachzuvollziehen und zu begründen ist, haben wir in unseren gesellschaftlichen und politischen Kontexten gleichwohl das Problem, dass das Schlagwort der Gerechtigkeit meist im Kontext von finanziellen Forderungen und moralisierenden Anklagen auftaucht. Es geht heute in der Regel um Gerechtigkeits*forde-*

rungen und Gerechtigkeits*ansprüche*, was bei denen, die einseitig gefordert und angeklagt werden sollen, verständlicherweise eher Abwehrreaktionen und Rechtfertigungsversuche provoziert. So droht der Gerechtigkeitsbegriff zum Schlagwort des Verteilungskampfes zwischen Arm und Reich, Jung und Alt, Unterschicht und Oberschicht usw. zu werden.

Neben einer *individualistisch* eng geführten eigenen Gerechtigkeit bzw. »Selbstgerechtigkeit« und einer zum *Kollektivismus* neigenden Gerechtigkeit als gesellschaftlicher Forderung kommt der Begriff Gerechtigkeit traditionell und grundsätzlich noch in einem dritten Zusammenhang vor, der im religiösen wie gesellschaftlichen Kontext gleichermaßen vertraut ist: dem *juristischen*. Die »Gerechtigkeit« – wie sie in der Gestalt der ohne Ansehen der Person und ausgewogen urteilenden Justitia versinnbildlicht wird – gilt als Grundlage unseres Rechtssystems und unserer Rechtsprechung. Von gerechten Richtern erwartet man, dass sie unbestechlich nach dem Grundsatz des lateinischen Rechts »Jedem das Seine« (*suum cuique*) zuteilen und somit einerseits den Schuldigen seiner Schuld überführen und verurteilen und andererseits den zu Unrecht Angeklagten freisprechen und dem Geschädigten Wiedergutmachung widerfahren lassen. Insofern die Gerechtigkeit des Gerichtes jedem das zumessen soll, was er aufgrund seines gelebten Lebens verdient, sprechen wir in diesem Fall von einer *distributiven* – das heißt einer verteilenden bzw. zumessenden – Gerechtigkeit, einer *iustitia distributiva*.

Die Gerechtigkeit eines Richters besteht somit darin, dass er möglichst neutral und objektiv aufgrund eines *analytischen Urteils* aufdeckt, überführt und entscheidet. Er kann und soll nur denjenigen freisprechen, den er als gerecht erkennt und als unschuldig beurteilen kann. Dem Schuldigen gegenüber erweist er seine Gerechtigkeit darin, dass er ihn überführt und zu einer gerechten Strafe verurteilt. Dass gerade dieses für das Rechtssystem notwendige Prinzip der Neutralität und Objektivität hinsichtlich der Opfer wie der Täter Fragen offenlässt und in Grenzfällen zu einem Widerspruch von *Rechts*vorstellung und *Gerechtigkeits*empfinden führen kann, wird immer wieder beklagt, ohne gesellschaftlich einfach vermieden werden zu können.

GERECHTIGKEIT AUS BIBLISCHER SICHT

»Gerechtigkeit erhöht ein Volk« (Spr 14,34) ist eine Aussage aus dem Alten Testament, das die Heilige Schrift des Judentums wie auch der ersten Christen ist und – zusammen mit dem Neuen Testament – die Bibel der christlichen Kirche bis heute bildet. Und in der Tat ist gerade der Gerechtigkeitsbegriff in seiner kontinuierlichen und konsequenten Entwicklung vom Alten zum Neuen Testament hin biblisch-theologisch besonders eindrücklich und faszinierend:[76]

1. Schon nach alttestamentlichem Verständnis ist die »Gerechtigkeit« (hebr. *ṣedākā*) viel weniger als in unserem Denken an einer abstrakten Norm, an einem »Gesetz«, orientiert, sondern an den *Beziehungen* – zunächst zu Gott, dann zum Nächsten und zum eigenen Volk. Der Mensch ist nicht *an sich* gerecht und auch nicht primär gegenüber dem *Gesetz vom Sinai* – das zweifellos die Grundlage des jüdischen Glaubens und Lebens bildet –, sondern im Hinblick auf eine konkrete, gelebte *Beziehung*. Die Aussage: »Ich bin gerecht!«, müsste nach alttestamentlichem Verständnis sofort präzisiert werden durch die Frage: »Wem gegenüber?« Denn die Gerechtigkeit wird hier als *Relations*-, das heißt *Beziehungsbegriff* verstanden: »Gerechtigkeit« (*ṣedākā*) ist in alttesta-

mentlich-jüdischer Tradition das *der Beziehung entsprechende*, das *gemeinschaftsbezogene* Verhalten. Als »gerecht« gilt ein Tun, wenn es »gemeinschaftstreu«, »loyal« und »heilvoll« ist. In unserer Sprache würden wir zum Beispiel den Begriff der »Liebe« als Relationsbegriff bezeichnen. Wer sagt, dass er verliebt ist oder liebt, mag sogleich zurückgefragt werden: »In wen?«, oder: »Wen?« Denn wir lieben nicht an sich, sondern wir lieben ein konkretes Gegenüber. Mit Liebe bezeichnen wir eine Haltung, die Menschen zueinander haben, und eine Beziehung, die Menschen untereinander teilen. In diesem Sinne bezeichnet auch die Gerechtigkeit nicht eine abstrakte Eigenschaft, sondern ein heilvolles beziehungsorientiertes Verhalten und Verhältnis zwischen Personen.

2. Dieses besondere Verständnis von »Gerechtigkeit« als einem Relationsbegriff entspricht nun einer vertieften *anthropologischen* Gesamtsicht: Der von Gott geschaffene und von ihm in die Gemeinschaft gestellte Mensch existiert nicht an sich und unabhängig von anderen, sondern er lebt in konkreten Beziehungen, im Angesprochensein und Sprechen, im Mitteilungsgeschehen zwischen Gott und seinem Volk. Was unserer individualistischen Tradition durchaus fremd erscheinen mag, ist für die biblischen Traditionen konstitutiv – das heißt wesentlich und grundlegend –: Der Mensch ist für das »Wir« geschaffen, für die lebensfördernde und heilvolle Gemeinschaft. Haben die einzelnen Mitglieder eine solche zuträgliche Beziehung, dann herrscht im gefüllten Sinn »Frieden« – »Schalom«. Denn wenn der Mensch *ist*, dann ist er *in Beziehung*. Menschsein ist immer Menschsein in Beziehung; und die Humanität des Menschseins gründet in ihrer Beziehungswirklichkeit. Mit dem Verlust seiner lebensstiftenden und -tragenden Beziehungen ist das Leben eines Menschen selbst gefährdet. Der Beziehungslose würde seine Lebensgrundlage verlieren, der von

Gott und Menschen Verlassene sähe sich von der Todessphäre bedroht. Auf diesem Hintergrund gewinnt die Bestimmung der Gerechtigkeit als *ein der Beziehung entsprechendes Verhalten* einen ganz gefüllten Sinn: »Gerechtigkeit« (*ṣedākā*) ist nachdrücklich als *personaler* Relationsbegriff zu begreifen.

3. Nun versteht es sich fast von selbst, dass die inhaltliche Konkretion einer solchen Gerechtigkeit von dem *jeweiligen Verhältnis* abhängig ist. Die Beziehung zu Gott ist eine andere als die zu Menschen, die Relation zum Nächsten ist nicht die gleiche wie die zum Feind. Was als gerechtes Verhalten gegenüber einem Fremden im Land gelten mag, z.B. die Duldung und die Gewährung des Gastrechtes, wäre als Verhalten gegenüber der Ehefrau und den Kindern oder auch gegenüber den eigenen Eltern unzureichend. Die *Beziehung* gibt die Kriterien für die Bestimmung des gerechten Verhaltens vor.

In Hinsicht auf die Gottesbeziehung sind die Vorgaben in der breiten alttestamentlichen Tradition im entscheidenden Punkt überraschend einheitlich und weitgehend. Denken wir zum Beispiel an die drei ersten der Zehn Gebote (2. Mose 20,1 ff; 5. Mose 5,6 ff) oder an das bis in die Gegenwart hinein von Juden gebetete »Höre Israel, der Herr, unser Gott, ist *ein* Herr« (*Schᵉma Jisrael*) samt dem nachfolgenden Gebot der Liebe zu Gott (5. Mose 6,4 f). Die hier beschriebene Relation ist nicht nur eine von vielen personalen Beziehungen, sie zeichnet sich vielmehr durch ihre *Ganzheitlichkeit* und *Ausschließlichkeit* aus. Die Beziehung zu Gott ist Israel von Gott selbst als eine *ganzheitlich*-personale eröffnet, oder um es mit den Worten der »Zugehörigkeitsformel« zu sagen, Gott spricht zu Israel: »Ich will unter euch wandeln und will *euer Gott* sein, und ihr sollt *mein Volk* sein« (3. Mose 26,12; vgl. Hes 37,27; Offb 21,3).

4. Wenn aber die Beziehung zu Gott in solch radikaler und umfassender Weise als »Liebe von ganzem Herzen, von ganzer Seele und mit aller Kraft« (5. Mose 6,5) beschrieben wird und wenn die Loyalität und Treue zu Gott in der Ausschließlichkeit des ersten Gebotes bestimmt wird – »Ich bin der Herr, dein Gott, du sollst keine anderen Götter neben mir haben!« (2. Mose 20,2f) –, dann erscheint auch das Verständnis der Ungerechtigkeit, der Verfehlung und Sünde in einem neuen Licht. »Ungerechtigkeit« ist dann nicht nur ein konkretes unmoralisches Verhalten, sondern im Kern eine *Verletzung der persönlichen Beziehung*; und als Sünde erscheint nicht vorrangig eine bestimmte Gebotsübertretung, sondern vielmehr die *Abwendung von der Gemeinschaft*.

Das eigentliche Vergehen liegt in der *Verfehlung der Bestimmung zur Gemeinschaft*, und die Sünde ist ihrem Wesen nach *Trennung von Gott*. Alles, was von Gott trennt, ist Sünde, denn es gefährdet die Gottesbeziehung und damit das Leben. Und alles, was der Beziehung zu Gott, zum Nächsten und zu mir selbst schadet, wird in Geboten und Weisungen als Verfehlung bestimmt.

Auf diesem Hintergrund wird deutlich erkennbar, dass es bei dem biblischen Verständnis von Gerechtigkeit keineswegs um einen primär *moralischen* oder einen ausschließlich *forensisch-juristischen* Begriff geht, sondern hinsichtlich der Gottesbeziehung um einen spezifisch *theologisch* gefüllten: Als Gerechtigkeit gilt das der *ganzheitlich-personalen Beziehung* entsprechende Verhalten – von Gott aus gegenüber den Menschen und vonseiten der Menschen gegenüber Gott. Das konkrete Hören, Reden und Tun wird als Ausdruck dieser Beziehung gewertet; es kann weder an die Stelle der Beziehung treten, noch könnte das moralische Verhalten seinerseits die Beziehung konstituieren, das heißt begründen oder wiederherstellen.

GERECHTIGKEIT UND DIE KRISE DER SELBSTGEFÄHRDUNG

Auf dem Hintergrund dieser alttestamentlich-jüdischen Tradition erscheint die Frage nach dem neutestamentlichen Verständnis von Gerechtigkeit und vor allem von der Gerechtigkeit Gottes, wie sie in dem Kommen und Wirken, Leiden und Auferstehen Jesu Christi enthüllt worden ist, umso spannender. So kann der Apostel Paulus in dem Briefthema seines berühmten Schreibens an die Gemeinde in Rom formulieren (Röm 1,16f): »Ich schäme mich des Evangeliums nicht; denn es ist eine Kraft Gottes zum Heil für jeden Glaubenden – den Juden zunächst und auch den Griechen. Denn die *Gerechtigkeit Gottes* wird in ihm offenbart – aus Glauben zum Glauben [das heißt ausschließlich im Glauben]; wie geschrieben steht: ›Der aus Glauben Gerechte wird leben‹ (Hab 2,4).« Wie kann die Offenbarung der *Gerechtigkeit* Gottes bei Paulus als *Evangelium* – das heißt als *gute Botschaft* – verstanden werden? Inwiefern kann er die »erfreuliche Nachricht«, die diese Gerechtigkeit zum Inhalt hat, als Kraft – von Gott – zum Heil – für jeden – im Glauben verstehen? Bevor der Heidenapostel in Römer 3,21 mit der positiven Entfaltung seiner Grundthese von Kapitel 1,16f beginnt, spricht er zunächst über die *Notwendigkeit* dieser Offenbarung der Gerechtigkeit Gottes (Röm 1,18–3,20). Im Hinblick auf die ganzheitlich-personale Beziehung, die dem Menschen von Gott zugedacht ist, und in Anbetracht des gefüllten Verständnisses von Gerechtigkeit könnte kein Mensch – ob Jude oder Heide – aufgrund seines Denkens, Redens und Tuns vor Gottes Angesicht als gerecht erwiesen werden.

Der Ausgang eines *analytischen* Urteils durch Gott am Tag des Gerichts ist nicht offen, sondern bereits entschieden: »Denn wir haben zuvor Anklage erhoben, dass alle, Juden wie Griechen, unter der Sünde sind« (Röm 3,9). »… damit jeder Mund gestopft werde und die ganze Welt vor Gott schuldig sei« (3,19). »Denn alle haben sie gesündigt und entbehren der Herrlichkeit Gottes« (3,23). Wie ernst Paulus dieses radikale Ergebnis meint – das er bereits in der Schrift bezeugt sieht (3,9-20) –, wird daran deutlich, dass er in seinem Schriftbeweis in Römer 4 sogar Abraham und David in die Reihe der Gottlosen und auf Vergebung angewiesenen Sünder gestellt sieht, die infolge ihres gelebten Lebens keinesfalls vor Gott bestehen könnten.

Rechtfertigung im Sinne des endgültigen und verbindlichen Freispruchs zum Leben durch Gott kann es unter dieser Voraussetzung nicht aufgrund eines *analytischen* richterlichen Urteils geben, sondern ausschließlich als *Begnadigung* der als schuldig Erwiesenen und zu Recht Verurteilten. So wie ein Schuldiger und rechtskräftig Verurteilter hinsichtlich seines gelebten Lebens auch von einem König oder Präsidenten nicht anders beurteilt werden, wohl aber durch sie *begnadigt* werden kann, so wird den an Christus Glaubenden im Evangelium zugesagt: »Sie werden *geschenkweise* gerechtfertigt – das heißt, sie empfangen *umsonst* den rettenden Freispruch – durch seine *Gnade* kraft der Erlösung, die in Christus Jesus [geschehen] ist« (Röm 3,24).

RECHTFERTIGUNG ALS BEGNADIGUNG – GERECHTIGKEIT ALS GESCHENK

Gott als Richter rechtfertigt die als schuldig Erwiesenen, indem er sie im Evangelium begnadigt und sie geschenkweise freispricht, ihnen wirksam zusagt: »Du bist frei!« Dieser Freispruch aber basiert eindeutig auf einem *synthetischen* Urteil Gottes: Die

Rechtfertigung bewirkt selbst, was sie zuspricht; sie setzt die Gerechtigkeit und Freiheit des Menschen nicht voraus, sondern schafft sie erst durch das vollmächtige Wort. »Du bist begnadigt! Du bist gerechtfertigt!« ist eine *performative* – die Handlung selbst vollziehende – Aussage. Die Freiheit des Verurteilten wird durch den, der die Autorität hat, Schuldige zu begnadigen, nicht *festgestellt*, sondern *hergestellt*. Die Kraft des Evangeliums und die Gewissheit der Rechtfertigung liegen damit freilich allein in der Autorität dessen begründet, der sie zuspricht, verantwortet und verwirklichen kann.

Was ist dann aber präzise unter der »Gerechtigkeit Gottes«[77] zu verstehen, die Paulus in Römer 1,16f als den zentralen Inhalt des von ihm bezeugten Evangeliums von Jesus Christus angibt? Ist dabei (1) an die Gerechtigkeit gedacht, die Gott *selbst* als *Eigenschaft* hat (*Genitivus subiectivus*, Genitiv des logischen Subjekts), oder ist (2) die Gerechtigkeit gemeint, die Gott *wirkt* und *schafft* (*Genitivus auctoris*, Genitiv des Urhebers), oder wird (3) mit Gerechtigkeit Gottes die Gerechtigkeit beschrieben, die der Mensch *vor* Gott, *im Angesicht* Gottes, erweisen muss, um vor ihm im Gericht zu bestehen (*Genitivus obiectivus*, Genitiv des logischen Objekts)? Letzteres entspräche der aus der Lutherbibel vertrauten Übersetzung: »die Gerechtigkeit, die *vor Gott gilt*«. – Um eine lange und komplizierte theologische Diskussion kurz zu machen: Gemäß dem Verständnis des Paulus bringen alle drei Aspekte Entscheidendes in den Blick:

1. *Gott* selbst hat sich – im Unterschied zu Israel und der Welt – in Christus als seinen Menschen gegenüber treu und zuverlässig, und das heißt »gerecht« erwiesen. Er hat sogar an seiner Erwählung und Berufung festgehalten, als die Israeliten sich – wie die Völker – nicht der von Gott eröffneten Beziehung entsprechend

verhielten, sondern Gott gegenüber untreu und illoyal waren, als sie nicht »sein Volk« sein wollten und er nicht mehr als »ihr Gott« anerkannt wurde. Insofern ist es angemessen, davon zu sprechen, dass »Gerechtigkeit Gottes« (*Genitivus subiectivus*) *seine Eigenschaft* und *sein Verhalten* bezeichnet: Die Erlösung in Christus geschah »zum Erweis *seiner* Gerechtigkeit in der jetzigen Zeit, dass *er selbst gerecht ist* ...« (Röm 3,26).

2. Wenn der Erweis der Gerechtigkeit Gottes darin besteht, dass er Schuldige begnadigt und Verurteilte freispricht (»Gott ist es, der gerecht macht und freispricht«, Römer 8,33) und dass er sogar den erwiesenermaßen Gottlosen gerecht spricht (»[Abraham] glaubte an den, der den *Gottlosen* gerecht macht«, Römer 4,5), dann ist die Rede von der Gerechtigkeit Gottes als derjenigen, die er dem Menschen schafft und *für ihn* und *an seiner Stelle* bewirkt (*Genitivus auctoris*), nicht nur zutreffend, sondern der eigentlich überraschende und zentrale Aspekt des Evangeliums. Gott ist für seinen Teil gemeinschaftstreu und gerecht, und er macht zudem – und gerade als solcher – den gerecht, der sich seinerseits illoyal und ungerecht verhalten hat. Er erweist seine Gerechtigkeit also darin, »dass er selbst gerecht *ist* und den an Jesus Glaubenden gerecht *macht*« (Röm 3,26).

3. Schließlich ist auch der Gedanke der Gerechtigkeit, die *vor* Gott im Endgericht gilt und *ihm gegenüber* bestehen kann – also der »Gerechtigkeit Gottes« im Sinne eines *objektiven* Genitivs –, durchaus für die paulinische Darstellung der Rechtfertigung zutreffend, solange stets im Bewusstsein bleibt, dass nicht an die *menschliche* Gerechtigkeit – ob als Jude, als Heide oder auch als Christ (!) – gedacht ist, sondern an die dem Menschen in Christus von Gott *geschenkte* Gerechtigkeit (*iustitia Dei passiva*),

die »Gerechtigkeit durch den Glauben an Christus, die Gerechtigkeit aus Gott auf der Grundlage des Glaubens« (Phil 3,9)! Sie kommt dem Menschen in dem Sinne als eine »*fremde* Gerechtigkeit« – *iustitia aliena* – zugute, dass ihm die Gerechtigkeit *Christi* »zugerechnet« wird (*iustitia imputativa*).

Auch die Gerechtigkeit der an Christus gläubig Gewordenen besteht prinzipiell darin, dass Christus für sie von Gott »zur Gerechtigkeit gemacht worden ist« (1. Kor 1,30). Er, der von keiner Sünde wusste, wurde stellvertretend für uns und zu unseren Gunsten »zur Sünde«, damit wir durch ihn »zur Gerechtigkeit Gottes würden«, das heißt zu Menschen, die in ihrem ganzen Sein durch Gottes Gerechtigkeit gekennzeichnet sind (2. Kor 5,21).

Die Zuversicht der an Christus Gläubigen basiert also nicht etwa auf der Hoffnung, dass ihr eigenes Leben seit der Taufe bzw. seit ihrem Gläubigwerden im Endgericht nach den Maßstäben der umfassenden Liebe und der uneingeschränkten Beziehungstreue bestehen könnte. Vielmehr beruht sie allein auf der im Evangelium zugesprochenen Gewissheit, dass Gott, der Vater, uns aufgrund seiner erwiesenen Liebe und grenzenlosen Treue – trotz aller berechtigten und unberechtigten Anklagen gegen uns! – endgültig begnadigen und freisprechen will (Röm 8,31-33). Unsere Heilsgewissheit als Christen basiert auf der Zusage, dass Christus, der für uns Gestorbene und Auferstandene, der nun zur Rechten seines Vaters ist, trotz aller Verurteilungen hinsichtlich unseres gelebten Lebens für uns eintritt und Fürsprache für uns einlegt (Röm 8,34)! Vater und Sohn, Richter und Fürsprecher, kommen in ihrem Urteil und Plädoyer überein. Bei gleichzeitiger Begnadigung durch den Vater und zusätzlicher Fürsprache durch den Sohn kann man im Sinne von Römer 8 davon sprechen, dass bei der Rechtfertigung in Christus *Gott sich selbst zuvorkommt!*

Nur unter dieser Voraussetzung wird verständlich, dass der Apostel von der endzeitlichen Rechtfertigung als einem *gegenwärtigen* Geschehen sprechen kann: »Nun wir denn *gerechtfertigt worden sind* durch den Glauben, *haben* wir Frieden mit Gott durch unseren Herrn Jesus Christus« (Röm 5,1). Stünde nach Paulus das endgültige Urteil Gottes über die Glaubenden noch aus und wäre von der Bewährung und dem eigenen Verhalten der Gläubigen noch abhängig, ob sie im Endgericht freigesprochen oder endgültig verurteilt werden, dann wären weder die *präsentischen* Aussagen über Rechtfertigung und Heilsempfang noch die Zeugnisse der *Heilsgewissheit*[78] nachvollziehbar. Nicht die eigene Gerechtigkeit der Gläubigen macht gewiss, dass fortan keine Macht und keine Größe mehr die Gerechtfertigten von Gott trennen können, sondern ausschließlich die im Evangelium erklärte Liebe und Treue Gottes[79], das heißt die »Gerechtigkeit *Gottes*«.

Selbstverständlich darf die Rechtfertigung des Gottlosen nach Paulus nicht als Rechtfertigung der *Gottlosigkeit* missverstanden werden, und ohne Zweifel sind die aus Gnaden Gerechtfertigten zum Leben in der Gerechtigkeit befähigt und berufen. Dennoch versteht der Apostel das *Gerechtsprechen Gottes* keineswegs nur im Sinne der gegen die Reformatoren vertretenen *iustificatio effectiva* – der sogenannten »wirksamen Gerechtmachung«. Nach dieser Vorstellung müssten die Ungerechten bei ihrem Christwerden zu faktisch ganz gerecht Lebenden werden und dies durch ihr eigenes Tun erweisen, damit sie im Endgericht dann infolge ihrer eigenen Werke als vollkommen Gerechte anerkannt werden könnten. Nicht erst für Martin Luther, sondern vor allem für Paulus selbst ist und bleibt es die Gerechtigkeit *Christi*, auf die sich die Hoffnung der Christen allein gründet.[80]

Zusammenfassend lässt sich also zum Verständnis der »Gerechtigkeit Gottes« nach Paulus festhalten, dass die Gerechtigkeit sowohl als Gottes *Eigenschaft* im Blick ist als auch als Gottes *Heilshandeln*, sowohl als Gottes rettende *Heilsmacht* als auch als Gottes *Heilsgabe* an den Menschen. Sie wird als geprägte Wendung bei Paulus gerade *nicht* für das gerechte Richten und Verurteilen gemäß der *iustitia distributiva* verwandt, sondern speziell für die »*Heil bringende*« – das heißt freisprechende und begnadigende – Gerechtigkeit Gottes, die *iustitia Dei salutifera*. Wenn Paulus von dem Vollzug der Rechtfertigung und Gerechtmachung durch Gott spricht, meint er durchgängig die »Rechtfertigung des Gottlosen um Christi willen allein aus Gnade durch den Glauben« – das heißt die *iustificatio impii propter Christum sola gratia per fidem* (Röm 3,24.26.28; 4,5; 5,1.9).

DER GOTTESBEZUG ALS VORAUSSETZUNG MENSCHLICHER GERECHTIGKEIT

Aus alledem wird nun aber deutlich, dass der Rückbezug auf die Gerechtigkeit Gottes und die Betonung des Gottesbezugs nicht nur einer moralischen Orientierung und einer sozialethischen Begründung dienen kann, sondern für die Ermöglichung einer gelebten Gerechtigkeit in den sozialen zwischenmenschlichen Beziehungen fundamental ist. Denn es kann bei einer solchermaßen vertieften anthropologischen Sicht nicht nur um Gerechtigkeits*forderungen* gehen, sondern zunächst und vor allem um Gerechtigkeits*erfahrung*, nicht nur um reklamierte ethische Normen, sondern um eine proklamierte und zugesprochene *Wirklichkeit* der Gerechtigkeit. Die Kraft der Gerechtigkeit entfaltet sich als *Beziehungswirklichkeit*, nicht als individualistische *Leistung* oder kollektive *Forderung*.

Insofern ist auch der Gottesbezug aus der Ethik und Verfassung eines Volkes, das gemäß Sprüche 14,34 durch Gerechtigkeit

»erhöht« – das heißt ausgezeichnet und gefördert – sein will, nicht etwa beliebig oder beliebig ersetzbar. Die Gerechtigkeit hat in Gott und seiner gerechten Zuwendung zu den Menschen ihre grundlegende Orientierung und Begründung, ohne die sie sich nur schwer allgemein plausibilisieren und motivieren ließe. Oder um es etwas salopp zu formulieren: Eine Verfassung ohne Gottesbezug wäre wie ein Navigationsgerät ohne Satelliten.

Dies gilt es heute insofern nachdrücklich hervorzuheben, als neuzeitlich bis in kirchliche Kreise hinein wohl das Gebot der Nächstenliebe als unmittelbar einleuchtend und plausibel erscheint, nicht aber das der *Gottes*liebe. Wenn wir von der Unantastbarkeit der Würde des Menschen und dessen Recht auf Gerechtigkeit ausgehen, ohne zugleich wahrzunehmen, dass diese Wertschätzung des Menschen sich allererst aus der Wertschätzung und Rechtfertigung durch Gott unwidersprüchlich ergibt, dann kommen wir politisch und gesellschaftlich in größte Plausibilisierungsprobleme. Bekanntlich lebt das »in Gerechtigkeit erhöhte Volk«, leben auch unsere Gesellschaft und unser Staatswesen von Voraussetzungen, die sie selbst nicht begründen können. Und menschenverachtende atheistische Regime haben oft genug bewiesen, dass die viel beschworenen Ideale von Gleichheit, Freiheit und Brüderlichkeit oder das oben beschriebene biblische Ideal von Gerechtigkeit sich nicht schon aus dem Menschen und seiner Gesellschaft selbst heraus ergeben.

DIE ERFAHRUNG DER GERECHTIGKEIT ALS BEFÄHIGUNG ZUM TUN DER GERECHTIGKEIT

Fragen wir nun danach, wie die Erfahrung der Gerechtigkeit Gottes zum Maßstab und zur Voraussetzung eigenen ethischen

Handelns gemäß dieser Gerechtigkeit wird, dann ließe sich dies auch ohne Weiteres an den paulinischen Briefen entfalten. Mit dem Hinweis auf die im Evangelium zugesprochene Barmherzigkeit Gottes (Röm 1–8) ermuntert Paulus die römischen Christen in Römer 12,1ff, nun auch ihrerseits in Gesinnung und Verhalten das eigene Leben Gott und seiner Liebe zur Verfügung zu stellen (Röm 12–15) und sich gegenseitig anzunehmen, wie Christus sie angenommen hat (Röm 15,7). Denn die erfahrene Beziehungswirklichkeit befähigt wirklich zur Beziehung; und die gewährte Gerechtigkeit ermöglicht gerade das Tun des Gerechten, das eine eingeforderte Gerechtigkeit nicht zu bewirken vermag. Und nachdem Paulus den Galatern in Galater 1–4 zugesprochen hat, dass sie allein durch Gottes Gnade in Christus von den beziehungsgefährdenden und lebensabträglichen Mächten befreit worden sind, entfaltet er ihnen in Galater 5 und 6, wie sie diese Freiheit *von* der Knechtschaft als Freiheit *für* den Dienst als Töchter und Söhne Gottes in wechselseitiger Liebe und Anerkennung entfalten können (Gal 5,13 f). Denn in Christus gelten weder ethnische noch gesellschaftliche noch geschlechtliche Unterschiede etwas, »sondern der Glaube, der durch die Liebe tätig ist« (Gal 5,6; vgl. 3,28; 6,15). Wenn wir uns aber nun auf das menschliche Tun der »Gerechtigkeit« infolge der Erfahrung von Gottes Begnadigung konzentrieren wollen, liegt es bei einer neutestamentlichen Untersuchung zweifellos besonders nahe, sich der Verkündigung und Lehre Jesu nach der Darstellung des Matthäusevangeliums zuzuwenden.

Dass auch Matthäus den Begriff der »Gerechtigkeit« auf dem Hintergrund der alttestamentlich-jüdischen Tradition versteht, ergibt sich deutlich aus dem für die Bergpredigt insgesamt programmatischen Satz Jesu: »Wenn eure Gerechtigkeit die der Schriftgelehrten und Pharisäer nicht bei Weitem übertrifft, werdet ihr nicht in das Himmelreich kommen« (Mt 5,20)[81]. Mit »Gerechtigkeit« wird bei Matthäus – hier wie auch in Kapitel 6,1[82] ganz unbestreitbar – ein *menschliches Verhalten* bezeichnet, das sich darin als »gerecht« erweist, dass es *dem Willen Gottes entspricht* (7,21; vgl. 7,24 ff). Gerechtigkeit ist also das rechte ethische Verhalten des Menschen, das vor dem Urteil Gottes bestehen kann.

Von dem alttestamentlichen Hintergrund des matthäischen Verständnisses von Gerechtigkeit zeugen auch zwei weitere Merkmale: So ist auch bei Matthäus die Gerechtigkeit nicht an einer abstrakten Norm, einer absoluten Idee von »Gerechtigkeit«, orientiert, sondern wie im Alten Testament an *konkreten Lebensverhältnissen* und *personalen Beziehungen*. Gerecht ist der Mensch nicht an und für sich, sondern in der Beziehung – zu anderen Personen und zur Gemeinschaft; weshalb das Phänomen der »Selbstgerechtigkeit« wiederum einen Widerspruch in sich darstellt. Als »Gerechtigkeit« (*ṣedākā*) gilt also auch hier das der Beziehung entsprechende, das gemeinschaftsgemäße Verhalten. Und selbst im forensischen Bereich besteht die Gerechtigkeit eines Richters in alttestamentlich-jüdischer Tradition nicht darin, dass er sich auf das unparteiische Recht zurückzieht und »neutral« urteilt, sondern darin, dass er den verschiedenen Seiten »gerecht wird« und die friedlichen Beziehungen wiederherzustellen vermag, dass er »Frieden stiftet« (vgl. Mt 5,9).

Neben diesen beiden Charakteristika – Gerechtigkeit als das dem Willen Gottes entsprechende Verhalten und Gerechtigkeit als personaler Beziehungsbegriff – ist schließlich zu beachten, dass bei dem matthäischen Verständnis von Gerechtigkeit – wie auch bei der alttestamentlichen »Gerechtigkeit« (*ṣedākā*) – *keine Trennung* von *Gottesbeziehung* und *zwischenmenschlichem Verhalten* möglich ist. Die Gerechtigkeit vor Gott äußert sich im angemessenen Verhalten anderen Menschen gegenüber, und wer seinen Mitmenschen nicht »gerecht wird« und nicht der Beziehung entsprechend lebt, verhält sich – in seinem Widerspruch gegenüber dem erklärten Willen Gottes – auch in seiner Beziehung zu Gott nicht loyal und gemeinschaftstreu. So kann es nicht überraschen, dass Matthäus den Begriff »Gerechtigkeit« sowohl auf das angebrachte zwischenmenschliche Verhalten als auch auf das angemessene Verhalten Gott gegenüber anwendet. Wenn die Jünger in Matthäus 6,1 davor gewarnt werden, ihre »Gerechtigkeit« vor den Menschen zu üben – also zur Schau zu stellen –, dann bezieht der Evangelist den Begriff »Gerechtigkeit« im Folgenden (6,2-4) zunächst auf die Armenfürsorge, das Almosen, als eine konkrete Ausdrucksform zwischenmenschlicher Wohltätigkeit, dann aber auch auf das Gebet (6,5-15) und das Fasten (6,16-18).

Ob im sozialen Verhalten oder in Gebet und Fasten, jeweils soll der Jünger das Ausüben seiner Gerechtigkeit nicht zur öffentlichen Selbstdarstellung missbrauchen, sondern ausschließlich in Bezug auf den himmlischen Vater handeln, der in das Verborgene sieht (Mt 6,4.6.18). Nur dasjenige Verhalten wird Gott »gerecht«, das sich ganzheitlich und ungeteilt an Gott und seinem Willen ausrichtet.

DIE NICHT ZUREICHENDE GERECHTIGKEIT

Wenn es zutrifft, dass sich die Forderung Jesu nach der »besseren Gerechtigkeit« (Mt 5,20; 6,1 ff) auf das gesamte menschliche Verhalten bezieht – sowohl im Hinblick auf Gott und seinen erklärten Willen als auch hinsichtlich der verschiedenen zwischenmenschlichen Lebenszusammenhänge –, dann stellt sich die Frage, worin Jesus nach dem Matthäusevangelium die Unzulänglichkeit der gegnerischen Gerechtigkeit erkennt. Wirft er den »Pharisäern und Schriftgelehrten« einen lediglich *quantitativen* Mangel an Gerechtigkeit vor oder einen *qualitativen?* Üben die Repräsentanten der zeitgenössischen Synagoge nur *zu wenig* »Gerechtigkeit« oder verfehlen sie die geforderte Gerechtigkeit *grundsätzlich?*

Zunächst werden die damaligen Repräsentanten der Religion und Gesellschaft in der Tat beschuldigt, dass sie selbst nicht tun, was sie andere lehren (Mt 23,3), und dass sie ihre Werke lediglich vollbringen, um von den Leuten gesehen zu werden (23,5; vgl. 6,1-18). Gleich den übertünchten Gräbern, deren äußerer schöner Schein im krassen Gegensatz zu ihrem Inhalt steht, erscheinen sie vor den Menschen äußerlich gerecht (23,28a), innerlich aber sind sie voll Heuchelei und Gesetzlosigkeit (23,28b).

Darüber hinaus gilt der Vorwurf Jesu auch der *Lehre* der zeitgenössischen Autoritäten. Nach Matthäus 15,1-20 hält Jesus ihnen in der Auseinandersetzung über die »wahre Unreinheit« vor, dass sie um ihrer Überlieferung willen das Gebot Gottes übertreten (15,3) und durch das Lehren von »Menschengeboten« (15,9) Gottes Wort außer Kraft setzen (15,6). Angesichts dieser umfassenden und radikalen Kritik an dem *Verhalten*, der *Motivation* und der *Lehre* der Schriftgelehrten und Pharisäer wird deutlich, dass nicht nur in Matthäus 5,20, sondern auch in der Bergpredigt (Mt 5–7) insgesamt die Repräsentanten des nicht an

Christus glaubenden Israel angesprochen sind. Nicht die Weisung Jesu, sondern – so die Kritik des Matthäus – vielmehr die Lehre der nicht an Christus glaubenden jüdischen Gegner setzt Gottes Willenskundgabe in »Gesetz und Propheten« außer Kraft (5,17); sie – und nicht die Jünger Jesu – werden durch ihr Auflösen der Gebote Gottes die Kleinsten im Himmelreich heißen, das heißt das Himmelreich verfehlen (5,19).

Gegen solche illegitimen *Auflösungen des Gotteswillens* in Lehre und Tun und gegen solche *Einschränkungen der Rechtsforderung Gottes* richtet sich die Weisung Jesu Christi, wie sie sowohl in den sogenannten Antithesen (»Ich aber sage euch«, Mt 5,17-48) als auch in den folgenden Ausführungen zum Ausüben der Gerechtigkeit (6,1-18), zum Schätzesammeln und Sorgen (6,19-34), zum Richten (7,1-6), zur Gebetserhörung (7,7-11) und zum Tun des göttlichen Willens (7,12-27) entfaltet wird. Da diese Kundgabe des Willens Gottes durch Jesus absolute Verbindlichkeit hat, werden die Jünger darauf nicht nur zum Abschluss der Bergpredigt verpflichtet (7,24 ff), sondern vor allem auch durch die göttliche Stimme auf dem Berg der Verklärung (»Dies ist mein lieber Sohn, an dem ich Wohlgefallen habe; den sollt ihr hören!«, 17,5) und durch die »end-gültige« Weisung des Auferstandenen auf dem Berg in Galiläa (28,16-20). Den Auftrag, alle Völker zu Jüngern zu machen, erfüllen die Apostel, indem sie diese taufen und sie alles zu halten lehren, was Jesus ihnen geboten hat (28,20).

DER QUALITATIVE UNTERSCHIED DER »BESSEREN GERECHTIGKEIT«

Worin besteht nun aber der *qualitative* Unterschied der von den Jüngern Jesu geforderten Gerechtigkeit – im Kontrast zu jeder

Form von Ungerechtigkeit? Wir können als bisheriges Ergebnis festhalten: Die »bessere Gerechtigkeit« ist dasjenige menschliche Verhalten gegenüber Gott und anderen Menschen, das *dem Willen Gottes entspricht* – und: Die »bessere Gerechtigkeit« ist dasjenige Verhalten, das *der Weisung Jesu Christi entspricht.* Aber gibt es darüber hinaus die Möglichkeit, die von Jesus geforderte Gerechtigkeit hinsichtlich ihres Inhalts und ihres Wesens näher zu bestimmen? Oder anders gefragt: Verfügen Matthäus und seine Gemeinde über *Kriterien*, mit deren Hilfe sie Streitfragen klären können, für die keine konkreten Überlieferungen Jesu vorgegeben sind?

Als Schlüsseltext zur Bestimmung der besseren Gerechtigkeit nach Matthäus bietet sich dabei eines der Gleichnisse Jesu bei Matthäus an: die Parabel vom unbarmherzigen Knecht – bzw. »vom Schalksknecht« – (Mt 18,21-35): Einem König, der mit seinen Knechten Abrechnung halten wollte, wurde ein Schuldner von zehntausend Talenten vorgeführt – einer Summe, die, auch wenn der Knecht als Statthalter gedacht ist, alle realistische Vorstellung übersteigt.[83] Handelt es sich doch umgerechnet etwa um einen Betrag von *100 Millionen* Denaren, wobei die Arbeiter im Weinberg im folgenden Gleichnis (20,1-16) sich mit *einem* Denar als Tagelohn begnügen müssen. Danach entspräche die Summe der Schuld 100 Millionen Tagessätzen von Tagelöhnern. Weil der Knecht nun nichts hatte, um zurückzuzahlen, und er vor dem Verlust seiner ganzen Familie und seines Besitzes stand, bat er den König kniefällig um Geduld und Langmut. Und es geschah das völlig Ungewöhnliche und nicht Erwartbare: »Es erbarmte sich aber der Herr jenes Knechtes und ließ ihn los, und die Schuld erließ er ihm« (18,27).

Wie wir wissen, ging jener Knecht nun hin und zwang einen Mitknecht, der ihm eine vergleichsweise geringe Summe schuldete, trotz allen flehentlichen Bittens um Geduld unbarmherzig und mit Erzwingungshaft zur Rückzahlung seiner Schuld (18,28-30). Man muss nicht erst um die Relation der Schuldbeträge von *einer Million* zu *eins* wissen, um über das unbarmherzige Verhalten des »Schalksknechtes« entsetzt – oder wie die Mitknechte »sehr traurig« – zu sein.

Dabei übersieht man aber gerne, dass das Eintreiben der Schuld – für sich genommen (!) – noch nicht als Unrecht empfunden werden müsste. Der Knecht besteht ja lediglich auf »seinem Recht«! In Anbetracht dessen aber, was vorausging, erscheint das, was bisher als Recht gegolten hat, nunmehr als *Unrecht.* Unter der Voraussetzung einer solchen Barmherzigkeit und Großmut verändern sich die Maßstäbe für ein als gerecht empfundenes Verhalten – nicht nur quantitativ, sondern *qualitativ*, nicht nur graduell, sondern *prinzipiell.*

DIE DURCH BEZIEHUNGSWIRKLICHKEIT VERÄNDERTEN MASSSTÄBE

Der Hörer der Parabel vom Schalksknecht kann gar nicht anders, als dem König in seinem Urteil (V. 32f) beizupflichten: »Du böser Knecht! Deine ganze Schuld habe ich dir erlassen, weil du mich gebeten hast; hättest du dich da nicht auch erbarmen sollen über deinen Mitknecht, wie ich mich über dich erbarmt habe?« Von dieser qualitativen und grundsätzlichen Veränderung der ethischen Wertmaßstäbe – auf der Grundlage dessen, was vorausging – ist die gesamte Entfaltung der »besseren Gerechtigkeit« im Matthäusevangelium bestimmt!

So kann der Rechtsgrundsatz der einfachen Vergeltung »Auge um Auge, Zahn um Zahn …« in 2. Mose 21,23-25 (3. Mose 24,20) *an sich* durchaus als *Recht* gelten; denn er begrenzt das

Unrecht und gestattet den angemessenen Ausgleich – ob im Sinne der Wiedervergeltung oder im Sinne einer Entschädigungsleistung. Das Unrecht, das durch dieses »Vergeltungsrecht« (*ius talionis*) abgewehrt werden soll – nämlich die *un*verhältnismäßige Vergeltung –, spricht sich zum Beispiel in dem Rachegesang des Lamech in 1. Mose 4,23 f aus: »Einen Mann erschlug ich für meine Wunde und einen Jüngling für meine Beule. Kain soll *siebenmal* gerächt werden, aber Lamech *siebenundsiebzigmal*« – das heißt *maßlos*. Im Vergleich zu solchem Unrecht können die einfache Vergeltung und das Bestehen auf das eigene Recht durchaus als »gerecht« gelten. In Anbetracht einer vorausgegangenen überwältigenden Begnadigung aber müssen die übliche Inanspruchnahme des eigenen Rechtes und die Verweigerung von Erbarmen und Vergeben unweigerlich als *unangemessen* und *ungerecht* erscheinen. Als gerecht kann fortan nur *das der erfahrenen Barmherzigkeit entsprechende Verhalten* gelten.

So gesehen erscheint der entschiedene und vollmächtige Widerspruch Jesu in der Bergpredigt nicht nur als Radikalisierung der ethischen Forderung und als Verschärfung des Sittengesetzes, sondern vorrangig als Zeugnis einer durch die vorausgesetzte Barmherzigkeit Gottes radikal *veränderten Ausgangssituation*: »Ihr habt gehört, dass da gesagt ist (2. Mose 21,24): ›Auge um Auge, Zahn um Zahn.‹ Ich aber sage euch, dass ihr nicht widerstreben sollt dem Übel; sondern, wenn dir einer einen Streich gibt auf deine rechte Backe, dem biete die andere auch dar« (Mt 5,38 f). Oder: »Ihr habt gehört, dass gesagt ist (3. Mose 19,18): ›Du sollst deinen Nächsten lieben‹ und deinen Feind hassen. Ich aber sage euch: Liebet eure Feinde und bittet für die, die euch verfolgen, damit ihr Kinder seid eures Vaters im Himmel. Denn er lässt seine Sonne aufgehen über Böse und Gute und lässt regnen über Gerechte und Ungerechte« (5,43-45).

DIE »FEINDESLIEBE« ALS BEISPIEL EINER UNBEDINGTEN ZUWENDUNG

Dass die Forderung der *Feindesliebe* den Abschluss und Höhepunkt des ersten Hauptteils der Bergpredigt bildet, erklärt sich daraus, dass sie – eindeutiger noch als das Gebot der »Nächstenliebe« – eine nicht auf Wechselseitigkeit beruhende Zuwendung beschreibt: Die Hinwendung zu den »Feinden und Verfolgern« kann ihre Motivation weder aus der positiven Erfahrung mit den betreffenden Menschen beziehen noch aus der Hoffnung, dass die Liebe durch Anerkennung, Dank oder Erwiderung belohnt wird. Insofern kann die »Feindesliebe« als das anschaulichste und eindrücklichste Beispiel für eine *nicht konditionierte* – das heißt weder an Voraussetzungen noch an Bedingungen geknüpfte – menschliche Zuwendung und Anerkennung gelten.

In diesem Sinne ist auch die Verwendung der universal verbreiteten »Goldenen Regel« zum Abschluss der Bergpredigt in Matthäus 7,12 zu verstehen: »Alles, was ihr wollt, dass die Menschen euch tun, ebenso sollt auch ihr ihnen tun. Denn dies ist das Gesetz und die Propheten.« Die an Gottes Willen und Jesu Weisung orientierte Zuwendung zum Nächsten ist dadurch charakterisiert, dass sie sich nicht von der Vorleistung oder der Reaktion des Gegenübers abhängig macht. Sie erhebt – anstelle der eigenen *Erfahrung* – vielmehr die eigene *Erwartung* zum Maßstab für das Verhalten anderen gegenüber. So erweist sich die – für sich genommen durchaus vieldeutige – »Goldene Regel« in diesem Kontext als Kommentierung und Präzisierung des Gebotes der Nächstenliebe nach Matthäus 22,39 wie 3. Mose 19,18: »Du sollst deinen Nächsten lieben *wie dich selbst!*«

Mit diesem Verständnis von Gerechtigkeit leitet Jesus im Matthäusevangelium zu einem Leben *jenseits* von *Unrecht* und

Recht an, indem er seine Jünger auf die Liebe verpflichtet. Die Kette des Unrechts, der Verfolgung und des Hasses soll durch das Verhalten der Jünger nicht nur *rechtmäßig begrenzt*, sondern ganz konkret *durch Vergebung unterbrochen* und *durch Liebe überwunden* werden. Durch den Verzicht auf Vergeltung und auf das Nachtragen von Schuld sollen sie Frieden – das heißt umfassende Gemeinschaft, Schalom – stiften (Mt 5,9) und für diese Welt Salz und Licht sein (5,13-16).

WIE EUER VATER IM HIMMEL

Dieser hohe Anspruch an die Jünger wird unter Hinweis auf die Barmherzigkeit des himmlischen Vaters formuliert, in der alles Vertrauen, Reden und Handeln der Jünger begründet ist. Dabei kommt der Aspekt der *Barmherzigkeit* und *Fürsorglichkeit* bei Matthäus vor allem in der häufigen Bezeichnung Gottes als des »himmlischen *Vaters*« zur Geltung, den – neben Jesus selbst – nun auch die Jünger Jesu als »ihren Vater« anrufen dürfen (Mt 5,16.45.48; 6,1.4.6.8 f.14 f.18.26.32; 10,20.29; 13,43; 23,9). Er lässt seine Sonne aufgehen über Böse und Gute und lässt regnen über Gerechte und Ungerechte (5,45). Er weiß um die Bedürfnisse derer, die zu ihm beten, bevor sie ihn bitten (6,8), weil er auch in das Verborgene sieht (6,4.6.18). Die Jünger brauchen sich nicht an die Sorge um Nahrung und Kleidung zu verlieren, weil ihr himmlischer Vater, der die Vögel nährt und die Lilien des Feldes kleidet, um ihre Bedürfnisse weiß und für sie sorgen wird (6,25-34). Selbst in der Verfolgungssituation dürfen die Jünger darauf vertrauen, dass ihnen ihr Vater durch seinen Geist eingeben wird, wie oder was sie in der Situation des Prozesses reden sollen (10,19 f). So können die Jünger ohne Furcht am

Bekenntnis zu Christus vor den Menschen festhalten (10,32f), weil sie darauf vertrauen dürfen, dass sie für ihren Vater – der sich sogar noch um Sperlinge kümmert – äußerst wertvoll sind (10,28-31): »Bei euch aber sind sogar alle Haare eures Hauptes gezählt« (10,30). Die ausführliche Form der Anrede Gottes im Herrengebet: »Unser Vater im Himmel!« (Mt 6,9), vergegenwärtigt der matthäischen Gemeinde bei ihrem Gebet jeweils die Besonderheit ihrer Gottesbeziehung.

JENSEITS VON UNRECHT UND RECHT – DIE GERECHTIGKEIT

Die prinzipielle Bereitschaft, nicht nur die Ebene des *Unrechts* zu meiden, sondern um der neuen »Gerechtigkeit« willen sogar über die Ebene des eigenen *Rechts*anspruches hinauszugehen, spiegelt sich auch in der Frage des Petrus wider, die Matthäus als Einleitung zum Gleichnis vom Schalksknecht (Mt 18,21f) überliefert: »Herr, wenn mein Bruder an mir schuldig wird, wie oft soll ich ihm vergeben? Bis zu siebenmal?« Wenn Jesus darauf erwidert: »Ich sage dir, nicht bis *siebenmal*, sondern bis *siebenundsiebzigmal*«, führt er den Jüngern damit vor Augen, dass in einer Welt, die nach wie vor von Lamechs Geist der maßlosen Vergeltung und unbegrenzten Rechthaberei bestimmt ist, nur eine ebenso entgrenzte Liebe und uneingeschränkte Barmherzigkeit die angemessene Antwort der Gerechtigkeit sein kann.[84]

Diejenigen, die nach einem solchen an Gottes Barmherzigkeit orientierten Verhalten verlangen – das heißt, die nach dieser Gerechtigkeit hungern und dürsten (5,6) –, werden in den Seligpreisungen zu Beginn der Bergpredigt glücklich gepriesen. Denn als den um der Gerechtigkeit willen Verfolgten und Bedrängten (5,10), als den in ihrer Friedfertigkeit und Barmherzigkeit Ausgelieferten und Machtlosen gilt ihnen die Verheißung der himmlischen Gottesgemeinschaft und der Teilhabe am Himmelreich (Mt 5,3-12). In dem Wissen, dass der himmlische Vater sie in ihrem Angewiesensein sieht, sollen die Jünger sich nicht an ihre Sorgen verlieren, sondern sich auf die Herrschaft Gottes und auf das Ausleben der dem Willen Gottes entsprechenden Gerechtigkeit konzentrieren (Mt 6,33 diff. Lk 12,31).

DIE »BESSERE GERECHTIGKEIT« – ILLUSION ODER WIRKLICHKEIT?

Ist diese von Jesus verkündigte – und in letzter Konsequenz bis hin zu seinem Kreuzestod gelebte – »neue Gerechtigkeit« für seine Jüngerinnen und Jünger sowie für uns heute wirklich lebbar oder bleibt sie illusorisch? Kann sich ein zwischenmenschliches, ein gesellschaftliches und politisches Handeln an der Bergpredigt orientieren, oder zerbricht diese hohe Ethik an der Wirklichkeit dieser Welt?

Einen entscheidenden Einwand gegen die gesellschaftliche und politische Relevanz der Forderung Jesu nach Vergebungsbereitschaft und Feindesliebe kann man jedenfalls leicht entkräften. Sowohl der Evangelist Matthäus wie der zuvor referierte Apostel Paulus können sehr wohl mit dem Phänomen umgehen, dass jemand die Leidens- und Vergebungsbereitschaft der Gemeinde missbrauchen will und die Barmherzigkeit Gottes und anderer zum Anlass für sein eigenes Unrecht nimmt. Wenn ein Gemeindeglied ohne Einsicht und trotz gutem Zureden bleibend andere Menschen und die Gemeinschaft schädigen will, haben die frühen christlichen Gemeinden durchaus klar geregelte rechtliche Mittel und gestufte Formen der Sanktionen, die es verhindern, dass das Unrecht durch falsch verstandenes Erbarmen noch vermehrt wird (zum Beispiel Mt 18,15 ff; 1. Kor 5,1 ff).

Das »Recht« ist hier nicht ins Unrecht aufgehoben, sondern wird durch konkretes Frieden stiftendes und integratives Verhalten in »Gerechtigkeit« überboten. Die Rechtfertigung des Sünders wird in den neutestamentlichen Schriften nirgends als Rechtfertigung der *Sünde* missverstanden. Aber der Schuldige trifft jeweils auf die Wertschätzung und Zuwendung hinsichtlich seiner Person, die es ihm ermöglicht, sich von seiner eigenen Schuld zu distanzieren und in die Gemeinschaft zurückzukehren. Denn Person und Werk werden weder *identifiziert* (du bist nur, was du tust) noch *getrennt* (es ist egal, was du tust), sondern *differenziert* (du bist begnadigt und angenommen, obwohl du nicht getan hast, was angemessen ist).

Bei alldem wird das persönliche Empfinden, Reden und Handeln aber eben nicht auf die Frage der Schuld reduziert oder von der Bereitschaft zur Gegenleistung abhängig gemacht, es orientiert sich vielmehr an dem Ziel der wiederhergestellten Gemeinschaft. Die Frage ist weniger: »Wer hat Schuld?«, sondern: »Was dient dem unaufgebbaren Ziel der auf gegenseitiger Anerkennung und Zuwendung gründenden Gemeinschaft – der Versöhnung und dem Frieden?« Denn die Rache führt ins Unrecht und das Recht kann nur Unrecht begrenzen und Unschuld erweisen, die »bessere Gerechtigkeit« aber hat eine Antwort, die auch noch den Schuldigen aus dem Unrecht in die Gemeinschaft zu integrieren vermag.

Geht ein Leben im Streben nach einer an Gottes Barmherzigkeit orientierten Gerechtigkeit innerhalb dieses Lebens, inmitten dieser Gesellschaft und Zeit, auf? Sicherlich: »Nein!«, wenn wir damit meinen, ob wir es erleben werden, dass alle Menschen und Völker innerhalb von Geschichte und Zeit sich vollständig versöhnen und für die Gerechtigkeit gewinnen lassen werden.

Die Antwort lautet aber entschieden: »Ja!«, wenn wir uns daran erinnern, dass die »bessere Gerechtigkeit« ja aus Liebe und Einsicht handelt und nicht aus Berechnung und Erwartung eigener Bestätigung und Belohnung. Die Antwort lautet entschieden: »Ja!«, wenn wir uns vergegenwärtigen, dass die Seligpreisungen Jesu nicht einen innerweltlichen Sinnzusammenhang formulieren, der auch ohne Gottesbezug aufginge, sondern die endzeitlichen Verheißungen des endgültigen Eingreifens, Versöhnens und Tröstens seines himmlischen Vaters. Und so, wie der Weg der Gerechtigkeit, der Sanftmut und Demut (Mt 11,25-30) für den gekreuzigten Jesus selbst erst am Ostermorgen in der triumphalen Auferweckung durch seinen himmlischen Vater seine letzte Bestätigung erfuhr, harren die, die in seiner Nachfolge der Gerechtigkeit bis zum Kreuz leben wollen, ihres endgültigen Trostes in der himmlischen Gottesgemeinschaft.

GERECHTIGKEIT ERHÖHT EIN VOLK – DAS REALISTISCHE IDEAL DER GERECHTIGKEIT

Wenn wir es recht betrachten, dann ist das biblische Ideal der Gerechtigkeit nicht etwa weltfremd und wirklichkeitsvergessen, sondern viel realitätsbezogener und wirklichkeitsorientierter als manche vermeintlich »vernünftigen«, »aufgeklärten«, »humanistischen« oder »neuzeitlichen« Entwürfe einer gerechten Gesellschaft und eines rechtlich verfassten Gemeinwesens. Denn die an Jesus Christus und seinem Wirken, Lehren und Leiden orientierte Gerechtigkeit setzt gerade keine heile Welt voraus, sondern sie gibt Antworten für ein gerechtes Leben in einer ungerechten Welt. Sie geht nicht von der Illusion des guten und unschuldig geborenen Menschen aus, sondern zeigt den Weg zur Gerechtigkeit für fehlbare und schuldig gewordene Menschen durch Gottes Erbarmen.

Die in Gottes grenzenloser Barmherzigkeit gründende zwischenmenschliche Zuwendung und Liebe macht sich gerade nicht vom Wohlwollen und Friedenswillen der anderen abhängig und wartet nicht auf deren Vorleistung oder Entgegenkommen. Sie orientiert sich nicht an der Gegenleistung der anderen, sondern an der vorausgegangenen Erfahrung der unbedingten Zuwendung und Annahme Gottes. Sie vertraut nicht auf weltfremde Illusionen vom guten Menschen, sondern ist den Menschen gut, weil sie sie mit dem realistischen Blick des barmherzigen himmlischen Vaters ansehen will.

Wenn Einzelne, wenn immer mehr, wenn Gruppen und Gemeinschaften unserer Gesellschaft in dem jeweiligen Bereich ihrer Verantwortung solche »Friedensstifter« und nach »Gerechtigkeit Hungernde« und »Barmherzige« sein wollen (Mt 5,1-12), dann werden sie – bei aller eigenen Unzulänglichkeit und allem bleibenden Angewiesensein auf Erbarmen – in dieser Welt wirken wie das Salz in der Speise und wie das Licht in der Nacht (Mt 5,13-16). Dann wird in unserer Gesellschaft etwas sichtbar werden von der biblischen Wahrheit aus Sprüche 14,34: »Gerechtigkeit erhöht ein Volk!«

CHRISTUS IST MEIN LEBEN – WAS KOMMT NACH DEM STERBEN?

VON DER TRAGFÄHIGKEIT UND GEWISSHEIT DER BEZIEHUNG

Unsere eigene Befähigung zur Beziehung erwächst aus unserer eigenen Beziehungsgewissheit; und ob wir andere bedingungslos lieben können, hängt davon ab, ob wir selbst uns unbedingt und unbegrenzt geliebt wissen. Diese Tragfähigkeit und Gewissheit einer grundlegenden Beziehung bewähren sich aber vor allem dann, wenn Vertrauen, Liebe und Hoffnung in der Krise und in der Angst des Verlustes auf die Probe gestellt werden. Was bedeutet die Überzeugung, dass Christus unsere Lebensgrundlage und unser Lebensinhalt ist, für die Grenzsituation des Sterbens und für die Perspektive eines Lebens jenseits unserer irdischen Existenz?

Erfüllt leben bedeutet, Gemeinschaft, Zuwendung und Anerkennung zu empfangen und zu schenken. Denn wenn wir *sind*, dann sind wir *in Beziehung*. Umgekehrt erscheint uns mit der Gefährdung oder gar mit dem Verlust unserer tragenden und lebensfördernden Beziehungen unsere Identität und unser Leben selbst bedroht. Ob Verlust, Versagen oder eigene Vergänglichkeit, es sind diese grundlegenden Krisen, die uns Angst machen und uns zutiefst verunsichern.

Wie konnten Glaubende seit der Auferstehung Jesu immer wieder – selbst in Verfolgung, Gefahr und Einsamkeit – sogar dem Ende ihres eigenen Lebens so zuversichtlich und gelassen entgegensehen? Sie hatten persönlich doch weder Einblick in den Raum, in den sie eintreten sollten, noch konnten sie um ihre eigenen Gefühle und Umstände des nahenden Sterbens wissen.

Sie wussten zwar nicht, wie sie selbst sich in der Stunde ihres Sterbens verhalten würden, wohl aber, wie sich ihr Herr zu ihnen verhält. Sie konnten nicht ahnen, was sie hinter der Tür ihres Sterbens erwarten würde – wohl aber *wer!* Sie waren persönlich über die bedrohliche Schwelle noch nicht gegangen, sie hatten aber einen Herrn gefunden, der diesen dunklen Weg für sie bereits vorangegangen war – und lebte! Es war auch für sie noch völlig ungewiss, welche Furcht und Dunkelheit in der Todesstunde nach ihnen greifen würde, sie wussten nur, wer sie – und dies bereits im Leben – persönlich fest ergriffen hatte. Wie sollte er, dem sie sich doch vorbehaltlos anvertraut hatten, sie ausgerechnet im Augenblick der größten Not anderen Mächten überlassen?

Sie *lebten*, denn sie lebten *in Beziehung* und *für die Beziehung*. Diese Christus-Beziehung war für sie so tragend und bestimmend, dass sie auch angesichts des Todes nicht erschüttert wurde. Ihr Herr half ihnen, die Angst vor dem Tode zugleich mit der Angst vor dem Leben zu erkennen und zu überwinden. Ihre Gewissheit gründete somit nicht in ihrem eigenen Vermögen und in der Stärke ihres Glaubens, sondern in dem Wissen, dass sie Jesus Christus als ihrem Herrn gehören und dieser seinen Herrschaftsanspruch auf sie niemals und an niemanden mehr abtreten würde.

Seitdem ist es die tragende Zuversicht all derer, die an den für sie gekreuzigten und auferstandenen Jesus Christus glauben: Es mag fremden Einflüssen vorübergehend gelingen, uns unser*en* Herrn wegzunehmen, es kann ihnen aber nicht gelingen, uns unser*em* Herrn wegzunehmen! Es mag uns gelegentlich so vorkommen, als würden wir ins Bodenlose abstürzen, wir werden aber nicht tiefer fallen können als in die uns bergenden Hände Gottes.

Wir können diese hoffnungsvolle Perspektive wohl kaum überzeugender und überwältigender formulieren, als sie der

Apostel Paulus in Römer 14,7-9 beschrieben hat und damit angefochtene, sterbende und trauernde Christen seit nunmehr 2000 Jahren tröstet und ermutigt: »Denn keiner von uns lebt für sich selbst, und keiner stirbt für sich selbst. Leben wir, so leben wir dem Herrn; sterben wir, so sterben wir dem Herrn. Ob wir also leben oder ob wir sterben – wir gehören dem Herrn. Denn dazu ist Christus gestorben und lebendig geworden, dass er über Tote und Lebende Herr sei.«

1. GIBT ES EINE GEWISSHEIT DES EIGENEN HEILS?

Der Glaube ist sich seiner Sache gewiss – und diese Gewissheit kann als ein grundlegendes Merkmal der sich auf Christus gründenden Hoffnung gelten.[85] Für viele ist damit aber noch nicht geklärt, inwiefern sich der Glaube auch seiner selbst gewiss sein kann. Können wir wissen, ob wir selbst im Sinne des Evangeliums gläubig sind, oder bleibt die Frage, ob wir Christen sind und endgültig gerettet werden, letztlich bis zu unserem Tode offen? Dürfen wir davon ausgehen, dass uns die neue Existenz von Gott bleibend geschenkt worden ist, oder müssen wir fürchten, dass wir sie vielleicht doch wieder verlieren oder es trotz all unseres ernsthaften Bemühens am Ende nicht reichen könnte?

Nun haben wir als Glaubende mit vielen ungeklärten Fragen zu leben und manche Widersprüche auszuhalten, die wir gedanklich jetzt noch nicht befriedigend auflösen können. Darüber aber, ob wir selbst »dazugehören« oder ob die Zuwendung Gottes sich womöglich nur auf andere bezieht, dürfen wir keinesfalls im Zweifel gelassen werden. Denn wenn die Frage nach der eigenen Gewissheit und Beziehungswirklichkeit offenbleibt, dann ist nicht nur ein Teilaspekt des Glaubens, sondern der Glaube insgesamt betroffen. Das Bewusstsein, dass wir persönlich bleibend im Glauben leben dürfen, gehört gerade wesentlich zu der »Sache«, deren sich der Glaube gewiss sein darf. Unser Glaube geht doch nicht nur von der allgemeinen Annahme aus, »*dass* Gott ist«, sondern von der in Christus begründeten Überzeugung, »dass Gott *für uns* ist«.

Die Erkenntnis, dass der Glaube selbst schon als das bewusste Leben aus Christus und mit Christus zu verstehen ist, erschließt zugleich die entscheidende Begründung für die eigene Gewissheit des »Heils«. Danach beginnt das »ewige Leben« nicht erst zu einem Zeitpunkt jenseits unseres Sterbens, sondern gegenwärtig, indem wir an Christus und seinem Leben teilhaben. So sagt Jesus in Johannes 5,24 seinen überraschten Hörern bereits für die Gegenwart und die jetzige Stunde zu: »Wer mein Wort hört und glaubt dem, der mich gesandt hat, der *hat* das ewige Leben und kommt nicht in das Gericht, sondern er *ist* aus dem Tode zum Leben hinübergegangen.«

In dieser Zuversicht und zur gegenwärtigen Vergewisserung der Gläubigen bezeugt dann der 1. Johannesbrief in Kapitel 5,11-13 klar und eindeutig: »Das ist das Zeugnis, dass uns Gott das ewige Leben *gegeben hat*, und dieses Leben *ist* in seinem Sohn. Wer den Sohn hat, der *hat* das Leben; wer den Sohn Gottes nicht hat, der hat das Leben nicht. Das habe ich euch geschrieben, damit ihr *wisst*, dass ihr das ewige Leben *habt*, die ihr glaubt an den Namen des Sohnes Gottes« (5,11-13).

Über unser Schicksal wird somit nicht erst nach unserem Sterben und aufgrund unseres eigenen gelebten Lebens entschieden, sondern Gott hat bereits aufgrund seiner Liebe zu unseren Gunsten entschieden und uns durch den Glauben an Jesus Christus zu sich gezogen. In diesen Zusammenhang der Heilsgewissheit und der Zuversicht in Anfechtung und Leiden gehört auch die

Erkenntnis der dem Glauben vorangehenden göttlichen Erwählung und Berufung. Während das Thema der Erwählung zum Heil durch Gottes Gnade wegen der zahlreichen offenen Fragen und möglichen Missverständnisse heute oft umgangen wird, ist es für das richtige Glaubens- und Beziehungsverständnis gerade grundlegend. Formulieren doch auch hier wieder das Johannesevangelium und die Paulusbriefe so unmissverständlich wie befreiend. Seinen Jüngern sagt Jesus angesichts der bevorstehenden Anfechtungen und Leiden nach Johannes 15,16 nachdrücklich: »Nicht ihr habt mich erwählt, sondern *ich* habe *euch* erwählt und bestimmt, dass ihr hingeht und Frucht bringt und eure Frucht bleibt.«

Wenn es stimmt, dass niemand von sich aus zu Christus kommen will oder kann, es sei denn, dass Gott ihn aus Liebe dazu befähigt und bewegt (Joh 6,44.65), dann erscheint es umgekehrt auch als logisch, dass Christus niemanden ablehnen oder verstoßen wird, der zu ihm kommt: »Alles, was mir mein Vater gibt, das kommt zu mir; und wer zu mir kommt, den werde ich ganz gewiss nicht hinausstoßen« (6,37). Jeder, der an Christus glauben will, darf zu ihm kommen; denn sein Suchen und Wollen sind bereits Ausdruck für Gottes Wirken an ihm. Hätte der Vater ihn nicht gezogen, dann wäre er von sich aus gar nicht gekommen (Joh 6,44).

Die Frage, ob wir als Gläubige selbst schon genug und richtig glauben, tritt dann zurück, wenn wir erkennen, dass wir durch unseren menschlichen Glauben Gottes Liebe und Zuwendung nicht erst auslösen und verdienen müssen. Wir erkennen sie im Glauben vielmehr als schon lange vorgegeben und für uns gültig. Wir brauchen von uns aus keine große Liebe und keinen großen Glauben hervorzubringen, um Gott zu beeindrucken, sondern im Glauben an Christus werden wir überwältigt von der Größe der bereits bestehenden Liebe Gottes zu uns. Die entscheidende Größe des Glaubens beruht auf der Größe dessen, was er erkennt – nämlich die grenzenlose Liebe und Treue Gottes –, und nicht auf der Stärke des eigenen Wollens und Vertrauens. Wer zu Christus kommt, um ihn zu ergreifen, der begreift, dass er von Gott bereits ergriffen ist!

Insofern und deshalb haben wir als Glaubende das »Gericht«, das über Tod und Leben entscheidet, durch Christus schon hinter uns und sind *in* und *mit* ihm schon in der Gegenwart »aus dem Tod ins Leben hinübergegangen« (Joh 5,24). Dies gilt nicht etwa nur vorbehaltlich, sondern bleibend (6,39; 10,28-30). Da Christus selbst »die Auferstehung und das Leben« ist, bedeutet die Verbundenheit mit ihm, dass wir das neue Leben, das er uns gegeben hat, auch dadurch nicht verlieren können, dass wir leiblich sterben. Als an Christus Glaubende werden wir wohl *sterben* – aber wir werden nicht mehr *tot sein* (Joh 8,51; 11,25 f).

Nach dem Zeugnis des Johannesevangeliums[86] beginnt das »ewige Leben« also bereits gegenwärtig in der Gemeinschaft mit Christus. Deshalb kann den Glaubenden die Gewissheit ihres endgültigen Heils auch schon hier und jetzt als uneingeschränkte Zuversicht (lat. *certitudo*) im Sinne der »*Christus*gewissheit« zugesprochen werden.[87] Dieses in Gottes Wort und Erwählung begründete Vertrauen umfasst nicht nur die *gegenwärtige* Perspektive des Gläubigwerdens, sondern ausdrücklich auch den *zukünftigen* Aspekt der Bewahrung der Glaubenden durch Christus im Heil – das »Bleiben« und »Beharren« beim Glauben, die »Ausdauer« der Gläubigen, die traditionell *Perseveranz* genannt wird.

Denn auch darin sind sich Gott, der Vater, und Jesus Christus, der Sohn Gottes und gute Hirte der ihm anbefohlenen Schafe, ganz und gar einig: »Ich gebe ihnen das ewige Leben, und sie werden *nimmermehr* umkommen, und *niemand* wird sie aus meiner Hand reißen. Mein Vater, der mir sie gegeben hat, ist größer als alles, und *niemand* kann sie aus des Vaters Hand reißen. Ich und der Vater sind eins« (Joh 10,27-30).[88]

Mit anderen Begriffen, aber in der gleichen Absicht der Vergewisserung und Begründung der Zuversicht der Christen, fasst Paulus dann im Römerbrief den ganzen Weg der Gläubigen bis hin zu ihrer endgültigen Vollendung und Verherrlichung in dem »goldenen Kettenschluss« – der *catena aurea* – zusammen: »Wir wissen aber: Gott hilft denen, die ihn lieben, in allem zum Guten, denen, die ja nach seinem Ratschluss berufen sind. Denn die er *ausersehen* hat, die hat er auch dazu *vorherbestimmt*, dem Bild und Wesen seines Sohnes gleichgestaltet zu werden, sodass er der ›Erstgeborene‹ unter vielen Brüdern sei. Die er aber vorherbestimmt hat, die hat er auch *berufen*; und die er berufen hat, die hat er auch *gerecht* gemacht; die er aber gerecht gemacht hat, die hat er auch *verherrlicht* – das heißt, die lässt er endgültig an seiner Herrlichkeit teilhaben« (Röm 8,28-30).[89]

Nur wenn der Glaube tatsächlich als von Gott selbst geschenkt erkannt wird, gibt es auch Grund zu echter Zuversicht. Nur wenn das menschliche Vertrauen zu Gott als durch sein Wort erweckt und hervorgerufen verstanden wird, ist es auch möglich, Zuversicht und Gewissheit im Glauben zu gewinnen.

Diese eindeutigen Aussagen über das befreiende »Wissen« der Glaubenden versucht man allerdings gelegentlich dadurch einzuschränken, dass man zwar die Berechtigung einer »Heils*gewissheit*« (lat. *certitudo*) im Sinne einer Hoffnung durchaus einräumt, aber eine »Heils*sicherheit*« (lat. *securitas*) entschieden ablehnt. Man will damit wohl nicht nur das traurige Phänomen erklären, dass sich immer wieder Gemeindemitglieder offensichtlich doch vom »Glauben« distanzieren, sondern sich vor allem einer falschen Sicherheit und Überheblichkeit erwehren.

Mit dieser Unterscheidung wird jedoch eher das Missverständnis gefördert, dass das neue Leben nur »auf Bewährung« – also vorbehaltlich – zugesprochen sei und wir um unsere Zugehörigkeit zu Gott nicht »wissen«, sondern besser um sie bangen sollten. Zudem »verunsichert« die Wendung *»nicht sicher*, sondern *nur gewiss«* aller Erfahrung nach gerade diejenigen, die in ihren Selbstzweifeln und Ängsten keineswegs »Ermahnung«, sondern vielmehr Ermunterung und Vergewisserung brauchen.

Der Unterschied zwischen einer berechtigten und für den Glauben unentbehrlichen »Heils*gewissheit*« und einer zu kritisierenden und unberechtigten »Heils*sicherheit*« liegt nicht im Grad des Wissens und der Tiefe der Überzeugung, sondern allein in deren *Begründung* und *Voraussetzung*. Unsere Hoffnung gründet nicht darin, dass *wir Christus* ergriffen haben, sondern darin, dass *er uns* ergriffen hat, damit wir nun unsererseits nach ihm greifen (Phil 3,12) – doch was uns dann im Zweifelsfalle hält, ist allemal *sein* Griff.[90] Unsere Heilsgewissheit ist also nicht ein Ausdruck unseres *Selbst*bewusstseins, sondern die Konsequenz unseres *Christus*bewusstseins! Was trägt, ist die in Gottes Zuspruch begründete »*Christus*gewissheit« – das meint *certitudo* –, nicht die im eigenen Glauben begründete »*Selbst*sicherheit« – das meint *securitas*.

Selbstverständlich äußert sich unser Vertrauen zu Gott auch darin, dass wir unsererseits für ihn vertrauenswürdig und ihm gegenüber treu sein wollen, aber was uns in Hinsicht auf unsere Zukunft zuversichtlich und geborgen sein lässt, ist die Gewissheit, dass *er* treu ist – selbst wenn wir versagen: »Sind wir untreu, so bleibt er doch treu; denn er kann sich selbst nicht verleugnen« (2. Tim 2,11-13).[91]

Unseres Glaubens gewiss sind wir also allein dadurch, dass wir nicht nur die Voraussetzungen unseres Glaubens, sondern auch die Entfaltung unseres neuen Lebens als *sein* Geschenk erkennen. So vergewissert der Apostel seine Gemeinden: »Treu ist er, der euch ruft; er wird's auch tun« (1. Thess 5,24). »Und ich bin darin guter Zuversicht, dass der in euch angefangen hat das gute Werk, der wird's auch vollenden bis an den Tag Christi Jesu« (Phil 1,6).

So gibt es tatsächlich keinerlei Anlass zu überheblicher *Selbstsicherheit,* aber allen Grund zum sicheren – und nicht nur vagen und ungewissen – *Vertrauen in die Treue Christi.* Denn selbst wenn es irgendwelchen Einflüssen gelingen sollte, uns vorübergehend unser*en* Herrn wegzunehmen, wird es ihnen nicht gelingen, uns unser*em* Herrn wegzunehmen. Oder um es mit den überwältigenden Abschlussworten des Paulus zu dem Leben der in Christus Gerechtfertigten in Römer 8,35-39 zusammenzufassen: »Wer sollte uns von der Liebe Christi trennen können? Trübsal oder Bedrängnis oder Verfolgung oder Hunger oder Blöße oder Gefahr oder Schwert? … Aber in dem allen tragen wir einen überwältigenden Sieg davon und triumphieren durch den, der uns geliebt hat. Denn ich bin völlig gewiss, dass weder Tod noch Leben, weder Engel noch Gewalten, weder Gegenwärtiges noch Zukünftiges noch Mächte, weder Höhe noch Tiefe, noch irgendeine andere Kreatur uns trennen kann von der Liebe Gottes, die in Christus Jesus ist, unserem Herrn.«

2. KÖNNEN WIR UNS AUF ETWAS FREUEN, WAS WIR NICHT KENNEN?

Nun mögen wir durch das Evangelium verstanden haben, dass wir allein durch die Liebe Gottes und allein durch die Gnade Jesu Christi und allein im vom Heiligen Geist in uns geweckten Glauben gerettet werden, und dennoch weder durch die Vorfreude auf den Himmel noch durch die Zuversicht des Lebens über unser Sterben hinaus bestimmt sein. Woran kann das liegen?

Es wird im Himmel einmal unvorstellbar schön sein. Das Einzige, was daran nicht so schön sein mag, ist, dass wir uns den Himmel deshalb nur so schwer vorstellen können. Wie sollen wir uns auf etwas freuen, was unsere Vorstellungskraft übersteigt? Wie sollen wir unbegreiflich Schönes begreifen? Und womit sollen wir etwas Unvergleichliches vergleichen?

Die zutreffendste und wesentlichste Beschreibung des Himmels, den wir in unserem Glauben an Christus erwarten, ist ohne Zweifel, dass wir dann in uneingeschränkter und unangefochtener Gottesgemeinschaft leben werden. Wir werden allezeit mit unserem Herrn, Jesus Christus, zusammen sein (1. Thess 4,17; Phil 1,23), mit ihm leben (1. Thess 5,10) und bei ihm wohnen (2. Kor 5,8). Wir werden ihn endlich von Angesicht zu Angesicht sehen und ihn so erkennen, wie wir von ihm schon jetzt erkannt sind (1. Kor 13,12). Dann gilt, um es mit den Worten der Offenbarung zu sagen: »Siehe da, die Hütte Gottes bei den Menschen! Und er wird bei ihnen wohnen, und sie werden sein Volk sein, und er selbst, Gott mit ihnen, wird ihr Gott sein« (Offb 21,3).[92]

Wenn wir herzliche Zuwendung und tiefe persönliche Zuneigung in unserem eigenen Leben schon erfahren haben, dann wird uns die Verheißung der ungestörten Gottesbeziehung und der vollkommenen Gottesgemeinschaft schon Grund genug zur Vorfreude sein. Falls wir Zeiten, vielleicht nur Augenblicke, des Einklangs und des gegenseitigen Einvernehmens in einer Gemeinschaft selbst erleben konnten, dann beginnen wir zu ahnen, welches Glück uns beim Zusammensein mit Gott und seinen Menschen erwartet.

Aber was ist, wenn wir diese Vorahnung von vollkommener Liebe nicht durch eigenes Erleben vermittelt bekommen haben?

Was ist, wenn wir in Enttäuschung durch Menschen und Erfahrung von Leid an die Möglichkeit von voraussetzungsloser Zuneigung und bedingungsloser Zuwendung gar nicht mehr glauben können? Entschwinden uns dann nicht die Hoffnung auf Gottes Erlösung und die Zuversicht der Vollendung unseres Lebens ausgerechnet in dem Moment, in dem wir sie am nötigsten brauchten?

Es mag erstaunen, mit welch einfühlsamen Bildern und anschaulichen Beschreibungen die Offenbarung des Johannes gerade die tröstet, die in der Erfahrung von Unrecht, Abwertung und Leiden die Hoffnung auf Gottes ganz andere Welt zu verlieren drohen. Wo die Anknüpfung an positive und lebensfördernde Erlebnisse schwierig wird, spricht der Trost die Punkte an, die den Verzagenden verzweifeln lassen – nämlich all den Schmerz, das Leid, die Angst und den Verlust. Gottes neue Welt kommt für die Weinenden so in den Blick, dass sie als der Bereich und die Zeit erkannt wird, in der es all dies Leidvolle nicht mehr geben wird. Für die, denen die Vorstellung von *Positivem* in ihrer jetzigen Situation überhaupt unmöglich erscheint, wird durch die Verheißung des Beendens und Aufhebens all des *Negativen* der Horizont der Hoffnung neu eröffnet: »Und er wird alle Tränen abwischen von ihren Augen, und der Tod wird nicht mehr sein, und kein Leid noch Geschrei noch Schmerz wird mehr sein; denn das Erste ist vergangen. Und der auf dem Thron saß, sprach: ›Siehe, ich mache alles neu!‹« (Offb 21,4 f).

Während hier auf dem »Wege der Verneinung« des Negativen – das heißt *via negationis* – das scheinbar Unvorstellbare vor Augen gestellt wird, gibt es in derselben Beschreibung zugleich auch die entgegengesetzte Sichtweise auf die bisher noch nicht gekannte und ganz neue himmlische Stadt. Die herrlich schöne Wohnung Gottes bei den Menschen wird in Aufnahme und

Überbietung dessen beschrieben, was wir in dieser Welt als wertvoll und begehrenswert schätzen mögen – also auf dem »Weg der Erhöhung« des uns Vertrauten, auf dem »Weg der Steigerung« des uns Bekannten – das heißt *via eminentiae*.

Dabei schreckt die Darstellung auch nicht vor der Anknüpfung an materielle Träume und irdische Werte zurück, wenn sie das himmlische Jerusalem als Stadt aus reinem Gold beschreibt, mit Mauern aus Edelsteinen und mit zwölf Stadttoren, die jeweils aus einer einzigen Perle bestehen (Offb 21,9–22,5). Wie über die Maßen groß und überwältigend muss der Ort sein, der alles das, was uns in dieser Welt als kostbar gilt, in solcher Weise überbietet? Wie wertvoll wird uns das erscheinen, was alle uns vorstellbaren Werte so überschwänglich und überwältigend übertrifft?

Gewiss ist Gott bei seiner neuen Welt nicht auf Raum und Zeit und auf die Schätze dieser Welt angewiesen, und sicherlich wird jeder von uns andere irdische und menschliche Werte für sein Leben am meisten begehren – ob materiell oder ideell, ob persönlich oder gemeinschaftsbezogen. Jedoch können wir aus dieser liebevollen und anschaulichen Art der Darstellung lernen, *den Himmel zu denken*. Wir können es einüben, uns die an sich unvorstellbar schöne Zukunft bei Gott vorzustellen und in Vorfreude auf sie schon hier und jetzt zu leben.

Sei es nun auf die Weise der »Verneinung des Negativen« (*via negationis*) oder auf dem Weg der »Überbietung des Positiven« (*via eminentiae*), sei es aus der Situation der Verzweiflung oder im Erleben des Glücks – wir beginnen jeweils zu ahnen, wie unvergleichlich wertvoll und wie unvorstellbar herrlich und strahlend dieses Leben mit Gott sein wird: »Und sie werden sein Angesicht schauen, und sein Name wird auf ihren Stirnen sein. Und es wird keine Nacht mehr geben, und sie bedürfen weder des Lichtes einer Leuchte noch des Lichtes der Sonne; denn Gott, der Herr, wird leuchten über ihnen, und sie werden herrschen in alle Ewigkeit« (Offb 22,4 f).

3. WAS KOMMT NACH DEM STERBEN?

Es ist keine Frage, dass der christliche Glaube von seinem Ursprung her sehr stark von der Hoffnung, der Erwartung von Zukünftigem und der Zuversicht für die Gegenwart bestimmt ist. Wir bezeichnen das Christentum von seinen Anfängen her geradezu als eine *Hoffnungsreligion*. Die ersten Christen waren erfüllt von der Erwartung, dass ihr gekreuzigter und auferstandener Herr noch einmal erscheinen werde, um seine begonnene Herrschaft des Friedens und der Gottesgemeinschaft für alle sichtbar durchzusetzen und im Namen seines Vaters in vollkommener Liebe und Gerechtigkeit zu regieren.

Sie vertrauten darauf, dass Gott selbst die bereits verstorbenen Gläubigen nicht preisgeben, sondern sie aus den Gräbern heraus in sein ewiges Leben hinein *auferwecken*[93] werde, wie Paulus in seinem wohl ältesten Brief und der frühesten Schrift des Neuen Testaments seine Gemeinde tröstend vergewissert (1. Thess 4,13-18)[94]. Auf diesen Punkt lebten sie hin und waren von dieser Perspektive auch in ihrem alltäglichen Leben inspiriert. Ihre Geschichte lief nicht nur *ab* bis hin zur Stunde ihres Sterbens und des Weltuntergangs, sondern sie lief vielmehr *an* bis hin zur Vollendung des ewigen Lebens in der vollkommenen Gottesgemeinschaft.[95]

Wenn im Gottesdienst der Urgemeinde der Ruf »Maranatha« – »Unser Herr, komm!«[96] erscholl, dann wurde allen wieder neu bewusst, worauf sie zulebten und woher sie ihre Kraft und ihren Mut bezogen: die Ankunft ihres auferstandenen Herrn, der sie so geliebt hatte, dass er sogar bis in seinen Tod hinein an ihnen festhielt und sich für sie hingab. Sie freuten sich auf die Erlösung von all dem, was ihre gegenwärtige Gottesgemeinschaft noch einschränkte und anfocht: Schwachheit und Vergänglichkeit, Krankheit und Tod, Verfolgung und Sünde. Und sie erwarteten dieses ewige Leben vor Gott als Gemeinschaft mit all denen, die Jesus Christus wie sie selbst liebten und sich auf ihn freuten.

Freilich mag man bei so vielen positiven Aussagen über die neutestamentliche Hoffnung und ihre lebensprägende Zuversicht sogleich einwenden, dass die ersten Christen auch in einer unmittelbaren *Naherwartung* lebten, die wir nach 2000 Jahren Kirchengeschichte nicht in gleicher Weise teilen mögen. Schließlich setzte auch Paulus in seinen frühen Briefen noch voraus, dass er selbst wohl zu denjenigen gehören würde, die die Erscheinung des wiederkommenden Christus noch zu Lebzeiten – das heißt in ihrer leiblichen, irdischen Existenz und ohne zu sterben – erleben werden. Er bezog sich zunächst noch in das »wir« derer ein, die nicht zuvor sterben, sondern bei der Erscheinung Jesu Christi unmittelbar von der Erde entrückt[97] und in die himmlische Existenzweise verwandelt werden: »Zuerst werden die Toten, die in Christus gestorben sind, auferstehen. Danach werden *wir*, die *wir* leben und übrig bleiben, zugleich mit ihnen entrückt werden auf Wolken in die Luft, dem Herrn entgegen; und so werden wir bei dem Herrn sein allezeit« (1. Thess 4,16-17)[98].

Aber gerade am Apostel lässt sich verdeutlichen, dass lebendige Hoffnung und Leben in Vorfreude nicht unbedingt von der unmittelbaren und ungehinderten Nähe der Erfüllung abhängig sind. Als Paulus während der Gefangenschaft in Ephesus das erste Mal am Leben verzagte und es für beschlossen hielt, dass er als Zeuge des Evangeliums sterben müsse (2. Kor 1,8 ff), verlor er durch diese Krise nicht etwa seine Hoffnung, sondern rechnete fortan damit, dass er die Vollendung der Christusgemeinschaft persönlich wohl eher durch sein Sterben erfahren würde: »Denn Christus ist mein Leben, und Sterben ist mein Gewinn ... Ich habe das Verlangen, aufzubrechen und mit Christus zu sein, was auch viel besser wäre« (Phil 1,21.23).

Seine Hoffnung war also nicht nur von der *zeitlichen* Nähe und der *unmittelbaren* Verwirklichung des Erhofften abhängig, sondern vielmehr durch die Beziehung zum Erwarteten bestimmt. Seine Vorfreude war weniger durch den abnehmenden Abstand der Zeit als durch die wachsende Nähe zu der ersehnten Person motiviert. Jesus Christus war für ihn Inhalt und Grundlage seines Lebens – deshalb lebte er der Begegnung mit ihm entgegen und konnte sogar die Vollendung seines irdischen Lebens als Gewinn werten. In keinem seiner Briefe hat Paulus so überschwänglich von der Freude geschrieben[99] wie ausgerechnet im Philipperbrief, den er doch mitten in Gefangenschaft und in Ungewissheit über den Ausgang seines Prozesses verfasste: »Freut euch im Herrn allezeit! Nochmals will ich es sagen: Freut euch! ... Der Herr ist nahe!« (Phil 4,4 f).[100]

Wenn es aber so ist, dass die Hoffnung viel mehr vom Inhalt des Erhofften und von der Einstellung zum Erwarteten abhängt als vom Zeitpunkt der Erfüllung, dann können wir uns nicht allein mit der Länge des Wartens entschuldigen. Wenn nicht allein die *zeitliche*, sondern vor allem die *persönliche* Nähe für die Vorfreude bestimmend ist, dann stellt sich die Frage, ob wir noch dieselbe Einstellung zu Christus haben wie die ersten Christen, die bereit waren, für diese Hoffnung sogar die Gefährdung ihres leiblichen Wohls in Kauf zu nehmen. Erwarten wir noch *denselben* – nämlich Christus –, und erwarten wir ihn noch *als* denselben, den die ersten Christen vom Himmel her oder auch jenseits ihres Sterbens als ihren Herrn herbeisehnten?

Ein entscheidender Grund unseres eigenen Vorbehalts mag in einem Missverständnis liegen, das sich von dem neutestamentlichen Zeugnis her auflösen lässt. Was kommt für an Christus Glaubende nach dem Sterben? Die Antwort, die wir auf diese entscheidende Frage in der Regel geben, ist folgende: Nach dem Sterben kommt zunächst der Zustand des Todes bis zu dem Zeitpunkt, an dem Gott am letzten Tag der Geschichte bei der Wiederkunft Christi die Toten aus ihren Gräbern auferwecken wird. Dieser Zustand dauert aber für die ersten Christen nunmehr bereits 2000 Jahre an und mag auch für uns später als Verstorbene noch manche Jahre fortbestehen.

Wenn wir diese Vorstellung – zum Beispiel auf besorgte Kinderfragen hin – etwas abmildern wollen, dann sprechen wir davon, dass die Verstorbenen »schlafen«. Damit wollen wir andeuten, dass die toten Christen die verstreichende Zeit bis zu ihrer Auferweckung wie Schlafende vielleicht nicht bewusst wahrnehmen müssen, obwohl sie sich objektiv noch lange hinziehen mag. Nun spricht auch Paulus vom »Entschlafen« der Gläubigen[101], er nimmt damit aber nur eine umgangssprachliche Umschreibung – einen Euphemismus – der harten Rede vom »Sterben« auf, die auf sanftere Weise verdeutlichen soll, dass das irdische Leben endet.

Wenn aber Menschen sterben, die an den auferstandenen Jesus Christus glauben, sind sie dann eigentlich tot, schlafend oder wach? Wir haben es in den bisherigen Ausführungen und zitierten biblischen Aussagen zumindest indirekt bereits erfahren: Die in Christus »Entschlafenen« leben schon jetzt ganz erfüllt bei und mit Christus – und »schlafen« nicht etwa nur. Nicht *sie* verpassen die wahre Realität. Es sind vielmehr wir Lebenden, die so viele Gelegenheiten, schon gegenwärtig in Christus zu leben, »verschlafen«. Was die Frage des »Zwischenzustands« zwischen unserem Sterben und der Wiederkunft Christi anbelangt, haben nicht die in Christus »Entschlafenen« ein *Seins-* oder *Bewusstseinsproblem*, sondern wir, die wir noch an Zeit und Raum gebunden sind, haben ein *Denkproblem*.

Wir Irdischen können uns die Ewigkeit noch nicht richtig vorstellen, während die Himmlischen sie ganz unabhängig von unserem begrenzten Denken schon richtig und unbegrenzt genießen können. Wir stellen uns unter unseren Voraussetzungen Ewigkeit als den Bereich vor, der vor der Schöpfung und dem Beginn der Zeit sowie dann wieder nach Ablauf der Geschichte – nach dem sogenannten »Jüngsten Tag«[102] – verortet ist. Denn als Menschen sind wir in unseren vorläufigen Vorstellungen an Materie, Raum und Zeit gebunden und können unsere Welt nur in unseren drei Dimensionen wahrnehmen. Wir denken uns die Zeit als eine horizontale Linie und die Ewigkeit als deren zeitlose Verlängerung vor dem Beginn und nach dem Ablauf der Zeit – also *davor* und *danach*.

Gottes Ewigkeit ist aber weder an Materie noch Raum noch Zeit gebunden. Sie umspannt, begleitet und überragt unsere Geschichte und Wirklichkeit ununterbrochen. Die Realität der Ewigkeit ist unserer erfahrbaren Wirklichkeit gegenüber immer gleich nah und unmittelbar. Aus der Ewigkeit ist es immer nur ein einziger Schritt in unsere Zeit, und wenn Gott einen Menschen zu sich ruft, ist es für ihn immer nur ein einziger Schritt zu Gott hin.

Als Gott dem Abraham aus der himmlischen Welt einen Engel sandte, war es für diesen gleich weit in die Zeit wie später, als er seinen Engel zur Ankündigung der Geburt Jesu zu Maria sandte. Wenn Gott seine Engel zu uns auf die Erde sendet, dann kommen sie immer zur rechten Zeit – für Gottes Engel ist es immer nur ein Flügelschlag in unsere Zeit. Denn die Ewigkeit verhält sich zu jedem Punkt unserer Geschichte gleich unmittelbar. Aus der Ewigkeit ist es jeweils nur ein einziger Schritt in Raum und Zeit.

Zugespitzt – und wörtlich nicht ganz korrekt – könnte man formulieren: Die Ewigkeit verhält sich zu jedem Punkt der Geschichte »gleichzeitig«, während für unsere Wahrnehmung die aufeinanderfolgenden Ereignisse der Geschichte als ungleichzeitig erscheinen. So kann Jesus am Kreuz dem um Fürsprache und Hilfe bittenden mitgekreuzigten Verbrecher zusprechen: »*Heute* noch wirst du mit mir im Paradiese sein!« (Lk 23,43), und anschließend sich selbst seinem himmlischen Vater unmittelbar mit den Worten anvertrauen: »Vater, ich befehle meinen Geist in deine Hände!« (23,46).

Unüberbietbar klar und eindeutig ist diese Wahrheit von Jesus im Johannesevangelium gegenüber der um ihren verstorbenen Bruder trauernden Martha formuliert worden: »Ich bin die Auferstehung und das Leben. Wer an mich glaubt, der wird leben, *auch wenn er stirbt*; und wer da lebt und glaubt an mich, der wird auf ewig ganz gewiss nicht sterben – das heißt *tot sein*« (Joh 11,25 f). Christen mögen auch zukünftig noch ihr Leben verlieren, Christus aber nicht mehr. Er kann als der für uns bereits Gekreuzigte und Auferstandene sein Leben in Ewigkeit nicht mehr verlieren – er als der Sohn Gottes ist in Person »die Auferstehung und das Leben«. Wenn wir an Jesus Christus als den Auferstandenen glauben und in der Gemeinschaft mit ihm an seinem neuen Leben teilhaben, dann können wir sogar durch unser Sterben von ihm und seinem Leben nicht mehr getrennt werden. Wir mögen wohl noch *sterben*, wir können aber nicht mehr *tot* sein.

Um diese Gewissheit nochmals mit den Worten Jesu zuzusprechen: »Wenn jemand mein Wort bewahrt, der wird den Tod *ganz gewiss in Ewigkeit nicht* sehen« (Joh 8,51). In seiner Christusbeziehung hat der an Jesus Glaubende doch bereits den Schritt aus dem Bereich des Todes in den Bereich des ewigen Lebens mit Christus vollzogen und somit den Übergang des »Jüngsten Gerichts« hinter sich (Joh 5,24f).

Von ihrer jüdischen Herkunft her waren den ersten Christen die verschiedenen Vorstellungen eines Zwischenzustands zwischen dem Ableben der Gerechten und ihrer endgültigen Rechtfertigung und Auferweckung durch Gott an dem zukünftigen Tag des Kommens Gottes durchaus vertraut. So finden sich auch im Neuen Testament Hinweise auf das himmlische »Paradies« (2. Kor 12,4; Lk 23,43; Offb 2,7) und die Rede von »Abrahams Schoß« – soll heißen der Tischgemeinschaft an der Brust, in nächster Nähe Abrahams – in der Zwischenzeit zwischen irdischem Leben und endgültiger himmlischer Vollendung (Lk 16,2). Paulus kann auch einmal im Zusammenhang einer ihm zuteilgewordenen Vision vom »dritten Himmel« – von wohl insgesamt sieben Himmeln – reden, bis zu dem er entrückt worden sei (2. Kor 12,2).

Erstaunlich ist aber, dass Paulus offensichtlich kein Interesse an der Entfaltung und Klärung der Frage nach dem Zwischenzustand zwischen dem Zeitpunkt des Sterbens und den geschichtlich noch ausstehenden Ereignissen der Erscheinung Christi zu Gericht und leiblicher Auferweckung der Verstorbenen hat. Durch seine Konzentration auf Jesus Christus und die endgültige Gemeinschaft der Glaubenden mit ihm tritt diese Frage völlig in den Hintergrund. Hier wie grundsätzlich bei allen endzeitlichen Fragen geht es dem Apostel – für den Jesus Christus sein ganzes Leben bedeutet – nur um das vollendete Zusammensein mit Christus.[103]

Diese vollendete Christusgemeinschaft erfüllt sich für den einzelnen Gläubigen in dem Augenblick, in dem er aus diesem irdischen Leben in die Ewigkeit eintritt. Um es zugespitzt zu sagen: Für den an Christus Glaubenden ist im Moment seines irdischen Sterbens der Augenblick der Heimkehr und des Anbruchs der himmlischen Seligkeit. Für ihn ist in seiner Sterbestunde bereits der Jüngste Tag, sosehr die in Trauer Hinterbliebenen den Jüngsten Tag geschichtlich noch vor sich haben. Gegenüber der Welt und der ganzen Geschichte ist es um Gottes und der unzähligen Opfer willen von größter Bedeutung, dass der endgültige Tag der Offenbarung Gottes, seiner Wahrheit und Wiedergutmachung in seinem gerechten Gericht, noch erfolgen wird. Für die verstorbenen Gläubigen aber beginnt das Paradies und der Himmel der Christusgemeinschaft bereits in der Stunde ihres »Heimgangs« in die Ewigkeit und ihres »Aufbruchs« und »Abschieds« aus ihrer irdischen Existenz.

Aus der Situation der Gefangenschaft und Verfolgung um Christi willen kann Paulus für sich selbst deshalb ganz eindeutig formulieren: »Christus ist mein Leben, und Sterben ist mein Gewinn … Ich habe das Verlangen, aufzubrechen und mit Christus zu sein, was auch viel besser wäre« (Phil 1,21.23). Für alle an Christus Gläubigen fasst Paulus die Situation ihrer irdisch ablaufenden, aber geistlich anlaufenden Geschichte in 2. Korinther 5,6-9 mit den eindringlichen Worten zusammen: »So sind wir denn allezeit getrost und wissen: Solange wir im Leibe wohnen, weilen wir fern von dem Herrn; denn wir wandeln im Glauben und nicht im Schauen. Wir sind aber getrost und haben vielmehr Lust, den Leib zu verlassen und daheim zu sein bei dem Herrn.«

»Christus ist mein Leben – was kommt nach dem Sterben?« Im Blick auf unsere thematische Ausgangsfrage halten wir also abschließend fest: Christen mögen auch zukünftig noch ihr Leben verlieren, Christus aber nicht mehr. Wenn wir an Jesus Christus als den Auferstandenen glauben und in der Gemeinschaft mit ihm an seinem neuen Leben teilhaben, dann können wir sogar durch unser Sterben von ihm und seinem Leben nicht mehr getrennt werden. Wir mögen wohl noch *sterben*, wir können aber nicht mehr *tot* sein. Denn wir dürfen völlig gewiss sein, »dass weder Tod noch Leben, weder Engel noch Gewalten, weder Gegenwärtiges noch Zukünftiges noch Mächte, weder Höhe noch Tiefe noch irgendeine andere Kreatur uns trennen kann von der Liebe Gottes, die in Christus Jesus ist, unserem Herrn« (Röm 8,38 f).

TOLERANT AUS GLAUBEN

GLAUBENSGEWISSHEIT UND ANERKENNUNG ANDERER

»Es nahten sich ihm aber allerlei Zöllner und Sünder, um ihn zu hören. Und die Pharisäer und Schriftgelehrten murrten und sprachen: Dieser nimmt die Sünder an und isst mit ihnen. Er sagte aber zu ihnen dies Gleichnis und sprach: Welcher Mensch ist unter euch, der hundert Schafe hat und, wenn er eins von ihnen verliert, nicht die neunundneunzig in der Wüste lässt und geht dem verlorenen nach, bis er's findet? Und wenn er's gefunden hat, so legt er sich's auf die Schultern voller Freude. Und wenn er heimkommt, ruft er seine Freunde und Nachbarn und spricht zu ihnen: Freut euch mit mir; denn ich habe mein Schaf gefunden, das verloren war. Ich sage euch: So wird auch Freude im Himmel sein über einen Sünder, der Buße tut, mehr als über neunundneunzig Gerechte, die der Buße nicht bedürfen.«

Lukas 15,1-7

TOLERANZ – DULDUNG ODER ANERKENNUNG?

»Tolerant aus Glauben« und »Glaubensgewissheit und Anerkennung anderer« sind die Themen, denen wir uns auf der Grundlage dieses ersten der drei berühmten Gleichnisse »vom Verlorenen« – oder sollen wir besser sagen: »vom Gefundenen«? – aus dem Lukasevangelium widmen wollen. Dabei haben wir zur Verständigung zunächst die Begriffe selbst in Hinsicht auf ihre biblischen Bezüge in den Blick zu nehmen.

Was meinen wir mit »Toleranz«? Verstehen wir den Toleranzbegriff zurückhaltend, dann denken wir an »Duldung«; bestimmen wir den Toleranzbegriff hingegen im gefüllten Sinne, dann beinhaltet er die umfassende »Anerkennung« und »Annahme« des anderen. Ich erinnere mich daran, dass wir als Oberstufenschüler einmal einen dialektischen Aufsatz zu schreiben hatten, bei dessen Themenstellung es um ebendiese Differenzierung ging: »Toleranz und Akzeptanz – bestimmen Sie beide Begriffe in ihrem Verhältnis zueinander«.

Begreifen wir Toleranz lediglich im Sinne von »Dulden« und »Duldsamkeit«, dann mag das Wort einen leicht überheblichen und gönnerhaften Ton erhalten: Ein souveräner Herrscher gewährt jemandem Toleranz, er »duldet« ihn mit seinen abweichenden religiösen oder politischen Überzeugungen. Diese Assoziation kann der Begriff Toleranz vor allem im europäischen Ausland auslösen, zumal er für sich genommen und wörtlich weder die Gleichheit noch auch die umfängliche Anerkennung voraussetzt.

Aber es liegt auch eine Stärke in der zurückhaltenden Bestimmung als »Duldung«. Versteht man nämlich das Gebot der Toleranz quasi als Minimalforderung im Umgang mit dem Fremden und Andersartigen, dann ist es sowohl eher realisierbar als auch gesamtgesellschaftlich leichter zu plausibilisieren. Selbst der Nebengedanke der »Souveränität« und der »Gewährung« bringt zumindest zur Geltung, dass die Toleranzforderung auf Einsicht und Zustimmung abzielt und nicht auf Zwang und Unterdrückung. Für echte Toleranz wird geworben; sie kann nicht religiös, politisch oder ideologisch aufgenötigt werden. Auf diesen Aspekt des Bittens, Überzeugens und Werbens werden wir im Zusammenhang der Verkündigung und des Wirkens Jesu noch zurückkommen.

Gehen wir hingegen von einem vertieften Toleranzverständnis aus, dann bringt dies die Schwierigkeit mit sich, dass eine umfassende wechselseitige Anerkennung abweichender Überzeugungen, Normen und Wertsysteme viel schwerer zu begründen und zu realisieren ist. Dies gilt schon innerhalb der kirchlichen Gemeinschaft, wie viel mehr gesamtgesellschaftlich. Zudem bedarf eine umfassende Toleranzforderung unbedingt der Differenzierung, um nicht als pauschale Bejahung von allem und jedem und als utopische Egalisierung aller Verhältnisse und Beziehungen missverstanden zu werden.

Es kann aber andererseits nicht strittig sein, dass Jesu Aufforderung zur Feindesliebe, zum Segnen derer, die verfluchen, und zur Fürbitte für die, die beleidigen, mehr beinhaltet als nur ein distanziertes Dulden oder auch ein Geltenlassen auf der Basis der Gegenseitigkeit (vgl. Lk 6,27-36). Wenn wir uns nun der Entfaltung der Verkündigung und Argumentation Jesu nach dem Lukasevangelium zuwenden, können wir wohl drei Einsichten als weitgehend akzeptiert voraussetzen:

1. Eine *Unterbestimmung* im Sinne der Gleichgültigkeit gegenüber dem anderen kann mit der hier zu behandelnden Toleranz nicht gemeint sein. Dieses gesellschaftlich verbreitete: »Ich habe dich gern, und du kannst mich auch gernhaben!«, ist unserer nicht würdig.

2. Wir sind uns gemeinsam im Klaren, dass wir die *Grundlagen und Voraussetzungen* der Toleranz bedenken müssen. Es geht uns nicht um eine naive und pauschale Toleranzforderung. Die Toleranz bedarf der inhaltlichen und existenziellen Begründung.

3. Inzwischen hat sich sowohl aus theologischen Gründen wie auch aus sozialpsychologischer wie politischer Einsicht die Erkenntnis durchgesetzt, dass wir nicht von Toleranz sprechen können, ohne auch die *Grenzen der Toleranz* klar zu kennzeichnen. Eine naive und undifferenzierte absolute Toleranzforderung würde das Anliegen einer begründeten Toleranz nicht etwa fördern, sondern gefährden. Wer sich gegenüber einer radikal gelebten Intoleranz anderer nicht zu verhalten weiß, schadet nicht nur sich selbst, sondern auch den Grundlagen der Gemeinschaft, weil er die Intoleranz indirekt stärkt.

AUS GLAUBEN UND AUFGRUND DES GLAUBENS

Schließlich sind auch die Formulierungen »Glaubensgewissheit« und »aus Glauben« noch kurz zu klären. Beim Thema »Glaubensgewissheit und Anerkennung anderer« wird die Polarität hervorgehoben, die darin besteht, dass der Forderung nach Toleranz und damit der Betonung der Solidarität auf der anderen Seite auch die Förderung der Glaubensfestigkeit und damit der Identität entsprechen muss – der Identität des Einzelnen und der Gemeinschaft der Gläubigen. Der Begriff der »Glaubensgewissheit« erinnert an die bereits angesprochene Notwendigkeit eines Fundaments, einer Grundlegung der Toleranz im Glauben.

Bei der präpositionalen Bestimmung »aus Glauben« mag unser Verständnis etwas changieren, das heißt farbig schillern. Darin liegt vielleicht sogar ihr besonderer Reiz. Meinen wir damit, dass es dem Glauben – das heißt dem an der Verkündigung, an Kreuz und Auferstehung Jesu Christi orientierten Glauben – entspricht, tolerant zu sein? Ist der Glaube die verbindliche Maßgabe für Forderung und Bereitschaft der Toleranz?

Wer mit den neutestamentlichen Texten vertraut ist, erkennt in der knappen Wendung »aus Glauben« zugleich die prägnanteste Beschreibung der Grundlage und Voraussetzung der christlichen Existenz überhaupt.[104] »Aus Glauben« – das heißt auf der Grundlage des Glaubens, im Wirklichkeitsbereich des Glaubens – werden wir durch Christus aus Gnade versöhnt, angenommen und zur Gemeinschaft mit Gott und miteinander befähigt. »Aufgrund des Glaubens« werden wir »gerechtfertigt«, das heißt von Gott begnadigt und freigesprochen. »Aufgrund des Glaubens« können wir schon hier und jetzt trotz aller Einschränkungen unserer Wirklichkeitserfahrung real in der Gemeinschaft Christi erfüllt und gelingend leben.

Dabei ist entscheidend, dass der Glaube nicht etwa als die vom Menschen zu leistende Vorbedingung zum Heil verstanden wird, sondern als die Art und Weise, in der Gott den Menschen an seiner Liebe und seinem Leben teilhaben lässt. Der Glaube, aus dem die Gläubigen leben, ist selbst schon Geschenk; und die prägnante Formel »aus Glauben« bezeichnet somit selbst schon die Realität der Beziehung und Lebensgemeinschaft der Glaubenden mit Christus. Als Glaubende gründen wir uns nicht in uns selbst, nicht in unserem eigenen Wert und nicht in dem, was wir zu leisten vermögen. Wir verstehen uns vielmehr von dem her, was uns von Gott zugesprochen und garantiert wird.

GOTTES ANNAHME UND ANERKENNUNG

Nun mag man einwenden, dass das Hauptproblem einer biblischen Orientierung hinsichtlich unseres Themas darin zu sehen ist, dass der Begriff der »Toleranz« als solcher in den Traditionen des Alten und des Neuen Testaments keine zentrale Rolle spielt. Diese Einschränkung lässt sich allerdings nur für die Vokabel selbst, nicht aber für den damit bezeichneten Sachverhalt formulieren. Wenn wir an die Begriffe »Geduld« und »Langmut«, »Barmherzigkeit« und »Gnade«, »Güte«, »Menschenfreundlichkeit« und »Annahme« denken, wird uns sofort deutlich, dass wir von der alttestamentlichen wie neutestamentlichen Wesensbeschreibung Gottes sprechen. In Güte und Geduld steht Gott zu seinem Volk Israel, und in Liebe und Barmherzigkeit wendet er sich der ihm gegenüber feindlich gesinnten Welt zu.

Wenn wir den Toleranzbegriff allerdings an der biblischen Wesensbeschreibung Gottes messen wollen, gewinnen wir sowohl einen sehr hohen Maßstab für das Verständnis von »Annahme« und »Anerkennung« als auch zugleich sehr deutliche Differenzierungen. Denn einerseits wird Gottes »Dulden« auf seine unbedingte Zuwendung und voraussetzungslose Liebe zu den ihn ablehnenden Personen zurückgeführt, aber andererseits beinhaltet die Bejahung der »Sünder« keinesfalls die Verharmlosung, Anerkennung oder gar Bejahung ihrer »Sünde«. »Gerechtfertigt« werden die *Gottlosen*, nicht aber ihre *Gottlosigkeit*; die kann gnädig vergeben und insofern geduldig ertragen werden – nicht aber »anerkannt« und »gutgeheißen«. Die »Versöhnung« Gottes bezieht sich auf die ihm feindlich gesinnten *Personen*, nicht auf deren erklärte *Feindschaft*; die soll gerade nicht »toleriert« – das heißt anerkannt und bestätigt – werden, sondern überwunden.

Mit dieser *Differenzierung* von »Person und Werk« ist nicht etwa eine *Trennung* beider oder eine Geringschätzung des gelebten Lebens und der Leistung gemeint, sondern eine klare Differenzierung zwischen der Person selbst und ihrem Verhalten. Gerade weil Gott die Menschen uneingeschränkt liebt, kann er das, was das Leben dieser Menschen einschränkt, keinesfalls »tolerieren« – im Sinne von »anerkennen« und »gutheißen«. So wird nicht nur Gottes »Toleranz«, sondern gerade auch seine »Intoleranz« gegenüber dem, was Leben und Liebe gefährdet und zerstört, als Ausdruck seiner Liebe und nicht etwa als Unduldsamkeit oder Ablehnung erkannt.

Sowenig wie Eltern bei der Erziehung ohne eine Differenzierung von »Person und Werk« auskommen könnten, sondern die Zuneigung zu ihren Kindern mitunter gerade im Nichttolerieren eines gefährlichen Verhaltens erweisen müssen, so wird auch Gottes »Nein« zu menschlicher Gefährdung und Zerstörung als Ausdruck seines »Ja« zu den Menschen selbst verstanden. Denn wie sollte man ein verantwortliches Toleranzverständnis anders fassen, wenn zum Beispiel kleine Kinder sich mit Küchenmessern streiten wollen?

Entsprechendes ließe sich an der Differenzierung von *Liebe* und *Wahrheit* durchführen: Die Liebe gilt uneingeschränkt der Person; aber um ebendieser Liebe willen ist die Konfrontation mit der Wahrheit unumgänglich. Wir könnten auch an die Duale von *Zuspruch* und *Anspruch* Gottes erinnern oder von *Evangelium* und *Gesetz* – wobei mit »Gesetz« im theologischen Sinne nicht etwa das Alte Testament oder die »Tora« (das heißt die fünf Bücher Mose) insgesamt bezeichnet wird, sondern Gottes den Menschen bei seinem Verhalten behaftendes Wort.

JESU ANNAHME DER SÜNDER UND DIE INTEGRATIONSLEISTUNG DES EVANGELIUMS

So liegt in der hochdifferenzierten biblischen Bezeugung der »Toleranz Gottes« gewiss ein enormes Orientierungspotenzial für die Forderung nach zwischenmenschlicher Toleranz. Was eine Rückbesinnung auf die Zeugnisse der ersten Christen – und hier speziell auf das Lukasevangelium und die Apostelgeschichte – zudem als lohnend erscheinen lässt, ist die atemberaubende Integrations- und Inkulturationsleistung, die der frühen Kirche in den ersten Jahrzehnten ihres Entstehens abverlangt wurde.

1. Das, was Jesus in seiner offenen Zuwendung zu den »verlorenen Schafen« in Israel – den sprichwörtlichen »Zöllnern und Sündern« – seinen Jüngern und den Gerechten[105] in Israel zumutete, musste nach deren Selbst- und Weltverständnis »Murren« – als Reaktion auf ein »nicht tolerierbares« Verhalten – provozieren (Lk 15,2).[106] Aber nicht nur Jesu Annahme der Sünder in Israel, sondern auch seine – gerade von Lukas herausgestellte – Vorurteilsfreiheit gegenüber Samaritern[107] und seine für die Zeit ungewöhnliche Anerkennung und Aufwertung der Frauen[108] stießen auf Befremden und Widerstand.[109] Die Auseinandersetzungen um diese Zuwendung Jesu zu den Armen, zu den Sündern und Ausgeschlossenen in Israel, diese leidenschaftliche Verteidigung des Evangeliums von der Zuwendung und Barmherzigkeit Gottes durch den irdischen Jesus selbst können wir historisch als den »*ersten* Sitz im Leben« dieser Jesusüberlieferungen erkennen.

2. Diese Traditionen von Jesu Begegnungen und Tischgemeinschaften, von Jesu Worten und Gleichnissen gaben seinen Nachfolgerinnen und Nachfolgern auch nach Kreuz und Auferstehung ihres Herrn Maßstab und Vorbild, als die Verkündigung der angebrochenen Gottesherrschaft über Jerusalem und Judäa hinaus ihren Weg über Samarien bis zu den Heiden fand (vgl. Apg 1,8; 11,1 ff; 15,1 ff). Können wir uns die Herausforderung für die überwiegend aramäisch sprechende Urgemeinde vorstellen, als

sie erfuhr, dass sich nun auch griechisch sprechende Heiden auf ihren Herrn bezogen und ihren Gott der Väter mit »Abba, lieber Vater!« anriefen? Bei diesem Übergang des Evangeliums von der jüdischen Urgemeinde in Judäa und Galiläa hin zu den aus Juden und Heiden zusammengesetzten gemischten Gemeinden in der griechisch sprechenden und denkenden Diaspora ist der »*zweite* Sitz im Leben« dieser Jesusüberlieferungen zur Verteidigung der Annahme der Sünder zu erkennen.

3. Zur Zeit des Lukas- oder des Matthäusevangeliums selbst waren diese missionstheologischen Grundentscheidungen der Toleranz und Akzeptanz der ursprünglichen Heiden in der Gemeinde Jesu Christi längst vollzogen. Die Brisanz der vorbildlichen Hinwendung Jesu zu den Fremden, Andersartigen und Ausgegrenzten erwies sich nun vor allem bei der Frage des Umgangs mit denen, die als Glieder der Gemeinde abweichend von der eigenen Überzeugung dachten und handelten – oder auch unbestritten gefehlt hatten. So überliefert gerade Matthäus das Gleichnis vom verlorenen Schaf im Zusammenhang einer Gemeinderede (Mt 18,1-35), in der es anschließend um die Begründung der siebenundsiebzigfachen – das heißt unbegrenzten – Vergebungsbereitschaft unter »Brüdern« geht. In dieser Einladung und Aufforderung zur *innergemeindlichen* Toleranz ist dann der »*dritte* Sitz im Leben« der das Evangelium verteidigenden Verkündigung Jesu von der Güte seines himmlischen Vaters zu erkennen.

DIE VERBINDUNG DES SCHEINBAR WIDERSPRÜCHLICHEN

Für unseren heutigen kirchlichen wie gesellschaftlichen Kontext liegen Faszination und Herausforderung dieser vielfältigen Anwendung des Evangeliums Jesu in der Verbindung des für uns scheinbar Widersprüchlichen. Die Toleranzforderung erwächst nicht aus einer *Relativierung* der religiösen Überlieferungen und einer Tendenz weltanschaulicher *Vereinheitlichung*, sondern sie gründet umgekehrt in einer dezidierten *Glaubensgewissheit* und einem unbeirrten *Sendungsbewusstsein*. Die Kraft zur Toleranz erwächst aus der Glaubensfestigkeit und steht nicht im Gegensatz zu ihr. Das Evangelium hat von Beginn an nicht für eine Toleranz *trotz* des Glaubens, sondern »*aus* Glauben« geworben.

Dabei wurde die Aufforderung zur Annahme und positiven Zuwendung nicht etwa nur auf diejenigen bezogen, die ihrerseits den Weg in die Glaubensgemeinschaft suchten, sondern ausdrücklich auch auf die, die nicht zu gegenseitiger Toleranz bereit waren und den an Christus Glaubenden ihrerseits mit Vorbehalt und Ablehnung begegneten. Hatte doch Jesus seine Jünger mit dem Hinweis auf die Barmherzigkeit ihres himmlischen Vaters sogar zur Liebe gegenüber den Feinden aufgerufen: »Liebet eure Feinde; tut wohl denen, die euch hassen; segnet, die euch fluchen; bittet für die, so euch beleidigen« (Lk 6,27 f.38).

DAS WERBEN FÜR DIE TOLERANZ

Vergegenwärtigen wir uns, auf welche Weise Jesus selbst und mit Bezug auf ihn die Evangelien sich für eine Toleranz einsetzen, die mehr als »Dulden« und nicht weniger als die »Annahme«

und »Anerkennung« des anderen als Person bedeutet, dann fällt zunächst und vor allem die entgegenkommende, gewinnende, ja *bittende* Art der Argumentation und Darstellung auf. Wenn wir zu Anfang bei dem Begriff der Toleranz den Beigeschmack der Souveränität und Überlegenheit bemängelten, so findet er an dieser Stelle durchaus seine positive Entsprechung. Eine Toleranz im gefüllten Sinne von persönlicher Anerkennung und umfänglicher Annahme kann weder mit politischen Mitteln durchgesetzt noch ideologisch erzwungen werden. Für eine solche Toleranz kann nur geworben werden, und eine solche Zuwendung wird in der Tat freiwillig und aus Liebe und Einsicht gewährt.

Dabei lassen sich gerade in den Gleichnissen Jesu drei verschiedene Weisen erkennen, in der er die zunächst ablehnend Reagierenden zu einer neuen Einstellung gegenüber dem Evangelium führt und sie damit zu einem grundlegenden Perspektivenwechsel und einer existenziell neuen Sicht einlädt.

1. Zunächst und vor allem wird der Blick auf *Gott selbst* und *sein Wesen* gelenkt: Gott ist wie ein Hirte, der selbstverständlich nach seinem verlorenen Schaf sucht. Er ist wie ein liebender Vater, der in seiner Liebe gar nicht anders kann, als seinen wiederkehrenden Sohn vergebend in die Arme zu schließen (Lk 15,1-32). Gott ist wie ein Gläubiger, dem es gefällt, die große, ja sehr große Schuld seiner beiden Schuldner von sich aus zu erlassen (Lk 7,41 f).

Damit werden die zunächst Verschlossenen dazu eingeladen, den eigenen Standpunkt einmal zu verlassen und dieselbe zunächst befremdende Situation mit den Augen Gottes zu sehen. »So gütig und barmherzig ist Gott – zu dir und zu denen, denen du die Anerkennung und gleiche Würde bisher verweigerst!« Daraus spricht die tiefe Erkenntnis, dass Annahme vom Angenommensein herrührt und das eigene Nach-Hause-Finden im Gefundensein gründet: »Dieser mein Sohn … war verloren und ist *gefunden worden*!« (Lk 15,24.32). Die Fähigkeit zur Liebe erwächst aus der eigenen Erfahrung der Liebe. Es bedarf eines Gegenübers, um sich selbst und andere angemessen zu erkennen. Liebe kann nicht erzwungen werden, sie wird als empfangene reflektiert!

2. Neben dieser Beschreibung des Wesens Gottes überrascht auch der Perspektivenwechsel im Blick auf die zunächst bedrohlich und fremd erscheinenden anderen. Sie sind wie ein »verlorenes Schaf«, eine »verlorene Drachme«, ein »verlorener Sohn« (Lk 15). Sie sind wie »Kranke, die des Arztes bedürfen« (Lk 5,31) und wie »Verschuldete« (Lk 7,41 f), die nur noch auf Gnade hoffen können.

Mit diesem Perspektivenwechsel werden die Besorgten in ihrer Einschätzung durchaus ernst genommen, und die nicht tolerierbare Voraussetzung wird keineswegs bestritten. Die Sünde der Sünder wird nicht etwa verharmlost. Dennoch erscheinen diese plötzlich aus der Perspektive des barmherzigen Gottes unter dem Aspekt ihres *Angewiesenseins*. Auch dieser Perspektivenwechsel beinhaltet wieder eine unmittelbar einleuchtende Wahrheit. Angst und Aggression gründen in dem Eindruck der Bedrohung und Gefährdung; wer sich sicher ist und sich nicht bedroht fühlt, der muss sich auch nicht aggressiv abgrenzen.

Ein Feind, den man sich direkt vor Augen stellt, wirkt höchst bedrohlich; aber durch die Fähigkeit der Distanzierung wird die Gefahr entdämonisiert und auf ihr wirkliches Bedrohungspotenzial reduziert. Die Beschreibung der Schwachheit und des Angewiesenseins des Fremden, die die Befremdung nicht überspielt, sondern einbezieht, schafft die Voraussetzung für eine angstfreie Begegnung.

So geht es letztlich um die Erübrigung von unbegründeter Angst, denn solange die Angst bestimmend ist, kann Toleranz nicht aufkommen. In der Verhaltensforschung würden wir von einer »Beißhemmung« sprechen, die die Wahrnehmung der eindeutigen Unterlegenheit und Schwachheit des anderen auslöst. So sind wir auch zutiefst bestürzt, wenn Menschen offensichtlich ohne jede sozial erlernte Hemmung sich an den Schwächsten und am Boden Liegenden aggressiv auslassen. Wie tief müssen die Verwundungen sein, wenn jemand ohne jede Situationsangemessenheit wie unmittelbar um sein Leben kämpfend um sich tritt!

3. Schließlich wird in den Gleichnissen und Auseinandersetzungen Jesu der Perspektivenwechsel auch dadurch herbeigeführt, dass die *Vorurteile* gegenüber den nicht Tolerierten *entlarvt* werden und die *Ablehnung* gegebenenfalls als *unbegründet* erwiesen wird. Denn die zuvor betrügerisch handelnden Zöllner Levi und Zachäus vollziehen durch die Zuwendung Jesu in der Tat eine Lebenswende und machen das Unrecht weit über Erwarten wieder gut (Lk 5,27 ff; 19,1 ff). Der »barmherzige Samariter« beschämt mit seinem nicht berechnenden und vorurteilsfreien Handeln die vermeintlich Gerechten (Lk 10,25 ff). Der verlorene Sohn erweist sich vom Ende her als der tatsächlich vom Vater wiedergefundene (Lk 15,11 ff). Die als Sünderin verachtete Frau reagiert in ihrer dankbaren Liebe so überschwänglich, dass ihre Zuwendung das an sich korrekte Verhalten des Gastgebers plötzlich als unzureichend erscheinen lässt (Lk 7,36 ff). Das, was bisher als »Recht« erschien, wird in jedem dieser Fälle durch die neue Perspektive des Handelns aus Liebe, Dankbarkeit und Einsicht übertroffen. Und das generelle Ablehnen und pauschale Misstrauen den Andersartigen gegenüber wird als beschämendes Vorurteil erwiesen.

All diese gewinnenden und bezwingenden Argumente des Evangeliums wollen letztlich einheitlich dazu einladen, jeweils den eigenen Standpunkt auf Gott und seine Barmherzigkeit hin zu verlassen und sich selbst und die anderen neu und bleibend mit diesen Augen Gottes zu sehen. Das, was alle verbindet, ist ihre Zugehörigkeit zu dem Vater Jesu Christi – sie wissen es oder wissen es nicht. Und was die Suche des Hirten, der Frau oder des Vaters in Lukas 15 motiviert, ist allein, dass alles Verlorene in Wirklichkeit zu dem gehört, der es sucht. Der Wert liegt nämlich bereits in dieser grundsätzlichen Zugehörigkeit begründet und nicht erst im angemessenen Verhalten.

Was qualifiziert das verlorene Schaf für die Suche seines Hirten, und was trägt der verlorene Groschen zu seinem Gefundenwerden bei? Und wollten wir den verlorenen Sohn nach unserem Vorverständnis für seine Abkehr von den Schweinetrögen rühmen, so belehrt uns der begeisterte Freudenruf des Vaters, dass in Wahrheit »ein Toter lebendig« und »ein Verlorener gefunden wurde« (Lk 15,24.32). Wer empfindet nicht Freude, wenn etwas lange Gesuchtes plötzlich gefunden wird? Und wer kennt nicht das Bewusstsein des Entbehrens, wenn etwas dringend Benötigtes unauffindbar scheint? Mit der Einladung: »Freut euch mit mir!« (Lk 15,6.9), wird nicht nur für Toleranz im Sinne von »Duldung«, sondern für gemeinsame »Annahme« und persönliche »Anerkennung« geworben.

Freilich wissen wir nur zu gut auch um die Möglichkeit der Verweigerung dieser Einladung und der Verhärtung gegenüber der Mitfreude mit Gott. So hat das letzte der drei Gleichnisse vom Verlorenen in Lukas 15 auch ein seltsames »Achtergewicht«, indem es gegen Schluss eingehend von der verärgerten Reaktion des vom Felde zurückkehrenden älteren Bruders berichtet. Er stört sich sichtlich an der Toleranz seines Vaters gegenüber dem jüngeren Bruder. Seine Intoleranz gilt allerdings nicht nur dem vergangenen *Verhalten* des Rückkehrers – da würde ihm der Vater durchaus recht geben, indem er selbst den Heimkehrenden als zuvor »verloren« und »tot« beschreibt. Der Vorbehalt des Älteren gilt vielmehr bleibend und unversöhnlich auch und gerade der *Person* seines Bruders.

Vielleicht können wir aus diesem letzten, traurigen Gleichnisteil das Einschneidendste zum Thema Toleranz lernen. Gerade an diesem Beispiel der Verweigerung von Versöhnung und Annahme wird erkennbar, dass Toleranz nur aus der eigenen Gewissheit und Stärke erwächst. Der ältere Bruder war sich seiner eigenen Stellung und Wertschätzung durch den Vater offensichtlich zu wenig bewusst, obwohl sie – wie die Antwort des auch ihn bittenden und aufsuchenden Vaters eindrücklich zeigt – in Wirklichkeit nie gefährdet war: »Mein Sohn, du bist allezeit bei mir, und alles, was mein ist, das ist dein!« (Lk 15,31).

TOLERANZ AUS BEZIEHUNGSGEWISSHEIT, ANNAHME AUFGRUND VON ANGENOMMENSEIN

Gewiss haben wir gesellschaftlich auch über die Notwendigkeit der Grenzen von Toleranz zu sprechen; und zweifellos gibt es Situationen, in denen eine passive Duldung und naive Zulassung gerade die Voraussetzungen des Zusammenlebens und die Ermöglichung von Toleranz gefährden und zerstören. Hier aber handelt es sich um ein Beispiel von *unbegründeter* Angst, aus der heraus eine *unangemessene* Intoleranz erwächst. Als unangemessen erscheint sie vielleicht nicht aus der Perspektive des sich betrogen fühlenden Bruders, wohl aber aus dem Blick des beide Söhne gleich liebenden Vaters. Aus dem Blickwinkel des Vaters gab es keinen Grund für Neid und Sorge, weil seine Liebe durch das Teilen nicht weniger wurde! Aber aus der subjektiven Sicht des älteren Bruders, der sich selbst offensichtlich von seinem eigenen Tun und dem Wert seiner Arbeit her verstand (Lk 15,29 f), bewirkte der aus der Fremde zurückkommende Sohn Verunsicherung und Verlustangst. Um tolerant zu sein und in die Annahme und Anerkennung des Vaters einstimmen zu können, hätte der ältere Sohn sich seiner Beziehung zum Vater ganz gewiss sein müssen.

So gilt, dass Beziehungsgewissheit sowie eigene Überzeugung und Stärke nicht Gegenbegriffe zur Toleranz sind, sondern deren notwendige Voraussetzung. Wer *Solidarität* erreichen will, muss *Identität* stärken; und wer die *Sozialisation* ausbilden will, der muss den Raum für eine in Beziehung und Zuwendung ermöglichte *Individuation* schaffen. Indem Eltern sich ihren *Kindern* zuwenden und sie lieben, werden diese fähig, *Geschwister* zu sein; und wenn Geschwister sich gegenseitig annehmen können, lernen sie es, sich dann auch *Fremden* angstfrei und selbstbewusst zuzuwenden: »Da ging sein Vater heraus und bat ihn … ›Mein Sohn, du bist allezeit bei mir, und alles, was mein ist, das ist dein. Du solltest aber fröhlich und guten Mutes sein; denn dieser dein Bruder war tot und ist wieder lebendig geworden, er war verloren und ist wiedergefunden‹« (Lk 15,28.31 f).

Wie antwortet der ältere Bruder auf die eindringliche Bitte seines Vaters hin? Nun, die Antwort des Angesprochenen steht am Ende des Gleichnisses noch aus, weil es im Evangelium nicht um Fremdunterhaltung geht, sondern um eigene Lebensgestaltung. Die Zuhörenden können sich ihrer eigenen Antwort nicht entziehen und werden durch den Perspektivenwechsel von Jesus dazu angeleitet, sich selbst und andere mit den Augen seines Vaters zu betrachten.

KONSEQUENZEN AUS DEM EVANGELIUM VON DER ANNAHME

1. Ob in Gleichnissen, Begegnungsgeschichten oder Streitgesprächen Jesu oder in der ethischen Argumentation der Apostel, die Begründung der Toleranz wird im Neuen Testament auf dreifache Weise entfaltet. Grundlegend ist die *schöpfungstheologische* Argumentation. Die Barmherzigkeit des Vaters gilt allen Menschen als solchen, da sie alle Geschöpfe des einen Gottes sind. Wert und Würde jedes Menschen sind schon darin begründet, dass die Zugehörigkeit zu Gott sie als unentbehrlich und unverwechselbar erweist. Ungeachtet ihres möglichen »Verloren-«, »Schuldig-« oder »Krankseins« – oder vielmehr gerade wegen ihrer Gottesferne – gilt ihnen die ungeteilte Aufmerksamkeit Gottes als des »Hirten«, »Vaters« oder »Arztes«. – »Denn er ist gütig über die Undankbaren und Bösen. Seid barmherzig, wie auch euer Vater barmherzig ist« (Lk 6,35 f).

2. Durchgängig wird im Neuen Testament die Anleitung zur Toleranz *christologisch* begründet. Dies ist in den Evangelien besonders evident, da sie sich von Anfang an als Evangelium von Jesus Christus verstehen. Alles, was sie zu sagen haben, orientiert sich an dem Leben und Wirken, an dem Handeln und Lehren, an der Passion und der Auferstehung Jesu. Der irdische Jesus und auferstandene Christus ist für die Evangelisten nicht nur historisches *Vorbild*, sondern vielmehr bleibende *Grundlage* und reale *Voraussetzung* für alle Verkündigung in Zuspruch und Anspruch.

Dies gilt aber nicht weniger für die neutestamentliche Briefliteratur: Wenn Paulus die Gemeinde in Römer 14,1–15,7 zu gegenseitiger Toleranz und Annahme ermahnt, dann tut er das unter Hinweis auf das Angenommensein durch Christus, das er zuvor ausführlich in den ersten 11 Kapiteln entfaltet hat. Und wenn er die Philipper zu gegenseitiger Hochschätzung und wechselseitiger Rücksichtnahme ermuntert, dann begründet er diesen hohen Anspruch mit dem Zitat des berühmten Christushymnus in Philipper 2,5-11: »Ein jeglicher sei gesinnt, wie Jesus Christus auch war«, oder: »... wie es in Jesus Christus angemessen und möglich ist, gesinnt zu sein« (V. 5).

Nun könnte man erwägen, ob man innerchristlich in diesem Sinne christologisch argumentiert und im außerkirchlichen Diskurs unter Absehung von der Christologie. Ist die christologische Perspektive nicht lediglich eine spezielle und nachgeordnete, während die schöpfungstheologische Perspektive die übergeordnete und verbindende ist? Die neutestamentlichen Zeugen gingen mit Gründen den umgekehrten Weg! Das Wesen des »*einen* Gottes« ist nicht schon von einem allgemeinen Gottesgedanken her *eindeutig* bestimmt. Dass der Schöpfer seine Schöpfung in unwiderruflicher Treue und Barmherzigkeit liebt, ergibt sich keineswegs so klar aus der allgemeinen Beobachtung der Natur oder der Geschichte – und auch nicht aus einem allgemeinen Religionsbegriff.

Wer Gott wirklich ist und wie er sich endgültig – das heißt verbindlich und bleibend – offenbart hat, erkennen die ersten Christen im Angesicht Jesu Christi. Von der Christuserkenntnis her wird die Offenbarungsgeschichte vereindeutigt, und dass der Schöpfer wirklich barmherzig und treu ist, erweist sich in der Menschwerdung und Lebenshingabe seines eigenen Sohnes. So geht es auch bei dem Bekenntnis zu der vorgeburtlichen

Präexistenz des Gottessohnes in der Gemeinschaft mit seinem himmlischen Vater (Joh 1,1 ff; Phil 2,6 ff), so geht es bei der Erkenntnis der Schöpfungsmittlerschaft Christi als des »Wortes Gottes« (Joh 1,1 ff; 1. Kor 8,6) und bei der überraschenden Verbindung Jesu mit Abraham (Joh 8,56 ff; Gal 3,16) oder bei Jesajas auf Christus bezogener Gottesschau (Joh 12,41) nicht um dogmatische Spitzfindigkeiten, sondern um grundlegende Erkenntnisse für die Glaubensgewissheit. Weil der Gottesbegriff von Christus her seine positive Eindeutigkeit gewinnt, ist der Ansatz bei dem Sohn Gottes – und damit bei dem Vater Jesu Christi – unaufgebbar. Aus christlicher Perspektive reden wir von dem »*einen* Gott« grundsätzlich als von dem *trinitarischen* – das heißt *drei-einigen* oder *drei-faltigen* – Gott.

Das, was den Blick für Andersdenkende und Andersglaubende öffnet, sind nach dem Evangelium die Gotteserkenntnis im Angesicht Jesu Christi und die befreiende Wirkung seines Geistes (2. Kor 3,17 f; 4,6). Die unaufgebbare Würde des Fremden und die Perspektive auf den anderen als den von Gott gleich Geliebten ergeben sich gerade durch das Hören und Schauen auf den Vater Jesu Christi. Wie kann man der Schwester oder dem Bruder schaden wollen, um derentwillen doch Christus gestorben ist (1. Kor 8,11)?

3. Schließlich sei zur Begründung der Toleranzforderung auch noch darauf hingewiesen, dass sie wie jede neutestamentlich-ethische Anweisung *eschatologisch* – das heißt vom *Ende* und der göttlichen *Vollendung* her – motiviert wird. Gegen alle Anfechtungen und Zweifel und angesichts aller vergeblich erscheinenden Mühe wird daran festgehalten, dass es Gott selbst sein wird, der endgültig Sünde und Tod überwindet und seinen Menschen versöhnend und tröstend ihre Tränen abwischt (Offb 21,1 ff).

Dies ist insofern unentbehrlich, als Feindesliebe und Annahme, Vergebungsbereitschaft und Tun der Gerechtigkeit innerhalb der eigenen Biografie und der erfahrbaren Geschichte sich wohl für andere und die Gemeinschaft als lohnend und sinnvoll erweisen, hinsichtlich der sich selbst Hingebenden aber die Frage nach Gottes Barmherzigkeit noch nicht befriedigend klärt. Wie könnten wir die Lebenshingabe Jesu ohne das Licht des Ostermorgens verstehen? Wie könnten wir Gott als gütig und liebend bekennen, wenn geschichtlich das Unrecht und das grenzenlose Leid das letzte Wort behalten würden, wenn die Intoleranz und Feindschaft ausgerechnet über die Liebenden und Friedenstiftenden, über die Opfer und Leidenden der Geschichte endgültig triumphieren dürften? Auch hier geht es wieder nicht um entbehrliche »letzte Dinge«, sondern um die Grundlagen des Gottesbegriffs. Von Gottes Barmherzigkeit und Toleranz als »Annahme« und »Anerkennung« kann nur insofern als verantwortlich und vorbildlich gesprochen werden, als dieser Gott in seinem endgültigen Eingreifen und »Zu-Recht-Bringen« auch die Grenzen seiner Toleranz und seines »Duldens« erweist und für seine Menschen alle Ungerechtigkeit und Feindschaft überwindet.

»DIENET EINANDER IN DER LIEBE«

ZU GABEN, AUFGABEN UND ÄMTERN IN DER GEMEINDE

DIE RÜCKFRAGE NACH DEM NEUTESTAMENTLICHEN »AMTSVERSTÄNDNIS«

Fragen wir nach den neutestamentlichen Grundlagen zum Verständnis der »Ämter« in der Gemeinde,[110] dann stehen wir gleich vor mehreren Herausforderungen. Nun ist es durchaus nicht ungewöhnlich und überraschend, dass eine Rückfrage nach den biblischen Grundlagen aus unserer gegenwärtigen Situation heraus zunächst keine einfachen Lösungen und unmittelbaren Begründungslinien ermöglicht. Oft liegt der Reiz gerade in der Verfremdung des für uns Selbstverständlichen und in der Neuentdeckung der »urgemeindlichen« und »frühchristlichen« Inhalte und Grundlagen. Wir gewinnen die Anregungen zur gegenwärtigen Neuorientierung gerade aus der Rückbesinnung auf die andersartigen ursprünglichen Strukturen.

Das Ziel einer biblischen Orientierung ist ja nicht die mechanische Übertragung und unreflektierte Übernahme früherer Formen und historischer Verhältnisse als solcher. Vielmehr geht es um das erkennende Verstehen und übersetzende Aneignen des damals wie heute *Wesentlichen* und des in den verschiedenen Überlieferungen *unaufgebbar Gemeinsamen* und *bleibend Grundlegenden*. Dabei lassen sich weder damalige Verhältnisse einfach unreflektiert in die Gegenwart übertragen, noch dürfen biblische Belege ohne Rücksicht auf ihren eigenen Kontext und ihre eigene

Intention einfach zur Rechtfertigung gegenwärtiger Verhältnisse missbraucht werden. Das »Anderssein« – und manchmal gerade das »Fremdsein« – der Entfaltungen des Evangeliums im »Dort« und »Dann« ermöglicht uns eine wirklich grundlegende und wesentliche Neuorientierung in unserer eigenen Situation des »Hier« und »Jetzt«.

Dennoch stellen sich gerade bei der Rückfrage nach dem »Amt« und den »Ämtern« gemäß der neutestamentlichen Überlieferung besondere Herausforderungen:

Erstens gibt es für den deutschen Begriff »Amt« – im Sinne von »Dienst«, »Aufgabe«, »Dienstleistung, die jemandem aufgetragen ist« – im Neuen Testament gar keine direkte Entsprechung!

Zweitens und noch entscheidender sind mit unserem gegenwärtigen Amtsverständnis strukturelle Voraussetzungen verknüpft, die für die neutestamentlichen Gemeinden in ihrer Verfasstheit gleich in mehrfacher Hinsicht noch nicht zutreffen: »Nach dem heutigen Sprachgebrauch bezeichnet der Begriff ›Amt‹ eine rechtlich eindeutig festgelegte und gesellschaftlich anerkannte Führungsstelle, die im Namen einer bestimmten Institution Hoheitsrechte ausübt und der dazu bestimmte Machtmittel zugeordnet sind« (Jürgen Roloff)[111].

Drittens gibt es in neutestamentlicher Zeit weder ein einheitliches »Amtsverständnis« noch überhaupt schon eine durchgehende und einheitliche Strukturierung der Dienste und Funktionen in den Gemeinden. Das objektive Bedürfnis einer grundsätzlichen Klärung und Strukturierung entsteht erst durch das Ableben der Apostel – wie Petrus, Paulus und Jakobus, den Bruder des Herrn – ab der Mitte der Sechzigerjahre des 1. Jahrhunderts n. Chr., die bis dahin eine besondere Anerkennung und orientierende Autorität genossen. Solange sie lebten und durch Briefe, Besuche und Zusammenkünfte noch selbst befragt werden konnten, gab es bei Klärungsbedarf und Grundsatzentscheidungen noch direktere Orientierungsmöglichkeiten als die durch institutionelle Organisation und strukturelle Ordnung. Dementsprechend finden sich die neutestamentlichen Zeugnisse für die Verfasstheit und Gestalt der frühen Kirche in denjenigen Schriften, die die Zeit nach dem Ableben der Apostel und ersten Zeugen der Kirche im Blick haben und diese ordnen wollen. Dies gilt insbesondere für die Briefe 1. und 2. Timotheus, Titus, Epheser und für die Apostelgeschichte.

DAS VERSTÄNDNIS VON KIRCHE UND GEMEINDE IM NEUEN TESTAMENT

Bevor wir uns also dem »Amt« und dem »Amtsverständnis« selbst zuwenden, sollten wir uns zunächst das *Anderssein* der frühen Struktur von »Kirche« und des Selbstverständnisses der ersten christlichen »Gemeinden« vergegenwärtigen, was in diesem Zusammenhang[112] nur in Gestalt von Grundthesen geschehen soll:

1. Das Neue Testament unterscheidet noch nicht zwischen »Kirche« und »Gemeinde«, es kennt nur *einen* Begriff: *ekklesía* (griechisch). Der Begriff »Ekklesia« (eigentlich »die Herausgerufene«) bezeichnet in der Antike eine konkrete, aktuelle *Vollversammlung der Stimmberechtigten* oder die *Heeresversammlung.* Das Besondere der *christlichen* Versammlung ergibt sich jeweils aus der Zuordnung, die durch die Ergänzung erkennbar wird – es ist die Gemeinde *Jesu Christi.*[113] Mit Ekklesia wird im Neuen Testament die Kirche in ihrer vielfältigen Gestalt 1. als die *gesamte Kirche Jesu Christi,*[114] 2. als die zusammengefassten Kirchen einer *Provinz*

oder *Landschaft*,[115] 3. als die sich aus allen Christen zusammensetzende Kirche/Gemeinde eines *Ortes*[116] und 4. als die sich in einem Privathaus zum Gottesdienst versammelnde kleinste Gestalt der Kirche in Form einer *Hausgemeinde*[117] bezeichnet.

2. Die *eine* Kirche Jesu Christi besteht also grundsätzlich in der *Vielfalt* der sich in seinem Namen zum Gottesdienst versammelnden Kirchen und Gemeinden. Schon die kleinste Hausgemeinde ist Kirche Jesu Christi – und *die* Kirche Jesu Christi im umfassenden Sinne ist nicht weniger als die weltweite Einheit aller Berufenen und Heiligen, die den Namen des Herrn Jesus Christus anrufen an jedem Ort. Weder wird die *eine* Kirche Jesu Christi erst und ausschließlich durch die *Vielzahl* der *Einzelgemeinden* konstituiert, noch ist die kleinste Zelle einer Hausgemeinde unter anderen im Verbund der Ortsgemeinde eine mindere oder untergeordnete Gestalt von Kirche, sondern Ekklesia Christi im Vollsinn des Wortes.

3. Die Einheit der Kirche ist nicht in ihrer hierarchischen – das heißt streng abgestuften – Struktur, ihrer institutionellen Verankerung oder in der Gleichförmigkeit ihrer Gemeindeformen begründet. Die Einheit der Kirche und Gemeinden gründet vielmehr in dem einheitlichen Bezug auf ihren *einen* Herrn, den für sie gestorbenen und auferstandenen Jesus Christus, zu dem sie sich gemeinsam im Glauben bekennen, auf dessen Namen alle Gemeindeglieder mit dem *einen* Geist Gottes getauft sind und an dessen Mahl sie gemeinsam teilhaben.

4. Der Bezug der Kirche auf ihren einen und einzigen Herrn beinhaltet zugleich eine *positive inhaltliche* Vorgabe wie auch ein *kritisches* Element gegenüber allen menschlichen Herrschafts-

strukturen und Absolutheitsansprüchen, gegenüber all dem, was man später mit »Amt« oder »Amtsstrukturen« verbinden wird. Die Gemeinschaft der Kirche hat die zur Hingabe und zur Orientierung am Wohl des anderen bereite Liebe Gottes, wie sie sich in der Zuwendung und Lebenshingabe Jesu Christi offenbart hat, zugleich zu ihrer *Grundlage* wie zu ihrem *Maßstab*.

5. Die Universalität des Christusgeschehens begründet für die Kirche von den ersten Jahrzehnten an die Öffnung gegenüber Menschen anderer Herkunft und gesellschaftlicher, religiöser und kultureller Zuordnung. Die Erwählung der Kirche versteht sich als *inkludierend* und *einladend*, nicht als *exklusiv* und *ausgrenzend*. Die Sendung in die Welt und die Hinwendung zu allen Völkern und Menschen in der Verkündigung des Evangeliums und in dem an Christus orientierten Glaubenszeugnis sind Wesensmerkmale der Kirche und Ausdruck der Weltzugewandheit ihres Herrn. Ein Konkurrenzverhältnis von Verkündigung und Diakonie, von Wort- und Lebenszeugnis ist dem neutestamentlichen Kirchenverständnis fremd.

6. Versteht man die »Gemeinde Gottes« mit den ersten Christen als das endzeitliche Gottesvolk, das dem Kommen seines Herrn und seiner endgültigen Erlösung entgegengeht, dann erkennt man den im doppelten Sinne »vorläufigen« Charakter der Kirche: Sie bezieht ihre Identität in Vorfreude und Zuversicht von der kommenden Realität der endgültigen Vollendung her (»schon jetzt«), und sie versteht sich hinsichtlich ihrer Strukturen, Institutionen und Gemeindeformen als provisorisch (»noch nicht«). Ihre beste Zeit und ihre vollkommenste Gestalt hat die Kirche noch vor sich! Ihre Zeit läuft nicht ab, sondern an!

7. Die Vielfältigkeit der Gemeindeformen, Gemeinden und Kirchen, aber auch die Verschiedenheit der in ihr angesprochenen Gruppierungen und Gesellschaftsschichten ist nicht erst eine Herausforderung der Neuzeit. Dies wie auch die Vielgestaltigkeit der Aufgaben und sich allmählich herausbildenden »Ämter« ist nicht ein Phänomen des Verfalls, sondern eine Begleiterscheinung der Kirche von ihren Anfängen an. Seit Beginn erweist die Kirche ihre Vitalität nicht in der Einengung des Adressatenkreises, der formalen Vereinheitlichung und verfestigten Rangordnung, sondern in ihrer Fähigkeit, von Christus her die Einheit in der Vielfalt und die Gemeinschaft in der Verschiedenheit zu gestalten.[118]

»DIENST« STATT »AMT« UND »DIENEN« STATT »UNTERWERFEN«

Bei einem so ursprünglich-dynamischen und lebendig-organischen Verständnis von Kirche wundert es nicht, dass sich in der Urgemeinde und den frühen Kirchen von Judäa »bis an das Ende der Welt« sehr wohl von Anfang an die Frage der verbindlichen Orientierung und inhaltlichen Bestimmung für Verkündigung, Lehre und Gemeindeleitung ergab, nicht aber der Vorrang einer Regelung der »Ämterfrage«. Dennoch mögen wir von den Formulierungen unserer deutschen Bibelübersetzungen her durchaus die Begriffe »Amt« und »Ämter« in Erinnerung haben. So kann zum Beispiel der griechische Begriff *diakonía* – wörtlich: »Dienst« – verschiedentlich mit »Amt« wiedergegeben werden.[119] Auch der Begriff *oikodomía* – in der wörtlichen Bedeutung: »Verwaltung« – wird teilweise mit »Amt« übersetzt.[120] Schließlich wird auch der übertragene Gebrauch von *leiturgía* – wörtlich: »kultischer Dienst«, »Gottesdienst« – in Abgrenzung zum priesterlichen Dienst gemäß dem mosaischen Gesetz vereinzelt als »Amt« bezeichnet (Heb 8,5). Bei all diesen Belegen ist aber entscheidend, dass man nicht unwillkürlich die Voraussetzungen eines neuzeitlichen Amtsverständnisses in die neutestamentlichen Zusammenhänge einträgt. Vielmehr gilt es, eine gegenwärtige Bestimmung von »Amt« und »Ämtern« von den neutestamentlichen inhaltlichen Vorgaben und Maßstäben her kritisch zu überdenken und neu zu entfalten.

Für die neutestamentliche Überlieferung wäre also viel eher – und weniger missverständlich – von den Begriffen »Dienst« und »Dienste« auszugehen als von den Bezeichnungen »Amt« und »Ämter«. Hinsichtlich der lexikalischen Grund- und Hauptbedeutung (der *De*notation) von »Amt« und »Dienst« gibt es wohl Übereinstimmungen. Bei der mitgedachten Nebenbedeutung wie dem subjektiv empfundenen Nebensinn (der *Kon*notation) bestehen aber doch wesentliche und bedeutsame Unterschiede.

So wird gerade an grundlegenden Stellen sowohl in Hinsicht auf die einzigartige Sendung und den Auftrag Jesu Christi wie im Hinblick auf das verantwortliche Wirken und gemeindegründende, -leitende wie -begleitende Handeln der Jünger und Apostel ausdrücklich von »Dienst«, das heißt *diakonía*, gesprochen (z. B. Mk 10,42-45 par.).[121] In Römer 15,8 wird Christus selbst ausdrücklich als »Diener«, *diákonos,* der »Beschneidung«, das heißt für das Volk Israel, bezeichnet.[122] Dieser Begriff »Diener«, *diákonos,* ist also nicht etwa auf das spätere kirchliche Amt eines »Diakons« zu beschränken. Er wird in Ableitung und nach Maßgabe der Sendung Jesu als zentraler Begriff auf die Jünger Jesu bezogen (Mk 9,35; 10,43; Joh 13,26) und dann auf die Apostel insgesamt – unter Einschluss, ja in besonderer Berücksichtigung des Paulus (1. Kor 3,5).[123] Schließlich kann der Begriff »Diener«/»Diakon« (*diákonos*) auch für Mitarbeiter und Mitarbeiterinnen der Apostel verwendet werden (1. Kor 3,5).[124] In Römer 16,1 ist von Phöbe als einer weiblichen »Dienerin/Diakonin der Kirche« mit der gleichen einheitlichen Bezeichnung »Diakon«/ *diákonos*[125] die Rede.

Als Bezeichnung für ein reguläres, dem Bischof nachgeordnetes »Amt« erscheint »Diakon«/*diákonos* innerhalb des Neuen Testaments in 1. Timotheus 3,8-13, speziell V. 8 und 12. Dabei ist in 1. Timotheus 3,11 wohl bei den »Frauen« begründet ebenfalls von *Amts*trägerinnen – das heißt »Diakoninnen« – und nicht nur von den Ehefrauen der männlichen »Diakone« auszugehen:[126] »Die Frauen [in diesem Amt] müssen in gleicher Weise maßvoll sein ...«[127]

Zur Bezeichnung des ehrenvollen »Dienstes« der Apostel kann auch der alternative griechische Begriff für »Diener«, »Gehilfe« verwendet werden: *hyperetes* – das heißt der, der einem Höherstehenden zur Hand geht (Lk 1,2; Apg 26,16). So verstehen sich die Apostel als »Diener Christi« (*hyperetes Christou*, 1. Kor 4,1).

Als ein Schlüsseltext – sowohl für das Diakonenamt wie für ein theologisches »Amtsverständnis« überhaupt – kommt vor allem der abschließende Abschnitt der »Jüngerbelehrung« in Markus 8,27–10,45 infrage. Veranlasst durch das ehrgeizige Anliegen von Joh und Jakobus, zur Rechten und zur Linken Jesu in seiner kommenden Herrlichkeit als Menschensohn sitzen und mit ihm regieren zu dürfen (Mk 10,35 ff)[128], werden sie wie die anderen nachfolgenden Jünger auf den von Jesus selbst vorgegebenen Weg des hingebungsvollen Dienens und der demütigen und gewaltlosen Nachfolge – bis hin zur letzten Konsequenz des Leidens – verpflichtet: »Aber so ist es unter euch nicht; sondern wer groß sein will unter euch, der soll euer Diener (*diákonos*) sein; und wer unter euch der Erste sein will, der soll aller Sklave/Knecht (*doulos*) sein. Denn auch der Menschensohn ist nicht gekommen, dass er sich dienen lasse, sondern dass er diene und sein Leben gebe als Lösegeld für viele« (Mk 10,42-45).

Entgegen möglichen Erwartungen einer triumphalen und machtvollen Erscheinung des kommenden Menschensohns in Aufnahme von Daniel 7,13 ff regiert Jesus als der von Gott gekommene Menschensohn, indem er *dient*. In deutlicher Abgrenzung gegenüber den Macht-, Amts- und Herrschaftsstrukturen der Mächtigen und Großen dieser Welt gewinnt er die Menschen für seine Herrschaft, indem er sich selbst bis zur Lebenshingabe für sie einsetzt (Mk 10,45).

Der Weg ihres Herrn ist für die Nachfolgenden zugleich Grundlage und Ermöglichung wie kritischer Maßstab und Korrektur. Wie bei Jesu ganzem Wirken, Verkündigen und Leiten soll sich ihre wahre *Größe* entgegen menschlichen Allmachtsfantasien im *Dienen* bewähren. Ihr *Vorrang* soll sich im Gegensatz zu sonstiger gewaltbereiter Selbstbehauptung in der Bereitschaft der *selbstlosen Unterstützung* erweisen (Mk 10,43 f; vgl. 8,34 ff; 9,33 ff).

Dieser Wesenszug des Herrschens in Gestalt des *Dienens* und des Leitens in Gestalt von hingebungsvoller *Zuwendung* findet sich in der Evangelienüberlieferung vielfältig. So steht in der lukanischen Entsprechung des Jüngergesprächs in Lukas 22,27 die knappe Begründung: »Ich aber bin unter euch wie ein Diener/ein Dienender (*diakonōn*).« In den endzeitlichen Gleichnissen in Lukas 12,35 ff wird überraschenderweise vorausgesetzt, dass der Herr seinen »wachsamen Knechten« selbst noch beim himmlischen Mahl dienen will – was antiken Vorstellungen völlig zuwiderläuft: »Er wird sich schürzen und wird sie zu Tisch bitten und kommen und ihnen dienen« (Lk 12,37). Durch die

Zeichenhandlung besonders eindrücklich erscheint schließlich die Überlieferung der Fußwaschung der Jünger durch Jesus selbst in Joh 13,1-16, durch die jedes Apostolats-, Amts- und Leitungsverständnis innerhalb der Kirche für immer ihre Zu- und Unterordnung unter die vorbildliche Herrschaft ihres Herrn erfährt: »Wenn nun ich, euer Herr und Meister, euch die Füße gewaschen habe, so sollt auch ihr euch untereinander die Füße waschen. Ein Beispiel habe ich euch gegeben, damit ihr tut, wie ich euch getan habe« (Joh 13,14-16).

Mit all diesen Überlieferungen des zum eigenen Leiden für die Seinen bereiten Herrn werden alle ehrgeizigen sowie macht- und statusorientierten menschlichen Interessen der Gemeindeleitung von vornherein entlarvt. Die geltungs- und herrschsüchtigen Nebeninteressen eines geistlichen »Amtsverständnisses« sind hier bereits als unzulässig ausgeschlossen, lange bevor sich in der Kirche feste Amtsstrukturen und eine strukturelle Verfasstheit überhaupt herausbilden konnten.

DAS APOSTELAMT DER ZEUGEN DES AUFERSTANDENEN UND DER DIENST DER VERKÜNDIGUNG DES EVANGELIUMS[129]

Wenn man nach einem »grundlegenden« und sich als Erstes abzeichnenden Amt in der Frühzeit der Kirche und in den ältesten Schriften des Neuen Testaments fragt, dann ist es der Dienst der vom Auferstandenen selbst beauftragten Apostel. Denn »die Apostel« im spezifischen und engeren Sinne[130] – also der »Zwölferkreis«, voran Kephas/Petrus, dann der Herrenbruder Jakobus, Paulus und Barnabas[131] – genossen innerhalb der Urgemeinde und in den frühen Kirchen der ersten Jahrzehnte ein besonderes Ansehen. Ihnen ist der auferstandene Christus persönlich erschienen (»Er ist erschienen«)[132], sodass er von ihnen »gesehen« (1. Kor 9,1) und erkannt worden ist.[133] Das heißt nicht weniger, als dass Gott selbst ihnen seinen auferstandenen Sohn offenbart (Gal 1,12.16) und sie zum *Apostelamt* berufen und eingesetzt hat.[134] So verwundert es nicht, dass drei aus ihrem Kreis in Jerusalem um 48 n. Chr. als die »Säulen« der »Gemeinde Gottes« angesehen werden – nämlich der Herrenbruder Jakobus, Kephas und Johannes, der Sohn des Zebedäus (Gal 2,9)[135]. Zudem erklärt es, warum Paulus in den Auseinandersetzungen mit Gegnern die Autorität seines eigenen Apostolats hervorhebt: »Bin ich nicht ein Apostel? Habe ich nicht den Herrn gesehen?« (1. Kor 9,1; vgl. Gal 1,1).

Durch das *apostolische Kerygma* spricht *Gott selbst*, indem er den Glauben bei den Hörenden hervorruft und seinen Leben schaffenden Geist vermittelt. Die Begriffe für dieses für die frühe Kirche verbindliche *Zeugnis der Apostel* können dabei variieren: Paulus spricht von der »Kunde«, »Predigt«[136], von der »Verkündigung«, dem »Kerygma«[137], von dem »Zeugnis«[138], vereinzelt von der »Ermunterung«, »Ermahnung«[139] – vor allem und speziell aber von dem »Verkündigen des Evangeliums«[140]. Indem die Hörer das durch die Apostel verkündigte Wort Gottes nicht nur als *Menschen*wort »empfangen«, sondern als das, was es in Wahrheit ist, Gottes eigenes Wort »auf-« und »angenommen« haben, erweisen sie sich als solche, in denen Gottes Wort im Glauben wirkt (1. Thess 2,13).

Nun könnte man in einer Differenzierung zwischen der allgemeinen und vielfältigen Verkündigung des Evangeliums *in den Gemeinden* und dem diesem als Quelle und Maßstab vorgegebenen Zeugnis *der Apostel* bereits eine hinreichende und praktikable Lösung zur Leitung und Orientierung der Gemeinden sehen. Es sollte sich aber zeigen, dass nicht nur Verkündigung und Lehrentscheidungen der *Schüler* der Apostel in entscheidenden Punkten voneinander abweichen konnten, sondern auch die der *Apostel selbst.* In der Frage der Verbindlichkeit der Toraobservanz – das heißt der Befolgung des Gesetzes – für an Christus glaubende Juden wie für Heidenchristen, in der Frage der Legitimität und Gestalt der Heidenmission an sich und der darauf folgenden Abendmahls- und Tischgemeinschaft in gemischten Gemeinden bestand nicht nur Dissens zwischen untergeordneten Mitarbeitern und einzelnen Gemeindegliedern, sondern auch zwischen den durch den Auferstandenen selbst berufenen *Aposteln.* Bedrückend deutlich und unausweichlich klar wird dies zum Beispiel beim antiochenischen Konflikt um die Tischgemeinschaft von Juden- und Heidenchristen nach Galater 2,11-21, bei dem der Apostel Paulus dem Apostel Petrus wegen dessen Fehlentscheidung und Fehlverhalten öffentlich und vor allen ins Angesicht widersprechen muss.

Für einen solchen Fall des Widerspruchs zwischen Aposteln ist es für Paulus von grundlegender Bedeutung, dass er sich in der öffentlichen Auseinandersetzung mit Petrus und den Jakobusschülern auf die – allen Aposteln vorgegebene (!) – »Wahrheit des Evangeliums« (Gal 2,5.14) und auf das von Christus selbst offenbarte »*eine* und *einzige* Evangelium« (Gal 1,6-12) als »Wort *Gottes*« jenseits der apostolischen Meinungen und des davon abweichenden Verhaltens beziehen kann. Damit ist die *Einheit* und *Wahrheit* des Evangeliums sogar jenseits der *apostolischen* Widersprüchlichkeit in der dem apostolischen Zeugnis vorgeordneten Größe des *Evangeliums* festgehalten. Die apostolische *Verkündigung* gründet untrennbar in dem ihm vorgegebenen *Evangelium,* ist aber von diesem als der übergeordneten Größe *zu unterscheiden.* Ihre Autorität und Weisungsbefugnis haben die Apostel nämlich nicht qua Amt, Weihe oder Habitus, sondern durch das ihnen anvertraute, aber ihnen bleibend vorgegebene Evangelium von Jesus Christus, an dem sie sich auch selbst messen lassen müssen.

Nach Paulus ist nämlich für den Apostolat neben der *Erscheinung* des Auferstandenen und der persönlichen *Berufung* zum Apostelamt durch den Auferstandenen wesentlich und grundlegend, dass den Aposteln auch das *Evangelium selbst* von Christus erschlossen und übertragen wurde: »Denn ich tue euch kund, liebe Brüder, dass das Evangelium, das von mir gepredigt ist, nicht von menschlicher Art ist. Denn ich habe es nicht von einem Menschen empfangen oder gelernt, sondern durch eine Offenbarung Jesu Christi« (Gal 1,11 f). Da Gott selbst in Christus das Wort von der Versöhnung unter den Aposteln aufgerichtet hat (2. Kor 5,19; vgl. 4,6), handelt es sich bei dem »Evangelium von *seinem Sohn*« (Röm 1,9; vgl. 1,3)[141] um das »Evangelium *Gottes*« (Röm 1,1).[142] Es ist für ein am »Dienst des Wortes« orientiertes Amtsverständnis von größter Bedeutung, dass damit das *Evangelium* – und nicht nur die »Heilige Schrift« Alten Testaments – bereits innerneutestamentlich als »Wort Gottes« (1. Thess 2,13)[143] verstanden und anerkannt worden ist.

Wie sowohl aus den Ausführungen zur Verkündigung der Apostel als auch aus denen zum Evangelium Gottes eindeutig hervorgeht, wird der *Inhalt* des Evangeliums nicht nur sachlich umschrieben oder gar auf bestimmte Bekenntnisformeln reduziert, sondern mit *der Person* des von Gott gesandten Sohnes, des gekreuzigten und auferstandenen Herrn Jesus Christus, identifiziert. Er ist der zentrale und eigentliche *Inhalt* des Evangeliums und infolgedessen *Inhalt* und *Maßstab* der apostolischen Verkündigung: »Denn ich hielt es für richtig, unter euch nichts zu wissen als allein Jesus Christus, den Gekreuzigten« (1. Kor 2,2).[144] Dementsprechend bestand die Offenbarung des *Evangeliums* durch Gott in der Offenbarung seines *Sohnes* (Gal 1,11 f.15 f); und demzufolge besteht die erhellende Erkenntnis des *Evangeliums* in der Erkenntnis der *Herrlichkeit Gottes* in dem *Angesicht Jesu Christi*.[145]

Hermeneutisch gesehen ergibt sich damit bereits in den frühesten Schriften des Neuen Testaments ein Verständnis vom »Wort Gottes«, das in seiner Differenzierung und Abstufung die *Einheit* des Evangeliums angesichts der *Vielstimmigkeit* des apostolischen Zeugnisses festzuhalten vermag. Diese Einheit des Evangeliums sollte sich auch hinsichtlich der *Auseinandersetzung* über das Verständnis der Tora des Mose bewähren. Zudem sind mit diesem christozentrischen Verständnis des Evangeliums und mit dieser differenzierten Einheit von Evangelium und apostolischem Zeugnis auch die späteren kanongeschichtlichen Entwicklungen bis hin zu der Anerkennung des neutestamentlichen Kanons als »Heilige Schrift« bereits sachlich vorbereitet und begründet.

Für das Amtsverständnis gewinnen wir durch das exklusive Verständnis des »Apostelamtes« (im engeren Sinne) und durch die Zuordnung und Unterordnung sogar dieses auserwählten historischen Kreises unter das ihnen offenbarte Evangelium und erst recht unter den ihnen erschienenen auferstandenen Herrn gleich eine mehrfache Relativierung – das heißt ein »Ins-Verhältnis-Setzen« – jeglichen kirchlichen »Amtes« nach neutestamentlichem Verständnis. Danach ist selbst dieses historisch wie theologisch herausragende Apostelamt als Berufung, Beauftragung und Gnade zu verstehen, nicht aber als besondere Weihe oder als Habitus, die dem Menschen zu eigen wären. Seine Autorität ergibt sich allein durch den Berufenden und Beauftragenden, und sie ist allein in der Übereinstimmung mit der »Wahrheit des Evangeliums« legitimiert, das Christus selbst zur Mitte und zum Inhalt hat.

In diesem grundsätzlichen Gegenüber von Kirche samt all ihren Mitgliedern – einschließlich der Jünger und Apostel – einerseits und dem für sie gekreuzigten und auferstandenen Christus als dem Herrn der Kirche andererseits ist jede Ämterstruktur im Sinne einer »Hierarchie« – einer von Gott unmittelbar abgeleiteten menschlichen Rangfolge und Würdeabstufung von Weihen – im Grundsatz ausgeschlossen. Anstelle einer Hierarchie der Weihen findet sich in den frühesten Schriften der Kirche vielmehr eine Abstufung und Vorordnung der Verbindlichkeit des »Wortes Gottes«.

Vergleichbar mit den übereinander angeordneten Schalen eines »römischen Brunnens« hat das Reden Gottes in Christus selbst seine Quelle – und über das von diesem empfangene *Evangelium*, über das *Zeugnis der Apostel* bis hin zur Verkündigung durch die späteren beauftragten *Verkünder des Wortes* sein eindeutiges Autoritätsgefälle. Mit diesem Angewiesensein auf die übergeordnete Ebene erfährt jede einzelne Instanz zugleich auch seine Autorisierung und Legitimation. Dabei sahen wir, dass bereits unter den Aposteln in Auseinandersetzungen die Notwendigkeit der Differenzierung des *einen* Evangeliums und der Vermittlung der verschiedenen Meinungen zu seiner Anwendung bestand. Von Anfang an gab es also bereits die Notwendigkeit von Orientierung, verbindlicher Lehre und Leitungsentscheidungen in Kirche und Gemeinden.

ÜBERSICHT: »WORT GOTTES« UND VERKÜNDIGUNG BEI PAULUS

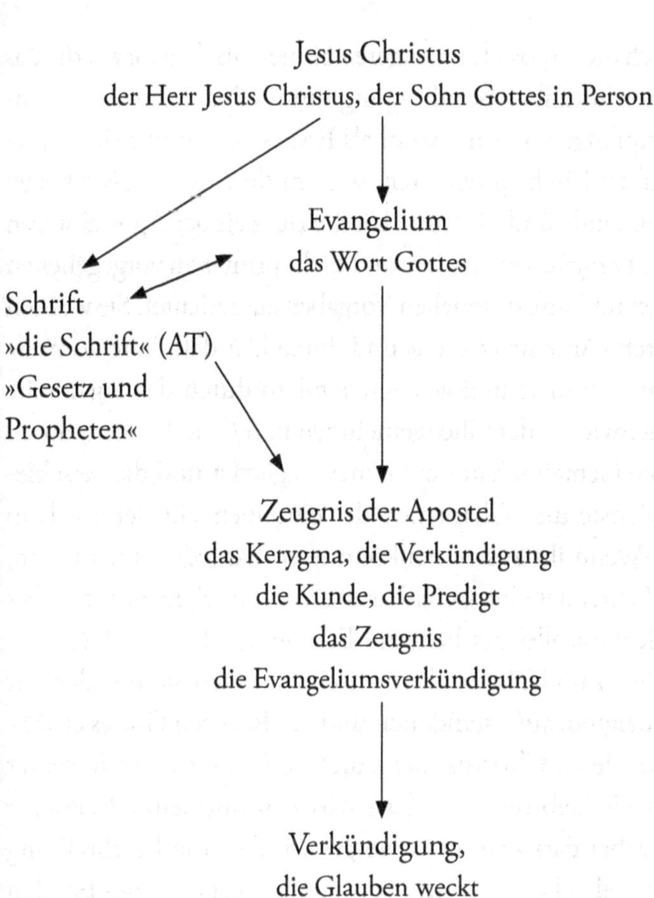

CHARISMA UND AMT – VON DEN GABEN UND AUFGABEN, DIENSTEN UND »ÄMTERN« IN DER NEUTESTAMENTLICHEN GEMEINDE

Wenn auch die »Apostel« im engeren Sinne – als diejenigen, die das Evangelium und ihre Beauftragung unmittelbar vom Auferstandenen empfangen haben – wohl als Erste so etwas wie ein »Amt« in der frühen Kirche innehatten, so steht doch ganz außer Frage: Die Urgemeinde und die frühe Kirche zur Zeit der Apostel waren *gaben-* und *mitglieder*orientiert und nicht primär an vorgegebenen Strukturen und institutionellen Vorgaben ausgerichtet. Sie wurden nicht durch »Amtsstrukturen« und durch klar definierte »Ämter« aufgebaut, gefördert und geleitet, sondern durch das organische Zusammenwirken der Gliedgemeinden und Gliedkirchen, durch die gelebte Gemeinschaft der Gemeindeglieder und die verschiedenen Dienste und Charismen der einzelnen Glieder am Leib Christi: »Wenn ihr zusammenkommt, so hat jeder einen Psalm, hat eine Lehre, hat eine Offenbarung, hat eine Sprachenrede, hat eine Auslegung; alles geschehe zur Erbauung« (1. Kor 14,26).[146]

Als Herrn und Haupt ihrer Kirche kannten sie nur den für sie gekreuzigten, auferstandenen und zur Rechten Gottes erhöhten Herrn, Jesus Christus, der durch seinen Geist als in seiner Kirche nach Leib und Gliedern wirksam und leitend erkannt wurde. Dabei darf man nicht vergessen, dass die Beschreibung der Kirche als »Leib Christi« von Paulus ausgerechnet bei den Auseinandersetzungen der Gemeinde in Korinth eingeführt wurde, die mit ihren Spannungen, Streitigkeiten und Rivalitäten alles andere als die harmonische Verkörperung eines Ideals darstellte (1. Kor 12,12 ff; Röm 12,4 f).[147] Die organische Einheit der Kirche wird hier nicht erst von ihren Mitgliedern begründet und hergestellt, sondern durch ihren *einen* Herrn, auf den alle in *einem* Geist getauft sind. Dass sich die einzelnen Gläubigen *als* – nicht nur *wie!* – aufeinander bezogene Glieder an einem Leib verhalten sollen, wird dabei nicht aus dem Wohlverhalten der anderen abgeleitet, sondern aus der selbstlosen Zuwendung und Hingabe des Hauptes für seine Glieder (1. Kor 8,11; Röm 14,15; 15,3.7).[148]

In der Auseinandersetzung um »Charisma und/oder Amt« können auch spätere Schriften des Neuen Testaments ausgeprägten Ämtern und damit verbundenen Titeln sehr kritisch gegenüberstehen, wie schon ein Blick auf das Matthäusevangelium verdeutlicht. Der Evangelist Matthäus kennt wohl auch christliche »Schriftgelehrte« (Mt 13,52) und betont die grundlegende Bedeutung der Lehre (Mt 28,20), er erwähnt aber weder Presbyter/Älteste noch Episkopen/»Bischöfe« und lehnt die Verwendung von Amtstiteln und Ehrenbezeichnungen im Anschluss an Jesusüberlieferungen energisch ab: »Aber ihr sollt euch nicht ›Rabbi‹ nennen lassen; denn *einer* ist euer Meister; ihr aber seid alle Brüder. Und ihr sollt niemanden unter euch ›Vater‹ nennen auf Erden; denn *einer* ist euer Vater, der im Himmel ist. Und ihr sollt euch nicht ›Lehrer‹ nennen lassen; denn *einer* ist euer Lehrer: Christus« (Mt 23,8-10).

Eine deutliche Distanz zu amtlichen Tendenzen wird auch immer wieder in den johanneischen Schriften gesehen. So könnte in 1. Johannes 2,27 der Bedarf an institutionellen Lehrern generell bestritten sein: »Und die Salbung, die ihr von ihm empfangen habt, bleibt in euch, und ihr habt nicht nötig, dass euch jemand lehrt; sondern, wie euch seine Salbung alles lehrt, so ist's wahr und ist keine Lüge, und wie sie euch gelehrt hat, so bleibt in ihm.«

In den frühesten Schriften des Neuen Testaments – den in den Fünfzigerjahren geschriebenen Paulusbriefen – wird jedenfalls eine Vielzahl der Dienste und Gaben in den Gemeinden vorausgesetzt: »Es gibt verschiedene Dienste (*diakoníai*)[149], aber nur den *einen* Herrn« (1. Kor 12,5). Die »Geistesgaben« (1. Kor 12,1) in der Gemeinde versteht Paulus als »Charismata« (*charísmata*, 12,4), das heißt »Gnadengaben«, die Gott selbst einem jeden Gemeindeglied nach seinem Willen durch seinen Geist zumisst (12,11.18), weshalb es unter den Gemeindegliedern weder eine Rangabstufung noch Selbstzweifel, weder falschen Ehrgeiz noch Neid geben sollte.

Als Glieder am Leib werden sie nicht nach ihrer *Wichtigkeit* beurteilt, sondern nach ihrer *Wesentlichkeit* – danach also, ob sie gemäß den ihnen zugewiesenen Gaben und zum Wohl des Ganzen der organischen Gemeinschaft ihrer Bestimmung entsprechend leben. Sosehr das Streben nach den »größeren Gaben« angebracht sein mag (1. Kor 12,31), so sehr empfiehlt der Apostel seiner Gemeinde den noch vortrefflicheren Weg des Strebens nach der *Liebe* (12,31; 14,1). Diese beschreibt er dann in seinem berühmten »Hohen Lied der Liebe« in 1. Korinther 13,1-13 als unübertrefflich und von dauerhafter Geltung, als – über alle Geistesgaben und Dienste – wirklich erstrebenswert und wahrhaft wertvoll: »Nun aber bleiben Glaube, Hoffnung, Liebe, diese drei; aber die Liebe ist die größte unter ihnen« (1. Kor 13,13).

Vor allem aus der beispielhaften Aufzählung verschiedener Gaben und geistlicher Fähigkeiten in 1. Korinther 12,28 wird nicht nur die Breite und Verschiedenheit der frühkirchlichen Charismen deutlich, sondern zugleich auch eine erste Herausbildung explizit hervorgehobener Dienste: »Und Gott hat in der Gemeinde eingesetzt erstens *Apostel*, zweitens *Propheten*, drittens *Lehrer*, dann Wunder-Kräfte, dann Gaben, gesund zu machen, Hilfeleistungen, Leitungen und mancherlei Zungenrede/›Arten von Sprachen‹.« Mit der vorangestellten Trias – das heißt Dreizahl und Dreiheit – der *Apostel*, *Propheten* und *Lehrer* betont er umgreifend die Dienste, die das Evangelium Jesu Christi in Verkündigung und Lehre zur Geltung bringen. Dabei ist bei den »Aposteln« – den »Ausgesandten« – im Kontext der Gnadengaben[150] im Wortsinn an »Missionare« zu denken, die das Evangelium grundlegend und Glauben weckend verkündigen (1. Kor 12,28; 2. Kor 11,13; Röm 16,7).

Die Verkündigung der »Propheten« ist nicht etwa auf das Voraussagen von Zukünftigem zu begrenzen, sondern umfasst – durchaus in Aufnahme der alttestamentlichen Propheten – die umfassende Verkündigung, »die Erbauung, Ermunterung/Ermahnung und Tröstung/Ermutigung« der Gemeinde (1. Kor 14,3), weshalb Paulus diese Gabe der Wortverkündigung gegenüber Gläubigen besonders hervorhebt (1. Kor 12,31; 14,1.3-5.24). Die gottesdienstliche Verkündigung der »Propheten« ist also wohl tatsächlich als die älteste christliche Vorstufe unseres heutigen »Predigens« und »Verkündigens« in den Gottesdiensten zu verstehen.

Die dritte in 1. Korinther 12,28 vorangestellte Gruppe ist die der *Lehrer*, die das Evangelium Christi auf der Grundlage des Zeugnisses der Apostel und auf dem Hintergrund der Schrift und in Gestalt bereits früh geprägter Formeln und Bekenntnisse[151] gegenüber den Gläubigen lehrhaft entfalten und unterrichten. Die Paulusbriefe selbst wie auch der Hebräerbrief oder die Petrus- und Johannesbriefe geben ein lebendiges Zeugnis davon, wie man sich diese frühchristliche Form der Lehre vorzustellen hat.[152]

Das Verhältnis von Aposteln, Lehrern und Propheten (1. Kor 12,28) untereinander und zu den Gemeinden und Gemeindegliedern, aber auch das Verhältnis der verschiedenen Einzelgemeinden und Regionalkirchen untereinander muss nach Paulus nicht gesondert geregelt werden, solange sie alle mit ihren Gaben ausschließlich an der Förderung des Ganzen und an der organischen Ergänzung und Entwicklung des Gemeinsamen orientiert bleiben. Die Bedeutung und Hierarchie der Ämter sowie die Strukturfragen der Kirchen- und Gemeindeformen treten gemäß der Argumentation des Paulus in 1. Korinther 12–14 in dem Maße zurück, wie sich die Kirche auf ihren *einen* Herrn besinnt. Ob in der Verkündigung und Lehre durch den engsten Kreis der Apostel oder dann durch begabte Glieder der Gemeinde als »Apostel, Propheten und Lehrer« (1. Kor 12,28)[153], die Hochschätzung und Voranstellung *dieser* Dienste ergibt sich für Paulus daraus, dass es hier unmittelbar um die »Wahrheit des Evangeliums« geht (Gal 2,5.14; vgl. 1,6-12). Die verbindliche inhaltliche Bestimmung, Begründung und Abgrenzung des »Wortes Gottes«[154] als der bindenden und »normativen Norm« (der *norma normans*) dient als Fundament und Maßstab für alles Leben, Wirken, Zusammenleben und Reden der Kirche Jesu Christi.

Umso mehr fällt auf, dass bei Paulus selbst der vielfältige Dienst am Evangelium in den Charismen-Listen von 1. Korinther 12,28 und Römer 12,4-8 zugleich und in bewusster Hervorhebung der *Gleichwertigkeit* der Gaben entfaltet wird, die wir heute dem heilenden, diakonischen und sozialen Handeln (1. Kor 12,28)[155] wie auch den Verwaltungs- und Leitungsaufgaben in Gottesdienst, Gemeindeleben und Kirche (1. Kor 12,28)[156] zuordnen würden. Entscheidend sind nicht Status, Abstufung oder subjektive Wertung der verschiedenen Dienste, sondern ausschließlich die aufrichtige und angemessene Wahrnehmung der jeweils von Gott gegebenen Aufgabe: »Denn wie wir an einem Leib viele Glieder haben, aber nicht alle Glieder dieselbe Tätigkeit/Funktion/Aufgabe (*práxis*) haben, so sind wir viele ein Leib in Christus, aber untereinander ist einer des andern Glied, und haben verschiedene Gaben nach der Gnade, die uns gegeben ist. Ist jemand prophetische Rede gegeben, so übe er sie dem Glauben gemäß. Ist jemand ein Dienst (*diakonía*) gegeben, so diene er. Ist jemand Lehre gegeben, so lehre er. Ist jemand Ermahnung gegeben, so ermahne er. Gibt jemand, so gebe er mit lauterem Sinn. Steht jemand der Gemeinde vor, so sei er sorgfältig. Übt jemand Barmherzigkeit, so tue er's gern« (Röm 12,4-8).

Sowohl in den Listen in 1. Korinther 12,28 und Römer 12,8 als auch in Ermahnungen zur Anerkennung (1. Thess 5,12; 1. Kor 16,15f) und in Grußlisten wie der ausführlichen in Römer 16,1-23 kommen die Personen in den Blick, die dem Gottesdienst bzw. der jeweiligen Haus- oder Ortsgemeinde verantwortlich vorstehen und sie leiten – ob als die Gastgeber und Gastgeberinnen der Gemeinden in ihrem Haus oder als zur Leitung besonders Begabte: »Wir bitten euch aber, liebe Brüder, erkennt an, die an euch arbeiten und euch *vorstehen* in dem Herrn und euch ermahnen« (1. Thess 5,12).[157] Wenn Paulus in dem ältesten Beleg im Neuen Testament überhaupt, nämlich in der Adressenangabe des Philipperbriefs (1,1), ausdrücklich auch »Bischöfe (*epískopoi*) und Diakone« anspricht, ist bei den »Episkopen« – in Anlehnung an die Bezeichnung von »Aufsehern«, »Inspektoren« und Verwaltungsbeamten« der griechischen Umwelt – an die für Gemeinde und Gottesdienst leitend Verantwortlichen gedacht. Dabei lässt der im Plural (!) gebrauchte Begriff »Bischöfe« hier entweder an die für die Leitung der Herrenmahlsfeiern Verantwortlichen denken oder auch an die für die seelsorgliche Begleitung oder die Verwaltung der Finanzen Zuständigen in den verschiedenen Teilgemeinden, das heißt Hausgemeinden, in Philippi. In jedem Fall stehen wir an dem Punkt, an dem die Bezeichnung »Amt« – von dem Apostelamt im engeren Sinne einmal abgesehen – mit einem gewissen Recht Verwendung finden kann. Wenn hier zugleich auch der Begriff des Diakons (*diákonos*) das erste Mal als Bezeichnung eines »Gemeindeamtes« erscheint, mag von der Konnotation im griechischen Kontext her an eine dienende Funktion beim Gemeindemahl gedacht sein. Jedenfalls ergibt sich von 2. Korinther 8,4; 9,1 und der späteren lukanischen Beschreibung der Wahl der Sieben in Apostelgeschichte 6,3 her eine Verbindung zu dem »Dienst« – der *diakonía* – der fürsorglichen, wohltätigen und hilfsbereiten Liebe gegenüber anderen.

»ÄLTESTE« UND/ODER »BISCHÖFE« – VON DER ZUNEHMENDEN BEDEUTUNG DER KIRCHLICHEN »ÄMTER«

Wie zu Beginn beschrieben, finden sich die neutestamentlichen Zeugnisse für die zunehmende Bedeutung von kirchlichen »Ämtern« und von der Verfasstheit und Organisation der Kirche in den Schriften, die die Zeit nach dem Ableben der Apostel als »Augenzeugen« und erste »Diener des Wortes« (Lk 1,2) ab den Sechzigerjahren des 1. Jahrhunderts n. Chr. im Blick haben: dem Brief an die Epheser, den sogenannten »Pastoralbriefen«/»Hirtenbriefen« (1. und 2. Timotheus und Titus) und der Apostelgeschichte des Lukas.

»Und er hat einige als *Apostel* eingesetzt, einige als *Propheten*, einige als *Evangelisten*, einige als *Hirten* und *Lehrer*, damit die Heiligen zugerüstet werden zum Werk des Dienstes. Dadurch soll der Leib Christi erbaut werden« (Eph 4,11 f). Der Brief an die Epheser knüpft am direktesten an die Argumentation des Paulus in 1. Korinther- und Römerbrief an, wobei hier das »grundlegende« Wirken der »Apostel und Propheten« gemäß Epheser 2,20; 3,5 wohl als bereits vollendet gedacht wird. Die Apostel und

Propheten bilden das »Fundament« des von Gott erbauten und bewohnten Hauses, des aus der Gemeinde bestehenden Tempels Gottes, in dem Jesus Christus den krönenden »Abschlussstein« – das heißt den »Eckstein« im Sinne von: »Gewölbeschlussstein« – bildet (2,20). In so differenzierender Aufnahme der Trias der Wort-Dienste von 1. Korinther 12,28 (»Apostel, Propheten und Lehrer«) werden hier »Evangelisten, Hirten und Lehrer« genannt, die nun wohl die entsprechenden Aufgaben *erstens* der Glauben weckenden, evangelistischen Verkündigung, *zweitens* der Glaubensstärkung, Ermahnung sowie leitenden Verantwortung und *drittens* der Lehre wahrnehmen.

Sosehr diesen Personen mit ihren besonderen Diensten – wiederum im Bild des Leibes – die verbindende Funktion von Gelenken und Bändern zugeordnet sein mag, so denkt der Epheserbrief wie 1. Korinther 12 und Römer 12 ganz vom Gesamtorganismus des Leibes Christi und seinen vielfältigen Gliedern und Begabungen her. In ihrer Gesamtheit verkörpern sie das Wachsen der Kirche als Leib Christi (wie im anderen Bild als »Tempel« und »Haus Gottes«): »Lasset uns aber wahrhaftig sein in der Liebe und wachsen in allen Stücken zu dem hin, der das Haupt ist, Christus, von dem aus der ganze Leib zusammengefügt ist und ein Glied am anderen hängt durch alle Gelenke, wodurch jedes Glied das andere unterstützt nach dem Maß seiner Kraft und macht, dass der Leib wächst und sich selbst aufbaut in der Liebe« (Eph 4,15 f).[158]

Grundsätzlich lassen sich im Neuen Testament zwei verschiedene Formen der sich anbahnenden institutionalisierten Gemeindeleitung erkennen: Einerseits findet sich eine Ältestenverfassung, die wohl in alttestamentlich-jüdischer Tradition palästinischen Ursprungs ist, und andererseits eine sich anbahnende *Episkopenverfassung*, die – wie wir sahen – begrifflich und funktional eher griechisch-hellenistischen Ursprungs sein wird. Die Apostelgeschichte setzt für die frühe Kirche das Ältestenamt – in Jerusalem sogar bereits *neben* den Aposteln – voraus, wie die Wendung »die Apostel und Ältesten« in Apostelgeschichte 15,2.4.6.22f; 16,4 belegt.[159] Dementsprechend soll auch Paulus bei seiner Mission nach den Gemeindegründungen Älteste eingesetzt haben: »Und sie setzten in jeder Gemeinde Älteste ein, beteten und fasteten und befahlen sie dem Herrn, an den sie gläubig geworden waren« (Apg 14,23). Bei ihrem Abschied von Paulus in Milet wird die Gemeinde von Ephesus folglich von ihren Ältesten repräsentiert (20,17).

Freilich werden die Ältesten in der programmatischen Abschiedsrede ihres Gemeindegründers Paulus zugleich als »Hirten« und »Episkopen« – das heißt als »Aufseher« und »Hüter« – ermahnt, auf die fortan gefährdete Gemeinde als »Herde« verantwortlich achtzugeben: »So habt nun acht auf euch selbst und auf die ganze Herde, in der euch der Heilige Geist eingesetzt hat zu Episkopen/›Bischöfen‹ [das heißt Aufsehern/Hütern], zu weiden die Gemeinde Gottes, die er durch sein eigenes Blut erworben hat. Denn das weiß ich, dass nach meinem Abschied reißende Wölfe zu euch kommen, die die Herde nicht verschonen werden« (Apg 20,28).

Damit klingt der vermittelnde Gedanke an, das »Bischofsamt«/Episkopenamt – das in der hellenistischen Umwelt zunächst eher an einen »Aufseher«, »Inspektor«, »Vorsteher« und »Verwaltungsbeamten« denken lässt – mit der alttestamentlich-jüdischen Umschreibung der für das Volk Verantwortlichen als »Hirten«[160] – also als Episkopen in der Bedeutung von »Aufseher« und »Hüter« – zu verbinden. So wird es auch in 1. Petrus 2,25; 5,2 vorausgesetzt, und so fügt es sich auch zu der traditionellen Vorstellung von der Verantwortung der »Ältesten« in Israel und in der Kirche

Jesu Christi. In diesem Sinne kann das »Bischofsamt« dann in der Presbyterparänese – das heißt der Ermahnung der Ältesten – in 1. Petrus 5,1-4 seine maßgebliche Orientierung an der Hingabebereitschaft und Fürsorglichkeit Jesu Christi selbst gewinnen. Er gilt als der »Hirte und Bischof« – als »Hüter« und »Aufseher« – der durch ihn geretteten und geheilten Seelen (1. Petr 2,25), der den menschlichen Hirten gegenüber als der »Oberhirte« (1. Petr 5,4) bzw. als der »große Hirte« (Heb 13,20) zu verstehen ist (vgl. Joh 10,11).

Diese Entwicklung hat innerhalb des Neuen Testaments in den Pastoralbriefen (1. und 2. Timotheus und Titus) ihren Höhepunkt erreicht, insofern hier die Kombination von jüdisch-judenchristlichem Ältestenamt und hellenistisch abgeleiteten Ämtern ausführlich entfaltet wird: *Erstens* findet sich das Amt des Episkopos/des »Bischofs« als eines *primus inter pares*, eines ersten unter den Ältesten (1. Tim 3,2; Tit 1,7); *zweitens* besteht innerhalb der Episkopenordnung das Amt der *Presbyter*/der »Ältesten« fort (1. Tim 5,17; Tit 1,5)[161]; und *drittens* findet sich das in seiner konkreten Ausführung des »Dienens« (*diakonein*, 1. Tim 1,13) noch wenig bestimmte *Diakonenamt* (1. Tim 3,8.12).

Entscheidend für das Amtsverständnis ist auch die ausdrückliche Erwähnung einer *Ordination* unter Auflegung der Hände (1. Tim 4,14; 5,22)[162] und die Vorstellung einer *Sukzession*, das heißt einer ununterbrochenen Nachfolgereihe. Freilich geht es hier nicht etwa um die Nachfolgeregelung des *Petrus* oder des *Paulus* bzw. der Apostel insgesamt *als Personen* und *Amtsträger*, sondern vielmehr um die ununterbrochene Fortsetzung und Sukzession der »gesunden Lehre« (1. Tim 1,10)[163] und der »guten Überlieferung« – der *Parathēkē*/»Überlieferung« als eines zu bewahrenden »anvertrauten Gutes« (1. Tim 6,20; 2. Tim 1,12.14, im Sinn von *Depositum*).

Während die Empfänger der Pastoralbriefe um die Vollendung des Lebenslaufs des Paulus als eines vorbildlichen Leidenszeugen wissen (2. Tim 1,8-14; 4,1-8)[164], können sie doch gewiss davon ausgehen, dass er als »Verkünder, Apostel und Lehrer« (1. Tim 2,7; 2. Tim 1,11) das ihm anvertraute Evangelium (1. Tim 1,11) zuverlässigen und zu Verkündigung und Lehre fähigen Menschen weitergegeben hat. Damit bleibt die Sukzession dieses entscheidenden Dienstes (*diakonía*) am Evangelium – also der »Dienst des Wortes (*ministerium verbi*) – über Generationen gewahrt: »Und was (2.) du [Timotheus] von (1.) mir [Paulus] gehört hast vor vielen Zeugen, das befiehl (3.) treuen/zuverlässigen Menschen an, die tüchtig sind, auch (4.) andere zu lehren« (2. Tim 2,2).

Auch den Pastoralbriefen geht es bei ihrem Amtsverständnis also weder um ein dreigestuftes Weiheamt – von Bischof, Priester und Diakon – noch um eine hierarchische Kirchenstruktur, sondern um die Sicherung der für die Kirche konstitutiven Grundlage, Orientierung und Zielvorgabe des anvertrauten »Evangeliums von der Herrlichkeit des seligen Gottes« (1. Tim 1,11). Was für das Amt des Bischofs grundlegend ist, sind sein glaubwürdiges Zeugnis und seine Fähigkeit zur Lehre (1. Tim 3,2; Tit 1,9), das heißt zur verbindlichen Weitergabe, Anwendung und Durchsetzung des von Gott gegebenen »anvertrauten Gutes« – der *Parathēkē* – der »gesunden Lehre«.[165]

DIAKONAT – THEOLOGISCHE PERSPEKTIVEN AUF EIN KIRCHLICHES AMT

Fragt man abschließend nach den Gesichtspunkten, die sich aus der exegetischen Untersuchung der »Ämterfrage« für das christliche ständige Amt der Diakone und Diakoninnen ergeben, mag ein ganz gegensätzlicher Eindruck entstehen. Einerseits wird gerade der Diakonendienst als ständiges Amt – bei den ohnehin spärlichen Ausführungen zu den »Ämtern« im Neuen Testament – am wenigsten präzise beschrieben. Nach der unvermittelten Erwähnung von »Bischöfen (im Plural!) und Diakonen« in der Adressenangabe des Philipperbriefs (Phil 1,1) erscheinen sie erst wieder in dem »Diakonenspiegel« (1. Tim 3,8-13) ohne spezifische Aufgabenbeschreibung, aber immerhin mit der gesonderten Angabe zu den Diakon*innen* – also weiblichen »Amtsträgerinnen« (wie 1. Tim 3,12 wohl zu deuten ist).

Auch die oft angeführte Wahl »der Sieben« – als Repräsentanten des hellenistischen, also Griechisch sprechenden Teils der Jerusalemer Gemeinde – nach Apostelgeschichte 6,1-7 wirft diesbezüglich mehr Fragen auf, als sie beantwortet. Denn Lukas sieht sie zunächst im griechischen Wortsinn zum »Dienen am Tisch«, das heißt zur Versorgung und Betreuung bedürftiger Witwen berufen. Dann aber bezeugt er von zweien aus ihrem Kreis – nämlich Stephanus (6,8–7,59) und Philippus, »dem Evangelisten« (8,5-40; 21,8) – ausführlich, dass sie eindrücklich und wirksam das »Amt des Wortes«, das heißt den »Wortdienst« (Apg 6,4), versehen haben, der ausdrücklich den Aposteln zugedacht ist (Apg 6,2.4; vgl. 1,8).

Andererseits haben wir gesehen, dass – angefangen bei dem Sendungsbewusstsein und dem Nachfolgeruf Jesu über die ethische Unterweisung des Apostels bis hin zur Charakterisierung des Apostelamts und des Verkündigungsamts der frühen Kirche – die Begriffe »Dienen«, »Diener« und »Dienst« von grundlegender Bedeutung sind. Im Gegenüber zu Gott ist *diákonos* – »Diener«, »Diakon« – zugleich Demutsbezeichnung wie Ehrentitel als »Diener *Gottes*«. Im Hinblick auf die Menschen ist es Ausdruck der Verpflichtung zu hingebungsvoller Zuneigung und von Liebe bestimmter Zuwendung. In Hinsicht auf das Selbstverständnis ist es die Verpflichtung, sich ohne Eitelkeit und egoistische Machtinteressen verantwortlich und treu der Aufgabe zu widmen, die einem von Gott selbst zugunsten der Menschen aufgetragen ist.

Zur Begründung des Diakonats bedarf es also keiner gesonderten biblischen Beweisführung. Man könnte mit etwas Koketterie sogar sagen, dass sich »die Diakonie« und das »Amt des Diakons/der Diakonin« viel unmittelbarer und leichter von der Schrift her ableiten ließen als das – nur aus der kirchengeschichtlichen Entwicklung heraus verständliche – Amt des evangelischen »Pfarrers«. Dazu kann man gewiss – wie es gerne geschieht – auf das Gleichnis vom barmherzigen Samariter (Lk 10,25-37) verweisen, weniger passend auf die Darstellung vom Gericht durch den Menschensohn nach Matthäus 25,31-46.[166] Zum gegenseitigen Dienen in Liebe ist die Gemeinde aber in der gesamten neutestamentlichen Ethik aufgerufen, angefangen bei der in Gottes Barmherzigkeit basierenden Bergpredigt Jesu (Mt 5–7) und dem vielfältig bezeugten Gottesgebot der Nächstenliebe (3. Mose 19,18; Mk 12,313 par.; Röm 13,8 ff; Joh 15,12) über die in Jesu Lebenshingabe für die Seinen gründende paulinische Ethik (z. B. Röm 12,1–15,13; Gal 5,1–6,10) bis hin zu allen Spätbriefen des Neuen Testaments vom 1. Johannes- bis hin zum Jakobusbrief. Die Diakonie ist der Kirche Jesu Christi in ihrer Gesamtheit aufgetragen; und das, was der Kirche aufgegeben ist, ist nichts anderes als Diakonie – als *diakonía*, das heißt »Dienen« und »Dienst« im Sinne Jesu Christi.

Gleichwohl ist es sinnvoll und geboten, auch über das spezifische Amt des Diakonats immer wieder neu und auf der Basis der neutestamentlichen Zeugnisse zum »Dienst« und zum »Amt«

insgesamt nachzudenken. Denn es trifft wohl zu, dass nach dem Evangelium von Jesus Christus das Priestertum aller Gläubigen gilt, wie es 1. Petrus 2,5.9; Offenbarung 1,6; 5,10 (vgl. 2. Mose 19,6) entfaltet wird; doch bezeichnet dies die *Gleichunmittelbarkeit* aller an Christus Gläubigen zu Gott, die außer Christus selbst keines Mittlers und keiner vermittelnden »Weiheämter« und keines priesterlichen Kultes zwischen Gott und seinem Volk bedürfen. Die Zugehörigkeit zum »priesterlichen Volk« und zum »königlichen Priestertum« bedeutet freilich nirgendwo die Beliebigkeit der Dienste und die Austauschbarkeit der Berufungen und Geistesgaben. Unterscheidet Paulus doch schon in der charismenorientierten, das heißt gabenorientierten Kirche der Frühzeit klar zwischen den verschiedenen Aspekten des Dienstes am Evangelium, insofern er sich *erstens* im Wortdienst – von Mission, Predigt, Gottesdienstbeiträgen und Lehre – äußert, *zweitens* in den Begabungen zu Leitungsaufgaben in der Gemeinde und *drittens* in den heilenden und helfenden, wohltätigen und Barmherzigkeit übenden Diensten der gelebten Liebe.

Dabei liegt dem Apostel alles daran, dass es zwischen den verschiedenen Gaben und Berufungen keine Rivalität und keine Abstufungen der Wertigkeit geben darf, sondern jede Gabe und jeder Dienst seine Würde durch den die Geistesgabe schenkenden *einen* Gott und den *einen* Herrn Jesus Christus in dem *einen* und selben Geist erhält. Grundlage, Orientierung und Kriterium für den einheitlichen Dienst am Evangelium Christi, wie er sich in den besonderen Gaben der tätigen Liebe zu den Menschen äußert, ist der Herr der Kirche, der als Sohn Gottes selbst gelebt hat, was er seinen Jüngern in ihren verschiedenen Berufungen aufgibt: »Denn auch der Menschensohn ist nicht gekommen, dass er sich *dienen lasse*, sondern dass er *diene* und sein Leben gebe als Lösegeld für viele« (Mk 10,42-45).

ANMERKUNGEN

1 S. zum Ganzen: H.-J. Eckstein, Das Wesen des christlichen Glaubens, in: ders., Der aus Glauben Gerechte wird leben. Beiträge zur Theologie des Neuen Testaments, BVB 5, 2. Aufl., Münster u. a. 2007, 3-18 (fachwissenschaftlich); H.-J. Eckstein, Glaube, der erwachsen wird, 7. Aufl., Holzgerlingen 2008, 37 ff (allgemein verständlich); H.-J. Eckstein, Glaube als Beziehung. Von der menschlichen Wirklichkeit Gottes, Grundlagen des Glaubens 2, 3. Aufl., Holzgerlingen 2010 (allgemein verständlich).

2 Im Johannesevangelium findet sich das Zeitwort »glauben« 98-mal, während der Evangelist das abstrakte Hauptwort »Glaube« vermeidet.

3 So 1. Thess 1,7; 2,10.13; 1. Kor 14,22 oder nach Gal 6,10 als »Hausgenossen des Glaubens«.

4 Röm 13,11; Gal 2,16; 1. Kor 3,5; 15,2.11 u. ö.

5 Vgl. in diesem Zusammenhang auch Joh 3,36; Apg 14,2; 1. Petr 2,8; 3,1; 4,17.

6 Gal 3,2.5; Röm 10,8.17.

7 Röm 6,8; 10,9; 1. Thess 4,14.

8 Für Paulus untypisch; s. 1. Kor 13,7; vgl. 2. Thess 1,10b; Joh 11,26b.

9 S. Röm 4,3.17; Gal 3,6.

10 S. Gal 2,16; Röm 10,14a; Phil 1,29.

11 Zum Verständnis des Glaubens als eines personalen Beziehungsbegriffs im Licht der *Liebe Gottes* s. H.-J. Eckstein, Du liebst mich, also bin ich. Gedanken, Gebete und Meditationen, 17. Aufl., Holzgerlingen 2014; H.-J. Eckstein, Du bist ein Wunsch, den Gott sich selbst erfüllt hat, 5. Aufl., Holzgerlingen 2017.

12 Auch die Rede vom »Glauben Christi« u. Ä. in Röm 3,22.26; Gal 2,20; Phil 3,9 spricht nicht etwa vom »Glauben, den *Christus* hatte«, sondern – wie Gal 2,16; Röm 10,14; Phil 1,29 ausdrücklich bestätigen (»*an* Christus glauben«/»*an* Christus gläubig werden«) – vom »Glauben *an* Christus« im oben beschriebenen umfassenden Sinn.

13 Röm 1,17; 3,26.30; 5,1; 9,30; 10,6; Gal 2,16c; 3,8.11.(22.)24; 5,5.

14 Röm 3,22.30; Gal 2,16a; Phil 3,9.

15 S. neben Röm 3,24 vor allem Phil 1,29: »Denn euch ist es *geschenkt* um Christi willen, nicht allein an ihn zu glauben …« Vgl. Eph 2,8: »Denn *aus Gnade* seid ihr selig geworden *durch Glauben*, und das nicht aus euch: *Gottes Gabe* ist es.«

16 Grund und Ursache des Heils ist Jesus Christus und sein Kreuz, sodass der Mensch »wegen *Christus*« (*propter Christum*) und »*durch* den Glauben« (*per fidem*), nicht »*wegen* des Glaubens« (*propter fidem*) gerettet wird.

17 S. Röm 3,24; 4,4.16; 5,2.15.17.20.21; 6,14 f; 11,5 f; Gal 1,6.15; 2,21; 5,4 u. ö.

18 S. Röm 2,17.23; 4,2; 1. Kor 1,29-31; Gal 6,13 f; vgl. Eph 2,9.

19 S. Röm 3,21 ff; 4,1 ff; 5,1 f; Gal 2,16; 3,1 ff.

20 Das Wort Gottes als *Kraft*: Röm 1,16; 1. Kor 1,18.

21 Der Glaube gründet im Wirken von Gottes Geist und Kraft: 1. Kor 2,4 f; 1. Thess 2,13.

22 In diesen Zusammenhang der Heilsgewissheit und Zuversicht in Anfechtung und Leiden gehört auch die Erkenntnis der dem Glauben vorangehenden göttlichen Erwählung und Berufung; s. Röm 8,28-30; 9,11 f.15 f.23 f; 11,5-7.28 f; 1. Kor 1,27; 1. Thess 1,4; vgl. Eph 1,2-12; 2,8; 2. Thess 2,13-17; 2. Tim 1,9.

23 S. zur Gewissheit des Heils Röm 3,2 f; 5,1; 6,22 f; 8,1.16 f.28-39; 10,9-13; 11,29; 14,4; 1. Kor 1,8 f; 10,13; 2. Kor 1,21 f; 5,5-8; Phil 1,6.

24 Gegenüber denen, die sich in der Gemeinde in Philippi selbst schon für »vollkommen« hielten, betont Paulus, dass er das himmlische Ziel und Christus selbst noch nicht ergriffen *habe*, aber eben von ihm bereits ergriffen *sei* (Phil 3,12).

25 S. zum »Erkanntsein« 1. Kor 8,3; 13,12; Gal 4,9.

26 S. zur Vertiefung den Beitrag »Christus ist mein Leben – Was kommt nach dem Sterben?« in diesem Buch, S. 107.

27 Vgl. nur Röm 8,1-14; 1. Kor 13; Gal 5,22.

28 S. Röm 5,12 ff; 6,1 ff; 7,7 ff; 8,1 ff.

29 S. Röm 8,14-17.21.23; Gal 3,26; 4,5-7.

30 Zu Gott als »Vater« s. wiederum Röm 8,14 ff; Gal 3,26; 4,5-7.

31 S. zu Christus als *Bräutigam* und der Gemeinde als *Braut* 2. Kor 11,2; Eph 5,25 f; vgl. Offb 19,7-9; 21,9.

32 Wenn man es mit philosophischen Begriffen sagen will: Gott als Schöpfer ist nicht nur als *ein* »Seiender« unter anderen vorzustellen, sondern als das »Sein« selbst.

33 S. dazu auch Joh 20,29; Röm 4,18-21; 8,24; 2. Kor 5,6f; 1. Petr 1,8; Heb 11,1.8ff.27.

34 Vgl. Mt 17,20; Lk 17,5f.

35 Vgl. 2. Kor 1,3f: »Gelobt sei Gott, der Vater unseres Herrn Jesus Christus, der Vater der Barmherzigkeit und Gott allen Trostes, der uns tröstet in aller unserer Trübsal, damit wir auch trösten können, die in allerlei Trübsal sind, mit dem Trost, mit dem wir selber getröstet werden von Gott.«

36 Als Literatur zum Thema »Gott als Vater« s. vor allem O. Hofius, Art. ἀββά,/Vater, TBLNT, NB, Wuppertal/Neukirchen 1997, 1721f; ders., Art. πατήρ/Vater, a.a.O., 1723-1728; 1730; J. Jeremias; Abba, in: ders., Abba. Studien zur neutestamentlichen Theologie und Zeitgeschichte, Göttingen 1966, 15-67; O. Michel, Art. πατήρ/Vater, EWNT III, Stuttgart 1983, 125-135; G. Schrenk/G. Quell, Art. πατήρ κτλ, ThWNT V, Stuttgart 1954, 946-1024 (vgl. ThWNT X, Stuttgart 1979, 1225). – Zur Vertiefung der Ausführungen s. H.-J. Eckstein, Glaube, der erwachsen wird, 7. Aufl., Holzgerlingen 2008, 19ff (Sachbuch); ders., Du liebst mich, also bin ich. Gedanken, Gebete, Meditationen, 17. Aufl., Holzgerlingen 2014 (allgemein verständlich).

37 Auf das *Volk Israel* bezogen: 5. Mose 32,6; Jes 63,16 [2-mal]; 64,7; Jer 31,9; Mal 1,6; 2,10; auf den *König Israels* bezogen: 2. Sam 7,14 par.; 1. Chr 17,13; 22,10; 28,6; Ps 89,27; vgl. Ps 2,7.

38 Jes 25,6-8; Offb 7,17; 21,3-5; vgl. Ps 126,5f; 56,9.

39 S. im Alten Testament vor allem Jes 62,4f; Hes 16,4-8; Hos 2,18.21f; vgl. auch Jes 54,5-10; Jer 2,2f; Hes 16,1-63.

40 S. im Neuen Testament Mk 2,18-20 par.; Mt 22,2; 25,1-13; Joh 2,1-12; 3,29; 1. Kor 6,12ff; 2. Kor 11,2; Eph 5,23-27; Offb 19,7-9; 21,9.

41 Wie wir oben sahen, finden sich im Alten Testament nur 13 von 1 180 Belegen für den Begriff »Vater« im spezifisch religiösen Sinne.

42 Vgl. dazu die erhellenden und unüberholten Darstellungen bei O. Hofius, Art. ἀββά,/Vater, TBLNT, 1721f; ders., Art. πατήρ/Vater, a.a.O., 1723-1728; 1730; J. Jeremias; Abba, in: ders., Abba. Studien zur neutestamentlichen Theologie und Zeitgeschichte, 15-67.

43 S. Mk 14,36 par. Mt 26,39.42 und Lk 22,42; Mt 11,25 f par. Lk 10,21; Lk 23,34.46; Joh 11,41; 12,27 f; 17,1.5.11.24 f.

44 S. Joh 1,1-3; 8,58; 16,28; 17,5.24; 1. Kor 8,6; 2. Kor 8,9; Phil 2,6 f; Kol 1,15-17; Eph 1,3-14; Heb 1,2 f; Offb 3,14 – wohl auch: Röm 8,3; Gal 4,4; 1. Kor 10,3 f. Vgl. zur neutestamentlichen Christologie H.-J. Eckstein, Die Anfänge trinitarischer Rede von Gott im Neuen Testament, in: ders., Kyrios Jesus. Perspektiven einer christologischen Theologie, 2. Aufl., Neukirchen-Vluyn 2011, 3-22 (fachwissenschaftlich).

45 Vgl. zum Erweis der Liebe Gottes in der Hingabe des Sohnes Röm 8,31 f; Eph 2,4 ff.

46 S. Röm 1,16 f und 3,21 ff neben Röm 1,18–3,20; Röm 5,6-8 neben 5,9 f; Joh 3,16 neben Joh 3,36.

47 Zur Auferstehung Jesu s. H.-J. Eckstein, Zur Wiederentdeckung der Hoffnung. Grundlagen des Glaubens, 2. Aufl., Holzgerlingen 2008, 87-122; 123-131 (allgemein verständlich); H.-J. Eckstein, Die Wirklichkeit der Auferstehung Jesu. Lk 24,34 als Beispiel formelhafter Zeugnisse, in: ders., Der aus Glauben Gerechte wird leben. Beiträge zur Theologie des Neuen Testaments, BVB 5, 2. Aufl., Münster u. a. 2007, 152-176 (fachwissenschaftlich); H.-J. Eckstein, Leben nach Geist und Leib. Christologische und anthropologische Aspekte der Auferstehung nach Lukas, in: ders., Der aus Glauben Gerechte wird leben, 177-186 (fachwissenschaftlich).

48 Zur Einsetzung in das »Amt« des Gottessohns und Herrn s. Röm 1,3 f; Phil 2,9 ff; vgl. Apg 2,36; 13,32 f.

49 S. Mk 1,11; 3,11; 5,7; 9,7; 14,61 f; 15,39; Mk 12,6; 12,35 ff (Ps 110,1).

50 Zur »Schöpfungsmittlerschaft« Jesu Christi s. Joh 1,3.10; 1. Kor 8,6; Kol 1,15-17; Heb 1,2 f. Vgl. H.-J. Eckstein, Die Anfänge trinitarischer Rede von Gott im Neuen Testament, in: ders., Kyrios Jesus. Perspektiven einer christologischen Theologie, 2. Aufl., Neukirchen-Vluyn 2011, 3-22 (fachwissenschaftlich).

51 S. zum »Jüngerunverständnis« vor Ostern Mk 6,52; 7,18; 8,17.18 (vgl. Jer 5,21).21; 8,32 f; 9,6.19.32 (vgl. 14,18–16,8).

52 S. zur »Präexistenz« – d. h. dem »Vorher-Dasein« – Jesu Christi bei Gott vor seiner Menschwerdung Joh 1,1-3; 8,58; 16,28; 17,5.24; 1. Kor 8,6; 2. Kor 8,9; Phil 2,6 f; Kol 1,15-17; Eph 1,3-14; Heb 1,2 f (vgl. Röm 8,3; Gal 4,4; 1. Kor 10,3 f).

53 S. Joh 1,9-11.14.

54 Dabei gilt es zu beachten, dass bis auf Lukas wohl sämtliche Verfasser neutestamentlicher Schriften selbst geborene *Juden* sind – und somit ganz unmittelbar in der *alttestamentlich-jüdischen* Tradition stehen.

55 Auf seine *jüdische* und speziell *pharisäische* Herkunft legt Paulus als Apostel für die Heiden großen Wert (Röm 11,1; 2. Kor 11,22; Phil 3,5; vgl. Gal 1,14; Phil 3,5 f).

56 Vgl. 1. Kor 6,11; 2. Kor 4,6; 5,17.

57 Auch in 2. Kor 8,9 und in Phil 2,6 ff werden die Präexistenz und die Menschwerdung dessen vorausgesetzt, der zuvor »reich war«, der »in göttlicher Gestalt war«; vgl. Kol 1,15-17; Eph 1,3-14; Heb 1,2 f.

58 Der »Herr«, den Paulus in 2. Kor 12,8 dreimal anruft, ist – wie die Antwort in V. 9.10 erweist – Christus! Von »unserem Herrn Jesus« erwartet er wie von »Gott, unserem Vater«, die Erhörung seiner Gebete (1. Thess 3,10 f).

59 Auch in Jak 2,1 wird Jesus Christus ausdrücklich als »unser Herr der Herrlichkeit« bezeichnet.

60 Dabei enthielt die griechische Bibel, die die Verfasser des Neuen Testaments und ihre Gemeinden voraussetzten, auch die Schriften, die wir in der evangelischen Tradition als »Apokryphen« bezeichnen – also zum Beispiel Jesus Sirach und Weisheit Salomos.

61 S. Spr 8,22-31; Sir 24,3-10; Weisheit 7,22-30; vgl. 1. Mose 1,3; Ps 33,6.9; 104,24; Spr 3,19 f.

62 Vgl. zur Sendung des Gottessohnes bereits Röm 8,3; Gal 4,4 f.

63 S. 1. Kor 15,8: »zuallerletzt«; vgl. 1. Kor 9,1; 15,8-10; Gal 1,11 ff.

64 Joh 13,1; 15,12 f; 1. Joh 3,16; vgl. Gal 2,20; Eph 5,2.25b; Offb 1,5b.

65 S. Joh 3,16; 1. Joh 4,9 f; Röm 5,8; 8,31 f; Eph 2,4 ff.

66 Vgl. H.-J. Eckstein, Glaube, der erwachsen wird, 7. Aufl., Holzgerlingen 2008, 19-90; ders., Du liebst mich, also bin ich, 17. Aufl., Holzgerlingen 2014; H.-J. Eckstein, Du bist ein Wunsch, den Gott sich selbst erfüllt hat, 5. Aufl., Holzgerlingen 2017; H. Kuhn/A. Schöpf, Art. Liebe, in: HWP 5, Darmstadt 1980, 290-327; G. Schneider, Art. ἀγάπη/Liebe, in: EWNT I, Stuttgart u. a. 1980, 19-29.

67 Vgl. Lk 23,34; Röm 12,14; 1. Kor 4,12 f; 1. Petr 3,9.

68 Was der vielseitigen Bedeutung des Begriffs »Liebe« in der deutschen Sprache vergleichbar ist. In der Hebräischen Bibel entspricht dem

schon zuvor die Bevorzugung der Begriffe *'aḥᵃbā* für »Liebe« und *'āhēb* für »lieben«.

69 Die Wortgruppe *Agape* kommt in den verschiedenen Formen (als Substantiv, Verb und Adjektiv) insgesamt 320-mal im Neuen Testament vor, allein 52-mal im 1. Johannesbrief, 44-mal im Johannesevangelium, 24-mal im Römerbrief, 22-mal im Epheserbrief und 20-mal im 1. Korintherbrief.

70 Für die Liebe Gottes zu seinem Sohn (Joh 5,20) und zu den Jüngern (Joh 16,27), für die Liebe Jesu zum »Lieblingsjünger« (Joh 20,2); für die Liebe der Gemeinde zu ihrem auferstandenen Herrn (1. Kor 16,22), für die Liebe des Petrus zu Jesus (Joh 21,15-17); für die Liebe Gottes zu den Menschen, die er erzieht (Offb 3,19 nach Spr 3,12).

71 So kommt das Verb *philẹō*/»lieben« im Neuen Testament immerhin 25-mal (gegenüber 143-mal *agapạō*) vor und im Griechischen Alten Testament (der Septuaginta, LXX) 27-mal (gegenüber 216-mal *agapạō*).

72 S. Joh 3,16; 1. Joh 4,9 f; Röm 5,8; 8,31 f; Eph 2,4 ff.

73 S. Joh 13,1; 15,12 f; 1. Joh 3,16; Gal 2,20; Eph 5,2.25b; Offb 1,5b.

74 Von der Liebe Gottes zu seinem Sohn zum Beispiel Joh 3,35; 5,20; 10,17; 15,9; 17,23 f.26, von der Liebe des Sohnes Gottes zu seinem Vater Joh 14,31.

75 Vgl. zum Ganzen H.-J. Eckstein, Gott wird Mensch. Vom menschlichen Gottesbild zum christlichen Menschenbild, in: ders., Glaube als Beziehung, 3. Aufl., Holzgerlingen 2010, 9-32; H.-J. Eckstein, Du bist ein Wunsch, den Gott sich selbst erfüllt hat, 5. Aufl., Holzgerlingen 2017.

76 S. allgemein verständlich: H.-J. Eckstein, Christus in euch. Von der Freiheit der Kinder Gottes. Eine Auslegung des Galaterbriefs, Göttingen 2017, 69-146; H.-J. Eckstein, Gott ist es, der rechtfertigt. Rechtfertigungslehre als Zentrum paulinischer Theologie?, in: ders., Kyrios Jesus. Perspektiven einer christologischen Theologie, 2. Aufl., Neukirchen-Vluyn 2011, 41-48; H.-J. Eckstein, Das Evangelium – eine Kraft Gottes. Zur Wiederentdeckung der Hoffnung. Grundlagen des Glaubens, 2. Aufl., Holzgerlingen 2008, 45-76; *fachwissenschaftlich*: H.-J. Eckstein, Verheißung und Gesetz. Eine exegetische Untersuchung zu Gal 2,15–4,7, WUNT 86, Tübingen 1996, 15 ff; 50 ff; 95 ff; 142 ff u. ö.; K. Koch, Art. *ṣdk*, THAT II, München 1976, 507-530, hier 527;

F. V. Reiterer, Gerechtigkeit als Heil. *ṣdk* bei Deuterojesaja, Graz 1976, 24-116; 208-216.

77 S. Röm 1,17; 3,5.21 f.25 f; 10,3; 2. Kor 5,21.

78 S. Röm 8,38 f; 11,29; 14,4; 1. Kor 1,8 f; 10,13; Phil 1,6; 1. Thess 5,24.

79 S. Röm 5,5-8; 8,35-39.

80 S. allgemein verständlich: H.-J. Eckstein, Christus in euch. Von der Freiheit der Kinder Gottes. Eine Auslegung des Galaterbriefs, Göttingen 2017, 69-146; *fachwissenschaftlich*: H.-J. Iwand, Rechtfertigungslehre und Christusglaube. Eine Untersuchung zur Systematik der Rechtfertigungslehre Luthers in ihren Anfängen, TB 14, 3. Aufl., München 1966; O. Weber, Grundlagen der Dogmatik, Bd. II, 2. Aufl., Berlin 1969, 292 ff.

81 S. zum Ganzen H.-J. Eckstein, Die »bessere Gerechtigkeit« nach dem Matthäusevangelium, in: ders., Der aus Glauben Gerechte wird leben. Beiträge zur Theologie des Neuen Testaments, BVB 5, 2. Aufl., Münster u. a. 2007, 122-142; H.-J. Eckstein, Die Weisung Jesu Christi und die Tora des Mose nach dem Matthäusevangelium, in: Der aus Glauben Gerechte wird leben, 101-121.

82 S. die Wendung *»tun, ausüben, praktizieren* der Gerechtigkeit« in 6,1 und die folgende Entfaltung in 6,2 ff.

83 Bei der Schuldsumme handelt es sich um die Kombination des höchsten Zahlenwertes – 10 000/eine »Myriade« – mit der größten Geldeinheit – »Talent« – der damaligen Zeit.

84 S. H.-J. Eckstein, Siebenundsiebzigmal Unrecht oder Liebe, in: ders., Glaube, der erwachsen wird, 7. Aufl., Holzgerlingen 2008, 113-115.

85 S. zum Glauben als Wissen und als Gewissheit den Beitrag »Glaube und Erfahrung. Von der Realität des Geglaubten« in diesem Buch, 9.

86 S. zur *Gegenwärtigkeit* des Heils im Johannesevangelium vor allem: Joh 3,13-21; 3,31-36; 4,23; 5,20-27; 11,23-25; 12,44-50.

87 S. zum Zuspruch der gegenwärtigen *Gewissheit* des Heils für die Glaubenden: Joh 3,15 f.36; 5,24; 6,37.39 f.47.54; 8,51; 11,25 f; 17,2.6 ff; 20,31 (vgl. 1. Joh 3,1 f.14.19 f; 4,13; 5,11-13).

88 Vgl. Joh 17,9.11b.15 (vgl. 1. Joh 2,19).

89 Vgl. zur vorhergehenden göttlichen Erwählung und Berufung: Röm 9,11 f.15 f.23 f; 11,5-7.28 f; 1. Kor 1,27; 1. Thess 1,4; vgl. Eph 1,2-12; 2,8; 2. Thess 2,13-17; 2. Tim 1,9.

90 Vgl. Röm 14,4; 1. Kor 1,4-9; 1. Petr 1,3-5; Joh 10,28-30.

91 Vgl. 1. Joh 1,9–2,2.

92 So schon mit den Worten der »Zugehörigkeitsformel« in 3. Mose 26,12: »Ich will unter euch wandeln und will euer Gott sein, und ihr sollt mein Volk sein« (vgl. Hes 37,27).

93 S. zur Wirklichkeit der Auferstehung Jesu und zur Leiblichkeit der Auferstehung der Gläubigen ausführlich: H.-J. Eckstein, Zur Wiederentdeckung der Hoffnung. Grundlagen des Glaubens, 2. Aufl., Holzgerlingen 2008; S. 87-122; 123-131; H.-J. Eckstein, Ich schenke deiner Hoffnung Flügel, Holzgerlingen 2015, vor allem 168-173 das »Interview mit Paulus«. S. *wissenschaftlich-theologisch*: H.-J. Eckstein, Der aus Glauben Gerechte wird leben. Beiträge zur Theologie des Neuen Testaments, BVB 5, 2. Aufl., Münster u. a. 2007, 152-176; 177-186.

94 Vgl. zu der lebendigen und unmittelbaren Erwartung im 1. Thessalonicherbrief: 1. Thess 1,10; 3,13; 4,13-18; 5,1-11.23.

95 S. zu der Motivation der Hoffnung auf das Kommende und der Perspektive der anlaufenden Zeit vor allem Röm 13,11; 2. Kor 4,16-18; 5,1-10; Phil 3,20 f; 4,4 f.

96 S. zu dem aramäischen Gebetsruf »Maranatha«, »Unser Herr, komm!«, 1. Kor 16,22; vgl. Offb 22,20.

97 Bei der Vorstellung von der unmittelbaren Entrückung aus der irdischen in die himmlische Existenz konnten die ersten Christen an die alttestamentliche Überlieferung der unmittelbaren Entrückung einzelner Gerechter durch Gott anknüpfen: Henoch 1. Mose 5,24; Elia 2. Kön 2,11; die Psalmbeter Ps 49,16 und Ps 73,24 (wörtlich: »und nimmst mich am Ende in deine Herrlichkeit auf«)

98 Vgl. zu dem »wir« der Naherwartung und zu der Notwendigkeit der Verwandlung in einen himmlischen Leib auch 1. Kor 15,51.

99 S. zum Motiv der Freude Phil 1,4.18.25; 2,2.17 f.29; 3,1; 4,1.4.10.

100 Vgl. die ebenfalls in der Spätphase geschriebenen und von Vorfreude, Zuversicht und Sehnsucht nach der »Heimkehr« zu Christus bestimmten Ausführungen in 2. Kor 4,16–5,10.

101 Vgl. zur Umschreibung des »Sterbens« mit dem abmildernden Begriff »entschlafen« 1. Thess 4,13-15; 1. Kor 15,6.18.20.51.

102 S. zu der Rede vom »Jüngsten Tag«, das heißt dem letzten Tag der Geschichte: Joh 6,39 f.44b.54; 11,24; 12,48.

103 Mit dem Zielpunkt »Wir werden bei dem Herrn sein allezeit« (1. Thess 4,17), »Wir werden zugleich mit ihm leben« (1. Thess 5,10) und »Wir werden daheim sein bei dem Herrn« (2. Kor 5,8) kann Paulus jeweils seine Entfaltungen zu den endzeitlichen Ereignissen abbrechen.

104 Vgl. Röm 1,17; 3,26.30; 5,1; 9,30; 10,6; Gal 2,16; 3,8.11.24; 5,5.

105 »Gerechte« nach dem Lukasevangelium: (a) im *positiven* Sinne: Lk 1,6.17; 2,25; 14,14; 23,50; Apg 10,22; (b) im Sinne von *vermeintlich »gerecht«*: Lk 16,15; 18,9; 20,20; (c) in der Akzentuierung *umstritten*: Lk 5,32; 15,7 (im Sinne von Variante [a] oder [b]? Selbstbezeichnung der Gegner? Ironischer Gebrauch?).

106 Lk 5,27-32; 7,34; 15,1 ff; 18,9-14; 19,1-10.

107 Lk 9,51-56; 10,29-37; 17,11-19 – jeweils »Sondergut«, d.h. nur im Lukasevangelium überliefert.

108 Lk 2,36-38; 7,11-17.36-50; 8,1-3; 10,38-42; 13,10-17; 23,26-31; 23,55–24,11 (vgl. 1,26-38; 1,39-56).

109 S. zum Lukasevangelium H.-J. Eckstein, Wer wird ihn mehr lieben? Aspekte einer lukanischen Anthropologie am Beispiel von Lk 7,36-50, in: ders., Kyrios Jesus. Perspektiven einer christologischen Theologie, 119-134; H.-J. Eckstein, Pharisäer und Zöllner. Jesu Zuwendung zu den Sündern nach Lk 18,9-14, in: ders., Der aus Glauben Gerechte wird leben. Beiträge zur Theologie des Neuen Testaments, BVB 5, 2. Aufl., Münster u.a. 2007, 143-151.

110 Vgl. zum Ganzen: J. Roloff, Art. Amt/Ämter/Amtsverständnis, TRE 2, Berlin u.a. 1978, 509-533; H.-J. Eckstein, Vom Ich zum Wir. Perspektiven einer wachsenden Kirche, in: ders., Glaube als Beziehung. Von der menschlichen Wirklichkeit Gottes, 3. Aufl., Holzgerlingen 2010, 113-149; H.-J. Eckstein, Ein Herr, ein Leib – doch viele Kirchen? Einheit und Vielfalt der Kirche aus neutestamentlicher Sicht, in: ders., Kyrios Jesus. Perspektiven einer christologischen Theologie, 2. Aufl., Neukirchen-Vluyn 2011, 103-118.

111 J. Roloff, Art. Amt, 509.

112 S. zur Vertiefung und Begründung im Einzelnen: H.-J. Eckstein, Was ist Gemeinde? Einheit und Vielfalt der Kirche Jesu Christi, in: ders., Wie will die Bibel verstanden werden?, Holzgerlingen 2016, 111-132.

113 S. Röm 16,16; 1. Thess 2,14; Gal 1,22; vgl. die Versammlung, die Kirche *Gottes* (zum Beispiel 1. Kor 1,2; 10,32; 11,22; 15,9; Gal 1,13).

114 *Die* Kirche im überregionalen Sinn: 1. Kor 6,4; 12,28; Eph 1,22; 3,10.21; 5,23-32; Kol 1,18.24; vgl. Mt 16,18.

115 S. 2. Kor 8,1; Gal 1,2.22; 1. Thess 2,14; vgl. Apg 9,31.

116 S. Röm 16,16; 1. Kor 1,2; 4,17; 2. Kor 1,1; Phil 4,15; 1. Thess 1,1.

117 S. Röm 16,5; 1. Kor 16,19; Kol 4,15; Phlm 2; vgl. Apg 2,46; 5,42; 12,12; 19,9.

118 S. H.-J. Eckstein, Glaube als Beziehung, 113-149; ders., Kyrios Jesus, 103-118.

119 Zur Übersetzung von *diakonía* mit »Amt« s. Apg 1,17; 20,24; Röm 11,13; 12,7; 1. Kor 12,5; 2. Kor 3,7-9; 4,1; 5,18; 6,3; Kol 4,16; 1. Tim 1,12; 2. Tim 4,5.

120 Zur Übersetzung von *oikodomía* mit »Amt« s. 1. Kor 9,17; Eph 3,2; Kol 1,25.

121 S. neben Mk 10,42-45 par. auch Joh 13,16; Apg 1,17; 6,2.4; 20,24; 21,19; Röm 11,13; 2. Kor 3,3.6.8; 4,1; 5,18; 6,3 f; 11,8.23; Eph 4,11 f; Kol 1,25; 1. Petr 4,10 f.

122 Vgl. zu Röm 15,8 vor allem Mk 10,45 und Joh 13,1-17.

123 S. neben 1. Kor 3,5 vor allem 2. Kor 3,6; 6,4; 11,23; Eph 3,7; Kol 1,23.25.

124 Vgl. zur Bezeichnung von Mitarbeitern Eph 6,21; Kol 1,7; 4,7; 1. Tim 4,6.

125 Die gesonderte weibliche Form *diakoníssa*, von der sich die Bezeichnung »Diakonisse« ableitet, findet sich hingegen erst ab dem 4. Jh. n. Chr.; vgl. J. Roloff, Art. Amt, 165 und Anm. 287.

126 Die gelegentliche Übersetzung »*ihre* Frauen« bei 1. Tim 3,11 entspricht nicht dem griechischen Text, der nur von »Frauen« spricht – soll heißen: Frauen im Amt der Diakone. Mit »in gleicher Weise« wird schon in V. 8 eine neue Gruppe nach den Bischöfen eingeführt, und auf das Familienleben der Diakone wird dann eigens in V. 12 Bezug genommen. Schließlich wird beim vorgeordneten Bischofsamt (1. Tim 3,1-7) eine solche gesonderte Forderung an die Ehefrauen auch nicht formuliert. Die Bezeichnung einer *Frau* als »Diakon« (*diákonos*), d. h. in diesem Fall also: »Diakonin«/»Dienerin«, findet sich für Phöbe ausdrücklich bereits in Röm 16,1.

[127] S. J. Roloff, Art. Amt, 148; 164 ff.

[128] Vgl. Mt 20,20 ff.

[129] S. zur Vertiefung H.-J. Eckstein, Wie will die Bibel verstanden werden? Zu einem evangelischen Schriftverständnis, in: ders., Wie will die Bibel verstanden werden?, Holzgerlingen 2016, 133-160.

[130] Im *weiteren* Sinne werden als »Apostel« die »Missionare« – im Wortsinn – bezeichnet: 1. Kor 12,28; 2. Kor 11,13; Röm 16,7 (Andronikus und Junia [weiblich], nicht männlich: Junias [da diese männliche Form von den alten griechischen neutestamentlichen Handschriften nicht unterstützt wird]). Im weitesten Sinne sind Apostel »Gesandte«, die eine Gemeinde mit einem bestimmten Auftrag aussendet: 2. Kor 8,23; Phil 2,25.

[131] S. 1. Kor 9,1.5 f; 15,5-9; Gal 1,17.19. Vgl. Röm 1,1; 1. Kor 1,1; 2. Kor 1,1; Gal 1,1; 1. Thess 2,7; für das Apostelamt: Röm 1,5; Gal 2,8; vgl. Apg 14,14.

[132] S. 1. Kor 15,5-10; vgl. Lk 24,34.

[133] S. 2. Kor 4,6; Phil 3,8; vgl. zur Vertiefung H.-J. Eckstein, Die Wirklichkeit der Auferstehung Jesu, in: ders., Der aus Glauben Gerechte wird leben. Beiträge zur Theologie des Neuen Testaments, BVB 5, 2. Aufl., Münster u. a. 2007, 152-176; 232-238.

[134] S. Röm 1,1.5; Gal 1,1.11 f.15 f (Jer 1,5; Jes 49,1); vgl. Röm 15,15 f; 2. Kor 4,6; 5,18-20; Gal 2,7-9; Phil 3,8. Zur Berufung des Paulus nach Lukas s. Apg 9,1 ff; 22,6 ff; 26,12 ff und zum Apostelbegriff neben Lk 6,13 vor allem Apg 1,21 f.25.

[135] Von der Reihung der Apostel in Gal 2,9 her erklärt sich wohl auch die spätere Abfolge der katholischen Briefe in Handschriften und Kanonlisten: 1. *Jakobus*, 2. *Petrus*, 3. *Johannes*.

[136] S. Röm 10,16 f; Gal 3,2.5; 1. Thess 2,13.

[137] S. 1. Kor 1,21; 2,4; 15,14.

[138] S. 1. Kor 1,6; vgl. 2. Thess 1,10.

[139] S. 1. Thess 2,3.

[140] »Evangelisieren« (im Sinne von: »das Evangelium verkündigen«) absolut: Röm 1,15; 15,20; 1. Kor 1,17; 9,16.18; 15,1; 2. Kor 10,16; 11,17; Gal 1,11; 4,13; mit Objektsakkusativ: Röm 10,15; Gal 1,16; 1,23; vgl. abweichend 1. Thess 3,6.

141 Mit *Genitivus obiectivus*/Genitv des logischen Objekts: Röm 1,9 (»seines Sohnes«/»von seinem Sohn«); 15,19 (wie im Folgenden »Christi«/»von Christus«); 1. Kor 9,12; 2. Kor 2,12; 9,13; 10,14; Gal 1,7; Phil 1,27; 1. Thess 3,2; 2. Kor 4,4 (»von der Herrlichkeit Christi«); Röm 10,8.17 wegen Kontext (5. Mose 30,14): »das Wort (Christi)«.

142 Mit *Genitivus subiectivus*/Genitiv des logischen Subjekts »Evangelium *Gottes*«: Röm 1,1; 15,16; 2. Kor 11,7; 1. Thess 2,2.8.9; vgl. absolut gebraucht Röm 1,16; 10,16; 11,28; 1. Kor 4,15; 9,14.18.23; 2. Kor 8,18; 11,4; Gal 1,11; 2,2.5.14; Phil 1,5.7.12.16.27; 2,22; 4,3.15; 1. Thess 2,4; Phlm 13; vgl. Gal 1,6 (»anderes Evangelium«).

143 »Das Wort« (Phil 1,14; 1. Thess 1,6); »das Wort Gottes« (1. Kor 14,36; 2. Kor 2,17; 4,2; 1. Thess 2,13; vgl. Phil 1,14) – »das Wort vom Kreuz« (1. Kor 1,18); »das Wort von der Versöhnung« (2. Kor 5,19).

144 Vgl. 1. Kor 1,23; 2. Kor 1,19; 2. Kor 4,5; Gal 3,1.

145 S. 2. Kor 4,4.6.

146 An den Verhältnissen und den Vorgaben des Paulus in 1. Kor 12–14 und Römer 12 kann die heutige Differenzierung zwischen »Betreuungskirche« und »Beteiligungskirche« reflektiert anknüpfen.

147 Vgl. Eph 4,4.12.16; 5,23.

148 Vgl. Eph 5,2.25.

149 Was Martin Luther hier in 1. Kor 12,5 wie häufiger mit »Amt« übersetzt: »Und es sind mancherlei Ämter, aber es ist ein Herr.«

150 Vgl. dagegen zu den »Aposteln« im *spezifischen* und *engeren* Sinne der vom Auferstandenen unmittelbar Berufenen und Beauftragten – also dem »Zwölferkreis«, voran Kephas/Petrus, dann dem Herrenbruder Jakobus, Paulus und Barnabas – 1. Kor 9,1.5 f; 15,5-9; Gal 1,17.19. Vgl. Röm 1,1; 1. Kor 1,1; 2. Kor 1,1; Gal 1,1; 1. Thess 2,7; für das Apostelamt: Röm 1,5; Gal 2,8; vgl. Apg 14,14.

151 S. zu den früh belegten Formeln und Bekenntnissen zum Beispiel: Röm 1,3 f; 3,25.26; 4,24.25;1. Kor 11,23-25; 1. Kor 15,3-5; Gal 1,4; Phil 2,6-11; 1. Thess 1,9 f.

152 Eine Aufteilung der Apostel, Propheten und Lehrer in »ortsansässig«/»gemeindeverbunden« und »überregional wirkend«/»reisend« ist weder in den Paulusbriefen – und hinsichtlich des paulinischen Wirkens selbst – noch in der Apostelgeschichte konsequent durchzuführen.

153 Vgl. 1. Kor 12,4-11; Röm 12,6-8.

[154] S. zu »Wort Gottes« bei Paulus 1. Kor 14,36; 2. Kor 2,17; 4,2; 1. Thess 2,13; vgl. Phil 1,14 (alternative Lesart in den Handschriften/ *varia lectio*). Vgl. zu dem differenzierten Verständnis von Verkündigung, apostolischem Zeugnis und Wort Gottes vor allem 1. Thess 2,13: »Und darum danken wir auch Gott ohne Unterlass dafür, dass ihr das von uns verkündigte Wort Gottes, als ihr es empfangen habt, nicht als Menschenwort aufgenommen habt, sondern als das, was es in Wahrheit ist, als *Gottes* Wort, das *in euch wirkt*, die ihr glaubt.«

[155] 1. Kor 12,28: »Wunder-Kräfte«, »Gaben, gesund zu machen«, »Hilfeleistungen«.

[156] 1. Kor 12,28: »Leitungen«/»Leitungsgaben«.

[157] Vgl. 1. Tim 5,17.

[158] S. zum Ganzen H.-J. Eckstein, Vom Ich zum Wir. Perspektiven einer wachsenden Kirche, in: ders., Glaube als Beziehung. Von der menschlichen Wirklichkeit Gottes, 3. Aufl., Holzgerlingen 2010, 113 ff.

[159] Vgl. Apg 11,30; 21,18.

[160] S. zur alttestamentlich-jüdischen Umschreibung der für das Volk Verantwortlichen als »Hirten« Sach 11,4 ff; Jer 23,1 ff; Hes 34,1 ff.

[161] Vgl. 1. Tim 4,14.

[162] S. 2. Tim 1,6; vgl. Apg 6,6; 13,3. Die entscheidende »Gnadengabe« (*Charisma*) ist hier die, die der Amtsträger in seiner Ordination empfängt: 1. Tim 4,14: »Lass nicht außer Acht die Gabe in dir, die dir gegeben ist durch Weissagung mit Handauflegung der Ältesten« (vgl. 2. Tim 1,6). Da in 2. Tim 1,6 ausdrücklich die Handauflegung durch Paulus selbst vorausgesetzt wird, könnte in 1. Tim 4,14 auch gemeint sein: »mit Handauflegung *des Ältestenamts*, d. h. *zum Ältestenamt*« (mit finalem Genitiv).

[163] Vgl zu »Lehre« (*didaskalía*) 4,1.6.13.16; 5,17; 6,1.3; 2. Tim 3,10.16; 4,3; Tit 1,9; 2,1.7.10; zu »lehren« 1. Tim 2,12; 4,11; 6,2; 2. Tim 2,2; Tit 1,11; zu »Lehrer« 1. Tim 2,7; 2. Tim 1,11; 4,3.

[164] Vgl. 1. Tim 1,12 ff.

[165] Wie sich leicht zeigen lässt, dienen den Pastoralbriefen als Quelle für die Entfaltung der »gesunden Lehre« 1. die – wohl schon als Sammlung vorausgesetzten – Paulusbriefe (vor allem Römer, 1. Korinther, Philipper, Kolosser), 2. »die Schrift« (2. Tim 3,15f, »heilig«, »von Gott eingegeben«) und 3. das »Bekenntnis«, wie es in einem auffälligen Reichtum an

zentralen christologischen und soteriologischen Formeln und Bekenntnissen entfaltet wird (s. 1. Tim 1,15; 2,4 ff; 3,16 *(»Christushymnus«);* 2. Tim 1,9 f; 2,8; 2,11-13; Tit 3,4-7).

166 Bei den »Geringsten« und »Brüdern Jesu« ist nach Matthäus selbst wohl zunächst an die von Jesus mittellos ausgesandten und um ihrer Botschaft willen verfolgten Jünger aus der Aussendungsrede Mt 10,40-42 zu denken: Wer sie aufnimmt, der nimmt den Sendenden auf; und wer ihnen als »Propheten«, »Gerechten« und »Kleinen« um ihrer Zugehörigkeit zu Jesus willen auch nur einen Becher Wasser reicht, dem soll es nicht unvergolten bleiben.

Hans-Joachim Eckstein

Wie will die Bibel verstanden werden?

INHALT

EINFÜHRUNG

»Wie will die Bibel verstanden werden?« Schon die Formulierung des Buchtitels mag erste Fragen aufwerfen. Dass wir uns um das Verständnis von Texten und um das Verstehen anderer Personen bemühen können und sollen, leuchtet unmittelbar ein. Es ist uns auch bewusst, dass unser eigenes Verstehen immer vorläufig und an unsere eigenen Voraussetzungen und Standpunkte gebunden bleibt. Unsere Erkenntnis und Beurteilung eines Gegenübers ist nicht einfach objektiv, sondern subjektiv – eben aus unserer persönlichen Perspektive gewonnen.

Die Formulierung des Titels weckt die Erwartung, dass die Bibel selbst Hinweise und Maßstäbe für ihre Beurteilung, ihre Auslegung und ihr angemessenes Verständnis enthält. Gibt sie selbst Anhaltspunkte, worin ihre Autorität und Wirkung begründet sind? Finden sich in ihr Kriterien und Maßstäbe dafür, wie das vielstimmige Zeugnis der neutestamentlichen Schriften eingeordnet und beurteilt werden kann? Bietet sie selbst Hilfestellungen, wie das Verhältnis des Evangeliums von Jesus Christus zu dem breiten Kanon der alttestamentlichen Schriften zu bestimmen ist? Lässt sie erkennen, was als Mitte und Richtschnur im Fall spannungsvoller Überlieferungen innerhalb der biblischen Schriften zu gelten hat? Bei alldem geht es um die Grundlagen einer begründeten und gedanklich nachvollziehbaren »biblischen Theologie«.

Die Frage danach, was »biblisch« ist, stellt sich für ein christliches Glaubens- und Lebensverständnis keineswegs nur theoretisch, sondern sie ist von ganz grundlegender Bedeutung. Denn unbestritten will sich der christliche Gaube an seiner Grundlage – dem Evangelium von Jesus Christus – orientieren, wie es in den Schriften des Neuen Testaments bezeugt ist. Vor allem in evangelischer Tradition wird seit der Reformation hervorgehoben: »Allein die Schrift« – *sola scriptura* – soll Quelle, Orientierung und verbindliche Vorgabe der christlichen Lehre und Verkündigung, der ethischen Orientierung und Lebensgestaltung sein – für uns als Einzelne sowie als Gemeinde Jesu Christi.

Weder soll ein menschliches Leitungs- oder Lehramt an die Stelle des einen Herrn, Jesus Christus, treten können, noch sollen die kirchliche Tradition an sich oder die Orientierung an den Gepflogenheiten der zeitgenössischen Gesellschaft an die normierende Autorität der »Heiligen Schrift« heranreichen dürfen. Das Gleiche gilt auch gegenüber jedem Anspruch subjektiver Offenbarungen, eigener Erfahrungen und Eingebungen. Diese alle sind gewiss wahrzunehmen, kritisch zu prüfen und bei Übereinstimmung mit der »normgebenden Norm« – der *norma normans* – des Wortes Gottes dürfen sie getrost gehört und einbezogen werden; sie können aber nicht kirchliche oder persönliche Entscheidungen gegen die eindeutige, vielfache und von Christus her nachvollziehbare Bezeugung der Schrift rechtfertigen.

Wenn der Schrift als »normierender Norm« ein solch großes Gewicht zukommt, dann gewinnt das Verstehen, Einordnen, Gewichten und Übersetzen des schriftgewordenen Wortes Gottes eine herausragende Bedeutung. Die Gabe und Kunst, die Fähigkeit und nachvollziehbare Methode dieser Schriftauslegung nennen wir traditionell *Hermeneutik*, was vom (griechischen) Wortsinn her als »Dolmetschen«, »Übersetzen«, »Erklären« und »Auslegen« umschrieben werden kann.

In dem gebräuchlichen Bild des »Übersetzens« als des »*Übersetzens*« von einem Ufer des Flusses zu dem anderen Ufer wird die vielfältige Aufgabe von Hermeneutik und Schriftauslegung anschaulich. Es geht zunächst um ein Annähern, Erreichen und Wahrnehmen der anderen Seite – in diesem Fall einer in Hebräisch und Griechisch verfassten Schriftensammlung, die seit bald 2000 Jahren als maßgebliche Richtschnur und als wegweisende Orientierung der Kirche und der einzelnen Gläubigen anerkannt wird.

Dabei gilt für das Verstehen von historischen *Texten* in noch bedeutenderem Umfang, was schon für das Verstehen und Wahrnehmen anderer *Menschen* in unserer Umgebung gilt: Erst wenn wir den anderen als den *anderen* wahrnehmen und ihn nicht auf unser Vorverständnis und unser Eigeninteresse begrenzen wollen, beginnen wir, wirklich unserem Gegenüber zu begegnen – und nicht nur unserem Bild von ihm oder sogar unserem projizierten Selbstbild. Die Herausforderung des wahrhaftigen Wahrnehmens und Verstehens wird da als besonders stark empfunden, wo das *Anderssein* des anderen zunächst als irritierendes *Fremdsein* wahrgenommen wird.

Die Aufgabe des »Übersetzens« und Erklärens erfordert als Nächstes die Fähigkeit, das Wahrgenommene so im Zusammenhang einordnen und gewichten zu können, dass mit der Übertragung in einen anderen Zusammenhang und mit der Übersetzung in eine andere Sprache und Zeit das Wesentliche erhalten und das eigentlich Gemeinte bewahrt wird. Dabei ist die Aufgabe der Wahrnehmung des anderen genauso herausfordernd wie die angemessene Übersetzung in die eigene Welt. Gilt es einerseits, selbstkritischen Abstand von den eigenen Vorurteilen und Vorverständnissen zu gewinnen, um wirklich am anderen Ufer anzukommen, so gilt es andererseits, den gewonnenen Inhalt – möglichst ohne wesentlichen Verlust und ohne »Verwässerung« – im Boot auch in die eigene Ausgangssituation herüberzuholen und nicht auf halber Strecke abzutreiben. Wo dies gelingt, kommt es – ob wir nun von persönlichen Begegnungen oder von historischen Texten sprechen – zu der Erfahrung von persönlichem Erkenntnisgewinn, von wesentlicher Bereicherung und erweiterter Lebensorientierung.

Um bei den verschiedenen Ausgangssituationen derer, die übersetzen, auslegen und übertragen wollen, einen Austausch und eine wechselseitige Inspiration zu ermöglichen, bedarf es bei der Hermeneutik maßgeblicher Texte einer klaren Methodik und eines für alle nachvollziehbaren Vorgehens. Dies gilt umso mehr, wenn es – wie bei der Auslegung der »Heiligen Schrift« – um als verbindlich anzuerkennende Normen und autoritativ vertretene Ansprüche geht. Um die Bibel in diesem reflektierten Sinne zu verstehen, zu übersetzen und auszulegen, empfiehlt sich also die Einübung und Entwicklung einer hermeneutischen Kompetenz – d. h. einer umfassenden »Bibelkompetenz«.

Dieses Bemühen um das angemessene Verstehen der Schrift steht vor zwei unterschiedlichen, aber nicht zu trennenden Aufgaben: *Erstens* gilt es, die grundsätzlichen Voraussetzungen des Verstehens der Bibel als Wort Gottes zu klären, *zweitens* wollen die zentralen inhaltlichen Themen und Grundlagen des Glaubens klar und verantwortlich entfaltet und im Zusammenhang begründet werden. Wer vor allem an den *inhaltlichen* Entfaltungen zentraler *biblischer Themen* interessiert ist, findet entsprechend dem Aufbau des Buches Untersuchungen zu den aktuell wieder vielfach und kontrovers diskutierten Fragen: »Warum musste Jesus sterben?«, »Was bedeutet Vergebung der Sündern?«, »Heilt der Glaube – kann der Glaube gesunden?«, zur Bedeutung der »Freiheit« und zu dem Verständnis von Kirche, Gemeinde und Gemeinschaft im Neuen Testament.

Wer bereit und interessiert ist, zunächst und vor allem die Ausführungen zu dem grundsätzlichen *Verständnis der Schrift* und zu der bei alldem vorausgesetzten *Hermeneutik* zu lesen, ist eingeladen, mit dem letzten Artikel zu einem evangelischen Schriftverständnis zu beginnen. Dort findet er die hier nur angedeuteten Gedanken ausführlich entfaltet und begründet. Aus Rücksicht auf die leichtere Lesbarkeit und auf das verbreitete Interesse an den inhaltlichen Entfaltungen dient er bewusst als Abschluss und Zusammenfassung der gesamten Untersuchung.

Wer an weiteren Ausführungen zu zentralen *biblischen* Themen – wie Auferstehung, Evangelium, Gerechtigkeit, Glaube, Gottesverständnis, Hoffnung, Liebe – interessiert ist, sei auf die ersten drei Bände der Reihe »Grundlagen des Glaubens« hingewiesen: »Zur Wiederentdeckung der Hoffnung« (Holzgerlingen ²2008), »Glaube als Beziehung« (Holzgerlingen ³2010) und »Wenn die Liebe zum Leben wird« (Holzgerlingen 2010). Wer die grundlegenden *hermeneutischen und theologischen Untersuchungen* vertiefen will, dem seien die theologischen Bände »Kyrios Jesus. Perspektiven einer christologischen Theologie« (Neukirchen-Vluyn ²2011) und »Der aus Glauben Gerechte wird leben. Beiträge zur Theologie des Neuen Testaments« (Münster u. a. ²2007) zur Lektüre empfohlen.

WARUM MUSSTE JESUS STERBEN?
VON DER BEDEUTUNG DES KREUZESTODES JESU[1]

1 VORAUSSETZUNGEN

1.1 DIE KREUZIGUNG JESU ALS VORGEGEBENE TATSACHE

Es lässt sich historisch kaum bestreiten, dass Jesus von Nazareth um das Jahr 30 n. Chr. durch die Hand der Römer vor den Toren der Stadt Jerusalem gekreuzigt wurde. Zu eindeutig sind die Belege, zu vielfältig die Zeugnisse. Streiten mag man über die näheren Umstände seiner Hinrichtung und den Anteil der jüdischen und der römischen Autoritäten an seiner Verurteilung. Aber dass Jesus ans Kreuz geschlagen und gewaltsam getötet wurde, kann als historisches Faktum gelten.

Schwieriger wird es, wenn man dieses historische Ereignis nach seinem Sinn befragt – nach dem »Warum?«. Denn der »Sinn« einer Sache erschließt sich nur im Zusammenhang; und weshalb ein leidvolles und schockierendes Ereignis möglicherweise nicht »Wahnsinn«, sondern dennoch »sinnvoll« war, offenbart sich erst vom Ende her.

So kann es nicht überraschen, dass nicht einmal die Frauen und Männer, die Jesus von Galiläa an begleitet hatten, das Kreuzesgeschehen von sich aus deuten konnten. Die einen erlitten das Sterben Jesu in Verzweiflung, die anderen flohen schockiert. Sinnstiftend und erhellend waren für sie nach allen neutestamentlichen Zeugnissen erst die Ereignisse seit dem Ostermorgen. Durch diese wurde nicht nur das Grab Jesu geöffnet, sondern zugleich auch Augen und Einsicht der Menschen, die fortan als

Zeugen seiner Auferstehung den Gekreuzigten verkündigten. Erst im Licht der Auferweckung Jesu erhellte sich das Dunkel seines grausamen Sterbens. Das Rätsel des Kreuzes Jesu hat sich für die ersten Zeugen offensichtlich durch das Geheimnis seiner Auferstehung erschlossen (Lk 24,26 ff.44 ff; Mt 28,16 ff).

1.2 ES GIBT ZWEI WEGE, ÜBER DEN KREUZESTOD NACHZUDENKEN

Seitdem gibt es beim Verständnis des Kreuzestodes Jesu zwei Möglichkeiten: Entweder man fragt nach dem Sterben Jesu unter Absehung der Realität seiner Auferstehung, oder man versucht das Zeugnis der frühen Christen gedanklich unter der Voraussetzung ihrer Auferstehungserkenntnis nachzuvollziehen. Entweder man nähert sich der Kreuzigung Jesu von Nazareth allein auf der Basis der historisch allgemein plausibilisierbaren Fakten und unter Ausschluss der frühchristlichen Glaubenserkenntnis, oder man untersucht – ebenfalls mit den Mitteln der historischen Forschung und Quellenanalyse – die ältesten Zeugnisse vom Kreuzesgeschehen auf ihre Folgerichtigkeit und aufgrund ihrer eigenen Erkenntnisvoraussetzungen des Glaubens. Beide Wege kann man gehen, man muss sie nur klar unterscheiden.

»Musste Jesus sterben, um den himmlischen Vater mit der Welt zu versöhnen? Hat Gott ein Menschenopfer gefordert? Wollte er Blut sehen, um von seiner Feindschaft ablassen zu können? Sollte man das frühchristliche Sühneverständnis und Opferdenken heute nicht endgültig aufgeben?« Die meisten Verständnisprobleme unserer heutigen Debatte über das Kreuzesgeschehen rühren von der Vermischung der beiden Wege her. Christus ist »für uns gestorben«; so wird es in Römer 5,6.8;

2. Korinther 5,14 und 1. Thessalonicher 5,10 ausdrücklich formuliert. Dass er für uns gestorben ist, lässt sich nur dann erkennen und nachvollziehen, wenn man sich – zumindest gedanklich – auch auf den Erkenntnisgewinn einlässt, den die ersten Christen aus seiner Auferweckung durch Gott gewonnen haben. Umgekehrt erübrigen sich viele Anfragen an die neutestamentliche Deutung des Kreuzesgeschehens von selbst, wenn man lediglich von der offensichtlich ungerechtfertigten historischen Hinrichtung Jesu von Nazareth als eines Menschen »wie du und ich« ausgehen will. Auch dann ist sein konsequentes Leben bis hin zur Bereitschaft seines Lebenseinsatzes für Gott und die Menschen beeindruckend; sein Kreuz kann aber nicht mehr in gleicher Weise als »heilvoll«, »versöhnend« und universal bedeutsam verstanden werden, wie es die ersten Christen bezeugten. Zwar muss man die wegweisenden Lehren und das vorbildliche Leben des Nazareners auch dann nicht unbedingt als gescheitert ansehen, wenn man die Auferweckung Jesu durch Gott ausklammert; man bekommt aber nicht mehr die Hoffnungsperspektive und heilvolle Wirkung in den Blick, die das Christusgeschehen für die Auferstehungszeugen hatte.

Was sind dann aber die Grundlagen einer Kreuzestheologie, wie sie sich bereits in den ältesten frühchristlichen Schriften, Mitte des ersten Jahrhunderts nach Christus, entfaltet findet?

2 GRUNDLAGEN

2.1 MENSCHEN HABEN JESUS GETÖTET

»Menschen haben Jesus getötet – Gott aber hat ihn auferweckt!« Mit dieser Kontrastaussage halten die ersten Christen ihre

Grundeinsicht fest (s. Apg 2,23 f; 3,15; 4,10; 5,30). Gott hat Jesus in Wahrheit weder verworfen noch im Stich gelassen – das taten Menschen. Er hat sich mit seiner Auferweckung des gekreuzigten Jesus vielmehr zu ihm gestellt und ihm recht gegeben. Der Anspruch des Redens und Wirkens Jesu, seine Zuwendung zu den Sündern und seine herausfordernde Verkündigung der Gottesnähe werden durch die Auferstehung des Gekreuzigten überwältigend bestätigt. Damit erscheint das Kreuz nicht länger als das Scheitern, sondern als die Vollendung des Lebens und Weges Jesu.

Als »Gotteslästerer« (Mk 2,7; 14,62; Joh 19,7) erweisen sich plötzlich die Menschen, die ihn verfolgt und gekreuzigt haben, nicht etwa Jesus, der Gott seinen Vater nannte. »Ihr aber habt den Heiligen und Gerechten verleugnet … den Fürsten des Lebens habt ihr getötet. Den hat Gott auferweckt von den Toten« (Apg 3,14 f). Indem die »Herrscher dieser Welt« Jesus trotz seiner offensichtlichen Unschuld (Lk 23,4.14.22; 23,47 f) und offenkundigen Gerechtigkeit (2. Kor 5,21; 1. Petr 3,18; 1. Joh 2,1) ans Kreuz geschlagen und getötet haben, haben sie ihre eigene Ungerechtigkeit und ihr Unverständnis offenbart. Damit hat sich das Kreuz Jesu – zunächst und ganz unbestreitbar – als die Entlarvung weltlicher Herrschaft und als Demaskierung »menschlicher Weisheit« erwiesen – denn hätten sie die Weisheit Gottes erkannt, »so hätten sie den ›Herrn der Herrlichkeit‹ nicht gekreuzigt« (1. Kor 2,8).

2.2 »GOTT WAR IN CHRISTUS«

Mit der Auferstehungserkenntnis waren zugleich ein vertieftes Erkennen der Person Jesus Christus und ein neues Verständnis von Gott verbunden: »Denn Gott war in Christus und versöhnte die Welt mit sich selber …« (2. Kor 5,19). Was eigentlich schon an dem Wirken und den Worten Jesu erkennbar gewesen wäre, wurde jetzt für die Auferstehungszeugen endgültig offenbar: Jesus ist nicht als ein normaler sterblicher Mensch zu verstehen, sondern steht den übrigen Menschen in unvergleichlicher Weise gegenüber. Diese Einmaligkeit und einzigartige Zugehörigkeit zu Gott selbst kommen darin zum Ausdruck, dass sie ihn als den »einzigartigen Sohn Gottes« und als »Herrn« erkennen und bekennen!

2.3 WER VERSÖHNT?

Alles, was im Neuen Testament zur umfassenden Versöhnung der ganzen Welt durch das Kreuzesgeschehen entfaltet wird, setzt diese Einmaligkeit Jesu Christi voraus. Nicht ein beliebiges Kreuz an sich hätte diese Heilsbedeutung – es gab bei den Römern Tausende davon! Auch nicht das Kreuz eines normalen Menschen Jesus von Nazareth könnte eine so weitreichende Bedeutung haben. Denn wie könnten das Wirken und Geschick eines einzelnen Menschen eine so umfassende Auswirkung auf die gesamte Menschheit gewinnen? Nur wenn man voraussetzt, dass Gott selbst im Kreuzesgeschehen gegenwärtig war und das Leid trug, lassen sich solch umfassende und universale Konsequenzen überhaupt nachvollziehen. Erkennt man aber mit den ersten Christen in dem Gekreuzigten Gottes eigenen menschgewordenen Sohn – und damit Gottes leibhaftige und persönliche Gegenwart –, dann fallen bereits entscheidende neuzeitliche Bedenken gegen eine »Sühnetheologie« in sich zusammen. Die neutestamentliche Kreuzestheologie setzt kein von Gott gefordertes »Menschenopfer« voraus – das war schon im Alten Testament grundsätzlich verboten! Sie erweist vielmehr die Sinn- und Nutzlosigkeit aller menschlichen Opfer. In Christus bewirkt nicht ein Mensch die Versöhnung Gottes, sondern Gott die Versöhnung des Menschen!

Zum alttestamentlichen Verbot von Menschenopfern s. vor allem 3. Mose 18,21; 20,2; 5. Mose 18,10; vgl. 2. Kön 16,3; 21,6; Jer 3,24; 7,31. Das ausdrückliche Verbot des Menschenopfers in Israel steht letztlich auch hinter der – zunächst irritierenden – Erzählung von dem Auftrag der Darbringung Isaaks durch seinen Vater Abraham in 1. Mose 22,1 ff: »Lege deine Hand nicht an den Knaben und tu ihm nichts!« (V. 12). Hinsichtlich der Erstgeburt – wie hier speziell des verheißenen Sohnes Isaak – gilt für das Volk Israel strikt die von Gott gebotene und gewährte Auslösung durch kultische Opfer: »Abraham nahm den Widder und opferte ihn zum Brandopfer an seines Sohnes statt« (1. Mose 22,13).

2.4 WER WIRD VERSÖHNT?

Wie die Wirklichkeit der Auferstehung Jesu das Geheimnis seiner Person erhellt, so offenbart die Tatsache seiner Auferweckung durch Gott das Wesen seines himmlischen Vaters. Handelnder und Urheber der Sendung Jesu und des Versöhnungsgeschehens in Kreuz und Auferstehung ist Gott selbst, der Vater, in seinem Sohn: »Denn Gott war in Christus und versöhnte die Welt mit sich selber …« (2. Kor 5,19). Weder wird hier vorausgesetzt, dass (a) Christus *den Vater* durch sein Opfer versöhnen musste, noch wird gesagt, dass (b) sich *Gott selbst* in Christus mit der Welt versöhnt hat, sondern allein, dass (c) Gott in Gestalt seines Sohnes die ihm gegenüber *feindlich eingestellte Welt* mit sich und untereinander versöhnt hat. *Die Welt* war Feind Gottes, während *Gott* nach dem einmütigen Zeugnis der Kreuzes- und Hingabeaussagen des Neuen Testaments die Welt *bereits liebte*. Nicht Gott galt es durch das Versöhnungsgeschehen zu verändern, sondern die Menschen. Christus musste nicht wegen Gott sterben, sondern infolge der menschlichen Sünde als der lebensgefährdenden Beziehungsstörung gegenüber Gott und den Menschen. Was den Tod brachte, war und ist die Trennung von Gott als dem Leben und der Liebe, die Trennung von der Beziehung, die das Leben begründet.

So wird als das eigentliche Geheimnis des Kreuzes erkannt, dass Gott selbst die Konsequenzen dieser menschlichen Entfremdung auf sich genommen hat. Damit wird ausdrücklich vorausgesetzt, dass Christus nicht etwa sterben musste, *damit* Gott, der Vater, die Menschen lieben kann, sondern *weil* Gott – der Vater und der Sohn – die Welt trotz ihrer Gottesferne bereits liebte. Christus musste also keineswegs sterben, weil Gott ein Problem hatte, sondern weil die Menschen ein Problem hatten, nämlich die Trennung von Gott ihrem Schöpfer – und damit von der Grundlage ihres eigenen Lebens: »Denn Christus ist schon zu der Zeit, als wir noch schwach waren, für uns Gottlose gestorben … Gott aber erweist seine Liebe zu uns darin, dass Christus für uns gestorben ist, als wir noch Sünder waren« (Röm 5,6.8).

Von hier aus fällt auch Licht auf den – für uns heute leider recht missverständlichen – Begriff des »Zornes« Gottes. Unter Gottes Zorn ist im neutestamentlichen Zusammenhang seine entschiedene Ablehnung der Sünde zu verstehen; der Begriff hat auch da, wo er als »leidenschaftlich« beschrieben wird, mit menschlicher Wut und unbeherrschten Zornausbrüchen nichts gemeinsam.

Gerade weil Gott den Sünder liebt, wendet er sich konsequent gegen die Sünde, die den Menschen von Gott trennt und damit Leben und Liebe zerstört. Gerade weil Gott als Schöpfer seine Schöpfung nicht aufgegeben hat, kann er die menschliche Lieblosigkeit und Ungerechtigkeit, die lebensabträgliche Gleichgültigkeit und Ichbezogenheit nicht einfach übergehen.

Die Lösung des grundlegenden Problems des Menschen kann also nicht darin bestehen, dass Gott sein »Nein zur Sünde« aufgibt, denn dann hätte er damit auch den Sünder aufgegeben. Gott konnte sich nicht mit der Sünde versöhnen, aber er hat den Sünder mit sich versöhnt. So bedeutet Gottes Versöhnung in Christus, dass Gott in seinem »Ja zum Sünder« ihn frei gemacht hat von der Isolation und Feindschaft, um derentwillen Gottes »Nein« erging (s. Röm 1,16 f und 3,21 ff neben Röm 1,18–3,20; Röm 5,6-8 neben 5,9 f; Joh 3,16 neben 3,36).

2.5 DAS KREUZESGESCHEHEN ALS ERKENNTNISGRUND DER LIEBE

Es geht also bei dem neutestamentlichen Verständnis des Kreuzestodes Jesu gerade nicht um die verbreitete Vorstellung, dass Menschen ein Opfer bringen, damit die abweisende Gottheit besänftigt und umgestimmt wird. Es geht gerade nicht um das »Ich gebe, damit du gibst« (*do ut des*) vieler ritueller Handlungen und kultischer Opfer. Im Gegenteil! Die Lebenshingabe Jesu bis ans Kreuz wird als Ausdruck der voraussetzungslosen und vorausgehenden Liebe Gottes zu den Menschen erkannt und bekannt (Joh 3,16; Röm 5,8; 8,31 f; Eph 2,4 ff; 1. Joh 4,9 f). Das Kreuz Jesu wird zum »Erkenntnisgrund« der Liebe und Zuwendung Gottes – sowohl der Liebe des Vaters wie der des Sohnes (Joh 15,12f; Gal 2,20; Eph 5,2.25; 1. Joh 3,16; Offb 1,5). Christus gab sich selbst, weil Gott die Welt so sehr liebte, nicht damit er sie erst als Folge des Kreuzesgeschehens liebte. Die Liebe Gottes zu den Menschen wird als die entscheidende Grundlage der Lebenshingabe seines Sohnes verstanden, nicht erst als Folge und Ergebnis des Sterbens Jesu: »Denn so hat Gott die Welt geliebt, dass er seinen einzigen Sohn gab, damit jeder, der an ihn glaubt, nicht verloren geht, sondern ewiges Leben hat« (Joh 3,16). Hier wird das Christusgeschehen insgesamt als der *Erkenntnisgrund* der bereits vorausgehenden *Liebe* Gottes verstanden und als Grundlage und *Realgrund* des daraus folgenden *Heils* und *Lebens* für die Menschen.

Es handelt sich in diesem Fall gerade um eine »nicht konditionierte Zuwendung« und »unbedingte Annahme«. Für die ersten Christen wie für Fernstehende und Kirchennahe heute ist dieser Aspekt der Kreuzestheologie von ganz elementarer und unmittelbar nachvollziehbarer Bedeutung. Es liegt eine unglaubliche Wertschätzung und Bedeutsamkeit in der Erkenntnis, dass sich jemand nicht nur mit etwas oder viel, sondern mit sich selbst und seinem eigenen Leben für uns einsetzt. Diese hingebungsvolle Liebe kommt uns nicht erst aufgrund unseres Wohlverhaltens zu, sondern so, wie wir wirklich sind; darin erweist sie sich als voraussetzungslos und bedingungslos. Wir mögen vielleicht die biblische »Sühnetheologie« noch nicht in allen Einzelheiten erklären können. Wenn wir aber verstehen, dass das Leben und Sterben Jesu für Gottes unbedingte Treue und vergebungsbereite Liebe zu uns stehen, haben wir das Herzstück des Kreuzesgeschehens bereits erkannt.

Viele Verständnisprobleme entstehen heute dadurch, dass die frühchristliche Rede von Gott als »Vater« und »Sohn« als die vermenschlichende Vorstellung von »zwei Göttern« missgedeutet wird und zu sehr in der Analogie einer menschlichen Vater-Sohn-Beziehung gedacht wird. In diesem Zusammenhang sind Übertragungen menschlicher Merkmale auf Gott (sogenannte »Anthropomorphismen«) so irreführend wie auch das Missverständnis von Vater und Sohn als zwei gesonderte Gottheiten (dem sogenannten »Ditheismus«). Freilich wird man einräumen, dass die Dreifaltigkeit des einen Gottes in der Tat – damals wie heute – nur schwer zu fassen ist, ohne dass entweder die Wesenseinheit oder die jeweilige Personalität von Vater, Sohn und Heiligem Geist vernachlässigt wird. Wie es spätere Bekenntnisse ausführlich beschreiben, setzten die frühen Christen aber als geborene Juden selbstverständlich das »Einssein« des Gottes voraus, der sich als »Vater« und als »Sohn« offenbart. Es war nach dem Neuen Testament Gott selbst, der auf die Welt kam und am Kreuz in Gestalt seines Sohnes die Konsequenz der menschlichen Schuld trug.

Dabei wird das Bekenntnis zu dem einen Gott, der als Vater und als Sohn erkannt wird, nicht etwa erst in späterer Zeit vorausgesetzt, sondern bereits in den frühesten uns erhaltenen christlichen Quellen aus den Fünfzigerjahren des ersten Jahrhunderts – nämlich in Glaubensformeln und Bekenntnisformulierungen der Paulusbriefe (z. B. Röm 8,3; Gal 4,4; 1. Kor 8,6; 2. Kor 8,9; Phil 2,6 f). In Aufnahme des alttestamentlich-jüdischen Bekenntnisses zu dem »einen Gott und Herrn« – des *Schᵉma Jisrael* aus 5. Mose 6,4 ff – kann Paulus bereits in 1. Kor 8,6 im Hinblick auf Gott, den Vater, und auf Jesus Christus, seinen

Sohn, entfalten: »So haben wir doch nur einen Gott, den Vater, von dem alle Dinge sind und wir zu ihm; und einen Herrn, Jesus Christus, durch den alle Dinge sind und wir durch ihn.« Dieser eine Gott und Herr hat die Überwindung der menschlichen Beziehungsstörung nun gerade nicht auf andere abgeschoben, sondern in Gestalt des Sohnes selbst auf sich genommen.

2.7 ABLÖSUNG DER KULTISCHEN UND GESELLSCHAFTLICHEN OPFER

Damit ergibt sich aber eine – auch für Kritiker einer neutestamentlichen Sühnetheologie – entscheidende Einsicht: Die Lebenshingabe des Sohnes Gottes wird als endgültige Ablösung, Überbietung und Erübrigung aller kultischen Opfer und zwischenmenschlichen Konfliktlösungen nach dem Muster des »Sündenbocks« oder »menschlichen Opfers« verstanden. Die Kreuzestheologie ist nicht ein Rückfall in archaische Kult- und Opfervorstellungen, sondern deren wirksame und endgültige Überwindung! Dies gilt einerseits in kultischer Hinsicht: Das Abendmahl wird gerade nicht als Wiederholung des Sühnetodes Jesu und neue Opferhandlung verstanden, sondern als Gedenken und Teilhabe an dem »ein für alle Mal« geschehenen Handeln Gottes in Christus (1. Kor 11,23-26). Denn dem neutestamentlichen Zeugnis liegt alles an der Einmaligkeit und Endgültigkeit des »ein für alle Mal« geschehenen Sterbens Christi (s. Röm 6,10; 1. Petr 3,18; Hebr 9,12.26.28; 10,10.12). Im Brief an die Hebräer findet sich nicht nur die ausführlichste Entfaltung der Lebenshingabe Jesu als eines universalen Heilsgeschehens, sondern zugleich auch die radikalste neutestamentliche Kritik an jedwedem irdischen kultischen Opfer (Hebr 8–10).

Dass das Kreuz Jesu Christi als das Ende aller menschlichen Opferrituale und Opfermechanismen anzusehen ist, gilt dann aber andererseits auch für das zwischenmenschliche Verhalten: Wer sich am Gekreuzigten orientiert, der muss andere nicht mehr zum »Sündenbock« machen. Wer sich von Christus her versteht, kann Konflikte nicht mehr durch »Verdrängung«, »Abwehr« und »Übertragung« von Schuld auf andere lösen wollen. Denn der andere wird als jemand erkannt und anerkannt, für den Jesus bereit war, sein Leben einzusetzen – »der Bruder, um des willen doch Christus gestorben ist« (1. Kor 8,11; vgl. Röm 14,15). Viele zentrale Überlieferungen zum Sterben Jesu sind uns literarisch in Zusammenhängen erhalten, in denen es gerade um die verbindliche Orientierung des ethischen Verhaltens an dem friedensstiftenden und versöhnungsbereiten Weg Jesu geht, der dem anderen dient und zugewandt ist und ihn nicht ausgrenzt und unterwirft (Mk 10,45; Röm 15,1 ff; 2. Kor 8,9; Phil 2,5 ff).

2.8 DIE VORBILDLICHKEIT UND VERBINDLICHKEIT DES KREUZESTODES JESU FÜR DIE SEINEN

Was jenseits aller Einzelfragen und Argumente an dem Kreuzestod Jesu von Anfang an herausfordert und tief beeindruckt, sind die Konsequenz, die Wahrhaftigkeit und Unbestechlichkeit, die in Jesu Weg der Treue und Gerechtigkeit bis hin zum Tode am Kreuz zutage treten. Das Leiden und der Kreuzestod Jesu erweisen sich als die letzte Konsequenz seines Gehorsams und seiner Loyalität gegenüber dem himmlischen Vater (Röm 5,19; Phil 2,8; Hebr 5,8; vgl. Mk 1,12 f; 14,36), als Ausdruck seiner Gerechtigkeit und seiner Fürsorge für die ihm anvertrauten Menschen. Unter Einsatz seines Lebens blieb er Gott, den Seinen und sich selbst treu! Dass er diese letzte Konsequenz seiner Wahrhaftigkeit nicht nur tragisch oder unbedacht erlitt, sondern sehenden Auges auf sich nahm, wird durch die Betonung der Freiwilligkeit dieses Weges (Lk 22,42; 23,46) und die geprägte Formulierung der »Selbsthingabeformeln« mit Christus als Subjekt vergewissert: »… das lebe ich im Glauben an den Sohn Gottes, der mich geliebt und sich selbst für mich dahingegeben hat« (Gal 2,20; vgl. Gal 1,4; 1. Tim 2,6; Eph 5,2.25).

Die Frage nach der Notwendigkeit des Leidens Jesu wird so noch vor der erschöpfenden Erklärung einzelner Aspekte für die Nachfolger Jesu in die Einsicht der Notwendigkeit der eigenen »Kreuzesnachfolge« überführt. Der Kreuzesweg Jesu erweist sich für die Seinen als bindendes Vorbild ihres eigenen Zeugnisses und als verbindlicher Maßstab für ihr eigenes Verhalten (Mk 8,27–10,45; Joh 12,23-26; Röm 15,1-3.7; 1. Kor 8,11; 2. Kor 8,9; Gal 6,1 f; Phil 2,5-11; Hebr 12,2).

3 ENTFALTUNGEN

3.1 UNBEGREIFLICHES AUF DEN BEGRIFF BRINGEN, UNBEKANNTES BEKENNEN

Was historisch nach Jesu Kreuz und Auferstehung innerhalb von wenigen Jahren folgte, war die gedankliche Durchdringung und begriffliche Entfaltung des Kreuzesgeschehens mithilfe von vielfältigen Traditionen und Motiven – speziell aus dem alttestamentlich-jüdischen Umfeld. Womit sollte man Unvergleichliches vergleichen und wie sollte man Unbegreifliches auf den Begriff bringen? Keine der bestehenden Überlieferungen reichte für sich genommen und allein aus, um das Einmalige und Neue umfassend zur Geltung zu bringen. Aber mithilfe vielfacher Motive und verschiedenartiger vorgegebener Begriffe und Vorstellungen gewann das Wort vom Kreuz in kürzester Zeit seine Sprachgestalt. Schon die neutestamentlichen Schriften setzen dabei fest geprägte Formulierungen und Bekenntnisse in den frühen christlichen Gemeinden von Jerusalem über Antiochien bis hin nach Griechenland und Rom voraus, die sich bereits in den ersten zwanzig Jahren nach dem Christusgeschehen ausgebreitet haben müssen.

So zitieren schon die ältesten frühchristlichen Schriften gottesdienstlich gebrauchte Bekenntnisse zu dem Kreuzestod Jesu Christi, »der dahingegeben wurde um unserer Übertretungen willen und auferweckt wurde um unserer Rechtfertigung willen« (Röm 4,25), »der sich selbst für unsre Sünden dahingegeben hat, dass er uns errette von dieser gegenwärtigen, bösen Welt« (Gal 1,4). Unübertroffen ist dabei das vorpaulinische, bereits viergliedrig ausgeführte Bekenntnis von 1. Kor 15,3-5, in dem Jesu Sterben »für unsere Sünden« und sein Begrabenwerden, seine Auferstehung am dritten Tage und sein Erscheinen vor den Zeugen als der Schrift entsprechend und verbindlich überliefert bezeugt wird: »Dass Christus gestorben ist für unsre Sünden nach der Schrift…« (1. Kor 15,3).

3.2 BEFREIUNGSERFAHRUNGEN

Vielfältig wird das Kreuzesgeschehen als Befreiungs- und Erlösungserfahrung beschrieben: als »Freikauf« und »Befreiung« aus der Sklaverei (1. Kor 6,20; 7,23) oder als Jesu stellvertretendes Eintreten in die Sklaverei zugunsten der Erlösten: »Christus aber hat uns erlöst von dem Fluch des Gesetzes, da er zum Fluch wurde für uns« (Gal 3,13; vgl. 4,4 f). Dabei können die »Rechtskraft«, die Gültigkeit und Verbindlichkeit der Befreiung sogar mit Begriffen der Geschäftssprache veranschaulicht werden: »Ihr seid teuer/gegen Barzahlung/rechtskräftig erkauft ...« (1. Kor 6,20). Die Gläubigen erkennen im Kreuz ihre »Erlösung« zudem in Analogie und Überbietung der Erlösung Israels aus der Sklaverei Ägyptens und aus dem babylonischen Exil: »Wir werden ohne Verdienst gerecht aus seiner Gnade durch die Erlösung, die durch Christus Jesus geschehen ist« (Röm 3,24; vgl. Eph 1,7; Kol 1,14; Hebr 9,15).

Die Freude darüber, dass Christus als der Sohn Gottes wurde, was die Menschen sind, damit diese teilhaben können an dem, was er ist, kommt eindrücklich in Beschreibungen des »süßen Tauschs« und »seligen Wechsels« zum Ausdruck, wie die Menschwerdung und die Lebenshingabe Jesu zugunsten der Menschen seit dem Diognetbrief 9,5 (2. o. 3. Jh. n. Chr.) genannt werden können. »Denn ihr kennet die Gnade unsres Herrn Jesus Christus, dass er, obwohl er reich war, arm wurde um euretwillen, damit ihr durch seine Armut reich würdet« (2. Kor 8,9). »Als aber die Zeit erfüllt war, sandte Gott seinen Sohn, geboren von einer Frau und dem Gesetz unterstellt, damit er die freikaufe, die unter dem Gesetz stehen, damit wir die Sohnschaft erlangen« (Gal 4,4 f; vgl. 3,13). »Den, der Sünde nicht kannte, hat er für uns zur Sünde gemacht, damit wir Gottes Gerechtigkeit würden in ihm« (2. Kor 5,21).

3.3 »SIEHE, DAS IST GOTTES LAMM«

Ob Jesus selbst die Passahnacht noch mit seinen Jüngern regulär gefeiert hat und dann gefangen genommen und gekreuzigt wurde oder ob er gleichzeitig mit den Passahlämmern starb, wird in den Evangelien unterschiedlich überliefert. Nach dem Markusevangelium (Mk 14,12 ff) und den anderen synoptischen Evangelien (vgl. Lk 22,15) hält Jesus mit seinen Jüngern in der Nacht vom 14. auf den 15. Nisan noch gemeinsam das Passahmahl und wird am darauffolgenden Tag, den 15. Nisan, gekreuzigt. Nach der Darstellung des Johannesevangeliums stirbt Jesus hingegen am Rüsttag zum Passah in der Stunde, in der die Passahlämmer geschlachtet werden (am 14. Nisan »gegen Abend«; vgl. 2. Mose 12,6; 4. Mose 9,2 f). Dabei ist die Verbindung des Kreuzesgeschehens mit der Erlösungserfahrung der Passahnacht so naheliegend wie früh bezeugt: »Denn auch wir haben ein Passahlamm, das ist Christus, der geopfert ist« (1. Kor 5,7).

Wie einst Israel in Ägypten durch Gottes Bewahrung errettet wurde, so wissen sich die frühen Christen durch die selbstlose Lebenshingabe Christi von dem drohenden Tod befreit und zum Leben erlöst. Das vierte Evangelium ist dann voll von Hinweisen auf die Erlösungserfahrung auf dem Hintergrund der Passahtradition – angefangen schon bei dem Zeugnis Johannes des Täufers: »Siehe, das Lamm Gottes, das die Sünde der Welt wegnimmt!« (Joh 1,29; vgl. 1,36; 2,13; 6,4; 11,55; 12,1; 18,28; 19,14.33-36). Die Bezeichnung des Gekreuzigten als des »Lammes« – mit vielfachen möglichen Rückbezügen auf die alttestamentliche Überlieferung – findet sich vielfältig im Neuen Testament (z. B. Apg 8,32; 1. Petr 1,19; Offb 5,6-14; 21,22 f).

3.4 DER LEBENSEINSATZ FÜR DIE SEINEN

Eine besondere Vielfalt von Perspektiven des Kreuzestodes Jesu findet sich im Johannesevangelium: So kann die Lebenshingabe

Jesu im Gleichnis vom sterbenden und gerade darin fruchtbringenden Weizenkorn verdeutlicht werden (Joh 12,24) oder mit dem Lebenseinsatz des guten Hirten für seine Schafe: »Ich bin der gute Hirte. Der gute Hirte gibt sein Leben für die Schafe« (Joh 10,11; s. 10,15.17 f; vgl. Hebr 13,20). Besonders herausgestellt wird dabei der Aspekt der Hingabebereitschaft Jesu zugunsten der Seinen als des äußersten Liebeserweises: »Niemand hat größere Liebe als die, dass er sein Leben lässt für seine Freunde« (Joh 15,13). An seinem Leben und Sterben »für« die Menschen/den Menschen »zugute« (Joh 6,51; 10,11-15; 15,13) wird sowohl die leidenschaftliche Zuwendung und Hingabe Jesu erkennbar (Joh 13,1.34; 15,9.12; 1. Joh 3,16) wie auch die Liebe seines Vaters, der ihn gesandt hat (Joh 3,16; 17,23; 1. Joh 4,9 f): »Wie er die Seinen geliebt hatte, die in der Welt waren, so liebte er sie bis ans Ende« (Joh 13,1).

3.5 »VON WEM REDET DER PROPHET?«

Das zunächst unverständlich erscheinende Leiden Jesu als eines Gerechten und im Namen Gottes Sprechenden konnte im Licht des Schicksals der zu Israel gesandten Propheten leichter nachvollzogen werden: »Denn es geht nicht an, dass ein Prophet umkomme außerhalb von Jerusalem« (Lk 13,33 f; vgl. Lk 7,16.39; 24,19). Die Aufnahme der Tradition der Propheten oder des »leidenden Gerechten« dient hier nicht etwa der Reduktion des christologischen Bekenntnisses auf eine nur menschliche Gestalt. Vielmehr half die Vergegenwärtigung des Wirkens und Schicksals der Propheten, die Zusammenhänge gründlicher zu verstehen und das in jeder Hinsicht unerwartete Geschehen nachvollziehen zu können.

Dieser besseren Verstehbarkeit des zunächst Schockierenden dienen – für die mit der Heiligen Schrift vertrauten frühchristlichen Gemeinden – auch die zahlreichen Hinweise auf die Schriftgemäßheit und die Vorankündigung des Geschehens durch Gottes Verheißungen (Röm 1,2; 3,21; 1. Kor 15,3 f). Damit wird für die Verunsicherten festgehalten, dass die verstörenden Ereignisse der Tötung Jesu Christi nicht Ausdruck des Wahnsinns und des Chaos sind, sondern die menschliche Ablehnung und Feindschaft vorausgesehen und angekündigt worden sind – das bedeutet, dass Gott somit Herr des Geschehens bleibt: »Christus ist gestorben für unsere Sünden nach der Schrift« (1. Kor 15,3). So berichtet auch Lukas davon, dass der Auferstandene selbst seine zunächst unverständigen Jünger eingehend über die Notwendigkeit seines Leidensweges auf der Grundlage des Schriftzeugnisses vergewisserte: »O ihr Toren, zu trägen Herzens, all dem zu glauben, was die Propheten geredet haben! ... Und er fing an bei Mose und allen Propheten und legte ihnen aus, was in der ganzen Schrift von ihm gesagt war« (Lk 24,25-27; vgl. 24,32.44 f).

Als besonders erhellend erwies sich dabei die Wahrnehmung des unschuldigen und zunächst verkannten Leidens Jesu im Licht des 4. der »Gottesknechtslieder« im Buch des Propheten Jesaja (Jes 52,13–53,12). Sie sollten sich nicht nur für Lukas in seiner Darstellung der Belehrung des äthiopischen Kämmerers durch Philippus (Apg 8,26-39), sondern auch für die frühen Bekenntnisformeln (Röm 4,25; 1. Kor 15,3-5) und die Evangelien als alttestamentliche Kerntexte erweisen (s. Mt 8,16 f; 12,17-21; Mk 1,11; 9,31; 10,45; 14,22-24 par.; Apg 8,26-39; vgl. Hebr 9,28; 1. Petr 2,21-25; 3,18). Der aus menschlicher Sicht von Gott Verworfene erweist sich schon hier als der in Wahrheit von Gott Angenommene und Bestätigte: »Fürwahr, er trug unsre Krankheit und lud auf sich unsre Schmerzen. Wir aber hielten ihn für den, der geplagt und von Gott geschlagen und gemartert wäre. Aber er ist um unsrer Missetat willen verwundet und um unsrer Sünde willen zerschlagen« (Jes 53,4f).

3.6 SINN STATT WAHNSINN, WEISHEIT STATT TORHEIT

Wer Menschen in einer Krise des Leidens, des Verlustes oder der Vergänglichkeit begleitet hat, weiß, dass für Trauernde und Leidende nicht nur der Sinn und Zusammenhang einer einzelnen Erfahrung infrage steht, sondern darüber hinaus der Sinnzusammenhang und das Gesamtgefüge der Geschichte und der Welt als Ganzes. Was in einschneidenden Krisen erschüttert, ist die Ausweglosigkeit und Bedrohung durch Wahnsinn und Chaos. Der zunehmende Verlust von Orientierung und Kontrolle droht den Boden unter den Füßen wegzuziehen.

In diesem Zusammenhang war es für die Frauen und Männer, die Jesus von Galiläa an bis hin zu seinem Leiden in Jerusalem begleitet hatten, von größter Bedeutung, dass sie durch die Auferstehungserscheinungen die tiefere Sinnhaftigkeit des als unsinnig erscheinenden Geschehens erkennen durften. Aus der Retrospektive der Auferweckung Jesu durch Gott erahnten sie eine »Not-Wendigkeit« aus der höheren Perspektive Gottes, eben weil das Gesamtgeschehen die »Not wenden« konnte. Mit der Erkenntnis des »Es musste sein!«, »Es war notwendig!« erwiesen sich eine höhere Weisheit statt Torheit, ein tieferer Sinn statt Wahnsinn und eine höhere Ordnung statt Chaos: »Der Menschensohn muss viel leiden und verworfen werden von den Ältesten und Hohenpriestern und Schriftgelehrten und getötet werden und nach drei Tagen auferstehen …« (Mk 8,31). »Musste nicht

Christus dies erleiden und in seine Herrlichkeit eingehen?« (Lk 24,26; vgl. Lk 9,22; 17,25; 22,37; 24,6f; 25-27.44; Apg 2,23).

Die Antwort auf das »Warum« des Sterbens Jesu ließ die verzweifelt Fragenden also nicht mit dem Wahnsinn der menschlichen Schuld allein. Sie offenbarte vielmehr im Licht der Auferweckung des Gekreuzigten durch Gott einen tieferen Sinn, der sich nur aus dem göttlichen Erbarmen und versöhnenden Handeln erklären lässt. In dem menschlich gesehen anstößigen und sinnlosen Geschehen, das aller menschlichen Weisheit widersprach, offenbarte sich für die Gläubigen in Wahrheit eine höhere göttliche Weisheit und größere heilvolle Wirksamkeit: »Wir aber predigen den gekreuzigten Christus, den Juden ein Ärgernis und den Griechen eine Torheit; denen aber, die berufen sind, Juden und Griechen, predigen wir Christus als Gottes Kraft und Gottes Weisheit. Denn die Torheit Gottes ist weiser, als die Menschen sind, und die Schwachheit Gottes ist stärker, als die Menschen sind« (1. Kor 1,23-25; vgl. 1,18-31).

3.7 WAS MEINT SÜHNE?

Bei der Vielzahl der Facetten des »Wortes vom Kreuz« ergeben sich auch für das neuzeitliche Verstehen des geheimnisvollen Sterbens Jesu – wie wir gesehen haben – vielfältige Zugänge. Fragen wir aber nach dem tiefsten Sinn und der unausweichlichen »Notwendigkeit« des neutestamentlichen Grundbekenntnisses: »Christus ist für uns gestorben!« (Röm 5,6.8; 2. Kor 5,14; 1. Thess 5,10), dann kommen wir um eine letzte Vertiefung nicht herum. Dies gilt vor allem für die bei Paulus überlieferten – teilweise wohl schon traditionell vorgeprägten – Aussagen zu Jesu Lebenshingabe »für uns«, »zu unseren Gunsten« (Röm 5,8; 14,15; 1. Kor 1,13;

8,11; 11,23-26; 2. Kor 5,14f.21; 3,13; 1. Thess 5,9f) – speziell in Verbindung mit »Dahingabeaussagen«: »… das lebe ich im Glauben an den Sohn Gottes, der mich geliebt hat und sich selbst für mich dahingegeben« (Gal 2,19f [1. Pers. Sg.]; vgl. Röm 8,32 [1. Pers. Pl. »für uns«]). Das umfassendste Verständnis des Kreuzesgeschehens ist zweifellos in der Tradition zu sehen, die in der heutigen Debatte am umstrittensten ist: der Beschreibung des Sterbens Jesu als Sühnegeschehen. Dabei liegt das Hauptproblem in unserer heutigen Verwendung des Begriffs »Sühne«, bei dem wir vorrangig an Wiedergutmachung im Sinne von »Ausgleichsleistung«, »Strafe« und »Buße« denken.

Die biblische – auch bereits die alttestamentliche – Rede von der »Sühne« meint im Gegensatz dazu aber das Ereignis der Vergebung und Versöhnung, der Heiligung und Neuschöpfung des Menschen durch Gott selbst. Sühne bezeichnet die heilvolle Wiederherstellung der Gemeinschaft und die Neueröffnung der Gottesbeziehung. Sühne ist – so verstanden – nicht »Strafleiden«, sondern die Gabe des neuen Lebens jenseits der todbringenden Trennung. In Christus – d.h. aufgrund seiner Stellvertretung und in seiner Gemeinschaft – können die an ihn Glaubenden gewiss sein, dass sie nichts und niemand mehr von Gottes Liebe trennen kann (Röm 8,31-39).

Auch erklärt sich die – für viele irritierende – Rede vom »Blut« Christi nicht etwa von der Todesart der Kreuzigung her, sondern auf dem Hintergrund der alttestamentlichen kultischen Sühnetradition, wie sie in der Darstellung des großen Versöhnungstages von 3. Mose 16 entfaltet wird. In Überbietung, universaler Ausweitung und ein für alle Mal gültiger Wirksamkeit hat Gott ausgerechnet durch das von Menschen herbeigeführte Sterben seines Sohnes deren Versöhnung vollzogen: »Den hat Gott für den Glauben hingestellt als Sühneort – d.h. als Gnadenthron im

Allerheiligsten – in seinem Blut zum Erweis seiner Gerechtigkeit, indem er die Sünden vergibt« (Röm 3,25).

»Blut« steht hier für das hingegebene Leben, weil – schon nach dem tiefen Verständnis alttestamentlicher Anthropologie – das Leben im Blut enthalten ist. Dies wird in den zentralen Aussagen zum Blut Christi in Röm 3,25; 5,9; Eph 1,7; 1. Joh 1,7 in Aufnahme der alttestamentlichen Tradition jeweils vorausgesetzt (s. 2. Mose 25,22; 3. Mose 10,17; 17,11.14). Wenn die ersten Christen beim Abendmahl des »Leibes« und des »Blutes« Jesu gedachten und mit Brot und Wein ihn selbst in ihr Leben aufnahmen, dann waren sie nicht von düsteren Gedanken bestimmt, sondern von der Freude über Gottes leibhaftige Zuwendung und Hingabe – im Leben wie im Sterben. Denn bei dem gemeinschaftlichen »Brotbrechen« und sonntäglichen »Mahl des Herrn« vergegenwärtigten sie sich in dankbarer Erinnerung, zuversichtlicher Gewissheit und freudiger Erwartung die Zusage ihres für sie gestorbenen und auferstandenen Herrn: »Der Herr Jesus, in der Nacht, da er dahingegeben wurde, nahm er das Brot, dankte und brach's und sprach: ›Das ist mein Leib, der für euch gegeben wird; das tut zu meinem Gedenken.‹ Desgleichen nahm er auch den Kelch nach dem Mahl und sprach: ›Dieser Kelch ist der neue Bund in meinem Blut; das tut, sooft ihr daraus trinkt, zu meinem Gedenken.‹ Denn sooft ihr von diesem Brot esst und aus dem Kelch trinkt, verkündigt ihr den Tod des Herrn, bis er kommt« (1. Kor 11,23-26).

3.8 SÜHNE ALS GABE DES LEBENS

Die Tradition, die die Gabeworte des Abendmahls und die Kreuzestheologie des Paulus bei ihren mit der biblischen Tradition vertrauten Hörern wie selbstverständlich voraussetzt, ist somit der Zusammenhang der alttestamentlichen kultischen Sühne. Dort ist zwar nur von der Vergebung der versehentlich begangenen Sünden die Rede (4. Mose 15,22-31); und sogar beim »großen Versöhnungstag« (3. Mose 16) kommt die Sühne allein dem Volk Israel – und noch nicht der ganzen Welt – zugute. Dennoch veranschaulicht gerade auch das alttestamentliche Opferverständnis schon, dass es sich bei dem Wort vom Kreuz um eine »erfreuliche Nachricht« – ein »Evangelium« – handelt.

Im Gegensatz zu vielen heidnischen Opfervorstellungen wird hier für das Darbringen des »Sündopfers« vorausgesetzt, dass es Gott selbst ist, der in seiner Vergebungsbereitschaft Israel das Opfer gegeben hat (3. Mose 10,17; 17,11). Nicht also der Mensch ergreift hier die Initiative, um Gott umzustimmen und ihn wieder zu versöhnen, sondern Gott schenkt dem Menschen in der Situation des selbst verschuldeten Schadens die Möglichkeit des neuen Lebens und der neuen Gemeinschaft, indem er, Gott, durch die Priester die Sühnung in seinem Namen vollziehen lässt und dem Schuldigen vergibt.

Nun könnte man den zentralen und wesentlichen Gedanken des Vergebungsgeschehens darin suchen, dass der Mensch von seiner Sünde getrennt wird, indem seine Schuld und der damit verbundene Schaden beseitigt werden. So sollen ja einmal im Jahr alle Verschuldungen des Volkes Israel über dem »Sündenbock« ausgesprochen und somit gleichsam auf seinen Kopf gelegt werden, sodass das Tier die ganze Last der Sünde aus der Gemeinschaft fortträgt – hinaus in die von Menschen unbewohnte Wüste (3. Mose 16,20-22). Doch geht es bei der Vergebung durch Gott um viel mehr als nur darum, ein Übel zu beseitigen und von einer Last zu trennen. Dementsprechend ist auch dieses »In-die-Wüste-Schicken« der Sündenschuld – als ein

Ritus von mehreren – eingebettet in das umfassende Gesamtgeschehen des großen Versöhnungstages, zu dem vor allem auch die Sündopfer gehören.

Für die Darbringung des Sündopfers wird als Bestimmungsort aber gerade nicht die Wüste angegeben, sondern im Gegenteil der Bereich des Heiligen: der Brandopferaltar (3. Mose 4,22-31), der Vorhang vor dem Heiligen (4,1-21) und einmal im Jahr sogar der ansonsten unzugängliche »Gnadenthron« bzw. »Gnadenstuhl« – das ist der »Sühneort«, das »Sühnmal« – über der Bundeslade im Allerheiligsten des Heiligtums (16,1 ff). Indem der Hohepriester das Blut des Tieres an dieses »Sühnmal« sprengt, wird es in Kontakt zu der Ebene gebracht, über der Gott selbst erscheinen will (16,2), um Israel in seinem Repräsentanten zu begegnen und mit ihm zu reden (2. Mose 25,22). In Gestalt des Blutes aber kommt das Leben des Tieres mit dem Ort der Gegenwart und Offenbarung Gottes in Berührung.

Der tiefe Sinn dieser uneingeschränkten Berührung mit dem Heiligen und dieser Lebenshingabe an Gott wird erkennbar, wenn wir das andere Element der Opferhandlung beachten. Bevor das Tier geschlachtet wird, legt derjenige, der wegen seiner Sünde das Opfer darbringt, seine Hand auf den Kopf des Tieres (3. Mose 4,22-31). Durch dieses Handauflegen wird nicht nur – wie beim Sündenbock – etwas auf das Tier abgeladen, sondern der Opfernde überträgt sich selbst. Denn was an dem Tier stellvertretend – d. h. zugunsten des Menschen und an seiner Stelle – vollzogen wird, betrifft nicht nur einzelne Aspekte seiner Person, sondern ihn selbst in seinem ganzen Sein. Es soll nicht nur etwas an seiner Situation verändert werden, sondern er selbst soll durch die Sühne wesentlich erneuert werden. So ist es schon im Rahmen der alttestamentlichen Tradition das Geheimnis der von Gott geschenkten Sühne, dass sich der schuldig gewordene

Mensch mit dem Tier und seinem Geschick identifizieren darf, damit das Sterben des Tieres als sein Sterben gilt und die Hingabe des Lebens an das Heilige ihn selbst mit Gott in »Berührung« bringt.

In dem Geheimnis des »Sündopfers« vollzieht sich also, was eigentlich als unmöglich erscheint: Derjenige, der durch seine Trennung von dem Leben und der Liebe sein eigenes Leben verspielt hat und sich selbst aus der lebendigen Gemeinschaft mit Gott und mit anderen Menschen ausgeschlossen hat, wird durch »seinen« Tod hindurch hineingenommen in ein neues Leben, er wird »ent-sündigt« und versöhnt mit Gott.

3.9 MIT CHRISTUS GEKREUZIGT?

Erkennen wir, dass die frühen Christen die Bedeutung des Kreuzesgeschehens auf dem Hintergrund dieser einzigartigen – und eben nicht heidnischen – Sühnevorstellung ihrer Heiligen Schrift, unseres Alten Testaments, erkannt haben, dann werden die Zusammenhänge der neutestamentlichen Kreuzestheologie auch für uns leichter verständlich und seine Folgerungen logisch nachvollziehbar. »In Christus« hat Gott die endgültige Sühne vollzogen, indem er nicht nur sein Volk, sondern die ganze Welt (2. Kor 5,19; Röm 1,16; 3,30; Gal 3,28), nicht nur die versehentlichen Übertreter des Gesetzes, sondern alle Menschen als »Gottlose« (Röm 4,5; 5,6), d. h. als willentliche »Sünder« (Röm 3,9. 19. 23; 5,8), mit sich versöhnt hat.

Lange bevor sich die Gläubigen mit ihrem Stellvertreter »identifizieren« konnten, d. h., lange bevor sie Christus durch den Glauben als ihren Stellvertreter erkannt und als Herrn anerkannt haben, hat Jesus Christus seinerseits schon »seine Hand auf diese

Welt gelegt«, um so mit ihnen in allem ganz eins zu werden – genauso wie das Opfer und der Opfernde im Sühnekult identisch werden. Aufgrund dieser Identifikation wurde er den Sündern am Kreuz gleich – er wurde für sie »zur Sünde« (2. Kor 5,21), »zum Fluch« (Gal 3,13). Er starb für sie den Tod, der Folge ihrer Trennung vom Leben war. Damit aber ist auch sein Geschick zu dem ihren geworden, denn was an dem Opfer stellvertretend vollzogen wird, gilt ja entsprechend für den zu versöhnenden Menschen. In diesem Sinne sind sie, als Christus für sie und an ihrer Stelle starb, alle zugleich »mit ihm gestorben« (2. Kor 5,14) und an seinem Kreuz »mit ihm gekreuzigt worden« (Gal 2,19 f; Röm 6,1 ff).

Aber im Kreuzesgeschehen ereignete sich noch wesentlich mehr! Schon bei der kultischen Sühne war der Opfervorgang mit dem stellvertretenden Sterben ja keineswegs beendet und abgeschlossen. Vielmehr wurde die eigentliche Sühne dadurch vollzogen, dass das Blut – als das stellvertretend dahingegebene Leben – mit dem Bereich des Heiligen in Berührung kam und somit der Mensch selbst – jenseits »seines« Sterbens – zu einem neuen Leben in Gottes Gegenwart gelangte. Wie es aber schon bei der kultischen Sühne nicht nur um die Beseitigung einzelner Sünden, sondern um die Überwindung der Sünde – d. h. der Trennung von Gott – ging, so sollte auch die stellvertretende Lebenshingabe Christi nicht im Tod als der endgültigen Trennung vom Leben enden.

Entsprechend ist gerade dies die entscheidende Grundlage des christlichen Glaubens, dass Gott diesen »für uns« gekreuzigten Jesus durch »unseren« Tod hindurch hineingenommen hat in die Gemeinschaft seines Lebens (Röm 4,24; 10,9). Denn Christus ist nicht nur »um unserer Sünden willen dahingegeben«, sondern auch »um unserer Rechtfertigung willen auferweckt«

(Röm 4,25); er ist für uns gestorben und auferstanden, damit wir »nicht mehr uns selbst leben«, sondern dem, der uns durch seine Liebe gewonnen hat für sich und die Gemeinschaft mit dem Vater (2. Kor 5,14f; Gal 2,20; Röm 7,4; 14,7-9). »In Christus« – durch seine Stellvertretung und in seiner Gemeinschaft – haben die Gläubigen jetzt schon teil an seinem Leben (Röm 6,4ff; Gal 2,20) und sind in ihm schon jetzt ein Teil der »neuen Schöpfung« (2. Kor 5,17). In Christus werden sie auch durch ihr leibliches Sterben die von ihm eröffnete Gemeinschaft nicht verlieren, sondern wie er in ihrer Auferstehung teilhaben an Gottes ewigem Leben (1. Thess 4,14; Röm 8,11; 14,7-9).

3.10 NICHT DENKNOTWENDIG, ABER HEILSNOTWENDIG »FÜR UNS GESTORBEN«

Um auf unsere anfängliche Unterscheidung zurückzukommen: Beansprucht die christliche Kreuzestheologie für sich, entsprechend menschlicher Vernunft und allgemeiner historischer Plausibilität »denknotwendig« zu sein? Es fällt heute gewiss schwer, die Not-Wendigkeit des Sterbens und der Auferstehung Jesu zu erklären. Doch muss man nicht erst dem kultischen Geschehen und den alttestamentlichen Opferriten entfremdet sein, um diesem »Wort vom Kreuz« mit Fragen und Zweifeln zu begegnen. Der Gedanke, dass Gott selbst in seinem Sohn auf diese Welt gekommen ist, um stellvertretend »für uns« den Tod zu erleiden, erschien schon immer als ausgesprochen anstößig und unvernünftig (1. Kor 1,18.23).

Der Anspruch des Evangeliums ist nicht, dass es etwas verkündet, was »selbst-verständlich« ist, sondern vielmehr, dass es etwas »Unerhörtes« mitteilt: »Was kein Auge gesehen hat und kein Ohr gehört hat…« (1. Kor 2,9). Sosehr das Wort von der Versöhnung auch mithilfe alttestamentlicher Traditionen und Verheißungen entfaltet und erklärt werden kann, so wenig wird es von den ersten Christen selbst als das Ergebnis rein logischen Denkens und als das Produkt menschlicher Weisheit beschrieben (1. Kor 1,18–2,16). Im Gegenteil, es ist das von Gott selbst aufgerichtete (2. Kor 5,19), von ihm offenbarte Wort (Gal 1,1.11 f; 2. Kor 4,6), das nach menschlichen Kriterien durchaus als »Torheit« erscheinen mag (1. Kor 1,18 ff). Grundlegend für den Glauben ist also, dass das Kreuz Christi als heilsnotwendig erkannt wird – nicht als denknotwendig.

Nach Gottes Weisheit hat das menschlich gesehen sinnlose, ja widersinnige Ereignis der Hinrichtung des Gottessohnes durch Menschen also einen Sinn, den Menschen ihm weder geben noch von sich aus in ihm erkennen könnten. Aufseiten der Menschen offenbart das Kreuzesgeschehen eine gewaltige Feindseligkeit und große Schuld, aufseiten Gottes aber eine noch größere Versöhnungsbereitschaft und überwältigende Liebe. Man kann die Frage bedenken, ob es denn für Gott keinen anderen Weg hätte geben können, die Welt zu versöhnen, als ausgerechnet durch seine eigene Menschwerdung und Lebenshingabe bis ans Kreuz. Sie bleibt aber zwangsläufig spekulativ. Die ersten Kreuzestheologen verstanden sich nicht als Vordenker des Gekreuzigten – sie dachten den Worten des Auferstandenen nach. Das Wort vom »für uns gestorbenen« und von Gott auferweckten Gekreuzigten macht nämlich »nach-denklich«!

WAS BEDEUTET VERGEBUNG DER SÜNDEN?
VON DER RÜCKKEHR INS WIR

Eine Auslegung der zentralen Aussagen des Glaubensbekenntnisses enthält heute so manche Herausforderung – sicherlich für die, die sie erarbeiten, mehr wahrscheinlich noch für die, die sie lesen. »Jungfrauengeburt«, »Auferstehung von den Toten«, »Kommen Jesu Christi, zu richten die Lebenden und die Toten« – da könnten wir annehmen, dass die Themen des dritten Glaubensartikels zum göttlichen Wirken in der menschlichen Gemeinschaft und im Leben der Gläubigen leichter nachvollziehbar sind: »Ich glaube an den Heiligen Geist … Vergebung der Sünden!« Doch gerade uns als neuzeitlichen Menschen mag die Rede von »Sünde« und »Vergebung« – sosehr sie uns unmittelbar betrifft – noch fremder und schwieriger erscheinen als die Aussagen über Gott, den Vater, und über seinen Sohn, Jesus Christus, über die Transzendenz und die lange zurückreichende Heilsgeschichte.

EINE FRAGE DES MENSCHENBILDES

Mit unserem neuzeitlichen Menschenbild ist die Problematik von Sünde und Schuld bekanntermaßen nur schwer zu verbinden, sodass wir den ganzen Fragenkomplex in der Regel lieber ausblenden und – bis hinein in unsere Predigten, Gespräche und Veröffentlichungen – eher umgehen. Wie viel vertrauter erscheint uns da das »humanistische Menschenbild«, das den Menschen nicht auf seine Schuld und Sünde anspricht, sondern ihn als grundsätzlich gut und als prinzipiell lebens- und beziehungsfähig versteht! Gewiss, auch hier wird von der Notwendigkeit der menschlichen Entwicklung gesprochen, aber es geht um die Entwicklung der grundsätzlich guten eigenen Anlagen, mit denen der Mensch auf die Welt kommt. Gewiss, auch hier kommt zur Sprache, dass Menschen hinter ihren moralischen, sozialen und vernünftigen Möglichkeiten zurückbleiben mögen. Aber dies wird so gedeutet, dass sie durch die Einflüsse der sie bestimmenden Umgebung bisher an der Entfaltung ihrer eigenen Persönlichkeit gehindert und in der Unmündigkeit gehalten worden sind. Wird der Mensch »an sich« und »selbst« als grundsätzlich gut und zum Guten angelegt verstanden, so gründen seine Fehlentwicklungen vor allem in den äußeren Umständen von Erziehung, Ausbildung und Gesellschaft, die ihn von seiner natürlichen Selbstentfaltung bisher abgehalten haben. Von »Schuld und Versagen« wird in diesem Zusammenhang vielmehr in Hinsicht auf die gesellschaftlichen Verhältnisse gesprochen, die der eigenen Persönlichkeitsentwicklung und der Verwirklichung des wahren »Selbst« entgegenstehen.

Doch mag unsere Verlegenheit bei dem Thema »Sünde und Vergebung« auch gerade durch das gegenteilige traditionelle Menschenbild bestimmt sein, das sich im Widerspruch und in Abgrenzung zur humanistischen Sicht in kirchlichen und frömmigkeitsbestimmten Zusammenhängen bis in die Gegenwart erhalten hat. Wenn der Mensch im entgegengesetzten Extrem einseitig als »Sünder« in den Blick kommt, dessen »Dichten und Trachten von Jugend auf böse ist« (1. Mose 8,21) und der deshalb als grundsätzlich unzulänglich erscheint, dann kann aus dem Gegenüber von Gott und Mensch ein Dualismus von Gut und Böse, Licht und Finsternis, Kraft und Schwachheit, Wahrheit und Lüge werden, der den Menschen jeweils auf sein Unvermögen, seine Vergänglichkeit und Schuld reduziert. Eine Erziehung in diesem Geiste konnte es sich lange Zeit zum Ziel setzen, den Kindern den angeborenen Geist der Auflehnung auszutreiben und sie zur konsequenten Ein- und Unterordnung anzuhalten. Unter der Voraussetzung, dass das »Selbst« des Menschen als das eigentliche Problem gesehen wurde, lagen in der Unterwerfung des »Ich« und in der »Selbstverleugnung« die wahren Ziele der Persönlichkeitsentwicklung. Und wenn der eigene Wille und die Selbstständigkeit als Auflehnung verstanden wurden, dann galt es als erklärtes pädagogisches Ziel, dem Kind »den Willen zu brechen« und es mit allen Mitteln – gegebenenfalls auch mit Anwendung von körperlicher Züchtigung – zum Gehorsam gegenüber einem übergeordneten Willen anzuhalten.

Aber auch dann, wenn wir uns weder als »frömmigkeitsgeschädigt« verstehen wollen noch auch als durch humanistische Illusionen »verbildet« entschuldigen mögen, stellt sich bei dem Thema »Schuld und Vergebung« vielleicht ein gewisses Unbehagen ein. Auch in unseren Freundeskreisen, Partnerschaften und Familien kennen wir den Widerspruch zwischen unserer vernünftigen Einsicht in die Notwendigkeit von Problemgesprächen und Auseinandersetzungen und der wirklichen Bereitschaft, die Einsicht auch zur Tat werden zu lassen. So mögen wir auch zugeben, dass es sinnvoll und geboten ist, für eine notwendige Zahnbehandlung den Zahnarzt aufzusuchen, und dennoch werden wir beim Verdrängen des an sich Vernünftigen um Ausreden und Entschuldigungen nicht verlegen sein. Freilich geht es bei unserem Thema um viel mehr als nur um ein einzelnes Problem, das einen zeitweiligen Aufschub duldet. Denn das Verdrängen und Verleugnen unserer grundsätzlichen Situation und Verlegenheit würde ganz umfassende und bleibende Folgen haben.

So wollen wir neu – und jenseits der skizzierten möglichen Extreme – nach dem fragen, was ursprünglich und eigentlich mit dem christlichen Bekenntnis zur »Vergebung der Sünden« gesagt und gemeint ist. Was haben wir uns eigentlich und unter Rückbesinnung auf die christlichen Quellen unter »Sünde« vorzustellen? Worin besteht ihr Wesen, ihre Faszination und Macht, und worin gründen ihr Rätsel, ihre Täuschung und ihre unheilvolle Wirkung? Worin bestehen demgegenüber das Geheimnis und die Kraft der Vergebung, und wie verändert und erneuert sie nun das Verhältnis des Menschen zu Gott, zu anderen Menschen und zu sich selbst?

SÜNDE ALS TRENNUNG VON GOTT ALS DEM LEBEN UND DER LIEBE

Im Allgemeinen pflegt man das als »Sünde« zu bezeichnen, was zwar verboten, aber ausgesprochen reizvoll und verlockend ist. Sünde erscheint dann als das verbotene Schöne und das untersagte Attraktive. Vielleicht denkt man auch an die Übertretung eines von Gott gegebenen Gebotes oder bestimmt Sünde als schlechtes und unmoralisches Handeln. In jedem Fall wird damit jedoch nur unzulänglich beschrieben, was aus christlicher Sicht als das entscheidende und ausschlaggebende Problem des Menschen gilt.

Vorrangig und grundsätzlich ist unter Sünde in der biblischen Tradition die Trennung von Gott zu verstehen, die Abwendung des Geschöpfes von seinem Schöpfer und die Absage des Menschen an den ihn liebenden Gott. Damit besteht die Sünde wesentlich in der Isolation des menschlichen »Ich« vom göttlichen »Du«, die als solche die personale Beziehung – also das »Wir« – zwischen Gott und Mensch ausschließt. Grundlegend für das Verständnis von Sünde und Schuld sind also der personale Aspekt und die Dimension der Beziehung. Es geht nicht primär um menschliches Verhalten und Versagen, sondern um das menschliche Verhältnis oder Nicht-Verhältnis zu Gott als dem Leben und der Liebe. Alle weiteren Aspekte der Sünde ergeben sich dann als Entfaltung und Konsequenz dieser Entfremdung und Trennung des Menschen von Gott.

Da Gott als Schöpfer alles Lebenden der Ursprung allen Lebens ist, beraubt der Mensch sich durch die Loslösung von Gott – in letzter Konsequenz – auch seines eigenen Lebens. Das gilt zunächst in dem Sinne, dass jedes menschliche Leben mit dem Sterben endet, aber auch so, dass der Mensch aufgrund seiner Sünde schon im Leben »tot« ist – nämlich in seiner Beziehung zu Gott. In diesem Zustand der Trennung von seinem wirklichen Leben verharrt er bis zu seinem absoluten und endgültigen Tod.

Da die Liebe bei Gott nicht nur eine Eigenschaft von vielen ist, sondern sein ganzes Wesen, ist er selbst Maßstab für das, was wir Liebe nennen, und ist selbst in Person die Liebe. Das aber hat zur Folge, dass der Mensch sich – indem er Gott und sein Wesen ablehnt – letztlich auch gegen die Liebe wendet. So äußert sich die eine Sünde, dass der Mensch getrennt von Gott und seiner Liebe lebt, auch darin, dass er aufgrund seiner »Lieblosigkeit« anderen und sich selbst durch viele Sünden schadet. Wesentliches Merkmal und Erkennungszeichen jeder Sünde ist es also, dass sie von Gott trennt und Leben und echte Liebe einschränkt, gefährdet und zerstört.

Umgekehrt kann dann nur das nicht als Sünde gelten, was in Verantwortung vor Gott und in Gemeinschaft mit ihm geschieht und andere und uns in der Entfaltung von Leben und Liebe fördert. Dementsprechend kann etwas sehr »religiös« und »fromm« aussehen und dennoch Sünde sein, wenn es seinen Ursprung nicht in Gott hat und weder anderen noch uns zuträglich ist – und damit den Menschen in seiner Isolation von Gott und seiner

Liebe noch bestärkt. Andererseits mag vieles für sich genommen gar nicht »fromm« aussehen, was für die Glaubenden aber dennoch nicht Sünde ist (Röm 14,22 f), weil und insofern es weder Gott und seinem erklärten Willen widerspricht noch irgendjemandem schadet, sondern dankbar erlebt und in Liebe getan wird (vgl. Röm 14; 1. Kor 10,23 ff; 1. Tim 4,3-5). Ob es um die Frage der Ehe oder Ehelosigkeit geht, ob um Fleischverzehr oder Weingenuss, ob um das Einhalten oder Nichtbeachten bestimmter Tage – in jedem Fall geht es dem Evangelium gemäß allein um die Entscheidung, ob ein Verhalten der Gottesbeziehung dient und andere und den Gläubigen selbst fördert: »Denn alles, was Gott geschaffen hat, ist gut, und nichts ist verwerflich, was mit Danksagung empfangen wird; denn es wird geheiligt durch das Wort Gottes und Gebet« (1. Tim 4,4 f). – »Ein jeder sei in seiner Meinung gewiss. Wer auf den Tag achtet, der tut's im Blick auf den Herrn; wer isst, der isst im Blick auf den Herrn, denn er dankt Gott; und wer nicht isst, der isst im Blick auf den Herrn nicht und dankt Gott auch. Denn unser keiner lebt sich selber, und keiner stirbt sich selber. Leben wir, so leben wir dem Herrn; sterben wir, so sterben wir dem Herrn. Darum: wir leben oder sterben, so sind wir des Herrn« (Röm 14,5-8).

MEHR ALS MORAL

Aus diesem personal geprägten und umfassenden Verständnis von der *einen* Sünde als Ursprung aller einzelnen ergibt sich auch die Schwierigkeit einer rein moralischen Bestimmung. Im Bild gesprochen stellt die Sünde als Trennung von Gott die eigentliche Krankheit dar, während die einzelnen Sünden und moralischen Vergehen als Symptome dieser zugrunde liegenden Krankheit zu verstehen sind. Zwar wirkt die eine Sünde sich in den Gedanken, Worten und Handlungen auch in moralischer Hinsicht aus, sie lässt sich aber keinesfalls anhand moralischer Begriffe schon hinreichend bestimmen und erklären. Denn die Symptome sind charakteristische Zeichen der Krankheit und als solche ernst zu nehmen, aber sie sind nicht die eigentliche Krankheit.

Die Sünde aufgrund der Unmoral erweisen zu wollen verbietet sich schon deshalb, weil auch der Mensch, der »losgelöst« von seinem Schöpfer leben will, als dessen Geschöpf dennoch die Fähigkeit und Verantwortung erhalten hat, andere Menschen zu lieben. So wären wir äußerst schlecht beraten, wenn wir – quasi als »Vorbereitung« auf das Evangelium als die »Frohe Botschaft« – zunächst die moralischen Zustände der »Welt« beklagten. Nicht nur, dass wir uns dabei in Hinsicht auf die Humanität und Liebe mancher Atheisten und angesichts moralischer Vergehen mancher »Frommer« selbst in Beweisnot bringen – viel schlimmer ist, dass wir das Evangelium damit gar nicht vorbereiten.

Die »erfreuliche Nachricht« von Gottes Vergebung und Erlösung handelt ja nicht von dem verzweifelten Zurückdrängen der *Folgen*, sondern von der wirksamen Aufhebung der *Ursache*. Wir sollen nicht etwa in unserer Isolation stabilisiert werden, sondern durch Beziehungswirklichkeit geheilt sein und zur Beziehungsfähigkeit gesunden. Denn was wir brauchen, ist nicht eine »Besserung« des Zustands unseres Todes, sondern *Leben*, ist nicht nur eine Änderung des Ich, sondern das *Wir* – mit Gott und miteinander.

FASZINATION UND ENTTÄUSCHUNG DER SÜNDE

Wenn Sünde Distanzierung von Gott bedeutet – und wenn wir Gott als den Ursprung des Lebens und als den Schöpfer und Geber der Liebe erkannt haben –, welchen Sinn macht es dann noch, zu sündigen? – Gar keinen! Es ist nicht sinnvoll, sondern geradezu absurd, wenn wir Menschen das Gegenteil von dem tun, was wir eigentlich wollen. Denn indem wir uns in unserem Streben nach Glück und Erfüllung von Gott als unserem Leben und unserer Liebe lösen, schaden wir uns selbst und anderen. So ist es – wie wir sahen – das wesentliche Merkmal und Erkennungszeichen jeder Sünde, dass sie von Gott trennt und gelingendes Leben und echte Liebe verhindert, gefährdet und zerstört.

Warum geht dann von der Sünde oft eine solche Faszination aus, wenn sie doch in letzter Konsequenz für unser Leben und Erleben abträglich ist? – Weil es die Sünde, wenn sie attraktiv erscheinen will, vermeidet, ihr Wesen und ihr Ziel zu offenbaren. Sie knüpft wie einst die Schlange im Gespräch mit Eva viel lieber an das an, was Gott als Schöpfer selbst ist und was er allein seinen Geschöpfen geben kann (1. Mose 3,1-5; Röm 7,11). Sie verspricht nicht etwa Tod, sondern Leben; sie wirbt nicht mit Gottverlassenheit und Einsamkeit, sondern mit der Gottgleichheit. Sie verrät dem naiven Menschen nicht, dass er mit seiner Auflehnung gegen Gott unmittelbar in die Abhängigkeit und Verblendung gelockt werden soll, sondern sie gaukelt ihm Erkenntnis, Reife und Freiheit vor.

Das ist aber doch Betrug! – Gewiss, und diesen Betrug begeht die Sünde seit Beginn der Menschheit, d. h. seit Adam und Eva, sehr erfolgreich (1. Mose 3,13; Röm 7,11). Der Mensch, der sich von der Sünde verführen lässt, ist insofern betrogen, als er aufgrund der Täuschung in der Trennung von Gott sucht, was er gerade bei Gott finden würde, und bei der Sünde findet, was er gar nicht gesucht hat. So lebt die Faszination der Sünde allein davon, dass sie in Aussicht stellt, was lediglich Gott geben kann, und verspricht, was nur Gott halten kann.

Aber vor diesem Schwindel müssen die Menschen doch gewarnt werden! – Das sind sie schon, wiederum seit Adam und Eva (1. Mose 2,17). Gott hat die Menschen doch von Anfang an und – durch Propheten und Apostel – immer wieder neu davor gewarnt, sich als Geschöpfe von ihm als dem Schöpfer abzuwenden; da doch die Abkehr vom Leben in letzter Konsequenz niemals Lebensentfaltung bringen kann, sondern in jedem Fall Verlust an Leben und Minderung von Lebenskraft bedeutet, und da die Auflehnung gegen die Liebe schwerlich Zuneigung und Einklang bringen wird, sondern nur noch mehr Selbstsucht und Angst, Abwertung und Verzweiflung.

Wie kann es der Sünde denn immer wieder gelingen, den Menschen zu betrügen, obwohl er doch zuvor von Gott vor dem Betrug gewarnt worden ist? – Indem sie durch skeptische, verfängliche Fragen und glatte Falschaussagen im Menschen Zweifel, Unsicherheit und Versuchung weckt: »Sollte Gott gesagt haben …?« – »Ihr werdet keineswegs des Todes sterben, sondern Gott weiß, an dem Tage, da ihr davon esset, werden eure Augen aufgetan, und ihr werdet sein wie Gott, indem ihr wisst, was gut und böse ist« (1. Mose 3,1-5).

Läuft es darauf hinaus, dass man das Reden und Werben der Sünde am besten einfach nicht beachtet, sich schleunigst von ihr abwendet und sie zu vergessen sucht? – Wenn das so einfach aufginge, wäre es ja vielleicht zu empfehlen. Die Dinge liegen aber in der Regel komplizierter. Da die Sünde häufig mit dem wirbt, was Gott als Schöpfer seiner Schöpfung in Liebe zugedacht hat, kann die Lösung nicht in der Verachtung dessen liegen, was die Sünde in Aussicht stellt. Die Sehnsucht nach Zuwendung und Anerkennung, das Verlangen nach Bestätigung und Glück, das Streben nach Erfüllung und Entfaltung, all diese Bedürfnisse sind ja nicht an sich verfänglich oder falsch, sondern schöpfungsgemäß und lebensbejahend. Kritisch zu beurteilen sind allein die Versuche, das Verlangen nach Leben lebensmindernd zu befriedigen und die Sehnsucht nach Liebe und Anerkennung auf Kosten anderer und zum eigenen Schaden auszuleben. Die Hoffnung, die in uns geweckt wird, ist weder verwerflich noch lebenshinderlich, sondern allein die Fehlentscheidung, unabhängig von Gott suchen zu wollen, was wir nur bei und in Gott finden können. So erweist sich manche Sünde in ihrer letzten Konsequenz als eine fehlgeleitete Sehnsucht nach Gott.

Wenn dies aber zutrifft, dann geht es bei der Überwindung des Betruges, dem wir als Menschen seit Urzeiten erliegen, weniger um das Abwenden von der uns offensichtlich überlegenen Sünde als vielmehr um das Hinwenden zu dem einen Gott, der allein unsere Sünde in seiner Liebe und durch seine Zuwendung erübrigen kann. Dann hilft uns nicht das verzweifelte und halbherzige »Nein!« zu allen Wünschen nach erfüllendem und erfülltem Leben, sondern allein das ganz entschiedene und hoffnungsvolle »Ja!« zu dem, der selbst das Leben ist und uns auf viele Weisen Leben in Fülle geben will: »Ich bin gekommen, damit sie Leben haben – und zwar im Überfluss« (Joh 10,10).

DAS VERHÄLTNIS DES MENSCHEN ZUR SÜNDE

Wollen wir die vielschichtige Beziehung des Menschen zu seiner Sünde auf den Punkt bringen, dann wird uns das kaum treffender und knapper gelingen können als mithilfe der lateinischen

Begriffe *posse* – für »können«, »vermögen«, »imstande sein« – und *peccare* – für »sündigen«, »fehlen«, »sich vergehen«.

Posse peccare: Als Gott die Menschen schuf, bestimmte er sie dazu, in ungebrochener und respektvoller Gemeinschaft mit ihm und miteinander zu leben, auf ihn als ihren Schöpfer zu hören, sich an seine lebensbewahrenden Worte zu halten und das ihnen anvertraute Leben verantwortlich zu gestalten. Diese Bestimmung, persönliches und verantwortliches Gegenüber Gottes zu sein, schloss die Möglichkeit des Versagens und Verfehlens ein. Der Mensch ist keineswegs *als* Sünder geschaffen und schon gar nicht *zur* Sünde – aber er ist mit der *Möglichkeit* zu sündigen geschaffen. Es gilt für den Menschen als Geschöpf das »Sündigen-Können« – *posse peccare*.

Non posse non peccare: Weder Schöpfungsbericht und Paradieserzählung (1. Mose 1–3) noch deren Auslegung bei Paulus (Röm 1,18–3,20; 5,12-21; 7,7-25) lassen einen Zweifel daran, dass sich der Mensch gleich zu Beginn – d. h. grundlegend – von der Macht und Möglichkeit des Zweifels an Gott verführen ließ und sich der Gemeinschaft mit seinem Schöpfer durch Ungehorsam und Abwendung entzog. Sosehr er als Geschöpf Gottes nach wie vor und bleibend dazu ausersehen ist, Ebenbild und Gegenüber Gottes zu sein, so sehr gilt für den Menschen zugleich unausweichlich, dass er seit Adam und Eva – d. h. von Anfang an – faktisch von Gott entfremdet ist und unter der Herrschaft seiner eigenen Sünde existiert. Er handelt nicht nur gelegentlich so, als ob es Gott nicht gäbe, sondern er lebt grundsätzlich von seinem Schöpfer getrennt. An die Stelle der Gottesgemeinschaft ist die zwanghafte Beziehung zu seiner eigenen Sünde getreten, die ihn immer wieder zu einem Verhalten nötigt, das dem Leben und der Gemeinschaft abträglich ist. Wenn es aber stimmt, dass der Mensch seit Adam seiner Sünde verfallen ist, dann kann er nicht nur sündigen, sondern dann *muss* er fortan sündigen, denn er kann das Sündigen nicht lassen (*non posse non* = »müssen«). Es gilt für den Menschen nach Adam das »Nicht-nicht-sündigen-Können« – *non posse non peccare.*

Posse non peccare: Für den an Christus Glaubenden hat sich durch Jesu Kreuz und Auferstehung ein grundsätzlicher Wandel vollzogen. Denn die Bereitschaft zur Hingabe des Wertvollsten, des eigenen Lebens, lässt die uneingeschränkte und bedingungslose Zuwendung Gottes zu uns Menschen erkennen, und die im Leben und Leiden Jesu greifbare vorbehaltlose Liebe bezeugt Gottes Versöhnung und Vergebung gegenüber demjenigen, der Gott von sich aus gleichgültig oder sogar in offener Ablehnung begegnet. Ihm wird im Glauben – d.h. voraussetzungslos und geschenkweise – zugesprochen, dass er am Kreuz auf Golgatha mit Christus seiner alten Sünde – d.h. Trennung vom Leben – absterben durfte und infolge der Auferstehung des Sohnes Gottes auch selbst in die Gemeinschaft der Töchter und Söhne Gottes mit dem himmlischen Vater eintreten kann. Zwar ist die Sünde mit ihrer Leben zerstörenden und Liebe verhindernden Kraft noch nicht völlig beseitigt, aber sie ist durch das Kreuzesgeschehen bereits verurteilt und verdammt. Zwar existiert die Sünde als Möglichkeit auch für die Glaubenden noch weiter, aber der Anspruch ihrer Herrschaft und die Zwangsläufigkeit ihrer Sklaverei sind im Herrschaftsbereich des Auferstandenen aufgehoben. Die Sünde mag vorläufig noch Möglichkeit und Macht haben, aber sie hat auf Christus selbst – und damit auf die, die in Christus sind – weder Recht noch Anspruch. Wohl wird sie auch die Glaubenden immer wieder zu Verfehlungen verleiten, sie kann sie aber nicht mehr grundsätzlich und bleibend von der Liebe und dem Anspruch Christi trennen. Wenn dies aber stimmt, dann gilt für die an Christus Glaubenden nicht nur das *posse peccare* der Geschöpfe und nicht mehr das *non posse non peccare* der Sünder, sondern in der Vergebung und Gemeinschaft Christi das *posse non peccare* der Erlösten. Denn durch die Erlösung in Christus haben die Glaubenden bereits »die Freiheit und das Vermögen, nicht zu sündigen«.

Non posse peccare: Wenn auch die Vergebung und die Freiheit, nicht mehr sündigen zu müssen, sondern in Offenheit für Gott und in Gemeinschaft mit Christus leben zu können, selbst schon Erlösung bedeuten, so gelten doch – gerade auch für Glaubende – entscheidende Verheißungen und Hoffnungen bisher noch als unerfüllt. Solange Menschen unter Ungerechtigkeit und Not, unter Krankheit und Verzweiflung, unter Einsamkeit und Tod leiden müssen, sehnen wir uns nach dem Abschluss der Erlösung durch Christus und nach der Vollendung der Schöpfung Gottes (Röm 8,18-39; 1. Kor 15,20-28). Denn wenn Christus seine Herrschaft endgültig gegen die Sünde und den Tod als die letzten Feinde Gottes durchsetzen wird, dann wird es alles das nicht mehr geben, was durch die Sünde der Menschen an Schuld und Schaden in die Schöpfung Gottes gekommen ist. Dann werden wir Gott sehen, wie er ist, und in Anbetracht seiner Liebe und Herrlichkeit nie mehr sündigen wollen; dann sollen wir dem Wesen des Gottessohnes angeglichen werden und nicht mehr verführbar sein; dann werden wir uneingeschränkt und ungebrochen mit Gott zusammenleben und deshalb nicht mehr sündigen können. An diesem Tag, wenn Christus erscheint, dann gilt endlich das erlösende *non posse peccare*.

Nun sind wir von diesem Ziel einer uneingeschränkten und unangefochtenen Erfahrung der vollkommenen Gottesgemeinschaft auch als an Christus Glaubende noch weit entfernt und bringen uns bewusst – oder häufiger noch ohne es uns einzugestehen – in Situationen, die nicht unser Leben und unsere Beziehungen in Liebe fördern, sondern diese vielmehr einschränken und uns selbst und anderen schaden. Wie finden wir zu Gott zurück, wenn wir erkennen müssen, dass wir uns von ihm durch ein bestimmtes Verhalten oder durch allmähliche Entfremdung getrennt – d.h. gesündigt – haben?

Zu unserer Überraschung brauchen wir nichts zu tun, als uns umzudrehen und uns Gott neu zuzuwenden. Denn wie weit wir uns auch von Gott entfernt haben mögen, er hat sich nicht von uns entfernt. Auch wenn wir uns selbst und ihm gegenüber immer wieder untreu werden, so bleibt Gott uns und sich selbst doch beständig treu. Er kann sich selbst nicht verleugnen (2. Tim 2,13). Sosehr wir unsere Beziehung zu Gott als dem Leben und der Liebe vernachlässigen mögen und sooft wir auch vergessen, was er uns in Christus bereits geschenkt hat, hält Gott doch an seiner Zusage fest und holt uns auf unseren Wegen wieder und wieder ein. Denn Gottes Gaben und Berufung können ihn nicht gereuen (Röm 11,29). Die Folgen unserer Abwege und Fehlentscheidungen mögen uns durchaus noch lange zu schaffen machen. Der entscheidende Beginn des Neuanfangs aber liegt in dem Augenblick der Hinwendung zu dem, der uns längst zugewandt ist. Mögen wir uns auch tausend Schritte von Gott weg entfernt haben, so bedarf es dank der Liebe und Vergebungsbereitschaft Gottes nicht mehr als eines einzigen Schrittes, um zu ihm zurückzukehren.

Wir vertrauen zu Recht darauf, dass wir Gott auch in unseren persönlichen Lebensentscheidungen um seine Führung bitten dürfen und ihm unseren eigenen Lebensweg anvertrauen können. Was ist aber mit Gottes Willen für unser Leben, wenn wir – durch offensichtliche Fehlentscheidungen oder durch unvorhergesehene Entwicklungen, durch eigene oder durch fremde Schuld – in ausweglose Situationen geraten? Ist mit einer falschen Lebensentscheidung definitiv über unser Leben entschieden? Kommt Gottes Führung damit an ihr Ende, dass wir uns einmal bei unserer Suche nach seinem Willen geirrt haben? Es ist das Geheimnis seiner Liebe und Güte, dass Gott uns nicht nur entlang eines als Ideallinie gedachten Weges zum erfüllenden Leben führen kann, sondern dass er uns jeweils abholt, wo wir und wie wir gerade sind, und uns von dort aus neue Wege ebnet, auf denen wir nach seinem Willen leben dürfen. Gottes Zuspruch der Vergebung ist immer zugleich die Zusage eines Neuanfangs in seiner Begleitung.

Wenn dies alles aber zutrifft, dann könnte unser Bekenntnis zu der »Vergebung der Sünden« in Christus doch eigentlich ein uns beglückendes und befreiendes Thema sein, das wir weder zu verdrängen noch zu umgehen brauchten. Vielleicht ist es unser Stolz und unser altes Problem der Isolation von dem Leben und der Liebe, dass wir das Thema der Sünde – und damit unweigerlich auch das der Vergebung – lieber zurückstellen. Denn wir wollen Vergebung, weil wir vergessen wollen; Gott aber vergibt uns, damit wir uns erinnern: wie sehr er uns beschenkt, indem er uns bedingungslos annimmt, wie wenig wir uns von den anderen unterscheiden, die wir sonst so leicht verurteilen, und wie weit unsere Vorstellung von uns selbst von der Wirklichkeit entfernt ist. So wird uns unsere Schuld gerade nicht vergeben, damit wir wieder ganz die Alten sein können, sondern damit wir Gott, den anderen und uns selbst neu und anders begegnen. Denn der Sinn der Vergebung liegt nicht darin, dass wir wieder besser dastehen, sondern dass wir Gott gegenüber dankbarer, anderen gegenüber barmherziger und uns selbst gegenüber wahrhaftiger werden.

GESUND IM GLAUBEN

HEILT DER GLAUBE – KANN DER GLAUBE GESUNDEN?

HEILSAMER GLAUBE – GESUNDEN DES GLAUBENS?

Mit der Formulierung unseres Themas »Gesunden im Glauben« kommen gleich zwei verschiedene Gesichtspunkte in den Blick. Wir mögen die Hoffnung vor Augen haben, dass der Glaube von Krankheiten heilen und die Erkrankten gesund machen kann – gemäß der bekannten Zusage: »Dein Glaube hat dich geheilt!« Oder wir erwarten eine Betrachtung darüber, wie der Glaube selbst gesunden soll, wie ungesunde und lebensabträgliche Momente unserer Religiosität erkannt und geheilt werden können. Ob wir also an die Heilung durch Glauben denken oder an den Gesundungsprozess des Glaubens – in jedem Fall wird es darum gehen, wie sich Glaube und Gesundheit zueinander positiv verhalten mögen.

Ein »gesunder« und am Evangelium von Jesus Christus orientierter Glaube entfaltet gewiss eine Fülle lebensfördernder und beziehungsstärkender Impulse. Es gibt aber offensichtlich auch Formen von Religiosität und Frömmigkeit, die nicht zur Bewältigung von Wirklichkeit und zur Entfaltung der Persönlichkeit beitragen, sondern eher lebensabträglich und selbstzerstörerisch wirken. Es kommt vor, dass jemand nicht nur trotz seines Glaubens körperlich oder seelisch erkrankt, sondern gerade durch die Art seiner Frömmigkeit. So stellt sich in der Tat nicht nur die Frage, ob und wie der Glaube gesund macht, sondern für viele auch die, wie der eigene Glaube gesunden kann.

Was sind die Kriterien für ein Gesunden im Glauben? Was ist das Besondere an dem Glauben, der sich an Jesus Christus und dem neutestamentlichen Gottesbild orientiert? Gesundet der Glaube durch Heilung und heilt ein gesunder Glaube? Birgt ein gesunder Glaube in sich die Kraft, auch mit Schwachheit und Krankheit – oder sogar mit der Perspektive des eigenen Sterbens – versöhnt umzugehen?

WOHER WIR UNS VERSTEHEN

Wie so oft bei Themen des Glaubens und des Lebens beginnt alles mit der Frage nach dem Verständnis von Gott. Denn ganz grundlegend für unseren Glauben und für unsere Lebensentfaltung ist unsere Vorstellung von Gott und seinem Wesen, von seiner Einstellung zu uns und seinem Wirken an uns. Und sogar wenn wir uns selbst gar nicht als religiös oder gläubig bezeichnen würden, haben wir dennoch bestimmte Vorstellungen von der Grundlage und dem Ziel unseres Lebens, wir nehmen uns selbst und die gesamte Wirklichkeit nach uns prägenden Voraussetzungen und Grundbotschaften wahr. So ist es für uns in allen Lebensbezügen von größter Bedeutung, woher wir uns verstehen.

Nun können unsere »Gottesbilder« natürlich durch alle möglichen religiösen Vorstellungen und Erfahrungen mit menschlichen Autoritäten geprägt sein. Ob wir es wahrnehmen oder nicht, wir werden unwillkürlich durch unsere Herkunft und den Einfluss anderer Menschen seit unserer frühesten Kindheit geformt. Wir erleben und gestalten unsere Gegenwart aufgrund unserer Erfahrungen in der Vergangenheit. Und unsere Erwartung des Kommenden ist nicht nur durch unsere mögliche Zukunft bestimmt, sondern vor allem durch unsere prägende Vergangenheit und bisherige Gegenwart. Umso wichtiger ist es für das christliche Verständnis von Gott, dass es sich nicht nur an irgendwelchen Vorstellungen orientiert, sondern nach der »Selbstvorstellung« Gottes fragt, wie sie vom Glauben in der biblischen Überlieferung wahrgenommen wird. Der Glaube will sich nicht länger von inneren und äußeren Prägungen und Botschaften seiner bisherigen Lebenserfahrung abhängig machen, sondern sich ganz bewusst von der – vielleicht aller bisherigen Erfahrung widersprechenden – »Guten Botschaft« Gottes heilsam bestimmen lassen, wie er sie in dem Evangelium von Jesus Christus erfasst.

»ICH BIN DER HERR, DEIN ARZT«

Schon auf den ersten Blick erschließt sich jedem Leser, dass das Thema des »Heilens« und des »Gesundens« in den biblischen Texten von zentraler Bedeutung ist. Die Motive der »Rettung«, der »Erlösung« und des »Heils« ziehen sich als ein roter Faden durch die ganze biblische Überlieferung. Dies gilt sowohl im Hinblick auf die Erinnerung an die heilvoll erlebte Vergangenheit als auch für die Wahrnehmung der Erlösung und Bewahrung in der Gegenwart. Und selbst die Erwartungen der Vollendung des eigenen Lebens und der gesamten Schöpfung und Menschheitsgeschichte werden noch im Licht der Verheißungen des endgültigen Heilens und Erlösens Gottes gesehen. Die Selbstvorstellung Gottes gegenüber seinen Menschen könnte gar nicht prägnanter wiedergegeben werden als mit der Zusage Gottes an sein Volk in 2. Mose 15,26: »Denn ich bin der Herr, dein Arzt!«

So spricht Gott dem in Schuld, Leid und Unheil verfangenen Israel durch den Propheten Jesaja zu: »Stärket die müden Hände und macht fest die wankenden Knie! Saget den verzagten Herzen: ›Seid getrost, fürchtet euch nicht! Seht, da ist euer Gott! Er kommt zur Vergeltung; Gott, der da vergilt, kommt und wird euch helfen.‹ Dann werden die Augen der Blinden aufgetan und die Ohren der Tauben geöffnet werden. Dann werden die Lahmen springen wie ein Hirsch, und die Zunge der Stummen wird frohlocken … Die Erlösten des Herrn werden wiederkommen und nach Zion kommen mit Jauchzen; ewige Freude wird über ihrem Haupte sein. Freude und Wonne werden sie ergreifen und Schmerz und Seufzen wird entfliehen« (Jes 35,3-6.10). Anschaulicher kann man die überwältigende Erfahrung der Erlösung von Leid und Schmerzen kaum ausmalen. Das kommende Heil Gottes soll sich also darin konkretisieren, dass Gott die Verzagten trösten, die Seufzenden mit Freude erfüllen und die Kranken heilen möchte.

Was bei Jesaja als zukünftige Lebensperspektive verkündet werden soll, wird in der Gewissheit mancher Psalmen wie eine Vergangenheit, Gegenwart und Zukunft umfassende Zuversicht des Vertrauens entfaltet. So ruft der 103. Psalm zu einem in Gottes umfassender Barmherzigkeit und Güte begründeten Loben als Ausdruck der Geborgenheit auf: »Lobe den Herrn, meine Seele, und was in mir ist, seinen heiligen Namen! Lobe den Herrn, meine Seele, und vergiss nicht, was er dir Gutes getan hat: der dir alle deine Sünde vergibt und heilet alle deine Gebrechen, der dein Leben vom Verderben erlöst, der dich krönet mit Gnade und Barmherzigkeit, der deinen Mund fröhlich macht, und du wieder jung wirst wie ein Adler« (Ps 103,1-5).

Wenn wir danach fragen, woher sich der Beter dieses Psalms versteht, fällt die Antwort leicht: Er versteht sich von dem Gott her, der sich wie ein Vater über seine Kinder erbarmt (V. 13), der seine Gnade so überragend über denen bestehen und wirken lässt, wie der Himmel über der Erde ist (V. 11). Dabei zeigt sich die große Güte und Geduld dieses fürsorglichen Gottes auch darin, dass sie die menschliche Vergänglichkeit, Krankheit und Fehlbarkeit nicht etwa ausblenden muss, sondern gerade voraussetzt und vergebungsbereit heilt. Die Hinfälligkeit und Endlichkeit des Menschen lässt für den staunenden Beter sogar die Unverbrüchlichkeit der Treue Gottes umso rühmenswerter erscheinen: »Die Gnade aber des Herrn währt von Ewigkeit zu Ewigkeit über denen, die ihn fürchten« (V. 17). Wer Gott lobt, weiß sich gerade angesichts seiner eigenen Unzulänglichkeit und Begrenztheit in Gottes umgreifender Zuwendung und Treue geborgen.

»FÜRWAHR, ER TRUG UNSERE KRANKHEIT«

Sosehr die Zeugen des Neuen Testaments sich einerseits in Kontinuität zu Gottes Reden und Handeln gegenüber dem Volk Israel verstehen, so sehr sehen sie mit Christus doch eine heilsgeschichtlich und offenbarungsgeschichtlich grundlegend neue Zeit gekommen: In seinem Sohn hat sich Gott in letztgültiger Weise offenbart, sodass Jesu Wirken, Sterben und Auferstehen als die Erfüllung der vorangegangenen Verheißungen und die Vollendung der bisherigen Heilsgeschichte erkannt werden können.

So beginnt das öffentliche Wirken Jesu nach dem ältesten Evangelium mit den programmatischen Worten Jesu: »Die Zeit ist erfüllt und die Königsherrschaft Gottes ist gekommen – d. h., sie ist da. Kehrt um und glaubt an das Evangelium!« (Mk 1,15). Hier wird nicht nur von dem nahen Bevorstehen der heilvollen Gottesherrschaft gesprochen, sondern bereits von seinem Dasein, seinem gegenwärtigen Angebrochensein in der Person und dem Wirken Jesu.[2] Angesichts dieses Erfüllungsanspruchs der »guten Nachricht« von Gottes Offenbarsein und Gegenwart in Jesus Christus kann es nicht überraschen, dass dessen Wirken nicht nur durch seine vollmächtige Verkündigung und Lehre bestimmt ist (Mk 1,22.27), sondern ganz ausdrücklich durch sein Heilen von Krankheiten[3], sein Befreien von Belastung und Besessenheit[4] sowie durch sein Gewähren von Zuwendung und Vergeben von Sünden[5]: »Die Starken bedürfen keines Arztes, sondern die Kranken. Ich bin gekommen, die Sünder zu rufen und nicht die Gerechten« (Mk 2,17). So heilt Jesus einen Gelähmten in Kapernaum, indem er ihm – gleichsam als Erfüllung von Ps 103,3 – zunächst alle seine Sünden vergibt und damit verbunden alle seine Gebrechen heilt (Mk 2,1-12). Die Augenzeugen der Heilungen Jesu können mit Bezug auf Gottes gute Schöpfung und auf die Heilsverheißung durch Jesaja nur verwundert bestätigen: »Er hat alles wohl gemacht; die Tauben macht er hören und Sprachlose reden« (Mk 7,37).

Dabei kommen zwei Aspekte des heilenden Wirkens Jesu besonders in den Blick. Erstens ist es die gegenwärtige Wirklichkeit der Heilserfahrung im Wirken Jesu: »Heute ist dies Wort der Schrift erfüllt vor euren Ohren« (Lk 4,21), lautet Jesu prägnante Predigt in Nazareth nach der Verlesung der Heilsworte aus Jes 61,1 f Und die Befreiung von dämonischen Belastungen und Besessenheiten gilt als eindeutiger Erweis dafür, dass die heilvolle Königsherrschaft Gottes bereits wirksam erschienen und gegenwärtig ist (Lk 11,20; Mt 12,28).

Zweitens ist offensichtlich, dass das Gesunden im Glauben den Menschen ganzheitlich meint. Der Gelähmte erfährt zugleich die Vergebung seiner Sünden wie die Heilung von seiner leiblichen Lähmung (Mk 2,1-12); der Aussätzige wird sowohl leiblich von seiner Krankheit geheilt als auch sozial wieder in die

Gemeinschaft aufgenommen, von der er durch seine Unreinheit ausgegrenzt war (Mk 1,40-45). Der Blinde Bartimäus bekommt durch Jesus nicht nur sein leibliches Augenlicht geschenkt, sondern er darf ihm fortan zugleich auf dessen Weg als Jünger sehenden Auges nachfolgen (Mk 10,46-52).[6] Im Fall von Levi und den anderen Zöllnern und Sündern geht es bei ihrer Begegnung mit Jesus als »dem Arzt« gar nicht um eine offensichtliche leibliche Krankheit, sondern um ihr Geheiltwerden in ihrer Gottesbeziehung und in ihren Selbst- und Sozialbezügen (Mk 2,13-17). Wir könnten sagen: Es handelt sich um eine ganzheitliche Heilung, um Heiligung und Bewahrung des Menschen in all seinen Bezügen und nach allen Aspekten – d. h. nach »Leib, Seele und Geist« (1. Thess 5,23).

Dem entspricht es, dass der neutestamentliche Begriff für »Heil« nicht auf eine einzelne Bedeutungsfacette festzulegen bzw. zu beschränken ist. »Heil« bedeutet sowohl »Rettung« wie »Heilung« wie »Bewahrung« – Rettung aus der bisherigen Not und Bindung, gegenwärtige Heilung von einer Krankheit sowie Bewahrung vor zukünftiger Gefährdung und Bedrohung. Und der umfassend zu übersetzende Zuspruch: »Dein Glaube hat dich geheilt/dich gerettet/dir geholfen«[7], beinhaltet sowohl die umfängliche Gesundung des Angesprochenen wie vor allem auch seine endgültige und für alle Ewigkeit gültige Rettung in der bleibenden Gemeinschaft mit Gott. Es geht bei der Zuwendung Jesu in dieser Zusage gegenüber Kranken, Zerschlagenen und Gebeugten zugleich um die Heilung von konkreter Not wie um die umfängliche Rettung zu einem ewigen Leben in der Gottesgemeinschaft.

Bei einem solch umfassenden Verständnis von Rettung, Heilung und Bewahrung des Menschen durch das Verkündigen und Wirken Jesu im Hier und Jetzt der Begegnung mit ihm wird verständlich, warum Jesus nach Lk 4,14 ff verkünden kann, dass die gute Botschaft von Jes 61,1 f im Heute seiner Gegenwart erfüllt ist: »Der Geist des Herrn ist bei mir, darum, weil er mich gesalbt hat, zu verkündigen das Evangelium den Armen; er hat mich gesandt, zu predigen den Gefangenen, dass sie los sein sollen, und den Blinden, dass sie sehend werden, und den Zerschlagenen, dass sie frei und ledig sein sollen, zu verkündigen das Gnadenjahr des Herrn.« In ihm – dem um der Schwachen, Kranken und Sünder willen gekommenen Arzt – erkannten auch schon die Evangelisten den geheimnisvollen Gottesknecht, von dem das 4. Gottesknechtslied in Jes 52,13–53,12 bekennt: »Er hat unsere Schwachheiten auf sich genommen, und unsere Krankheit hat er getragen« (Mt 8,17; Jes 53,4).

Es mag sein, dass die Bedeutung der Heilungen und des Gesundens im Glauben in Kirche und Wissenschaft, in Verkündigung und Forschung lange Zeit eher vernachlässigt wurde. Es steht aber außer Frage, dass das Wirken Jesu und der Anbruch der Königsherrschaft Gottes in ihm sich nach allen Evangelien ganz zentral als Heilen, Retten und Bewahren der Kranken, Gebundenen und Niedergeschlagenen entfaltet haben.[8]

DIE GABE, GESUND ZU MACHEN

Nun könnten wir einwenden, dass die Zeit, in der Jesus als der Sohn Gottes leiblich auf dieser Erde war, im Neuen Testament als ganz herausgehoben und unvergleichlich verstanden und beschrieben wird. Ist das Zeitalter der frühen Gemeinden und das der Kirche nicht prinzipiell von dieser einmaligen Heilszeit zu unterscheiden und zu trennen? Ganz unbestreitbar sind wir heute auf das Zeugnis derer angewiesen, die den irdischen Jesus selbst begleiten konnten, ihn als Auferstandenen sehen durften und von ihm das Evangelium und ihre besondere Beauftragung persönlich empfangen haben. Und zweifellos versteht sich die Gemeinde Jesu Christi seit ihren Anfängen als die Schar derer, die seit dem Abschied von ihrem Herrn nach Ostern nun auf sein abermaliges Kommen wartet und ihm und mit ihm ihrer eigenen Vollendung, Erlösung und endgültigen Rettung entgegenzieht. Aber im Neuen Testament wird durchaus auch für die Zeit der frühen christlichen Gemeinden vorausgesetzt, dass es neben der Beauftragung der Glauben weckenden Verkündigung durch Apostel, neben der ermunternden und ermahnenden Verkündigung durch Propheten und neben der grundlegenden und vertiefenden Unterrichtung im Glauben durch Lehrer auch die spezielle Gabe gibt, gesund zu machen: »Und Gott hat in der Gemeinde eingesetzt erstens Apostel, zweitens Propheten, drittens Lehrer, dann Wundertäter, dann Gaben, gesund zu machen, zu helfen, zu leiten und mancherlei Zungenrede« (1. Kor 12,28; vgl. V. 9.30).

Paulus selbst, der als Apostel der Heiden in ganz herausgehobener Weise zur Glauben weckenden Verkündigung des Evangeliums berufen und begabt war, wurde vom Auferstandenen offensichtlich zugleich und begleitend dazu gebraucht, durch »Wort und Werk« – d. h. »in der Kraft von Zeichen und Wundern und in der Kraft des Geistes Gottes« – Glauben zu wecken und Heil umfassend zuzusprechen (Röm 15,18 f). So kann er die zweifelnden Korinther auch an seine eigene Gabe, gesund zu machen, erinnern: »Es sind ja die Zeichen eines Apostels unter euch geschehen in aller Geduld, mit Zeichen und mit Wundern und mit Taten« (2. Kor 12,12).[9]

Nicht nur im Hinblick auf unsere heutige Verlegenheit, sondern ganz grundsätzlich und bereits für die Schriften des Neuen Testaments selbst stellt sich damit die entscheidende Frage, wie der Zusammenhang von Glaube und Heilung näher zu bestimmen ist. Ob wir den Ausdruck zurückhaltend mit »helfen« übersetzen oder eindeutiger mit »heilen« und »retten« – was ist das für ein Glaube, dem eine so lebens-, heils- und beziehungsfördernde Wirkung zugesprochen wird? Gilt dies für jede Form von Glauben – ganz unabhängig vom konkreten Inhalt? Genügt es, einen starken Willen und die Kraft des positiven Denkens zu haben, um das hier Gemeinte zu erfahren? Müssen wir nur fest genug daran glauben, um in jedem Fall geheilt zu werden? Und wenn Angehörige oder wir selbst trotz allen Gebetes nicht geheilt werden, haben wir dann nicht genug Glauben aufgebracht oder haben wir Gottes Voraussetzungen und Erwartungen an uns nicht erfüllt?

Bei all diesen offenen Fragen gilt es wohl zunächst zu klären, was die ersten Christen – was vor allem der Kronzeuge des Glaubensbegriffs im Neuen Testament, Paulus – genau unter »Glaube« verstanden haben. Wie sind Bedeutung und Wesensmerkmal dieses Zentralbegriffs der neutestamentlichen Theologie und Verkündigung präzise zu bestimmen? Denn nur wenn es gelingt, den vorausgesetzten Glauben zutreffend zu erfassen, kann auch der heilvolle Zusammenhang eines Gesundens *durch* Glauben und eines Gesundens *im* Glauben nachvollzogen werden.[10]

HEISST GLAUBEN »NICHT WISSEN«?

Umgangssprachlich wird der Begriff »glauben« häufig gebraucht, um hervorzuheben, dass sich etwas nur »annehmen« und »vermuten«, aber eben gerade nicht mit Gewissheit sagen lässt – wie in der Redewendung: »Glauben heißt ›nicht wissen‹.« Im Neuen Testament hingegen wird eine Erkenntnis nicht etwa deshalb als Glaubensaussage bezeichnet, weil ihr Wahrheitsgehalt dem Bekenner ungewiss oder zweifelhaft wäre. Der Glaubende darf sich seiner Überzeugung durchaus gewiss sein. Was seine Glaubenserkenntnis vom sonstigen menschlichen Wissen unterscheidet, ist nicht etwa ein Mangel an Gewissheit, sondern lediglich die Weise, in der diese Gewissheit zustande kommt.

Sehr geläufig ist somit erstens die Wendung »glauben, dass …« in der Bedeutung »für wahr halten«. Hier ist der Glaube also konkret auf einen Glaubensinhalt bezogen, er bezeichnet etwas, was geglaubt wird. Die Geretteten »glauben, dass Jesus gestorben und auferstanden ist« (1. Thess 4,14), »glauben, dass Gott Jesus von den Toten auferweckt hat« (Röm 10,9). In diesem Sinne lässt sich der Inhalt des Glaubens auch von Beginn an in Bekenntnissen formulieren – wie wir in unseren Gottesdiensten bis heute das Apostolische Glaubensbekenntnis gemeinsam bekennen. So wurde den Korinthern nach 1. Kor 15 in der Verkündigung bezeugt und so haben sie geglaubt (V. 11), »dass Christus gestorben ist für unsere Sünden nach der Schrift; und dass er begraben worden ist; und dass er auferstanden ist am dritten Tage nach der Schrift; und dass er erschienen ist Kephas, dann den Zwölfen« (1. Kor 15,3-5). In diesem Sinne fragt Jesus nach Mt 9,28 auch die beiden Blinden, die ihn um sein Erbarmen bitten: »Glaubt ihr, dass ich euch solches tun kann?« Und er heilt sie, als sie seine Frage bejahen, mit der Zusage: »Euch geschehe nach eurem Glauben!« (Mt 9,29).

Dabei kommt es zum Glauben an Gottes Existenz, an seine Zuwendung und sein Handeln nicht aufgrund von »Beweisen« und »eigenen Erfahrungen«, sondern vielmehr dadurch, dass der Mensch von Gott angesprochen und das Evangelium von Christus ihm zugesprochen wird. Der Glaubende wird von der Wahrheit des Evangeliums überzeugt, ohne dass er selbst Zeuge der beschriebenen Ereignisse gewesen sein muss; er kann sich darauf einlassen und verlassen, ohne dass er sie wie andere Tatsachen seines Lebens persönlich nachprüfen und belegen könnte. So versteht auch Paulus als Gegensatz zum »Glauben« nicht etwa das »Wissen«, denn der Glaube ist von Wissen, Erkenntnis und Gewissheit erfüllt – er würde in diesem Sinne wohl eher formulieren: »Glauben heißt wissen!« Für ihn besteht der Gegensatz zum gegenwärtigen Glauben der Christen vielmehr im zukünftigen »Schauen« – in der »Anschaulichkeit«, »dem Sichtbaren« der für uns noch zukünftigen himmlischen Welt. »Denn wir wandeln im Glauben und nicht im Schauen, im Sichtbaren« (2. Kor 5,7). Damit bedeutet glauben, sich an das zu halten, was man nicht sieht, als würde man es sehen.

Die Glaubenden sind also durchaus davon überzeugt, dass Gott ist und dass er für sie ist; aber sie können dieses Wissen nicht aus der Geschichte und Erfahrung – unabhängig und außerhalb von Christus – ableiten. Sie können ihre Glaubensüberzeugung anderen gegenüber wohl bezeugen und vernünftig erklären, aber eben nicht »beweisen«. Wüssten sie nicht von Gottes Selbstvorstellung und Reden in Christus – von der Verkündigung und dem Wirken Jesu Christi, von seiner Lebenshingabe für uns und seiner Auferstehung –, dann blieben ihre Erkenntnis von Gott und ihre Erfahrung mit der Welt und mit dem eigenen Glauben mehrdeutig und widersprüchlich – und damit gerade nicht vertrauenserweckend und Glauben gründend.

Infolge der Zusage des Evangeliums Jesu Christi hingegen vertrauen sie fest darauf, dass sich Gott dieser widersprüchlichen Welt gegenüber bereits behauptet hat und sich ihr gegenüber endgültig in Liebe und Gerechtigkeit durchsetzen wird; aber sie nennen diese Gewissheit noch »Hoffnung«, weil sie eben noch nicht für jeden »augenscheinlich« und »offensichtlich« ist – Röm 8,24 f: »Denn zu solcher Hoffnung sind wir gerettet; die Hoffnung aber, die man sieht [d. h., die man schon erfüllt sieht], ist nicht Hoffnung; denn wie kann man auf das hoffen, was man sieht? Wenn wir aber auf das hoffen, was wir nicht sehen, so warten wir darauf in Geduld.«

Der christliche Glaube schließt somit durchaus »Wissen« und »Erkenntnis«, »Für-wahr-Halten« und »Bekenntnis« ein. Jedoch wird diese »Überzeugung« weder durch »historischen Beweis« herbeigeführt noch überhaupt als losgelöster »Faktenglauben« dem Menschen selbst vorweg abgefordert – im Sinne von: »Das musst du eben glauben!« Die Offenbarung Gottes in Jesus Christus ist für die ersten Christen – wenn man es mit neuzeitlicher Begrifflichkeit ausdrücken wollte – sehr wohl »historisch«, d. h. in Zeit und Raum hinein geschehen, aber eben nicht »historisch verifizierbar«, d. h., mithilfe der menschlichen Vernunft und mit wissenschaftlichen Mitteln auch außerhalb des Glaubens nachzuweisen. Und die Glaubensüberzeugung gilt sehr wohl als »objektiv begründet« und nicht nur als »subjektiv vermutet«, aber sie lässt sich gegenüber dem Unglauben zur jetzigen Zeit eben noch nicht »objektiv« und unwidersprechlich beweisen.

GLAUBEN LEBEN – DER GEHORSAM DES GLAUBENS

Sowohl in den alttestamentlich-jüdischen wie in den neutestamentlichen Traditionen wird durchgängig vorausgesetzt, dass das, was der Glaube »erkennt« und »für wahr hält«, zugleich das Leben der Glaubenden bestimmen und prägen soll. Der Glaube bleibt nicht rein theoretisch und unverbindlich, sondern hat Konsequenzen für die eigene Existenz und das persönliche Denken und Handeln. Dies kann als das zweite grundsätzliche Merkmal des biblischen Glaubensverständnisses angesehen werden. Diejenigen, die in ihrem Herzen glauben, dass Gott Jesus von den Toten auferweckt hat, die erkennen, anerkennen und bekennen diesen zugleich als den von Gott eingesetzten *Kyrios* – d. h. als den Herrn der Welt und so auch ihres eigenen Lebens. So beschreibt es Paulus in Röm 10,9 als die Grundlage des Glaubenslebens: »Denn wenn du mit deinem Munde bekennst … und glaubst in deinem Herzen … so wirst du gerettet werden.«

Somit zielt die Verkündigung des Evangeliums auf Glaube und Zustimmung im Gehorsam; oder um es mit Röm 1,5 zu formulieren: Sie zielt auf den »Gehorsam des Glaubens«. Dies ist nun nicht so gedacht, dass der »Gehorsam« als ein Zweites zum Glauben erst hinzutreten müsste, sondern in dem Sinne, dass der Glaube selbst den zustimmenden Gehorsam darstellt, dass der Gehorsam also im Glauben selbst besteht. Wenn die »Heiden« das von Paulus verkündete Evangelium von Jesus Christus »hören« und Gott »aufs Wort glauben«, dann kommt es damit zu dem »Gehorsam des Glaubens«, um dessentwillen sich der Apostel nach Röm 1,5 und 16,26 von Gott gesandt weiß. Und kommt es umgekehrt trotz der Verkündigung nicht zum Glauben, dann ist dieses »Nichthören« und »Nicht-hören-Wollen« in umfassender Bedeutung »Ungehorsam« (vgl. Röm 11,30-32).[11]

Der »Gehorsam des Glaubens« gründet also in dem »Zu-Gehör-Bringen des Glaubens«. Der Gehorsam, der im zustimmenden Glauben besteht, gründet in der Verkündigung des Evangeliums, die den Glauben weckt (Gal 3,2.5; Röm 10,8.17). Der Gehorsam verdankt sich dem Hören! So folgert es Paulus selbst einprägsam in Röm 10,17: »So kommt der Glaube aus der Verkündigung, die Verkündigung aber durch das Wort Christi [d. h. das Evangelium].«

Dieser Zusammenhang von Hören und Gehorsam – von Indikativ und Imperativ, von Zuspruch und Anspruch, von vertrauenstiftender Begegnung mit Christus und menschlichem Aufbruch – lässt sich auch sehr schön an den Erzählungen von Jesu Heilungen in den Evangelien veranschaulichen. Der Glaube der Syrophönizierin (Mk 7,29 f par.) ließ sie auf Jesu Zusage hin nach Hause gehen, um ihre Tochter geheilt zu finden. Der Glaube des blinden Bartimäus – der augenscheinlich nicht aufgrund von Sehen, sondern von Hören glaubte – ließ ihn nach Jesus um Hilfe schreien und auf dessen Ruf hin zu ihm kommen, um sehend zu werden (Mk 10,46-52 par.). Dem königlichen Beamten sagt Jesus nach Johannes 4,50 zu: »›Geh hin, dein Sohn lebt!‹ Der Mensch glaubte dem Wort, das Jesus zu ihm sagte, und ging hin.« Den Kranken am Teich Bethesda fordert Jesus gemäß Johannes 5,8 f in seiner Vollmacht als Sohn Gottes auf: »›Steh auf, nimm dein Bett und geh hin!‹ Und sogleich wurde der Mensch gesund und nahm sein Bett und ging hin.« Und den Blindgeborenen in Jerusalem beauftragt Jesus nach Johannes 9,7: »›Geh zum Teich Siloah … und wasche dich!‹ Da ging er hin und wusch sich und kam sehend wieder.« Könnte man diese Beispiele noch in dem Sinne missverstehen, als ob der Glaube der Menschen Ursache und nicht Wirkung, Voraussetzung und nicht Folge der Christusbegegnung und des Evangeliums sei, so schafft der Bericht von der Auferweckung des Lazarus in Johannes 11 letzte Klarheit. Hier spricht der Sohn Gottes in seiner Vollmacht zu einem definitiv Verstorbenen in sein Grab hinein: »›Lazarus, komm heraus!‹ Und der Verstorbene kam heraus« (Joh 11,43 f). Mit seinem Wort schafft Jesus selbst das Leben, das den Menschen befähigt, ihm zu gehorchen. Spätestens bei einem bereits am vierten Tag Verstorbenen erschiene der Appell, von sich aus zu glauben und aus eigener Kraft aufzustehen, absurd und zynisch. Mit seinem schöpferischen und wirkmächtigen Wort des Evangeliums schafft der Sohn Gottes im Menschen selbst die Voraussetzungen zu dem Gehorsam des Glaubens, in dem der Mensch Heilung erfährt.

VERTRAUEN UND SICH ANVERTRAUEN

Sosehr die beiden bisherigen Bestimmungen des Glaubens als »Für-wahr-Halten« und als »Anerkennen« bzw. »Gehorsam« für das biblische Verständnis insgesamt zutreffend und wichtig sind, so wenig können sie doch schon als hinreichend gelten. Denn es ist als ganz wesentlich festzuhalten, dass der heilsame Glaube sich nicht nur auf eine Idee, eine Mitteilung oder einen Sachverhalt bezieht, sondern zunächst und vor allem auf eine *Person!*

Rein sprachlich spiegelt sich das darin wider, dass nicht nur die Wendungen »glauben, dass«[12] und »etwas glauben«[13] gebraucht werden, sondern vor allem »jemandem glauben«[14] und »an jemanden glauben«[15]. Es geht beim Glauben also nicht nur um Überzeugungen und Tatsachen, sondern vor allem und zuerst um Personen. Indem das Moment des »Vertrauens«, des »Sich-Anvertrauens« und des »Sich-Verlassens« auf ein Gegenüber in den Vordergrund tritt, erweist sich das Wort »Glaube« als ein Beziehungsbegriff – ein Begriff also, der nicht nur die Überzeugung eines Einzelnen für sich, sondern das Verhältnis einer Person zu einer anderen beschreibt. So wie der Begriff der »Liebe« eine personale Beziehung voraussetzt, so wird hier mit »Glaube« nicht nur die individuelle Haltung, Überzeugung und Zustimmung bezeichnet, sondern das »Sich-Verhalten« und »Sich-bestimmen-Lassen« hinsichtlich eines persönlichen Gegenübers.[16]

Wer dem Vater Jesu Christi seine Zusage und Verheißung glaubt und ihn beim Wort nimmt, der »vertraut« auf ihn und seine Treue. Wer an den Gott glaubt, »der die Gottlosen gerecht macht« – d. h. begnadigt und freispricht (Röm 4,5) –, der hat sich selbst, so wie er ist, diesem Gott vorbehaltlos »anvertraut«; und wer an Jesus Christus als den für ihn gestorbenen und auferstandenen Herrn glaubt und sich fortan im Leben und Sterben von ihm her versteht und auf ihn bezogen leben will, der verlässt sich – in des Wortes doppelter Bedeutung – mit seiner ganzen Existenz auf ihn. So kann die Beispielhaftigkeit des Glaubens Abrahams in Röm 4 gerade darin gesehen werden, dass er Gott dessen Verheißung glaubte – wörtlich: »auf Hoffnung wider alle Hoffnung« – »auf Hoffnung, da nichts zu hoffen war« (Röm 4,18). »Denn er zweifelte nicht an der Verheißung Gottes durch Unglauben, sondern wurde stark im Glauben und gab Gott die Ehre und wusste aufs Allergewisseste: Was Gott verheißt, das kann er auch tun« (Röm 4,20 f).

Von hier aus wird deutlich, dass die zunächst skizzierten Aspekte des Glaubens erst von dieser Perspektive des persönlichen »Vertrauens« und »Zutrauens« her ihre wesentlichen Umrisse und ihre Eindeutigkeit gewinnen. Nur wenn der Glaube als vertrauender und sich anvertrauender Glaube – also als positive personale Beziehung – erfasst wird, erscheinen die Gesichtspunkte der

Glaubenserkenntnis und des Glaubenswissens, des Anerkennens und der Zustimmung im rechten Licht. Denn sowohl ein Verständnis von »Glauben« allein als »Für-wahr-Halten« als auch die Betonung des »Glaubensgehorsams« und des »Auslebens« von Glaubensüberzeugungen könnten für sich genommen – wie wir aus der Frömmigkeitsgeschichte wissen – auch zu ganz unverbindlichen oder auch ungesunden und lebensfeindlichen Formen von Religiosität führen.

BESCHENKT WERDEN IM GLAUBEN

Nun bewahrt selbst die Betonung dieses personalen und persönlichen Gesichtspunktes des Glaubens offensichtlich noch nicht vor allen Missverständnissen. Wir sprechen in der Verkündigung und Seelsorge gerne davon, dass das Vertrauen zu Gott unsere »Antwort« auf Gottes »Wort« sei, dass wir nur den Willen aufzubringen und uns zu entscheiden hätten, ja dass unser Glaube an Gott der eine Schritt sei, den wir nach Gottes vielen Schritten des Entgegenkommens nun unsererseits zu tun hätten. Wenn wir so sprechen, dann erfahren manche diese Form des Wechsels von den »Werken des Gesetzes« hin zu der Forderung nach »dankbarer Liebe« nicht etwa als Erleichterung, sondern als eine lediglich indirektere Form der religiösen Überforderung. Gesetzesforderungen kann man studieren und zu »guten Werken« kann man sich überwinden, aber wie bringt man sich selbst dazu, das Unglaubliche zu glauben und aus Notwendigkeit freiwillig zu lieben?

Stellt der Glaube dabei nicht doch eine neue, wenn auch feinsinnigere Form der »Leistungsforderung« und der »Bedingung« dar, die der Mensch nun seinerseits anstelle der »Gesetzeswerke« zu erfüllen hat? Richtig gesehen wird mit der Betonung der Notwendigkeit des Glaubens sicherlich, dass die Gemeinschaft mit Gott und das neue, heilsame Leben in Christus im Neuen Testament durchgängig mit dem Glauben verbunden werden: Es gibt danach keine christliche Identität und kein geistliches Leben ohne Glauben!

Es trifft auch zu, dass es der Mensch ist, der glaubt. Denn der »Glaubensbegriff« wird als solcher in unserer Sprache ja nicht in Hinsicht auf Gottes Haltung der Welt gegenüber gebraucht; diese wird vielmehr mit Begriffen wie »Liebe«, »Erbarmen«, »Gerechtigkeit« und »Treue« umschrieben.[17] Hingegen ist es unzutreffend, dass der »Glaube« bei Paulus oder in den Evangelien als menschliche Möglichkeit oder als vom Menschen selbst zu erbringender eigenständiger Beitrag dargestellt wird. Ob es heißt, dass der rettende Freispruch »auf der Grundlage des Glaubens«[18] empfangen wird, oder ob betont wird, dass das Heil »vermittels des Glaubens«, »durch den Glauben«[19] erlangt wird – in jedem Fall wird der Glaube nicht als Voraussetzung und Vorbedingung – als *conditio* – verstanden, die der Mensch von sich aus zu erfüllen hätte, um anschließend dafür das Heil zu erlangen. Vielmehr wird der Glaube als die Art und Weise – als *modus* – verstanden, in der Gott dem Menschen schon gegenwärtig Anteil an seiner Gerechtigkeit und seinem Heil gibt.

Der Mensch muss nicht zuerst glauben, damit Gott ihm infolgedessen Heilung und Leben schenkt, sondern indem der Mensch glaubt, hat er bereits das Heil und das Leben. Der Glaube selbst ist schon Geschenk[20], denn er ist die gegenwärtige Gestalt der Gottesbeziehung. Der Glaube ist gerade nicht die vom Menschen zu erfüllende Vorbedingung und Kondition, sondern die Gestalt der gegenwärtigen Heilserfahrung; Gerechtigkeit und Heil werden dem Menschen nicht »*wegen* seines Glaubens«, sondern »*durch* den Glauben«, »*in Gestalt* des Glaubens« zugesprochen. Wenn wir den Glauben als vertrauensvolle Beziehung verstehen, die Christus selbst in uns hervorruft und weckt, ist klar, dass uns dieser Glaube heilt und rettet. Als Geschöpfe sind wir zur Beziehung mit Gott als unserem Schöpfer geschaffen, und wir werden darin heil und ganz, dass Christus in uns diese Vertrauensbeziehung neu begründet und hervorruft.

IM GLAUBEN GEWISS

Nur wenn der Glaube tatsächlich als von Gott selbst geschenkt und das menschliche Vertrauen zu ihm als durch sein Wort und seinen Zuspruch erweckt und hervorgerufen verstanden wird,[21] ist es auch möglich, Zuversicht und Gewissheit im Glauben zu gewinnen. Der Glaube darf sich der Liebe und Zuwendung Gottes gewiss sein,[22] denn er darf Gott »aufs Wort glauben«. Der Unterschied zwischen einer berechtigten und für den Glauben unentbehrlichen »Heilsgewissheit« – *certitudo* – und einer oft kritisierten unangemessenen »Heilssicherheit« – *securitas* – liegt nicht im Grad des Wissens und der Stärke der Überzeugung, sondern allein in deren Begründung und Voraussetzung. Es geht also nicht um die Frage, wie gewiss sich der Glaube sein darf, sondern allein darum, worauf sich die Glaubensgewissheit stützt.

Insofern die Gewissheit nicht im eigenen »Ergreifen«, sondern im »Ergriffensein« und »Gehaltenwerden« gründet (Phil 3,12)[23], nicht im »Erkennen«, sondern im »Erkanntsein« (1. Kor 8,3; 13,12; Gal 4,9), ist der Unterschied zwischen einer berechtigten »Gewissheit« und einer unberechtigten »Sicherheit« klar zu bestimmen: Es geht um den Gegensatz von in Gottes Zuspruch begründeter »Christusgewissheit« und in Überheblichkeit gründender »Selbstsicherheit«. Der Gläubige selbst kann seine eigene Treue nicht für alle Zeiten garantieren, er hat aber die Verheißung, dass Gott ihm – und sich selbst – in Christus immer treu bleiben wird. – Röm 8,38 f: »Denn ich bin gewiss, dass weder Tod noch Leben, weder Engel noch Mächte noch Gewalten, weder Gegenwärtiges noch Zukünftiges, weder Hohes noch Tiefes noch eine andere Kreatur uns scheiden kann von der Liebe Gottes, die in Christus Jesus ist, unserm Herrn.«

SCHRITTE DES GLAUBENS

Wenn die Liebe und die Gnade Gottes so nachdrücklich zur Geltung kommen, wird häufig entgegengehalten: »Der Mensch hat aber doch den einen Schritt des Glaubens selbst zu gehen!« Die Antwort lautet: Er soll nicht nur einen, sondern sogar unzählige Schritte im Glauben gehen! Entscheidend ist aber, dass er keinen einzigen Schritt seines Lebens fortan allein und ohne Christus zu gehen braucht. Wir sollen wohl selbst Schritte des Glaubens machen, aber nicht isoliert und allein gelassen. Denn wäre es anders und der Mensch hätte den ersten – oder wenn man will: den letzten – Schritt des Glaubens von sich aus und allein zu machen, dann würde das neue Leben mit genau dem Problem erneut beginnen, von dem es den Menschen erlösen soll: der Unabhängigkeit von Gott.

Wir sollten uns in Verkündigung und Lehre davor hüten, die Unverzichtbarkeit des Glaubens auf eine Weise zu beschreiben, die andere nur auf die Unerreichbarkeit des Glaubens schließen lässt. Man kann den Vorgang des »Beschenktwerdens« auch so verkomplizieren, dass das Annehmen des »bedingungslosen«

Geschenkes für den Empfänger zum eigentlichen Problem wird. Dann gewinnt der Beschenkte den Eindruck, als hätte er sich durch sein Verhalten die »voraussetzungslose« Zuwendung erst zu verdienen, als müsse er durch seine Haltung auf eine ganz hintersinnige Weise die Kosten für das »kostenlose« Geschenk selbst aufbringen.

»Ist damit aber der Mensch nicht zu völliger Passivität verurteilt?«, wird oft eingewandt. – Von »Passivität« im Glauben kann man wohl sprechen, wenn man den Aspekt des Empfangens und des Beschenktwerdens durch Gott betonen will. Der Glaubende weiß, dass er sein ganzes Leben der voraussetzungslosen Liebe Gottes verdankt, und lässt sich das Beschenktwerden und Geheiltwerden durch Christus gefallen. Der Begriff der »Passivität« ist aber dann irreführend, wenn man damit den Gedanken an ein untätiges, duldendes und teilnahmsloses Verhalten verbindet. Der von Gottes Geist bewegte Mensch (Röm 8,14) wird im Gegensatz dazu gerade als zielstrebig, willensstark, belastbar, liebesfähig und lebensorientiert beschrieben[24] – und in diesem Sinne dann wohl als ausgesprochen »aktiv«.

»Wie kann man denn den Glauben noch als freie Entscheidung verstehen, wenn der Mensch dazu von Gott überwunden werden muss?« – Der »freie Wille« des Menschen wird im Evangelium nicht als Vorbedingung, sondern – wenn man es überhaupt so nennen will – als Folge der Erlösung und Heilung dargestellt. Im Unterschied zu mancher individualistischen Sicht des Menschen weiß die neutestamentliche »Lehre vom Menschen« um das Eingebunden- und Bestimmtsein des Menschen durch die ihn prägenden Einflüsse. Dass die »Freiheit« des Menschen nicht als Voraussetzung zum Glauben zu denken ist, sondern vielmehr als dessen Konsequenz, wird spätestens dann deutlich, wenn vom »Versklavtsein« und »Gefangensein« des Menschen unter der Herrschaft der lebensabträglichen und unheilvollen Sünde gesprochen wird.[25] Die Befreiung in Christus wird dementsprechend als Auslösung aus der Sklaverei und als Adoption zur Gotteskindschaft beschrieben.[26] In Hinsicht auf die Töchter und Söhne Gottes kann dann in der Tat von einer herrlichen Freiheit der Kinder Gottes (Röm 8,21) ausgegangen werden – der Freiheit innerhalb der heilsamen und lebensfördernden Beziehung.

DIE UNVERGLEICHLICHE LIEBE GOTTES

»Wen soll man sich bei einem so konsequent durchgeführten Verständnis von Gottes Liebe und Gnade denn dann als Subjekt des Glaubens denken?« – In der Tat stoßen wir an diesem Punkt an die Grenze einer durch menschliche Analogien und Bilder bestimmten Argumentation. Durch den Vergleich mit einer Eltern-Kind-Beziehung[27] oder mit einer partnerschaftlichen Liebe[28] lassen sich die Momente einer positiven personalen Beziehung und einer bedingungslosen und umfassenden Zuwendung eindrücklich veranschaulichen. Die Grenze dieser bildhaften Rede liegt freilich darin, dass keines der angeführten menschlichen Beispiele wirklich die Ganzheitlichkeit und Umfänglichkeit der Gottesbeziehung illustrieren kann.

Denn Kinder sollen erwachsen werden, Schüler von ihren Lehrern unabhängig; und selbst – bzw. gerade – in einer partnerschaftlichen Liebe besteht das Ideal keineswegs in der Abhängigkeit und dem bleibenden Angewiesensein des einen Partners auf den andern. Insofern kann es hilfreich sein, Gott nicht nur in Analogien zu menschlichen Autoritäten wie Eltern und Lehrern zu denken, sondern sich darauf zu besinnen, dass er nach der biblischen Tradition als »Schöpfer« und »Bewahrer der Welt« zugleich in grundsätzlicher Unterschiedenheit von seinen »Geschöpfen« gedacht wird. Er wird nicht nur als ein »Lebender« unter anderen beschrieben, sondern als der Ursprung des Lebens und als das Leben selbst; er wird nicht nur als ein Liebender unter anderen erkannt, sondern als die Liebe in Person. Gott selbst ist die Liebe und das Leben.[29] Ein Geschöpf kann durch die Zuordnung zu seinem Schöpfer nur gewinnen; und ein Lebender kann sich nichts mehr wünschen, als dass das Leben sich in ihm uneingeschränkt und dauerhaft entfaltet. Wer wäre zu stolz, sich von der Liebe überwältigen zu lassen, oder fühlte sich bevormundet, nur weil er auf das Leben bleibend angewiesen ist? Wer wollte nicht durch einen solchen Glauben gesunden und auf diese Weise auch immer mehr in seinem Glauben gesunden?

HEILSAME LIEBE – UNGESUNDE FORMEN DER RELIGIOSITÄT

Während mit alldem das Verständnis eines am Evangelium orientierten heilsamen Glaubens positiv entfaltet worden ist, kamen indirekt und in jeweiliger Umkehrung auch schon die Formen einer nicht gesunden, vielleicht sogar krank machenden Religiosität in den Blick. Der Unterschied zwischen beiden so unterschiedlich wirkenden Glaubensweisen lässt sich zusammenfassend nochmals an dem jeweils vorausgesetzten »Glaubensbegriff« – und damit an dem jeweiligen Gottesbild und an dem grundlegenden Beziehungs- und Liebesverständnis – verdeutlichen. Als heilsam erweist sich der Glaube, wenn er in Gott und seiner Liebe gründet, als ungesund und krank machend können Formen der Religiosität wirken, die vom Menschen fordern, was nur Gott geben kann, und vom Menschen verlangen, was er allein in der Gottesbeziehung sein und leben kann.

Die von dem Vater Jesu Christi ausgehende Liebe und Zuwendung – Gottes Agape[30] – ist nicht durch die Beschaffenheit und den Wert des zu liebenden Menschen motiviert, sondern in der Zuneigung und Zuwendung des liebenden Gottes selbst begründet. Nicht weil der Mensch sich als liebenswert erweist, erfährt er Gottes Anerkennung und Wertschätzung, sondern weil Gott den Menschen liebt, erkennt dieser seinen wahren Wert. Als ungesund und krank machend erweist es sich für Menschen, wenn sie nur Zuwendung und Anerkennung erfahren, die vom eigenen Wert bestimmt und von ihrer Liebenswürdigkeit abhängig sind. Die Liebe Gottes hat ihren Grund in sich selbst und schenkt dem Gegenüber Anerkennung und Wertschätzung, während viele Formen menschlicher Zuneigung in der Anziehungskraft und der Angepasstheit des Gegenübers begründet sind.

Damit geht es bei der Unterscheidung zwischen einem gesunden – am Evangelium von Christus orientierten – Glauben und krank machenden Formen der Religiosität letztlich um den Unterschied von »nicht konditionierter« und »konditionierter Annahme«, von »nicht bedingter« und »bedingter Zuwendung«.[31] Wenn Zuwendung an das Wohlverhalten und die Wohlgefälligkeit des Gegenübers gebunden ist, dann sprechen wir von bedingter Annahme, denn sie ist sowohl an »Vorbedingungen« geknüpft als auch als solche »vorbehaltlich«. In Wahrheit bezieht sich eine solche Zuneigung nicht auf die Person selbst, sondern auf bestimmte Aspekte, Eigenschaften oder Qualitäten der Persönlichkeit. Die Wertschätzung gilt dann nicht dem Menschen an sich, sondern vielmehr seinen attraktiven Seiten und erwartungskonformen Verhaltensweisen. Da eine solche Art von Anerkennung und Zuneigung in Wahrheit erarbeitet und erkauft werden muss, enttäuscht sie nicht nur die »Ungeliebten«, sondern zugleich auch die vermeintlich »Geliebten«. Denn sie müssen sich als »liebenswert« erweisen, um die Zuwendung zu erlangen, die ihnen eigentlich voraussetzungslos gelten sollte. Sie müssen sich »liebenswürdig« verhalten, um die Aufwertung zu erfahren, die sie doch unbedingt auf ihre eigene Person beziehen wollen.

Demgegenüber gewinnen Menschen Zuversicht, Sicherheit und Glück aus Beziehungen, in denen sie sich bedingungslos und umfassend geliebt und anerkannt wissen. Wenn sie erleben, dass sie sich nicht erst durch ihr Verhalten als »liebenswert« erweisen müssen, um Zuwendung zu empfangen, werden sie frei davon, sich nur von ihren Leistungen her zu verstehen und sich von ihren Erfolgen abhängig zu machen. Es gibt dann keine Voraussetzungen mehr, die sie in ihrem Leben zuerst erfüllen müssen, um Anerkennung und Liebe zu gewinnen, sondern die Liebe selbst wird zur heilsamen Voraussetzung und Grundlage ihres Lebens. Das »eigentliche« Lebensglück steht dann nicht länger in eine unbestimmte Zukunft hinein aus, sondern es kann hier und jetzt gewonnen und gestaltet werden. Auf diese Weise müssen sie nicht fortwährend der Anerkennung nachjagen und ständig neue Bedingungen erfüllen, von denen sie ihr Glück und Heil abhängig machen, sondern sie können gegenwärtig anfangen zu sein. Die Erfahrung einer nicht konditionierten Liebe befreit von der Not eines ständig konditionierten Lebens. Denn nur die Liebe kann den Menschen eindeutig und glaubhaft vermitteln, dass sie einzigartig und bedeutsam sind.

Wenn sie erleben, dass die Liebe eines anderen nicht nur ihren »liebenswerten« Seiten, sondern ihnen selbst umfassend gilt, bekommen sie den Mut, sich zunehmend auch mit ihren Schattenseiten, Schwächen und Ängsten auseinanderzusetzen und sich so zu sehen, wie sie wirklich sind. Sie müssen nicht länger fürchten, durch ihre Wahrhaftigkeit und Offenheit die Zuneigung wieder zu verlieren. Im Gegenteil, weil sie geliebt werden, und nicht nur die Rollen, die sie spielen, kann es die Beziehung nur vertiefen, wenn sie dem anderen und sich selbst nicht länger etwas vormachen, sondern ehrlich werden. Wie viel Energie und Lebenskraft wird allein schon dadurch frei, dass Geliebte sich nicht ständig beweisen und legitimieren müssen. Wie viel Last und Zwang fallen ab, wenn sie in ihrer Beziehungsgewissheit nicht mehr allen zu gefallen brauchen und nicht mehr um jeden Preis wichtiger und besser als andere sein müssen. Wie viele Zeitvertreibe und Eigenarten, Vorstellungen und Handlungen erübrigen sich zunehmend, wenn das Bewusstsein der Vollwertigkeit durch echte Zuneigung geschenkt wird und nicht mehr ersatzweise erzeugt werden muss.

Folglich bewirkt gerade die Liebe, die den anderen bejaht, wie er ist, dass er sich verändert, und die unbedingte Annahme bringt ihn dahin, dass er der Liebe zunehmend auch durch sein eigenes Verhalten entsprechen kann. So ist nichts überwältigender und heilsamer als die Erfahrung uneingeschränkter Liebe. Sie ist – gerade indem sie voraussetzungslos und bedingungslos gilt – so folgenreich und prägend wie kein anderes Erleben.

Ob in der geschenkweisen Rechtfertigung des Gottlosen aufgrund des Glaubens nach Paulus (Röm 3,21–4,25) oder in der unbedingten und lebensverändernden Zuwendung Jesu zu den Sündern, den Kranken und Belasteten nach den Evangelien – Inhalt des Evangeliums ist jeweils die Zusage, dass Gott in dem Wirken, Sterben und Auferstehen Jesu Christi seine voraussetzungslose und bedingungslose Liebe erwiesen hat, die für die Glaubenden bleibende Grundlage und prägende Orientierung ihres gesamten Lebens und all ihrer personalen Beziehungen werden kann.

Als Johannes der Täufer in seiner Gefangenschaft Jesus zweifelnd fragen lässt: »Bist du es, der da kommen soll, oder sollen wir auf einen andern warten?«, lässt dieser ihm berichten, was hier und jetzt zu hören und bereits gegenwärtig zu sehen ist: »Blinde sehen und Lahme gehen, Aussätzige werden rein und Taube hören, Tote stehen auf, und Armen wird das Evangelium gepredigt« (Mt 11,2-6; vgl. Lk 7,18-23). Gottes heilsame Herrschaft ist in ihm bereits wirksam, und das verheißene Kommen Gottes als Erlöser und Retter hat sich in Jesu Kommen schon ereignet.

Diese Gewissheit des bereits gegenwärtigen Heils kommt im Johannesevangelium darin zum Ausdruck, dass das ewige Leben nicht nur von der Zukunft erhofft und im Glauben als gewiss erwartet wird, sondern für die Glaubenden bereits gegenwärtig angebrochen ist. »Wer mein Wort hört und glaubt dem, der mich gesandt hat, der hat das ewige Leben und kommt nicht in das Gericht, sondern er ist vom Tode zum Leben hindurchgedrungen« (Joh 5,24). Wer an Jesus als den Sohn Gottes glaubt, der ist von Gott selbst neu gezeugt und aus seinem Geist neu geboren worden (Joh 1,12 f; 3,3 ff).

Wo Jesus selbst als das Leben und die Auferstehung in Person erkannt wird, hat der an ihn Glaubende schon hier und jetzt auch an seiner Auferstehungswirklichkeit und seinem ewigen Leben teil: »Ich bin die Auferstehung und das Leben. Wer an mich glaubt, der wird leben, auch wenn er stirbt; und wer da lebt und glaubt an mich, der wird nimmermehr sterben« (Joh 11,25 f). Kann man das Gesunden durch den Glauben und im Glauben noch eindrücklicher zum Ausdruck bringen als mit dem gegenwärtigen Beginn des ewigen Lebens, mit der völlig neuen Geburt des Menschen und mit seiner bleibend gültigen

Auferstehung von den Toten im Hier und Jetzt des Glaubens an Christus?[32]

Paulus schließlich bringt die Gewissheit des heilsamen Neuanfangs Gottes mit seinen Menschen darin zur Geltung, dass er für die an den Gekreuzigten und Auferstandenen Glaubenden schon Gottes endzeitliche neue Schöpfung angebrochen sieht: »Ist jemand in Christus, so ist er eine neue Kreatur; das Alte ist vergangen, siehe, Neues ist geworden« (2. Kor 5,17; vgl. Gal 6,15). Schon gegenwärtig haben die Glaubenden nicht nur an der heilsamen und versöhnenden Wirksamkeit des Kreuzes Jesu Christi teil, sondern zugleich auch schon an ihm als dem zum Leben Auferstandenen, der fortan in ihnen wohnt (Röm 6,1-13; 8,1-17; Gal 2,19 f).[33]

DAS SEUFZEN UND SEHNEN DER KREATUR

Dennoch wissen die vier Evangelisten wie vor allem auch der Apostel Paulus von einem einschneidenden »Noch nicht« und einem der Erfahrung noch entzogenen »Dort und Dann« des Heils und der endgültigen Rettung und Erlösung. Dieser Vorbehalt betrifft bei Paulus nicht die Gewissheit des Heils und der im Glauben zugesprochenen Versöhnung und Rechtfertigung; sie betrifft auch weniger, als wir heute denken würden, die Freiheit von dem Rechtsanspruch der Sünde und all dem, was Leben und Liebe verhindert. Denn in Christus – d. h. aufgrund seiner Stellvertretung und in Gemeinschaft mit ihm – haben die Glaubenden nach Paulus bereits Anteil an der Freiheit Christi, für Gott und mit ihm zu leben (Röm 6,1–8,17; Gal 2,15–5,26).[34] Der große Vorbehalt der Erlösung betrifft vielmehr die Vergänglichkeit der jetzigen leiblichen Existenz. Denn Paulus geht weder von der Unsterblichkeit des irdischen Leibes aus noch auch nur von der Unsterblichkeit der Seele.

Auch die Gläubigen sehnen sich noch seufzend mit der vergänglichen nicht menschlichen Kreatur nach ihrer endgültigen Erlösung von der Vergänglichkeit, der sie noch unterworfen sind und unter der sie noch körperlich und seelisch leiden müssen (Röm 8,18-27). Die Gläubigen wissen und leiden, dass sie noch nicht leibhaftig bei ihrem Herrn sind, sondern noch außerhalb ihrer göttlichen, endgültigen Existenzweise. Sie sind noch nicht da, wo ihre Staatsbürgerschaft und Heimat ist (Phil 3,20). Sie sind noch nicht »zu Hause«, sondern wohnen noch in der »Fremde«, sie haben noch nicht ihre endgültige »Wohnung« und sind noch nicht mit ihrer ewigen Identität »überkleidet« (2. Kor 5, 1-10). Sosehr ihr »innerer Mensch« in Christus von Tag zu Tag erneuert wird, gesundet, wächst und sich zum Leben entfaltet, so sehr gilt doch für ihren »äußeren Menschen«, dass er auch bei ihnen allmählich verfällt und nach wie vor der Sterblichkeit unterliegt (2. Kor 4,16). Deshalb bedürfen auch die Gläubigen bei der Ankunft ihres Herrn der endgültigen Verwandlung in die himmlische, von Gott neu geschaffene Leiblichkeit, die keine Vergänglichkeit, keine Krankheit und keinen Tod mehr kennt (1. Thess 4,13-18; 1. Kor 15,1-58).[35]

MEINE GNADE REICHT FÜR DICH AUS!

Sosehr wir das Gesunden durch den Glauben und im Glauben im Neuen Testament also breit bezeugt finden, so sehr stoßen wir hinsichtlich der leiblichen Dimension in unserer hiesigen irdischen Existenz an eine grundsätzliche Grenze, die wohl von Gott durch Neuschöpfung und leibliche Auferstehung überwunden wird, nicht aber durch menschliche Möglichkeiten der Selbstentfaltung, Selbstüberwindung und eigenen Lebensgestaltung. Auch hier mag nochmals Paulus als Beispiel dienen, der – wie wir sahen – durchaus als Apostel die geistliche Gabe hatte, im Namen Christi andere Menschen gesund zu machen (Röm 15,18 f; 2. Kor 12,12).

Wie er gegenüber den zu Schwärmerei und unrealistischer Wirklichkeitswahrnehmung neigenden Korinthern mitteilt, litt er selbst unter einer existenziellen und ihn in Leben und Dienst bestimmenden Einschränkung. Bildhaft umschreibt er sein Leiden mit einem »Pfahl im Fleisch«, der ihn wie ein »Stachel«, ein »Dorn«, im Fuß bei jedem Schritt schmerzt (2. Kor 12,7). Wir wissen nicht, ob Paulus hier von einer körperlichen Krankheit oder seelischen Not spricht; gewiss ist von der Antwort Christi her nur, dass es sich nicht um eine »Sünde« – d. h. etwas von Christus und seiner Gemeinschaft Trennendes – handeln wird. Wir brauchen auch die Spekulationen nicht aufzunehmen, ob Paulus wohl an einem Augenleiden (vgl. Gal 4,15), an Migräne, an Epilepsie oder Depression gelitten haben mag. Der »Stachel« steht in jedem Fall für eine gesundheitliche Begrenzung oder Schwachheit, um deren Überwindung willen er Christus dreimal – d. h. ausführlich und nachdrücklich – gebeten hatte (2. Kor 12,8).

Obwohl durch seine geistliche »Gabe, gesund zu machen« viele andere Menschen geheilt wurden, antwortet Christus dem Apostel selbst ganz anders, als wir es von unseren bisherigen Erkenntnissen her erwarten mögen: »Meine Gnade reicht für dich aus – du brauchst nichts weiter als meine Gnade, denn (meine) Kraft ist in der Schwachheit vollendet – und kommt in der Schwachheit an ihr Ziel!« (2. Kor 12,9). Während wir die eher bescheidende Übersetzung: »Lass dir an meiner Gnade genügen!«, in Erinnerung haben mögen, spricht Christus nach dem Grundtext dem Apostel positiv das volle Genügen seiner gnädigen Zuwendung und Liebe zu. Gegenüber den Korinthern, die sich ihrer Gaben, Stärken und Erfolge rühmen wollen, zieht Paulus aus dieser Zusage seines Herrn die überraschende Konsequenz: »So will ich mich nun sehr gerne umso mehr meiner Schwachheit ›rühmen‹, damit die Kraft Christi bei mir wohne. Deshalb bin ich zufrieden und bejahe meine Schwachheiten – die Misshandlungen, die Nöte, die Verfolgungen und Bedrängnisse – um Christi willen; denn wenn ich schwach bin, dann bin ich stark« (2. Kor 12,9 f).[36]

DIE STÄRKE DER SCHWACHHEIT

Zu welchem Schluss kommen wir auf dem Hintergrund dieses Spannungsbogens des neutestamentlichen Zeugnisses und im Hinblick auf unsere aktuellen Auseinandersetzungen über die Geistesgaben und die Gabe zu heilen im Speziellen? Es ist gewiss verständlich, wenn wir als Glaubende so vom Glauben reden, dass vor allem die positiven und eindrücklichen Seiten unserer neuen Existenz zur Geltung kommen. Allerdings sollten wir nicht – im missionarischen Überschwang – den Eindruck erwecken, als wären mit dem Glauben alle menschlichen Probleme wie von selbst gelöst. Denn wenn wir in der gut gemeinten Absicht, Hoffnung und Interesse zu wecken, durch unsere einseitige Darstellung nur Illusionen und falsche Erwartungen auslösen, haben wir unserem Gegenüber und dem Evangelium einen schlechten Dienst erwiesen.

Die Illusion ist selten die Vorstufe zur berechtigten Hoffnung, sondern in aller Regel gerade ihr Gegenteil. Der Gegensatz ist deshalb so tief, weil die Illusion aufgrund ihrer unrealistischen Voraussetzungen nicht zu ihrer Erfüllung, sondern ausschließlich zu ihrem Ende und ihrer Auflösung kommen kann. Auf das schmerzliche Ende unserer »Täuschungen« aber reagieren wir erfahrungsgemäß nicht mit Zuversicht, sondern eben mit »Enttäuschung« – d. h. zunächst mit Hoffnungslosigkeit.

Insofern ist es naheliegend, von unserer Hoffnung nicht nur im Zusammenhang der Stärke und des Erfolges zu sprechen, sondern genauso – wenn nicht um der Eindeutigkeit willen sogar: vor allem – unter Hinweis auf unsere Schwachheit und unsere menschlichen Grenzen. Natürlich fällt es uns viel leichter, das hervorzuheben, was neben dem Evangelium – ganz nebenbei und unverfänglich – auch uns als Zeugen noch in einem günstigen Licht erscheinen lässt. Doch entpuppt sich unsere Schwäche, immer stark sein zu wollen, gerade auf diesem Hintergrund als eine wirklich »unrühmliche« Schwachheit.

Was einen zuverlässigen Zeugen ausmacht, sind allein seine Wahrhaftigkeit und Offenheit – und nicht etwa die Fähigkeit, sich selbst ins rechte Licht zu setzen. So lenken wir durch vorgespieltes Glück und demonstrierte Stärke nicht nur in unzulässiger Weise von der Sache ab, sondern verdrehen geradezu das eigentliche Anliegen des Glaubens. Das Evangelium gibt ja nicht darüber Auskunft, wie Menschen sich endlich den unheilvollen Wunsch erfüllen können, selbst so zu sein »wie Gott« (1. Mose 3,5), sondern es verkündet uns, dass wir in der Gemeinschaft mit dem einen Gott zu wirklich »menschlichen Menschen« werden können. Denn wenn wir Gott – und ihn allein – in unserem Leben Gott sein lassen, werden wir frei davon, auf Kosten anderer und zum eigenen Schaden etwas zu spielen, was wir gar nicht sind. Indem wir uns nicht ständig nur an unserer Begrenztheit stoßen müssen, sondern die Möglichkeiten kennenlernen, die innerhalb unserer Grenzen liegen, entfalten wir erst unsere wahre Stärke, die sich nicht zuletzt im reifen Umgang mit der eigenen Schwachheit äußert.

Entsprechend darf es uns nicht wundern, dass uns Gott nicht unterstützt, wenn wir den Glauben lediglich als eine neue Form unseres alten »Feigenblattes« (1. Mose 3,7-11) in das gewohnte Leben einbeziehen wollen. Gott kann unsere Gebete nicht erhören, wenn es bei unseren Bitten letztlich darum geht, dass wir allein und ohne ihn das werden wollen, was wir gerade in Gemeinschaft mit ihm – im »Wir« des Glaubens – leben und erleben sollen.

Wenn wir jedoch verstehen, dass es Gott in seiner Liebe nicht um unsere Stärke und unsere Leistungen, sondern um uns selbst geht, und wenn wir erkennen, dass Christus nicht nur durch unsere Fähigkeiten und Gaben, sondern durch uns – in unserem Angewiesensein auf Liebe – wirken will, erfahren wir eine ganz neue Stärke, die nirgends eindeutiger zu greifen ist als in unserer Schwachheit. Denn Christus spricht zu seinem Apostel wie zu jedem an ihn Glaubenden bis heute: »Meine Gnade reicht für dich aus – du brauchst nichts weiter als meine Gnade, denn meine Kraft ist in der Schwachheit vollendet – und kommt in der Schwachheit an ihr Ziel!« (2. Kor 12,9).

GETRÖSTET, UM ZU TRÖSTEN

Damit sind wir abschließend an dem Punkt, an dem sich die Frage nach dem Verhältnis von Glaube und Gesundheit noch einmal in eine ganz neue Richtung wendet. Ja, es stimmt, dass Menschen durch das Wirken Jesu und in der Zeit der frühen Kirche auch psychisch und leiblich bereits in diesem Leben von schweren

Krankheiten geheilt wurden. Andererseits waren sich gerade die ersten Christen in ihrer Situation der Verfolgung und der äußeren Schwierigkeiten ihrer Vergänglichkeit und Schwachheit sehr bewusst. Für sie fing das »ewige Leben« sehr wohl schon in der gegenwärtigen Gottesbeziehung und christlichen Gemeinschaft an, es ging aber nicht in diesem irdischen Leben auf. Sie litten in der Kreuzesnachfolge Jesu nicht nur trotz ihres Glaubens, sondern oft gerade auch wegen ihres konsequent bekannten und gelebten Glaubens.

Für den an Gottes Liebe und Christi Zuwendung und Lebenshingabe orientierten Glauben geht es somit immer weniger um die Frage der eigenen Erfahrung, Gesundheit und Bestätigung als vielmehr um die, wie dieser Glaube für andere erfahrbar werden kann. Neben den berechtigten Wunsch nach eigenem Wohlergehen und Erstarken tritt zunehmend das Anliegen, andere an der Realität des Glaubens und vor allem des Geglaubten teilhaben zu lassen.

Ein starker und gesunder Glaube zeigt sich dann nicht am kraftvollen und selbstbewussten Auftreten, sondern in der Fähigkeit, sich Schwachen zuzuwenden, ohne sie zu erniedrigen, auf Fragende einzugehen, ohne sie zu belehren, Zweifelnde zu begleiten, ohne ihnen die eigenen Lösungen aufzuzwingen, Hilflosen so zu helfen, dass sie nicht noch hilfloser werden, Unsichere zu ermutigen, ohne ihnen ihre eigene Verantwortung abzunehmen. Kurzum, die Stärke des Glaubens erweist sich in der Fähigkeit, mit der Schwachheit anderer verantwortlich und liebevoll umzugehen. Denn wir werden selbst getröstet, damit wir andere trösten können; und unsere eingestandene Schwachheit ist nicht nur ein Mangel, sondern zugleich die Voraussetzung, andere zu stärken. Vielleicht ist die Fähigkeit, sich selbst anderen und ihren Bedürfnissen und Nöten zuzuwenden und auch sie »mit den

Augen Gottes« zu sehen, überhaupt die schönste Erfahrung des Gesundens im Glauben, die wir schon hier und jetzt machen können. – »Gelobt sei Gott, der Vater unseres Herrn Jesus Christus, der Vater der Barmherzigkeit und Gott allen Trostes, der uns tröstet in aller unserer Trübsal, damit wir auch trösten können, die in allerlei Trübsal sind, mit dem Trost, mit dem wir selber getröstet werden von Gott« (2. Kor 1,3 f).

WIE FREI SIND WIR WIRKLICH?
ZU DEM NEUEN VERSTÄNDNIS DER FREIHEIT BEI PAULUS

Von der »Freiheit« und der »Befreiung« ist bei Paulus so oft und so zentral wie sonst nirgends im Neuen Testament die Rede. Sieben von elf neutestamentlichen Belegen für »Freiheit« entfallen auf Paulus (Röm 8,21; 1. Kor 10,29; 2. Kor 3,17; Gal 2,4; 5,1.13 [2×]), 14 von 23 Belegen für »frei« (Röm 6,20; 7,3; 1. Kor 7,21.22.39; 9,1.19; 12,13; Gal 3,28; 4,22.23.26.30.31) und fünf von sieben Belegen für »befreien« (Röm 6,18.22; 8,2.21; Gal 5,1). Der einzige Beleg von »der Freigelassene« erscheint 1. Kor 7,22. Darüber hinaus kann Paulus davon sprechen, dass die Gläubigen gegenüber dem unheilvollen Herrschaftsanspruch von Tod, Sünde und Gesetz in Christus »gestorben« sind (Röm 6,1-11; 7,4.6; Gal 2,19), dass sie »gegen Bezahlung«, d. h. rechtsgültig erworben wurden (1. Kor 6,20; 7,23) und dass sie durch Christus aus der Sklaverei losgekauft worden sind (Gal 3,13; 4,4f). Durch ihre Zugehörigkeit zu Christus sind die Gläubigen der todbringenden Königsherrschaft der Sünde und ihrer uneingeschränkten Gewalt entzogen (Röm 5,14.17.21; 6,12).

Berücksichtigt man also zusätzlich zum Begriff »Freiheit« selbst die vielfältigen Belege für die Motivfelder »Befreiung«, »Erlösung« (Röm 3,24; 8,23; 1. Kor 1,30), »Rettung« (Röm 11,26; 1. Thess 1,10), »Absterben«, »Rechtfertigen von« (Röm 6,7), dann wird umso deutlicher, wie sehr das Motiv der Freiheit und der Befreiung in der Mitte der paulinischen Theologie steht. Dies gilt vor allem für den Galaterbrief als die »Magna Charta« der christlichen Freiheit und für die triumphale Beschreibung der »herrlichen Freiheit der Kinder Gottes« in Röm 5–8; dies gilt aber auch in verschiedenen Zusammenhängen für die bereits zuvor verfassten Briefe an die Korinther (1. Kor 7,17-24; 1. Kor 8–10 und 2. Kor 3).

FREIHEIT UND SKLAVEREI IN DER UMWELT

Zweifellos knüpft Paulus dabei an soziale, politische und philosophische griechisch-hellenistische Vorstellungen von »Freiheit« und »Sklaverei« an. Das Adjektiv »frei« bezeichnet wie im allgemeinen Sprachgebrauch zunächst vor allem den sozialen Stand des »Freien« im Gegensatz zum »Sklaven« (1. Kor 7,21b.22a; 12,13; Gal 3,28; 4,22). Man mag dabei an die umfassenden Rechte des Freien als Mitglied und Mitbürger denken, die ihn vom Sklaven wie vom Fremden unterscheiden (vgl. Phil 1,27; 3,20), oder an die Freiheit der »Stadt« (Polis; vgl. Gal 4,25 f); man mag die Freiheit zum Tun und Lassen des eigenen Willens im Blick haben (Röm 7,15 f.19 f; Gal 5,17) oder auch die innere Freiheit des Individuums gegenüber den Konventionen oder gegenüber den eigenen Leidenschaften. Es kann nicht verwundern, dass Paulus bei alldem nicht nur die Grundbedeutung des griechischen Freiheitsbegriffs voraussetzt, sondern zugleich auch die Nebenbedeutungen wie auch die Umstände seiner hellenistischen Umwelt.

Diese hatte der »Apostel der Freiheit« nicht erst durch gegnerische Parolen in Korinth, sondern längst vor seiner Berufung im Kontext der Griechisch sprechenden Synagoge in der »Zerstreuung«, d. h. der Diaspora, aufgenommen. Dort lernte er als geborener Jude aber auch die alttestamentlich-jüdische Tradition kennen, nach der die Bezeichnung »Knecht Gottes« gerade als Würdetitel der Propheten und des Volkes Israel verstanden wurde. In Aufnahme dieser Tradition kann sich auch der Apostel dann stolz als »Knecht Christi Jesu« verstehen (Röm 1,1; Gal 1,10; Phil 1,1) und gemäß 1. Kor 7,22 jeden Glaubenden als »Sklaven Jesu Christi« ansprechen, selbst wenn dieser von seiner sozialen Stellung her ein »Freier« ist.

DER HERR ALS DIENER

Wesentlich für das paulinische Ideal von Freiheit ist aber vor allem die Orientierung an der Person und dem Weg des Kyrios, des Herrn Jesus Christus – beginnend bei seiner Menschwerdung und Sendung, über seinen Lebensweg in liebendem Gehorsam bis hin zu seinem Sterben am Kreuz: »Er, der in göttlicher Gestalt war, hielt es nicht für einen Raub, Gott gleich zu sein, sondern entäußerte sich selbst und nahm die Gestalt eines Sklaven an, ward den Menschen gleich und der Erscheinung nach als Mensch erkannt. Er erniedrigte sich selbst und ward gehorsam bis zum Tode – ja zum Tode am Kreuz« (Phil 2,6-8). In Röm 15,3.7 f kann Paulus unter Hinweis auf Christus als den »Diener der Beschneidung« seine Gemeinde zur gegenseitigen Rücksichtnahme und Annahme auffordern: »Darum nehmt einander an, wie Christus euch angenommen hat zu Gottes Lob« (V. 7). »Denn auch Christus lebte nicht sich selbst zu Gefallen« (V. 3) – was doch eigentlich gerade das Vorrecht eines »Freien« gewesen wäre.

Diese spezifische Entfaltung eigener Souveränität und Freiheit in freiwilliger Selbstentäußerung, beziehungsorientierter Selbstbeschränkung und dienender Zuwendung mag für das antike Denken in den Gegensätzen von Gott und Mensch, Freier und Sklave, Entscheidungsfreiheit und Gehorsam besonders anstößig bzw. töricht erscheinen, wie Paulus es im Hinblick auf seine nicht christliche Umwelt unumwunden einräumt: »Wir aber predigen den gekreuzigten Christus, den Juden ein Ärgernis und den Griechen eine Torheit« (1. Kor 1,23). Dem Apostel selbst wie auch seinen Gemeinden gilt der aus Liebe zum Sklaven und Diener gewordene Sohn Gottes jedoch als verbindlicher Maßstab und entscheidendes Kriterium für das Leben vor Gott und miteinander (1. Kor 9; vgl. Röm 15,1 ff.7 f; 1. Kor 8,10 f; 2. Kor 8,7 ff; Phil 2,1 ff).

DIE SKLAVEN ALS FREIGELASSENE DES HERRN

Den Sprachgebrauch und das Verständnis der hellenistischen Umwelt setzt Paulus voraus, wenn er im wörtlichen Sinne von dem sozialen Stand des »Freien« im Gegensatz zum Sklaven spricht (1. Kor 7,21.22; 12,13; Gal 3,28; 4,22; vgl. Phlm 16). Gal 3,28: »... hier ist nicht Sklave noch Freier ..., denn ihr seid allesamt einer in Christus Jesus.« Aufgrund dieser neuen Gleichheit und Einheit in Christus erscheint der »Sklave« aber gerade als »Freigelassener des Herrn« (1. Kor 7,22), der sich deshalb hinsichtlich seines gesellschaftlichen Standes nicht länger sorgen soll (7,21). Die Ergänzung in 1. Kor 7,21b: »Wenn du aber auch frei werden kannst, so benütze es lieber«, erklärt sich in ihrer Dichte wohl am besten, wenn sie zum möglichen Ergreifen der Freiheit, nicht zum Verharren im Sklavenstand ermutigt.

Sowenig Paulus angesichts der politischen Verhältnisse zur gesellschaftspolitischen Umsetzung dieser grundsätzlichen Gleichheit in Christus auffordern kann, so sehr erwartet er von seinen Gemeinden, dass sie sich gegenseitig in Liebe als »Geschwister« wahrnehmen: »nicht mehr als einen Sklaven, sondern als einen, der mehr ist als ein Sklave: ein geliebter Bruder« (Phlm 16). Die respektvolle, aber entschiedene Fürbitte für den Sklaven Onesimus bei seinem Herrn Philemon (Phlm 8 ff) zielt sowohl auf die Annahme des Schuldiggewordenen als auch auf seine Entsendung als Mitarbeiter des Paulus. Denn in Hinsicht auf die in Christi Sendung offenbarte Wertschätzung, die in seinem Kreuz geschenkte Versöhnung und das in seiner Auferstehung eröffnete neue Leben erweisen sich die gesellschaftlichen Unterschiede von »Sklave« und »Freier« – wie die von »Jude« und »Grieche« und die von »Mann« und »Frau« – als nicht mehr grundlegend und ausschlaggebend (Gal 3,28; 1. Kor 12,13; vgl. Kol 3,11). Wirkungsgeschichtlich sollte diese Grundeinsicht der Einheit und Gleichheit aller zur Freiheit in Christus Erlösten, die schon in der frühen Kirche zu radikalen Konsequenzen in den Gemeinden führte, diakonisch, soziologisch und politisch weitreichende Folgen haben.

FREIHEIT ALS BEZIEHUNGSBEGRIFF

Dem griechischen Sprachgebrauch entspricht es auch, wenn Paulus im übertragenen Sinne die »Sklaverei« des Menschen unter Sünde und Tod mit den Worten umschreibt: »nicht tun können, was man will« (Röm 7,15; Gal 5,17). Den Gegensatz dazu bildet für den Apostel freilich nicht, dass sich der befreite Mensch fortan »selbst gehört« oder »tun und lassen kann, was er selbst will«. Er soll vielmehr dem auferstandenen Christus als seinem Herrn zugehörig sein (Röm 7,4; 14,7 f; 2. Kor 5,15; Gal 2,19 f) und durch dessen Geist geleitet und befähigt Gott dienen (Röm 7,6; 8,2.14; Gal 5,16-18) und so für Gott leben (Gal 2,19). Die Befreiung von der Sünde, von der Verurteilung durch das Gesetz und von dem drohenden Tod zielt bei Paulus also nicht auf eine absolute »Autonomie« und »Autarkie« des Menschen – in einem individualistischen neuzeitlichen Sinne –, sondern gerade umgekehrt auf seine Befähigung zu einem Leben in Beziehung und Gemeinschaft. Für den Apostel ist Freiheit im Wesentlichen ein *personaler Relationsbegriff*. Dies gilt sowohl im Hinblick auf die *Voraussetzung* der Erlösung als auch für das *Ziel* der Befreiung: Durch Beziehung und Zuwendung wird der Mensch zur Beziehung und Gemeinschaft von den lebensabträglichen Bindungen befreit.

Dabei ist im Zusammenhang alttestamentlich-jüdischer Tradition höchst bemerkenswert, dass Paulus die Befreiung in Christus nicht nur auf die Sünde, sondern auch auf das Gesetz bezieht (Röm 6,14; 7,1-6; 10,4; 1. Kor 9,20 f; 2. Kor 3,6; Gal 2,4.19; 3,25; 4,5; 5,1-4.18). Den Juden- und Heidenchristen der römischen Gemeinden gegenüber formuliert Paulus höchst provozierend: »Denn die Sünde wird nicht herrschen können über euch, weil ihr ja nicht unter dem Gesetz seid, sondern unter der Gnade« (Röm 6,14). – »Also seid auch ihr, meine Brüder, dem Gesetz getötet durch den Leib Christi, sodass ihr einem andern angehört – dem, der von den Toten auferweckt ist, damit wir Gott Frucht bringen« (Röm 7,4). Oder um es mit der prägnantesten und für jüdische Hörer gewiss provozierenden Formulierung des Paulus zu sagen: »Denn ich bin durchs Gesetz dem Gesetz gestorben, damit ich Gott lebe. Ich bin mit Christus gekreuzigt« (Gal 2,19).

Für Paulus als den »Apostel der Heiden« (Röm 11,13; vgl. Röm 1,5; 15,16; Gal 1,16; 2,2.7-9) ist dies gleich in dreifacher Hinsicht bedeutungsvoll: 1. im Hinblick auf die Berechtigung und Durchführung der Heidenmission (Gal 2,1-21), 2. für die Rechtfertigung im Glauben an Christus (Röm 3,21–4,25; Gal 2,15–4,31) und 3. für das ethische Verhalten der Glaubenden.

Dabei geht Paulus als Judenchrist selbstverständlich vom göttlichen Ursprung des Gesetzes aus (auch Gal 3,19!)[37] und findet in ihm als der Schrift auch das Evangelium bereits verheißen (Röm 1,2; vgl. Röm 3,21.31; 4,1 ff; Gal 3,8). Letztverbindlich ist für ihn als einen an die Maßgabe Christi Gebundenen (1. Kor 9,21) aber die Orientierung an dem »Evangelium Gottes von seinem Sohn« (Röm 1,1 ff) und damit an der »Weisung« des gekreuzigten und auferstanden Herrn, dem »Gesetz Christi« (Gal 6,2).

DAS GESETZ ALS SCHRIFT

Um Bedeutung und Grenze des Gesetzes nach Paulus richtig einordnen zu können, bedarf es zweifellos einer klaren Unterscheidung und Einordnung der verschiedenen Verwendungsweisen des Begriffs »Gesetz« – hebräisch »Tora«, griechisch »Nomos«. Zunächst gebraucht Paulus den Begriff »Gesetz« als »ersten Teil für das Ganze« (*prima pars pro toto*) im umfassenden Sinne von »Schrift« und kann darunter Zitate aus der Vätergeschichte, aus den Propheten und aus den Psalmen einbeziehen (Röm 3,19a.31)[38]. Von dem Gesetz als Schrift gilt für ihn – wie für alle Verfasser der neutestamentlichen Schriften – selbstverständlich: »Heben wir denn das Gesetz auf durch den Glauben? Ganz und gar nicht! Sondern wir richten das Gesetz auf, d. h., wir bringen das Gesetz zur Geltung« (Röm 3,31). Im Anschluss entfaltet der Apostel ausführlich anhand der »Schrift« (Röm 4,3a), dass schon Abraham und David nicht aufgrund ihres Gesetzesgehorsams, sondern aufgrund der Verheißung und aus Gnaden im Glauben gerechtfertigt worden sind (Röm 4,1-25). Von der gleichen Zusammengehörigkeit von Verheißung und Evangelium geht Paulus aus, wenn er in der Wendung »Gesetz und Propheten« mit

Gesetz die fünf Bücher Mose, d. h. den *Pentateuch*, als den ersten Teil der Schrift bezeichnet.[39] So kann er Röm 3,21 in spannungsvoller Weise formulieren: »Nun aber ist ohne Gesetz, d. h. ohne Zutun des Gesetzes, die Gerechtigkeit Gottes offenbart, bezeugt durch das Gesetz und die Propheten.«

DAS GESETZ DES MOSE

Wenn Paulus kritisch vom Gesetz redet, dann meint er das durch Mose gegebene Gesetz – das Gesetz vom Sinai im spezifisch theologischen Sinne – als die Rechtsforderung und die Rechtsverfügung Gottes[40], wie sie sich für ihn in 3. Mose 18,5 (Gal 3,12; Röm 10,5) und 5. Mose 27,26 (Gal 3,10) exemplarisch ausdrücken – positiv formuliert: »Denn der Mensch, der sie [die Satzungen] tut, wird durch sie leben«; negativ formuliert: »Verflucht sei, wer nicht alle Worte dieses Gesetzes erfüllt, dass er danach tue!«

Infolge seiner Begegnung mit dem gekreuzigten und auferstandenen Herrn vor Damaskus ist der ehemalige Pharisäer Paulus zu der Erkenntnis gelangt, dass es außerhalb des Glaubens an den Sohn Gottes keine endzeitliche und endgültige Rechtfertigung vor Gott und also auch kein ewiges Leben geben kann – auch nicht für Juden und auch nicht durch Befolgung des Gesetzes –, Gal 2,16: »Weil wir aber wissen, dass der Mensch nicht aufgrund von Werken des Gesetzes gerechtfertigt wird, sondern ausschließlich durch den Glauben an Jesus Christus, sind auch wir [als geborene Juden, V. 15] zum Glauben an Christus Jesus gekommen, damit wir aufgrund des Glaubens an Christus gerechtfertigt werden und nicht aufgrund von Werken des Gesetzes; denn aufgrund von Werken des Gesetzes ›wird kein Fleisch gerechtfertigt werden‹« (Ps 143,2).

Mit »Werken des Gesetzes« bezeichnet der Apostel weder nur »gesetzliche« – d. h. zwanghafte oder selbstgerechte – Gesetzesleistungen noch auch nur die äußeren Kennzeichen der jüdischen Identität wie Beschneidung, Speisegebote und Sabbat, sondern im umfassenden und neutralen Sinne die grundsätzliche Bejahung und umfängliche Befolgung des Sinai-Gesetzes, die sich in Haltung und Tun konkretisiert. Im Licht der Christuserkenntnis und im Rückblick des Glaubens an den Sohn Gottes erkennt der frühere Pharisäer Paulus, dass das Gesetz von Gott in Wahrheit gar nicht zum Leben gegeben worden war, sondern – vergleichbar mit den Gerichtspropheten in Israel[41] – zur Dokumentation, zur Entlarvung und zur Verurteilung der Sünde: »Denn durch das Gesetz kommt Erkenntnis der Sünde« (Röm 3,20) – »Denn das Gesetz bewirkt Zorn[gericht]« (Röm 4,15) – »Damit die Sünde durch das Gebot überaus sündig werde« – d. h. »sich als sündig erweise, als sündig erscheine und sichtbar würde« (Röm 7,13).

Unter dieser Voraussetzung wird deutlich, warum nach Paulus auch diejenigen, die sich um die Befolgung des Gesetzes bemühen, grundsätzlich unter der berechtigten Anklage und Verurteilung – d. h. unter dem »Fluch« – des Gesetzes stehen (Gal 3,10).[42] Weil nach dem Evangelium nur der Geist des Herrn Jesu Christi (2. Kor 3,14.16 f) von der Vorherrschaft der Sünde und des Todes befreit, kann Paulus in herausfordernder Zuspitzung den Dienst des von Gott gegebenen Gesetzes als einen »Dienst der Verurteilung« (2. Kor 3,9) und sogar als »Dienst des Todes« (2. Kor 3,7) bezeichnen: »Denn der Buchstabe tötet, aber der Geist macht lebendig … Der Herr aber ist der Geist; und wo der Geist des Herrn ist, da ist Freiheit« (2. Kor 3,6.17). Denn dem Versklavtsein unter der Vorherrschaft der Sünde – dem »Unter-der-Sünde-Sein« (Gal 3,22; Röm 3,9; vgl. 5,12; 7,14) – entspricht die

Existenz unter der unentrinnbaren Anklage des Gesetzes, d. h. das »Unter-dem-Gesetz-Sein«: »Ehe aber der Glaube kam, waren wir unter dem Gesetz verwahrt und verschlossen auf den Glauben hin, der dann offenbart werden sollte… Nachdem aber der Glaube gekommen ist, sind wir nicht mehr unter dem Aufseher« (Gal 3,23.25).

GESETZ ALS GESETZMÄSSIGKEIT

Schließlich kann Paulus den Begriff des »Gesetzes« auch noch im übertragenen Sinne von »bestimmende Weisung« bzw. »Maßstab«, »Gesetzmäßigkeit«, »Prinzip« verwenden. Diese übertragene Bedeutung gibt sich in der Regel durch die beigefügten Genitivattribute – »Gesetz *des/der* …« – zu erkennen. So fragt er in Römer 3,27: »Durch welches Gesetz/Prinzip [ist das Rühmen ausgeschlossen]? Durch das Gesetz/Prinzip der Werke? Nein, sondern durch das Gesetz/Prinzip des Glaubens.«[43]

In Römer 7,7-25 beschreibt Paulus die Unfähigkeit des Menschen, Gottes gutes und gerechtes Gebot und sein heiliges Gesetz (Röm 7,12.14) von sich aus zu erfüllen, indem er die Situation Adams, d. h. »des Menschen«, im Anschluss an 1. Mose 2 und 3 in Erinnerung ruft. Dabei enthüllt er die Situation des Menschen ohne Christus, wie dieser sich erst vom Glauben her – also in Christus – im Rückblick erkennt. Danach hat »der Mensch« von Anfang an faktisch nicht auf die lebensfördernde Weisung Gottes nach 1. Mose 2,17/Römer 7,10.12 gehört, sondern sich von der todbringenden »Weisung« der Schlange, d. h. der Sünde, verführen und betrügen lassen (1. Mose 3,13/Röm 7,11: »Sie betrog mich«). Diese »Weisung« der Schlange bzw. der Sünde (1. Mose 3,1-5; Röm 7,8.11) bezeichnet Paulus wegen ihrer unheilvollen

Wirkung als das »Gesetz der Sünde« (Röm 7,23) bzw. als das »Gesetz der Sünde und des Todes« (Röm 8,2).

Sowenig Gottes gutes und heiliges Gebot nach Paulus selbst Sünde ist oder den Tod bewirkt (Röm 7,7.13), so wenig vermag das Gesetz des Mose doch den Menschen von der todbringenden Vorherrschaft der Sünde zu befreien – dies ist »das dem Gesetz Unmögliche« (Röm 8,3). Denn im Menschen findet sich von Adam an ein »anderes Gesetz«, das dem Gesetz Gottes widerstreitet und den Menschen gefangen nimmt unter dem Diktat der Sünde (Röm 7,23). Dieses »andere Gesetz« – als bestimmende Weisung/Maßstab/Prinzip – bezeichnet Paulus auf der Basis von 1. Mose 3,6 und 2. Mose 20,17 als »sündige Leidenschaften« (Röm 7,5), als »Begierde« (Röm 7,8) und als das menschliche Prinzip des »Fleisches«, d. h. des selbstsüchtigen Aufbegehrens gegen Gott (Röm 7,25; 8,1-13).

DAS GESETZ DES GEISTES

Die Antwort auf diese verzweifelte Situation der grundsätzlichen Unfreiheit, Gefangenschaft und Versklavung des Menschen erkennt der Apostel seit seiner Christusbegegnung nun nicht mehr in dem mosaischen Gesetz, sondern vielmehr in dem in Christus Jesus wirksamen »Gesetz des lebendig machenden Geistes« (Röm 8,2) und der »Weisung«, dem »Maßstab« und dem »Prinzip des Glaubens« (Röm 3,27). Und sosehr die gute Rechtsforderung des Gesetzes Gottes, des Gebotes der Nächstenliebe (3. Mose 19,18) und der Zehn Gebote (2. Mose 20,1 ff; 5. Mose 5,6 ff) durch den Glauben an Christus und die Frucht des Geistes bestätigt und nicht widerlegt wird (Röm 8,4; 13,8-10; Gal 5,14.23b), so sehr ist für den Apostel der Heiden (Röm 11,13) im Konfliktfall nicht das Gesetz des Mose, sondern die Weisung und »das Gesetz« Christi (Gal 6,2) letztverbindlich. So gibt es nach frühchristlichem Verständnis nichts – nicht einmal das Gesetz des Mose oder die Schrift Alten Testaments als Ganzes –, was nicht von Christus her neu zu lesen, zu verstehen und zu »entdecken« wäre.[44] Nach 1. Korinther 9,20 f sieht sich der Apostel nicht mehr »unter dem Gesetz«, sondern »in/unter dem Gesetz Christi« – und gerade deshalb Gott gegenüber nicht mehr »gesetzlos«. In Übereinstimmung damit gewinnt Paulus die Maßstäbe für seine ethischen Weisungen jeweils ganz konkret an der Person, dem Weg und der Weisung des gekreuzigten und auferstandenen Herrn (Röm 14,15; 15,1-3.7; 1. Kor 8,11; 2. Kor 8,7-9; Phil 1,27–2,18).[45]

So kann man die ganze Theologie der Befreiung von den den Menschen versklavenden Mächten mit den Worten des Paulus in Röm 8,1-4 zusammenzufassen: »So gibt es nun keine Verdammnis für die, die in Christus Jesus sind. Denn das Gesetz des Geistes, der lebendig macht in Christus Jesus, hat dich frei gemacht von dem Gesetz der Sünde und des Todes. Denn was dem Gesetz unmöglich war, weil es durch das Fleisch geschwächt war, das tat Gott: Er sandte seinen Sohn in der Gestalt des sündigen Fleisches und um der Sünde willen und verdammte die Sünde im Fleisch, damit die Gerechtigkeit, vom Gesetz gefordert, in uns erfüllt würde, die wir nun nicht nach dem Fleisch leben, sondern nach dem Geist.«

FREIHEIT ALS LEBEN IN BEZIEHUNG

Wie wir oben gesehen haben, zielt eine solche Befreiung von der Sünde und von der Verurteilung durch das Gesetz nicht auf eine absolute »Autonomie« und »Selbstbestimmung« des Menschen ab, sondern im Gegenteil auf ein Leben in Beziehung und gegenseitiger Anerkennung. Sie orientiert sich nicht primär an einem individualistischen Freiheitsideal, sondern befähigt gerade zu verantwortlichen sozialen Beziehungen. Man kann noch einen Schritt weitergehen und festhalten: Die Freiheit der »Befreiten« (Röm 6,18.22; vgl. 7,3; 8,2) existiert gerade in der Zugehörigkeit zu dem Christus, der als der Gekreuzigte und Auferstandene seinerseits von der Sünde und dem Tod definitiv frei ist (Röm 6,9 f). Die Glaubenden sind nicht an sich, sondern mit Christus »gekreuzigt« und deshalb gegenüber Sünde und Gesetz »abgestorben«, d. h. von deren Herrschaft und Rechtsanspruch befreit (Röm 6,6 f). Allein »in Christus« – d. h. aufgrund seiner Stellvertretung und in Gemeinschaft mit ihm – sind sie befreit von der Vorherrschaft der Leben zerstörenden Trennung von Gott (Röm 6,1 ff; 8,1 ff). Frei und lebendig ist der Glaubende nicht als autonomes Selbst, als unabhängiges »Ich«, sondern weil und insofern der auferstandene Christus durch seinen lebendig machenden Geist »in ihm lebt« (Röm 8,9-11; Gal 2,19 f).

Die christliche Freiheit orientiert sich bei Paulus somit nicht nur im ethischen Sinne an Beziehung und Gemeinschaft, sondern sie ist darin auch ursächlich und wesentlich begründet. Die Beziehung wird nicht als Einschränkung und Grenze der Freiheit erfahren, sondern vielmehr als ihr Entfaltungsbereich. Die Gemeinschaft bildet nicht den Gegensatz zur Freiheit, sondern bildet die Voraussetzung und Grundlage ihrer Verwirklichung. In formaler Hinsicht kann somit gefolgert werden: Die Freiheit *von der Sünde* besteht nach Paulus nicht an sich, sondern in der Freiheit *für Gott*. »Freiheit *von*« gibt es nur als »Freiheit *für*«; und Erlösung wird nicht nur durch ihr *Wovon*, sondern mehr noch durch ihr *Wozu* charakterisiert. Eine Autonomie gegenüber Gott und seiner Gerechtigkeit würde unausweichlich wieder unter die Sklaverei der lebensfeindlichen und beziehungsgefährdenden Mächte führen. Denn der Mensch existiert nach Paulus – im Einklang mit der alttestamentlich-jüdischen Tradition – nie »an sich«, unbeeinflusst und ohne Bezüge, sondern immer in der Zugehörigkeit zu den ihn bestimmenden Größen.

Als ein Geschöpf ist der Mensch bleibend auf die Zuwendung seines Gottes angewiesen und lebt somit nie im absoluten Sinne autonom und autark, sondern immer »in Beziehung«. Wenn der Mensch ist, dann ist er in Beziehung. Wendet er sich von seinem Schöpfer ab, dann macht er sich zwangsläufig zum »Sklaven« anderer Einflüsse, die ihn selbst, sein Leben und seine Beziehungen gefährden. Soll er von dieser Sklaverei befreit werden, dann kann diese Erlösung konsequenterweise nur als Herrschaftswechsel verstanden und beschrieben werden: »Denn indem ihr nun frei geworden seid von der Sünde, seid ihr Knechte geworden der Gerechtigkeit« (Röm 6,18).

DIE HERRLICHE FREIHEIT DER KINDER GOTTES

Zu dieser formalen Gegenüberstellung von »Sklaven der Sünde« und »Sklaven bzw. Diener der Gerechtigkeit« ist Paulus allerdings durch Vorwürfe seiner Gegner motiviert worden. Diese unterstellen ihm, seine Verkündigung von der überwältigenden Gnade und von der Freiheit von Sünde und Gesetz würde faktisch die Herrschaft der Sünde fördern und Christus als einen Förderer der Sünde erscheinen lassen (Röm 6,1.15; vgl. 3,8; Gal 2,17). In seiner positiven eigenen Entfaltung des vom Geist bestimmten Lebens in Römer 8,1-39 und Galater 4,1-7 argumentiert er hingegen mit der Gegenüberstellung von »Sklaverei« und »Sohnschaft«/ »Kindschaft« bzw. »Adoption an Kindes statt«: »Denn ihr habt nicht einen Geist der Sklaverei empfangen, dass ihr euch abermals fürchten müsstet; sondern ihr habt einen Geist der Sohnschaft bzw. Adoption empfangen. Indem wir rufen: ›Abba, lieber Vater!‹, gibt der Geist selbst Zeugnis unserm Geist, dass wir Gottes Kinder sind« (Röm 8,15 f; vgl. Gal 4,4-7).

Die Beziehung der Glaubenden zu Gott unterscheidet sich ganz grundsätzlich von den früheren Abhängigkeiten. Es handelt sich bei dem Glauben an den Vater Jesu Christi nicht nur um eine »Herrschaftsbeziehung«, sondern um eine positive ganzheitliche personale Beziehung, die in nicht konditionierter Zuneigung und uneingeschränkter Zuwendung begründet ist. In der uneingeschränkten Erfahrung dieser Gemeinschaft besteht die »herrliche Freiheit der Kinder Gottes« (Röm 8,21). Denn die Sendung Christi bis hin zu seiner Lebenshingabe am Kreuz wird als eindeutiger Erweis einer voraussetzungslosen und bedingungslosen Liebe sowohl des Vaters (Röm 5,8; 8,31 f.38 f; vgl. Eph 2,4 ff) als auch des Sohnes (Röm 8,35; Gal 2,20; vgl. Eph 5,2.25b) verstanden. In der christologisch begründeten Verknüpfung eines beziehungsorientierten Freiheitsverständnisses mit einem solchermaßen positiv bestimmten Gottes- und Menschenbild ist gewiss ein entscheidendes Merkmal des innovativen Konzepts von Freiheit bei Paulus zu sehen.

Die »herrliche Freiheit der Kinder Gottes« (Röm 8,21) mag in Hinsicht auf die leibliche Erlösung von Verfolgung, Vergänglichkeit und Leiden noch eingeschränkt sein (Röm 8,21-25); die bereits als Kinder und Erben Eingesetzten (Röm 8,17) mögen gegenwärtig noch mit der leidenden Kreatur ihre definitive Befreiung von der »Sklaverei der Vergänglichkeit« herbeisehnen (Röm 8,21). Sie sind aber bereits gegenwärtig dazu befähigt, ihre Freiheit in Beziehung zu Gott (Röm 8,28; 1. Kor 8,3) und in

Beziehung zu anderen Menschen (Röm 12,9 ff; 13,8-10; 14,1–15,7; Gal 5,6.13 f.22) als Liebe zu entfalten.

DIE ENTFALTUNG DER FREIHEIT IN LIEBE

Ob es um die gegenseitige Akzeptanz bei der Frage des Fleisch- und Weinverzichts geht (Röm 14) oder um die Rücksichtnahme auf ehemalige Heiden beim Verzehr von »Götzenopferfleisch« (1. Kor 8–10), Paulus erwartet jeweils, dass die Glaubenden nicht auf ihrer eigenen Vollmacht (1. Kor 8,9; 9,4 ff) und Erkenntnis (1. Kor 8,1 ff) bestehen, sondern ihre Freiheit gerade in gegenseitiger Liebe und Rücksichtnahme entfalten. Denn in der Liebe ist die Beziehung nicht das Mittel zur Erlangung des Zwecks einer individualistisch verstandenen Freiheit. Vielmehr ist die Befreiung die Voraussetzung für die wechselseitige Wahrnehmung und Wertschätzung in der Beziehung als dem eigentlichen Ziel. Für den Apostel gilt wie in der Gottesbeziehung so auch in der zwischenmenschlichen Beziehung: Die »Freiheit *von*« konkretisiert sich jeweils als »Freiheit *für*«, und in der Liebe wird die Beziehung nicht als *Grenze*, sondern als *Entfaltungsbereich der Freiheit* erfahren: »Denn obwohl ich frei bin von jedermann, habe ich doch mich selbst jedermann zum Knecht gemacht, damit ich möglichst viele gewinne« (1. Kor 9,19). – »Ihr aber, liebe Brüder, seid zur Freiheit berufen. Nur nehmt die Freiheit nicht zum Anlass für das Fleisch, sondern dient einander in Liebe!« (Gal 5,13).

Im Hinblick auf die hellenistische Umwelt besteht das innovative Konzept der Freiheit bei Paulus gerade in dieser Bestimmung der Freiheit als Befähigung zur Gemeinschaft und zum Dienen in wechselseitiger Wahrnehmung und persönlicher Anerkennung.

Gegenüber seiner jüdischen Umwelt und hebräischen Tradition liegen die Innovation und Analogielosigkeit – ganz abgesehen von der viel zentraleren Bedeutung des Begriffs »Freiheit« bei Paulus – vor allem darin, dass die Freiheit und Erlösung den Namen einer Person trägt und in ihr verkörpert erscheint – den Namen des gekreuzigten und auferstanden Herrn, Jesus Christus. Für beide, Griechen wie Juden, erscheint als höchst provozierend innovativ, dass der, der in göttlicher Gestalt war (Phil 2,6), nach dem christlichen Bekenntnis nicht nur zu den Menschen sprach oder über ihnen wohnte, sondern sich selbst erniedrigte und persönlich die Gestalt eines Sklaven annahm, dass er selbst Mensch – d. h. leidensfähig und leidend, sterblich und gehorsam – wurde, um sich gerade darin als souverän, frei und verehrungswürdig zu erweisen (Phil 2,7 ff).

In der Orientierung an dieser Person und ihrem einzigartigen geschichtlichen Weg der Menschwerdung, des freiwilligen Dienens und der Hingabe bis zum Einsatz seines eigenen Lebens wurde von Beginn an ein enormes Potenzial des Freiheitsgewinns und der Befreiung in allen Dimensionen des Lebens erkannt: »Als aber die Zeit erfüllt war, sandte Gott seinen Sohn, geboren von einer Frau und dem Gesetz unterworfen; damit er die dem Gesetz Unterworfenen freikaufte, damit wir die Annahme an Sohnes statt empfingen … Folglich bist du nicht mehr Sklave, sondern Sohn, wenn aber Sohn, dann auch Erbe durch Gott« (Gal 4,4 f7).

WAS IST GEMEINDE?

EINHEIT UND VIELFALT DER KIRCHE JESU CHRISTI

Es mag als naheliegend, für viele vielleicht als selbstverständlich erscheinen, dass wir uns angesichts der Vielzahl christlicher Kirchen, Gemeinschaften, Gemeinden und Gemeindeformen auf die historischen und theologischen Wurzeln der Kirche besinnen wollen. Lässt uns nicht schon die Rede von der »Urgemeinde« in Jerusalem an das Ideal und Vorbild der christlichen Kirche schlechthin denken? Und sind uns nicht die Verhältnisse der im Licht von Kreuz und Auferstehung Jesu und in der Vollmacht des Geistes wachsenden ersten Gemeinden durch die faszinierende Darstellung der Apostelgeschichte längst zum Leitstern unserer »Lehre von der Kirche« (Ekklesiologie) und zum Inbegriff unseres Kirchenverständnisses geworden?[46]

BESINNUNG AUF DEN AUSGANGSPUNKT DER ZIELE

In Situationen der Krise und der Orientierungslosigkeit kann der sicherste Fortschritt für uns als Individuen wie als Gemeinschaften in der Tat darin bestehen, dass wir nicht unbedacht weiterlaufen, sondern anhalten und uns auf den Ausgangspunkt unserer Ziele besinnen. Gleich einem Wanderer im Moor, der spürt, dass der Boden unter ihm nachgibt, ziehen wir uns unwillkürlich zurück zu dem Punkt unseres Weges, an dem wir noch sicheren Boden unter den Füßen hatten, um uns neu zu orientieren. Dabei darf es nicht um ein rückgewandtes und lebensängstliches Flüchten in die Vergangenheit gehen, sondern vielmehr um eine

Wiedergewinnung der Perspektive, die uns vormals motivieren und unsere Wirklichkeit verändern konnte.

Die Rückbesinnung auf die Wurzeln der Kirche führt ohnehin nicht zu einem verklärten Bild einer »Urkirche«, in der alles noch dem Ideal entsprach und in Ordnung war. Vielmehr wird sich sehr schnell zeigen, dass es gerade der Umgang der frühen Kirche mit den außergewöhnlichen Herausforderungen ist, der uns bei der eigenen Bewältigung unserer gesamtkirchlichen Aufgaben heute noch Orientierung und Motivation sein kann. Dies gilt schon für die erste systematische Darstellung einer Kirchengeschichte, die Apostelgeschichte des Lukas, in der die Probleme der frühen Kirche bei aller zurückhaltenden Darstellung von Beginn an mit den Händen zu greifen sind – angefangen bei den innergemeindlichen Auseinandersetzungen zwischen den Griechisch sprechenden »Hellenisten« und den Aramäisch sprechenden »Hebräern« (Apg 6,1 ff) über die Sonderstellung und Verfolgung des Stephanuskreises im Unterschied zum Kreis der Apostel (6,8–8,3) bis hin zu der grundsätzlichen und die kirchliche Einheit gefährdenden Kontroverse um die Frage der Heidenmission und der Beschneidung und Toraobservanz der Gläubigen »aus den Heiden« (Apg 10,1–11,18; 15,1 ff).

Noch offensichtlicher ist der Befund, wenn wir uns dem *Corpus Paulinum* zuwenden, dem wir allein die Hälfte der neutestamentlichen Belege für den Begriff *Ekklesia* verdanken (62 von insgesamt 114 Belegen). Zweiundzwanzig – d. h. ein Fünftel – der Belege für den Kirchenbegriff im Neuen Testament verdanken wir allein dem 1. Korintherbrief, der vor allem und durchgehend wegen der katastrophalen Gemeindeverhältnisse und untragbaren Störungen der kirchlichen Gemeinschaft verfasst worden ist. Auf diesem Hintergrund könnte man folgern, »Ekklesiologie« sei die »Lehre von der Kirche« – nicht etwa im Sinne eines Ideals, sondern im Hinblick auf die Bewältigung innergemeindlicher und gesamtkirchlicher Schwierigkeiten. Dass diese Herausforderungen angesichts einer überwiegend ablehnend und feindlich gesinnten Umwelt nur noch verstärkt werden, verdeutlichen die Apostelgeschichte (23 Belege) und vor allem die Offenbarung des Johannes (20 Belege) mit ihrer überdurchschnittlich häufigen Verwendung des Kirchenbegriffs eindrücklich.

KIRCHE, KIRCHEN ODER HAUSGEMEINDEN?

Zunächst sieht es allerdings so aus, als wäre im Neuen Testament alles etwas einfacher als in unserer Geschichte und Gegenwart der vielen Kirchen, Gemeinden und Gemeindeformen. Es beginnt schon bei den Begriffen. Das Neue Testament unterscheidet noch nicht zwischen »Kirche« und »Gemeinde«, es kennt nur einen Begriff: *Ekklesia. Ekklesia* kann sowohl Kirche im übergreifenden, überregionalen Sinn[47] bedeuten als auch die Gemeinde vor Ort[48], die sich – fraktioniert in verschiedene Teilgemeinden – als Hausgemeinden in Privathäusern[49] versammeln kann. So adressiert Paulus in 1. Korinther 1,2 seinen Brief konkret an die »Gemeinde/Kirche Gottes in Korinth« als die Geheiligten in Christus Jesus und die berufenen Heiligen – und darüber hinaus an »alle, die den Namen unsres Herrn Jesus Christus anrufen an jedem Ort, bei ihnen und bei uns«. Während er hier also die Kirche eines konkreten Ortes mitsamt allen überregionalen Kirchenmitgliedern anspricht, adressiert er seinen zweiten erhaltenen Brief an die Korinther in 2. Korinther 1,1 sowohl »an die Gemeinde/Kirche Gottes in Korinth samt allen Heiligen in ganz Achaja«, d. h. an die Gemeinde/Kirche vor Ort wie die Kirche einer ganzen Provinz. In der Ausrichtung der Schlussgrüße in 1. Korinther 16,19 finden wir die Bezeichnung der »Gemeinden/Kirchen der Provinz Asien« neben der speziellen Erwähnung einer von einem Ehepaar geleiteten Hausgemeinde in Ephesus: »Es grüßen euch die Gemeinden in der Provinz Asien. Es grüßen euch vielmals in dem Herrn Aquila und Priska samt der Gemeinde in ihrem Hause« (vgl. Röm 16,3-5). Der Galaterbrief schließlich ist als Zirkularschreiben an die Gemeinden/Kirchen (im Plural) der Landschaft Nordgalatien oder der römischen Provinz Galatien insgesamt adressiert (Gal 1,2).[50]

Mit Ekklesia wird bei Paulus also die Kirche in ihrer vielfältigen Gestalt (1) als die gesamte Kirche Jesu Christi, (2) als die zusammengefassten Kirchen einer Provinz oder Landschaft, (3) als die sich aus allen Christen zusammensetzende Kirche/Gemeinde eines Ortes und (4) als die sich in einem Privathaus zum Gottesdienst versammelnde kleinste Gestalt der Kirche in Form einer Hausgemeinde bezeichnet.

Die eine Kirche Jesu Christi besteht also grundsätzlich in der Vielfalt der sich in seinem Namen zum Gottesdienst versammelnden Kirchen und Gemeinden. Schon die kleinste Hausgemeinde ist Kirche Jesu Christi – und die Kirche Jesu Christi im umfassenden Sinne ist nicht weniger als die weltweite Einheit aller Berufenen und Heiligen, die den Namen des Herrn Jesus Christus anrufen an jedem Ort. Weder wird die eine Kirche Jesu Christi erst und ausschließlich durch die Vielzahl der Einzelgemeinden begründet, noch ist die kleinste Zelle einer Hausgemeinde unter anderen im Verbund der Ortsgemeinde eine mindere oder untergeordnete Gestalt von Kirche, sondern Ekklesia Christi im Vollsinn des Wortes.

Für unsere Themenstellung mag es schon verfremdend – oder auch erhellend – erscheinen, dass sich die frühe Kirche von Anfang an wohl grundsätzlich vor Ort aus verschiedenen

»Hausgemeinden« in privaten oder angemieteten Wohnungen, Räumen oder Häusern zusammensetzte.[51] Hauskirchen – als gesonderte sakrale Räume innerhalb von Privathäusern – oder spezielle Kirchengebäude als Versammlungsort einer gesamten Ortskirche sind der neutestamentlichen und frühkirchlichen Zeit der beiden ersten Jahrhunderte noch unbekannt. So zählen wir allein für die Kirche in Rom gemäß der ausführlichen und namentlichen Grußliste in Römer 16 wohl mehr als sieben Einzelgemeinden, die als »Geliebte Gottes« und »berufene Heilige« gemeinsam als Ortsgemeinde angesprochen werden (Röm 16,5.10.11.14.15).[52] Dass der Begriff der Ekklesia – im Unterschied zu Römer 16,1.4f.16.23 – in der Adressatenangabe Römer 1,7 nicht wörtlich fällt, ist eher der brisanten politischen Situation unter Claudius und Nero in der Mitte des 1. Jh. n. Chr. in Rom zuzuschreiben als einem apostolischen Vorbehalt gegenüber der Gestalt der römischen Kirche.[53] Als die Geliebten Gottes und berufenen Heiligen bilden sie fraktioniert in Hausgemeinden einzeln wie gemeinsam die Ekklesia Gottes in Rom und sind darin mit den in der Grußliste aufgeführten Kirchen (Röm 16,16b) als Einheit in Jesus Christus verbunden.

Nach Matthäus 18,20 ist die – in der Wirkungsgeschichte oft problematisierte – Verheißung Jesu Christi an seine Jünger, dass nicht nur die Gesamtkirche oder die Provinzkirche oder die Kirche eines gesamten Ortes oder auch nur die Versammlung von mindestens zehn Mitgliedern sich der Gegenwart ihres auferstandenen Herrn in ihrer Mitte gewiss sein darf, sondern schon die kleinste gottesdienstliche Versammlung von »zwei oder drei« Gläubigen, die um Christi willen zusammenkommen: »Denn wo zwei oder drei versammelt sind in meinem Namen, da bin ich mitten unter ihnen.« Damit setzt das Matthäusevangelium – das als einziges ausdrücklich den Begriff der Ekklesia schon vor der Auferstehung Jesu für die Gesamtkirche (Mt 16,18) und die Gemeindeversammlung (Mt 18,17) belegt – voraus, dass der als Immanuel – »Gott mit uns« – Verheißene (Mt 1,23) und als Weltenherrscher eingesetzte Auferstandene (Mt 28,18-20) schon die kleinste denkbare Versammlung in seinem Namen als seine Ekklesia bestimmt. Schon und gerade ihr gilt der ermutigende Zuspruch des *Christus praesens* – des in ihr gegenwärtigen Christus.

DIE EKKLESIA GOTTES

Den Begriff Ekklesia, »Gemeinde Gottes«, hatten Paulus und seine Mitarbeiter nicht etwa neu geprägt; er diente bereits als stolze Selbstbezeichnung der Urgemeinde in Jerusalem – und zwar in Übernahme der aramäischen Bezeichnung *k*^{e}*hal el* – »Versammlung Gottes«[54]. Dass er nicht erst von den hellenistischen Gemeinden außerhalb Palästinas eingeführt wurde, sondern schon den palästinischen Gemeinden als Selbstbezeichnung diente, wird auch an den geprägten Wendungen der Verfolgertätigkeit des Paulus in 1. Korinther 15,9; Galater 1,13 deutlich: »Ich verfolgte die Gemeinde Gottes« (vgl. Phil 3,6). Theoretisch hätte sich die Urgemeinde auch im Anschluss an die griechische Übersetzung des Alten Testaments *Synagoge* nennen können. Aber da dies die »Versammlung« und dann auch den Versammlungsort der nicht an Christus glaubenden jüdischen Brüder und Schwestern bezeichnete, bot sich für die ersten Christen der aus der griechischen Umwelt bekannte Begriff Ekklesia für die im Namen Jesu Christi zusammenkommende »Gemeinde« und »Versammlung Gottes« an.[55]

Sosehr *Ekklesia* tiefsinnigerweise eigentlich »die Herausgerufene« bedeutet[56], so hat der Begriff für die Antike als Bezeichnung für eine konkrete, aktuelle Versammlung der Stimmberechtigten oder für die Heeresversammlung etwas ganz Normales und Alltägliches. Er wird auch von den ersten Christen nicht schon von sich aus als eine geistliche Kategorie verstanden.[57] Das Besondere ergibt sich jeweils aus der Zuordnung, die durch die Ergänzung im Genitiv bzw. die präpositionale Bestimmung erkennbar wird. Denn es kommt alles darauf an, wessen Versammlung es ist: die Gemeinde, die Kirche Jesu Christi (Röm 16,16) bzw. in Christus Jesus (1. Thess 2,14; Gal 1,22), die Versammlung, die Kirche Gottes (1. Kor 1,2)[58]. Oder um es mit 1. Thessalonicher 2,14 umfassend zu formulieren: »die Kirchen Gottes … in Christus Jesus«. Wo im Neuen Testament die präzisierende Ergänzung »Gottes« oder »Christi« fehlt, erklärt sich das durch die Eindeutigkeit des Zusammenhangs; die Zuordnung ist in diesen Fällen jeweils als selbstverständlich mitzudenken.

Unser deutscher Begriff »Kirche« als spezielle Bezeichnung für die Weltkirche oder die Gesamtgemeinde im Unterschied zu den Teilgemeinden oder Hausgemeinden – sowie dann nachgeordnet für das Kirchengebäude, in dem sich die christliche Gemeinde versammelt – ist von der umfassenden neutestamentlichen Verwendung von Ekklesia her nicht hinreichend zu erklären. Er leitet sich rein sprachlich von dem griechischen Adjektiv *kyriakos* – d. h. »dem Herrn gehörend« – ab. »Kirche« bedeutet also wörtlich »die dem Herrn gehörende Gemeinde« – unabhängig davon, ob wir dabei im deutschen Sprachgebrauch an eine Einzelgemeinde oder an die Gesamtkirche denken wollen. Auf das Kirchengebäude bezogen meint es dementsprechend wörtlich »das zum Herrn bzw. dem Herrn gehörende Haus«.

»Versammlung Gottes« war für die ersten Christen ein ganz bedeutungsvoller und positiv geprägter Name, weil damit in der Zeit zwischen Altem und Neuem Testament in der apokalyptisch-endzeitlich orientierten Literatur die Hoffnung verbunden wurde, dass Gott am Ende der Geschichte seine Auserwählten als sein Aufgebot aus Israel und den Völkern zusammenführen wird – was sich mit dem säkularen Verständnis von Ekklesia als der zusammengerufenen Heeresversammlung bzw. Vollversammlung der Stimmberechtigten in gewisser Weise berührt. Diese Gemeinschaft der Zusammengerufenen darf sich als die Gefolgschaft Gottes in der letzten geschichtlichen Stunde verstehen, in der Stunde seines Kommens. Sie sollen ihm einmal entgegenziehen und ihn dann begleiten, wenn er gleich einem königlichen Herrscher in die Stadt einzieht, um seine Herrschaft der Gerechtigkeit, der Liebe und des Friedens durchzusetzen (vgl. 1. Thess 3,13; 4,15 ff). Dieses »kleine Häuflein«, diese »kleine Herde« (Lk 12,32) in Jerusalem – die die Urgemeinde anfangs darstellte –, und die bis an das Ende der damaligen Welt wachsende Ekklesia Gottes wussten sich von Gott in Jesus Christus zu einem solchen Vorrecht der Gottesgemeinschaft und des eschatologischen Mitregierens mit Gott »berufen« und »geheiligt« (1. Kor 1,2; 2. Kor 1,1; Röm 1,7). Sie wussten sich – ob in Gestalt der kleinsten Zelle oder der Gesamtkirche Jesu Christi von Jerusalem bis Rom – als das von Gott geliebte und erwählte eschatologische Gottesvolk, das auf seinen Ruf und sein Kommen hoffnungsvoll zu warten und ihm entgegenzugehen hat. Von hierher ergibt sich auch zugleich der »vorläufige« Charakter des neutestamentlichen Kirchenbegriffs und der Kirchen- und Amtsstruktur der frühen Gemeinden: Die Struktur und Gestalt der Kirche Jesu Christi auf Erden ist vorläufig und auf ihre eschatologische Erlösung – und das heißt auch: Überwindung und Aufhebung – hin angelegt.

Im Kontext dieser endzeitlichen Erwartung erklärt sich auch ein weiterer entscheidender Unterschied zur Ekklesia im profanen

Sinne von aktueller Heeres- oder Volksversammlung. Während bei der bürgerlichen oder gar militärischen Versammlung die Vollzähligkeit und Größe der Ekklesia von grundlegender und ausschlaggebender Bedeutung sind, darf sich im Hinblick auf die zukünftige Sammlung aller Berufenen und Heiligen durch Christus jede auch noch so kleine Versammlung im Namen Jesu Christi stolz als vollwertiger Teil des eschatologischen Gottesvolks – als »die Gemeinde Gottes« – verstehen.

DIE EINE KIRCHE UND DIE VIELEN KIRCHEN UND GEMEINDEN

Wenn sich die Einheit und Vielfalt der Kirche sowohl phänomenologisch als auch begrifflich in dem breiten Spektrum von der Gesamtkirche bis hin zur kleinsten Hausgemeinde abbilden, ergibt sich die Frage, wie die frühe Kirche das Verhältnis zwischen der einen und den vielen Kirchen bestimmte. Denn die Herausforderung der Verhältnisbestimmung ergab sich zwangsläufig an beiden Enden des Spektrums: Wie verhalten sich die Gliedkirchen der Provinzen bzw. Landschaften oder auch einer judenchristlichen bzw. heidenchristlichen Prägung zur Gesamtkirche? Und wie ist das Verhältnis der einzelne verschieden geprägten Haus- und Teilgemeinden zu der Kirche an einem Ort oder in einer Provinz bzw. Landschaft zu bestimmen?

Es könnte aufgrund der historischen Entwicklung naheliegen, die Jerusalemer Urgemeinde nicht nur als Ausgangspunkt der missionarischen Ausbreitung der frühen Kirche zu erkennen, sondern sie als die früheste »Gemeinde Gottes« zugleich auch als die erste und oberste Instanz in einer hierarchisch gegliederten Gesamtkirche zu verstehen. Sowohl die Darstellung der Apostelgeschichte wie auch die Berichte des Paulus in Galater 2 legen die Vermutung nahe, dass die »Urgemeinde« in Jerusalem dieses Selbstverständnis implizit oder auch explizit vertreten haben mag – zunächst unter der Führung von Simon Petrus, ab den Vierzigerjahren zunehmend unter der Leitung des Herrenbruders Jakobus (s. Apg 12,17 und 15,13 ff). Jedenfalls spiegeln beide Berichte des sogenannten »Apostelkonzils« um 48 n. Chr. in Apostelgeschichte 15,1 ff wie in Galater 2,1 ff sowohl die Sonderstellung der Jerusalemer Gemeinde als auch die herausragende Rolle des Herrenbruders Jakobus (Gal 2,9; Apg 15,13 ff) neben – und zunehmend vor – den Aposteln Petrus und Johannes als den »drei Säulen« der Urgemeinde wider.

Zu dem sogenannten »Antiochenischen Konflikt« um die gemeinsame Tisch- und damit Abendmahlsgemeinschaft von Juden- und Heidenchristen kommt es nach Galater 2,11-21 dadurch, dass Jerusalemer Boten aus dem Umfeld des Jakobus in der antiochenischen Gemeinde andere Judenchristen – und unter ihnen sogar den ersten Apostel des Zwölferkreises, Simon Petrus – von der die Einheit der Gläubigen konkretisierenden Mahlgemeinschaft mit den Heidenchristen abbringen wollen. Trotz der grundsätzlich vereinbarten Aufteilung der Verkündigung unter den »Juden« durch die Jerusalemer »Säulen« und unter den »Heiden« durch Paulus und seine Begleiter (Gal 2,7-9) kommt es in der von Paulus gegründeten Gemeinde von Korinth unter Bezugnahme auf Kephas und die Jerusalemer Apostel zu ernsten Auseinandersetzungen und Streitigkeiten (1. Kor 1,10 ff und 2. Kor 10–12). Interessieren sollen in diesem Zusammenhang nun weniger die historischen bzw. theologischen Details der Konflikte oder die Unterschiede in der jeweiligen Darstellung durch Paulus und durch Lukas in der Apostelgeschichte. Vielmehr soll die Aufmerksamkeit der Art und Weise gelten, in der Paulus das Verhältnis von

Einheit der Kirche Jesu Christi und Vielfalt der verschiedenen Kirchen und Einzel- bzw. Teilgemeinden wahrnimmt und wie er selbst und seine Gemeinden diese Beziehung gestalten.

Auffällig ist auf der einen Seite die Betonung der Selbstständigkeit und Gleichwertigkeit der von Paulus als Heidenapostel gegründeten Gemeinden in ihrem Verhältnis zu der anfänglich rein judenchristlichen Urgemeinde in Jerusalem. Dies spiegelt sich wie gesagt begrifflich schon darin wider, dass Paulus die stolze Selbstbezeichnung der Urgemeinde in Jerusalem und Judäa – »die Gemeinde Gottes« (Gal 1,13; 1. Thess 2,14) – ohne Einschränkung und Abstufung auch auf die gemischten und die überwiegend heidenchristlichen Gemeinden außerhalb Palästinas anwendet. Nicht nur die Gesamtgemeinde einer Stadt wie Korinth oder Thessalonich (1. Kor 1,2; 2. Kor 1,1; 1. Thess 1,1) oder die Kirche einer Provinz wie Asia oder Achaia (1. Kor 16,19; 2. Kor 1,1) spricht er als vollwertige »Ekklesia Gottes« an, sondern auch einzelne Hausgemeinden innerhalb einer Stadt dürfen und sollen sich nach Paulus als vollwertige »Kirche/Gemeinde« ihres Herrn verstehen (Röm 16,5; 1. Kor 16,19; Phlm 2). Dies soll gewiss nicht im exkludierenden – also ausschließlichen und ausschließenden –, sondern im inkludierenden – also einbeziehenden und einschließenden – Sinne erfolgen. Und es soll wahrhaftig nicht in selbstherrlicher und selbstsicherer Überheblichkeit geschehen, aber doch in einem nicht gleich durch andere Autoritäten zu erschütternden Erwählungsbewusstsein. Die Kirche Jesu Christi – in welcher konkreten Gestalt auch immer – ist ihrem Herrn verantwortlich, nicht aber einer herausgehobenen Kirche im Gegenüber zu den Gemeinden und nicht einer fest gefügten kirchlichen Hierarchie bzw. einer bestimmten menschlichen Instanz. Dass diese Selbstständigkeit für die frühen paulinischen Gemeinden von grundlegender Bedeutung sein sollte, erweist sich in den elementaren Kontroversen um die Frage der Beschneidung der Heidenchristen, der Tischgemeinschaft von Juden- und Heidenchristen und der Befolgung des Gesetzes, wie sie im 2. Korinther-, im Galater- und im Römerbrief ihren Niederschlag finden.

Auf der anderen Seite hat Paulus alles dafür eingesetzt, die Einheit der Kirche Jesu Christi bei aller Vielfältigkeit ihrer Gemeinden in der wechselseitigen Anerkennung und Gemeinschaft – und d. h. für ihn gerade in der Tisch- und Abendmahlsgemeinschaft – sichtbar und verbindlich zu bezeugen. Um dieser in Christus vorgegebenen Einheit willen hat er in Jerusalem unnachgiebig um die grundsätzliche Anerkennung der Heidenmission ohne Übernahme von Beschneidung und Toraobservanz gekämpft (Gal 2,1-10), und wegen dieser grundsätzlich bejahten Anerkennung und Annahme der Gläubigen »aus den Heiden« hat er in Antiochien nicht nur den Schülern des Jakobus, sondern sogar Petrus als einem Apostel aus dem Zwölferkreis öffentlich und persönlich ins Angesicht widersprochen. Denn wenn es um die »Wahrheit des Evangeliums« geht, dann muss die Autorität eigener Verkündigung an der Entsprechung zu dem *einen* Evangelium von Jesus Christus[59] und an der inhaltlichen Übereinstimmung mit dem Zeugnis der Schrift[60] und dem gemeinsamen Bekenntnis aller Kirchen erwiesen werden.[61] Menschliche Institutionen und Autoritäten können und dürfen diese Einheit nicht gefährden oder aufheben – und wären es selbst die Jerusalemer Urgemeinde oder Apostel wie Jakobus und Petrus (vgl. Gal 1,6 ff; 2. Kor 11,4 f; 12,11).

Die Verbundenheit aller einzelnen Kirchen bzw. Gemeinden innerhalb der einen Kirche Jesu Christi hat er freilich umgekehrt auch gegenüber den heidenchristlichen Gemeinden nachdrücklich zur Geltung gebracht, was vor allem in der leidenschaftlichen

Durchführung der beim Apostelkonzil zugesagten Kollekte für die Bedürftigen in der Jerusalemer Gemeinde seinen Ausdruck finden sollte (1. Kor 16,1-4; 2. Kor 8–9; Gal 2,10; vgl. Apg 24,17). Wie viel dem Apostel gerade an diesem Ausdruck der gegenseitigen Liebe (2. Kor 8,7 f.24) und des wechselseitigen Austauschs als Indiz der Gleichheit (2. Kor 8,9.13 f) gelegen haben muss, wird daran erschütternd deutlich, dass er ausgerechnet bei der Überbringung dieser Gabe für die Jerusalemer Gemeinde durch Verleumdungen in Gefangenschaft geraten und letztendlich hingerichtet werden sollte. Hatte er doch kurz zuvor noch der römischen Gemeinde von seiner Sorge geschrieben, dass ihm in Jerusalem Gefahr und Ablehnung – nicht nur durch die jüdischen Gegner, sondern auch durch die Reaktion der Jerusalemer Gemeinde – drohen könnten (Röm 15,30 f)[62].

Paulus hat der Versuchung und Gefahr der Aufspaltung der frühen Kirche in zwei oder mehrere Teilkirchen – die je nach Herkunft und mehrheitlicher Zusammensetzung einzelne, voneinander getrennte Kirchen Jesu Christi hätten darstellen können – in der Tat unter Einsatz seines eigenen Lebens leidenschaftlich widerstanden. Innerhalb einer überwiegend heidenchristlichen Kirche wie der in Korinth hat er sich nachdrücklich für die Einheit und Mahlgemeinschaft der nach sozialen, kulturellen und spirituellen Differenzen (1. Kor 8–14) sowie nach verschiedenen Bezugspersonen (1. Kor 1,10-17) zerfallenden Gesamtgemeinde eingesetzt. Denn Kirche im eigentlichen Sinn des Wortes ist für den Apostel schon die kleinste denkbare Gemeinde, die sich im Namen Christi versammelt; aber die Kirche Jesu Christi im umfassenden Sinne ist für ihn nicht weniger als die weltweite und eschatologische Versammlung aller durch Gott in Christus Berufenen und Geheiligten zu allen Zeiten und an allen Orten.

EIN HERR, EIN LEIB – UND VIELE GLIEDER

Während es bisher vor allem um das Verhältnis der für Heidenchristen offenen Kirchen zu den herkömmlich judenchristlich geprägten Kirchen und damit speziell zu der ältesten und angesehensten »Ekklesia Gottes« in Jerusalem und Judäa ging, sind für eine inhaltliche Orientierung und Argumentation wohl die Abschnitte bei Paulus besonders ergiebig, in denen er sich mit der Verschiedenheit, den Interessenkonflikten und Streitigkeiten zwischen verschiedenen Gruppen – und d. h. auch Teilgemeinden – innerhalb der Kirche eines Ortes oder einer Provinz auseinandersetzt. So kann Paulus in 1. Korinther 12,12 ff und in Römer 12,3 ff neben dem bisher behandelten Begriff der Kirche/Gemeinde Jesu Christi zentral den des Leibes Jesu Christi einführen. Er wählt damit eine Bezeichnung, die wie keine andere sowohl die Einheit wie die Vielfalt, die Gleichheit wie die Verschiedenheit und die Solidarität wie die Identität der Kirche, der Gemeinden und der einzelnen Gemeindeglieder zur Geltung bringen kann.

Ob es um die Frage des Verhältnisses von Schwachen und Starken und des Verzehrs von Götzenopferfleisch geht (1. Kor 8–10), ob es sich um Missstände bei den gemeinsamen Abendmahlsfeiern handelt (1. Kor 11) oder um Auseinandersetzungen um Geistesgaben und Gottesdienstgestaltung (1. Kor 12–14), ob sich die Auseinandersetzungen an Vegetarismus und Weinverzicht festmachen (Röm 14) oder an dem Verhältnis von Heiden- und Judenchristen (Röm 11,17 ff; 15,7 ff) – in jedem Fall gelingt es dem Apostel mit seiner Argumentation von dem einen Leib des einen Herrn her, den Sinn und die Grenze der Vielfalt und Verschiedenheit der einzelnen Glieder und Untergliederungen zu erhellen: »Denn wie der Leib einer ist und doch viele Glieder hat, alle Glieder des Leibes aber, obwohl sie viele sind, doch ein Leib sind: so auch Christus. Denn wir sind durch einen Geist alle zu einem Leib getauft, wir seien Juden oder Griechen, Sklaven oder Freie, und sind alle mit einem Geist getränkt. Denn auch der Leib ist nicht ein Glied, sondern viele ... Ihr aber seid der Leib Christi und jeder von euch ein Glied« (1. Kor 12,12-14.27).

Dabei lassen sich die Argumentation des Apostels und die strukturelle Wirklichkeit der frühen Gemeinden – mit ihren sozialen, kulturellen und spirituellen Differenzierungen – nicht für ein Monopol von *Parochialgemeinden* anführen, sehr wohl aber für die Wahrung der Einheit vielfältiger Gemeindeformen und Einzelgemeinden an einem bestimmten Ort. Von Paulus her lässt sich also weder ein exklusives »Parochialrecht« einer bestimmten institutionellen Kirche ableiten noch auch eine beliebige Aufspaltung einer Ortsgemeinde in unverbundene sogenannte »Profil-« und »Personalgemeinden« bzw. in Freikirchen, Gemeinden und Gemeinschaften mit jeweiligem Exklusivanspruch.

Die Ekklesia Gottes besteht in der Versammlung derer, die Jesus Christus als »Herrn« – als Kyrios der Welt und der Geschichte, aber vor allem auch als Kyrios seiner Kirche und der einzelnen Gemeinden – erkennen, anerkennen und bekennen (1. Kor 12,3). Die Kirche Gottes (1. Kor 1,2)[63] ist die Kirche Jesu Christi (Röm 16,16). Wie in der Rechtfertigungstheologie und der Eschatologie – der »Lehre von den letzten Dingen« – argumentiert Paulus auch in der Ekklesiologie und der Ethik eindeutig christologisch: Was die Einheit der Kirche in all ihrer Verschiedenheit begründet und vorgibt, ist der eine Herr Jesus Christus (1. Kor 8,6; 12,5).

Nun könnte man fürchten, es handle sich dabei um eine rein formale Bestimmung zur Förderung der Gemeinschaft der grundsätzlich Verschiedenen. »Christus« würde dann als formale Mitte und Orientierung zum Zweck einer gemeinsamen Entwicklung der Kirche bestimmt; und an diesem Ideal würde gegen die Resignation und um der theoretischen Einheit und Autorität der Kirche willen festgehalten. Jedoch ist – entgegen allem möglichen Misstrauen hinsichtlich einer *christozentrischen* Theologie – der paulinischen Ekklesiologie zu entnehmen, dass Christus gerade nicht im Sinne einer rein formalen Chiffre für die Einheit, die Autorität oder gar die Hierarchie der Kirche verstanden bzw. missverstanden werden darf.

DIE WIRKLICHKEIT GEWORDENE LIEBE ALS PROGRAMM

Die Autorität und die Herrschaft Christi werden mit der Offenbarung der Liebe Gottes im Christusgeschehen begründet und von ihr her entfaltet (Röm 5,8; 8,31 f; Gal 2,20). Die Liebe Christi hat sich durch die uneingeschränkte Lebenshingabe zugunsten der Geliebten als unbedingt und grenzenlos erwiesen (Röm 5,6 ff)[64] und im Hinblick auf die Situation der Geliebten als voraussetzungslos und bedingungslos (Röm 3,24 ff)[65]. Damit ist der Christusbezug der Kirche sowohl ein zutiefst persönlicher als auch hinsichtlich der maßgebenden Orientierung ein konkret inhaltlich bestimmter. In der bis zur Selbsthingabe bereiten Zuwendung Christi erweist sich, was nach dem Evangelium Gottes unter Liebe zu verstehen ist: »Darum nehmt einander an, wie Christus euch angenommen hat zu Gottes Lob« (Röm 15,7). Umgekehrt würde jedes rücksichtslose Verhalten innerhalb der Gemeinden als ein Fehlverhalten denen gegenüber entlarvt, um derentwillen doch Christus gestorben ist (Röm 14,15; 1. Kor 8,11). Können menschliche Formen der Zuwendung durchaus von der Liebenswürdigkeit und dem liebenswerten Verhalten des Gegenübers abhängig sein, so gilt diese Liebe den Geliebten in ihrer Vorfindlichkeit voraussetzungslos und in der Widersprüchlichkeit ihrer Erscheinung bedingungslos und persönlich. In das Zentrum seiner Gemeindeunterweisung für das gottesdienstliche Zusammenleben in 1. Korinther 12–14 stellt Paulus so das »Hohelied der Liebe« (1. Kor 13,1-13; vgl. 8,1 ff) und fordert seine Gemeinden und Gruppierungen innerhalb der Gemeinde dazu auf, der Liebe und damit der wechselseitigen Anerkennung, Förderung und Wertschätzung nachzustreben (1. Kor 14,1).

Diese konkrete und in Leben und Sterben Christi Wirklichkeit gewordene Liebe ist das Programm, nach dem Kirche als Leib Christi organisch wachsen und sich zielführend entfalten kann; denn Liebe ist die Fähigkeit und die Kraft der Wiederentdeckung des »Du« und des »Ihr« – auch in Selbstüberwindung und Hingabe des ansonsten an sich selbst verlorenen »Ich«. Durch die Aufwertung einer unbedingten Zuwendung und durch die Bedeutsamkeit, die durch eine uneingeschränkte Wertschätzung erkannt wird, werden die Einzelnen wie die Gemeinschaft in die Lage versetzt, auch ihrerseits du- und ihrorientiert, am Wohl der anderen interessiert und auf Christus und seine Ziele bezogen zu leben. Zu einer organischen Entwicklung des Leibes Christi ist die Liebe nach Paulus nicht nur förderlich, sondern konstitutiv und unentbehrlich.

Dabei ist entscheidend, dass es bei diesem Liebesbegriff nicht nur um eine abstrakte Theorie oder um ein uneingelöstes romantisches Ideal geht, sondern um gelebtes, lebendiges und zu lebendes Leben. Die Orientierung, die die Kirche von Christus her empfängt, ist sein gelebtes Leben, nicht nur isoliert seine Verkündigung oder seine ethische Unterweisung.[66] Die Worte des Ideals zielen auf Verwirklichung der Realität, und die Einladung zur eigenen Umsetzung im Leben gründet auf der geschichtlich erfahrenen Wirklichkeit der Offenbarung Gottes in Christi Leben, Leiden und Auferstehen. »In Christus« – d.h. infolge seiner bis zur Lebenshingabe bereiten Liebe und in Gemeinschaft mit ihm – bilden alle Gemeindeglieder und Gliedgemeinden bereits die eine Einheit des Leibes Christi: »Denn wie der Leib einer ist und doch viele Glieder hat, alle Glieder des Leibes aber, obwohl sie viele sind, doch ein Leib sind: so ist es auch mit Christus« (1. Kor 12,12). Die organische Einheit der vielgliedrigen Kirche ist in Bezug auf ihren einen Herrn – und damit zugleich ihre eine Grundlage und ihr eines Ziel – weder vergangenes noch ausstehendes Ideal, sondern bereits gegenwärtige Realität. Dies gilt nicht nur insoweit, wie es erkannt, gelebt und entfaltet wird, sondern gerade auch dann, wenn es durch unangemessenes Verhalten verleugnet und verraten wird. Der Apostel ermahnt seine Gemeinden und Gemeindegruppen nicht, sie sollen sich *wie* Glieder am Leib verhalten, sondern *als* Glieder, die sie in ihrer Zugehörigkeit zum Leib Christi bereits sind. Nicht nur *wie* Geschwister sollen sich die zerstrittenen Hausgemeinden und Gruppierungen versöhnen, sondern *als* Geschwister, die sie als Töchter und Söhne Gottes, des gemeinsamen Vaters, bereits sind.

DER BEZUG AUF CHRISTUS ALS KRITISCHES PRINZIP

Subjekt des Aufbaus und der Entfaltung der Kirche sind nicht einzelne menschliche Autoritäten oder Strukturen, sondern der gekreuzigte und auferstandene Christus, der durch die Amtsinhaber, die verschiedenen Gemeinden und Gemeindeglieder wirkt. Insofern geht es nach Paulus nicht darum, dass die Glaubenden ihrerseits versuchen, Christus als einen Abwesenden aus eigener

Kraft auf dieser Welt zu vertreten, sondern darum, dass sie erkennen, was ihnen durch Gottes Kraft in Christus bereits real und wirksam geschenkt worden ist. Sie sollen wissen, dass Christus selbst in ihnen und in ihrer Mitte lebt, wie auch sie bereits an Christi Auferstehungsleben gegenwärtig teilhaben. Bei der Wahrnehmung und Verwirklichung der kirchlichen Gemeinschaft und Einheit geht es nicht zuerst um menschliche Aktivitäten, sondern um die Erkenntnis des Wirkens Gottes, das sich im Leben der Glaubenden entfalten will. Vor der menschlichen Verwirklichung von Leben und Liebe steht das Erkennen der überschwänglichen göttlichen Realität und der Realisierung des Lebens und der Liebe im Christusgeschehen.

Indem Christus selbst und er allein als Kyrios – als Herr der Welt und der Geschichte, als Herr der Kirche und der Gläubigen – bekannt und anerkannt wird, sind damit weder innerkirchliche Autoritäten (auch nicht die Apostel) noch irgendwelche anderen »Herren der Welt« (1. Kor 8,4 ff) der Kirche vorgesetzt oder von ihr zu fürchten, sondern sie sind alle zugleich und in gleicher Weise Christus unterstellt. Bei aller Betonung wechselseitiger Abhängigkeit und gegenseitiger Verbundenheit der einzelnen Glieder am Leib Christi liegt in der grundsätzlichen Gegenüberstellung von Christus als dem einen Herrn und der ihm zugeordneten Vielzahl der gleichgestellten Glieder ein enormes Potenzial an Ermutigung, Befreiung und Aufwertung der einzelnen Gemeindegruppierungen und Gemeindeglieder. Das Verhältnis von Aposteln, Lehrern und Propheten (1. Kor 12,28) untereinander und zu den Gemeinden und Gemeindegliedern, aber auch das Verhältnis der verschiedenen Einzelgemeinden und Gemeindeformen untereinander muss nach Paulus nicht gesondert geregelt werden, solange sie alle mit ihren Gaben ausschließlich an der Förderung des Ganzen und an der organischen Ergänzung und Entwicklung des Gemeinsamen orientiert bleiben. Die Bedeutung und Hierarchie der Ämter sowie die Strukturfragen der Kirchen- und Gemeindeformen treten in dem Maße zurück, wie sich die Kirche auf ihren einen Herrn besinnt.

EINHEIT UND VIELFALT DER KIRCHE JESU CHRISTI ALS DES ESCHATOLOGISCHEN GOTTESVOLKS

Der Rückblick auf die historischen und theologischen Wurzeln der einen Kirche Jesu Christi kann uns angesichts der Vielzahl und Vielgestaltigkeit unserer gegenwärtigen Kirchen, Konfessionen, Gemeinden und Gemeindeformen in der Tat dazu verhelfen, uns neu auf den Ausgangspunkt unserer eigenen Ziele zu besinnen und die zukunftsfähige Perspektive der frühen Kirche wiederzugewinnen. Dabei haben sich nicht nur die Ideale und theoretischen Erwägungen einer am Neuen Testament orientierten »Lehre von der Kirche« als inspirierend erwiesen, sondern vor allem der pragmatische Umgang mit den Herausforderungen der frühen Kirche und die lebensförderliche und beziehungsorientierte Auseinandersetzung mit den Schwierigkeiten und Problemen der ersten Gemeinden.

Ein überraschender Aspekt mag dabei schon in der Erkenntnis liegen, dass die Vielfalt und Vielgestaltigkeit der Kirche und der Gemeinden kein Phänomen einer historischen Spätentwicklung ist, sondern die Gestalt der »Ekklesia Gottes« seit ihren Anfängen als »Urgemeinde« in Jerusalem bestimmt. Spiegeln sich doch bereits bei den Auseinandersetzungen zwischen den Griechisch sprechenden »Hellenisten« und den Aramäisch sprechenden »Hebräern« in der Urgemeinde nach Apostelgeschichte 6,1 ff die Herausforderungen der Vielfalt von Gemeindeformen wider, die sich nicht zuletzt in Fragen der Versorgung und Ressourcenverteilung äußern. Sosehr das Neue Testament nur ein und denselben Begriff für die »Kirche«, die »Gemeinde« und die »Gemeinschaft« gebraucht – nämlich »Ekklesia« –, so sehr setzt sich diese von Anfang an als ein Organismus aus zahlreichen – ethnisch, kulturell, organisatorisch und theologisch verschieden geprägten – Gliedern und Gliedkirchen zusammen.

Schon der Begriff »Ekklesia Gottes«/»Versammlung Gottes« erinnert die Kirche zu allen Zeiten und an jedem Ort an ihre theologische wie eschatologische Wesensbestimmung. Was die Ekklesia ist, das ist sie durch ihre Zugehörigkeit zu dem Gott, der sie in Christus »herausgerufen« und »berufen« hat als die »Vollversammlung« seiner Auserwählten, als die »Heeresversammlung« seiner endzeitlichen Gefolgschaft am Tag seiner Erscheinung. So ist die Kirche theologisch durch ihre Zugehörigkeit zu Gott in seinem Sohn, Jesus Christus, charakterisiert und eschatologisch durch die Zukunftsperspektive ihrer Entwicklung. Gegen alle Depression und Resignation angesichts der Wirklichkeit kann die Kirche sich von der Realität ihres Gottesbezugs und ihrer auf sie zukommenden Vollendung her verstehen. Ihre Geschichte läuft nicht ab, sondern an. Ihre Hochzeit hat sie nicht hinter sich, sondern allemal noch vor sich. Ihr Ideal liegt nicht in den verlorenen Anfängen, sondern in ihrer immer wieder neu gefundenen Hoffnung auf die gewisse Zukunft. So ist die Einheit der Kirche – gerade auch angesichts ihrer gegenwärtigen vielfältigen Untergliederungen – bereits vor allen ökumenischen Bemühungen in ihrer gemeinsamen Zugehörigkeit zu dem einen Gott und in ihrer Gewissheit der eschatologischen Vollendung als des einen Gottesvolks angelegt und gegeben.

Als Wirklichkeit wird diese Einheit schon gegenwärtig erfahren und gestaltet, wenn sich diese Kirche in ihrer Zugehörigkeit und in ihrem grundsätzlichen Gegenüber zu Christus als ihrem Herrn erkennt. Die christologische Begründung der Einheit der Kirche enthält das kritische Element gegenüber allen Ansprüchen menschlicher Vorherrschaft, das vergewissernde Element einer voraussetzungslosen Annahme und bedingungslosen Zuwendung, das paränetische Element einer verbindlichen Beziehungswirklichkeit sowie das eschatologische Element einer zuversichtlichen Erfüllungsgewissheit mitten in und jenseits der eigenen Erfahrung. Durch Christus und im Bezogensein auf ihn verwirklicht sich die Realität der Einheit schon gegenwärtig; und im Blick auf ihn als den einzigen Herrn der Kirche gestalten die Glieder und Gliedkirchen ihre die Grenzen überwindende Einheit als Leib Christi bereits mitten in ihrer Vielgestaltigkeit und Vielfalt. »Denn wie der Leib eine Einheit ist, doch viele Glieder hat, alle Glieder des Leibes aber, obgleich es viele sind, einen einzigen Leib bilden: so ist es auch mit Christus« (1. Kor 12,12).

WIE WILL DIE BIBEL VERSTANDEN WERDEN?

ZU EINEM EVANGELISCHEN SCHRIFTVERSTÄNDNIS[67]

1 ZUM BIBELVERSTÄNDNIS – HERMENEUTISCHE GRUNDGEDANKEN

Wenn wir uns hinsichtlich des Schriftverständnisses und der verbindlichen Normen für Lehre und Verkündigung in unserer Gemeinde und Kirche vergewissern wollen, werden viele von uns spontan an die reformatorischen »Allein«-Formulierungen denken – die sog. *particulae exclusivae.*

»Christus allein« – *solus Christus* – soll Ursache, Inhalt, Maßstab und Herr unseres Heils und unserer Kirche sein. »Allein die Schrift« – *sola scriptura* – soll Quelle, Orientierung und verbindliche Vorgabe unserer Lehre und Verkündigung, unserer ethischen Orientierung und Lebensgestaltung sein – für uns als Einzelne sowie als Gemeinde Jesu Christi. Weder soll ein menschliches Leitungs- oder Lehramt – ob kirchlich, politisch oder universitär – an die Stelle des einen Herrn, Jesus Christus, treten können, noch sollen die kirchliche Tradition an sich oder die Orientierung an den Gepflogenheiten der zeitgenössischen Gesellschaft an die normierende Autorität der »Heiligen Schrift« heranreichen dürfen. Das Gleiche gilt auch gegenüber jedem Anspruch subjektiver Offenbarungen und Eingebungen. Diese alle sind gewiss jeweils aufmerksam wahrzunehmen, kritisch zu prüfen und bei Übereinstimmung mit der »normgebenden Norm« des Wortes Gottes dürfen sie getrost gehört und einbezogen werden; sie können aber nicht kirchliche oder persönliche Entscheidungen gegen die eindeutige, vielfache und von Christus her nachvollziehbare Bezeugung der Schrift rechtfertigen.

1.1 HERMENEUTIK ALS WAHRNEHMEN, ÜBERSETZEN UND AUSLEGEN

Bei einem solch großen Gewicht der Schrift als »normierender Norm« – als *norma normans* – kommt dem Verstehen, Einordnen, Gewichten und Übersetzen des schriftgewordenen Wortes Gottes eine enorme Bedeutung zu. Die Gabe und Kunst, die Fähigkeit und nachvollziehbare Methode dieser Schriftauslegung nennen wir traditionell *Hermeneutik*, was vom (griechischen) Wortsinn her als »Dolmetschen«, »Übersetzen«, »Erklären« und »Auslegen« umschrieben werden kann. In dem gebräuchlichen Bild des »Übersetzens« als des »*Über*setzens« von einem Ufer des Flusses zu dem anderen Ufer wird die vielfältige Aufgabe von Hermeneutik und Schriftauslegung anschaulich. Es geht zunächst um ein Annähern, Erreichen und Wahrnehmen der anderen Seite – in diesem Fall einer in Hebräisch und Griechisch verfassten Schriftensammlung, die seit bald 2 000 Jahren als maßgebliche Richtschnur und als wegweisende Orientierung der Kirche und der einzelnen Gläubigen anerkannt wird.

Dabei gilt für das Verstehen von historischen *Texten* in noch bedeutenderem Umfang, was schon für das Verstehen und Wahrnehmen anderer *Menschen* in unserer Umgebung gilt: Erst wenn wir den anderen als den *anderen* wahrnehmen und ihn nicht auf unser Vorverständnis und unser Eigeninteresse begrenzen wollen, beginnen wir, wirklich unserem Gegenüber zu begegnen – und nicht nur unserem Bild von ihm oder sogar unserem projizierten

Selbstbild. Die Herausforderung des wahrhaftigen Wahrnehmens und Verstehens wird da als besonders stark empfunden, wo das *Anderssein* des anderen zunächst als irritierendes *Fremdsein* wahrgenommen wird.

Die Aufgabe des Übersetzens und Erklärens erfordert als Nächstes die Fähigkeit, das Wahrgenommene so im Zusammenhang einordnen und gewichten zu können, dass mit der Übertragung in einen anderen Zusammenhang und mit der Übersetzung in eine andere Sprache und Zeit das Wesentliche erhalten und das eigentlich Gemeinte bewahrt wird. Dabei ist die Aufgabe der Wahrnehmung des anderen genauso herausfordernd wie die angemessene Übersetzung in die eigene Welt. Gilt es einerseits, selbstkritischen Abstand von den eigenen Vorurteilen und Vorverständnissen zu gewinnen, um wirklich am anderen Ufer anzukommen, so gilt es andererseits, den gewonnenen Inhalt – möglichst ohne wesentlichen Verlust und ohne »Verwässerung« – im Boot auch in die eigene Ausgangssituation herüberzuholen und nicht auf halber Strecke abzutreiben. Wo dies gelingt, kommt es – ob wir nun von persönlichen Begegnungen oder von historischen Texten sprechen – zu der Erfahrung von persönlichem Erkenntnisgewinn, wesentlicher Bereicherung und erweiterter Lebensorientierung.

Um bei den verschiedenen Ausgangssituationen derer, die übersetzen, auslegen und übertragen wollen, einen Austausch und eine wechselseitige Inspiration zu ermöglichen, bedarf es bei der Hermeneutik maßgeblicher Texte einer klaren Methodik und eines für alle nachvollziehbaren Vorgehens. Dies gilt umso mehr, wenn es – wie bei der Auslegung der »Heiligen Schrift« – um als letztverbindlich anzuerkennende Normen und autoritativ vertretene Ansprüche geht. Um die Bibel in diesem reflektierten Sinne zu verstehen, zu übersetzen und auszulegen, empfiehlt sich also die Einübung und Entwicklung einer hermeneutischen Kompetenz – d. h. einer umfassenden »Bibelkompetenz«.

1.2 WAS IST »BIBLISCH?«

Manchmal helfen aber bereits klare Sprachregelungen und hinreichend differenzierte Fragestellungen, um das Gespräch bei grundsätzlich verschiedenen Verstehensvoraussetzungen und eigenen Interessenlagen zu erleichtern. Was meinen wir z. B. präzise, wenn wir etwas als »biblisch« oder eben als »*un*biblisch« bezeichnen? Und in welcher Hinsicht erachten wir eine Lehre, eine Entscheidung oder ein Verhalten als »schriftgemäß« bzw. können wir es *nicht* als von der Schrift gedeckt, getragen oder bestätigt anerkennen?

Es dürfte für den heutigen Dialog hilfreich sein, wenn wir bei der Qualifizierung mit dem Begriff »biblisch« zwischen mindestens *drei* Bedeutungsvarianten unterscheiden:

Erstens bezeichnet man eine Aussage, eine Geschichte, eine Person oder eine Sache als biblisch, wenn sie in der Bibel vorkommt. Dabei spielt es noch keine Rolle, ob es sich um ein einmaliges oder mehrmaliges Vorkommen handelt, ob die Aussage oder Erzählung für das Ganze des biblischen Zeugnisses als zentral und repräsentativ oder eher als untergeordnet und weniger maßgeblich erscheint. So ist z. B. das »Tötungsverbot« biblisch, denn es kommt im Alten wie im Neuen Testament mehrmals vor (2. Mose 20,13; 5. Mose 5,17; Mt 5,21; Röm 13,9; Jak 2,11). In diesem ersten und zunächst vordergründigen Sinne ist allerdings auch der Brudermord des Kain »biblisch«, denn von ihm wird in der Bibel – d. h. in 1. Mose 4,1-16; 1. Johannes 3,12 – berichtet.

»Bibelkompetenz« in diesem ersten Sinne besteht also vor allem darin, die bibelkundlichen Voraussetzungen und die Kenntnis und das Vertrautsein mit den biblischen Überlieferungen zu gewinnen und zu vertiefen. Übersetzungen, Konkordanzen, Lexika, bibelkundliche sowie didaktische Materialien u. a. bilden dazu sinnvolle Hilfsmittel.

Zweitens – und theologisch ungleich gewichtiger – wird das Prädikat »biblisch« in der evangelischen Schriftauslegung verwendet, um ein Bekenntnis, eine Lehraussage oder ethische Norm als eine am *Ganzen der Schrift* und an *Christus als der Mitte der Schrift* gewonnene und bewährte Einsicht anzuerkennen. Die »biblische Theologie« hat sich in diesem Sinne sowohl mit dem Verhältnis von Altem und Neuem Testament als auch mit dem neutestamentlichen Zeugnis in der Vielstimmigkeit seiner 27 Schriften zu befassen. Sie hat nach der *Einheit in der Verschiedenheit* und nach der *Unterschiedenheit in der Gemeinsamkeit* zu fragen. Dabei ist es von grundlegender Bedeutung, dass die einzelnen Texte zunächst in ihren unmittelbaren Kontexten und die geschichtlichen Umstände in ihrem jeweiligen historischen Zusammenhang wahrgenommen und ausgelegt werden.

Hier kämen vor allem die ursprachlichen Ausgaben und grundtextnahen Übersetzungen mit ausführlichen Parallelstellenangaben, dann die Konkordanzen und Bibellexika, die Literatur zu den einzelnen biblischen Büchern und Themen sowie zur Zeitgeschichte und Umwelt in den Blick. Um das umfängliche und kontextbewusste Verständnis der biblischen Bücher im historisch reflektierten Sinne von »biblisch II« soll es auch vor allem in den Kommentaren zu den einzelnen Büchern des Alten und des Neuen Testaments gehen. Diese Kompetenz des zusammenhängenden Verstehens der biblischen Texte in ihrem

»Dort und Dann« ist das Ziel allen Studierens und Lehrens in den biblischen Fächern jeder qualifizierten theologischen Ausbildung.

Drittens kann es einer »evangelischen Schriftauslegung« nun aber nicht genug sein, eine biblische Überlieferung oder einen Zuspruch oder Anspruch der Schrift rein historisch einzuordnen und ohne Bezug auf die Kirche, die Welt und den einzelnen Gläubigen nur in ihrem »Dort und Dann« zu belassen. Der emphatische Bekenntnisruf *sola scriptura* – »allein die Schrift!« – bezieht sich ja nicht nur auf exegetische Proseminararbeiten und historische Untersuchungen, sondern zugleich auf die gegenwärtige Orientierung des einzelnen Gläubigen wie der ganzen Kirche an dem der Gemeinde in der Schrift geschenkten Evangelium von Jesus Christus als dem einzigartigen und wahren Wort Gottes.

So genügt es nicht, festzustellen, dass das »Tötungsverbot« in der Bibel mehrmals vorkommt und die Erzählung des Brudermords durch Kain im Kontext der ganzen Schrift keineswegs als ethische Freigabe des Mordens verstanden werden darf. Es gehört auch zu der Herausforderung der Hermeneutik, zu fragen, was dies nun für das »Hier und Heute«, für das Verhalten des Einzelnen, der Kirche und der Gesellschaft insgesamt bedeuten kann oder sogar sollte – oder vielleicht sogar nach dem Anspruch des Wortes Gottes unausweichlich bedeuten muss. Dass dabei auch ganz ernsthaft nach der »biblischen Wahrheit« Suchende zunächst – oder vielleicht sogar für lange Zeit – zu verschiedenen oder womöglich zu entgegengesetzten subjektiven Ergebnissen kommen können, wird gerade bei der Frage des verantwortlichen Umgangs mit der Macht und der Anwendung von Gewalt im Verteidigungsfall deutlich. Und leider lässt es sich häufig auch nicht leicht ausmachen, ob diese Meinungsunterschiede Ausdruck verschiedener legitimer Antworten sind oder nur ein weiterer Beleg für die Vorläufigkeit und Begrenztheit menschlicher Erkenntnis.

1.3 IST ES »SCHRIFTGEMÄSS«?

Die Frage nach dem »biblisch I« lässt sich schon mithilfe einer Wortkonkordanz und interessierter Bibellektüre angehen. Denn ob etwas in der Bibel vorkommt oder irgendwo als Ausspruch überliefert wird, lässt sich relativ leicht verifizieren oder falsifizieren. Wenn es darum geht, ob etwas schriftgemäß im Sinne von »biblisch II« ist oder nicht, bedarf es schon einer umfänglichen Lektüre und eines eingehenden Studierens der einzelnen Verse und Abschnitte in ihrem unmittelbaren und weiteren Zusammenhang. Wie ist eine Aussage wie die von Römer 3,28, dass der Mensch allein durch Glauben und nicht durch Werke des Gesetzes gerecht wird, im Zusammenhang des Römerbriefs zu verstehen? Wie ist sie im Zusammenhang der anderen Paulusbriefe und wie im Gegenüber zu den begrifflich verwandten, aber inhaltlich fast entgegengesetzt erscheinenden Aussagen von Jakobus 2,14-26 wahrzunehmen? Während man beide Fragestellungen auch unter rein historischen Gesichtspunkten und ohne Berücksichtigung der Wahrheits- und Verbindlichkeitsfrage angehen könnte, ist für ein »evangelisches – d. h. am Evangelium von Christus orientiertes – Schriftverständnis« die Frage nach der bleibenden Verbindlichkeit, der gegenwärtigen Anwendbarkeit und der Übersetzbarkeit in das »Hier und Jetzt« der gegenwärtigen Welt und Zeit unausweichlich.

Wir können als Verkündigerinnen und Verkündiger des Wortes Gottes unseren Gemeinden ja nicht an einem Sonntag zu einem Paulustext zusprechen: »Dir sind deine Sünden vergeben!«, und am nächsten Sonntag zu einer anderen Predigtperikope ergänzen: »… oder auch nicht!« Wir müssen gegenwärtig urteilen, lehren, verkündigen und verantwortlich entscheiden, und wir sollen dies hier und jetzt und konkret und eindeutig tun. So kommen wir alle um die Frage nach dem, was »schriftgemäß« im Sinne von »biblisch III« ist, gar nicht herum; und wir treffen Entscheidungen, die für andere Menschen und die Kirche Konsequenzen haben – ob wir es uns eingestehen oder nicht.

In banalen Situationen des Alltags – wie z. B. der eigener Rachegedanken nach erfahrenem Unrecht – mag schon allein die Frage genügen: »Was ist im Sinne des Bergpredigers?«, oder: »Was würde Jesus tun?« Und das Hören auf die ethisch anspruchsvolle und unbestechlich klare Weisung Jesu Christi nach Matthäus 5–7 verleidet einem die eigenmächtige Vergeltung aus gekränktem Stolz. Wie komplex, diffizil und unversöhnlich kontrovers aber das kirchliche Ringen um die gegenwärtig angemessene Entscheidung im Sinne des einen Herrn der Kirche sein kann, haben uns die harten Auseinandersetzungen in der Nachrüstungsdebatte der 1970er- und 1980er-Jahre gezeigt.

Es gehört freilich zu den Höhepunkten in der Erfahrung eines Neutestamentlers an der Hochschule, wenn sich in einem intensiven Seminargespräch plötzlich die Erkenntnis breitmacht, dass wir alle zu der Aufgabe berufen sind, das »Podiumsgespräch« der 27 Schriften des Neuen Testaments aufmerksam zu begleiten, selbstständig Stellung zu beziehen und die eigene theologische Erkenntnis dann in Verantwortung vor dem Herrn der Kirche, auf der Grundlage von »Schrift und Bekenntnis« und nach bestem Wissen und Gewissen zu vertreten. Da entwickeln sich eine theologische Identität und eine gemeinsame Freude an dem, was »evangelisches Schriftverständnis« bestimmt.

2 NEUTESTAMENTLICHE GRUNDLEGUNG ZUM SCHRIFTVERSTÄNDNIS

Entsprechen die beschriebenen hermeneutischen Prinzipien des *solus Christus* – »Christus allein!« – und des *sola scriptura* – »allein die Schrift!« – nun ihrerseits dem *Selbst*verständnis der Schrift? Lassen sich die Kriterien für die Erkenntnis des für die Kirche und den Glauben Verbindlichen aus dem Neuen Testament selbst ableiten? Wollen die neutestamentlichen Schriften als normative Weisung und als »Kanon« – d. h. »Richtschnur« und »Maßstab« – bei der Suche nach der Wahrheit verstanden werden?[68]

2.1 DIE ANFÄNGE EINER NEUTESTAMENTLICHEN HERMENEUTIK

Auf die Frage nach den *ersten Anfängen* einer allgemeinen Anerkennung von Maßstäben, Traditionen oder Schriften könnte man zunächst an die vier neutestamentlichen *Evangelien* denken wollen; sind sie doch die Zeugnisse des maßgeblichen Wirkens und Verkündigens Jesu, der als der Gekreuzigte und Auferstandene in allen Gemeinden als der Kyrios der Kirche anerkannt wird. Dagegen sprechen aber gleich mehrere entscheidende Gründe. Zunächst steht der Entstehensprozess der Evangelien nach Markus, nach Matthäus, nach Lukas und nach Johannes mit einer ungefähren Datierung zwischen kurz vor 70 und spätestens 100 n. Chr. chronologisch keineswegs am Anfang. Die unangefochten echten Paulusbriefe sind insgesamt deutlich früher – d. h. bereits in den Fünfzigerjahren – zu datieren.

Zudem werden bis in die Mitte des zweiten Jahrhunderts hinein wohl die »Worte des Herrn« und damit die zunächst mündlich und dann verschriftlicht überlieferten *Evangelientraditionen* mit höchstem Respekt tradiert[69], ohne dass sich dieser autoritative Anspruch schon ausdrücklich und eindeutig auf die vier verfassten Evangelien*schriften* als *solche* bezöge.

Dementsprechend gehen auch die frühen Evangelienüberschriften im Anschluss an Markus 1,1 von dem *einen* Evangelium von *Jesus Christus* aus, dessen »Anfang« und »Beginn« in den vier Berichten der Evangelisten bezeugt und entfaltet worden ist: das Evangelium *nach* Markus, *nach* Matthäus usw. Mit »Evangelium« wird also zu Anfang der *Inhalt* der von Gott selbst in Jesus Christus offenbarten »guten Botschaft« und »erfreulichen Nachricht« bezeichnet – und nicht wie dann später die *Gattung* oder das *Einzelexemplar* eines Buches: Es ist das Evangelium *Gottes* (Mk 1,14, mit Genitiv des logischen Subjekts/*Genitivus subiectivus* bzw. *auctoris*), das Jesus Christus nicht nur zum Bringer und Verkündiger (1,14 f), sondern zum zentralen *Inhalt* hat (Mk 1,1, mit Genitiv des logischen Objekts/*Genitivus obiectivus*).[70]

Für die *Anfänge* einer Wort-Gottes-Theologie und einer Hermeneutik des Neuen Testaments sind wir vielmehr sowohl *chronologisch* als vor allem auch *sachlich-inhaltlich* auf die sieben unangefochten echten Paulusbriefe[71] – sowie auch auf die späteren Briefe, speziell die Pastoralbriefe (1. und 2. Tim, Tit), in ihrer Bezugnahme auf diese – angewiesen. Zum *Ersten* haben wir es bei Paulus schon zeitlich mit dem eindeutig *ersten* Verfasser neutestamentlicher Briefe und neutestamentlicher Schriften überhaupt zu tun; den 1. Thessalonicherbrief datieren wir als das älteste Schreiben in das Jahr 50 n. Chr. Zum *Zweiten* handelt es sich bei Paulus als Apostel nicht um ein Mitglied des Zwölferkreises und einen Begleiter des irdischen Jesus, weshalb sich das Problem der *Legitimierung* und damit der *Begründung* seiner Verkündigung und Lehrentscheidungen zwangsläufig und grundsätzlich ergibt.[72] Zum *Dritten* ist Paulus als Vorkämpfer der Heidenmission und als engagierter Vertreter einer Abendmahls- und Tischgemeinschaft von Heiden- und Judenchristen unabwendbar herausgefordert, seinen exponierten Standpunkt hermeneutisch ausführlich zu erklären und eingehend zu begründen.

So vertritt er die von ihm bezeugte Wahrheit gegenüber den toraobservant – d. h. »gesetzestreu« – lebenden Schülern des Herrenbruders Jakobus und den schwankenden Aposteln wie Petrus und Barnabas sowie vor allem gegenüber den verunsicherten Gemeinden einerseits auf der Grundlage des ihm vom Auferstandenen *offenbarten Evangeliums*, andererseits auf der Basis von *Schrift und Bekenntnis*. Mit wünschenswerter Deutlichkeit wird dies sowohl in der Darstellung des Antiochenischen Konflikts in Gal 2,11-21 wie in der gesamten Auseinandersetzung des Galaterbriefs über die – nach Paulus *eine* und *vorgegebene* – »Wahrheit des Evangeliums« (Gal 2,5.14) und um das *eine* und *einzige* Evangelium von Jesus Christus (Gal 1,6-12) erkennbar. Der Römerbrief – als ein werbendes Schreiben an eine ihm bisher noch unbekannte Gemeinde – gibt sich wohl im Stil verbindlicher, in der Sache aber nicht weniger programmatisch, eindeutig und entschieden.

Sowenig sich hier schon eine explizite »Schrift-« und »Kanonhermeneutik« findet, so sehr lässt sich in der Sammlung der Paulusbriefe insgesamt – im *Corpus Paulinum* – nicht nur eine implizite, sondern eine ausgeführte und differenzierte »Hermeneutik des *Wortes Gottes*« erkennen. Denn die Frage nach der *Wahrheit des Evangeliums* ist für Paulus eine Frage nach der verbindlichen inhaltlichen *Bestimmung, Begründung, Abgrenzung und Auslegung* des »Wortes Gottes«[73], wie es in Verkündigung und Lehre durch den engsten Kreis *der Apostel* und dann durch *begabte Glieder der Gemeinde* als »Apostel, Propheten und Lehrer« zu bezeugen und zu entfalten ist (1. Kor 12,28; vgl. 12,4-11).[74]

Was als im »Wort Gottes« gründend erkannt, beschrieben und verkündigt werden kann, das erweist seine besondere Qualität erstens hinsichtlich seiner *Verbindlichkeit*, zweitens bezüglich seiner *Wirksamkeit* und drittens im Hinblick auf seine *Lebenszuträglichkeit.*[75] In äußerster Prägnanz bringt Paulus diesen hohen Anspruch bereits in seinem überhaupt ersten Brief zum Ausdruck: »Und darum danken wir auch Gott ohne Unterlass dafür, dass ihr das *von uns verkündigte* Wort Gottes, als ihr es empfangen habt, nicht als Menschenwort aufgenommen habt, sondern als das, was es in Wahrheit ist, als *Gottes Wort, das in euch wirkt*, die ihr glaubt« (1. Thess 2,13). In welchem Verhältnis steht hier die Verkündigung des Evangeliums durch den Apostel zu Gottes eigenem Reden und Wort? Werden sie einfach gleichgesetzt oder unterschieden? Worin gründet der apostolische Anspruch bezüglich der Autorität und Wirksamkeit des von ihm bezeugten Evangeliums? Und wie verhält sich das durch Paulus verkündigte »Wort Gottes« zu dem in der »Heiligen Schrift« überlieferten vorigen Reden Gottes zu Israel?

2.2 »SCHRIFT« UND »WORT GOTTES«

Es mag auf den ersten Blick erstaunen, dass die *grundsätzliche* Anerkennung des von uns sogenannten »Alten Testaments« als »Heilige Schrift« zur neutestamentlichen Zeit als selbstverständlich vorausgesetzt werden kann. Die ersten Christen ringen miteinander und mit ihren jüdischen Geschwistern aus der Synagoge wohl um die richtige *Interpretation* der Schrift, nicht aber um deren *Autorität als Wort Gottes* oder um deren Abgrenzung als Kanon im Bereich der »Propheten« und der »Schriften«. Dies erklärt sich zwanglos aus der jüdischen Herkunft und judenchristlichen Zugehörigkeit fast aller Verfasser neutestamentlicher Schriften.[76]

So braucht es auch nicht zu verwundern, dass innerhalb des Neuen Testaments die göttliche Autorität bzw. das Inspiriertsein der »Schrift« nur in zwei späteren, für die griechisch-hellenistische Umwelt zurüstenden Schriften ausdrücklich herausgestellt werden muss, während ihre Anerkennung ansonsten als selbstverständlich vorausgesetzt wird – 2. Timotheus 3,16f: »Denn alle Schrift, von Gott eingegeben, ist nütze zur Lehre…«, oder: »Denn alle Schrift ist von Gott eingegeben/inspiriert…«, und 2. Petrus 1,20f: »Und das sollt ihr vor allem wissen, dass keine Weissagung in der Schrift eine Sache eigener Auslegung ist. Denn es ist noch nie eine Weissagung aus menschlichem Willen hervorgebracht worden, sondern *getrieben von dem heiligen Geist* haben Menschen im Namen Gottes geredet.«

Die *Bezeichnungen* für das Alte Testament in den neutestamentlichen Schriften sind vor allem die »Schrift« (z. B. Gal 3,8.22; Röm 4,3) oder »Heilige Schrift(en)« (Röm 1,2). Diese kann auch nach ihrem ersten Teil insgesamt (*prima pars pro toto*) als »Gesetz«/Tora (z. B. Röm 3,19a; 3,31)[77] benannt werden oder nach ihren ersten beiden Kanonteilen als »Gesetz und Propheten« (z. B. Röm 3,21)[78]. In Lukas 24,44 findet sich ausnahmsweise auch schon die Benennung nach allen drei Kanonteilen, deren letzter wiederum nach seinem wichtigsten Buch – den Psalmen (*prima pars pro toto*) – angeführt wird: »was geschrieben ist im *Gesetz des Mose* und den *Propheten* und den *Psalmen*«.[79] Die uns vertraute Bezeichnung der Schrift als »Bibel« geht auf die Begriffe »Biblion« und »Biblos« zurück und meint im Neuen Testament jeweils das einzelne biblische »Buch«, die »Buchrolle«, noch nicht die Schrift insgesamt (z. B. Gal 3,10: die Torarolle).[80]

Die später in der christlichen Tradition gebräuchliche Bezeichnung der Israel und der Kirche gemeinsamen Heiligen Schrift mit »Altem Testament«, dem dann als zweiter Kanonteil das »Neue Testament« zur Seite tritt, findet sich in dieser Form noch nicht in den neutestamentlichen Schriften selbst, sondern ab dem Anfang des 3. Jh. n. Chr.[81] In 2. Korinther 3,6 und 14 kann Paulus wohl in Aufnahme der Verheißung von Jeremia 31,31 und der Einsetzungsworte Jesu nach 1. Korinther 11,25 par. Lukas 22,20 die Apostel Jesu Christi als Diener des »Neuen Bundes« (d. h. der »Neuen Verfügung«) dem Dienst des Mose entgegenstellen, der sich auf den »Alten Bund« (d. h. die »Alte Verfügung«) bezieht; aber seine Entgegensetzung von Evangelium und Gesetz stellt nicht die zwei Kanonteile gegenüber, die sich erst noch ausbilden sollten. Vielmehr bezeichnet Paulus damit die zwei »Verfügungen« Gottes, die in Gestalt der Leben spendenden *Verheißung* an Abraham (1. Mose 12,1-3; 15,1-6 u. ö.) und dem bei der Sünde behaftenden *Gesetz* vom Sinai (2. Mose 19 bis 5. Mose 34) *beide* schon in derselben aus Gesetz, Propheten und Schriften bestehenden Heiligen Schrift zu Wort kommen (Gal 3,6-14; Röm 4,1-25).

2.3 GOTTES REDEN DURCH DIE PROPHETEN UND DURCH DEN SOHN

»Nachdem Gott vorzeiten vielfach und auf vielerlei Weise geredet hat zu den Vätern *durch die Propheten*, hat er in diesen letzten Tagen zu uns geredet *durch den Sohn*, den er eingesetzt hat zum Erben über alles, durch den er auch die Welt gemacht hat« (Hebr 1,1 f). Mit dieser programmatischen und rhetorisch kunstvollen Eröffnung (mit fünffachem Stabreim auf π/p)[82] lässt der Verfasser des Hebräerbriefes in unüberbietbarer Prägnanz seine *Hermeneutik des Wortes Gottes* und damit die Grundlage seiner im Folgenden ausführlich entfalteten »biblischen Theologie« anklingen. Gottes vormaliges Reden zu den Vätern, wie es in der Heiligen Schrift bewahrt ist, wird einerseits als unbestritten festgehalten; andererseits aber wird die Steigerung der Offenbarung durch die Hervorhebung seines eschatologischen und endgültigen Redens »am Ende der Zeit«, »in der Endzeit« hervorgehoben.

Das Reden durch die Propheten findet in dem Reden durch Christus als den Sohn seine *Überbietung, Erfüllung* und *letztgültige Vollendung.* Die grundlegende Würde und unüberbietbare Autorität und Verbindlichkeit des Redens durch den Sohn kommt darin zur Geltung, dass der Sohn zugleich als der eschatologische Allherrscher zur Rechten Gottes und als der Mittler der Schöpfung Gottes bekannt wird. Als unmittelbarer »Abglanz seiner Herrlichkeit« und als »Abbild seines Wesens« trägt Christus als der *Sohn Gottes* nicht nur alles mit seinem mächtigen Wort, sondern ist selbst den größten denkbaren Repräsentanten Gottes wie den *Engeln* oder *Mose* an Würde und Autorität weit überlegen (Hebr 1,3; 1,5–3,6).

Damit wird das Reden Gottes durch den Sohn zugleich als Gottes *erstes* wie als Gottes *letztes* Wort, als sein *grundlegendes* wie auch sein *endgültiges* Offenbaren, erkannt, durch welches Gottes »vorläufiges« Reden durch Mose und die Propheten *protologisch* – d. h. ursprünglich – wie *eschatologisch* – d. h. endzeitlich – eingeschlossen und letztgültig überboten wird. Aufgrund dieses christologisch-hermeneutischen Ansatzes kann in Hebräer 8–10 das gesamte kultische Geschehen des »Alten Bundes« als »Abbild und Schatten« des eigentlichen, wahren und in Christus vollzogenen himmlischen Sühne- und Versöhnungsgeschehens erscheinen (Hebr 8,5). Die Erkenntnis Christi gibt Aufschluss darüber, wie das »Alte Testament« zu verstehen ist, und nicht das Alte Testament für sich genommen bestimmt, wie Christus, sein Wesen, Wirken und Wollen, zu definieren – d. h., zu bestimmen und zu begrenzen – ist. Was der Hebräerbrief programmatisch formuliert und in seiner gesamten christologischen Entfaltung inhaltlich durchführt[83], kann als Grundmodell einer Hermeneutik der neutestamentlichen Schriften insgesamt gelten. Über das Verhältnis des in Christus offenbarten Wortes Gottes zu der aus »Gesetz, Propheten und Schriften« bestehenden »Heiligen Schrift« war damit Grundlegendes und Wegweisendes gesagt.

Für die frühe Kirche schieden von der Christusoffenbarung her verschiedene Möglichkeiten des Umgangs mit der bisher schriftgewordenen Offenbarung aus: *Erstens* konnte sie das Reden Gottes nicht als mit den »Schriften« des Alten Testaments abgeschlossen betrachten und sich mit dem Kanon der Hebräischen Bibel oder des weiteren Umfangs der *Septuaginta* als Wort Gottes begnügen.

Zweitens legte sich hinsichtlich der Überbietung und unvergleichlichen Würde des Sohnes Gottes auch nicht die Möglichkeit nahe, »Gesetz, Propheten und Schriften« durch das Reden Gottes im Sohn nur ergänzt zu sehen und den Kanon um einen weiteren, vierten Teil des »Evangeliums von Jesus Christus« zu erweitern oder durch einen weiteren Redaktionsprozess die bisherigen Überlieferungen lediglich zu überarbeiten.

Drittens schied aber für die judenchristlichen Verfasser des 1. Jh. n. Chr. im Sinne des Hebräerbriefes auch völlig die Möglichkeit aus, wie später Markion (2. Jh. n. Chr.) das »Alte Testament« und mit ihm den Schöpfer der Welt und den Gott der Juden gering zu schätzen und nur das in einigen Paulusbriefen und dem Lukasevangelium bezeugte wahre Evangelium gelten zu lassen.[84]

So wurde schon mit dem Verfassen der neutestamentlichen Schriften selbst der Weg der *vierten* Möglichkeit beschritten, der mit der grundsätzlichen Anerkennung eines aus *zwei unterschiedenen*, aber *nicht getrennten* Teilen der »Heiligen Schrift« Ende des 2. Jh. n. Chr. seinen vorläufigen Höhepunkt erreicht. Aber wie verfahren die Autoren der neutestamentlichen Schriften bei ihrem Umgang mit den als »Heilige Schrift« anerkannten *alt*testamentlichen Schriften? Und wie bestimmen sie selbst ihre *eigene Autorität* im Verhältnis *zur Schrift* einerseits und andererseits zum unmittelbaren Reden Gottes in seinem Sohn – *zum Evangelium Jesu Christi*?

2.4 DAS ZEUGNIS DER APOSTEL VOM EVANGELIUM JESU CHRISTI

Wie wir bereits erkannten, empfiehlt sich der Apostel Paulus für die Darstellung einer neutestamentlichen Hermeneutik des Wortes Gottes sowohl aus *zeitlichen* wie vor allem aus *sachlichen* Gründen als entscheidender Repräsentant. Dies gilt umso mehr, als wir es hier eindeutig mit einem Verfasser neutestamentlicher Schriften zu tun haben, der sich selbst zum engsten Kreis der *Apostel* zählen konnte. Ausgehend von 1. Thessalonicher 2,13 haben wir auch schon gesehen, dass Paulus hinsichtlich des Wortes Gottes und seiner menschlichen Verkündigung *keineswegs trennt*, wohl aber *klar differenziert*, wodurch sich hermeneutisch bei ihm auch eine eindeutige *Rangfolge der Verbindlichkeit* für den Fall der innergemeindlichen theologischen Auseinandersetzung ergibt.

Zunächst ist positiv festzuhalten, dass nach Paulus nicht nur für die Apostel, sondern auch für deren Mitarbeiter und die »Apostel, Propheten und Lehrer« der Gemeinden (1. Kor 12,28) gilt, dass unter deren Verkündigung des Evangeliums von Christus durch Gottes Geist Glauben geweckt und Geist und Leben vermittelt werden (1. Kor 2,4f; Gal 3,2.5). Denn zum Glauben kommt es bei den Hörern durch die *im Wort Gottes selbst* wirkende Kraft seines Geistes. *Glaube und Geistempfang* kommen aus der *Verkündigung* (Röm 10,17; Gal 3,2.5), und diese empfängt ihre Vollmacht aus der Kraft des *Evangeliums von Christus* als des *Wortes Gottes selbst* (Röm 1,16f; 1. Kor 1,18; 1. Thess 2,13).

Gelten diese Aussagen grundsätzlich für alle Verkündiger, sofern sie das »*eine* Evangelium« und die »*Wahrheit* des Evangeliums« (Gal 1,6-12; 2,5.14) verkündigen, so haben die *Apostel* im spezifischen Sinne[85] – also der Zwölferkreis (voran Kephas/Petrus), dann der Herrenbruder Jakobus, Paulus und Barnabas[86] – innerhalb der Urgemeinde und in den frühen Kirchen der ersten Jahrzehnte ein besonderes Ansehen. Ihnen ist der auferstandene Christus persönlich erschienen (»Er ist erschienen«)[87], sodass er von ihnen »gesehen« (1. Kor 9,1) und erkannt worden ist[88]. Das heißt nicht weniger, als dass Gott selbst ihnen seinen auferstandenen Sohn offenbart hat (»Offenbarung«/»offenbaren«, Gal 1,12.16) und dass er sie zum Apostelamt berufen und eingesetzt hat. Dementsprechend kann Paulus in seinem wohl inhaltsreichsten temporalen Nebensatz in Galater 1,15 formulieren: »Als es aber Gott wohlgefiel, der mich von meiner Mutter Leib an ausgesondert und durch seine Gnade berufen hat, dass er mir seinen Sohn offenbarte, damit ich ihn durchs Evangelium verkündigen sollte unter den Heiden …«

So verwundert es nicht, dass drei aus ihrem Kreis in Jerusalem um 48 n.Chr. als die »Säulen« der »Gemeinde Gottes« angesehen werden – der Herrenbruder Jakobus, Kephas und Johannes der Zebedaide (Gal 2,9)[89]. Und es erklärt, warum Paulus in den Auseinandersetzungen mit Gegnern die Autorität seines eigenen

Apostolats hervorhebt: »Bin ich nicht ein Apostel? Habe ich nicht den Herrn gesehen?« (1. Kor 9,1).[90]

Durch das apostolische *Kerygma* spricht *Gott selbst*, indem er den Glauben bei den Hörenden hervorruft und seinen Leben schaffenden Geist vermittelt. Die Begriffe für dieses für die frühe Kirche verbindliche *Zeugnis der Apostel* können dabei variieren: Paulus spricht von der »Kunde«, »Predigt«[91], von der »Verkündigung«, dem »Kerygma«[92], von dem »Zeugnis«[93], vereinzelt von der »Ermunterung«, »Ermahnung«[94] – vor allem und speziell aber von dem »Verkündigen des Evangeliums«[95]. Indem die Hörer das durch die Apostel verkündigte Wort Gottes nicht nur als *Menschenwort* »empfangen«, sondern als das, was es in Wahrheit ist, Gottes eigenes Wort, »auf-« und »angenommen« haben, erweisen sie sich als solche, in denen Gottes Wort im Glauben wirkt (1. Thess 2,13).

2.5 DAS EVANGELIUM CHRISTI ALS OFFENBARTES WORT GOTTES

Nun könnte man in der Differenzierung zwischen der allgemeinen und vielfältigen Verkündigung des Evangeliums *in den Gemeinden* und dem diesem als Quelle und Maßstab vorgegebenen *Zeugnis der Apostel* bereits eine hinreichende und praktikable Lösung sehen. Es sollte sich aber zeigen, dass nicht nur Verkündigung und Lehrentscheidungen der *Schüler* der Apostel in entscheidenden Punkten voneinander abweichen können, sondern auch die der *Apostel selbst.* In der Frage der Verbindlichkeit der Toraobservanz für an Christus glaubende Juden wie für Heidenchristen, in der Frage der Legitimität und Gestalt der Heidenmission an sich und der darauf folgenden Abendmahls-

und Tischgemeinschaft in gemischten Gemeinden bestehen nicht nur Meinungsverschiedenheiten zwischen untergeordneten Mitarbeitern und einzelnen Gemeindegliedern, sondern – wie im Antiochenischen Konflikt nach Galater 2,11-21 in Gestalt von Paulus und Petrus ganz unbestreitbar – zwischen den durch den Auferstandenen selbst berufenen *Aposteln*.

Für diesen Fall ist es für Paulus von grundlegender Bedeutung, dass er sich in der öffentlichen Auseinandersetzung mit Petrus und den Jakobusschülern auf die – allen Aposteln vorgegebene (!) – »Wahrheit des Evangeliums« (Gal 2,5.14) und auf das von Christus selbst offenbarte »*eine* und *einzige* Evangelium« (Gal 1,6-12) als »Wort *Gottes*« jenseits der apostolischen Meinungen und des davon abweichenden Verhaltens beziehen kann. Damit ist die *Einheit* und *Wahrheit* des Evangeliums sogar jenseits – nicht nur einer innergemeindlichen, sondern speziell – der *apostolischen* Widersprüchlichkeit in der dem apostolischen Zeugnis vorgeordneten Größe des *Evangeliums* festgehalten. Das apostolische Kerygma *gründet* untrennbar in dem ihm vorgegebenen Evangelium, ist aber hermeneutisch gesehen von ihm als der übergeordneten Größe *zu unterscheiden*.

Die von Paulus selbst durchgeführte Differenzierung zwischen dem in Christus offenbarten »Evangelium Gottes« einerseits und der Verkündigung durch die berufenen Apostel andererseits, zwischen der allen Aposteln durch Christus vorgegebenen *einen* »Wahrheit des Evangeliums« einerseits und der vielfältigen Entfaltung des einen Evangeliums durch die Apostel andererseits, kann gar nicht deutlich genug hervorgehoben werden. Denn forschungsgeschichtlich wurde aus ganz verschiedenen Motiven diese Unterscheidung zwischen dem von Gott unmittelbar gegebenen Evangelium und der durch die Apostel vollzogenen Verkündigung und Entfaltung allzu oft vernachlässigt.

Für das Apostelamt in diesem spezifischen Sinne ist nach Paulus neben der *Erscheinung* des Auferstandenen und der persönlichen *Berufung* durch den Auferstandenen grundlegend, dass den Aposteln auch das *Evangelium selbst* von Christus erschlossen und übertragen wurde: »Denn ich tue euch kund, liebe Brüder, dass das Evangelium, das von mir gepredigt ist, nicht von menschlicher Art ist. Denn ich habe es nicht von einem Menschen empfangen oder gelernt, sondern durch eine Offenbarung Jesu Christi« (Gal 1,11 f). Da Gott selbst in Christus das Wort von der Versöhnung unter den Aposteln aufgerichtet hat (2. Kor 5,19; vgl. 4,6), handelt es sich bei dem »Evangelium von *seinem Sohn*« (*Genitivus obiectivus*, Röm 1,9; vgl. 1,3)[96] um das »Evangelium Gottes« (*Genitivus subiectivus* bzw. *auctoris*, Röm 1,1).[97] Kanonhermeneutisch ist von größter Bedeutung, dass damit das *Evangelium von Jesus Christus* – und nicht nur die »Heilige Schrift« Alten Testaments – bereits innerneutestamentlich als »Wort Gottes« (1. Thess 2,13)[98] verstanden und anerkannt worden ist.

2.6 DER INHALT DES EVANGELIUMS

Wie sowohl aus den Ausführungen zur Verkündigung der Apostel als auch aus denen zum Evangelium Gottes eindeutig hervorgeht, wird der *Inhalt* des Evangeliums nicht nur sachlich umschrieben oder gar auf bestimmte Bekenntnisformeln reduziert, sondern mit der *Person* des von Gott gesandten Sohnes, des gekreuzigten und auferstandenen Herrn Jesus Christus, identifiziert. Er ist der zentrale und eigentliche *Inhalt* des Evangeliums und infolgedessen *Inhalt* und *Maßstab* der apostolischen Verkündigung: »Denn ich hielt es für richtig, unter euch nichts zu wissen als allein Jesus Christus, den Gekreuzigten« (1. Kor 2,2)[99]. Dementsprechend bestand die Offenbarung des Evangeliums durch Gott in der Offenbarung seines Sohnes (Gal 1,11 f.15 f) und demzufolge besteht die erhellende Erkenntnis des *Evangeliums* in der Erkenntnis der *Herrlichkeit Gottes* in dem *Angesicht Jesu Christi*.[100]

Hermeneutisch gesehen ergibt sich damit bereits in den frühesten Schriften des Neuen Testaments ein Verständnis vom »Wort Gottes«, das in seiner Differenzierung und Abstufung die *Einheit* des Evangeliums angesichts der *Vielstimmigkeit* des apostolischen Zeugnisses und hinsichtlich der *Auseinandersetzung* über das Verständnis des durch Mose gegebenen Gesetzes festzuhalten vermag. Zudem sind mit diesem christozentrischen Verständnis des Evangeliums und mit dieser differenzierten Einheit von Evangelium und apostolischem Zeugnis auch die späteren kanongeschichtlichen Entwicklungen bis hin zu der Anerkennung des neutestamentlichen Kanons als »Heilige Schrift« bereits sachlich vorbereitet und begründet.

2.7 DIE FRAGE NACH DER »MITTE DER SCHRIFT«

Selbst die spätere Frage nach der »*Mitte* der Schrift« angesichts der *Vielfältigkeit* des biblischen Zeugnisses erhält im Zusammenhang der paulinischen Hermeneutik bereits entscheidende Inspirationen. Da nicht bestimmte *menschliche Persönlichkeiten* oder *Schriften* im Gegensatz zu anderen *an sich* unfehlbar und unhinterfragbar sind und weil erwiesenermaßen sogar Apostel irren können, kann eine an dieser Hermeneutik des Wortes orientierte Lösung kaum nach einem »*Kanon im Kanon*« suchen wollen – nicht einmal nach dem der Paulusbriefe als formaler Mitte der neutestamentlichen Überlieferung. Denn dem »Eventualfluch« in Galater 1,8 f gegenüber allen, die das Evangelium Christi verkehren wollen, unterstellt Paulus ausdrücklich auch sich selbst und sogar die Engel Gottes: »Aber auch wenn wir oder ein Engel vom Himmel euch ein Evangelium predigen würden, das anders ist, als wir es euch gepredigt haben, der sei verflucht.« Selbst »Apostel« und »Engel« behalten ihre Autorität also nur in der Übereinstimmung ihrer Aussagen mit dem im Evangelium von Christus vorgegebenen Wort Gottes. Denn als »Boten« und »Gesandte« beziehen sie ihre ganze Autorität ausschließlich durch den, der sie sendet; und ihre Vollmacht gründet ausschließlich in ihrer völligen Treue und Loyalität dem gegenüber, der sie beauftragt. Ein Gesandter ist so vollmächtig wie der, der ihn sendet – solange der, der gesandt wird, nichts anderes vertritt als die Interessen und Anweisungen dessen, der ihn sendet.

Aber auch die *zweite* Möglichkeit, die »Mitte der Schrift« inhaltlich in einer *zentralen Aussage* oder in *Formeln* umfänglich und hinreichend beschreiben zu wollen, scheitert im Rahmen dieser »Wort-Gottes-Theologie« daran, dass der eigentliche Inhalt nicht nur eine sachliche Mitteilung, sondern die *Person* des gekreuzigten und auferstandenen Herrn selbst ist, der sich wohl in Akklamationen anrufen und in Bekenntnissen und Hymnen verehren und anerkennen lässt, der aber selbst in dem zentralen und Heil bringenden Bekenntnis »Herr ist Jesus Christus«[101] nicht einfach aufgeht. So können sogar so zentrale Bestimmungen der Mitte der Schrift wie »die Rechtfertigung des Gottlosen«, »die Versöhnung der Welt mit Gott« oder »das Doppelgebot der Liebe« oder »die bis zur Feindesliebe erweiterte Nächstenliebe« aus ebendiesem christologischen Grunde nicht als *umfänglich* und *hinreichend* akzeptiert werden.

Die *Mitte der Schrift* und der *zentrale Inhalt des Evangeliums* und damit der *Kanon im Kanon* – d.h. das »Kriterium«, der »Maßstab« und die »Richtschnur« für die Beurteilung der »Wahrheit des Evangeliums« und der *Einheit* des Wortes Gottes in der *Vielfalt* des apostolischen Zeugnisses –, diese Mitte der Schrift ist nach Paulus *die Person* des gekreuzigten, auferstandenen und erhöhten *Jesus Christus*, an dessen Handeln und Geschick, an dessen Sein und Wort sich alle menschliche Verkündigung und alles menschliche Handeln immer wieder erneut messen lassen muss. Sosehr diese »Mitte der Schrift« dem Zugriff menschlicher Verfügbarkeit und Bestimmbarkeit grundsätzlich entzogen bleiben mag, so sehr wird sie im »Evangelium von Jesus Christus« und im »Wort vom Gekreuzigten« ansichtig und anschaulich – denn in der vielstimmigen Verkündigung der Apostel und derer, die ihr Zeugnis weitertradieren, wird Jesus Christus als der Gekreuzigte vor Augen gestellt (Gal 3,1), und in dem hellen Licht des Evangeliums von der Herrlichkeit Christi als des Ebenbildes Gottes kommt es zur Erkenntnis der Herrlichkeit Gottes selbst (2. Kor 4,6). So kommt mit der Anerkennung Jesu Christi als der »Mitte« des Evangeliums das *vielfältige Ganze* des apostolischen Zeugnisses (und später des zweiteiligen Kanons Alten und Neuen Testaments) von dem einmütig bekannten »Einen« her gesehen hermeneutisch als *differenzierte Einheit* in den Blick.

Die *Abstufung* und *Differenzierung* des »Wortes Gottes« bei gleichzeitig vorausgesetzter *Übereinstimmung* und *Kontinuität* lässt sich bildhaft am Beispiel eines »römischen Brunnens« mit seinen abgestuften Schalen unterhalb der Wasser spendenden Spitze besonders eindrücklich veranschaulichen. Sosehr die unteren Schalen bezüglich der Reinheit und des Reichtums ihres Wassers auf die jeweils über ihnen liegenden angewiesen sind und von diesen unterschieden bleiben, so sehr gilt umgekehrt doch auch, dass das Wasser der untersten Schale – wenn es nicht verunreinigt oder eingetrübt wird – eben dem Wasser der obersten Schale entspricht.[102]

ÜBERSICHT: »WORT GOTTES« BEI PAULUS

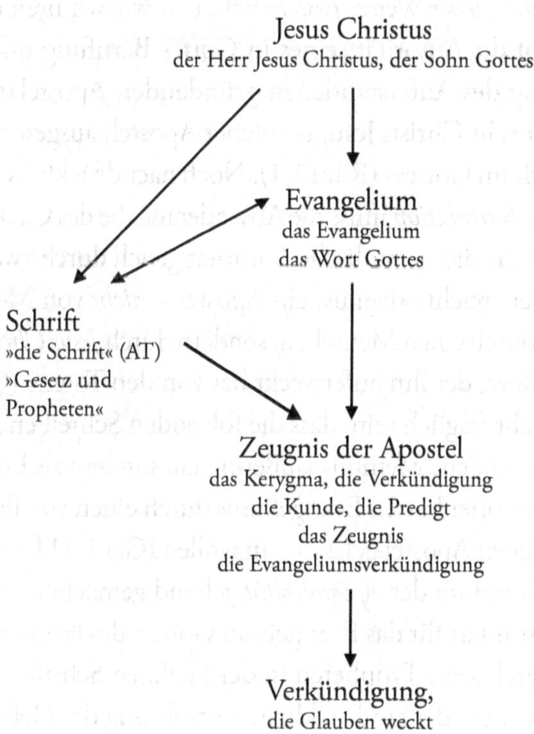

2.8 APOSTOLISCHE VERKÜNDIGUNG, SCHRIFTZEUGNIS UND ALLGEMEINES BEKENNTNIS

Über diese hermeneutischen Grundentscheidungen hinaus sollte für die spätere kirchliche Entwicklung aber auch die *Art und Weise* prägend wirken, in der Paulus das *eine* Evangelium in Auseinandersetzung mit anderslautenden Interpretationen und gegenüber Zweifeln und Anfragen begründet und entfaltet. Wie sich schon in den Präskripten – den »Briefköpfen« – des Römerbriefs oder des Galaterbriefs mit wünschenswerter Deutlichkeit erkennen lässt, begründet und rechtfertigt er seine infrage stehende Verkündigung in *dreifacher* Weise. *Erstens* hebt er – wie wir breit entfaltet haben – auf die Autorität seines in Gottes Berufung und in der Erscheinung des Auferstandenen gründenden Apostelamtes ab: »Paulus, Knecht Christi Jesu, berufener Apostel, ausgesondert für das Evangelium Gottes« (Röm 1,1). Noch nachdrücklicher als diese dreifache *Intitulation* muss die Absenderangabe des Galaterbriefs erscheinen, die die apostolische Autorität gleich durch zwei Negationen unterstreicht: »Paulus, ein Apostel – *nicht* von Menschen, auch *nicht* durch einen Menschen, sondern durch *Jesus Christus* und *Gott, den Vater*, der ihn auferweckt hat von den Toten« (Gal 1,1). Es kann nicht fraglich sein, dass die folgenden Schreiben nicht als private menschliche Meinungsäußerungen, sondern als Entfaltung des von Gott offenbarten Evangeliums durch einen von ihm selbst dazu berufenen Apostel gelesen sein wollen (Gal 1,11 f.15 f). Hier wird das Kriterium der *Apostolizität* geltend gemacht.

»Ausgesondert für das Evangelium Gottes, das er zuvor verheißen hat durch seine Propheten in der Heiligen Schrift …« (Röm 1,2). Wie wir bei der eindrücklichen Eröffnung des Hebräerbriefes bereits erkannt haben, geht es jedem Verfasser der neutestamentlichen Schriften – und vor allem Paulus selbst – *zweitens* um den Erweis der *Schriftgemäßheit* des von ihm verkündigten Evangeliums und damit um die Betonung der Kontinuität und Einheitlichkeit des Redens Gottes in der »Heiligen Schrift« und im »Evangelium«. Denn beide werden im Vollsinn als »Wort Gottes« anerkannt und das Evangelium von Jesus Christus wird als die wahre Vollendung und Erfüllung der Vorausverkündigung durch Mose und die Propheten gesehen. So beansprucht Paulus gerade für die Offenbarung von der Gerechtigkeit Gottes allein im Glauben an Christus und unabhängig von der Sinai-Tora, gerade *diese* sei »bezeugt von dem Gesetz und den Propheten« (Röm 3,21).[103]

Dabei ist hermeneutisch höchst beachtenswert, dass Paulus die »Heilige Schrift« und das »Evangelium von Christus« nicht etwa undifferenziert nach dem dualistischen Schema von »Gesetz und Evangelium« kontrastiert oder auch nur nach dem Dual von »Verheißung und Erfüllung« auseinanderdefiniert, sodass dem »Alten Testament« insgesamt allein die Rolle des Gerichtes und der Anklage oder der unerfüllten Voraussage in einer christuslosen Zeit zufiele. Vielmehr ist für ihn – wie es auch in Hebräer 1,1 ff vorausgesetzt wird – der auferstandene und erhöhte Gottessohn zugleich der präexistente Schöpfungsmittler Gottes (1. Kor 8,6; vgl. 2. Kor 8,9; Phil 2,6 f), sodass es wohl eine Zeit vor der Sendung des Sohnes in die Welt gibt – also »vor Christi Geburt« / *ante Christum natum* –, aber keine Zeit in der Geschichte Israels und der Welt ohne die Gegenwart und das Wirken des Sohnes als der Weisheit und des Wortes Gottes – also keine Zeit »vor Christus« / *ante Christum*. Und die Reihenfolge und Rangfolge der Verfügungen Gottes sind aus der Sicht des Paulus nicht »Gesetz und Evangelium«, sondern »*Evangelium* in Gestalt der *Verheißung – Gesetz – Evangelium*« (Gal 3,6 ff. 15 ff. 19 ff; Röm 4,1-25).[104] Das Wort der Anklage und des Gerichtes Gottes ist umgriffen von Gottes Wort des Segens und des gnädigen Freispruchs. Gottes *erstes* und Gottes *letztes* Wort ist die Zusage des endgültigen Segens und des Lebens in Christus auf der Grundlage des Glaubens.[105]

Neben dem Hinweis auf die Autorität des *Zeugnisses der Apostel* und auf die *Schriftgemäßheit* findet sich *drittens* schon bei Paulus selbst die Argumentation auf der Grundlage des einmütig und allgemein *Anerkannten* und *Bekannten*. So greift er gleich nach dem Hinweis auf das Zeugnis der Schrift in Römer 1,2 ein traditionelles christologisches mehrgliedriges *Bekenntnis* auf (Röm 1,3 f).[106] Solche Bezugnahmen auf verbreitete Akklamationen, Bekenntnisformeln und Hymnen finden sich bei Paulus vielfältig.[107] Sie setzen voraus, dass das als »Wahrheit des Evangeliums« Erkannte und Bekannte sich bereits in Formeln und Bekenntnissen der Kirchen Jesu Christi ausspricht und damit einen sprachlichen Zusammenhalt der über die Welt verbreiteten und verschiedenartigen Gemeinden garantiert, die noch nicht über eine kanonisch anerkannte Sammlung neutestamentlicher Schriften verfügen.

Gegenüber den fern gelegenen, ihm persönlich unbekannten Gemeinden in Rom argumentiert Paulus also *erstens* als *Apostel*, *zweitens* auf der Grundlage der Juden und Christen gemeinsamen *Heiligen Schrift* und *drittens* unter Bezug auf christliche *Bekenntnisse*. Denn neben dem Evangelium selbst kann auch schon für Paulus das dieses Evangelium bezeugende »Bekenntnis« als *Norm* und konsensuelle verbindliche Formulierung verstanden werden. Freilich gilt die Bekenntnisformulierung im Gegensatz zum Evangelium oder gar zu Jesus Christus selbst stets als *norma normata*, also eine am Evangelium von Jesus Christus immer wieder neu zu prüfende Norm.[108] Dieses Evangelium selbst aber hat die Kirche nicht anders als im Zeugnis der Apostel, sodass die spätere evangelische Bezeichnung der »Schrift Alten und Neuen Testaments« als »maßgebende Norm« – d. h. als *norma normans* – durchaus in der Konsequenz der paulinischen Hermeneutik liegt.

Überblicken wir abschließend die Darlegungen zu der expliziten Wort-Gottes-Hermeneutik und der impliziten Kanonhermeneutik des Neuen Testaments selbst, dann kann dem evangelischen Schriftverständnis mit seinen programmatischen »Exklusivpartikeln« des »Christus allein« – *solus Christus* – und des »Allein die Schrift« – des *sola scriptura* – bescheinigt werden, dass es sich seinerseits durchaus zu Recht auf das *Zeugnis der Apostel* vom *Evangelium* von *Jesus Christus* als dem einzigartigen und menschgewordenen *Wort Gottes* bezieht.

ANMERKUNGEN

1 S. zur Vertiefung und Begründung im Einzelnen: H.-J. Eckstein, Glaube, der erwachsen wird, 7. Aufl., Holzgerlingen 2008 (1986), 15-33.

2 Vgl. zur Erfüllungsgewissheit auch Mt 12,28 (par. Lk 11,20): »Wenn ich aber durch den Geist Gottes die bösen Geister austreibe, so *ist* die Königsherrschaft Gottes zu euch gekommen/euch erschienen.« Vgl. Mk 3,27.

3 S. Mk 1,29-31.32-34.40-45; 2,1-12; 3,1-6; 3,7-12; 5,21-43; 6,53-56; 7,31-37; 8,22-26; 10,46-52.

4 S. Mk 1,23-28.32-34; 3,7-12; 5,1-20; 7,24-30; 9,14-29.

5 S. Mk 2,1-12.13-17.

6 Vgl. zum Ganzen H.-J. Eckstein, Glaube und Sehen. Mk 10,46-52 als Schlüsseltext des Markusevangeliums, in: ders., Der aus Glauben Gerechte wird leben. Beiträge zur Theologie des Neuen Testaments, BVB 5, 2. Aufl., Münster u. a. 2007 (2003), 81-100.

7 S. Mk 5,34; 10,52; Lk 7,50; 17,19.

8 Dies gilt gerade auch für das Johannesevangelium, für das die Heilungen als »Werke« des himmlischen Vaters in seinem Sohn und als »Zeichen« für das in ihm bereits offenbarte ewige Leben von besonderer Bedeutung sind – bis hin zur zentral entfalteten Auferweckung des Lazarus in Joh 11. Vgl. Joh 4,43-54 Heilung des Sohnes eines königlichen Beamten (vgl. Mt 8,5-13 par. Lk 7,1-10); 5,1-9(-47) Heilung des Gelähmten am Teich Bethesda (S = Sondergut); 9,1-7(-41) Heilung des Blindgeborenen (S); 11,1-46 Auferweckung des Lazarus (S); vgl. zum Ganzen Joh 2,11.23; 10,25 f.37 f; 12,37 f; 14,10 f; 20,30 f.

9 S. zur auf die Jünger Jesu übertragenen Vollmacht Mk 6,7.13 par.; Lk 10,9.17-20; s. zur nachösterlichen Situation Mk 16,17-20; Apg 3,1 ff; 5,12.15 f; 14,9; 19,11 f; 28,8 f.

10 S. zum Ganzen H.-J. Eckstein, Das Wesen des christlichen Glaubens, in: ders., Der aus Glauben Gerechte wird leben (s. o.), 3-18; H.-J. Eckstein, Glaube und Erfahrung. Von der Realität des Geglaubten, in: ders., Wenn die Liebe zum Leben wird. Zur Beziehungsgewissheit, Grundlagen des Glaubens 3, Holzgerlingen 2010, 13-47.

11 Vgl. in diesem Zusammenhang auch Joh 3,36; Apg 14,2; 1. Petr 2,8; 3,1; 4,17.

12 Röm 6,8; 10,9; 1. Thess 4,14.

13 Für Paulus untypisch; s. 1. Kor 13,7; vgl. 2. Thess 1,10b; Joh 11,26b.

14 S. Röm 4,3.17; Gal 3,6.

15 S. Gal 2,16; Röm 10,14a; Phil 1,29.

16 Zum Verständnis des Glaubens als eines personalen Beziehungsbegriffs im Licht der Liebe Gottes s. H.-J. Eckstein, »Gott als Vater« – das zentrale christliche Gottesverständnis?, in: ders., Wenn die Liebe zum Leben wird (s. o.), 49-87; H.-J. Eckstein, Du liebst mich, also bin ich. Gedanken, Gebete und Meditationen, 15. Aufl., Holzgerlingen 2009 (1989).

17 Auch die Rede vom »Glauben Christi« u. ä. in Röm 3,22.26; Gal 2,20; Phil 3,9 spricht nicht etwa vom »Glauben, den *Christus* hatte«, sondern – wie auch Gal 2,16; Röm 10,14; Phil 1,29 ausdrücklich bestätigen (»*an* Christus glauben«/»*an* Christus gläubig werden«) – vom »Glauben *an* Christus« im oben beschriebenen umfassenden Sinn.

18 Röm 1,17; 3,26.30; 5,1; 9,30; 10,6; Gal 2,16c; 3,8.11.(22.)24; 5,5.

19 Röm 3,22.30; Gal 2,16a; Phil 3,9.

20 S. neben Röm 3,24 vor allem Phil 1,29: »Denn euch ist es *geschenkt* um Christi willen, nicht allein an ihn zu glauben …« Vgl. Eph 2,8: »Denn *aus Gnade* seid ihr selig geworden *durch Glauben*, und das nicht aus euch: *Gottes Gabe* ist es.«

21 In diesen Zusammenhang der Heilsgewissheit und Zuversicht in Anfechtung und Leiden gehört auch die Erkenntnis der dem Glauben vorangehenden göttlichen Erwählung und Berufung; s. Röm 8,28-30; 9,11 f.15 f.23 f; 11,5-7.28 f; 1. Kor 1,27; 1. Thess 1,4; vgl. Eph 1,2-12; 2,8; 2. Thess 2,13-17; 2. Tim 1,9.

22 S. zur Gewissheit des Heils Röm 3,2 f; 5,1; 6,22 f; 8,1.16 f.28-39; 10,9-13; 11,29; 14,4; 1. Kor 1,8 f; 10,13; 2. Kor 1,21 f; 5,5-8; Phil 1,6.

23 Gegenüber denen, die sich in der Gemeinde in Philippi selbst schon für »vollkommen« hielten, betont Paulus, dass er das himmlische Ziel und Christus selbst noch nicht ergriffen *habe*, aber eben von ihm bereits ergriffen *sei* (Phil 3,12).

24 Vgl. nur Röm 8,1-14; 1. Kor 13; Gal 5,22.

25 S. Röm 5,12 ff; 6,1 ff; 7,7 ff; 8,1 ff.

26 S. Röm 8,14-17.21.23; Gal 3,26; 4,5-7.

27 Zu Gott als »Vater« s. wiederum Röm 8,14 ff; Gal 3,26; 4,5-7.

28 S. zu Christus als Bräutigam und der Gemeinde als Braut 2. Kor 11,2; vgl. Eph 5,25 f.

29 Wenn man es mit philosophischen Begriffen sagen will: Gott als Schöpfer ist nicht nur als *ein* »Seiender« unter anderen vorzustellen, sondern als das »Sein« selbst.

30 Zu Gottes Liebe als Agape (*agapē*) im Unterschied zu Eros s. H.-J. Eckstein, Geliebt, erkannt und anerkannt. Zum Wesen der Liebe, in: ders., Wenn die Liebe zum Leben wird, 111-122.

31 Vgl. zum Ganzen H.-J. Eckstein, Glaube, der erwachsen wird, 7. Aufl., Holzgerlingen 2008 (1986), 19-90; H.-J. Eckstein, Gott wird Mensch. Vom menschlichen Gottesbild zum christlichen Menschenbild, in: ders., Glaube als Beziehung, 3. Aufl., Holzgerlingen 2010 (2006), 9-32.

32 S. zur Gegenwärtigkeit des Heils im Johannesevangelium vor allem: Joh 3,13-21.31-36; 4,23; 5,20-27; 11,23-25; 12,44-50. Dem entspricht der Zuspruch der gegenwärtigen Gewissheit des Heils für die Glaubenden als uneingeschränkte *certitudo* (im Sinne von »Christusgewissheit« – im Gegensatz zu *securitas* im Sinne von »Selbstsicherheit«): Joh 3,15 f.36; 5,24; 6,37.39 f.47.54; 8,51; 11,25 f; 17,2.6 ff; 20,31. (vgl. 1. Joh 3,1 f.14.19 f; 4,13; 5,11-13). Zur Gewissheit der zukünftigen Bewahrung der Glaubenden durch Christus im Heil (*Perseveranz*) s. Joh 10,27-30; 17,9.11b.15 (vgl. 1. Joh 2,19).

33 S. zum Ganzen H.-J. Eckstein, Christus in uns. Zu einer voraussetzungslosen, aber folgenreichen Beziehung, in: ders., Glaube als Beziehung (s. o.), 33-70.

34 Zum Ganzen s. o. unter »Was bedeutet Vergebung der Sünden? Von der Rückkehr ins Wir«, 41-56.

35 S. zum Ganzen H.-J. Eckstein, »Ihr werdet den Himmel offen sehen«. Zur Wiederentdeckung der Hoffnung, in: ders., Zur Wiederentdeckung der Hoffnung. Grundlagen des Glaubens, 2. Aufl., Holzgerlingen 2008 (2002), 9-44.

36 Vgl. Phil 4,11-13; Röm 5,1-5 und zum Rühmen der Schwachheit 2. Kor 10,8.17; 11,16ff.30; 12,5.

37 Von einer »Inferiorität« – d. h. »Unterlegenheit« bzw. gar »Minderwertigkeit« – des Gesetzes vom Sinai kann bei Paulus lediglich in Relation zur *Verheißung* Gottes an Abraham gesprochen werden. Denn während die Verheißung *unmittelbar* von Gott zugesprochen worden ist und Abraham die Segenzusage *persönlich* erhalten hat (Gal 3,6-20), wurde das Gesetz nur *mittelbar* von Gott – nämlich durch Engel – gegeben und hat Israel diese spätere Verfügung nur *mittelbar* – nämlich durch Mose – empfangen.

38 Zu »Gesetz« in der Bedeutung »Schrift« s. auch 1. Kor 14,21 (Zitat Jes 28,11 f); 14,34 (1. Mose 3,16); Gal 4,21b (1. Mose 16 u. 21); vgl. Joh 10,34; 12,34; 15,25.

39 Vgl. zu Gesetz und Propheten Mt 5,17; 7,12; 11,13; 22,40; Lk 16,29-31; 24,27.

40 So in Röm 2,12-15.17 f.20.23.25-27; 3,19b.20 f.27a.28; 4,13-16; 5,13.20; 6,14 f; 7,1-9.12.14.16.22.23b.25; 8,3 f.7; 9,31; 10,4 f; 13,8.10; 1. Kor 9,8 f.20; 15,56; Gal 2,16.19.21; 3,2.5.10-13.17-19.21.23 f; 4,4 f.21a; 5,3 f.14.18.23; Phil 3,5 f.9 (bei Paulus finden sich insgesamt 120 [118] von 195 Belegen im Neuen Testament).

41 Wie Paulus hinsichtlich des »Gesetzes« zugleich die göttliche Herkunft bzw. Autorität als »Schrift« und die ausschließlich kritische Funktion der Anklage theologisch zusammen denken kann, erhellt aus der Analogie der alttestamentlichen Gerichtspropheten, deren Beauftragung nicht nur mit der Perspektive der Umkehr, sondern vorrangig mit der Aufgabe der Überführung und Verurteilung Israels verbunden sein konnte; vgl. Am 3,3 ff; 7,1–9,10; Jes 6,1-13; Hes 3,17-19. Überall da, wo die Schrift den Menschen bei der Sünde behaftet, redet sie nach Paulus als »Gesetz« – auch wenn es sich um Zeugnisse der *Propheten* oder der *Psalmen* handelt (s. Röm 3,9-20; Gal 3,22 ff).

42 S. zu der Wendung »unter dem Gesetz sein« auch Gal 4,4 f.21; 5,18; Röm 6,14 f; vgl. 1. Kor 9,20; Gal 3,23.

43 In diesem übertragenen Sinne spricht der Gottlose bereits nach Weisheit Salomos 2,11 überheblich: »Es sei unsere Macht *Gesetz – d. h.*

Maßstab/Norm – der Gerechtigkeit, denn das Schwache erweist sich als nutzlos.«

44 S. 2. Kor 3,14-16: »Denn bis auf den heutigen Tag bleibt diese Decke unaufgedeckt über dem Alten Testament, wenn sie es lesen, *weil sie nur in Christus abgetan wird.* Aber bis auf den heutigen Tag, wenn Mose gelesen wird, hängt die Decke vor ihrem Herzen. Wenn Israel aber *sich bekehrt zu dem Herrn, so wird die Decke abgetan*« (vgl. Phil 3,7-9; Röm 10,1-4).

45 Wollte man die Orientierung des Apostels in ethischen Fragen und das Verhältnis des Gesetzes Christi zum Gesetz des Mose in kritischen Entscheidungen auf eine Formel bringen, so könnte man in Aufnahme von Röm 8,4; 13,8-10 und Gal 5,14.23b vielleicht formulieren: So viel Kontinuität und Übereinstimmung mit dem Gesetz des Mose wie möglich, so viel Diskontinuität, Ablösung und Überwindung um des Evangeliums und des Gesetzes Christi willen wie nötig. Die eindrücklichsten Beispiele für diesen differenzierten Umgang mit dem Gesetz des Mose mag man in der paulinischen Darstellung des Apostelkonzils zur Frage der beschneidungsfreien Heidenmission (Gal 2,1-10) oder in der des Antiochenischen Konflikts um die gemeinsame Mahlgemeinschaft zwischen Juden- und Heidenchristen (Gal 2,11-21) sehen. In beiden Fällen forderte der Gehorsam gegenüber der »Wahrheit des Evangeliums« für Paulus auch von Judenchristen die Freiheit vom Gesetz des Mose, nach dem die Beschneidung und das Einhalten des Ritualgesetzes an sich und unabhängig von Christus keineswegs infrage gestellt werden könnten.

46 Nach einem Vortrag vor dem Theologischen Ausschuss der Synode der Evang. Landeskirche in Württemberg am 7. November 2008. S. zur Vertiefung: H.-J. Eckstein, Vom Ich zum Wir. Perspektiven einer wachsenden Kirche, in: ders., Glaube als Beziehung (s. o.), 113-149. – S. zum Ganzen L. Coenen, Art. ἐκκλησία/Kirche, TBLNT, NB, Wuppertal/Neukirchen 1997, 1136-1150; P. Lampe, Die stadtrömischen Christen in den ersten beiden Jahrhunderten. Untersuchungen zur Sozialgeschichte, WUNT II/18, Tübingen 1987; J. Roloff, Art. ἐκκλησία, EWNT I, Stuttgart 1980, 998-1011; ders., Die Kirche im Neuen Testament, NTD.GNT 10, Göttingen 1993 (s. ebd. zur Literatur); K. L.

Schmidt, Art. ἐκκλησία, ThWNT III, Stuttgart 1938, 502-539 (zu weiterer Literatur s. ThWNT X/2, Stuttgart 1979, 1127-1131).

47 S. zu *Kirche* im *überregionalen* Sinne: 1. Kor 6,4; 12,28; Eph 1,22; 3,10.21; 5,23-32; Kol 1,18.24; vgl. Mt 16,18.

48 S. zu *Gemeinde vor Ort*: Röm 16,16; 1. Kor 1,2; 4,17; 2. Kor 1,1; Phil 4,15; 1. Thess 1,1.

49 S. zu *Hausgemeinden* in Privathäusern: Röm 16,5; 1. Kor 16,19; Kol 4,15; Phlm 2.

50 So auch 1. Kor 16,1; zu Mazedonien s. 2. Kor 8,1; zu Judäa Gal 1,22; 1. Thess 2,14; vgl. Apg 9,31: »So hatte nun *die Kirche* (im Singular!) in ganz Judäa, Galiläa und Samaria Frieden ...«

51 Vgl. Apg 2,46; 5,42; 12,12 und Apg 19,9 den Lehrsaal eines Rhetors Tyrannos.

52 S. P. Lampe, Die stadtrömischen Christen in den ersten beiden Jahrhunderten (s. o.), 300 ff.

53 S. zur positiven Beurteilung durch Paulus Röm 1,7.8 ff; 15,14 ff.

54 Vgl. in den Schriften von Qumran, Höhle 1: 1QM 4,10 (Milchamah/ »Kriegsrolle«); 1QS[a] 1,25 (»Gemeinschaftsregel«).

55 Nur in Jak 2,2 wird die christliche Gemeindeversammlung einmal als »Synagoge« bezeichnet.

56 Hinter dem Substantiv *Ekklesia* steht im Griechischen das Verb *ekkaleō*, »herausrufen«.

57 S. zum politischen Sprachgebrauch von Ekklesia z. B. Apg 19,32.39.40; einmal in Apg 7,38 für die Versammlung Israels in der Wüste; vgl. 5. Mose 9,10 LXX.

58 »Kirche *Gottes*« im *Singular*: 1. Kor 1,2; 10,32; 11,22; 15,9; Gal 1,13; vgl. 1. Tim 3,5.15; Apg 20,28; im *Plural*: 1. Kor 11,16; 1. Thess 2,14; 2. Thess 1,4.

59 Im Einzelnen s. u. bei »Wie will die Bibel verstanden werden?«, 133-160.

60 Vgl. Röm 1,2; 3,21; 4,1 ff.

61 S. zur Begründung und inhaltlichen Entfaltung H.-J. Eckstein, Verheißung und Gesetz (s. o.), 3-81; H.-J. Eckstein, Das Evangelium Jesu Christi. Die implizite Kanonhermeneutik des Neuen Testaments, in: ders., Kyrios Jesus (s. o.), 35-58.

62 Vgl. Apg 20,22-25.38; 21,11 ff.27 ff.

63 Vgl. 1. Kor 10,32; 11,16; 15,9; 2. Kor 1,1; 1. Thess 2,14.

64 S. Röm 5,6.8: »Denn Christus ist schon zu der Zeit, als wir noch *schwach* waren, für uns *Gottlose* gestorben… Gott aber erweist seine Liebe zu uns darin, dass Christus für uns gestorben ist, als wir noch *Sünder* waren.«

65 S. Röm 3,24: »Und werden *ohne Verdienst/geschenkweise* gerecht aus *seiner Gnade* durch die Erlösung, die durch Christus Jesus geschehen ist.«

66 Vgl. Phil 2,5 als Einleitung zu dem dann (V. 6-11) folgenden Christushymnus: »Seid unter euch auf das bedacht, was auch *in Christus Jesus* angemessen und vorgegeben ist: Er, der in Gottesgestalt war, hielt nicht fest wie einen Raub das Gottgleichsein…«

67 Überarbeitete Fassung eines Vortrags bei der Vollversammlung der Deutschen Bibelgesellschaft am 5. Juni 2012 in Bad Urach zum zweihundertjährigen Jubiläum der Deutschen Bibelgesellschaft.

68 S. zu Belegen, Literatur und Vertiefung H.-J. Eckstein, Das Evangelium Jesu Christi. Die implizite Kanonhermeneutik des Neuen Testaments, in: ders., Kyrios Jesus. Perspektiven einer christologischen Theologie, 2. Aufl., Neukirchen-Vluyn 2011 (2010), 35-58.

69 Vgl. schon die Verwendung von Jesustraditionen bei Paulus, voran die Abendmahlsüberlieferung 1. Kor 11,23-25, dann 1. Thess 4,15 »mit einem Wort des Herrn«; 1. Kor 7,10 »nicht ich, sondern der Herr« (Mk 10,11 f par.); 1. Kor 9,14 »Der Herr hat befohlen«. Vgl. Röm 12,14 (Mt 5,44; Lk 6,28); Röm 12,17.19 (Mt 5,39; Lk 6,29 f); Röm 13,8-10; Gal 5,14 (Mk 12,31; Mt 22,39 f).

70 Ein deutlicher Einschnitt des Kanonisierungsprozesses im formalen Sinne wird mit guten Gründen in der zweiten Hälfte des 2. Jh. gesehen und namentlich mit Irenäus um 180 n. Chr. verbunden. Freilich darf andererseits auch nicht vernachlässigt werden, dass wir für Matthäus und Lukas bereits kurz nach 70 n. Chr. die Kenntnis des *Markus*evangeliums voraussetzen und für das *Johannes*evangelium die Aufnahme zumindest der synoptischen Tradition, wenn nicht des Markus- und des Lukasevangeliums, was eine offensichtlich schnelle Verbreitung der Evangelien voraussetzt. Dies hat umso mehr Gewicht, als wir die Entstehung der vier Evangelien traditionellerweise keineswegs mit ein

und derselben Gemeindesituation, kulturellen Verankerung und geografischen Verortung verbinden. Mit Palästina, Syrien, Kleinasien, Mazedonien, Griechenland und Rom sowie mit den Gemeindetypen »judenchristlich«, »heidenchristlich« und »gemischt« erwägen wir für die Entstehensverhältnisse der vier Evangelien insgesamt alle Kontexte, die für die frühe Kirche des 1. Jh. überhaupt infrage kommen.

71 Auch bei kritischer Wertung der Verfasserfrage sind als unangefochten von Paulus selbst verfasste Briefe wissenschaftlich anerkannt: Röm, 1. Kor, 2. Kor, Gal, Phil, 1. Thess, Phlm.

72 Zu den legitimierenden Hinweisen auf die Berufung zum Apostel durch die Erscheinung des Auferstandenen s. Röm 1,1.5; 1. Kor 9,1; 15,8-10; Gal 1,1.11f.15f (Jer 1,5; Jes 49,1); vgl. Röm 15,15f; 2. Kor 4,6; 5,18-20; Gal 2,7-9; Phil 3,8.

73 »Das Wort Gottes« 1. Kor 14,36; 2. Kor 2,17; 4,2; 1. Thess 2,13.

74 Röm 12,6: »Hat einer die Gabe prophetischer Rede, dann rede er in Übereinstimmung mit dem Glauben/in der *Entsprechung* – wörtl. ›*Analogie*‹ – *des Glaubens.*«

75 Zur *Wirksamkeit* und *Lebenszuträglichkeit* s. auch Röm 1,16 (das Evangelium als »*Kraft* Gottes zum *Heil* für jeden Glaubenden«); Röm 10,17; 1. Kor 1,18; 2,4f; Gal 3,2.5.

76 Wahrscheinlich haben wir es nur bei *Lukas* mit einem Autor *heiden*christlicher Herkunft zu tun, der sich freilich in Evangelium und Apostelgeschichte eher vorsichtiger und zurückhaltender mit der jüdischen Tradition auseinandersetzt – als z. B. Matthäus oder Johannes – und der bis ins Sprachliche hinein den ausdrücklichen Anschluss an die ins Griechische übersetzte Heilige Schrift – die Septuaginta (LXX) – sucht. Diese griechische Version der Schrift wird im 1. Jh. n. Chr. sowohl in den jüdisch-hellenistischen Synagogen der Diaspora unter den Griechisch sprechenden Juden anerkannt wie auch von dem unbestreitbar jüdisch geborenen Heidenapostel Paulus bei all seinen Schriftzitaten und Auslegungen verwendet. Das Problem der Kanonzugehörigkeit weisheitlicher Schriften wie Jesus Sirach oder Weisheit Salomos – die für die Entwicklung der neutestamentlichen Christologie von prägender Bedeutung gewesen sein mögen – stellt sich vor der endgültigen

Gestalt des *hebräischen* Kanons Ende des 1. Jh. n. Chr. noch nicht als kontroverses Thema.

77 Vgl. Joh 12,34; 1. Kor 14,21.

78 Vgl. Mt 5,17; 7,12; 11,13; 22,40; Lk 16,29-31; 24,27.

79 Vgl. schon Jesus Sirach Prolog 1f: »das *Gesetz*, die *Propheten* und die *übrigen ihnen Folgenden*«.

80 S. Lk 4,17.20: die Rolle des Propheten Jesaja; Mk 12,26: das Buch des Mose; Lk 3,4: das Buch der Worte des Propheten Jesaja.

81 Z. B. bei Clemens Alexandrinus († 215) und Origenes († 254).

82 Diese Alliteration, d. h. der Stabreim, ist in der deutschen Übersetzung nachempfunden durch v/ph.

83 S. die theologischen Grundlegungen in Hebr 1,1-14; 2,5-18; 5,1-10; 7,1–10,18; 11,1-40; 12,18-24.

84 Vgl. H. v. Campenhausen, Die Entstehung der christlichen Bibel, 174 ff; B. M. Metzger, Der Kanon des Neuen Testaments, 96 ff.

85 Im *weiteren* Sinne werden als »Apostel« die »Missionare« – im Wortsinn – bezeichnet: 1. Kor 12,28; 2. Kor 11,13; Röm 16,7 (Andronikus und Junia [weiblich], nicht: Junias [männlich]); im weitesten Sinne sind Apostel Gesandte, die eine Gemeinde mit einem bestimmten Auftrag aussendet: 2. Kor 8,23; Phil 2,25.

86 S. 1. Kor 9,1.5 f; 15,5-9; Gal 1,17.19. Vgl. Röm 1,1; 1. Kor 1,1; 2. Kor 1,1; Gal 1,1; 1. Thess 2,7; für das Apostelamt: Röm 1,5; Gal 2,8; vgl. Apg 14,14.

87 S. 1. Kor 15,5-10; vgl. Lk 24,34.

88 S. 2. Kor 4,6; Phil 3,8; Vgl. zur Vertiefung H.-J. Eckstein, Die Wirklichkeit der Auferstehung Jesu, in: ders., Der aus Glauben Gerechte wird leben. Beiträge zur Theologie des Neuen Testaments, BVB 5, 2. Aufl., Münster u. a. 2007 (2003), 152-176; 232-238.

89 Von der Reihung der Apostel in Gal 2,9 her erklärt sich wohl auch die spätere Abfolge der katholischen Briefe in Handschriften und Kanonlisten: 1. *Jakobus*, 2. *Petrus*, 3. *Johannes* – neben bzw. nach den bis zu 13 (bzw. mit dem anonymen Hebräerbrief 14) Paulusbriefen. Die Reihung der Lutherbibel ergibt sich durch das »Vorziehen« von Petrus- und Johannesbriefen vor Hebräer, Jakobus und Judas.

90 Vgl. Gal 1,1: »Paulus, ein Apostel nicht von Menschen, auch nicht durch einen Menschen, sondern durch Jesus Christus und Gott, den Vater, der ihn auferweckt hat von den Toten.«

91 S. Röm 10,16f; Gal 3,2.5; 1. Thess 2,13.

92 S. 1. Kor 1,21; 2,4; 15,14.

93 S. 1. Kor 1,6; vgl. 2. Thess 1,10.

94 S. 1. Thess 2,3.

95 »Evangelisieren« (im Sinne von: »das Evangelium verkündigen«) absolut: Röm 1,15; 15,20; 1. Kor 1,17; 9,16.18; 2. Kor 10,16; Gal 4,13; mit Objektsakkusativ: Röm 10,15; Gal 1,16.23; vgl. abweichend 1. Thess 3,6. Dabei ist für die folgenden Differenzierungen die im Deutschen nicht einfach übertragbare griechische *figura etymologica* besonders aufschlussreich: »das *Evangelium* als *Evangelium* verkündigen« (1. Kor 15,1; 2. Kor 11,7; Gal 1,11).

96 Mit *Genitivus obiectivus*: Röm 1,9 (»seines Sohnes«/»von seinem Sohn«); 15,19 (wie im Folgenden »Christi«/»von Christus«); 1. Kor 9,12; 2. Kor 2,12; 9,13; 10,14; Gal 1,7; Phil 1,27a; 1. Thess 3,2; 2. Kor 4,4 (»der Herrlichkeit Christi«/»von der Herrlichkeit Christi«); Röm 10,8.17 wegen Kontext (5. Mose 30,14): »das Wort (Christi)«.

97 Mit *Genitivus subiectivus* »Evangelium Gottes«: Röm 1,1; 15,16; 2. Kor 11,7; 1. Thess 2,2.8f. Dies wird bei Paulus auch dort vorausgesetzt, wo »das Evangelium« absolut – also ohne weitere Hinzufügungen – gebraucht wird: Röm 1,16; 10,16; 11,28; 1. Kor 4,15; 9,14.18.23; 2. Kor 8,18; 11,4; Gal 1,11; 2,2.5.14; Phil 1,5.7.12.16.27b; 2,22; 4,3.15; 1. Thess 2,4; Phlm 13; vgl. Gal 1,6 (»anderes Evangelium«). – Vgl. noch »mein Evangelium« (Röm 2,16; 16,25); »unser Evangelium« (2. Kor 4,3; 1. Thess 1,5 – »das von mir/von uns verkündigte Evangelium«); »das Evangelium der Unbeschnittenheit« (Gal 2,7 – »das Evangelium für die Unbeschnittenen«).

98 »Das Wort« (Phil 1,14 [*varia lectio*]; 1. Thess 1,6); »das Wort Gottes« (1. Kor 14,36; 2. Kor 2,17; 4,2; 1. Thess 2,13) – »das Wort vom Kreuz« (1. Kor 1,18); »das Wort von der Versöhnung« (2. Kor 5,19).

99 Vgl. 1. Kor 1,23; 2. Kor 1,19; 4,5; Gal 3,1.

100 S. 2. Kor 4,4.6.

101 S. Röm 10,9f; vgl. 1. Kor 12,3; Phil 2,9-11.

102 Man denke dabei nur an das eindrückliche Gedicht »Der römische Brunnen« von Conrad Ferdinand Meyer (in der Fassung von 1882):

Aufsteigt der Strahl und fallend gießt
er voll der Marmorschale Rund,
die, sich verschleiernd, überfließt
in einer zweiten Schale Grund;
die zweite gibt, sie wird zu reich,
der dritten wallend ihre Flut,
und jede nimmt und gibt zugleich
und strömt und ruht.

103 Auf die Frage, ob Paulus mit diesem Glaubensverständnis von der Rechtfertigung ohne Toraobservanz nicht das »Gesetz« – d. h. die Tora und mit ihr als *prima pars pro toto* die Schrift – aufhebe und für ungültig erkläre, kontert er entschieden: »Ganz und gar nicht, sondern wir richten das Gesetz – d. h. die Schrift – auf«, Röm 3,31; vgl. Röm 4,3. Und er lässt im unmittelbaren Anschluss mit Röm 4,1-25 einen umfänglichen Erweis der Schriftgemäßheit folgen, indem er – wie schon im Briefthema Röm 1,17 mit dem Zitat aus Hab 2,4: »Der aus Glauben Gerechte wird leben« – aufzeigt, dass schon *Abraham* und *David* sich vor Gott auf dessen Gnade berufen haben und nicht infolge ihres gelebten Lebens, sondern allein im Glauben gerechtfertigt worden sind: »Dem aber, der nicht mit Werken umgeht, glaubt aber an den, der *die Gottlosen gerecht macht,* dem wird sein Glaube gerechnet zur Gerechtigkeit« (Röm 4,5).

104 S. zum Ganzen H.-J. Eckstein, Verheißung und Gesetz. Eine exegetische Untersuchung zu Gal 2,15–4,7, WUNT 86, Tübingen 1996.

105 Für Abraham persönlich hat sich die Segensverheißung von 1. Mose 12,1 ff bereits mit der Rechtfertigung aus Glauben zum Zeitpunkt von 1. Mose 15,1-6 erfüllt: »Denn was sagt die Schrift? ›Abraham hat Gott geglaubt, und das ist ihm zur Gerechtigkeit gerechnet worden‹« (Röm 4,3; vgl. Gal 3,6). Insofern ist Abraham nicht nur die Verheißung vorangekündigt worden, sondern ihm ist die in seinem Samen Christus verwirklichte Segensverheißung bereits zuvor wirksam und Leben schaffend als rechtfertigendes Evangelium zugesprochen worden (Gal 3,8).

106 In Gal 1,4 erweitert er bereits den anfänglichen Segensgruß um eine geprägte christologisch-soteriologische »Selbsthingabeformel«: »der sich selbst für unsre Sünden dahingegeben hat, dass er uns errette von dieser gegenwärtigen, bösen Welt…«, der zum Abschluss der antiochenischen Rede als *Inclusio* die Selbsthingabeformel in Gal 2,20 entspricht: »… das lebe ich im Glauben an den Sohn Gottes, der mich geliebt hat und sich selbst für mich dahingegeben.«

107 S. vor allem: Röm 1,3f; 3,25f; 4,24.25; 1. Kor 11,23-25; 15,3-5; Gal 1,4; Phil 2,6-11; 1. Thess 1,9f.

108 Als in den Gemeinden von Korinth einige die Auferstehung der Toten bestreiten wollen, eröffnet der Apostel seine werbende Auseinandersetzung mit dem Hinweis auf das *eine* Evangelium, durch das sie gerettet worden sind (1. Kor 15,1f), und auf dessen grundlegende *Aussage*, die er im Wortlaut eines viergliedrigen Christusbekenntnisses und unter Hinweis auf die verbindliche Traditionskette wiedergibt: »Denn vor allem habe ich euch *weitergegeben*, was ich auch *empfangen* habe: Dass Christus gestorben ist für unsre Sünden *nach der Schrift*; und dass er begraben worden ist; und dass er auferstanden ist am dritten Tage *nach der Schrift*; und dass *er gesehen worden ist von Kephas*, danach von *den Zwölfen*« (1. Kor 15,3-5.). In diesem alten – wahrscheinlich in Antiochien oder sogar bereits in Jerusalem entstandenen – Christusbekenntnis samt seiner paulinischen Einführung sind die hier beschriebenen Kriterien der *Apostolizität*, der *Schriftgemäßheit* und der *Bekenntnisgemäßheit* ausdrücklich benannt. Die *Verkündigung* vom *Zeugnis der Apostel* von dem von Gott gegebenen *Evangelium* von *Jesus Christus*, wie es *in der Schrift* bezeugt ist, findet schon zu Beginn des Entstehens der neutestamentlichen Schriften und vor ihnen eine in *Bekenntnissen* geprägte Form. Deren hohe Bedeutung für die Einheit der frühen Kirche zeigt sich in dem paulinischen Abschluss der Erinnerung an das Evangelium gemäß der einheitlichen Verkündigung der Apostel als Auferstehungszeugen in 1. Kor 15,11: »Es sei nun ich oder jene: so predigen wir, und so habt ihr geglaubt.«

FACH- UND FREMDWÖRTER

Abba – (aramäisch) »Abba, lieber Vater!« ist die kindlich vertrauensvolle Anredeform im Gebet der frühen Christen (Röm 8,15 f; Gal 4,6 f), wie sie von Jesus selbst als Anrede für Gott, seinen himmlischen Vater, gebraucht wurde (Mk 14,36; vgl. Mt 6,9; Lk 11,2)

ādōn – (hebräisch) »Herr«, »Gebieter«

Adoption – Annahme als Kind bzw. an Sohnes statt: wird in Gal 4,6; Röm 8,15 von den Menschen gesagt, die in ihrem Glauben an Christus als den Sohn Gottes selbst zu Gottes erbberechtigten Gottessöhnen werden. Eine »adoptianische Christologie« geht davon aus, Jesus sei ein gewöhnlicher Mensch gewesen, den Gott in der Taufe adoptierte (s. aber Präexistenz, Schöpfungsmittlerschaft)

Agape – der zentrale griechische Begriff für Liebe im Neuen Testament; als von Gott ausgehende Liebe ist die Agape nicht durch den Wert oder die Liebenswürdigkeit des zu Liebenden motiviert, sondern in der Zuwendung des liebenden Gottes selbst begründet

Agape-Mahl – **»Liebesmahl«** ist eine gesonderte, liturgisch begleitete Mahlzeit, in der das ursprünglich noch mit dem Herrenmahl/der Eucharistie verbundene Sättigungsmahl (vgl. 1. Kor 11,17-34) ab dem 2. Jahrhundert n. Chr. weiterlebt

Akklamation – lateinisch »Beifall«, rechtlich verbindlicher »Zuruf«, »Begrüßung« eines Herrschers; im NT gegenüber dem erhöhten Christus: »Herr ist Jesus!« (1. Kor 12,3; Röm 10,9; Phil 2,11); als Anrufung Gottes: »Abba, Vater« (Röm 8,15; Gal 4,6; Mk 14,36); als Anrufung von Vater und Sohn: »ein Gott … ein Herr« (1. Kor 8,6; vgl. 1. Tim 2,5 f; Eph 4,5)

akribisch – sehr genau, sorgfältig, gewissenhaft (ausgeführt)

Aktionismus – übertriebener Tätigkeitsdrang bzw. Aktivismus

Aktivismus – aktives Vorgehen, Tätigkeitsdrang

Aktivität – aktives Verhalten, Tätigkeitstrieb, Ggs. Passivität, Inaktivität

Akzeptanz – die Bereitschaft, etwas oder jemanden anzunehmen, zu akzeptieren. Im Vergleich zur Toleranz im eingeschränkten Sinne als »Duldung« kann die Akzeptanz als weitergehende »Anerkennung« und »Annahme« des Anderen verstanden werden

Alliteration – häufiges Auftreten eines gleichen Buchstabens im Anlaut; Anlautreim; z. B. Hebr 1,1 im griechischen Text (deutsch: »Nachdem Gott vorzeiten vielfach und auf vielerlei Weise geredet hat zu den Vätern durch die Propheten«)

alter Adam – Ausdruck für die Verführbarkeit und Sündhaftigkeit, die alte Ichbezogenheit und Unerlöstheit des »Menschen« (hebräisch »Adam«; vgl. 1. Mose 3 und Röm 5,12-21; Röm 6,6; 7,7-24)

Altruismus – Tendenz, das Wohlergehen und die Interessen anderer über das Eigenwohl, die Eigeninteressen und das eigene Überleben zu stellen; im kritischen Sinne: eine selbstschädigende Selbstlosigkeit; Gegensatz: Egoismus

Analogie – Entsprechung, vergleichbares Verhältnis

analytisches Urteil – Urteil, das aus der Analyse/der Zergliederung eines Begriffs gewonnen wird und nur so viel Erkenntnis vermittelt, wie in diesem enthalten ist (z. B. »Die Kugel ist rund«, »Der unschuldig Angeklagte ist gerecht«)

Angelophanie – Engelerscheinung

ante Christum – »vor Christus«; **ante Christum natum** – »vor Christi Geburt«/»bevor Christus geboren wurde«; wenn Christus schon vor seiner Menschwerdung als der ewige Sohn Gottes bei seinem Vater war (s. u. Präexistenz), ist die geschichtliche Zeit zwischen Schöpfung und Geburt Jesu als Zeit »vor Christi *Geburt*«, nicht »vor *Christus*«, zu verstehen

Anthropologie – Lehre vom Menschen; **anthropologisch** – den Menschen, die Lehre vom Menschen betreffend

Anthropomorphismus – Übertragung menschlicher Merkmale auf Gott

Antiochenischer Konflikt – der Konflikt zwischen Paulus und Petrus in der Stadt Antiochien um die gemeinsame Mahlgemeinschaft zwischen Juden- und Heidenchristen (s. Gal 2,11-21)

Antizipation – Vorwegnahme (von zukünftigem Geschehen); **antizipieren** – »etwas vorwegnehmen«, »voraussehen« (von zukünftigem Geschehen)

Apokalypse – »Offenbarung«, sich damit befassende (atl.-jüdische und christliche) Schrift; **apokalyptisch** – auf das Weltende hinweisend, der Apokalyptik zugehörig

Apokalyptik – Einstellung auf nahendes geschichtliches Weltende; sich damit befassende (atl.-jüdische und christliche) von Geheimnissen bestimmte Schriften

Apokryphen – wörtlich »Verborgene« (griechisch); in der alten Kirche: nicht öffentlich benutzte Schriften, später: den biblischen Büchern nahestehende Schriften, die keinen Eingang in den biblischen Kanon gefunden haben. Bücher wie Jesus Sirach und Weisheit Salomos wurden nicht in den Kanon der Hebräischen Bibel aufgenommen (Ende des 1. Jh. n. Chr.), waren aber von den ersten Christen und Verfassern des Neuen Testaments in ihrer Griechischen Bibel noch als Heilige Schrift anerkannt (s. auch Septuaginta [LXX])

Apophthegma, -ta (pl.) – (griechisch) »Ausspruch« mit erzählendem Rahmen; z. B. Mk 2,15-17 mit der entscheidenden, zweigliedrigen Antwort Jesu in V. 17

Apostel – »Abgesandter«, »Bote«; Bezeichnung für die vom auferstandenen Christus berufenen und ausgesandten Zeugen des Evangeliums – wie Paulus (Röm 1,1.5; 1. Kor 9,1; 15,8-10; Gal 1,1.11 f.15 f), der Herrenbruder Jakobus (Gal 1,19) und die zwölf Jünger (Mt 10,1-4; Lk 6,13-16, Apg 1,2-8.21-26)

Apostelkonzil – Zusammenkunft von Paulus und Barnabas mit den Vertretern der Jerusalemer Gemeinde zur Klärung der Frage der beschneidungsfreien Heidenmission um 48 n. Chr. (s. Gal 2,1-10; Apg 15,1-29)

Apostolat – der oder das –, Sendungs- und Zeugenamt der Apostel Christi

Apostolisches Glaubensbekenntnis – auch **Apostolikum** genannt. Es ist das von den westlichen Kirchen allgemein anerkannte und bekannte Glaubensbekenntnis, das auf die Verkündigung der Apostel zurückgeht, aber später ausformuliert wurde.

Apostolizität – bei der Anerkennung neutestamentlicher Schriften war ein entscheidendes Kriterium die Verfasserschaft eines Apostels bzw. die Übereinstimmung mit der Lehre und Verkündigung der Apostel

Appell – Aufruf, auffordernde, aufrüttelnde Mahnung

Aramäisch – semitische Sprache, die zur Zeit Jesu und der Urgemeinde gesprochen wurde (die Schriftsprache des Alten Testaments ist das Hebräische, die des Neuen Testaments das Griechische) – **aram.** = aramäisch

archaisch – altertümlich, frühzeitlich

Aufklärung – Emanzipationsbewegung Ende des 17. bis Ende des 18. Jh., die die europäischen Gesellschaften von den Autoritätsansprüchen der Kirchen, der absoluten Monarchie und der traditionellen Dogmatik zu befreien suchte. Nach Überzeugung der Aufklärung ist die unabhängige menschliche Vernunft die einzige und letzte Instanz, die über Methoden, Wahrheit und Irrtum jeder Erkenntnis und Norm entscheidet

Autarkie – griechisch »Selbstgenügen«, Unabhängigkeit, Selbstständigkeit

authentisch – echt, glaubwürdig, vom Verfasser stammend

autoritär – sozialpsychologisch: Bezeichnung für eine Persönlichkeitsstruktur, die durch einen Macht- oder Überlegenheitsanspruch gegenüber anderen bestimmt ist; politikwissenschaftlich: Bezeichnung für Regierungsformen, die den politischen Machtanspruch auf einen einzelnen Machtträger konzentrieren

Baal – »Herr«, »Eigentümer«; Bezeichnung einer kanaanäischen Fruchtbarkeits- und Naturgottheit

bagatellisieren – als unbedeutend und geringfügig hinstellen

banal – alltäglich, geistlos, nichts Besonderes bietend

Benedictus – (lateinisch) »Gelobet sei der Herr«, Lobgesang des Zacharias nach Lukas 1,68-79; benannt nach seinem Anfangswort. Im Stunden- bzw. Tagzeitengebet wird es in der Mette, frühmorgens, gesungen (vgl. als die beiden anderen Lobgesänge/*Cantica* in Lukas 1–2: *Magnificat* und *Nunc dimittis*)

Biblion/Biblos – griechisch »Buch«, »Buchrolle«; im NT wird damit noch nicht die ganze Heilige Schrift, die »Bibel«, sondern die Buchrolle einer einzelnen Schrift oder Schriftengruppe bezeichnet (vgl. Lk 3,4; 4,17.20; Gal 3,10)

binitarisch – »zweifaltig«; Bekenntnisse und Aussagen über das Wesen und Verhältnis von Gott, dem Vater und dem Sohn (s. auch Trinität, trinitarisch)

brisant – von großer Sprengkraft, viel Zündstoff für eine Diskussion, Auseinandersetzung enthaltend

certitudo – lateinisch »Gewissheit«, theologisch speziell »Heilsgewissheit« (*certitudo salutis*)

changieren – farbig schillern, wechseln, verändern

Chiffre – Zeichen, das bei der Übermittlung einer Nachricht zur Verkürzung oder Verschlüsselung verwendet wird; Schlüsselbegriff

Christologie – die Lehre von Jesus Christus, von der Person und dem Amt Christi; **»hohe Christologie«** – eine Lehre von Christus, die bei der Hoheit und Herrlichkeit ansetzt, die der Sohn Gottes bereits vor seiner Menschwerdung (s. Präexistenz) und dann nach seiner Auferstehung bei Gott, dem Vater, hatte (vgl. Joh 1,1-18; Phil 2,6-11; Kol 1,15-20; Hebr 1,2 f)

christologisch – Person und Amt Jesu Christi betreffend

Christophanie – Erscheinung des auferstandenen Christus

christozentrisch – auf Christus als Mittelpunkt bezogen

Christus praesens – der bei seiner Gemeinde und in den Gläubigen bereits »gegenwärtige Christus« (Mt 18,20; 28,20; Joh 14,18.20.23)

conditio – lateinisch »Bedingung«, Vorbedingung; hier zur Frage: Ist der Glaube *conditio*, (Vor)bedingung, oder *modus*, Art und Weise, des Heilsempfangs?

coram deo – (lateinisch) »vor Gott«, »angesichts Gottes«; im Gegensatz zu: »vor mir selbst«, »vor den Menschen«, »vor der Welt«

Corpus Paulinum – die Sammlung der Paulusbriefe; 13 neutestamentliche Briefe geben Paulus als Verfasser an; in alten Handschriften kann der ohne Verfasserangabe überlieferte Hebräerbrief als 14. Brief dem Corpus Paulinum zugeordnet sein

Davidide – Nachfolger Davids, der König von Israel-Juda (etwa 1010-970) und Gründer der judäischen Dynastie war; die Bezeichnung Jesu, des »Sohnes Gottes«, als »Sohn Davids« (Mt 1,1; 21,9; Mk 10,47 f par.; 12,35-37 par.) oder »Same Davids« (Röm 1,3; 2. Tim 2,8) bezieht sich auf alttestamentliche Zeugnisse wie 2. Sam 7,12-16; Ps 2,7; 89,27 ff; 110,1

Denotation – lexikalische Grundbedeutung eines Wortes (im Unterschied zu seiner Nebenbedeutung, die es im Zusammenhang erhalten kann: Konnotation)

desillusionieren – jmdn. ernüchtern, enttäuschen, ein Wunschbild zerstören

dezidiert – entschieden, bestimmt, energisch

Diakonie – geordneter christlicher Liebesdienst; organisierte Sozialtätigkeit in der evangelischen Kirche

dialektisch – in Gegensätzen denkend und darstellend; **Dialektik** – philosophische Arbeitsmethode, die ihre Ausgangsposition durch gegensätzliche

Behauptungen (These und Antithese) infrage stellt und in der Synthese beider Positionen nach einer Erkenntnis höherer Art strebt

Dialog – das in Frage und Antwort, Rede und Gegenrede geführte Gespräch im Unterschied zum Monolog

Diaspora – »Zerstreuung« (griechisch); außerhalb des »verheißenen Landes« – d.h. in der Zerstreuung – lebende Juden; unter vorwiegend Andersgläubigen lebende Mitglieder einer Konfession

Didache – griechisch »Lehre«, Bezeichnung für eine frühchristliche, wohl schon Ende des 1. Jh. n.Chr. in Syrien entstandene Kirchenordnung, »Zwölfapostellehre«

Differenzierung – Unterscheidung, Aufgliederung

diffus – nicht scharf begrenzt, unklar, ungeordnet, verschwommen

Dimension – Ausdehnung, Ausmaß des räumlich, zeitlich, begrifflich Erfassbaren

Diskurs – wissenschaftliche Auseinandersetzung, methodisch aufgebaute Abhandlung

Ditheismus – Glaube an zwei Gottheiten (in zwei verschiedenen Wesenheiten; Gegensatz: Monotheismus, Trinität [s. u.])

Dogmatik – die wissenschaftlich-theologische Beschäftigung mit den verbindlichen Glaubensaussagen bzw. mit den Dogmen; die Darstellung der Glaubenslehre; **dogmatisch** – an den verbindlichen Glaubensaussagen orientiert

dominant – beherrschend, bestimmend, überwiegend

dreifaltig – dreieinig, von Gott als Vater, Sohn und Heiligem Geist, s. trinitarisch

Dual – Begriffspaar wie »Himmel und Erde«, »Gott und Mensch«, »Licht und Finsternis«

Dualismus – Gegensätzlichkeit, Polarität; speziell die Vorstellung von zwei unvereinbaren Prinzipien, Grundkräften der Welt oder metaphysischen Mächten (Geist – Materie; Seele – Leib; Licht – Finsternis; Gott – Teufel/Widersacher/Satan); **dualistisch** – den Dualismus betreffend

dynamis – (griechisch) die Kraft, das Vermögen (eine Veränderung herbeizuführen)

Egoismus – das Streben nach Vorteilen für die eigene Person ohne Rücksicht auf die Ansprüche anderer, Selbstsucht, Ichsucht, Gegensatz: Altruismus

eingeborener Sohn – der einzige, einziggeborene Sohn; von Jesus Christus als dem einzigen – und damit einzigartigen – Sohn Gottes, s. Joh 1,14.18; 3,16.18; 1. Joh 4,9

Ekklesia/Ecclesia – Kirche, Gemeinde, Versammlung, ursprünglich: »die (Gesamtheit der) Herausgerufenen«

Ekklesiologie – »Lehre von der Kirche«

eklatant – offenkundig, aufsehenerregend, auffallend

emotional – gefühlsmäßig; aus einer Emotion, einer inneren Erregung erfolgend

Empathie – Einfühlungsvermögen, Bereitschaft und Fähigkeit, sich in die Einstellung anderer Menschen hineinzuversetzen

empirisch – erfahrungsgemäß, aus der Beobachtung, Erfahrung erwachsen

enthusiastisch – begeistert, (im kritischen Sinne:) schwärmerisch

Entmythologisierung – Versuch, ein von Mythologie geprägtes Weltbild so zu verstehen, dass die in den mythologischen Aussageformen enthaltene Wahrheit unter den Voraussetzungen der Neuzeit nachvollzogen werden kann (für das biblische Weltbild durch R. Bultmann programmatisch gefordert)

Epistel-Lesung – (griechisch) sonntägliche Lesung aus den neutestamentlichen Briefen (vgl. als Gegenstück »Evangelium«)

Eros – einer der griechischen Begriffe für Liebe (neben Philia und Agape), der im Neuen Testament nicht vorkommt. Er kann einerseits die »sinnliche Liebe«, das »Verlangen«, die »Begierde« bezeichnen, andererseits als »himmlischer Eros« die Aufgabe des Menschen, die Seele in die himmlische, übersinnliche Welt durch Befreiung von den Fesseln der Sinnlichkeit hinaufzuheben

erwartungskonform – mit der Erwartung anderer übereinstimmend, ihrer Erwartung entsprechend

Eschatologie – »Lehre von den letzten Dingen«, von der Endzeit; **eschatologisch** – endzeitlich, von der Endzeit her zu verstehen, auf sie bezogen

Ethik – sittliche Grundsätze, Sittenlehre, Bereich der Theologie (und der Philosophie), der danach fragt, an welchen Werten und Normen, Zielen und Zwecken die Menschen ihr Handeln orientieren sollen; als charakteristisches Beispiel für die Ethik Jesu gilt die Bergpredigt in Mt 5–7

ethisch – auf sittlichen Grundsätzen beruhend, die von Verantwortung anderen gegenüber bestimmte Lebensführung betreffend

Etymologie – Herkunft und ursprüngliche Bedeutung eines Wortes, einer Wortfamilie; **etymologisch** – die Etymologie betreffend

Eucharistie – (griechisch) »Dank(sagung)« (1. Kor 11,24), Bezeichnung für das Abendmahl; **eucharistisch** – zur Abendmahlsfeier gehörig

Eulogie – (griechisch) Segensspruch; vgl. in den Briefeingängen 2. Kor 1,3-7; Eph 1,3-14; 1. Petr 1,3-9 (»Gelobt sei …«)

Evangelium – die »gute Nachricht«, die »Freuden-«, »Heilsbotschaft«; das Evangelium *Gottes* (das von Gott ausgeht, subjektiver Genitiv), das Evangelium *Jesu Christi* (das Christus zum Inhalt hat, objektiver Genitiv); vgl. Mk 1,1.15; Lk 4,18; Röm 1,1.9.16 f; Gal 1,6-12

Eventualfluch – zur äußersten Bekräftigung der Selbstverpflichtung wird ein Fluch formuliert, der einen bei Treuebruch und Missachtung selbst treffen soll; vgl. 5. Mose 27,15-26; Gal 1,8 f

Exegese – (wissenschaftliche) Auslegung eines (biblischen) Textes in seinem Sinn

exegetisch – die (»Schrift«-)Auslegung betreffend, erklärend, deutend

Existenz – Dasein, Leben, Vorhandensein, Wirklichkeit; **existenziell** – auf das unmittelbare und wesenhafte Dasein bezogen, die eigene Person betreffend, lebenswichtig

exkludierend – ausschließend, aus- und abgrenzend (Gegensatz: inkludierend)

exklusiv – ausschließlich, abgrenzend

Facetten – (viel)eckig geschliffene Flächen am Rande von Edelstein- oder Glasflächen, übertragen für vielfältige, nuancenreiche Eigenschaften, Einzelelemente

Faktum – Ereignis, Tatsache (oft: nachweisbare bzw. unabänderliche)

Falsifikation – Widerlegung einer (wissenschaftlichen) Aussage; Gegensatz: Verifikation

falsifizieren – eine (wissenschaftliche) Aussage widerlegen; Gegensatz: verifizieren

faszinieren – eine fesselnde, anziehende Wirkung auf jemanden haben

feministische Theologie – eine emanzipatorische Konzeption von Theologie von Frauen für Frauen, die eine männlich-patriachalisch bestimmte Theologie ergänzen, korrigieren oder ablösen will

figura etymologica – (lateinisch) »etymologische Wiederholung« ist ein Stilmittel, bei dem Verb und Objekt-Substantiv gleicher Herkunft zu einer Redefigur miteinander verbunden werden; s. z. B. bei Paulus »das Evangelium als Evangelium verkündigen« – wörtlich: »das Evangelium evangelisieren« (1. Kor 15,1; 2. Kor 11,7; Gal 1,11). Dies dient zur Verstärkung und Bekräftigung des Ausdrucks (vgl. Mk 4,41; 1. Tim 6,12)

Finalität – Zweckbestimmtheit

Floskel – formelhafte Redewendung, nichtssagende Redensart

fokussieren – etwas auf einen zentralen Punkt ausrichten

forensisch – die Gerichtsverhandlung betreffend, richterlich, gerichtlich

frustrieren – jemandes Erwartung enttäuschen, jemandem die Befriedigung eines Bedürfnisses versagen

fundamental – grundlegend, von entscheidender Bedeutung, sich an Grundlagen orientierend

Genitivus – der die Herkunft bzw. Zugehörigkeit bezeichnende Fall, der Genitiv/der »Wesfall«; – *Genitivus subiectivus*: Genitiv des logischen Subjekts (z. B. »Gerechtigkeit Gottes« als Gerechtigkeit, die Gott selbst hat: Gott ist gerecht); – *Gen. auctoris*, Gen. des »Urhebers« (z. B. »Gerechtigkeit Gottes« als die Gerechtigkeit, die Gott *wirkt* und *schafft*); – *Gen. obiectivus*, Genitiv des logischen Objekts (z. B. »Gerechtigkeit Gottes« als die Gerechtigkeit, die vor Gott gilt, vor ihm Bestand hat [so M. Luther zu Röm 1,17 u. ö.]

Gesetzesobservanz – s. Toraobservanz

Gesetzlichkeit – enges, formalistisches und zwanghaftes Gesetzes-, Frömmigkeits- oder Moralverständnis; **gesetzlich** – in diesem Zusammenhang: von Gesetzlichkeit bestimmt

Glossolalie – »Zungenrede«, »Reden in Sprachen«: ekstatisches Stammeln, Reden in unverständlichen Lauten als eine der Geistesgaben (1. Kor 14,2 ff; vgl. Apg 2,4.11; 4,31; 10,45 f; 19,6)

Götterdämmerung – der »Untergang der Götter« (in Verbindung mit dem Weltbrand vor Beginn eines neuen Weltzeitalters; Vorstellung aus der nordischen Mythologie); übertragen: das Abendrot der Zivilisation

Haftara – (hebräisch) Lesung aus den Propheten im Gottesdienst der Synagoge

Hamartiologie – Lehre von der Sünde

Hebräer – im Neuen Testament a) zur Bezeichnung der Juden im Gegensatz zu den Heiden (vgl. 2. Kor 11,22; Phil 3,5), b) zur Bezeichnung der

Aramäisch sprechenden Juden im Gegensatz zu den Griechisch sprechenden Juden, den Hellenisten (vgl. Apg 6,1)

Hellenismus – Griechentum; die Kulturepoche von Alexander d. Gr. († 323 v. Chr.) bis Augustus (d. h. in die neutestamentliche Zeit) und die griechische nachklassische Sprache dieser Epoche; **hellenistisch** – die griechische Sprache und Kultur dieser Epoche betreffend

Hellenisten – zur Bezeichnung der Griechisch sprechenden Juden im Gegensatz zu den Semitisch sprechenden Juden, den Hebräern (Apg 6,1; 9,29; 11,20)

Hermeneutik – die Kunst des Verstehens und der Interpretation von Texten (bzw. im weiteren Sinne von Lebensäußerungen), die Methode der Auslegung; der zugrunde liegende griechische Begriff bezeichnet das »Übersetzen«, »Erklären«, »Auslegen«

Herrenbruder Jakobus – einer der leiblichen Brüder Jesu (Mk 6,3; vgl. Gal 2,9.12; Jak 1,1; Jud 1), der wohl erst durch die Erscheinung des Auferstandenen zum Glauben an ihn kam (1. Kor 15,7; vgl. Mk 3,21.31 ff; Joh 7,5; Apg 1,14) und ab 43 n. Chr. zur führenden Persönlichkeit in der Urgemeinde wurde (s. Apg 12,17; vgl. 15,13; 21,18; Gal 2,9)

Hierarchie – aus dem religiösen Sprachgebrauch übernommene Bezeichnung für ein Herrschaftssystem von fest gefügten und nach Über- und Unterordnung gegliederten Rängen

historisch – »geschichtlich«, hier: entweder im Sinne von »in der Vergangenheit wirklich geschehen« oder in der speziellen Bedeutung von »nach den Maßstäben der Geschichtswissenschaft als historisch wahrscheinlich zu erweisen«

historisch-kritische Methode – wissenschaftliche Auslegung der biblischen Texte, die deren geschichtliche wie dogmatische Aussagen nach den Prinzipien der **Kritik** (dem grundsätzlichen Zweifel gegenüber allen geschichtlichen Überlieferungen), der **Analogie** (nach der Voraussetzung der Gleichartigkeit alles geschichtlichen Geschehens) und der **Korrelation** (gemäß der grundsätzlichen Wechselwirkung und dem Gesamtzusammenhang aller geschichtlichen Ereignisse) beurteilt (nach E. Troeltsch)

Humanismus – eine Weltanschauung, die sich an den Interessen, den Werten und der Würde des einzelnen Menschen orientiert und die auf die abendländische Philosophie der Antike zurückgreift. Sie orientiert sich an dem Ideal einer ethisch-kulturellen Höchstentfaltung der menschlichen Kräfte

Humanität – »Menschlichkeit« (von lateinisch *humanitas*) als Prinzip des Handelns und als Ziel von Erziehung und Bildung

Ideal – Inbegriff der Vollkommenheit; das als eine Art höchster Wert erkannte Ziel; Idee, nach deren Verwirklichung man strebt

idealisieren – verklären, verschönern, etwas oder jemanden vollkommener sehen, als es bzw. er ist

ideell – geistig, (rein) gedanklich, von einer Idee bestimmt, auf ihr beruhend

Identität – allgemein: die vollkommene Gleichheit, Übereinstimmung; psychologisch: die als »Selbst« erlebte innere Einheit der Person

identity marker – »Identitätsmerkmale«, »Identitätsmarker« (soziologisch); z. B. Beschneidung, Speisegebote und Sabbat als Identitätsmerkmale und »Identitätsmarker« des Diasporajudentums in seiner heidnischen Umwelt

illoyal – treulos, die Interessen der anderen Seite nicht respektierend, vertragsbrüchig

Illusion – unwirkliche Vorstellung, einem Wunschbild entsprechende Selbsttäuschung

illusorisch – nur in der Illusion bestehend, trügerisch, vergeblich

Immanenz – das, was innerhalb einer Grenze bleibt und sie nicht überschreitet; Beschränkung auf das innerweltliche Sein; Einschränkung des Erkennens auf das Bewusstsein oder auf Erfahrung

immun – unberührt, unempfänglich, unempfindlich, gefeit

Implikation – Verflechtung, die Einbeziehung einer Sache in eine andere; die logische »Wenn-dann«-Beziehung (vor allem die logische Folgebeziehung)

in Christo – lateinisch »in Christus«, d. h. infolge der Stellvertretung Christi und in Gemeinschaft mit ihm

Inclusio – lateinisch »Einschluss«, gebildet durch die Wiederaufnahme eines Anfangsmotivs zum Abschluss einer Rede oder einer Schrift bzw. eines Abschnitts

Indikativ und Imperativ – das Verhältnis von »Aussageform und Befehlsform« spielt vor allem in der Paulusauslegung eine entscheidende Rolle. Es wird damit das spannungsvolle Verhältnis von »Zuspruch und

Anspruch« des Evangeliums gegenüber dem Menschen bezeichnet, zwischen Heilszusage und ethischer Forderung

Individualisierung – der Prozess, durch den das Individuum, der Einzelne, zunehmend zum Ausgangspunkt des Denkens und Handelns, der Werte und Normen wird

Individualismus – Betrachtungsweise, die das Individuum zum Ausgangspunkt des Denkens und Handelns, der Werte und Normen macht; Gegensatz: Kollektivismus

individualistisch – nur das Individuum, den Einzelnen, berücksichtigend; Gegensatz: kollektivistisch

Individuation – Prozess der Selbstwerdung des Menschen, bei dem sich das Bewusstsein der eigenen Individualität bzw. der Unterschiedenheit von anderen zunehmend herausbildet (vgl. Sozialisation)

Indiz – Anzeichen, Hinweis; Umstand, der mit gewisser Wahrscheinlichkeit auf einen Sachverhalt schließen lässt

Inferiorität – Unterlegenheit, untergeordnete Stellung, Minderwertigkeit

Inkarnation – die »Fleischwerdung« des Logos/des göttlichen Wortes, die Menschwerdung Jesu Christi (Joh 1,14; vgl. 2. Kor 8,9; Gal 4,4f; Phil 2,6f; 1. Joh 4,2; 2. Joh 7)

inkludierend – einschließend, einbeziehend (Gegensatz: exkludierend)

Inkonsequenz – mangelnde Folgerichtigkeit; Widersprüchlichkeit

Inkulturation – hier: Berücksichtigung der jeweiligen Eigenart einer Kultur, in die das Christentum missionarisch und theologisch vermittelt wird; allgemein auch: das Eindringen einer Kultur in eine andere

intendieren – auf etwas hinzielen, etwas beabsichtigen, anstreben

Intention – Sinn, Inhalt einer Aussage

interkonfessionell – das Verhältnis verschiedener Konfessionen zueinander betreffend, zwischenkirchlich

Interpretation – Deutung, Auslegung

Interzession/*intercessio* (lateinisch) – **Dazwischentreten, Eintreten für jemanden, für jemanden bitten** (von Christus beim Vater für die Seinen: Joh 17,1ff; Röm 8,34; Hebr 7,25; 1. Joh 2,1)

Inthronisation – Thronerhebung eines königlichen Herrschers; feierliche Einsetzung in ein hohes Amt

Intitulation – die Angabe zu der eigenen Stellung und Funktion des Verfassers eines Schreibens im Briefeingang

Irritation – Zustand des Verunsichertseins, der Verwirrung

ius talionis – »Recht der Vergeltung« (lateinisch), nach dem zwischen dem Schaden, der einem Opfer zugefügt wurde, und dem Schaden, der dem Täter zugefügt werden soll, ein Gleichgewicht angestrebt wird; s. 2. Mose 21,23 f; Mt 5,38: »Auge um Auge, Zahn um Zahn«

iustificatio effectiva – wirksame Gerechtmachung, nach der sich der Gerechtfertigte dann auch an sich und infolge seines gelebten Lebens als gerecht erweisen würde

iustificatio impii propter Christum sola gratia per fidem – (lateinisch) »die Rechtfertigung des Gottlosen um Christi willen allein aus Gnaden durch den Glauben«

iustitia aliena – die »fremde Gerechtigkeit« (nämlich die dem Menschen von Gott zugesprochene Gerechtigkeit *Christi*; vgl. **iustitia imputativa**)

iustitia Dei passiva – die vom Menschen im Glauben voraussetzungslos, d. h. geschenkweise »empfangene Gerechtigkeit Gottes«

iustitia Dei salutifera – die »Heil bringende«, d.h. freisprechende und begnadigende Gerechtigkeit Gottes

iustitia distributiva – die nach dem Rechtsgrundsatz »Jedem das Seine« (*suum cuique*) verfahrende Gerechtigkeit des Richters, der den Gerechten freispricht und den Schuldigen verklagt

iustitia imputativa – die dem Menschen aus Gnaden »zugeeignete, zugesprochene Gerechtigkeit« Christi

Jahwe – der Eigenname des Gottes Israels, der gemäß 2. Mose 3,14 (»Ich bin, der ich bin«/»Ich werde [da] sein«) als »Er ist«/»Er ist da«/»Er erweist sich als wirksam« gedeutet werden darf; vgl. 2. Mose 6,2.3; Hes 6,14; 7,27; 37,13 u. ö. Oft wird im Deutschen die Schreibweise HERR gewählt, wenn im hebräischen Grundtext der Gottesname JHWH steht

Janus – römische Gottheit, die für die Doppelgesichtigkeit, d. h. Zweiseitigkeit, ihrer Darstellungen bekannt ist

Johannesprolog – die Einleitung des Johannesevangeliums, Joh 1,1-18, in der wohl ein bereits vorgegebener Christushymnus aufgenommen worden ist (außer V. 6-8.15)

judaistische Gegner – judenchristliche Gegner des Apostels Paulus, die im Unterschied zu ihm auch für die Heidenchristen die Beschneidung und die konsequente Einhaltung der Tora, der »Weisung« Gottes durch Mose, fordern (s. vor allem Galaterbrief, Apg 11 und 15)

Judenchristen – alle Christen, die von Geburt jüdischer Abstammung sind und die – wie z. B. Paulus, Petrus und Barnabas (Gal 2,15 f) – als Juden zum Glauben an Christus kamen.

juristisch – die Rechtsprechung betreffend

Justitia – Personifizierung, Sinnbild der »Gerechtigkeit«; römische Göttin der Gerechtigkeit und der Rechtsprechung, die als Jungfrau mit verbundenen Augen dargestellt wird, die in einer Hand eine Waage, in der anderen das Richtschwert hält

Kanon – griechisch »Richtschnur«, »Maßstab«, »Regel«, »maßgebende Liste« der der Heiligen Schrift zugerechneten Schriften; **Kanonisierung** – Prozess des Entstehens des Kanons; die Übernahme autoritativer Schriften in den Kanon

Kategorie – Grundaussage, Grundbegriff; Klasse, Sorte, Gattung

katholische Briefe – griechisch »allgemein«; die sieben ntl. Briefe mit einer »allgemeinen« Adressatenangabe: Jak, 1./2. Petr, 1./2. Joh, Jud

Kausalität – Zusammenhang von Ursache und Wirkung

kehal el – aramäisch »Versammlung Gottes«

Kephas – aramäisch, wie Petrus (griechisch) in der Bedeutung »Stein«/»Fels« Ehrenname für Simon, den Jünger Jesu; s. Joh 1,42: »Du bist Simon, der Sohn des Johannes, du sollst Kephas heißen. Kephas bedeutet: Petrus/ Fels« (vgl. 1. Kor 15,5; Gal 1,18; 2,9.11.14; zu »Fels« s. Mt 16,18)

Kerygma – (griechisch) Verkündigung (des Evangeliums von Christus)

Koinonía – (griechisch) »Gemeinschaft« durch Teilhabe

Kollektivismus – Anschauung, die dem gesellschaftlichen Ganzen, dem Kollektiv, unbedingten Vorrang vor dem Individuum einräumt; **kollektivistisch** – im Sinne des Kollektivismus, diesen betreffend

kompensieren – ausgleichen; Psychologie: Minderwertigkeitsgefühle durch Vorstellungen oder Handlungen ausgleichen, die das Bewusstsein der Vollwertigkeit erzeugen

Konditionierung – das Binden an Konditionen, das Verknüpfen mit Bedingungen; **konditioniert** – »an Bedingungen geknüpft«; eine konditionierte Zuwendung ist an bestimmte Voraussetzungen und Bedingungen geknüpft, während eine nicht konditionierte – d. h. »unbedingte«, »bedingungslose« – Zuwendung der Person selbst gilt und nicht nur ihrem Wohlverhalten bzw. ihrer Liebenswürdigkeit

konkret – gegenständlich, sinnfällig, greifbar; **konkretisieren** – etwas genauer bestimmen, im Einzelnen ausführen

Konnotation – (Neben-)Bedeutung, die ein Wort in seinem Zusammenhang hat bzw. erhält (im Unterschied zu seiner lexikalischen Grundbedeutung: Denotation)

konstituieren – gründen, begründen, sich bilden und Bestand gewinnen; **konstitutiv** – das Wesen einer Sache, die Gesamterscheinung bestimmend

konstruktiv – aufbauend, auf die Erhaltung, Stärkung und Förderung des Bestehenden gerichtet

Kontext – inhaltlicher, sachlicher Zusammenhang, aus dem heraus etwas zu verstehen ist

Kontinuität – Beständigsein, Fortdauer, lückenloser Zusammenhang

kontrovers – strittig, umstritten; entgegengesetzt

Korrelation – Wechselbeziehung; das Aufeinanderbezogensein z. B. von Begriffen, geschichtlichen Ereignissen

kosmologisch – die Kosmologie, die Lehre von der Entstehung und Entwicklung des »Weltalls«, betreffend

Kreuzestheologie – s. zu *theologia crucis*

Kult – (von lateinisch: *cultus [deorum]* »Götterverehrung«) umfasst die Gesamtheit der religiösen Handlungen, zu denen sich Menschen zusammenfinden, um mit einer überirdischen Wesenheit in Verbindung zu treten; **kultisch** – den Kult betreffend, zum Kult gehörend

kyriakos – griechisch »dem Herrn gehörend«, »- zugehörig«; davon leitet sich der Begriff »Kirche« für die Christus zugehörige Gemeinde ab

Kyrios – (griechisch) »Herr«, »Herrscher«, als Bezeichnung und Anrede Gottes und Jesu Christi (s. Röm 10,9; 14,7-9; 1. Kor 8,6; 12,3; Phil 2,9-11); wie der aramäische Gebetsruf »Maranatha« – »Unser Herr, komm!« (1. Kor 16,22; vgl. Offb 22,20) – zeigt, wurde der Auferstandene bereits in der Jerusalemer Urgemeinde als Kyrios/»Herr« angerufen

lamentieren – jammern, laut klagen

latent – (lateinisch) verborgen vorhanden, nicht in Erscheinung tretend

latreía – (griechisch) »Dienst«, »Gottesdienst«, »Gottesverehrung«

lectio continua – (lateinisch) fortlaufende Lesung biblischer Bücher im Gottesdienst

legendarisch – zur Legende (zu einer sagenhaften, erbaulichen Erzählung) gehörend, eine Legende enthaltend

leiturgía – (griechisch) »Gottesdienst«, »Priesterdienst«

Liberalismus – im Individualismus wurzelnde, im 19. Jh. prägende Denkrichtung und Lebensform, die Freiheit, Verantwortung, Selbstbestimmung und freie Entfaltung der einzelnen Persönlichkeit vertritt; der theologische Liberalismus erwächst aus der Aufklärung mit ihrer Kirchen-, Dogmen- und Bibelkritik und setzt die Philosophie des Idealismus (I. Kant, G.W.F. Hegel) voraus; **liberal** – freiheitlich gesinnt; den Liberalismus vertretend

Litotes – rhetorische Figur der Hervorhebung durch die Verneinung des Gegenteils (z.B. »nicht unklug«; »nicht unwahrscheinlich«, »nicht schlecht«)

Logos – (griechisch) »Wort«, »Gedanke«, »Vernunft(grund)«; in Joh 1,1-18: Jesus Christus als menschgewordenem (Schöpfungs-)Wort Gottes (vgl. 1. Mose 1,3 ff; Psalm 33,6.9; 1. Joh 1,1 f; Offb 19,13)

loyal – die Interessen der anderen Seite achtend, (vertrags- bzw. bündnis-) treu, das Verhältnis respektierend

LXX – s. Septuaginta

Magnificat – (lateinisch) »Es erhebt meine Seele den Herrn«, Lobpreis der Maria nach Lukas 1,46-55; benannt nach seinem Anfangswort. Im Stunden- bzw. Tagzeitengebet wird es in der Vesper (18:00 Uhr) gesungen (vgl. als die beiden anderen Lobgesänge/*Cantica* in Lukas 1–2: *Benedictus* und *Nunc dimittis*)

Maranatha – urchristlicher Gebetsruf in aramäischer Sprache: »Unser Herr, komm!« (1. Kor 16,22; vgl. Offb 22,20)

marē – (aramäisch) »Herr«; vgl. den Ruf »Maranatha«/»Unser Herr, komm!« (1. Kor 16,22; vgl. Offb 22,20)

Martyrium – unschuldiges Leiden um des bezeugten Glaubens willen

mediterran – dem Mittelmeerraum angehörend

Metapher – übertragener, bildlicher Ausdruck (ohne ausgeführten Vergleich); s. Lk 13,32 »der Fuchs« zur Bezeichnung eines hinterlistigen Menschen

Mikron – (griechisch) »kurze Zeit«, »kleine Weile«, »ein Kleines«; zur Bezeichnung des geringfügigen Zeitraums, in dem die Jünger Jesus nicht sehen können (Joh 14,19; 16,16-19)

Modus – lateinisch »Art und Weise«; hier zur Frage: Ist der Glaube *conditio* – »Bedingung«, »Vorbedingung« – oder *modus* – »Art und Weise« – des Heilsempfangs?

Monismus – die »Einheitslehre«, die die Gesamtwirklichkeit auf *ein* Grundlegendes, *ein* Grundprinzip, eine *einzige* Wirkursache, zurückführt; **monistisch** – den Monismus betreffend

moralisch – die Moral betreffend, ihr entsprechend, sie befolgend; tugendhaft, sittenstreng

mythisch – den Mythen als Erzählungen von Gestalten und Geschehnisse aus vorgeschichtlicher Zeit angehörig

Neuhumanismus – Erneuerung der humanistischen Bewegung ab etwa 1750 (Hauptvertreter J. G. v. Herder, J. W. v. Goethe, F. v. Schiller, W. v. Humboldt); **neuhumanistisch** – den Neuhumanismus betreffend, ihm zugeordnet

Neuzeit – Geschichtsepoche, die in Unterscheidung zu Altertum und Mittelalter das Zeitalter von etwa 1500 (Entdeckung Amerikas, Bildung von Nationalstaaten, Renaissance, Humanismus, Reformation) bis zur Gegenwart bezeichnet; **neuzeitlich** – der Neuzeit zugehörend, sie betreffend

Nizänisches Glaubensbekenntnis – das mit der ökumenischen Synode von 381 n. Chr. (Konstantinopel) verbundene Glaubensbekenntnis (*Symbolum Nicaeno-Constantinopolitanum*), das (wie das bekanntere »Apostolische Glaubensbekenntnis«) zu den drei ökumenischen altkirchlichen Symbolen, d. h. Glaubensbekenntnissen, gehört; zum Wortlaut s. Evangelisches Gesangbuch Nr. 687

Nomos – griechisch »Gesetz« (s. Tora)

norma normans – lateinisch die »normierende Norm«; die Heilige Schrift gilt als diese maßgebende Norm für die kirchliche Lehre und Verkündigung; s. u. *norma normata* als die »normierte Norm«

norma normata – lateinisch »normierte Norm«; die Bekenntnisse gelten als selbst an der Schrift zu messende Lehrnormen; s. o. *norma normans*

Nunc dimittis – (lateinisch) »Nun lässt du, Herr, deinen Diener im Frieden fahren«; Lobgesang des Simeon nach Lukas 2,29-32; benannt nach seinen Anfangsworten. Im Stunden- bzw. Tagzeitengebet wird es in der Komplet, im Nachtgebet, gesungen (vgl. die beiden anderen Lobgesänge/*Cantica* des Lukasevangeliums *Magnificat* und *Benedictus*)

Observanz – Befolgung, Einhaltung religiöser Gebräuche und Regeln (s. Toraobservanz)

ökumenisch – die ganze Menschheit, die Ökumene betreffend; die ökumenische Bewegung: zwischen- und überkirchliche Bestrebungen christlicher Kirchen und Konfessionen

Pädagogik – Theorie und Praxis der Erziehung und Bildung, Erziehungswissenschaft; **»Schwarze Pädagogik«** – eine negativ gemeinte Bezeichnung für in früheren Jahrhunderten propagierte Erziehungsmethoden, die den Einsatz von Gewalt und Zwang in der Erziehung und das Brechen des Willens des Kindes in seiner »bösen Kindsnatur« vertreten

par. – Abkürzung zur Kennzeichnung von Parallelüberlieferungen; »Mk 2,18-20 par.« besagt z. B., dass die »Fastenfrage« nach Mk 2,18-20 in Mt 9,14f und Lk 5,33-35 parallel überliefert ist

Paradigma, -ta/-men (pl.) – »Beispiel«, »Vorbild«, in der Exegese als Gattung: »Predigtbeispiel«

paradox – widersprüchlich, widersinnig erscheinend

Paränese – griechisch »Mahnung«, »Ermahnung«; mahnende Texteinheit

Paraklese – griechisch »Ermunterung«, »Trost«, »Ermahnung«

Paraklet – »Beistand«, »Anwalt«, »Tröster«; Bezeichnung für den Heiligen Geist in den Abschiedsreden Jesu, Joh 14–16; s. die fünf Parakletsprüche: Joh 14,16f; 14,26; 15,26f; 16,7b-11; 16,13-15; vgl. Mk 13,9-13 par. Lk 12,11f

Parascha, -ot/-en (pl.) – (hebräisch) »Einteilung«, »Absonderung«, Verlesungsabschnitt aus der Tora (5 Bücher Mose) gemäß der Einteilung der babylonischen Schriftgelehrten

Parochialgemeinde – eine Gemeinde, die gemäß dem herkömmlichen »Parochialsystem« strukturiert ist, nach dem die Gemeindeglieder nach ihrem Wohnsitz einem bestimmten Seelsorgebezirk und einem bestimmten Pfarrer (= Parochus, von griechisch *parochos*, »darreichend«, »gebend«) zugeordnet sind

Parrhesie – (griechisch) »Freimut«: »Zuversicht« und »Freimütigkeit«, »Unerschrockenheit« und »Offenheit«, »Freudigkeit« und »Zutrauen« (vgl. Apg 4,13.29; 2 Kor 3,12; Eph 3,12; 6,19; Hebr 4,16; 10,19)

pars pro toto – lateinisch »Ein Teil [steht] für das Ganze«; z. B. »pro Kopf« – »Kopf« für Mensch; Gesetz (= Tora/5 Bücher Mose) als Teil für die ganze Heilige Schrift

particulae exclusivae (lateinisch) – die »ausschließlichen Partikel«: »allein Christus …«, (s. u.) solus Christus

Partikularismus – Vorstellung von der Beschränkung der Erwählung und Berufung Gottes auf eine bestimmte Zahl von Menschen, auf einzelne Gruppen oder ein einzelnes Volk – im Gegensatz zum Universalismus

Partizipation – Teilhaben, Teilnehmen, Beteiligtsein; **partizipieren** – Anteil haben; teilnehmen

Passion – Leidenschaft, Leiden; christlich: das Leiden und die Leidensgeschichte Jesu Christi von seiner Gefangennahme bis zur Kreuzigung

Passivität – in der Regel als »Untätigkeit«, »Teilnahmslosigkeit«, »Inaktivität« verstanden; grundsätzlich kann der Begriff aber auch das »Erleiden«, »Empfangen«, »Annehmen« hervorheben

Pastoralbriefe – die »Hirtenbriefe« (lateinisch *pastor*, »Hirte«) 1. und 2. Timotheus, Titus, die an »Hirten«, nicht an ganze Gemeinden adressiert sind und von Gemeindeämtern handeln

Pathos – das –, leidenschaftlich-bewegter Ausdruck, übertriebene Gefühlsäußerung

Patriarchat – Gesellschaftsform, in der der Mann eine bevorzugte Stellung in Staat und Familie innehat; **patriarchalisch** – das Patriarchat betreffend, vaterrechtlich

peccare – lateinisch für »sündigen«, »fehlen«, »sich vergehen«

Pentateuch – ein griechischer Begriff für die fünf Bücher Mose; sie bilden zusammen den ersten Hauptteil der Hebräischen Bibel (als Tora) sowie den Beginn des christlichen Alten Testaments

per fidem – (lateinisch) »*durch* den Glauben«, »*in Gestalt* des Glaubens«. Die Rechtfertigung wird dem Glaubenden *durch* den Glauben, nicht *aufgrund* seines eigenen Glaubens als Verdienst oder Leistung (*propter fidem*) zugeeignet.

performativ – die in einer Aussage beschriebene Handlung mit dem Aussprechen selbst vollziehend (z. B. »Ich gratuliere dir!« »Ich begnadige dich!« »Du bist frei!«)

Perikope – (griechisch) »Abschnitt«, in der gottesdienstlichen Ordnung vorgesehener Textabschnitt für Schriftlesung und Predigt

Perseveranz – »Beharrlichkeit«, »Ausdauer«, für das Beharren der Glaubenden durch Gottes Bewahrung im Heil (vgl. Joh 10,27-30; 17,9.11b.15;

Röm 8,28f; 11,29; 1. Kor 1,8f; Phil 1,6; 2. Tim 2,13; 1. Petr 1,5; 1. Joh 2,19)

Perspektive – Betrachtungsweise, Blickwinkel, Aussicht (für die Zukunft)

Pessimismus – Lebensauffassung, bei der alles von der negativen Seite betrachtet wird, negative Grundhaltung und Erwartung

Pfingstler – Anhänger einer religiösen Bewegung, die vorrangig die Notwendigkeit der Geistbegabung (in der von der Wassertaufe unterschiedenen Geistestaufe) und der Geistesgaben (speziell der Zungenrede) betont

Phänomen – das Erscheinende, sich den Sinnen Zeigende; etwas, was als Erscheinungsform auffällt

Philia – einer der griechischen Begriffe für Liebe (neben Eros und Agape), der ursprünglich die »Zuneigung«, das »Wohlwollen«, die »Freundschaft« bezeichnet und im Neuen Testament neben Agape als Bezeichnung für die menschliche wie für die göttliche Liebe verwendet werden kann

Plädoyer – zusammenfassende Schlussrede des Staatsanwalts oder Rechtsanwalts vor Gericht; Rede, mit der jemand entschieden für oder gegen etwas oder jemanden eintritt

plausibel – einleuchtend, begreiflich, nachvollziehbar

plausibilisieren – etwas als wahrscheinlich erweisen, etwas begreiflich machen

Pluralisierung – der Prozess, durch den das Programm des Pluralismus bzw. die Entwicklung zum Pluralismus vorangetrieben wird

Pluralismus – die philosophische Theorie, nach der die Wirklichkeit aus vielen selbstständigen Prinzipien besteht; die gesellschaftliche Vielfalt gleichberechtigter konkurrierender Weltanschauungen, Wertvorstellungen, Meinungen bzw. Gruppen, Institutionen; die Überzeugung, die diese gesellschaftliche und politische Vielfalt für erstrebenswert hält; **pluralistisch** – auf dem Pluralismus basierend, ihn betreffend

pneumatisch – den Geist betreffend, geistgewirkt, geisterfüllt, geistlich

Pneumatologie – Lehre vom Heiligen Geist; **pneumatologisch** – die Lehre vom Heiligen Geist betreffend

positivistisch – die Gültigkeit der menschlichen Erkenntnis grundsätzlich auf das durch Erfahrung Gegebene beschränkend; sich in der Forschung auf das Tatsächliche – »das Positive« – beschränkend

posse – lateinisch für »können«, »vermögen«, »imstande sein«

postulieren – fordern, zur Bedingung machen, feststellen

Präexistenz – das Dasein, Existieren Christi vor seiner Menschwerdung bei seinem himmlischen Vater (vgl. Joh 1,1-3; 1. Kor 8,6; Phil 2,6 f; Kol 1,15-17; Hebr 1,2 f)

prägnant – in knapper Form genau, treffend darstellend

präsentisch – gegenwärtig, das Präsens betreffend

Praxisschock – der »Schock«, der Berufseinsteiger befallen kann angesichts der ernüchternden beruflichen Wirklichkeit aufgrund unrealistischer Erwartungen, speziell wenn die Absolventen zuvor noch wenig Einblick in die Praxis gehabt haben

prima pars pro toto – lateinisch »Der erste Teil [steht] für das Ganze«; s. o. *pars pro toto*

Prinzip – Regel, Grundlage, Grundsatz; Gesetzmäßigkeit, Idee, die einer Sache zugrunde liegt und nach der etwas wirkt; **prinzipiell** – im Prinzip, grundsätzlich; einem Prinzip, Grundsatz entsprechend

Prioritäten – Vorrangigkeit, größere Bedeutung, höherer Rang

Profanierung – Entweihung, Entwürdigung eines sakralen, geheiligten Gegenstands

profiliert – mit Profil versehen, scharf umrissen, von ausgeprägter Art

programmatisch – einem Programm, Grundsatz entsprechend; zielsetzend, richtungsweisend

projizieren – Bilder mit einem Projektor auf eine Leinwand werfen; Psychologie: eigene Gedanken, Vorstellungen, Gefühle, Konflikte und Erwartungen auf eine andere Person übertragen

prolambánein – (griechisch) »einnehmen«, »zu sich nehmen«, (1Kor 11,21: »beim Essen sein eigenes Mahl zu sich nehmen«); alternative Bedeutung »vorwegnehmen«

Proömium – (griechisch) »Vorgesang«, Einleitung, Vorrede zu einer Schrift

propagieren – verbreiten, für etwas Propaganda betreiben, werben

Prophet – berufener Sprecher Gottes zur Verkündigung seines Willens. Auch im Neuen Testament wird die Gabe der Prophetie als Gabe der Verkündigung und Ermahnung vorausgesetzt (neben der Glauben weckenden Verkündigung durch Apostel und der grundlegenden und vertiefenden Unterrichtung im Glauben durch Lehrer; vgl. 1. Kor 12,28 f; 13,2.8 f; 14,29 ff)

propter fidem – (lateinisch) »aufgrund des Glaubens«; der Mensch wird *durch* Glauben, aber nicht *wegen, aufgrund* seines eigenen – als Leistung verstandenen – Glaubens gerechtfertigt; Gegensatz: *per fidem*

Protologie – griechisch die »Lehre vom Ersten«, d. h. von den Weltanfängen, von der Erschaffung der Welt und des Menschen und vom schöpferischen Wirken Gottes; Gegensatz Eschatologie (s. o.)

Provisorium – Übergangslösung, Notbehelf

provokativ – herausfordernd, aufreizend, streitbar

Publikation – Veröffentlichung

radikal – »an die Wurzel gehend«, vollständig, gründlich; hart, rücksichtslos

ratio cognoscendi – »Erkenntnisgrund«

ratio essendi – »Seinsgrund«

rational – vernünftig, verstandesmäßig erfassbar, von der Vernunft bestimmt

Rationalisierung – Psychologie: die verstandesmäßige Erklärung bzw. Rechtfertigung einer Tätigkeit, eines Gefühls oder Gedankens, deren tatsächliche Motive nicht bewusst sind oder nicht eingestanden werden

realistisch – wirklichkeitsnah, lebensecht; ohne Illusion

Realität – Wirklichkeit, tatsächliche Gegebenheit; falls theologisch bzw. philosophisch zwischen Realität und Wirklichkeit unterschieden wird, dann so, dass die geglaubte, in der Offenbarung erschlossene »Realität« Gottes (bzw. die Realität des Seins, der Ideen) der sichtbaren und unmittelbar erfahrenen »Wirklichkeit« der Welt, des Menschen entgegengesetzt wird

redaktionelle Schicht – Teil einer neutestamentlichen Überlieferung, die auf die Formulierung eines Evangelisten als Redaktor der traditionellen Überlieferung zurückgeht

Reduktion – Zurückführung, Verringerung; Zurückführung des Komplizierten auf etwas Einfaches

reduzieren – auf etwas Einfacheres zurückführen; verringern, herabsetzen

Reformatoren – die Urheber der Reformation im 16. Jh. n. Chr. wie Martin Luther, Philipp Melanchthon, Ulrich Zwingli, Martin Bucer und Johannes Calvin; wörtlich: »Umgestalter«, »Erneuerer«

reformatorisch – »umgestaltend«, »erneuernd«; die Reformation betreffend, im Sinne der Reformation

Rekognition – (lateinisch) »Wiedererkennung« (des zunächst unerkannten Bekannten – wie bei den Emmausjüngern, Lk 24,13 ff, und Maria Magdalena am Grab, Joh 20,14 ff)

Relation – Verhältnis, Beziehung

Relationsbegriff – ein »Beziehungsbegriff« (z. B. »Liebe«, »Vertrauen«, in der biblischen Tradition auch »Gerechtigkeit«, »Friede«)

relativieren – mit etwas anderem in Beziehung bringen und damit in seiner Gültigkeit einschränken

religiös – die Religion betreffend, gottesfürchtig, fromm

remoto Christo – (lateinisch) entfernt von Christus, unter Absehung von Christus, ohne Christus

repräsentieren – etwas darstellen, vertreten

Resignation – das Sichfügen in das unabänderlich Scheinende, Ergebung in das Schicksal

Rezeption – Auf-, Übernahme eines spezifischen Gedankenguts, einer Tradition

rhetorisch – die Rhetorik/Redekunst betreffend, rednerisch

Ritual – (lateinisch *ritualis*, »den Ritus betreffend«) ist ein regelmäßiger Ablauf einer Handlung, eine nach vorgegebenen Regeln ablaufende, formelle festliche Handlung mit hohem Symbolgehalt, ein feierlicher Brauch

Säkularisierung – Loslösung aus den Bindungen an die Kirchen, Verweltlichung

Schalom – alttestamentlicher, d. h. hebräischer Begriff für »Wohlbefinden«, »Heil«, »Frieden«, israelische Begrüßungskurzformel

Sch^{e}ma Jisrael – (hebräisch) »Höre Israel!«, jüdisches Bekenntnisgebet in Aufnahme von 5. Mose 6,4 ff.

securitas – lateinisch »Sicherheit«, theologisch speziell die unberechtigte, im Menschen begründete »Heilssicherheit« statt der in Christus und der Treue Gottes begründeten »Heilsgewissheit« (s. *certidudo*)

sedaka (*ṣedākā*) – alttestamentlicher, d. h. hebräischer Begriff für »Gerechtigkeit«

Septuaginta (LXX) – lateinisch »siebzig«; Bibelübersetzung des Alten Testaments ins Griechische (seit 3. Jh. v. Chr.); als Schriftensammlung enthält sie im Gegensatz zum hebräischen Kanon (1. Jh. n. Chr.) zusätzlich die sogenannten »apokryphen« Schriften wie Jesus Sirach und Weisheit Salomos

solus Christus, sola gratia, sola fide, sola scriptura (lateinisch) – »allein Christus«, »allein aus Gnade«, »allein durch den Glauben«; »allein die Heilige Schrift«; das ausschließende, exklusive »allein« bei den reformatorischen Aussagen zur Rechtfertigung des Menschen vor Gott; **particulae exclusivae** (lateinisch) – die »ausschließlichen Partikel«: »allein …« (s. o.)

Sophia – griechischer Begriff für »Weisheit«

Soteriologie – die Lehre vom Heil, vom Erlösungswerk Christi; **soteriologisch** – die Lehre vom Heil betreffend

Sozialethik – Lehre von den Pflichten des Menschen gegenüber der Gesellschaft, dem Gemeinschaftsleben; in der Tradition der evangelischen Soziallehre kann jede Ethik grundsätzlich als Sozialethik verstanden werden, da ethische Probleme erst im Zusammenleben der Menschen entstehen; **sozialethisch** – die Sozialethik betreffend, ihr entsprechend

Sozialisation – die Entwicklung, durch die der Mensch zur gesellschaftlich handlungsfähigen Persönlichkeit wird (vgl. Individuation)

Sozialpsychologie – Gebiet der Psychologie, das sich mit Einflüssen des sozialen Kontextes auf das Verhalten, Erleben und Bewusstsein von Menschen befasst

spezifisch – einer Sache ihrer Eigenart nach zukommend, arteigen, kennzeichnend

Sphäre – Wirkungskreis, Bereich (Macht-, Einfluss-, Verantwortungsbereich)

stereotyp – gleichförmig, ständig wiederkehrend, formelhaft geprägt

Substantiv – Hauptwort, z. B. »der Glaube«

Substanz – (lateinisch) »das darunter Seiende«, Stoff, Wesen

subtil – in die Feinheiten gehend, fein strukturiert; schwierig, kompliziert

Sühne – umgangssprachlich Wiedergutmachung im Sinne von »Ausgleichsleistung«, »Strafe« und »Buße«; biblisch meint »Sühne« im Gegensatz dazu das Ereignis der Vergebung und Versöhnung, der Heiligung und Neuschöpfung des Menschen durch Gott, die heilvolle Wiederherstellung der Gemeinschaft und die Neueröffnung der Gottesbeziehung (Röm 3,24 f; 5,8-10; 2. Kor 5,18-21; Eph 1,7; 1. Joh 1,7; 2,2; Hebr 2,17; 9,11 f.26-28; 10,10.12)

suggestiv – einredend, beeinflussend, auf jemanden stark einwirkend

suum cuique – »Jedem das Seine«, lateinischer Rechtsgrundsatz, jedem sein Recht zukommen zu lassen

Symbiose – (griechisch »Zusammenleben«) bzw. **symbiotische Beziehung** beschreibt im Blick auf den Menschen Formen von Abhängigkeit beim Zusammenleben. Symbiotische Verhaltensweisen, Vorstellungen und Wünsche sind dann als Festhalten und Rückorientierung an der frühkindlichen symbiotische Entwicklungsphase zu verstehen

Synagoge – griechisch »Versammlung«, dann auch Versammlungsort der jüdischen Gemeinde; für jüdische Diasporagemeinden belegt seit dem 3. Jh. v. Chr.

synonym – sinnverwandt, mit einem anderen Wort von gleicher oder ähnlicher Bedeutung in einem bestimmten Zusammenhang austauschbar

synoptisch – »zusammenschauend«, die Paralleltexte der drei Evangelien nach Matthäus, Markus und Lukas betreffend (im Unterschied zum Johannesevangelium)

synthetisches Urteil – weiterführendes Urteil, das sich (anders als das **analytische** Urteil) nicht auf die Erkenntnis beschränkt, die im Begriff selbst schon enthalten ist (z. B. als analytisches Urteil: Die Kugel ist rund, als synthetisches Urteil: Die Kugel ist rot). Die Aussage: »Du bist gerecht!«, stellt als **analytisches** Urteil fest, dass jemand von sich aus und nach seinem Verhalten wirklich als gerecht erfunden wird; bei dem Zuspruch der Rechtfertigung des Sünders durch Gott handelt es sich hingegen um ein **synthetisches** Urteil, das die Gerechtigkeit dem als schuldig erwiesenen Menschen zuspricht, d. h. ihn begnadigt und freispricht

tabuisieren – für tabu erklären, totschweigen; **Tabu** – ungeschriebenes Gesetz, das aufgrund bestimmter Anschauungen innerhalb einer Gesellschaft verbietet, bestimmte Dinge zu tun

Theismus – Glaube an einen persönlich wirkenden, überweltlichen Gott

Theodizee – »Rechtfertigung Gottes« im Hinblick auf das wahrnehmbare Übel und Leiden in der Welt (vgl. Hiob)

theologia crucis – lateinisch »Theologie des Kreuzes«; sie geht von der zentralen Heilsbedeutung des Sterbens Jesu aus und schließt die Erfahrung der Verborgenheit Gottes in den verschiedenen Lebensbereichen ein

theologia gloriae – lateinisch »Theologie der Herrlichkeit«; sie geht von der Annahme aus, dass Gottes Wesen und Macht, seine »Herrlichkeit«, bereits gegenwärtig in den verschiedenen Wirklichkeitsbereichen erkennbar und erfahrbar seien

Theologie – griechisch »Lehre von Gott«, die Lehre vom Inhalt des (meist christlichen) Glaubens

theozentrisch – »gottzentriert«; Gott, den Vater, in den Mittelpunkt stellend, an ihm orientiert

Toleranz – »Dulden«, »Ertragen«; die Bereitschaft, eine andere Anschauung, Einstellung oder andere Sitten zu dulden, gelten zu lassen oder auch anzuerkennen (vgl. Akzeptanz)

Tora – hebräisch »Weisung«, »Gesetz«, jüdische Bezeichnung 1. für den ersten Teil der Hebräischen Bibel, die fünf Bücher Mose, d. h. den Pentateuch, und 2. das darin enthaltene und das daraus entfaltete Gesetz, die religiöse und ethische »Weisung«

Toraobservanz – die »Beobachtung«, die konkrete Befolgung und das umfassende Einhalten der Tora (s. Tora)

Tradition – »Überlieferung« (hier: eine sprachliche Einheit, die den neutestamentlichen Verfassern bereits mündlich oder schriftlich vorgegeben war und nicht von ihnen selbst gebildet wurde); **traditionell** – einer Überlieferung zugehörig, entsprechend

Traditionsgeschichte – Untersuchung und Darstellung der begrifflichen Traditionen und geschichtlichen Motive

Transaktionen – (in der Psychologie:) wechselseitige Beziehungen und ihre Handlungs- und Gesprächsabläufe

transzendent – die Grenzen der Erfahrung und der mit den Sinnen erkennbaren Welt überschreitend

Transzendenz – das jenseits der sinnlichen Erfahrung, des Gegenständlichen Liegende; die Jenseitigkeit; die himmlische Welt; im Gegensatz zur Immanenz

transzendieren – über einen Bereich (z. B. den der erfahrbaren Wirklichkeit) in einen anderen (z. B. die Realität der himmlischen Welt) hinübergehen

traumatisch – das Trauma betreffend, auf ihm beruhend bzw. durch ein Trauma entstanden; **Trauma** – (griechisch) »Verletzung«, »Wunde«; starke seelische Erschütterung, die im Unbewussten noch lange wirksam ist

triadisch – die Triade/Trias, die Dreizahl, die Dreiheit betreffend; vgl. die dreigliedrige Taufformel Mt 28,19 und den dreigliedrigen Segenwunsch 2. Kor 13,13 mit der Nennung von Vater, Sohn und Heiligem Geist

Trias – (griechisch) »Dreiheit«, Dreizahl, wie die neutestamentliche Dreiheit von »Glaube, Liebe und Hoffnung« 1. Kor 13,13; 1. Thess 1,3; 5,8

Trinitatis – Dreifaltigkeitssonntag, der Sonntag nach Pfingsten

Trinität – Dreieinigkeit, Dreifaltigkeit Gottes, des Vaters, des Sohnes und des Heiligen Geistes; **trinitarisch** – die Trinität betreffend

Überlieferungsgeschichte – Untersuchung und Darstellung der Vorgeschichte schriftlicher biblischer Texte im Stadium der mündlichen Überlieferung

universal – allgemein, gesamt, die ganze Welt umfassend

Universalismus – »Universalismus des Heils« bezeichnet den umfassenden Gnaden- und Heilswillen Gottes (gemäß 1. Tim 2,4) – im Gegensatz zum Partikularismus

Urchristentum – Bezeichnung für die »apostolische« Zeit des Christentums, d. h. für die Kirche des 1. Jh. n. Chr.

Urgemeinde – die erste, überwiegend Aramäisch sprechende Gemeinde der Jünger Jesu Christi in Jerusalem

Utopie – was (noch) »keinen Raum« hat (griechisch), Entwurf, der den Realitätsbezug bewusst oder unbewusst vernachlässigt, Wunschtraum; **utopisch** – nur in der Vorstellung, Fantasie möglich, mit der Wirklichkeit [noch] nicht vereinbar, nicht durchführbar

varia lectio – eine variierende, d. h. abweichende Lesart in einer anderen biblischen Handschrift, z. B. Röm 5,1: »*Wir haben* Frieden mit Gott« – »*Lasset uns* Frieden haben mit Gott«

Verb – Zeitwort, z. B. »glauben«

verifizierbar – nachprüfbar, als richtig zu erweisen (vgl. verifizieren)

verifizieren – durch Überprüfen die Richtigkeit von etwas bestätigen, beglaubigen; Gegensatz: falsifizieren; **verifizierbar** – nachprüfbar, als richtig zu erweisen

via eminentiae – »Weg der Erhöhung«: Bildung einer Idealvorstellung durch Steigerung des Positiven

via negationis – »Weg der Verneinung«: Bildung einer Idealvorstellung durch Verneinung des Negativen

voluntativ – den Willen betreffend, auf den Willen bezogen; willensfähig

Weisheitsschriften – biblische und frühjüdische Schriften, die die Weisheit bzw. die Bildung des Weisen, d. h. des rechten Menschen, zum

Gegenstand haben; z. B. Hiob, Sprüche, Prediger, Jesus Sirach, Weisheit Salomos

Zugehörigkeitsformel – die das wechselseitige Zugehörigkeitsverhältnis von Gott und seinem Volk bezeichnende geprägte Formulierung; z. B. 3. Mose 26,12: »Ich will unter euch wandeln und will *euer Gott* sein, und ihr sollt *mein Volk* sein« (vgl. Hes 37,27; Offb 21,3)

Zungenrede – s. »Glossolalie«

THEMEN- UND STICHWORTVERZEICHNIS

Prof. Dr. Hans-Joachim Eckstein
DER AUTOR

Hans-Joachim Eckstein wurde 1950 in Köln geboren und wuchs in Bad Ems/Lahn auf. In der Jugendarbeit des CVJM und in der internationalen Freizeitarbeit der Torchbearers/Fackelträger bekam er nicht nur entscheidende Impulse für einen lebendigen und lebensbejahenden Glauben, sondern sammelte auch erste Erfahrungen in der Jugend- und Gemeindearbeit.

Im Alter von 19 Jahren begann er mit eigenen Liedkompositionen, Predigten und Vorträgen »Offene Abende«, Gottesdienste und Freizeiten zu gestalten. So war er mit einem Team während seines Studiums der Evangelischen Theologie in Erlangen und Tübingen von 1970–1975 an den Wochenenden und in den Semesterferien zu Verkündigungsdiensten, Konzerten und Freizeiten in Deutschland, Österreich und der Schweiz unterwegs. Das erste Liederbuch »Jesus, du bist mein Leben« und das »Bibel-Anstreichsystem« entstanden bereits in dieser intensiven »Team-Zeit«.

Nach dem 1. Examen 1975 folgten Schuldienst, Vikariat und Promotion zum Dr. theol. (Untersuchung zum Begriff »Gewissen« bei Paulus). 1980–90 war Hans-Joachim Eckstein als Hochschulassistent an der Evangelisch-Theologischen Fakultät der Universität Tübingen tätig, 1990–96 als Pfarrer der Evangelischen Landeskirche in Württemberg im Hochschuldienst.

1994 erfolgten die Habilitation (»Verheißung und Gesetz. Eine exegetische Untersuchung zu Gal 2,15–4,7«) und die Verleihung des Landeslehrpreises vom Land Baden-Württemberg für seine pädagogischen und didaktischen Fähigkeiten. Hans-Joachim Eckstein erhielt verschiedene Rufe und nahm 1996–2001 eine Professur für Neues Testament an der Theologischen Fakultät der Universität Heidelberg wahr, 2001–2016 eine Professur an der Evangelisch-Theologischen Fakultät der Universität Tübingen, Lehrstuhl für Neues Testament.

Neben vielen weiteren Ehrenämtern war er von 2004–2021 Mitglied der Kammer für Theologie der Evangelischen Kirche in Deutschland, von 2004–2015 Synodaler und Mitglied des Theologischen Ausschusses der Evangelischen Landeskirche in Württemberg.

Während all dieser Jahre hielt er zugleich seine vielfältige Vortrags- und Predigttätigkeit aufrecht und veröffentlichte neben den wissenschaftlichen Publikationen sowohl allgemein verständliche Sachbücher wie auch Lyrik und geistliche Lieder, Aphorismen und Meditationen. So ist Hans-Joachim Eckstein – über die Universitäten hinaus – vielen durch seine lebendigen Vorträge und frei gehaltenen Predigten sowie durch seine zahlreichen Veröffentlichungen und Gemeindelieder bekannt. Seine Bücher, die zu einem befreienden und lebensbejahenden Glauben einladen, werden wegen ihres persönlichen und sprachlich gewinnenden Stils geschätzt.

Während das Komponieren, Texten und Veröffentlichen von Liedern in Notenausgaben tatsächlich den Anfang aller Publikationen darstellte (1970/72), wurden neu komponierte und besonders beliebte Lieder von Hans-Joachim Eckstein gerade in den letzten Jahren wieder neu auf Audio-CDs und in Videos mit jungen professionellen Musikern aufgenommen (2015/2017/2019).

Ob in Universitäts- oder Gemeindeveranstaltungen, ob in Sachbüchern oder in lyrischer und meditativer Literatur, Hans-Joachim Eckstein gelingt immer wieder der Brückenschlag zwischen Glauben und Denken, zwischen Universität und Gemeinde, zwischen Landeskirchen, Freikirchen und Gemeinschaften. Gerade mit seinen lyrischen und aphoristischen Texten spricht er zugleich auch viele Menschen an, die sich dem Glauben gegenüber bisher eher distanziert empfanden.

Für seine besondere Basis- und Gemeindenähe in Lehre, Publikationen und Beratung sowie für sein Brückenbauen zwischen wissenschaftlicher Theologie und Gemeindeglauben erhielt er 2008 den Sexauer Gemeindepreis für Theologie. Für »herausragende Verdienste in Kirche und Theologie« erhielt er 2020 mit der Brenz-Medaille in Silber die höchste Auszeichnung der Evang. Landeskirche in Württemberg. 2022 ist ihm für sein herausragendes gesellschaftliches Engagement das Verdienstkreuz am Bande des Verdienstordens der Bundesrepublik Deutschland verliehen worden.

Hans-Joachim Eckstein lebt mit seiner Ehefrau Angelika Eckstein-Hänssler in der Nähe von Tübingen, von wo aus sie ihre zahlreichen Reisedienste wahrnehmen und seine Frau das von ihr gegründete Beratungs-Netzwerk für NPOs »Experten-Helfen« organisiert (www.experten-helfen.com).

Näheres zu Person, Veröffentlichungen und Veranstaltungen von Hans-Joachim Eckstein: www.ecksteinproduction.com

VERÖFFENTLICHUNGEN
von Hans-Joachim Eckstein

(weitere unter www.ecksteinproduction.de)

BÜCHER MIT GEDANKEN, GEDICHTEN UND GEBETEN

Wie weit ist es nach Bethlehem?
Adventliches Türöffnen und weihnachtliches Wundern
Gebunden, 184 S., Nr. 396.168, ISBN 978-3-7751-6168-8

Sorge dich nicht, vertraue!
Gedanken, die tragen
Gebunden, 224 S., Nr. 396.128, ISBN 978-3-7751-6128-2

Wertschätzungen
Gedanken, Gedichte und Gebete
Gebunden, 1008 S., Nr. 396.033, ISBN 978-3-7751-6033-9

Du bist ein Wunsch, den Gott sich selbst erfüllt hat
Gebunden, 176 S., Nr. 395.421, ISBN 978-3-7751-5421-5

Du bist Gott eine Freude
Glaubensleben – Lebenslust
Gebunden, 188 S., Nr. 395.505, ISBN 978-3-7751-5505-2

Du liebst mich, also bin ich
Gedanken – Gebete – Meditationen
Gebunden, 160 S., Nr. 393.633, ISBN 978-3-7751-5450-5
Als Hörbuch: CD, Nr. 395.168, ISBN 978-3-7751-5168-9

Himmlisch menschlich
Von der Stärke der Schwachheit
Gebunden, 160 S., Nr. 394.502, ISBN 978-3-7751-4502-2

Ich habe meine Mitte in dir
Schritte des Glaubens
Gebunden, 128 S., Nr. 393.538, ISBN 978-3-7751-3538-2

Ich schenke deiner Hoffnung Flügel
Gebunden, 208 S., Nr. 395.656, ISBN 978-3-7751-5656-1

Kurz & Gott – Lichtblicke
Mit Zeichnungen von E. Münch
Gebunden, 96 S., Nr. 64.118, ISBN 978-3-0006-4118-3

Kurz & Gott – Hoffnungsfroh
Mit Zeichnungen von Maria Allner
Gebunden, 96 S., Nr. 835251, ISBN 978-3-8633-4251-7

Von frisch verliebt bis wohlvertraut
Lass uns Liebe lernen
Gebunden, 176 S., Nr. 395.548, ISBN 978-3-7751-5548-9

Viel Himmel auf Erden
Aufsteller, 180 S., Nr. 629.658, ISBN 978-3-7893-9658-8

Vom Suchen und Finden des Glücks
60 Motive für mehr Achtsamkeit im Alltag
Kartenbox, EAN 425-0454-729-958

SACHBÜCHER VON HANS-JOACHIM ECKSTEIN

Zur Wiederentdeckung der Hoffnung
Grundlagen des Glaubens 1
Gebunden, 144 S., Nr. 393.898, ISBN 978-3-7751-3898-7

Glaube als Beziehung
Von der menschlichen Wirklichkeit Gottes
Grundlagen des Glaubens 2
Gebunden, 170 S., Nr. 394.458, ISBN 978-3-7751-4458-2

Du bist geliebter, als du ahnst
Grundlagen des Glaubens 3
Gebunden, 208 S., Nr. 395.896, ISBN 978-3-7751-5896-1

Wie will die Bibel verstanden werden?
Grundlagen des Glaubens 4
Gebunden, 192 S., Nr. 395.696, ISBN 978-3-7751-5696-7

Zeit der ersten Liebe
Zu einer neuen Ursprünglichkeit nach Kinderglauben und Glaubenskrise
Gebunden, 160 S., Nr. 396.019, ISBN 978-3-7751-6019-3

THEOLOGISCHE BÜCHER (IN AUSWAHL)

Christus in euch. Von der Freiheit der Kinder Gottes.
Eine Auslegung des Galaterbriefs
Kartoniert, 201 S., ISBN 978-3-7887-2424-5

Kyrios Jesus
Perspektiven einer christologischen Theologie
Kartoniert, 176 S., ISBN 978-3-7887-3109-0

Der aus Glauben Gerechte wird leben
Beiträge zur Theologie des Neuen Testaments
Kartoniert, 276 S., ISBN 3-8258-7036-7

Verheißung und Gesetz
Eine exegetische Untersuchung zu Gal 2,15–4,7
WUNT 86, Gebunden, 307 S., ISBN 3-16-146426-5

ARBEITSHILFEN ZUR BIBEL

Bibel-Anstreichsystem
Mit Verzeichnis biblischer Begriffe
Geheftet, 32 S., Nr. 226.329, ISBN 978-3-417-26329-9

Du hast Worte des Lebens
Bibel-Lernsystem
Bibelkunde nach Schlüsselversen
Geheftet, 24 S., Nr. 394.388, ISBN 978-3-7751-4388-2

BÜCHER UND TONTRÄGER ZU DEN LIEDERN VON HANS-JOACHIM ECKSTEIN

Wie ein Adler
Lieder persönlich erlebt
Gebunden, 208 S., Nr. 395.789, ISBN 978-3-7751-5789-6

Liederbuch. Gesamtausgabe
Geheftet, 67 S., Nr. 97.501, ISBN 978-3-00-071368-2

Lieder
Audio-CD, Nr. 097.340, EAN 401-0276-028-079

Wie ein Adler. Hans-Joachim Eckstein
Audio-CD, Nr. 097.383, EAN 4010276028642

Du bist mir so wertvoll. Hans-Joachim Eckstein
Audio-CD, Nr. 091.437, EAN 4010276029496